Friedrich-Wilhelm Marquardt

Was dürfen wir hoffen, wenn wir hoffen dürften?

Eine Eschatologie
Band 2

Chr. Kaiser
Gütersloher
Verlagshaus

Die Deutsche Bibliothek – CIP-Einheitsaufnahme

Marquardt, Friedrich-Wilhelm:
Was dürfen wir hoffen, wenn wir hoffen dürften? :
Eine Eschatologie / Friedrich-Wilhelm Marquardt. –
Gütersloh : Kaiser ; Gütersloh : Gütersloher Verl.-Haus.
Bd. 2 (1994)
ISBN 3-579-01945-7

ISBN 3-579-01945-7

Umschlaggestaltung: Ingeborg Geith, München
Satz: Weserdruckerei Rolf Oesselmann GmbH, Stolzenau
Druck und Bindung: Breklumer Druckerei Manfred Siegel KG, Breklum
Printed in Germany

Inhalt

Band 2

Band 1

Band 3

Vorwort

Das einzige, was wir von Zukunft für gewöhnlich ahnen, ist: »Es kommt etwas auf uns zu.« Selten sprechen wir das in guter Zuversicht aus, meist: mit Befürchtungen. Wir sehen unserem Sterben entgegen, und die meisten sagen: Nicht den Tod fürchte ich, aber das Sterben; sie wissen nicht, daß es mit dem Tod Schlimmeres als Sterben gibt. Und kaum kennen wir eine Menschengeneration, die nicht hätte Katastrophen »auf sich zukommen« sehen – meistens gesellschaftliche, wirtschaftliche, politische; je länger, desto weniger (scheint uns) gelingt es, wenigstens persönliches Leben frei von solch großen, alle ansteckenden Ängsten zu halten. Wir *wissen* vielleicht mehr als frühere Generationen von den Netzen, in denen eine Seele wie ein armer Vogel mitgefangen, mitgehangen wird.

Christliche Theologie kann solche Bedrohungsgefühle nicht wegreden und sollte darum auch nicht über sie hinweg den Menschen einfach ihre Hoffnung bezeugen wollen. Viele erwarten zwar, daß die Kirche mit ihrer Verkündigung die Ängste vor dem Sterben und den gesellschaftlichen Entwicklungen nicht noch vertieft; man verlangt Aufbauendes von uns (und fördert uns öffentlich dafür). Vor allem mit Apokalyptischem sollen wir die Menschen verschonen: Weltuntergangs- und Weltwende-Aussichten – denn sie bedrücken nur noch mehr und schüren Unruhe, statt aushalten zu helfen.

Vielleicht hat die theologische Kritik unserer apokalyptischen Traditionen zu wenig bedacht, daß sie jedenfalls auch vorauseilender Gehorsam gegenüber dem gesellschaftlichen Ruhebedürfnis und ein politisches Assimilationsphänomen war. (Es ist ja historisch wahr, daß apokalyptische Visionen in einem Ausdruck von gesellschaftlichem Elend und – teils heimliche, teils lautstarke – Protestation dagegen waren.) Folge davon war freilich, daß der Verkündigung christlicher Hoffnung ihre *weltlichen* Zusammenhänge genommen wurden. Für Welt und Weltgeschichte gab es nichts mehr zu hoffen; so halfen wir den Sachwaltern des öffentlichen Geistes, der Gesellschaft, Wirtschaft und Politik, indem wir sie zwar immer wieder einmal an Gottes Gebote »erinnerten«, aber sie selbst grundsätzlich für unüberholbar erklärten; wir rüttelten nicht an den Stühlen der Gewaltigen und muteten ihnen die apokalyptische Aussicht nicht zu, daß sie da sogar heruntergestoßen werden könnten, mithin die Welt grundsätzlich noch einmal anders gedacht werden darf: »neu«.

Die Katastrophen-Erfahrungen unseres Jahrhunderts haben – jedenfalls unter den Umständen *unserer* Gesellschaft und Kultur – kaum etwas an der Zurückhaltung der Kirchen gegenüber ihren apokalyptischen Traditionen geändert. Dabei hat doch Ernst Käsemann darauf hingewiesen, daß Apokalyptik überhaupt die »Mutter der christlichen Theologie« sei. Für unsere Zukunftspredigt hat das noch nicht viel eingebracht; allzu schnell wurde ja auch Jürgen Moltmanns Aufbruchs-Buch von der »Theologie der Hoffnung« als modische Genitiv-Theologie abgewertet.

Dies sind einige Gründe dafür, daß wir »dem, was auf uns zukommt,« einen ganzen Band unserer Eschatologie vorbehalten. Vor allem aber ist es die Bibel, die uns dazu drängt. In ihren apokalyptischen Perspektiven stellt sie Jesus und sein Werk und die Christen mit ihrem Zeugnis in die Zusammenhänge der Weltgeschichte, so daß mindestens in der Eschatologie *Welt*geschichte (neben »Heils«- und »Individual«-Geschichte) einen theologischen Ort bekommen muß. Freilich sorgt die Bibel dafür, daß daraus keine verselbständigte »Geschichtstheologie« werden kann. Denn sie sieht Weltgeschichte nur im Licht und vor allem: im Schatten und der Krise der Gegenwart des erwählten jüdischen Volkes, des geliebten Sohnes Jesus von Nazareth, der wie Schafe unter die Wölfe gesendeten Christen: Weltgeschichte mithin in der Unruhe, die der eigenartige und eigensinnige Gott Israels in ihr anrichtet. Erkenntnis *dieser* Unruhe aber könnte uns vielleicht helfen, die Angst, die wir in der Welt haben, als Zeichen davon durchzuleben, daß längst damit begonnen ist, *diese* Welt zu überwinden. Und vielleicht bewegt uns das dazu, unsere Häupter zu *erheben* darum, daß sich unsere Erlösung naht (Lk 21,28).

Im Detail stecken in diesem Buch eine Menge systematischer und methodischer Überlegungen: zum Bibelverständnis (besonders: des Lukas), – zum Verhältnis biblischer und rabbinischer Erkenntnisse, – dogmatisch vor allem zum Verhältnis von Tod und Eschatologie, – zum christlich-jüdischen Verhältnis und zum Verständnis des Judentums selbst (die Juden und ihr Land!), – immer wieder: zur Möglichkeit und Unmöglichkeit einer Theologie nach Auschwitz. Aber wieviel wir auch methodisch besser oder schlechter bedacht haben mögen – im Entscheidenden bemühen wir uns um eine Predigt und Praxis angesichts dessen, was aus der Unruhe Gottes »auf uns zukommt«.

Frau Ilk Eva Jobatey war nicht nur beim praktischen Zustandekommen auch dieses Bandes wieder sehr hilfreich.

Friedrich-Wilhelm Marquardt

Teil II – Was kommt auf uns zu?

Einleitung

1. »Formale« und »materiale« Eschatologie

In Band I unserer Zukunftslehre stand eine einzige Frage im Vordergrund: Dürfen wir hoffen? Gibt es in unserer sinkenden Zeit Gründe gegen die weit verbreitete, auch an uns zehrende Verzweiflung über eine gute Zukunft für alle Menschen, die auf Gottes Erdboden leben, – für unsere Kinder und die kommenden Generationen, – den Bestand der Erde und des Daseins auf ihr, – für unsere Seelen, – uns selbst? Erlaubt, gebietet Gott uns Hoffen?

Was wir uns dazu bisher überlegt haben, können wir in traditioneller Sprache »formale Eschatologie« nennen. Allerdings finden wir den Ausdruck selbst nicht sehr gut. Denn wir haben ja auch bisher schon viel von Inhalten christlichen Hoffens her gedacht und sie auch zur Sprache gebracht.

Vor allem aber sprengt heute *eine* Bedingung jedes Denkens an Zukunft, damit auch jedes christlichen Hoffens, den Gegensatz von »formal« und »inhaltlich«: Auschwitz!

Die »Endlösung der Judenfrage« verbietet uns »Eschatologie« – mindestens in dem Sinne, in dem sie uns christlich überliefert worden ist: als Lehre von einer »Endlösung« Gottes für die Welt und die Menschen. Denn sofern zur Lehre von der Zukunft (als Lehre vom »Ende«, τέλος, Ziel) immer auch die Erwartung gehörte, es würden die Verhältnisse der alten Welt endgültig »bereinigt« werden, es werde in einem Jüngsten Gericht zu einer Scheidung von Gut und Böse, Sünde und Heiligkeit, Weizen und Unkraut, Unrein und Rein, Verdammten und Seligen kommen, stößt u.E. Eschatologie an eine Grenze, die wir nach Auschwitz nicht mehr überschreiten können: *Jede* »Endlösung« muß undenkbar bleiben – auch die des reinen Guten, auch die des guten Gottes. Denn »das Reine« hat sich in unserer Erfahrung als ein Prinzip der Vernichtung des »Unreinen« herausgestellt, und zwar umfassend: Die »reine« Vernunft *verdrängte* nicht weniger, als die »reine« Rasse *mordete* und die »reine« Lehre die Scheiterhaufen von Autodafés *entzündete.*

Von Auschwitz wurde aber *auch Gott* für unsere Erfahrung in einer Weise in Mitleidenschaft gezogen, daß wir alles, was wir über ihn oder im Blick auf ihn oder von ihm her sagen könnten, unter den Vorbehalt stellen müssen: *»So Gott will und er lebt«* – was wir weder glauben noch wissen, und was wir auch nur hoffen können, *wenn* er will und lebt. Alle denkbaren Bedingungen der Möglichkeit von Zukunft und Hoffen, über die wir bisher nachgedacht haben, hängen ab von dieser einen, die aussteht und die – da sie aussteht – schlechthin alles fraglich macht, was wir als Christen glauben, lieben, hoffen und als Theologen denken, sagen, lehren können.[1]

Dies aber ist keine »formale« Bedingung, sondern Inhalt aller Inhalte, der eigentliche eschatologische Inhalt für die Hoffnungs- und Denkmöglichkeiten unserer Generation. Ihn können wir nur benennen: weder auslegen noch deuten. Er ist heute das, was Theologen schon lange einen »eschatologischen Vorbehalt« nannten. Dieser *Vorbehalt* von einst ist nun zum eschatologischen *Inhalt* schlechthin geworden: *Es wird sich zeigen, ob Gott will und er lebt.* Ging es in Eschatologie bisher meist um unsere Zukunft, so jetzt um die seine; und war Hoffen bisher vor allem Hoffen *auf* Gott – nun ist es zu einem Hoffen auch *für* ihn geworden. Darum wird alles, was wir im folgenden an Inhalten christlichen Hoffens nennen können, nur in dem Maße realitätsgerecht sein, in dem sie – direkt oder indirekt – ein Hoffen für Gott mit ausdrücken: daß Er will und lebt.

Angesichts dieser Fraglichkeit beginnen wir nun dennoch mit einer materialen, inhaltlichen Eschatologie. Lautete die Frage »formaler« Eschatologie: Dürfen wir hoffen?, lautet nun die weiterführende Frage »materialer« Eschatologie: *Was* dürften wir hoffen, wenn wir hoffen dürften?

2. Die Kargheit der Hoffnung im Dogma

Nach der Anlage unseres Nachdenkens bisher versteht sich, daß wir die materiale Eschatologie am liebsten an dem Stoff der biblischen *Verheißungen* entwickeln würden, u. zw. an denjenigen, die Gott den Tätern der Tora mit auf ihren Weg gegeben hat; dann freilich auch an denen, die uns aus dem Rufen und Lehren der Propheten überliefert wurden und die viele wie *messianische Weissagungen* gehört haben; aber auch in den Jesus-Schriften des Neuen Testaments fehlt es nicht an Zukunftsaussichten, wir finden sie im *Lehren Jesu* genauso wie in den apokalyptischen Zukunftsbefürchtungen und -hoffnungen seiner Gemeinden; schließlich haben auch die *apostolischen Zeugen Jesu* (in den Briefen des Neuen Testaments), indem sie den von den Toten erweckten Jesus verkündigten und reflektierten, eine Menge Zukunftsluft gerochen; auch auf ihren eschatologischen »Stoff« müssen wir achten.

Allerdings besitzen wir in der *dogmatischen* Tradition kaum ein Beispiel für eine Zukunftslehre aus Stoffen der Verheißung. Sie haben das Hoffen der Ketzer und sog. Schwärmer des Mittelalters beflügelt, – auch das Hoffen der gegen

1. Vgl. F.-W. Marquardt, Von Elend und Heimsuchung der Theologie. Prolegomena zur Dogmatik. 1988. § 3 »Die Fraglichkeit der Theologie«.

alles zu eng Dogmatische nervösen Pietisten des 18. Jhs., – der aus den Kirchen des 19. Jhs. herausdrängenden evangelikalen, auch der freikirchlichen Gruppen, – auch der Religiösen Sozialisten; nicht zuletzt das ist mit ein Grund für die Zurückhaltung kirchlicher Theologie gegen diese bunte, wirre Welt biblischer Verheißungen. Sie wurden dogmatisch ans *Gesetz* der Erfüllung gebunden, ihr Feuer wurde dadurch ungefährlich gemacht, wenn nicht ausgelöscht.[2]

Freilich drückt solche Zurückhaltung nicht nur die Ängstlichkeit kirchlicher Dogmatik aus. Schon in der Dogmenbildung der Alten Kirche wurde dem christlichen Hoffen nur karger Ausdruck gegeben – wohl deswegen, weil sie in die Zeit fällt, in der die Kirche die Nöte der Verfolgungen über Nacht hinter sich hatte und zum Friedensfaktor eines Imperiums werden mußte: selbst also in die Rolle einer eschatologischen, auf ewigen Bestand abzielenden Harmonie, Macht und Herrlichkeit gedrängt und – bis dahin eine um ihr Leben hoffende Gemeinde – nun von Kaiser und Reich zum Hoffnungs*ziel* der im Imperium versammelten Menschheit aufgeboten. Die Kirche verließ den Weg und rückte ins Ziel, aus einer ecclesia viatorum wurde vorzeitig eine ecclesia triumphans.

3. Die Hoffnungsaussagen im christlichen Dogma

Wir finden im Apostolischen Glaubensbekenntnis, in dem sich unsere Gemeinden Sonntag für Sonntag mit der ganzen Christenheit auf Erden verbinden, eigentlich nur drei knapp gehaltene eschatologische Sätze.

Der *erste* beschließt die Reihe der Aussagen, mit denen wir uns zu Jesus bekennen: Von der Rechten Gottes her, zu der hin er im Ereignis der Himmelfahrt aufgehoben worden ist, wird er »*kommen, zu richten die Lebenden und die Toten:* ὅθεν ἔρχεται κρῖναι ζῶντας καὶ νεκρούς, inde venturus est iudicare vivos et mortuos«.

Dies ist vor allem eine Aussage, durch die *Jesus* gekennzeichnet wird; er ist mit seiner Geschichte noch keineswegs am Ende, – weder sein Tod, noch seine Erweckung, noch seine Erhöhung zur Rechten des Vaters haben ihn zur Vergangenheit gemacht, – er hat noch etwas vor sich, und seine Zukunftsgeschichte wird, wie seine vergangene, eine sein, die er mit uns Menschen, also in der Welt haben wird; wir können sie nach Ostern und Himmelfahrt keineswegs etwa als eine nur noch innergöttliche Geschichte ansehen, die jenseits von Raum und Zeit zwischen ihm und seinem himmlischen Vater in der Leichtigkeit ihres gemeinsamen Geistes spielt.[3] Wie er mit uns klarkommen wird, und wir mit ihm,

2. Vgl. F.-W. Marquardt, Was dürfen wir hoffen, wenn wir hoffen dürften? Eine Eschatologie. Bd. I, 1993. § 1, S. 00.
3. Vgl. F.-W. Marquardt, Das christliche Bekenntnis zu Jesus, dem Juden. Eine Christologie. Bd II, 1991. § 9 »Vom Kommen Jesu«.

ist das Abenteuer seiner Zukunft. Denn wer kann wissen, wie wir dann aussehen werden, wenn der Menschensohn mit Jesus kommen wird, zu richten die Lebenden und die Toten, und wie wird *er* sich dann verhalten? Genau hier ist der Punkt, wo die eschatologische Aussage inde venturus est iudicare vivos et mortuos aus einer, die zur Zukunftsbestimmung Jesu dient, *gleichzeitig* zu einer wird, die auch unsere Zukunft betrifft.

Denn zu uns wird Jesus in Zukunft ja kommen, und wir werden – sei es als Lebendige, sei es als Tote – von ihm beurteilt, gerichtet werden. Daß sich hier eine Zukunftsaussage über Jesus mit einer über uns verknüpft, zeigt, daß wirklich an eine künftige *Geschichte* gedacht ist nach dem armen, welt- und menschengeschichtlichen Sinn, den das Wort »Geschichte«, entsprechend unserer Erfahrung, ausdrückt; keine Übergeschichte, keine abgehobene Heilsgeschichte ist gemeint, sondern schlichte gott-menschliche Zukunftsgeschichte: in der christologischen Doppelbödigkeit, die alles besitzt, was zwischen Gott und uns Menschen spielt.

Es wird als Zukunftsgeschichte aber eine *offene* sein. Dies ist ein Aspekt, der im Symbolum Nicaenum an dieser Stelle dem älteren Apostolischen Glaubensbekenntnis ausdrücklich hinzugefügt worden ist: Denn dort heißt es nach dem Satz »von dannen er (in gloria) kommen wird, zu richten die Lebenden und die Toten« sofort anschließend: »Des Reich *kein Ende* haben wird«, οὗ τῆς βασιλείας οὐκ ἔσται τέλος, cuius regni non erit finis.

Der Gedanke eines Reiches Christi wird hier in eins gesehen mit einer *Richteraufgabe Jesu;* sein Reich ist ein Reich des Rechts, der Rechtsaufrichtung und Rechtsentscheidung. Und eben davon heißt es: Dies wird kein Ende haben, sich in keinem τέλος erschöpfen.

Zu abstrakt schiene es, in der Endelosigkeit dieses regnum nur einen anderen Ausdruck dafür zu finden, daß es sich um ein »ewiges« Reich handele, etwa um eines einer überzeitlichen, gar zeitlosen höheren Qualität von Unendlichkeit. Besser scheint es, das Bekenntnis cuius regni non erit finis als *Ansage* zu begreifen, daß Jesus in jeder Beziehung unbegrenzt ein Rechtswahrer bei uns Lebenden und Toten sein wird. Er wird ohne Grenzen unter uns fürs Recht Gottes und unser Recht vor Gott eintreten. Das charakterisiert seine Zukunft und die unsere.

Am Ende des dritten Artikels und damit des ganzen Glaubensbekenntnisses folgen dann *die beiden anderen* eschatologischen Aussagen des Dogmas. Sie sind nicht mehr ans Werk Jesu geheftet, wie die erste, sondern ans *Werk des Heiligen Geistes.* Nach der Zuversichtserklärung an den Geist Gottes: »Ich glaube an den Heiligen Geist« (und die Kirche, die Gemeinde der Heiligen und die dort virulente Vergebung der Sünden) sagen wir, wir glauben zuletzt auch: *»Auferstehung des Fleisches und ein ewiges Leben«*: carnis resurrectionem, et vitam aeternam. So legt es das Apostolische Glaubensbekenntnis fest.

Im Symbolum Nicaenum klingt das freilich um Nuancen anders. Da wird zunächst unser Verhältnis zur Kirche in einem eigenen Satz neben unser Bekenntnis zum Heiligen Geist gestellt: Et unam sanctam, catholicam et apostolicam ecclesiam. Dabei besteht kein Zweifel, daß in Bezug auf die eine, heilige, katholische und apostolische Kirche genauso credo, ich glaube, zu sagen ist, wie in Bezug auf Gott, Jesus und den Geist. Indem die Kirche hier nicht, wie im Apostolischen Glaubensbekenntnis, dem Heiligen Geist *unter-*, sondern ihm im Gebilde eines eigenen, selbständigen (d.h. auf eigenen Füßen stehenden) Satzes *zu*geordnet wird, sieht sie fast so aus wie ein vierter Gegenstand und Inhalt des Glaubens.

Dagegen haben sie dort nun aber ein Confiteri, ein Sich-Bekennen zur einen Taufe zur Vergebung der Sünden hinzugefügt, und dann die beiden eschatologischen Aussichten auf die »Auferstehung der Toten« und ein »Leben der zukünftigen Welt« noch mit einem weiteren, von credo, ich glaube, und confiteor, ich bekenne, *verschiedenen* Verbum, also einer eigenen Verhaltensbestimmung ausgedrückt: et *exspecto* resurrectionem mortuorum et vitam venturi saeculi; προσδοκῶμεν ἀνάστασιν νεκρῶν καὶ ζωὴν τοῦ μέλλοντος αἰῶνος = Ich warte, wir warten auf, oder: Ich erwarte, wir erwarten die Auferstehung der Toten und das Leben der kommenden Welt, resp. (aus dem Griechischen gedacht): Wir harren, sind gewärtig der Auferstehung der Toten und des Lebens des kommenden Äons.

Vielleicht will dies exspectare, erwarten, nur ein anderes Wort für das credere, glauben, sein oder am Glauben nur das Moment des Wartens herausheben. Aber vielleicht sollte auch ein leichter Unterschied zwischen der Gewißheit des Glaubens an Gott: Vater, Sohn, Geist, und einer fraglicheren Zukunftsgewißheit angedeutet werden, vielleicht auch sensibel darauf geachtet werden, daß mit dem Wort Glauben eine personale Beziehung und nicht irgendein Sachverhältnis gemeint ist, mit dem Warten auf eine Auferweckung der Toten und ein ewiges Leben aber ein Stück neuer Geschichte und Wirklichkeit im ganzen.

Dennoch sollten wir nicht zweifeln daran, daß auch die Väter des Nicaenischen Glaubensbekenntnisses alle Zukunft weniger Gott-dem-Vater, weniger Gott-dem-Sohn, vielmehr Gott-dem-Geist zuordneten; den Geist, der weht, wo er will, – der auch der Geist der Freiheit und des Lebens ist, sahen sie als Instanz der Zukunft in Gott. Denn er ist die Kraft einer Lebensbewegung in Gott, die ihn nie ermüden, nie entschlummern läßt (Ps 121,4), ihn lebendig hält in sich selbst und darum auf immer und ewig auch für uns. Diese ihm eigene Wesensart erfahren wir darin, daß er uns in die Zukunft, – mit Jesus zu sagen: in alle Wahrheit leitet (Joh 16,13) und uns so warten, erwarten, harren, uns gewärtig halten, kurz: hoffen heißt.

4. *Kirchen-Geist oder Welt-Geist?*

Nun gab es freilich *Veränderungen* im kirchlichen Verständnis vom Heiligen Geist, die sich auch auf die Zukunftsaussagen ausgewirkt haben – eine Folge jener frühen dogmatischen Zuordnung der Eschatologie zu dem dritten Glaubensartikel und zur Pneumatologie.

Im Verständnis der Kirche *verlor* nämlich der Geist Gottes immer mehr an ursprünglicher »geistlicher« Dynamik, die er in den Zeugnissen der Hebräischen Bibel, aber auch in den Jesus-Schriften des Neuen Testaments noch überall besaß; daß Gott ihn ausgießen wollte über *alles* Fleisch, ohne Unterschied der Geschlechter über »Söhne und Töchter«, – ohne Unterschied des Alters über »Greise«, die träumen, und »junge Männer«, die davon Visionen bekommen werden, – rücksichtslos gegen Klassendifferenzen, so daß auch »Knechte« und »Mägde« davon mitgerissen werden (Joel 2,28-29), – daß er sodann ein Geist umfassender Sprachen- und Völkerverständigung, – radikaler Ekstasen und Partizipation sein werde (Apg 2,1-13), – Geist der Freiheit, nicht der Knechtschaft (2 Kor 3,17), – das alles trat zurück und erstarrte schon bald in der *Amts*form eines »geistlichen« Standes und seiner amtlichen Tätigkeiten für Wort und Sakrament, und das wurde gerade »allem Fleisch« gegenübergestellt, also: den »Laien«, dem λαός, dem nicht-geistlichen Kirchenvolk. Dies geschah in einer gewissen Logik des kirchlichen Glaubensbekenntnisses, denn dort wurde das *Bekenntnis zum Geist* sehr schnell eben ans *Bekenntnis zur Kirche* gebunden: Ich glaube an den Heiligen Geist (Komma), die Kirche usw.

Diese Appropriation (so nennt man »zünftig« die Beiordnungen bestimmter Heilswerke zu bestimmten »Personen« des Dreieinigen Gottes) ist eine heute eher fragliche Theologenentscheidung der Alten Kirche, historisch verständlich, biblisch kaum. Denn genauso ließe sich eine Zuordnung des schöpferischen Geistes zum schöpferischen Gott denken, sogar zu einem *Vorwort* vor alles Geschaffene, da doch der Geist Gottes schon über den Wassern schwebte, noch ehe ein erster Tag erschaffen war (Gen 1,2). Die Kirche hat von diesem *Creator* spiritus zwar wenigstens eine Ahnung bewahrt, als sie sich (m.E. zu Unrecht) lange dagegen wehrte, den Geist auch vom ewigen Sohne Gottes ausgehen zu lassen; sie wollte ihn allein als Geist des großen G*ottes* behaupten, ihm die gewisse Enge eines »bloß« Christlichen (das sich »bloß« über den »Sohn« vermittelt) ersparen. Aber das hat sie andererseits doch nicht gehindert, den Geist nur allzu eng an die Kirche zu binden und dafür zu sorgen, daß er sich nicht sozusagen kirchlich ungeordnet und unbeherrscht über »allem Fleisch« tummeln könnte. Damit wird aber die Zukunft ans *Doppelgespann von Geist und Kirche* gebunden, sie beide wurden zum *Vorspann der Zukunft* gemacht (was positiv heißen könnte: Geist und Kirche sind dazu da, der Zukunft zu dienen, – was aber leider auch negativ heißen kann: Die Kirche schiebt sich mit dem Schwergewicht des Faktischen vor die Zukunft und läßt es dem Geist nicht zu, sie zu überspringen, um an ihr vorbei mit der Zukunft einen Handel zu beginnen und die Kraft einer mehr als kirchlichen: menschheitlichen Zukunftsbegeisterung entfachen zu lassen).

5. Geist und Zukunft bei Luther

Auch die Theologie Luthers, die sich bei uns so stark durchgesetzt hat, hat in gewisser Hinsicht den Geist gedämpft (entgegen 1 Thess 5,19: »Den Geist dämpfet nicht«). Er wurde weniger Schöpfergeist, noch weniger Befreiergeist des Christus Jesus, vielmehr ein *Geist der Heiligung,* u. zw. *des einzelnen Menschen.*

Das darf für Luther selbst freilich noch *nicht* wie eine bürgerliche Verinnerlichung des Geistes ins Geistige des Menschen aufgefaßt werden; so sahen es erst spätere Schüler. Er selbst band den Geist Gottes gleichsam an eine »innere Front«, wo um die Zukunft der Menschheit nicht mehr (wie bei Joel und in der Apostelgeschichte) auf der Ebene der Generationen, Geschlechter, Klassen, Völker und Sprachen, sondern auf einer gekämpft wurde, in der jeder einzelne Mensch sich befindet zwischen den Ansprüchen der objektiven Mächte »Geist« und »Fleisch«. Luther sah nämlich, daß wir »itzt«, in diesem Machtkampf, »halb und halb« bleiben (dimidius, mitten geteilt), nur halb »reine und heilig« (puri ac sancti), »auf daß der heilige Geist immer an uns erbeite durch das Wort und täglich Vergebung austeile: usque in futuram vitam, bis in jenes Leben, da nicht mehr Vergebung wird sein, sondern ganz und gar rein und heilige Menschen …«[4] Der Geist ist hier nicht Erneuerungs-, sondern Durchhaltegeist in dem großen, wunderlichen Krieg zwischen Geist und Fleisch, Gott und Teufel, in den wir alle auf die Zukunft hin hineingerissen sind, und die Kirche dient mit dem Amt der Vergebung der Sünden diesem Durchhaltegeist.

Hier ist der Geist ein Geist des *Noch-Nicht-Seins* der Zukunft, während Paulus ihn ja einen ἀρραβών, ein *Angeld,* genannt hatte, das Gott uns jetzt schon als ein Stück Zukunft selbst in die Herzen gegeben hat (2 Kor 1,22). Der Luthersche Christ darf – grob gezeichnet – noch nicht *aus* der Zukunft leben (das würde ihn zum »Schwärmer« machen), er darf nur *auf die* Zukunft *hin* leben, und die Kirche gibt ihm mit ihrem Predigen und Vergeben der Sünden alles Nötige für die Wegzehrung auf diesen Weg.

Wir können sagen: Die Entwicklung zu einer *Verkirchlichung* des Geistes Gottes – sei es in der katholischen Herausbildung eines eigenen Standes von »Geistli-

4. M. Luther, Deudsch Catechismus WA 30 I, 191.

chen«, sei es in seiner lutherischen Zuordnung zur »inneren Front« des zwischen Vergangenheit und Zukunft halbierten Menschseins – hat die Kargheit der Zukunftshoffnungen im Dogma mit zu verantworten: die *Reduktion* des biblischen Hoffnungs- und Zukunftsreichtums auf die Wiederkunft Jesu, die Auferwekkung der Toten, das Jüngste Gericht und ein ewiges Leben.

6. Zukunft ohne Welt?

Dabei deutet sich eine spätere Fortentwicklung zu einer *Verinnerlichung und Spiritualisierung* sowohl der Dynamis des Geistes Gottes als auch der Zukunftserwartung schon früh an. Wir machen uns dies am Beispiel eines kaum auffallenden Unterschieds schon zwischen dem Apostolischen und dem Nicaenischen Glaubensbekenntnis klar.

Nach dem Apostolischen Credo glauben wir et vitam aeternam, und ein *ewiges Leben.* Mit dem Nicaenischen Credo dagegen erwarten wir vitam venturi saeculi, ein Leben der *zukünftigen* Welt, griechisch: καὶ ζωὴν τοῦ μέλλοντος αἰῶνος.

Das zeitlich spätere Nicaenische Bekenntnis spricht biblisch-ursprünglicher als das zeitlich frühere Apostolische. Im Apostolischen ist die vita aeterna, das letzte Hoffnungsziel der Glaubenden, bereits *herausgelöst* aus dem weltgeschichtlich-apokalyptischen Rahmen, der zur Lebensbotschaft des Neuen Testaments gehört: dem Gegensatz und Kampf zwischen dem olam hassä und dem olam habba, der »kommenden« Welt eines neuen Lebens mit »dieser« Welt, in der wir jetzt noch leben. Im Nicaenischen Credo ist dagegen das ewige Leben noch gut biblisch und geschichtlich vermittelt.

Wir können aus der Fortentwicklung des Bewußtseins über Sinn und Wesen von so etwas wie »ewigem Leben« ablesen, daß hier das Apostolische Credo sich durchgesetzt hat; *ohne* den Rahmen der biblisch-geschichtlichen Vermittlung konnte die Hoffnung auf ein ewiges Leben leichter entsprechende *Traditionen des Heidentums* an sich ziehen, die uns in einer reichen philosophischen Literatur de vita beata (besonders reich aus der Schule der Stoa) erhalten sind. In ihrem Bemühen um Allgemeinverständlichkeit konnten die Theologen der Alten Kirche mit der »reinen« Formel von einer ζωὴ αἰώνιος, vita aeterna, besser arbeiten als mit der, an weltgeschichtliche »Vorstellungen« und Kämpfe gehefteten, von einer ζωὴ τοῦ μέλλοντος αἰῶνος, einer vita venturi saeculi. Und gerade die weltgeschichtliche Unvermitteltheit des »neuen Lebens«, seine nicht(mehr)-weltliche Weise, konnte das philosophische Bedürfnis eher befriedigen, als die apokalyptische Sprache der Bibel erlaubt hätte; seinem reinen Wesen nach muß – philosophisch gedacht – »ewiges Leben« »entweltlichtes« Leben heißen, geistige Zukunft, ohne Erdenrest, zu tragen peinlich. Dies eben ließ sich mit dem Text des Apostolicum leichter ermöglichen als mit dem des Nicaenum (was nicht heißt, daß die Formulierung im Apostolischen Glaubensbekenntnis es so philosophisch etwa schon gemeint hätte; sie konnte dafür nur besser gebraucht werden.).

7. Zukunft – nur ein Heilsmedium?

Fraglicher als dies scheint uns aber nun die Relativierung der Zukunftshoffnungen zu einem bloßen Heilsmittel, einem medium salutis.

Wir beobachten es wieder an Luthers Auslegung des dritten Glaubensartikels in seinem Großen Katechismus. »So lerne nu diesen Artikel aufs deutlichste verstehen. Wenn man fragt: Was meinst du mit den Worten: ›Ich gläube an den heiligen Geist‹?, daß Du könnest antworten: ›Ich gläube, daß mich der heilige Geist heilig machet, wie sein Name ist‹. Womit tuet er aber solchs oder was ist seine Weise und Mittel dazu? (Qua autem re illud facit aut qua ratione, quove *medio* ad hoc utitur?). Antwort: ›durch die christliche Kirche, Vergebung der Sunden, Auferstehung des Fleisches und das ewige Leben‹«.[5] Will sagen: *1.* Die Auferstehung des Fleisches und das ewige Leben, d.h. die Inhalte der Zukunft, sind Medien zur Vermittlung des Heils, – *2.* Medien zur Heiligung je eines einzelnen Menschen, und sie sind *3.* nur Medien unter anderen, nach und neben den jetzt schon wirkenden Medien des kirchlichen Amtshandelns.

Was aber genau soll durch solche Medien, auch durch diese beiden Zukunfts-Medien, vermittelt werden?

Luther bleibt hier der Gefangene einer Denkfigur, die schon die antiken und mittelalterlichen Theologen vor ihm mit gleichen Worten, Vorstellungen und vor allem in gleicher Logik aufgestellt hatten: der Sprache, Vorstellung und Logik des sog. *Subjekt-Objekt-Schemas.*

Danach hat Jesus durch sein Wirken, Leiden, Sterben und Auferwecktwerden und interzessorisches Eintreten für uns bei Gott einen *himmlischen Schatz* geschaffen, einen thesaurus, das ist die Wohlgeneigtheit Gottes zu uns; der lagert droben bei Gott in der Höhe, also weit entfernt von uns; und das bringt uns in die Schwierigkeit: Wie kommen wir da heran?, wie können wir dies höchste Gut, das Gott bereit ist, uns zu überschreiben und zuzueignen, uns nun *aneignen?* Ein Modell aus der Erfahrungswelt der Wirtschaft wird hier übertragen aufs Gott-Mensch-Verhältnis. Zwischen Gott und uns stehen Sachen bereit, Kapitalien, Güter, Dinge, ein ganzer »Schatz«; wir möchten und können ihn in unseren Besitz bringen, – das Gott-Mensch-Verhältnis ist hier also ein Sachverhältnis, kein persönliches; und die »Sachen« sind so kostbare Dinge wie die Gnade Gottes, sein Wohlgefallen, seine Nachsicht, der Friede, die Gerechtig-

5. Ebd. 188.

keit, Sinn und Glück, Freiheit usw. Aber eben: Wie kommen wir daran? Welche Kamele können wir mit einer Karawane durch Wüsten schicken, um diese Güter zu uns zu holen, so daß sie aus dem Besitz Gottes in unseren Besitz übergehen können? Abstrakter: Wie kommt das Objektive ans Subjektive? Und darauf nun wird die Antwort gegeben: Der Geist ist der Vermittler zwischen Gott und Menschen, – Sache und Subjekt, – ist Kraft des Besitzwechsels der höchsten Güter, – Medium der Aneignung Gottes durch die Menschen.

Der Bibel wäre schon eine solche *Frage* im tiefsten fremd, erst recht eine Bestimmung des Geistes Gottes als Medium für ein hausgemachtes Theologenproblem.

Denn in der Bibel sind Gott und Mensch ursprünglich miteinander Verbündete und einander über alle Entfernungen hinweg nahe. Sie nehmen aneinander teil, kommunizieren miteinander, lieben sich, suchen sich, hassen, verlieren sich, befinden sich in keinem mechanischen oder ökonomischen, sondern einem *personalen* Austausch und vermitteln sich nicht über von ihnen je verschiedene *Dinge und Sachen, Werte, Güter, Normen,* sondern sind einander gut, einander das Höchste: die Menschen Gott, Gott den Menschen: als Du und Ich.

Und schon gar nicht käme ein Bibel-Mensch auf den Gedanken, neben Kirche, Predigt und Sündenvergebung nun auch noch die Zukunftsgeschichte der Auferweckung aller Toten und des Lebens eines neuen Äons nur als Überbrükkungshilfe zwischen Gott und Mensch zu denken. Mag die Kirche sich mit ihrem Tun und Lassen als einen Transporteur und Spediteur von Sachwerten zwischen Himmel, Erde und Hölle denken – biblisch dürfte sie auch das durchaus nicht: die Verheißungen der Zukunft sind keine Medien, sondern Ansagen eines weiteren und neuen Beisammenseins von Gott mit uns Menschen, und das läßt sich nicht funktionalisieren zur Lösung logischer Schwierigkeiten, die die Theologen sich in ihrer Gier selbst bereiten: Statt in Gemeinschaft mit Gott zu leben und aus ihr zu sprechen, abstrahieren sie von ihr und bemühen sich, sie einer immer abstrahierenden allgemeinen Logik der Vermittlung zwischen Subjekt und Objekt einsichtig zu machen. Wie absurd für einen Gemeinschaftsmenschen, einen in Bündnissen erfahrenen Genossen, eine in Lebensverbindungen sich auskennende Liebende, in bezug auf das Verhältnis zum anderen so etwas wie Aneignung auch nur zu denken! Aber Luther – mit hundert anderen Theologen vor und nach ihm – denkt so: »Daß nu solcher Schatz nicht begraben bliebe, sondern angelegt und genossen würde …« (Kapital will entweder »angelegt«, investiert oder »genossen«, konsumiert werden) »… hat Gott das Wort ausgehen und verkünden lassen, darin den heiligen Geist gegeben, uns solchen Schatz und Erlösung heimzubringen und zueignen«[6].

6. Ebd. 188.

8. *Individualgeschichtliche statt weltgeschichtlicher Zukunft?*

Wie nun immer: Vergeistigung, Individualisierung und kirchliche Mediatisierung des Heiligen Geistes haben auch zu einer *Individualisierung und Mediatisierung der Zukunftserwartungen* geführt, vor allem in der Theologie des Protestantismus.

Christus wird, wenn er kommt, zu *mir* kommen. Er wird *mich* richten, – *mich* erwecken, – *mir* ein ewiges Leben schenken. Diese Spitze der im Dogma erhaltenen eschatologischen Erwartungen ist nun erst recht bibelfern und bibelfremd. Der Zwang zur An-*Eignung* ist zu einem Individualitätsprinzip gerade im Verhältnis zur Zukunft geworden, das alles, was die Auslegung des Lebens Jesu im pro me, pro nobis (für mich, für uns) schon an Verengungen geschaffen hat, noch weit in den Schatten stellt. Nicht *wir* werden Zukunft haben – nur ich, und wir erreichen sie gemeinsam nur, indem jeder einzelne sie in sich selbst und für sich selbst erreicht. Wer käme – ohne die Brille des Lutherschen pro me – auf die Idee, Jesu Kommen, »zu richten die Lebenden und die Toten«, so auf ein Gewissensgericht zu verengen, wie protestantische Gerichtstheologie dies so lange tat, bis sie für *Welt*geschichte und *Welt*gericht überhaupt keinen Begriff mehr hatte? Wie könnte er – wieder: ohne diese Brille – die Auferweckung der Toten an die Vorstellung von einer unsterblichen Seele und ihr Überdauern allein heften, wie das schon früh in der Theologiegeschichte begann: was uns dann das klassische Problem einhandelte, ob und wie man sich selbst die Erweckung der eigenen Leiche aus dem Grab auf dem Friedhof vorstellen könne?

Schon eine ganz andere *Frage* kann *Israel* sich stellen, wenn es einen der klassischen Texte von der Totenauferweckung – Ezechiel 37 – als Erweckungsgeschichte der Gefallenen eines ganzen Volkes liest und dies als ein weltgeschichtliches, nicht bloß individualgeschichtliches Ereignis begreift. Und wem wäre, wenn er die Bibel liest, im Sinne, beim »ewigen Leben« statt an eine neue Stadt, – einen neuen Volksgarten, – eine solenne Friedensmahlzeit von Freund und Feind wieder gerade nur an den Frieden seiner Seele zu denken?

Gerade dies aber ist geschehen in der dogmatischen Entwicklung der Eschatologie. Sie wurde ins Individualgeschichtliche verbannt. Und damit wurden a) individuelles Sterben und b) die Sinnerschütterung durch individuelles Sterben zu *dem* Thema protestantischer Eschatologie. Das Phänomen unseres (zu) kurzen Daseins verdrängte als Thema der Eschatologie die Ankündigungen neuer großer Taten Gottes. Ein von der individuellen Sinnfrage umgetriebenes Interesse schuf sich die Eschatologie zu der theologischen Disziplin, in der es eben um die menschliche Sinnfrage geht und nichts sonst. Alles weitere wurde abgeblendet oder in Nebenaussichten verdrängt, die aber eben aus der Perspektive des individuellen Sinnbedürfnisses auftauchten oder ihr jedenfalls untergeordnet wurden, jedenfalls keine eigenen Probleme aufgaben.

Wie verhalten wir uns zu dieser Lehrüberlieferung?

Wir wiesen schon darauf hin[7]: In unseren Gesangbüchern steht sie so fast ausschließlich im Vordergrund (und damit weitgehend auch im Bewußtsein der Gemeinden), daß wir das nicht einfach links liegen lassen können – obgleich wir es für in der Substanz, d.h. im leitenden Interesse, für heidnisch und weder biblisch noch christlich halten; »heidnisch« in dem Sinne, daß uns hier die *Rätsel des Lebens* als solche beschäftigen, *statt die Verheißungen des Gottes Israels,* – daß in der Eschatologie z.B. das Geschick menschlicher Sterblichkeit und die Zwänge, ein »Leben nach dem Tod« denken zu müssen, oder auch die umgekehrten Zwänge, über die individuelle dead-line hinaus weiter überhaupt nichts denken zu wollen und hoffen zu können, Thema und Ton des Ganzen beherrschen.

Doch wie gehen wir damit um?

9. Die nächsten Gedankenschritte

Wir haben uns zu folgendem Verfahren entschlossen: Wir werden zunächst in einem ausführlichen Denkgang die vom Dogma der Kirche und der theologischen Lehrtradition vorgezeichneten loci der Eschatologie auf unsere Weise bedenken: also über Tod, Kommen Jesu zum Gericht und unsere Auferweckung und schließliches Leben sprechen. Wir werden diese Zukunftsgesichtspunkte schematisch als *Jesus-Eschatologie* von einer *Gottes-Eschatologie* unterscheiden, in der es dann in einem zweiten Denkgang um die Reich-Gottes-Verheißungen der Bibel gehen soll und was sie für die Menschheit nach unserer Einsicht bedeuten könnten. Von einer »Jesus-Eschatologie« sprechen wir, indem wir die Zukunftshoffnungen, die im Dogma Platz behalten haben, strikt »christologisch« auslegen und als die Zukunftswerke Jesu deuten. Die Reich-Gottes-Verheißungen aber hören wir primär als Werke der Zukunft Gottes. Diese Unterscheidung (die wir erst im Vollzug unseres Nachdenkens näher begründen können) läßt sich auch noch differenzieren nach einer Zukunfts-Perspektive der *Zeit* (in den Werken des kommenden, uns in unser Sterben führenden, uns aus dem Tode rufenden, dann richtenden und so belebenden Jesus) und nach einer Zukunfts-Perspektive des *Raumes* (sofern das Reich Gottes, wenn Gott es heraufführen wird, zwischen allen lebendigen Wesen einen weiten Beziehungsraum

7. Vgl. F.-W. Marquardt, Was dürfen wir hoffen, wenn wir hoffen dürften? Eine Eschatologie. Bd I, 1993. § 1, S.

stiften wird, in dem wir, wie noch nie, in Frieden und Gerechtigkeit, Liebe und Zuvorkommenheit miteinander leben werden; sofern er einen neuen *Volksgarten* anlegen wird, in dem alle dann in der Tiefe befreiten Wesen ein Spiel im Park beginnen werden, – alle Krämpfe abgelegt, – ein neuer Habitus des Menschseins Grazie sein wird; sofern er auch eine neue *Stadt* schaffen wird, in der Politesse statt Polizei, innere Tugend statt äußerer Ordnung die Lebensart, das Soziale bestimmen; gerade mit einer Eschatologie des Raumes wollen wir versuchen, im Laufe der Zeit uns Verlorengegangenes wieder einzuholen und der *Utopie,* die von der rein zeitlichen Eschatologie aus der christlichen Lehre verdrängt worden ist, den ihr gebührenden topos wieder einzuräumen; wir wollen also versuchen, die »Eschatologie« des ersten Gedankengangs um eine Utopie im zweiten Gedankengang zu erweitern. Und nun läßt sich in diesem Plan-Schema unser Vorhaben auch noch so differenzieren: In der Jesus-Eschatologie, in der wir unter dem Geleit des kommenden Jesus nach der Zukunft der Zeit fragen wollen, können wir vielleicht eher die Zukunftsbelange des *Einzelnen* zur Sprache bringen; in der Gottes-Eschatologie dagegen, in der wir unter dem Geleit des kommenden Gottes nach der Zukunft des Raumes fragen wollen, können wir vielleicht eher die Zukunftsbelange der *Gesellschaft* von Mensch und Tier und Natur zur Sprache bringen.

Bei keinem Schema kann uns wohl sein, bei dem vorgetragenen schon gar nicht. Jesus und Gott lassen sich nur zwanghaft so voneinander trennen, wie wir es hier konzipieren, und Zeit und Raum sind auch im naturwissenschaftlichen Denken überhaupt nicht mehr so gegeneinander aufzubieten, »Raum« längst ein Zeitbegriff, »Zeit« längst eine Raumerfahrung geworden. Es kann sich also wirklich nur um zwei Perspektiven eines untrennbar Einen handeln, nur um Gedanken-Trennungen, die wir allein deswegen machen, weil es uns nicht gegeben ist, alles auf einmal zu denken, und wir auch nur eins nach dem anderen sagen können. Und auch *ein* Mensch und *alle* Menschen lassen sich ja nicht so unterscheiden, wie dies auf unserem Denkweg – mit einer individuellen Eschatologie zuerst und einer sozialen Utopie danach – nun doch passieren soll. Daß aber alles hier so schematisch Getrennte sich wieder finden wird, erhoffen wir in der Zuversicht, daß – so Gott will und er lebt – das, was er (in der ersten Jesus-Perspektive) jedem Einzelnen von uns Gutes tun wird, wir gemeinsam (in der zweiten Gottes-Perspektive) durch unser Sein und Tun ihm erwidern werden, wie Kinder: fromm und fröhlich.

§ 4 Zukunft und Tod

A. Eschatologie und Wirklichkeit

VORSÄTZE *Nach dogmatischer Tradition gehört zu materialer Eschatologie eine Lehre von Tod und Sterben.*
Sie wird für nötig erachtet, weil Tod und Sterben uns so schmerzlich von Gott und der von ihm verheißenen Zukunft trennen.
Zugleich bricht sich an der Todesgrenze alles, was wir uns von einer gelingenden Zukunft vorstellen und denken können. Die Grenzerfahrung des Todes ist darum zu einem Grenzbegriff theologischer Eschatologie geworden. Unser Reden von Gott und seiner Zukunft muß durch die Krise seiner Anfechtung durch den Tod.
Dies weckt die Frage, wie Gott sich zum Tode, der Tod sich zu Gott verhalten.
Vor Auschwitz konnte der Tod noch als allgemeine Grenzerfahrung gedanklich geordnet und theologisch und philosophisch eingeordnet werden.
Doch in Auschwitz wurden Sterben und Tod aus einer allgemeinen Grenzerfahrung so sehr zu einer Grunderfahrung: zu einem System von Wirklichkeit im ganzen, daß seither nichts mehr von dem, was ist, und nichts mehr von dem, was sich denken läßt, verschont ist. Wo wir einst Grund hatten und nach Gründen fragen konnten, klafft unter uns der Ungrund des Todes von Auschwitz.
Über ihm lassen auch Gott und Tod sich nicht mehr vermitteln. So ist – mit Gott – auch Zukunft fraglich wie nie.
Besonders, wenn sie mit der theologischen Tradition als eine Endlösung der Beziehungen zwischen Gott, Welt und Mensch gedacht werden sollte.

Ist es denn überhaupt nötig, in einer Eschatologie vom Sterben und vom Tode zu reden? In der Lehre der Kirche wird dies ganz selbstverständlich angenommen, – doch so selbstverständlich versteht es sich *biblisch nicht.*

Naheliegen dürfte es, wenn wir von unserer *Erfahrung* ausgehen; da bereitet unser Sterben immer allem unseren Wünschen, Hoffen, Träumen ein Ende; oder aber wir sehen sich den Tod immer *vor* alles schieben, was wir uns vielleicht sogar über ihn hinaus versprechen möchten an Erfüllung eines bis dahin unerfüllten Daseins, in dem wir nie so recht zu uns selbst gekommen waren, – an Vollendung fragmentarisch gebliebenen Schaffens in der Hoffnung, daß uns unsere Werke irgendwie nachfolgen (Offb 14,13) und post mortem doch noch etwas rundes Ganzes werden möchten, – an Erweiterung unserer bisher so begrenzten Erfahrungsfähigkeiten. Doch für das biblische Wirklichkeitsverständnis versteht sich solche Rechnung mit dem Tode nicht von selbst. Einmal, weil das Sterben nicht unbedingt eine Frage nach der Zukunft öffnet; sodann nicht, weil Zukunft noch *vor* dem Sterben erwartet werden kann und ihre Wirklichkeit nicht von der Todeserfahrung und Todesgrenze bestimmt ist, jedenfalls nicht so bestimmt sein muß, wie es uns logisch scheinen will.

Sterben öffnet den biblischen Menschen nicht so unbedingt eine Frage nach der Zukunft, wie es unseren religiösen Bedürfnissen, vor allem aber auch unserer wissenschaftlichen Erziehung im metaphysischen Denken des Abendlands scheinen mag.

Platos Sokrates tröstete am Tage seines Sterbens seine Schüler in der tiefen Überzeugung, daß das Philosophieren schon immer eine Schule des Sterbens war: nämlich eine anhaltende Bemühung darum, die Seele und mit ihr das Erkenntnisvermögen für Wahrheit loszulösen von den leiblichen Erkenntnismitteln der Ohren, der Augen, des Geschmacks, des Geruchs, der Hände, der Sexualität; denn diese halten uns viel zu sehr an der Oberfläche des Wirklichen fest, während allein die Seele *hinter* die sichtbaren Dinge und damit an ihre tiefere Wirklichkeit dringen kann. Philosophierend lösen wir uns von den leiblichen Befangenheiten der Welterfahrung, versuchen, die wahrnehmende Seele vom Leibe zu befreien. Was aber wären Sterben und Tod dann anderes als der erwünschte große Augenblick, in dem die Seele sich *endgültig* lösen kann von dem, was wahre Erkenntnis bisher so erschwert, ja auch verhindert hat? So wird der Tod, der die Seele freisetzt, zum Grunde eines wahren Philosophierens, und erst sterbend geht der Philosoph über in eine von seinem Leib nicht mehr gehinderte Möglichkeit wahrer Erkenntnis. Der Philosoph stirbt darum gerne, er stirbt ins ungehemmte Philosophieren hinein, nirgendwo so wahr läßt Wahrheit sich erkennen wie künftig, nach dem Tode; für ihn ist mit dem Tode nicht etwa alles aus, für den im Abendland Philosophierenden hebt im Gegenteil damit alles erst an, erst da wird er professionell. Daß Zukunft zum Tode gehört, erscheint dem platonisch Philosophierenden logisch, und auch notwendig.[1]

Doch biblisch sieht das nicht so aus.

1. Vgl. Platons Phaidon.

1. Zukunft und Sterben in der Bibel

a. Sterben ohne Zukunft

Wir hören von einem tiefen *Genügen* der biblischen Menschen an dem Leben vor ihrem Tod und von einem friedlichen Ja zu ihrem Sterben.

In drei festgeprägten Formeln haben sie es sprachlich immer wieder ausgedrückt: *1.* Abraham starb »in gutem Greisentum« (Buber), »in schönem Alter« (Zürich), »in einem ruhigen Alter« (Luther): Gen 25,8. Auch David starb »in gutem Greisentum« (Buber), »in schönem Alter« (Zürich), »in gutem Alter« (Luther): 1 Chr 29,28. Gut, schön, ruhig, – gut, schön, gut – so können sie vom Sterben sprechen. *2.* »Alt und lebenssatt« starb Abraham (Zürich), »alt und satt« (Buber), »alt und lebenssatt« (Luther): Gen 25,8. Auch Jizchak, sein Sohn, starb so: »alt und des Lebens satt« (Luther), »alt, an Tagen satt« (Buber), »alt und lebenssatt« (Zürich): Gen 35,29. »Satt an Tagen« starb auch der König David (1 Chr 23,1), aber auch satt an »Reichtum und Ehre« (1 Chr 29,28). Auch Jehojada, das »Haupt« der Priester in Jerusalem zur Zeit des Königs Joasch, starb »alt und an Tagen satt« (2 Chr 24,15). Und ja, sogar er, Hiob, »starb, alt, an Tagen satt« (Hiob 42,17) – und gerade bei ihm lernen wir, was das heißt; es heißt nicht nur: nach langem Leben, es heißt auch: trotz aller Leiden am Ende doch befriedigt vom Leben, ohne Rest-Bitterkeit. *3.* Sie alle aber, indem sie so starben – in gutem Greisentum, alt und lebenssatt – wurden jeder »versammelt zu seinen Stammesgenossen« (Zürich), »zu seinem Volk« (Luther), »zu seinen Volksleuten eingeholt« (Buber): Gen 25,8; 35,29; 49,33; Ri 2,10; 2 Kön 22,20; Num 27,13; Dtn 32,50 u.ö. Das meint: Sie wurden im Familienbegräbnis begraben; aber es meint auch: Nicht etwa wurden sie in ihrem Tode ins Leere gestoßen, ins Nichts der Gemeinschaftslosigkeit, in Einsamkeit, – vielmehr in die Gemeinschaft ihrer Volksleute wurden sie eingeholt, ins Israel der Toten, – nicht etwa, um dort weiter zu leben, wie sie bisher gelebt hatten, wohl aber, um dort in einem Israel der Toten dennoch zu existieren, wie sie bisher noch nie existiert hatten; als ein Volk der Toten begleitet sie dann das Volk der Lebenden. Und jedenfalls nicht ins Sinnleere geht die Fahrt, sondern vom Volk ins Volk, und solch Eingeholtwerden zu den Müttern, Vätern, Volksleuten ist das Siegel auf die positive Grunderfahrung der Lebenssattheit: Reich gesättigt vom Leben in der Gemeinschaft des Volkes wissen und erwarten sie nichts, als zum Volk versammelt zu werden.[2] Auch im Satz des Dogmas, daß Jesus kommen will, zu richten »die Lebenden und die To-

2. Vgl. zu diesem ganzen biblischen Zusammenhang Chr. Barth, Die Erweckung vom Tode in den individuellen Klage- und Dankliedern des Alten Testaments. 1947.

ten«, sollten wir dies biblische Zusammengehören eines lebenden Israel mit einem Israel der toten Generationen im Sinn haben.

Diese Zufriedenheit mit der Grenze des Lebens stammt aus einer Zufriedenheit mit dem Leben vor der Grenze; *Lebenssinn gibt Sterbensruhe.*

Das schließt nicht aus, daß solche Menschen auch traurig sein und klagen können darüber, daß das Leben kurz, zu kurz, und daß Sterben – wenn auch gut – doch schwer sein kann. Israel versteht, Klagelieder zu singen: auch über den Tod. »O Tod, wie bitter bist du, wenn an dich gedenkt ein Mensch, der gute Tage und genug hat und ohne Sorge lebt …« (Sir 41,1). Du, Gott, »läßt die Menschenkinder dahinfahren wie einen Strom; sie sind wie ein Schlaf, gleichwie ein Gras, das doch bald welk wird, das da frühe blüht und bald welk wird und des Abends abgehauen wird und verdorrt« (Ps 90,5-6). Gott »kennt, was für ein Gemächte wir sind …«, »weiß um unser Gebild, / eingedenk, daß wir Staub sind. / Das Menschlein, wie des Grases sind seine Tage, / wie die Blume des Feldes, so blühts: / wenn der Wind drüber fährt, ist sie weg, / und ihr Ort kennt sie nicht mehr« (Ps 103,14-16). »Der Mensch, der dem Dunste ähnelt, / dessen Tage gleichen dem ziehenden Schatten!« (Ps 144,4).

Das bezeugt eine auffallende *Illusionslosigkeit* über die Begrenztheit des Lebens; diese Menschen geben keinen Augenblick einem religiösen Bedürfnis nach, den Tod zu überspielen, zu verdrängen und sich über das letzte Ziel unseres Daseins: unser Sterben zu täuschen. Sie *bejahen* es. Hiob, als ihm der Tod aller seiner Kinder gemeldet wurde, seiner Töchter und seiner Söhne: »Ich bin nackt von meiner Mutter Leibe gekommen, nackt werde ich wieder dahinfahren. Der Herr hat's gegeben, der Herr hat's genommen; der Name des Herrn sei gelobt« (Hiob 1,21). Und er schiebt die Vergänglichkeit und Einmaligkeit des Lebens Gott ins Gedächtnis: »Gedenke, daß mein Leben ein Wind ist und meine Augen nicht wieder Gutes sehen werden. Und kein lebendiges Auge wird mich mehr schauen; sehen (selbst) deine Augen nach mir, so bin ich nicht mehr. Eine Wolke vergeht und fährt dahin: also, wer in das Totenreich hinunterfährt, kommt nicht wieder herauf und kommt nicht wieder in sein Haus, und sein Ort kennt ihn nicht mehr« (Hiob 7,7-10). Das ist *Tod ohne jede Zukunft*, und *wird bejaht*; und Hiob schiebt Gott gerade diese Aussichtslosigkeit, Zukunftslosigkeit seines Lebens ins Gewissen, um wenigstens eine Schonung seines Lebens *vor* seinem Tode einzuklagen. Wo überhaupt, fragt ein Psalmist, lebte denn auch nur ein Mensch, der den Tod nicht sieht, der auch nur seine Seele vor dem Totenreich retten könnte? (Ps 89,49). Gegen jede religiöse Verschleierung der Letztendlichkeit des Todes wehrt David sich. Ihm ist der kleine Junge gestorben, den er ehebrecherisch mit Bathseba gezeugt hatte, der Frau seines Soldaten Uria. Er hing an dem Kind. Solange es krank war, fastete und betete er für sein Überleben. Kaum aber, daß er von dessen Tod erfahren hatte, wusch er sich, salbte sich, zog sich neu an, ging in das Haus des Herrn, betete Gott an, kam heim, ließ sich Brot auftragen und aß zum ersten Male wieder. Zur Rede gestellt, warum denn ausgerechnet jetzt, antwortete er: »Um das Kind fastete ich und weinte, da es lebte; denn ich gedachte: Wer weiß, ob mir der Herr nicht gnädig wird, daß das Kind lebendig bleibe? Nun es aber tot ist, was soll ich fasten? Kann ich es auch wiederum holen? *Ich* werde wohl zu *ihm* fahren; *es* kommt aber nicht wieder zu *mir«* (2 Sam 12,15-23). Ein Totenfasten, eine religiöse Totenzeremonie, kam für ihn nicht infrage. Sterben und Tod verdienen keine Ehrfurcht, keine Selbstkasteiung, keine Religion – nur das Leben.

Das ist in einer Welt der Totenkulte unerhört, ist *Religionskritik an einer der saftigsten Wurzeln von Religion;* denn die Rätsel von Geburt und Sterben sind, wenn nicht die einzigen, dann doch die fruchtbarsten Nährböden für das Aufkeimen illusionärer religiöser Bedürfnisse und binden Religion aufs engste an die biologischen Eckdaten des Lebens. Davids Verweigerung, und überhaupt die Illusionslosigkeit Israels über den Tod ohne Zukunft, machen Israel zum antiheidnischen Zeugen in der Menschheit, zum Religionskritiker schlechthin. Israel kann den Tod denken ohne seelischen Anspruch auf ein Darüberhinaus, ohne jede geistige Notwendigkeit von einem Danach.

Dies ist eine *Grund*einstellung von Menschen in der *Hebräischen* Bibel. In den *Jesus-Schriften* des Neuen Testaments begegnen wir einer entgegengesetzten Haltung.

b. Zukunft ohne Sterben

Von Paulus stammt das – durch das Deutsche Requiem von Johannes Brahms besonders bekannt gewordene – Wort: »Siehe, ich sage euch ein Geheimnis: Wir werden nicht alle entschlafen, wir werden aber alle verwandelt werden im Nu, in einem Augenblick, bei der letzten Posaune« (1 Kor 15,51-52). Will sagen: Es wird Menschen geben, die vor der Ankunft Jesu nicht mehr sterben werden; sie werden auch das Jüngste Gericht nicht als Gestorbene, sondern als Lebende erfahren.

Paulus selbst hat sich unter diese Leute gerechnet. »Denn das sagen wir euch als ein Wort des Herrn, daß wir, die wir leben, die wir bis zur Ankunft des Herrn übrigbleiben, den Entschlafenen (trotzdem) nichts voraus haben« (1 Thess 4,15), sondern umgekehrt: Wenn der Herr kommt, wird er sich zuerst den Toten zuwenden, und erst, wenn sie erweckt worden sind, wird er auch an uns handeln, den »Lebenden«, den »Übrigbleibenden« (1 Thess 4,17). Also auch hier: *Nichtgestorbene, die die Zukunft erleben werden.*

Die drei synoptischen Evangelisten überliefern uns, in leichter Abwandlung voneinander, ein Jesus-Wort ähnlichen Inhalts. Es lautet Mk 9,1: »Und er sprach zu ihnen (seinen Jüngern): Wahrlich, ich sage euch: Unter denen, die hier stehen, sind einige, die den Tod nicht schmecken werden, bis sie gesehen haben, daß das Reich Gottes mit δύναμις gekommen ist«; bei Mt 16,28 heißt es: »Wahrlich, ich sage euch: Unter denen, die hier stehen, sind einige, die den Tod nicht schmecken werden, bis sie den Sohn des Menschen mit seiner Königsherrschaft haben kommen sehen«; dasselbe noch einmal anders bei Lk 9,27: »Ich sage euch aber der Wahrheit gemäß: Es sind einige unter denen, die hier stehen, die den Tod nicht schmecken werden, bis sie das Reich Gottes gesehen haben.« Die leichten Unterschiede beziehen sich *1.* darauf, daß, was Markus und Lukas mit dem »Reich« Gottes erwarten, Matthäus inhaltlich näher beschrieben hat mit dem Wort vom »Sohn des Menschen mit seiner Königsherrschaft«, – *2.* darauf, daß nach Matthäus und Markus einige das Reich und den Menschensohn (also die Zukunft) »kommen« sehen, daß nach Lukas diese Leute die Zukunft aber nicht »kommen« sehen, sondern sie nur »sehen« – so daß man Lukas deuten könnte: Einige werden nicht sterben, ehe sie nicht eine Vision vom Reich Gottes empfangen haben. Aber wie immer: Die Grundstruktur ist gleich: Es wird Menschen geben, die die Zukunft erreichen werden, ohne zuvor gestorben zu sein: *Zukunft ohne Sterben.*

Die Exegeten sind sich einig, es hier mit Ausdrücken der urchristlichen sog. *Nah-Erwartung* zu tun zu haben. Die erste Generation von Christen hat danach nur noch mit der Zukunft gerechnet, nicht mehr mit dem eigenen Tod. Sie waren Jesus noch so nahe, daß er seinerseits ihr grundsätzlich nahe blieb; und weil er ihr Leben geworden war, konnten sie etwas anderes als ihr Leben gar nicht mehr denken, qualitativ nicht: Jesus bedeutete für sie schlechthin ihr Leben, – aber eben auch quantitativ nicht: Sie sahen sich als Überbleibende, die die Allgewalt der Todesherrschaft, die Gott in Tod und Erweckung Jesu gebrochen hatte, überleben würden.

Allerdings sind die Exegeten genauso einmütig der Überzeugung, daß das von den Synoptikern überlieferte Jesus-Wort »eine Gemeindebildung als Trostwort wegen des *Ausbleibens* der Parousie« sei, »wenigstens einige werden sie noch erleben«[3]. Dahinter wieder steht fast diskussionslos die Überzeugung, daß diese Nah-Erwartung »sich ja nicht so erfüllt hat« und daß das uns darum »Schwierigkeiten« bereite; die, damals zeitgemäße, Form sei »so heute nicht mehr wiederholbar«[4]

Aber *was* sollte denn hier »wiederholbar« oder *nicht* »wiederholbar« sein? Mit einer *allgemeinen* Zeitvorstellung konfrontieren uns ja weder Paulus noch die Synoptiker; keiner von ihnen mutet uns zu, ein »Ende der Zeit« zu denken und

3. R. Bultmann, Die Geschichte der synoptischen Tradition. [4]1958, 1928.
4. E. Schweizer, Das Evangelium nach Markus. 1967, 101.

uns selbst, sozusagen kalendarisch, dazu in nächster Nähe zu verstehen. Die Warnung, Zukunft zu »berechnen«, schließt diese Deutung aus. Vielmehr sagt Paulus ein »Geheimnis«, und das schließt jede Selbstverständlichkeit aus. Und er sagt ein »Wort des Herrn«, und auch das ist etwas, was einem nur *gesagt* werden kann, weil es weder aus eigener Welt- noch Selbsterfahrung abgeleitet werden kann.

Dann sollten wir aber die Nah-Erwartung auch als Gottesgeheimnis und Herrenwort Jesu behandeln und bedenken und nicht so tun, als wären die ersten Christen einem illusionären Zeit- oder Geschichtsverständnis (etwa der Apokalyptik) aufgesessen, und uns heute bereite dies deswegen Schwierigkeiten, weil wir es inzwischen besser wüßten. Was könnte denn unsereiner über ein Gottesgeheimnis »besser« wissen, und was über einen dem Apostel Paulus gegebenen λόγος des vom Tode erweckten Herrn? Und wieso muß es eine Gemeindebildung heißen, wenn Jesus seinen Freundinnen und Freunden, »die hier stehen«, eine Erfahrung der Zukunft noch zu ihren Lebzeiten angekündigt hat; wäre denn das Oster-Widerfahrnis etwa keine Erfahrung von Zukunft aller Zukünfte gewesen?

Kurz: Die Theorie von der durch den Lauf der Zeit widerlegten Nah-Erwartung verhandelt auf der »historischen« Ebene, nach dem Rechnungswesen der notorisch *alten* Zeit, was die neutestamentlichen Zeugen ihrerseits uns auf einer ganz anderen Ebene – der von »Geheimnis« und »Wort« – anbieten. Damit fordern sie uns auf, *theologisch* zu begreifen, was die dem Paulus und den Jüngern Jesu gegebene Ankündigung Jesu meint. Und sie meint nach unserer Erkenntnis: Zukunft ohne Tod. Das kann es *auch* geben, das wird es *auch* geben.

Der Zusammenhang, in dem Paulus in 1 Thess 4 und 1 Kor 15 das ihm gewordene »Geheimnis« und »Wort« mitteilt, läßt keinen Zweifel, daß Zukunft ohne vorheriges Sterben eine *Ausnahme*, nicht die Regel sein wird, nicht alle werden das österliche Ende der Macht des Todes überleben, die meisten auch zu Lebzeiten des Paulus nicht. Während in der Hebräischen Bibel die Erfahrung des Sterbens ohne Zukunft eher alle teilen, ist im Neuen Testament die Erfahrung einer Zukunft ohne Sterben eher die Ausnahme. Das »Geheimnis« erschließt sich nur der *Erkenntnis* einiger, aber es *wirkt sich* auch nur aus an einigen. Es handelt sich von vornherein um eine Ausnahme-Wahrheit und eine Ausnahme-Wirklichkeit, wir sagen theologisch: nur um *Zeichen.*

Doch wofür?

Daß Gottes Zukunft jenes Leben, das sie bedeutet, auch schon vorauswirkt, – ewiges Leben an Überlebende, dem Tod Entronnene, verschenkt: als Zeichen für Alle.

Da jedoch Gottes Zukunft auch sein Gericht sein wird, wird, nicht weniger zeichenhaft, zuvor auch noch gestorben; aber alles dieses Sterben wird begleitet sein von der Existenz Überlebender, die mit einem *Geschenk* des Lebens inmitten der Sterbewelt besondere Zeugen des kommenden Gottes sind.

Vielleicht vermag erst eine Generation, die sich Auschwitz stellen muß, einen ganz unmythischen, »historischen« Sinn von Existenzen, die Paulus οἱ ζῶντες οἱ περιλειπόμενοι nennt – als »Lebende« »Übrigbleibende« –, zu ermessen. Das Wort περιλειπόμενοι steht nur ein einziges Mal in der Bibel, nur hier 1 Thess 4,15.17; ins Kittelsche Wörterbuch ist es, weil es selten ist, gar nicht erst aufgenommen worden; daß wir es hier mit »*Überlebenden*« zu tun haben, kann uns also niemand ausreden. Sie sind es: Überlebende des Todeswütens. Sie haben »alles Dings ein End' gesehen« (Ps 119,96), waren diesem Ende schon ausgesetzt und sind nun dennoch Zeitgenossen der Zukunft geworden, allein in der Kraft und Ohnmacht ihres Überlebens: *Unmittelbare* der Zukunft und ihres Reichs. In ihnen wird das Überleben zu einer theologischen Kategorie, und die entmythisiert die mythologischen Vorstellungen, die die historischen Kritiker sich von der urchristlichen Nah-Erwartung und davon gemacht haben, daß sie »enttäuscht« und für uns widerlegt worden sei. *Die Allgewalt des Todes Überlebende sind Zeichen der Zukunft Gottes inmitten der Sterbewelt.* Zukunft ohne Tod: dem Tod zum Trotz.

2. *Tod und Zukunft in unserer Generation*

Diese beiden biblischen Sachverhalte berühren uns: das Sterben ohne Zukunft, die Zukunft ohne Sterben; sie sind uns *beide nicht fremd.*

Kämen heute Menschen zu uns, die vor 300, 200 oder auch nur hundert Jahren gelebt haben, und begönnen eine Meinungsumfrage in der Stadt Berlin über das Verhältnis heutiger Menschen zu Sterben und Tod, würden sie vielleicht hier am tiefsten von uns befremdet werden, sich hier in uns am wenigsten wiedererkennen können. Damals wurde das Sterben noch gesellschaftlich erlebt in Familie und Nachbarschaft und war ein unendlicher Stoff für praktische Solidarität, auch für Lyrik und Religion. An uns dagegen würden sie beobachten, wie ungerührt die meisten von uns das Ende eines einzelnen Lebens einfach hinnehmen: nicht nur als das »Natürlichste« von der Welt, sondern auch als das Gleichgültigste.

Gewiß gibt es schon, solange es Kultur gibt, auch eine *ars moriendi:* Schule des gelassenen Sterbens (wie es auch eine ars amandi gab, Liebesschulung, denn Liebe ist stark wie der Tod: In beiden müssen wir uns schulen). Priester und Philosophen lehrten die Menschen, sich zu schicken in das Unvermeidliche des Lebensendes, darüber die menschliche Würde nicht zu verlieren, – den Stolz, ein Mensch zu sein, bis zuletzt nicht preiszugeben, – soweit es geht, klaglos zu leiden und zu sterben, – es den Hinterbliebenen so leicht wie möglich zu machen, – ja sogar, sich ihnen gegenüber glücklich zu preisen, das Zeitliche jetzt segnen und übergehen zu können: sei es in eine ewige Schmerzensfreiheit und Ruhe, sei es in ein weit besseres Dasein, – mit dieser Glücksbekundung sogar die zu trösten, die noch nicht soweit sind. Daß man nicht ins Vergessen fiel, dafür sorgte eine gesellschaftlich, religiös weit entfaltete *Totenkultur,* in der umgekehrt die Lebenden den Sterbenden sich verbanden und den Toten bleibende Gegenwart einräumten unter den Lebenden; Ahnenkulte zeugen dafür, aber auch der beste Teil der klassischen Künste der Griechen (Tempel, Skulptur, Stelen, Sarkophage, nicht zuletzt: die Vasen) sind Werke der Totenkultur, und sie durchdringen schöpferisch, gestaltend das Leben.

Wir brauchen aber gar nicht so weit zurück. Protestantische Frömmigkeit, die in der theologia crucis ihrer selbst bewußt ist, ist vielfach Sterbens-Frömmigkeit gewesen, christliche ars moriendi, ausgeprägt z.B. in den Texten so vieler Bachscher Kantaten und in der herausgehobenen Bedeutung der Passionen bei der Rezeption seiner Musik. Den längsten Zusammenhang des Gedenkens in der Ordnung des Kirchenjahrs bildet die Passionszeit, und in ihr nehmen wir teil an Jesu Weg zum Sterben und in den Tod. Das Todeszeichen des Kreuzes ist *das* Symbol protestantischer Kirchenkunst, und sinnenfälligere Symbole des Lebens treten – gerade im Raum der lutherischen Gemeinde – dahinter zurück; die Katechese erreicht die Kirchenglieder nicht mehr, die sie unterrichten könnte darüber, daß wir das Kreuz, außer als Leidenszeichen, auch als Zeichen des Überwindens, des Siegens über die Allgewalt des Todes lesen könnten; darum sollte, wenn es denn schon beim Kreuz auf Altären bleiben soll, ein leeres Kreuz: ohne den Leib des Gekreuzigten als *Oster*zeichen sprechender wirken. Doch wirken auf Menschen heute solche *Zeichen* des Todesgedenkens so wenig wie der Tod selbst. Der (ästhetische) Symbolverlust hängt unterschwellig wohl damit zusammen, daß Lebens- und Sterbensereignisse selbst kaum noch in ihren Bedeutungen erfahren, auch nur erfragt werden[5]: wohl weil Seelen und Geist (vielleicht mehr als je) erdrückt werden von den Schwergewichten des Faktischen, – sich kaum noch den Abstand schaffen können, auf den Sinn-Erfahrung immer angewiesen ist; unter dem (ökonomischen, wissenschaftlichen, gesellschaftlichen) Diktat des Faktischen haben Daseins-Werte, Alltagslogik, die Gesetze des innerlich Notwendigen sich verändert, und das lehrt die Menschen, ihr Sterben, möglichst wenig berührt, hinzunehmen. Die Haltung der Stoa hat sich – auch ohne Philosophieren – durchgesetzt.

Tragen wir Gründe für solche Gleichgültigkeit zusammen, soweit sie uns bewußt sind.

5. Nicht so, wie unvergleichlich z.B. in W. Benjamins Traktat »Ursprung des deutschen Trauerspiels«, besonders in seiner Analyse des Zusammenhangs von Allegorie und Tod, in: Ges. Schriften, Bd I 1, 204ff, speziell: »Allegorie und Trauerspiel«, 336ff.

Gegen alles ist ein Kraut gewachsen; und wo kein Kraut, da durchdringt das Wachstum der *Chemie* auch die Naturprozesse des menschlichen Lebens. Eines der religiös so überaus anregenden Eckdaten des Lebens: die Konzeption eines Menschen, ist chemisch beherrschbar geworden: ein unglaublicher Bruch in der Selbsterfahrung von Menschen heute gegenüber früheren Generationen und ihrer Schicksalsabhängigkeit. Für anthropologische Veränderungen, die solch moderne Technik erzeugt, übernimmt niemand eine Verantwortung; sie werden den einzelnen aufgelastet. Ihre Emanzipation wird dadurch aus einer politischen Möglichkeit zu einer ökonomischen und wissenschaftlichen Notwendigkeit. Vergeblich macht sich die Römische Kirche hier zum Anwalt der Natur, denn diese ist selbst schon nicht mehr, was sie für irgendeine natürliche Theologie (vielleicht) einmal war; was protestantische Theologie nicht geschafft hat, weil sie es nur halbherzig wollte: Chemie bereitet natürlicher Theologie ihr sicheres Ende. Bis dahin freilich belasten konservative Parteien die notvolle Emanzipation der Menschen noch zusätzlich, indem sie sowohl die naturverändernde chemische Industrie als auch die gesellschaftliche Macht natürlicher Theologie fördern: beide mit Geld und dem Schein von Moral. Heute kämpfen Frauen um eine von beiden Zwangsgewalten – der chemischen, ökonomischen und der natürlich-theologisch-konservativen – freie Konzeption des Lebens; es ist ein erzwungener Kampf, selbst gezeichnet von den Zwängen übermächtiger gesellschaftlicher Widersprüche, die den Daseinserfahrungen jenen freien Spielraum (Spielraum der Freiheit) nehmen, die Sinnfragen und Sinnerfahrungen nun einmal brauchen. Wir erleben derzeit fast überall – in Politik, Wissenschaft, Kirche und Kunst, Ökonomie und im Lebensentwurf der einzelnen – ein Absterben der Sinnfrage: was das *Leben* betrifft.

Gegen den Tod aber ist *kein* Kraut gewachsen, und das Lebensende hat auch das Wachstum der Chemie noch nicht bezwingen können: obwohl wir in unserer Gesellschaft unserem Leben schon längst Ellen zusetzen können (Mt 6,27), von denen unsere Vorfahren nicht einmal haben träumen dürfen; wir leben viel länger als sie. Doch bleiben damit Sterben und Tod nicht das letzte Reservat des Natürlichen, gar der Natur. Wir wollen hier nicht von der Apparate-Medizin der Intensivstationen sprechen. Wichtiger scheint, daß die Einstellung, die uns gegen Tod und Sterben gleichgültiger macht, als vielleicht früher der Fall war, aus der Haltung fast unvermeidlich folgt, die wir zur »Natur« überhaupt einnehmen. Wenn sie grundsätzlich veränderbar, manipulierbar, in die Hand zu bekommen ist, – wenn die Bekämpfung von Seuchen und unheilbaren Krankheiten, von Geburtsfehlern oder erworbenen Gebrechen nur eine Frage der Zeit ist, die die Forschung noch braucht, um sie zu beheben, – und eine Frage des Kapitals, das die Industrie braucht, um solche Forschungsergebnisse zu verwerten, – oder der parlamentarischen Mehrheiten, die wir für liberalere Gesetze brauchen, – oder des absehbaren Todes eines Papstes – wie sollten wir für Sterben und Tod noch mit anderen, älteren Maßen messen aus früheren, in ihren Bedingungen grundsätzlich schon lange überholten Zeiten, gesellschaftlichen Moralen, – wie sollten wir hier, zum Lebensende, Natur-Recht, goethische Ehrfurcht vor der Natur und noch einmal: natürliche Theologie und »natürliches Empfinden« in uns zulassen? Ergebenheit ins Sterben ist faktisch auch nicht mehr, was früher Stoiker und Christen darunter verstanden haben: ein Ja zur Natur oder zu Gott; sie ist mindestens untermischt mit der Resignation, womöglich nur zu früh geboren zu sein: vor dem entscheidenden Sprung in der wissenschaftlich-technischen Entwicklung, der auch dem Tod die *Macht* nimmt – wie der Erzeugung des Lebens das *Schicksal.*

Jedenfalls: Der anthropologische Sprung, den die wissenschaftlich-technische Realität bedeutet, ist unerhört, – verändert die menschliche Einstellung zu den Eckdaten des Lebens und raubt damit der Religion einen ihrer fruchtbarsten Nährböden: zugleich mit ihr auch der Kunst, – dem Philosophieren des Abendlandes, – dem menschlichen Fragen nach dem Sinn des Lebens und des Sterbens.

Sodann: Es ist eine Schande der in Europa lebenden Generationen des nun zu Ende gehenden 20. Jahrhunderts, wie widerstandslos wir das große Morden der beiden sog. Weltkriege (die in Wahrheit nichts als deutsch und europäisch zu verantwortende Kriege waren) hingenommen, – mehr noch: wie willig wir uns, von wenigen Ausnahmen abgesehen, daran beteiligt haben, – ja mehr noch: wie wir die Staaten- und Gesellschaftssysteme in den Kriegsdienst haben stellen lassen; wirklich »totale« Staaten wurden die Gemeinwesen nicht etwa durch sog. »totalitäre« Verfassungen, wie den Führerstaat oder die Staaten eines sozialistischen Zentralismus, sondern durch die Totalität, in der die Zwecke der Kriegsführung das gesamte gesellschaftliche und private Leben unterwarfen. In vielen Ländern Europas gab es in diesem Jahrhundert kaum ein Haus ohne Tote, die sich die Staaten erzwangen. Und auch Genozide, d.h. willentliche Ausrottung ganzer Bevölkerungsgruppen in der Kolonialwelt, aber auch in Europa, ereigneten sich mehr als einmal. Wir rechnen es uns Philosophen und Theologen zur ganz besonderen Schande an, daß z.B. die Geschichte der wissenschaftlich formulierten Ethik in unserem Jahrhundert so gut wie keine Erschütterung von dieser Wirklichkeit erkennen läßt; wir hören von Universitäten und Kanzeln über das alles kaum einen Schrei (wie wir ihn immerhin am Anfang des Jahrhunderts in dem berühmten gleichnamigen Bild von Edvard Munch zu sehen bekamen), d.h. ein Entsetzen ist aus der Realität nicht bis an die Wurzeln der Wissenschaft vom guten und bösen Handeln heruntergedrungen; die ethischen Prinzipien gerieten kaum ins Wanken, und wo dies geschah, legte man größten Wert auf den Nachweis, daß dies aus innerer Logik der wissenschaftlichen Entwicklung vor sich ging, nicht etwa aus Empörung und Erfahrung. Wir sprechen hier noch nicht von der Schoah, dem nationalsozialistischen Judenmord, sondern »nur« von der abgründigen Gewöhnung des europäischen, auch christlichen Geistes an systematisch betriebenes Morden, Mord als System.

Freilich brauchte die Wissenschaft sich nicht von dieser Realität besonders betreffen zu lassen, weil die Bevölkerungen ihrerseits mehr oder weniger bereitwillig die »Opfer« brachten, die die Staaten von ihnen verlangten. Dies stumpfte die Menschen ab gegen Sterben und Tod; je mehr das Jahrhundert voranschritt, desto weniger zählte ein einzelnes Menschenleben. Ohne solche Mordgewöhnung läßt sich heute die allgemeine Sterbens- und Todesgleichgültigkeit nicht begreifen; sie ist geschichtlich erlernt und erklärt viele der heutigen Phänomene.

Z.B. die wohl in einem kollektiven Unbewußten begründete *Bereitschaft zu individuellem Selbstmord,* der längst nicht mehr nur Fall in einer Einzelbiografie zu sein scheint, sondern wie von kollektiven Strömungen getragen wirkt. Die Autostraßen in Europa werden in rasender Geschwindigkeit von Halbjahr zu Halbjahr mehr zu Selbstmordpisten; wenn Autoindustrie, Autoclubs und die vom Fetisch des Wirtschaftswachstums besessenen Politiker den Menschen als freien Vernunftwesen gerade die Autobahn zum »Sitz im Leben« geben (statt einen ordentlich ausgebauten Kindergarten, eine gut dotierte Schule, eine großzügig geförderte Universität), lügen sie uns über die Todesvernunft hinweg, die sie damit meinen. Und die berüchtigte »freie Fahrt für freie Bürger« ist die Parole für eine Freiheit zum Tode, die überhaupt in der Konsequenz so manchen wirtschaftsliberalen Freiheitsdenkens liegt.

Das Gegenbild und einen wahren Spiegel dieser Todeslogik haben wir in der zügellosen Selbstmordbereitschaft von *Drogenabhängigen:* Exponenten einer individuellen und kollektiven Sinnleere und Unbehaustheit, die weder Staat noch Gesellschaft noch Familie noch Freundschaft noch Liebesbindungen mehr verhindern können, geschweige denn ein erlerntes Verhältnis eines Menschen zu sich selbst. Die aufgeklärte liberale Gesellschaft lehnt es auch ausdrücklich ab, sich als Instanz einer Sinnvermittlung zu begreifen, zu organisieren: mit nicht schlechten Gründen, aber doch der Folge, daß sie dem Einzelnen seelisch und geistig die Last aufbürdet, mit dem, was man »die Welt« nennt, einsam fertig zu werden, was oft nur heißt: sich von ihr erdrücken zu lassen. Der Staat meint im Blick darauf, einen öffentlichen Nutzen der Kirchen erblicken zu können, während die Kirchen nicht begreifen, daß sie nicht als Teilersatz für das Ganze stehen können und darum den Zustand des Ganzen *angreifen* müßten, wenn sie auch nur einer einzelnen Seele seelsorgerlich ernsthaft helfen wollten. »Seelsorge« ist längst zu einem Politikum geworden und deswegen in so vielen Gemeinden aus der Übung gekommen. Wo Gottesganzheit nur noch am Begriff einer gesellschaftlichen Ganzheit erfahren und gedacht wird, verliert die Seele ihren

Hort und wissen auch Christen und Kirchen z.B. kaum noch etwas anzufangen mit einem »Bereiten zum seligen Sterben«, das in früheren Generationen ein gut Teil der Pfarrer-Arbeit ausmachte.

Noch einmal anders erleben wir, erst in den letzten Jahren, Selbstmordwilligkeit in der weltweiten Kette der *Aids*-Ansteckungen. Diese Krankheit ist zum Tode. Und wenn wir Drogenkrankheiten als Mangelkrankheiten sehen können, so die Aids-Krankheit in gewissem Sinne (aber nur in gewissem) wie eine, die nicht aus Leiden am Leben, sondern aus Lebenstrotz entsteht: Laßt uns heute leben, lieben, uns aneinander verbrennen, denn morgen sind wir tot. Es bedürfte der ganzen Distanz und Kälte des Geistigen, die vielleicht manche alte Griechen sich erträumten, wenn Menschen nun auch noch die Intimität der Körperbeziehungen durch Berechnungen lenken wollten, wenn sie sich verbieten ließen, ein Mensch am anderen verbrennen zu können: wozu wir uns ja durchaus mit Leib, Seele und Geist geschaffen wissen dürfen. Ich empfinde persönlich die Wege in den schrecklichen Aids-Tod einerseits wie einen Protest gegen den Zugriff der Herrschaftsvernunft auf die Leiber der Liebenden, denen diese Krankheit das sexuelle Leben als letzte Behaustheit des Einzelnen streitig macht, – andererseits als immer neue Demonstration von Menschen, die in der Frühe ihres Lebens qualvoll weggehen aus einem Dasein, das ihnen nicht mehr mit dem Leben lohnt. Selbst wenn, wie wir hoffen müssen, bald, bald das Kraut gefunden wird, das auch dagegen gewachsen sein könnte, würde die Erfahrung von so etwas wie einem nicht-mehr-romantischen Liebes-Tod bleiben, den Menschen (ambivalent) wählen und sich zugleich zuziehen in einer Todesbereitschaft, die für eine gefahrlose Liebe zum Leben demonstriert. Aber eben: Todesbereitschaft, in der statt wahren Lebens nur Lebenswahn sich auswirkt: »Sex-is-mus(ß)« [Graffitto am hinteren Eingang der »Rostlaube«, einem Institutsgebäude der Universität in Dahlem]. Oder doch nicht?

Müßig wäre die Frage, ob Beispiele solcher individuellen Selbstmordbereitschaft nur ohnmächtige Reflexe darauf sind, daß wir in unseren Generationen die Möglichkeit der *Massenvernichtung* zum politischen, wirtschaftlichen und militärischen Weltsystem gewählt haben. Drohung mit atomarer Menschheits- und Lebensvernichtung wurde nach dem zweiten Weltkrieg zum politischen Mittel, in der Staatenwelt ein Gleichgewicht der Kräfte herzustellen. Ob es die Angst war, daß wir uns im Augenblick (1990) zu einer humanen Vernunft des Überlebens zurückwenden, oder ob es nur die ökonomische Überforderung der Weltgesellschaften durch diesen Moloch war, bleibe dahingestellt. Die *Möglichkeit* der Massenvernichtung bleibt unvergessen und ist ins Kalkül ganz gewöhnlicher politischer Vernunft eingegangen, alle moralischen Hemmungen dagegen niederwalzend; das Gewöhnliche ist das grundsätzlich Bedenkliche daran.

Noch mehr »System« hat dies aber darin, daß neben der atomaren Menschheitsvernichtung auch *Vergiftung und Vergasung* kleinerer Bevölkerungsteile durch biologische und chemische Kampfstoffe sozusagen als flankierende Möglichkeiten vorbereitet, einkalkuliert und: angewendet werden (z.B. im Irak gegen die Kurden). In Afrika aber sterben Massen von Menschen den *Hungertod* in einem Geflecht von klimatischen, ökonomischen und politischen Bedingungen, an dessen Entflechtung zu arbeiten die nördlichen Gesellschaften sich verweigern; zu mehr als gröbster Nothilfe kommt es nie. Alle vier Gattungen der Massenvernichtung liquidieren mit Menschenmassen auch Natur, so daß selbst dann keine Überlebenschance mehr bestünde, wenn es einzelne oder kleinere Gruppen von Überlebenden gäbe.

Wieder ist das Grauenhafte daran in unseren Augen weniger die tatsächliche physische Gefährdung der Gattung Mensch als vielmehr die Lethargie, in der menschlicher Geist, Politik, menschliches Bewußtsein dies alles in die Begriffe, die Logik, die Ästhetik, die Wissenschaft, die Publizistik, die seelische Daseinserfahrung und (Gott sei's geklagt) auch in christliche Ethik und Theologie integrieren. Nicht die Stunden X sind das ethisch und theologisch Unerhörte daran, sondern, daß lange zuvor dem Tod als Übermacht Einlaß gewährt wird in die sittlichen, intellektuellen, ästhetischen Kräfte des Menschseins, die uns zum *Leben* anvertraut worden sind, wir aber feiern und dienen mit ihnen dem gefräßigen Tod, dem Menschenfeind. Theologisch gedacht, ist dies eine Korruption ohnegleichen, über die wir uns mit einer Erkenntnis der *Erbsünde* deswegen nicht beruhigen können, weil es sich Schritt für Schritt um immer neue peccata actualia handelt; die kleinen Widerstands- und Friedensbewegungen, von denen diese weltweiten großen Todesprozesse immer begleitet waren, zeigen, daß hier nicht mit Verhängnissen zu rechnen ist, sondern mit Entscheidungen einer völlig pervertierten Vernunft gegen ihre besseren Möglichkeiten. Überdies wäre theologisch zu urteilen, daß ein Erbsünden-Gedanke seinerseits vom Tode korrumpiert ist, wenn er, statt zum Protest gegen den Lauf der Dinge, allein zu dessen Legitimation und Hinnahme gebraucht wird; nichts perverser als eine Theologie, die ihrerseits vom Tode zerfressen wäre. Die Bibel jedenfalls lehrt uns nicht, von der Sünde zu sprechen, damit wir lernen, vor ihr zu kapitulieren, sondern um uns wütend zu machen gegen unsere Verderbensanfälligkeit und uns unserer freiwilligen Todesknechtschaft zu entziehen.

Aber nicht nur im Töten bildet der Tod das heutige Daseins-System, auch nicht nur in der Unterwerfung von Ethos, Logik, Wirtschaft, Wissenschaft und Politk: Er systematisiert sich und uns auch im *Terror*. Nach den Schrecken der nationalsozialistischen und der stalinistischen Herrschaft wurde die *Folter* nicht etwa aus den Rechts- und Polizei-Systemen ausgeschaltet, im Gegenteil: Als wären durch den Nationalsozialismus Schleusen erst geöffnet worden, haben sich physische und seelische Folterpraktiken wie eine Seuche in den Herrschaftssystemen der Welt ausgebreitet. Hier werden Einzelne ihrem Sterben ausgesetzt, umfassend dem Regime des Todes unterzogen, – Menschen bringen Menschen den Tod bei. Die Körper werden in intellektuell gesteuerten Dosierungen mit dem Tod bekannt gemacht, die Seelen etwa nicht nur mit dem Tod bedroht, sondern dem Tode unterworfen; hier kann keiner mehr seine Seele »aushauchen« mit einem letzten Atemzug, weil sie ihm zuvor schon ermordet wurde. Und auch dies wurde zu einem ganz ordinären System im Umgang mit Menschen.

Wir sprechen immer wieder bewußt vom *System*.. Denn vielleicht ließe sich von vielen der Todesphänomene, die wir hier nennen, sagen, daß sie in der Menschheit »nichts Neues« sind (aber was wäre *das* eigentlich für eine Urteilskategorie in *diesen* Zusammenhängen?); ein homo homini lupus, daß der Mensch ein Wolf dem Menschen sei, ist *alte* Erfahrungsweisheit. Aber daß das individuelle und kollektive Daseinssystem im ganzen *a.* mit dem gleichzeitigen Tode Aller *rechnet, b.* die Massenvernichtung rational kalkuliert, *c. alle* Lebensäußerungen unter ein Gesetz der Todesdrohung zwingt, *d.* daß Menschen sich nicht nur das Recht zu töten zuerkennen, sondern sich den Tod als Herrschaftsmittel aneignen, daß sie also *e.* sich zu Herren des Todes, *mit* dem Tode ihre Geschäfte machen und *durch* den Tod regieren, das war in der Menschheitsgeschichte so noch nicht da.

Und das nun ist es auch, was einerseits das Leben selbst aussichtslos macht (»no future« ist außer einem modischen Unsinn wahrscheinlich auch die hellste, tiefsinnigste Wahrheit über unsere Welt), andererseits die Gleichgültigkeit gegen das Sterben, ein Kapitulantentum vor dem Tode, in ganz anderer Weise prägt, als es bisher stoische Ataraxie oder christliche Ergebenheit ins Sterben bedeuteten.

Erst über diesem Untergrund erfassen wir nun die besondere Bedeutung der *Schoah,* des nationalsozialistischen Judenmords. Es ist dieser geistig, seelisch, praktische Untergrund, der uns hemmungslos zu Mitarbeitern dieser Mordverbrechen gemacht hat. Die Schoah war Exponent eines Todessystems. In ihm wirkten alle die bisher genannten Einzelheiten einer gesellschaftlichen Macht des Todes, aber sie wirkten in ihm in einer bis dahin unbekannten Weise alle *zusammen* und gaben ihm dadurch das unvergleichlich Abgründige und durch die Einzelfaktoren je für sich nicht Erklärbare; will sagen: Die Todes-*Gewohnheiten* unserer Generation vermögen doch nicht, *diesen* Tod zu rationalisieren.

Wir *müssen,* wenn wir vom Tode sprechen, von der Schoah sprechen. Und wenn wir von ihr sprechen, heißt das unvermeidlich: Wir müssen auch hier zu rationalisieren versuchen, was nicht zu rationalisieren ist. Es ist bereits eine Rationalisierung des nicht Rationalisierbaren, wenn wir die Schoah, mitten in der Todeswelt des 20. Jahrhunderts, *besonders* bedenken. Ginge es in der Menschheit in Bezug auf den Tod noch irgendwo mit rechten, menschlichen Dingen zu, dann besäßen die Völker einen Sinn für das Unnennbare und lernten leben mit diesem *Schweigen* von Auschwitz und Birkenau her in ihrer Mitte. Weil sie alle damals dazu geschwiegen haben, schweigt es sie für immer von daher an. Fragen wir nach einem Besonderen dieses Mordes, verfällt die Vernunft damit bereits einem Rationalisierungszwang, der dem Sprachlosen unangemessen ist und ein Zeichen für die Todesverfallenheit dieser Vernunft. Je länger, je mehr aber wehrt sich diese Vernunft dagegen, sich von etwas infragestellen zu lassen, was unfaßlich bleibt. Im sog. Historikerstreit[6] ging es um historische Kontexte, in die auch Hitlers Judenbehandlung hineinrelativiert werden könnte. Auch unter Theologen wächst die Neigung, *keine* qualitative Differenz mehr zuzulassen zwischen Hiroshima, den Stalin-Morden, dem türkischen Armeniergenozid, irakischer Kurdenvernichtung, nord- und südamerikanischer Ausrottung ganzer Indianerstämme usw. Wie die Vernunft das Historische nur durch *Relativieren* erfaßt, will Theologie auf das *Universale* der Unmoral hinaus und auf einen Lieblingsgedanken aller Todesmetaphysik: im Tode seien alle gleich, und nur im Gleichmachen sei der Tod erfaßt als die Macht, die er ist. Aber für solche historischen und moralischen Distanzen haben wir weder Zeit noch Raum noch Recht.

Unvergleichlich war und bleibt an der Schoah folgendes: *1.* Die nationalsozialistische Judenvernichtung war anders als alle anderen Genozide, ein ideologisch und gesellschaftlich, also theoretisch allgemein und universal konzipiertes *Ziel*, während andere Massenvernichtungen militärische oder politische *Reaktionen* in begrenzt gegebenen Verhältnissen waren. Mit den Hiroshima- und Nagasaki-Bomben sollten nicht »die Japaner« liquidiert, sondern der japanische Widerstand gebrochen und dem Krieg ein Ende bereitet werden. Mit den Stalinschen Kulaken-Morden sollten nicht »die Bauern« umgebracht, sondern ein bäuerlicher Widerstand überwunden werden. Mit den Millionen getöteter Armenier der Massaker von 1895, 1915 und 1921 sollten nicht »die Armenier« ausgerottet, sondern dazu angehalten werden, ihren Widerstand gegen die nationalistischen Türkisierungsmaßnahmen aufzugeben und sich türkisch zu assimilieren; oder sie sollten zur Auswanderung und Massenflucht mit brutalster Gewalt gezwungen werden. Mit den Morden von Katyn sollten nicht »die Polen«, sondern die sich dem Stalinismus widersetzende polnische Offiziersschicht liquidiert werden. Und nicht einmal in den Hitlerschen Konzentrationslagern sollten alle Polen umgebracht werden, sondern die polnische Intelligenz, damit

6. Vgl. den Überblick von H.-U. Wehler, Entsorgung der deutschen Vergangenheit? Ein polemischer Essay zum »Historikerstreit«, 1988.

das übrige Volk der Polen als ungebildetes Sklavenvolk den deutschen Herrenmenschen unterworfen werden könnte. Dagegen sollten nur die Juden – u. zw. sie als *Juden* und sie *alle* – ermordet werden.

2. Bei anderen Genoziden bildeten die Verfolgten in irgendeinem Sinne eine politische oder gesellschaftliche oder militärische Gegenfront gegen die herrschenden Mächte oder ihre Ziele. Davon kann beim Judentum keine Rede sein. Weder organisierte es sich in Europa irgendwo als ein politisches Subjekt, noch war es geleitet von irgendeinem gesellschaftlichen Zielwillen, der dem der europäischen Staaten hätte entgegenwirken können, schon gar nicht ließe sich vom deutschen Judentum so etwas behaupten. Während bei anderen Genoziden ebenfalls ganz unbeteiligte Bevölkerungsteile umgebracht wurden, die aber durch Duldung von Widerstandspraktiken, welche Einzelne oder kleine Gruppen in ihrem Namen oder jedenfalls ihnen zugute betätigten, theoretisch belastet sein konnten, gab es im Falle der Juden nichts Vergleichbares. Es gab vor Beginn der Schoah niemanden, der für das Judentum gegen die Deutschen kämpfte, so daß Repressalien für das ganze Judentum angeblich erklärbar wären. Das von den Nazis dafür immer zitierte, für die Deutschen angeblich gefährliche »Weltjudentum« war ihr eigenes Hirngespinst.

3. An vielen Genoziden waren die *Staats*apparate mit Militär, Wirtschaft, Verwaltung, Politik beteiligt. Nur im Falle der deutschen Judenmorde stand *außerdem* das ganze *Gesellschafts*system mit Recht, Religion, Kunst, Wissenschaft, seelischen Einstellungen von Bevölkerungsmehrheiten im Dienst der Mordmaschine, ja wurde sie selbst. Nur im Falle der Judenmorde gibt es eine zweitausendjährige Diffamierungs-, Verdrängungs-, Unterwerfungs- und Vernichtungs«kultur«, damit auch ein kollektives Unbewußtes von Urteilen, Verurteilungen, die schon lange einen Lösungs- und Bereinigungsdruck im Bewußtsein von Generationen erzeugt hatten. »Endlösung« war *geschichtlich* und kulturell lange möglich. Dies unterscheidet die Judenmorde auch von der geplanten völligen Ausrottung der Sinti und Roma.

Nicht nur die *Zahl* der jüdischen Opfer, sondern *Ziel und System* ihrer Opferung sind unvergleichlich. Für ihren Tod gab es keine Wahl, wie es für andere Völker und Gruppen Vertreibung oder Unterwerfung gab, mit der sie ihrer Ermordung hätten entrinnen können. Für die Tötung anderer Bevölkerungen ließen sich immer irgendwelche Gründe nennen, nur Juden wurden grundlos, allein um ihres Todes willen getötet.

Hier schlägt Zeitgeschichte um in Theologie. Und zwar nicht nur in eine Krisis von Ethos und Ethik, etwa in die totale Austauschbarkeit von Gut und Böse gegeneinander – sie aber ist die *intellektuelle Form der Gleichgültigkeit gegen den Tod*; die Tötung der Juden um ihres Todes willen ist eine Herausforderung an Theologie selbst, der sie sich bisher überhaupt nicht gewachsen zeigt: einmal, weil hier dem Tod, dem »letzten Feind« der Menschen und vor allem Gottes, »das Feld« vollkommen *überlassen,* er zum letzten Wirklichkeits- und Sinnhorizont praktisch sowohl wie theoretisch gemacht worden ist; sodann, weil mit Gott zugleich sein »Augapfel« geblendet wurde (Sach 2,12), das Organ, mit dem Gott Menschen und Welt, Anfang und Ende aller geistigen, seelischen und leiblichen Dinge sieht, sie ansieht, sie »erkennt« – in dem tiefen Liebessinn, den »Erkennen« (jada) in der Sprache der Bibel besitzt. Es gab und gibt manche fromme Spekulation über das dämonische Geheimnis des Antijudaismus: Wer Juden schlage, schlage damit den Christus. Biblisch muß dies jedoch vor allem heißen, daß in der Tat die Ausrottung der *Juden* zugleich den Tod *Gottes* wollte und – mehr noch – ein *Abschütteln des liebenden Erkanntwerdens aller Menschen durch Gott, der die Menschheit durch Israel hindurch ansieht, und damit: den Tod jeder Liebe.*

Es überfällt mich je länger je mehr immer zehrenderes Entsetzen über die Todesverfallenheit eines christlichen Glaubens, einer kirchlichen Predigt, einer evangelischen Theologie, die dagegen unempfindlich bleibt, wie in Todesstarre. Der Tod ist in unserem Jahrhundert nicht ein Thema der Theologie; er ist *ihr* Tod. Es ist das Absterben ihres Wissens um Gott; um das Leben Gottes, das lebendig ist, indem es Israel erwählt; ist Absterben jedes Funkens von Liebe in den Theologen und in ihrer Arbeit. Es ist so auch das *Ende der Theologie*; und wir geben damit nicht einer Emotion im Denken nach, sondern drücken dessen Krisis aus, derer wir nicht Herr werden können und von der wir nicht wissen, ob der an seinem Augapfel geblendete Gott ihrer noch einmal Herr werden will. Jedenfalls weist die Betroffenheit Gottes von der Schoah noch einmal auf den Systemcharakter der Todeswirklichkeit hin, und nirgendwo wie am Judenmord wird dies greifbar; für die Theologie bleibt die Schoah deswegen das einzigartig Schreckliche, und sie kann nicht zu entsetzlicherer Erkenntnis geführt werden als im Gedenken des Judenmords.

3. Sein aus dem Tode

Grundsätzlich heißt dies alles nun: In unserem Jahrhundert wurden Sterben und Tod aus einer *Grenz*erfahrung, die alle menschlichen und tierischen Geschöpfe, ein jedes für sich, machen müssen, zu einer *Erfahrung der Mitte und des Grundes der Wirklichkeit im ganzen.* Wir sehen nicht mehr nur dem Tod *entgegen,* wir *gründen* in ihm, oder: wir gründen über seinem Abgrund. Unser Sein, das wir früher als ein »Sein zum Tode« begreifen konnten, muß nun als ein Sein *aus* dem Untergrund des Todes verstanden werden. Der Tod ist seinstragend, seinsbegründend geworden – für herkömmliches Begreifen eine absurde Formel, die von ihrem eigenen logischen Widerspruch gezeichnet wirkt. Aber wenigstens Theologen müssen u. E. einen Begriff vom Sein wagen, den unsere täglichen Erfahrungen nicht so ad absurdum führen und zu purer Ideologie machen können, wie der frühere Begriff eines Seins, das der solenne, begriffliche Gegensatz zum Nichtsein, dem Tode, war, es unter heutigen Bedingungen sein müßte. Uns ist »der Tod durchs Fenster gestiegen, ist eingedrungen in unsere Paläste« (Jer 9,20): unser Ausblick und Einblick ist der Tod.

Dies macht jede Gestalt von Leben – pflanzlichem, tierischem, menschlichem – zu einer Form von *Überleben,* und Überleben wird zu einem eigentlichen Begriff von Leben. Wo wir früher Leben primär als Schöpfung begreifen wollten, müssen wir es heute wohl – begrifflich! – als Leben über dem Todesgrund fassen. Es ist – wesenhaft! – schon gezeichnet, aber noch verschont vom Tode. Es *ist* das verdrängte Nicht-Sein, Chaos, Tohuwabohu: *der verdrängte Tod.*

Durchaus denkbar ist, daß eben dies schon immer der Sinn des zweiten Verses der Bibel im Zusammenhang der Schöpfungserzählung war: »Die Erde war aber wüst und öde (ve ha arez hajita tohu va bohu), und Finsternis lag auf der Urflut, und der Geist Gottes schwebte über den Wassern« (Gen 1,2); »Schöpfung« war vielleicht immer nur Verdrängung, ein Gehaltenwerden *über* Wassern des Abgrunds, war Errettung daraus (»Schöpfung«: ein *soteriologischer* Begriff), als solche: Überleben immer virulenter Lebensgefährdung, nur ein kurzes Sichbehaupten einer kleinen physisch-psychischen atomaren Konstellation – pflanzliches, tierisches, menschliches »Leben« genannt – gegenüber seinem Nicht-Bestand. Und *stärker* als die Liebe, die uns leben/überleben läßt, ist der Tod: *weil wir ihm dienen.*

Diese existentiale Bestimmung: »weil wir ihm dienen«, ist vonnöten, gehört zur Bildung des Begriffs. Wir können, so wenig wie das Leben, so wenig den Tod als ein *Geschick* auffassen. Beide »Eckdaten« unseres Daseins – Geburt wie Tod – sind in unsere *Verfügung* geraten. Wir sind es, die den Tod aus einer Grenzerfahrung zu einer Macht der Mitte, des Grundes und des Ungrundes gemacht haben und weiter machen; ontologische Erschütterungen folgen ethischen, die ihnen vorauswirken. Es ist diese Situation, die uns Gott, wie er zu Mose gesprochen hat, nahebringen könnte wie nie. Denn dem Mose hat Gott eine Wahl »vorgelegt« zwischen Leben und Glück, Tod und Unglück (Dtn 30,15), und dem Volk des Mose hat er diese Wahl mit der Weisung verbunden: »So wähle nun das Leben, auf daß du am Leben bleibst, du und deine Nachkommen« (Dtn 30,19). Im gleichen Sinne ethischer Wahl, nicht schicksalhafter Gleichgültigkeit, ist auch Paulus zu verstehen: »Keiner von uns lebt ja sich selbst, und keiner stirbt sich selbst; denn leben wir, so leben wir dem Herrn; sterben wir, so sterben wir dem Herrn. Wir leben nun oder wir sterben, so sind wir des Herrn« (Röm 14,7-8) – keine ontologische Bestimmung dies, sondern ethische Weisung; wie immer im einzelnen zu verstehen – Leben und Tod werden auch hier uns zur *Entscheidung* und *Gestaltung* in die Hand gelegt, nach Maßgabe des κύριος Ἰησοῦς, des »Herrn Jesus«.

Aber zu diesen Bestimmungen von Leben und Tod gehört nun auch noch folgende: Der Horizont des Lebens ist der Tod. Das heißt auch: Die *Zukunft* des Lebens ist der Tod. Unsere Gleichgültigkeit gegen die Zukunft, wie sie sich z.B. in unserer Verantwortungslosigkeit gegenüber dem Leben und den ökologischen Lebensmöglichkeiten nächster Generationen ausdrückt, folgt unserer Gleichgültigkeit gegen den Tod und unserer individuellen und kollektiven Todeswilligkeit. Wir akzeptieren den Tod als Zukunft von allem und als Inhalt von Zukunft den Tod. Das biblische Sterben ohne Zukunft ist ein uns verständlicher, weil tief in unserer Erfahrung, aber auch in unserem Verhalten eingewurzelter Gedanke.

Aber macht uns das zu biblischen, alttestamentlichen Menschen? Und ist das wirklich ein Grund, in der Eschatologie so selbstverständlich vom Sterben und vom Tode sprechen zu müssen, wie die Tradition dieser Denkbemühung will?

Nach dem, was wir bisher bedacht haben, ist uns ja neben der alttestamentlichen Grunderfahrung eines Sterbens ohne Zukunft auch die neutestamentliche Minderheiten-Erfahrung einer Zukunft ohne Sterben nicht völlig fremd.

Wir erfahren ja wirklich Leben als ein ständiges *Überleben.* Gleich nach Kriegsende hat uns Europäern der deutsche Titel von Thornton Wilders Theaterstück »Wir sind noch einmal davongekommen« (The Skin of Our Teeth) ein starkes Identifikationsmoment angeboten; so empfanden wir uns, so fanden wir uns wieder. Ich persönlich habe seit damals zwar nie mehr ein, wie man so sagt, Grundvertrauen ins Leben wiedergefunden, aber eine Lebensdankbarkeit empfinde ich, solange ich Stunden auf Erden zähle; sie zehrt von dem Gefühl, das für mich lange auch eine Überzeugung war: daß in Deutschland kein Deutscher verdient hat, die Nazi-Zeit zu überleben; ich meine nicht, daß ich dies aus jugendlichem Rigorismus dachte, vielmehr war und ist dies eine emotionale Begleiterscheinung der Schuldeinsicht, von der meine Generation sich nicht lösen kann, ich jedenfalls mich nicht lösen will.

Allerdings ist mir bisher eine Erfahrung erspart geblieben, die mehr als einmal Juden bezeugen: das Gefühl der *Schuld, eine Empfindung von Scham, ein Überlebender zu sein.* Darin äußert sich eine Selbstnegation des Lebens noch im Überleben, die aus dem Widerfahrnis der Allgewalt des Todes kommt, die niemand so machen mußte wie die Opfer des »Meisters aus Deutschland«. Ich habe vorhin jene Verrückung des Todes von einer Grenzerfahrung zu einer Erfahrung des Grundes und der Mitte des Daseins skizziert im Blick auf diese Zeugnisse jüdischer Opfer: des Überlebens als Schuld. In meinen Augen *muß* sie begriffsbildend wirken, weil alles zur *Ideologie* wird, was die *Erfahrung von Opfern* der gesellschaftlichen Wirklichkeit ausschließt oder sie bloß als Krankheitsphänomen bewertet und beiseiteschiebt. Umgekehrt stellen sich mir aber auch die nach der Nazi-Zeit fortwirkenden, ja anschwellenden allgemeinen *Vernichtungsängste* und die Gründe, die es für sie wirklich gibt, als Fortwirkungen des Abgrundes von Auschwitz dar; von dort gab es für die Menschheit keine Rückkehr in irgendeine Normalität mehr – gemeint ist: die eines Daseins vor und ohne die ontologische Katastrophe, die Auschwitz war; es gab sie faktisch nicht. Seitdem leben wir mit atomaren, ökologischen, chemischen, gesellschaftlichen Vernichtungsängsten auf dem Seelengrund von Vielen. Und diese sind es, die die Lebenserfahrung auch dort grundsätzlich zu einer *Über*lebenserfahrung machen, wo Katastrophen noch nicht erlebt wurden. M. E. ist das der sozialpsychologische Zusammenhang aller Protest- und Widerstandsbewegungen innerhalb der westlichen Welt. In den USA bewirkte der Vietnamkrieg diese Erschütterung, die wir Europäer in der Nazi-Zeit gemacht hatten; und mir kann es nicht wie ein Zufall erscheinen, daß erst gleichzeitig mit dem amerikanischen Vietnam-Syndrom die Einsicht in die fundamentale menschheitliche Bedeutung des Holocaust erwachte, – das Nachleiden der Nazi-Erfahrung aufstieg aus der Latenz, dem Entsetzen der Seele, und um Worte rang, die dann in der sog. Holocaust-Philosophie und -Theologie sich ausdrückten.

Leben wir aber seither mit Vernichtungsängsten, die um das Dasein im ganzen fürchten, – ist also Lebenserfahrung grundsätzlich gleich Überlebenserfahrung, dann wird uns jeder Augenblick, den wir dennoch leben, zur Erfahrung einer Zukunft ohne Tod. Denn Zukunft ist ein Leben, das schon längst dem Verderben gehört und doch noch nicht vom Verderben ereilt wurde. Im Wissen um den Todes-Ungrund, über dem wir jetzt schon unser Dasein fristen, leben wir reinweg Zukunft ohne eine besondere Barriere des Todes. Dies freilich in jener Beschränkung, in der Jairi Töchterlein, der Knecht des Hauptmanns von Kapernaum und Lazarus, der Bruder der Maria und der Martha aus Bethanien, ihr Leben als Zukunft von Jesus empfingen, als er sie aus dem Tode erweckte und rettete; dennoch mußten sie wieder sterben; aber wir können gewiß sein, daß sie, dann sterbend, doch den bitteren *Tod nicht mehr* schmecken mußten. Nicht zwar zu einer Zukunft ohne Sterben kamen sie da, aber zu einer Zukunft ohne Tod.

Doch diese Unterscheidung weist uns schon voraus in den Gang der nächsten Überlegungen. Zuvor müssen wir aber die Frage zu beantworten versuchen, mit der wir begonnen haben:

4. *Eschatologie und Tod*

Ist es denn überhaupt nötig, in einer Eschatologie vom Sterben und vom Tode zu reden? Es *könnte* ja so etwas wie eine Eschatologie von Überlebenden geben, die bereits ihr ganzes jetziges Leben im olam hassä, in dieser Welt, als eine einzige Zukunft erfahren: aus dem Horizont des Entronnenseins oder aus der *Erfahrung* des Abgrundes von Tod, dem wir gehören und der uns doch noch nicht verschlungen hat – *Zukunft als Qualität.* Wir könnten uns, lauschend auf die uns freilich fremde, freilich unglaublich klingende Botschaft von einer Auferweckung Jesu aus dem Tode, unsererseits als Unmittelbare der Zukunft und ihres Reiches denken. Wir könnten ja angesichts des Todesabgrundes, über dem und aus dem wir sind, dennoch eine Zukunft ohne Tod, wenn auch nicht ohne unser bevorstehendes Sterben, denken. Vor allem könnten wir eine Eschatologie dazu bestimmen, einen *ethischen Trotz* gegen die herrschende Allgewalt des Todes zu setzen, – dazu, im Sinne der dem Mose für das jüdische Volk gegebenen Weisung, das Leben zu »wählen« und nicht den Tod, dem Tode entgegen zu wirken, also: Eschatologie tora-gemäß, weisungs-gemäß *ethisch* zu vollziehen. Wir könnten unser theologisches Denkvermögen dazu aufhetzen, die Liebe mindestens so stark wie den Tod zu machen, was freilich nur ginge, wenn wir, allen unseren Erfahrungen, unserem todgezeichneten Seinsbegriff und so allen unseren anderen Begriffen zum Trotz, denkend das Leben liebten und dem Tode nicht mehr dienten, – seinem Ansinnen auch unsere Theologie strikt verschlössen, – wenn wir ihm z.B. gerade nur darin einen letzten Rest von Recht ließen, daß wir Utopie wagten und Zukunft als Nicht-Ort beschwören würden (und nur insofern der Negation, die der Tod ist, Respekt zollten). Es ließe sich eine solche Eschatologie denken, ohne daß wir uns deswegen ein ähnliches Verdikt zuziehen müßten, wie Karl Barth, Hans Ehrenberg zitierend, es einmal gegen Ludwig Feuerbach ausgesprochen hatte: der sei ein »Nichtkenner des Todes« gewesen[7]; denn es blieben an solchem Zukunftsdenken Zeichen der Verzweiflung am vom Tode bedrohten Leben genug übrig, und mit einem Vitalismus oder einem fahrlässigen, theologisch ungewaschenen Lebens-Optimismus müßte das nichts zu tun haben.

Gerade darum aber sorgten sich unsere theologischen Lehrer: Eschatologie könnte zu einer Wolkenkuckucksheim-Phantasterei werden, – könnte uns dazu verführen, uns ungehemmt einem geistigen Lustprinzip zu überlassen und einem *as you like it* zu folgen, das eklektisch biblische Glücksversprechen aus ihren realistischen Zusammenhängen herausbräche und sie stattdessen mit unserem zügellosen phantastischen Vermögen und unseren Schlaraffen-Sehnsüchten verkuppelte. Vielleicht waren sie sich in dieser Abwehrgeste *zu* einig; vielleicht war dabei auch zuviel konservative, d.h. am jeweiligen status quo interessierte Kirchen- und Gesellschaftspolitik im Spiele; damit ist zu rechnen. Aber sie hatten dafür auch *Gründe,* die wir verstehen müssen.

Von Wilhelm Koch zirkuliert die Mitschrift einer Eschatologie-Vorlesung, die Karl Barth im Wintersemester 1925/26 in Münster gehalten hat. Er hat sich

7. K. Barth, Ludwig Feuerbach, in: Die Theologie und die Kirche. Gesammelte Vorträge, 2. Band. 1928, 237.

dort offenbar länger und ausführlich mit allen möglichen Abgrenzungsfragen der Eschatologie als einer Lehre von der Erlösung zu der vorausgesetzten christologischen Lehre von der Versöhnung beschäftigt. Unter der Hand gerieten solche »formalen« Abgrenzungsaufgaben Barth damals aber offenbar zu einer materialen Bestimmung der Eschatologie als einer *Lehre von der Grenze,* genauer davon, daß das, was in der Eschatologie zu besprechen ist, eine »Wirklichkeit der eschatologischen Grenze« sei (15), an der wir der δόξα, der Herrlichkeit Gottes, begegnen; ihr sehen wir in der Zukunft entgegen.

Aber nun bedurfte nach der damaligen Lehre Karl Barths dieser Zukunftsinhalt einer »Ortsbestimmung in Bezug auf unsere menschliche Existenz, wie wir sie kennen« (16); denn mit welchen Mitteln der Sprache, der Erfahrung, der Vorstellungen und Begriffe könnten wir von einer eschatologischen Herrlichkeit Gottes sprechen?, fehlen uns dafür nicht alle Denkmöglichkeiten? Also: Wie ließe sich überhaupt von einer Zukunft *dieses* (christlichen) Inhalts sprechen? Wir stehen hier vor lauter Unmöglichkeit, Unbegreiflichkeit, Unsichtbarkeit, Unanschaulichkeit, Unzulänglichkeit.

Dieses »Un-«, diese Negation unserer Möglichkeit in Bezug auf die Zukunft, ist sozusagen das Datum jeder christlichen Eschatologie, uns fehlen Analogien für das, was wir – nach Barth – hoffen dürfen. Darum also die Frage nach einer »Ortsbestimmung« der Eschatologie »in Bezug auf unsere menschliche Existenz, wie wir sie kennen«.

Uns soll jetzt nicht die Zuträglichkeit dieser Problemstellung und dieser Frage beschäftigen; sie gehört in dieser Form zur gemeinsamen methodischen Ausrüstung der Dialektischen Theologie in der Mitte der Zwanziger Jahre, ehe Barth und Bultmann gerade über die Methodik dieses Problems auseinander- und gegeneinandergerieten; in einer späteren Eschatologie hätte Barth diese Frage gewiß so nicht noch einmal wiederholt, weil er da von der *Selbst*vermittlung Gottes in allen uns betreffenden Belangen tief überzeugt war und die Analogiefähigkeit unseres Verstehens nicht in uns, sondern – trinitarisch – im Verhältnis zwischen Gott, dem Vater, und Gott, dem Sohn, und Gott, dem Heiligen Geist, geortet hätte. Aber 1924 hielt er die Frage in dieser Form noch für notwendig, und uns interessiert nun nur seine damalige Antwort darauf.

Er formulierte sie in einem Leitsatz: »Unsere Erlösung kommt mit der Majestät des Todes, mit dem Ende der Zeit und aller zeitlichen Dinge, sie kommt als ewige Erfüllung und Verheißung« (16. – »Erfüllung« *vor* »Verheißung«: dies *bleibt!*). Diesen Leitsatz erläuterte Barth, was seine Verbindung von Erlösung und Tod betrifft, folgendermaßen: Zuerst nannte er den Tod ein »negatives Analogon« zur Positivität der auf uns zukommenden Herrlichkeit Gottes. Und dann führte er aus: »Diese Bedeutung (eines negativen Analogon) kommt vor allem dem Tode zu und darum ist die eschatologische Grenze vor allem und grundsätzlich die Todesgrenze, Eschatologie, die Lehre von der jenseits des Todes sich vollendenden Erlösung. Nicht als ob der Tod die Vollendung wäre. Ganz im Gegenteil. Er ist das Siegel auf das noch nicht Erlöstsein unserer Existenz, aber gerade darum wird es an ihm klar, um was es sich bei der Erlösung handelt. Eben darum lohnt es sich zu bedenken, daß wir sterben müssen, daß die ganze Möglichkeit unserer Existenz eingeklammert ist von dem großen erschütternden »Un-« des Todes. Nicht als ob wir damit die Unbegreiflichkeit der Gnade, ihr Ziel und ihre Vollendung erkennten, daß wir die Unbegreiflichkeit des Todes bedenken. ›*Lehre* uns bedenken, daß wir sterben müssen‹. Es ist ein qualifiziertes Bedenken, das von Gott gelehrt sein muß. Aber es gibt keine Erkenntnis der Gnade, die nicht Erkenntnis des Todes wäre, ihren Gegenstand nicht jenseits der Todesgrenze hätte, nicht von dorther ihren prinzipiellen Ursprung hätte. Unter allem, was das Leben uns bringt, vertritt der Tod in unvergleichlicher Weise die Majestät Gottes, die unmittelbare Erinnerung an das A und O, an den Schöpfer Himmels und der Erden und an den Erlöser, der seinem Wesen nach ein kommender Erlöser ist, so wie es beim Tod immer nur ein Entgegenkommen gibt. Dort, wo der Tod kommt, jenseits der Schranke des Sterbens – und wir stehen wahrlich schon, bevor wir sterben immer an dieser Schranke: mitten wir im Leben sind von demTod umfangen – dort kommt der Erlöser. Der Tod sagt uns negativ das positiv letzte Wort, das Gott als solches noch verhüllt in seiner Gnade durch Christus zu uns gesprochen hat« (16).

Wir erkennen in dieser Hörer-Nachschrift Barth wieder und versuchen nun, uns dieser besten Form eines protestantischen eschatologischen Denkens zu stellen.

Zunächst analysieren wir die Aussagen.

1. Barth lehrte damals, Eschatologie sei »die Lehre von der jenseits des Todes sich vollendenden Erlösung«, – wir können also sagen: Barth scheute sich nicht, Eschatologie als eine *Lehre vom Jenseits* zu entwickeln.

Allerdings dachte er dabei nicht mehr, wie frühere Frömmigkeit, an ein weltanschauliches, weltbildliches, räumliches Jenseits, sondern arbeitete mit einem existentialen Jenseits-Begriff. »Diesseits« und »Jenseits« sah er sich nicht in zwei Welten – etwa Erde und Himmel – teilen, sondern an der existentiellen Erfahrung des Todes.

Diese war theologisch von Bedeutung, weil die Verheißungen Gottes, die wir aus der Bibel hören, sich doch nicht alle bis zu unserem Tode an uns (und der Welt) erfüllen. Es bleibt ein Überschuß an Zusagen der Güte Gottes immer noch offen, wenn unser Stündlein gekommen ist, und das erlaubt uns nicht nur, es nötigt uns geradezu, Gott über unsere Sterbensgrenze hinaus seine Pläne weiterverfolgen zu sehen. Erst »jenseits des Todes« wird er unsere Erlösung, die das Begehren und Ziel seines göttlichen Lebens ist, »vollenden«. Der Begriff des

»Jenseits« bildet sich hier also aus doppeltem »Material«: einerseits aus dem Gedanken von einer Einheit und Ganzheit des göttlichen Erlösungswillens, die nichts Fragmentarisches leidet, – andererseits aus der Todeserfahrung als Abbruch-Erfahrung gegenüber dem Totum der göttlichen Verheißungen. »Diesseits« ist Bestimmung der fundamentalen Tatsache, daß Gott mehr für uns will und vorgedacht, auch vorbereitet hat, als wir in der Kürze unseres Lebens erleben können; »Jenseits« ist die Bestimmung einer τελειότης, Ganzheit Gottes, die sich mit den spärlichen Fragmenten unseres Lebens mit Gott, – unseres Gottesdienstes, – unseres Glaubens an Gott nicht begnügen und darum an uns weiterwirken will; »Jenseits« heißt nach diesem Verständnis *a.* Gott fügt sich mit seinem Wirken nicht in den kleinen umgrenzten Bezirk unseres Lebens – mag er auch so groß sein wie das Menschheitsleben im ganzen, – *b.* er will und wird auch über unser Sterben hinaus weiterarbeiten an uns. Also noch einmal: ein *existentialer* Jenseitsbegriff.

2. Dieser Gedanke wird unterstrichen durch die Erklärung, daß nicht »der Tod die Vollendung« sei. Der Tod, sagt Barth, ist nicht das Ziel Gottes mit uns, vielmehr die *Grenze* zwischen Gott und uns, u. zw. eine, die Gott nicht anerkennt, wenn sie auch für uns unüberschreitbar ist. Ein Verkehr über diese Grenze kann, wenn überhaupt, nur als ein Einbahn-Verkehr von Gott aus beschrieben werden. Der alte philosophische Gedanke, wir Menschen könnten – und wäre es auch nur denkend – unsere Grenzen überschreiten, könnten uns übersteigen und uns von uns aus transzendieren, wird damit zurückgewiesen; das »Jenseits«, von dem Barth spricht, ist *nicht* die alte philosophische Transzendenz.

Den Tod nennt Barth »das Siegel auf das noch nicht Erlöstsein unserer Existenz«; ein Siegel stempelt etwas ab, aber es kann auch gebrochen werden von jemandem, der dazu befugt ist, – der gleichsam Adressat unseres mit dem Stempel des Todes versiegelten Lebenspaketes ist; es wird ihm als ein verschlossenes Paket zugestellt, er aber ist berechtigt und fähig, dies Lebensbündel noch einmal aufzuschnüren, und das kann er, indem er das Siegel des Todes aufbricht. Der Tod ist *für Gott* nicht das Letzte, was uns betrifft.

3. Barth ist, wie immer, so auch hier leidenschaftlich interessiert an der menschlichen *Verstehbarkeit* der zwischen Gott und Menschen spielenden Geschichte. Darum vermag er gar nicht, die *Wirklichkeits*frage ohne die menschliche *Erkenntnis*frage aufzuwerfen; er kann und will theologische Sachbehauptungen immer nur zugleich mit der Nachfrage nach ihrer Denkbarkeit aufstellen.

Darum fragt er angesichts der radikalen Grenze des Todes, die Gott und uns voneinander trennt, nach einem menschlichen Vermögen, diese Grenze und das, was sich an ihr trennt und begegnet, zu denken. Wohlgemerkt: Er fragt nicht, ob und wie wir allenfalls von uns aus denkend diese Grenze überschreiten, transzendieren könnten, sondern wie wir sie als unsere Grenze zu Gott und als Gottes Grenze zu uns *denken* können.

Die erste und entscheidende Feststellung lautet hier: Alles ist uns *un*begreiflich, also: Wir können nur denken, daß wir es nicht denken können.

Unbegreiflich ist uns die *Gnade* Gottes, wenn sie die Todesgrenze nicht anerkennt und Gott gar nicht daran denkt, sich in die Grenzen unseres kleinen Lebens zu fügen. Unbegreiflich ist uns aber auch der *Tod* – einmal, weil wir ihn ja nicht erleben, wie wir sonst unser Leben erleben (nicht in der gleichen Weise, sondern, wenn, dann in einem anderen Modus unserer Erlebnismöglichkeiten), – sodann auch, weil es für Menschen immer unbegreiflich sein muß, daß der Tod eine so furchtbare Gewalt hat, alles, was geworden ist, und alle, die geboren sind, wieder fortzureißen aus ihrer Existenz.

Mit dieser Unbegreiflichkeit des Todes haben wir ein Motiv, das Barth allezeit durchgehalten hat, mit dem er sich aber auch charakteristisch von anderen Theologen, auch unter seinen Schülern, unterschieden hat. Evangelische Theologie war und ist für gewöhnlich versucht, das Todesgeschick der Menschen zu rationalisieren und dadurch zu integrieren. Vor allem die Sünde diente als ein überragender Rationalisierungsfaktor für den Tod; daß der »Tod der Sünde Sold« sei (Röm 6,23), wurde *weniger als* ein *Gerichtswort, mehr als* ein *Seinstatbestand,* Seinsgeschick gedeutet. Karl Barth dagegen war so sehr Theologe der Auferstehung und des Lebens, daß in seinen Augen eine Anhänglichkeit an den biblischen Gott überhaupt nicht möglich wäre, ohne einen tiefsten *Protest* gegen das Faktum des Todes; er hielt es in sich für Gotteslästerung und darum für theologisch ebenso »unbegreiflich« – wie er später auch die Sünde nur eine in sich »unmögliche Möglichkeit« nannte[8] – gewiß auch sie ein Faktum, wie der Tod, aber, denkt man an den Gott Israels und Vater Jesu: völlig »unmöglich«. Barths theologischer Humanismus, auch seine politischen Urteile und Handlungen, waren nicht zuletzt von dieser Protesthaltung gegen den Tod, dieser Verweigerung eines Assimilantentums an bloße Tatbestände des Daseins, geprägt; er unterschied sich darin von vielen anderen Christen und Theologen, teilte dies Trotzen aufs Leben dafür aber um so mehr mit *Sozialisten.*

4. Barth folgert nun daraus, daß uns Gottes Respektlosigkeit gegenüber dem Tod, uns aber auch unser Tod unbegreiflich sein müssen, nicht, daß jetzt also Schluß mit unserem Denken sei. Er hat nie und in keiner Beziehung das Negative, auch logische oder begriffliche Unfaßbarkeit, als ein Letztes anerkannt.

Im Gegenteil: Wo wir nicht anders können, als etwas Unfaßbares festzustellen oder eine Negation zu behaupten, ging es für Barth »erst richtig los«. Für

8. K. Barth, KD IV 1, 454 (in Auseinandersetzung mit dem Sündenverständnis von Leibniz).

ihn war etwas, was sich uns verschließt oder was *wir* verneinen müssen, ein ἁρπαγμός (Phil 2,6), ein »gefundenes Fressen« für *Gott.* Das, was er, belehrt von der Bibel, unter Gott verstand: dessen überragende Lebens-Positivität, nötigte ihn zu dialektischen Denkbewegungen; nicht philosophische Tradition (etwa des deutschen Idealismus), sondern der biblische Gott machte ihn – abgekürzt gesagt – zum Dialektischen Theologen. Dies aber in besonderer, ihn von anderen Zeit- und Streitgenossen der sog. Dialektischen Theologie der zwanziger Jahre unterscheidenden Weise.

Für R. Bultmann z.B. lag der »Witz« des dialektischen Denkens eher auf der Kraft der Negation. Was wir alles *nicht* sagen, denken, glauben können, war für ihn der entscheidende Gehalt seiner theologischen Arbeit (und nebenbei: ein Geheimnis seiner großen Wirkung). Er brauchte die Dialektik zur Destruktion unhaltbarer Vorstellungen, Begriffe und Gewohnheiten des Glaubens, und das »Positive« sah er in alledem, was sich uns *entzieht,* also: im Negativen. Sein Entmythisierungsprogramm z.B. diente eigentlich dazu, uns ans Unverfügbare, Nicht-Gegebene, Nicht-Vorhandene zu verweisen als der Dimension von Realität, in der allein uns Neues, zuletzt Gott begegnen könne. Mit Barth konnte Bultmann sich darüber lange einig wissen, weil auch er – anders als z.B. viele liberale Theologen zuvor – das »Un-«, die particula negativa, ernst nahm. Aber Bultmann sah im »Un-« *als solchem* die Instanz für Gott, seinen Ort, »in Bezug auf unsere menschliche Existenz, wie wir sie kennen.« Gottes-Erfahrung war »Un«-Erfahrung, also Erfahrung in alledem, was uns unzugänglich sich verschließt, – uns unmöglich scheint, – unmöglich ist. Bultmann vertritt in seinem Verständnis Gottes eine theologia negativa. Darin *ähnelt* er Karl Barth, zumal in jenen zwanziger Jahren, aus deren Mitte auch unsere Eschatologie-Nachschrift stammt. Aber bei Barth müssen wir immer – so viele Worte er auch gesprochen hat – auf jedes einzelne Wort genau achten; in den kleinsten Nuancen sprechen sich oft die größten Differenzen aus.

Dazu gehört nun in unserem Zusammenhang, daß er beim »Un-« nicht stehen bleibt, er also die Unbegreiflichkeit Gottes und des Todes gerade nur als das Selbstverständlichste von der Welt und *zum Ausgangspunkt* dafür nimmt, nun überhaupt erst das theologische Problem und Thema zu entwickeln. Während für Bultmanns leidenschaftliche Dogmen- und Bibelkritik die Destruktion als solche schon die Instanz für Gott war, ließ Barth nun überhaupt erst Theologie *beginnen:* die Begegnung des Gottes, der für ihn nie und nimmermehr sich in der Negation erschöpfen kann, mit dem, was sich für unsere Erfahrung und entsprechend dem Wesen des verkündigten Gottes von selbst versteht als etwas schlechthin Gutem, Positivem. Für Bultmann – und die meisten theologischen und philosophischen Dialektiker – wirkt *Gott in dem, was sich uns entzieht,* erfahren wir Gott wesenhaft wie ein Entzugsphänomen, – muß Glaube daher als

»Entweltlichung« beschrieben werden. Barth hingegen sieht, wenn er »Gott« sagt, eine *Geschichte,* einen *Streit und Kampf beginnen,* in dem Gott zusammenprallt mit dem, was wir nur als Negation bestimmen können; in unserem Zusammenhang: mit dem unglaublichen Tod.

Das geht nicht ab, ohne daß beide Streiter Blessuren davontragen; Barth beschreibt keinen ideellen, sondern einen wirklichen Kampf. Dazu gehört, daß *Gott* dann sehr wohl *gezeichnet* werden kann *von Zügen* seines Gegners, *des Todes* – und umgekehrt: auch *der Tod von Zügen* seines Gegners: *Gottes.* Barths dialektisches Denken ist ein Denken dieses alle Beteiligten verwundenden Streits, niemand bleibt ungeschoren davon. Zweierlei ist aber zur näheren Charakteristik wichtig: Mit Bultmann kennt Barths Dialektik *keine Synthesis,* in der der Streit zwischen Negativem und Positivem in einem höheren Dritten schließlich zur Ruhe käme und beide, unsere negativen und unsere positiven Erfahrungen (unsere Lebenserfahrung und unsere Gottesbegegnungen), gut und harmonisch beieinander aufgehoben wären; weder Barths noch Bultmanns Dialektik waren hegelisch. Aber Barth konnte auch nicht so, wie Bultmann, in der Negation zur Ruhe kommen, genauer: dort seinen Gott zur Ruhe betten und uns *in* der Negation, in der Entmythologisierung, im Unverfügbaren, im Entweltlichten zum Lever, zum Auferstehungsempfang, bitten. Barth sah des Streits kein Ende, weil er *Gott ewig lebendig* sah, und zwar: in sich selbst lebendig, so daß er auch, wenn Frieden eingekehrt wäre zwischen ihm und der ganzen Welt, immer noch *in sich selbst Wort und Rede,* also: Gott, der Vater, *Widerwort und Gegenrede,* also: Gott, der Sohn, sein und in seiner Selbstwirksamkeit als Heiliger Geist auch *außer sich geraten* kann.

Dies aber bewirkt eine weitere Unterscheidung im Verständnis und in der Handhabung der dialektischen Denkmöglichkeit. Weil für Barth die Negation etwas Selbstverständliches ist – also z.B. der Tod »unmöglich« –, kann sie nicht überwunden, ausgelöscht, aufgehoben werden; sie *bleibt* wahr, brauchbar, unvergeßlich, – sie gehört – als Selbstverständliches – wesenhaft zu uns, so wie wir uns, Gott und die Welt nun einmal verstehen können und müssen. Wogegen Bultmann interessiert ist daran, daß wir abstreifen und hinter uns lassen, was als das Negative erkannt ist, um eben darin die Stimme Gottes zu hören. Das, was wir z.B. als »Mythos« durchschauen und negativ, d.h. als unangemessene Gottesvorstellungen, bestimmen müssen, bleibt nicht nötig dafür, daß wir das Kerygma, das »eigentliche« Wort Gottes, zu hören bekommen; es muß entmythologisiert, also aus unserem Vorstellungsvorrat entfernt werden, mythologische »Vorstellungen« dürfen weder in der Predigt noch in der Theologie bleiben, sie müssen verwandelt werden, als solche verlieren sie jedes Recht; *indem* sie aber ihr Recht verlieren, tönt die Stimme, hören wir das Wort. Solche Entrechtung des Negativen kennt Barth in seiner Dialektik nicht. Auch das nach Barths späterer Lehre »verworfene« jüdische Israel *bleibt* tätiger und wahrer Zeuge Gottes. Und zu Barths Dialektik gehört überhaupt, daß Gott sich immer von *zweier* (verschiedener) Zeugen Munde bezeugen läßt (z.B. aus Kerygma *und* Mythos) – eine Folge davon, daß er – bibelgerecht – Gott nicht *über* allen Dingen, sondern »Gott – inmitten« weiß (vgl. Christologie II, § 7.4, 103ff).

Rückwirkungen dieses Dialektik-Verständnisses auf das *Verhältnis von Gnade und Tod* wären darum folgendermaßen zu bestimmen. Wenn Barth sagt: »Es gibt keine Erkenntnis der Gnade, die nicht Erkenntnis des Todes wäre«, ist das ein dialektischer Satz. Eine Erkenntnis des Todes brauchen wir als negative Folie für eine Erkenntnis der Gnade. Wichtig ist: Es handelt sich um eine Aussage zur *Erkenntnis*ordnung, noch nicht unbedingt zur *Sach*ordnung; d.h. wollen wir mit unseren begrenzten menschlichen Möglichkeiten die Gnade erkennen, die sich erst jenseits der Todesgrenze vollendet, vermögen wir dies nur dadurch, daß wir zugleich mit der Gnade unseren Tod bedenken; ohne Bedenken unserer Grenze wäre jedes Reden, ja jeder Begriff von Gnade eine Illusion, wäre nicht realistisch gedacht und damit nicht real *gedacht.* Wir wüßten gar nicht, was wir sagten, wenn wir »Gnade« sagen, wenn wir nicht wüßten, daß wir sterben müssen, – jeder Begriff von Gnade schärft sich erst an der Anerkennung, daß zwischen ihrer Wirklichkeit und uns der Tod steht. Erst Erkenntnis des Todes macht uns sprachfähig für ein menschliches Sprechen von Gnade, Gott, Zukunft, Vollendung.

5. Dafür gibt Barth aber noch folgendes zu bedenken: Auch das Bedenken des Todes ist uns von Hause her etwas ebenso Fremdes und Unzugängliches wie das Erkennen und Bedenken von Gnade, Gott und Zukunft.

Mag sein, daß wir nicht umhin können – vielleicht öfter als uns lieb ist –, an unser Sterben zu denken; aber das wäre, so wie Barth es sieht, kein Bedenken der »Unbegreiflichkeit des Todes«. Denn in unser Sterben können wir uns allenfalls schicken, es ist unserer Erfahrung überall zugänglich und insofern auch irgendwie begreiflich. Vielleicht sogar nur allzu begreiflich; denn radikal christlich gesehen, ist es ja verblüffend und gar nicht gut, wie leicht und selbstverständlich wir uns damit abfinden, daß unser Leben »siebzig Jahre währt, und wenn es hochkommt, sind es achtzig Jahre, und das meiste daran ist Mühsal und Beschwer« (Ps 90,10); das klingt, das ist *zu* resignativ; und es klingt und ist auch zu *gemütlich,* viel zu sehr eingeordnet in den gewohnten Lauf der Dinge. Unbegreifliches bleibt da nicht viel. Barth täuscht sich nicht darüber, daß das gewöhnlich und menschlich ist, aber deswegen noch nicht etwas »Qualifiziertes«.

Die *Un*begreiflichkeit des Todes müssen wir erst *lernen,* und Barth zweifelt nicht, daß ein »qualifiziertes« Bedenken des Todes nur Gott uns beibringen kann; so etwas lehrt uns die »Schule des Lebens« nicht; darum müssen die biblischen

Menschen auch *beten:* »Lehre uns bedenken, daß wir sterben müssen, auf daß wir klug werden« (Ps 90,12).

Das heißt: Auch die Erkenntnis der Negation, des Todes, die wir brauchen, um das Positive der Gnade zu erkennen, muß von Gott kommen. Eine qualifizierte, theologisch tragfähige Todeserkenntnis und Negation ist uns aus unserem einfachen Erfahrungszusammenhang weder geläufig noch zuzutrauen (wir überspielen das Entscheidende gern).

Also: *Ohne Erkenntnis des Todes keine Erkenntnis der Gnade.* Und *beide* Erkenntnisse können nur von *Gott* kommen. Auch das »Un-« im Unmöglichen des Todes ist eine Streithandlung Gottes, in der er uns Erkenntnis schafft, es ist damit etwas anderes als die philosophische via negativa, mit der wir meinen, rein denkend, durch fortschreitende Verneinung und Abstraktion am Ende doch zu etwas unüberbietbar Letztem, Gewissem, zu kommen, das wir dann getrost und philosophisch unbedenklich »Gott« nennen dürften. Für Barth ist auch die Negation nicht *menschliche* Negation Gottes, Feststellung alles dessen, was Gott nicht ist, sondern abkünftig von Gott, ja sogar in sich gott-haltig. Nicht, wie wir durch eine Kette von begrifflichen Negationen schließlich doch Gott definieren können, sondern durch welche *Selbst*negationen hindurch Gott selbst uns seine Gnade erkennen läßt, darum geht es im Prozeß des theologischen Erkennens. Und hier nun wird es unvermeidlich, daß die Analyse der Bedingungen, unter denen uns eschatologische Erkenntnis möglich ist, umschlägt aus der Erkenntnisordnung in eine Ordnung der »Sachen« selbst, also des wirklichen – gelebten, nicht bloß gedachten – Verhältnisses von Gott und Tod, Tod und Gott – nach Barth ein Grundverhältnis jeder Eschatologie.

6. Zuerst spricht er allerdings noch einmal von unserer *Erkenntnis* der Gnade; sie hat ihren »Gegenstand« »jenseits der Todesgrenze«. Auch christliche *Gnaden*erkenntnis ist also – wie eine »qualifizierte« Erkenntnis des *Todes* – von dem, was sie erkennen will, schlechthin getrennt, – hat ihren Erkenntnisgegenstand nicht in sich. Ja, was wir in christlicher Gnadenerkenntnis erkennen wollen, ist uns grundsätzlich entzogen, unserem Denkvermögen unzugänglich, wir haben nicht einmal Ansätze möglicher Erfahrung von dem, was wir hier gerne denken wollten.

Mag es ja sein, daß das Leben, das wir leben, nicht etwas völlig Gnadenloses ist, – daß wir durchaus menschliche Anlässe genug nennen können, die uns dankbar machen fürs Leben; kein Dasein ohne – wenn auch noch so schattenhaft und schnell vorübergehende – Glücksgefühle, Empfindungen von Unverdientem, das wir wie Geschenke aufnehmen. Barth hätte Erfahrungen von einer ursprünglichen Güte des menschlichen Daseins, oder wenigstens von Gütezeichen *im* menschlichen Dasein, zu keiner Zeit seiner Denkentwicklungen bestritten, auch in den Phasen schärfster negativer Dialektik nicht. Aber er hätte sich gehütet, daraus so theologisches Kapital zu schlagen, wie es in der christlichen Theologie möglich, ja üblich geworden ist, seit Plato in ihr ein Mitspracherecht eingeräumt worden ist.

Spätestens seit Augustin wurde nämlich menschliche Daseinserfahrung, vor allem unsere Selbsterfahrung, als kompetent anerkannt, ursprüngliche Gotteszeichen widerzuspiegeln, unserem Leben eingeprägte Gütesiegel aufzuweisen; seitdem besaßen wir Spuren von Güte an uns selbst, Güte hatte einen Gegenstand durchaus auch diesseits der Todesgrenze; wir können uns aus uns selbst ursprünglicher Güte des Lebens jedenfalls (in platonischer Tiefe) erinnern.

Wenn Barth nun lehrt, daß unsere Erkenntnis der Gnade ihren Gegenstand jenseits der Todesgrenze habe, bezweifelt er damit die Tragfähigkeit solcher menschlichen Selbsterfahrung für eine Erkenntnis Gottes. Wir haben Gott und Zukunft nicht an uns, nicht in uns, nur »jenseits uns«[9], u. zw. so jenseits, daß daran das klassische Erkenntnissystem zerbricht. Denn klassisch wurde Erkenntnis immer beschrieben als eine adaequatio intellectus ad rem – eine Annäherung des Intellekts an den Gegenstand, den er erkennen will. Im Falle der Gnade und Zukunft Gottes jedoch stößt unser Intellekt, wie Barth ihn versteht, immer an eine unüberschreitbare Grenze; der Tod macht jeden Annäherungsversuch vergeblich, er weist uns zurück, wie die drei verschlossenen Tore den Tamino und den Papageno in Schikaneder/Mozarts Zauberflöte, – verschließt den Gegenstand unseres Erkenntnisbedürfnisses und macht, daß Gnade nur ein ewiges Gerücht bleiben muß.

Doch nun erlaubt Barths Dialektik ihm einen Sprung. *Der Tod* zwar kann unsere Erkenntnis Gottes und seiner Gnade zurückstoßen. Um so mehr ist aber dafür gesorgt, daß in jenem uns vom Tode verstellten *Jenseits* die Gnade einen wirklichen und radikal wirksamen »Ursprung« nehmen kann. D.h. in dem Raum, zu dem der Tod uns jeden Zugang verwehrt, kann um so mehr – und zwar unabhängig von uns, unseren Bedürfnissen, Ideen, geistigen und psychischen Projektionen, intellektuellen Manipulationen – »Gnade« einen »Ursprung« machen. Beide Begriffe – »Gnade« und »Ursprung« – bezeichnen das, was sie meinen, gerade darin, daß sie nicht durch uns konstituiert werden und Wirklichkeiten völlig *ohne uns* sind. Sie sind Wirklichkeiten *für uns.* Aber daß Gnade für uns wirklich unverdiente, uns überraschende, uns überkommende Gnade (also wirkliche Gnade) sein kann, hängt daran, daß sie in keinem Sinne unser Produkt ist, durch nichts von uns veranlaßt, durch nichts zu erbetteln, geschweige denn zu beanspruchen und verdienen ist. Und daß »Ursprung« wirklich etwas

9. K. Barth, Der Christ in der Gesellschaft, in: Das Wort Gottes und die Theologie. Gesammelte Vorträge, 1925, 34.

Ursprüngliches sein kann, hängt daran, daß es durch nichts, was wir kennen, organisieren, anstreben, »machen«, herstellen, veranlassen können, bedingt ist, – auch zu nichts von alledem geistig, seelisch, technisch, ästhetisch, logisch vermittelt wäre. Daß »Gnade« wirklich Gnade, »Ursprung« wirklich Ursprung sein kann, dafür sorgt der Tod, der uns radikal die Hände bindet, nun auch noch »Gnade«, auch noch »Ursprung« zu manipulieren; *der Tod* ist der Feind des universalen Managertums der Menschen und *schützt Gott,* sein Leben und seine Zukunft, *vor unserem Management.*

Dies ist eine positive Aufgabe des Todes. So gibt Gott ihm nach Barths Denken zwei Aufgaben: Uns macht Gott trotzig gegen unseren Tod, sich selbst aber schützt er vor unserem Zugriff durch unseren Tod.

7. Der Tod also im Dienste Gottes, u. zw. nicht nur im Dienst an uns, sondern auch an Gott selbst. Das ist die theologische *Sach*ebene, die hinter der Barth so wichtigen *Erkenntnis*ebene steckt. Theologische Erkenntnis, so sehr ihr Gegenstand ihr jenseitig ist und auf der anderen Seite der Todesgrenze liegt, ist dennoch Sacherkenntnis, besser gesagt: Erkenntnis dessen, was sich geschichtlich an dieser Grenze alles abspielt.

Denn die Todesgrenze liegt ihrerseits nicht im Abseits, gehört zu keinem Zonenrandgebiet, sie liegt im Zentrum der Aufmerksamkeit von beiden Seiten. Sie ist selbst keine »tote« Grenze, an ihr »passiert« immerzu etwas. Wir *scheitern* immerzu an ihr, Gott aber überschreitet sie und übt durch den Tod dennoch zugleich seinen Zonengrenzschutz aus.

Diese Geschichte an der Grenze ist eine Seinsbestimmung, d.h. sie ist für das Verhältnis von Gott und Mensch, Diesseits und Jenseits, Zukunft und Gegenwart, für immer wesentlich. In diesem Sinne nennt Barth nun den Tod sogar den Stellvertreter Gottes; der Tod »vertritt … in unvergleichlicher Weise die Majestät Gottes«.

Auch bei diesem tollen Satz, der ein Kernsatz der damaligen Eschatologie ist, müssen wir auf Nuancen achten. Barth sagt dort *nicht:* der Tod vertritt Gott; er vertritt die »Majestät« Gottes: d.h. einerseits die δύναμις, das Vermögen einer von uns unabhängigen Selbstdurchsetzung, die, wie Gott, so dem Tode, wie dem Tode, so Gott, eignet, – andererseits die spezifische Zeitlichkeit des *Kommens,* also die Zukünftigkeit, in der Gott und der Tod (sie beide) uns majestätisch über sind und in der beide sich bei uns zeitigen im Kommen und Entgegenkommen (ein in Barths Sinn sicher doppelsinniger Ausdruck: der Tod kommt – überraschend – auf uns zu, aber das hat auch etwas von Courtoisie, Grazie, etwas, was uns vom Druck der *Aufgabe* befreit, sterben zu *müssen,* – der Tod befreit uns von jedem Leistungszwang beim Sterben, auch in dieser Befreiungsmächtigkeit vertritt er die Majestät Gottes; der Tod kommt, wie Gott, »jenseits der *Schranke* des Sterbens«).

Freilich scheut Barth sich, einen begrifflich allzu rigiden Engschluß zwischen Gott und Tod zu formulieren. Gott ist nicht der Tod, der Tod ist nicht Gott. Und ich weiß nicht, ob Barth damals, wie später E. Jüngel, den Tod gerne ein »das Sein Gottes bestimmende(s) Prädikat« genannt hätte[10]. Aber in ihren Wirkweisen an uns kommen sie zusammen. Und Gott *gebraucht* den Tod und zieht mit ihm die Grenze seiner Gottheit gegenüber unseren philosophischen und religiösen, kirchlichen und theologischen Zugriffen, um, von unserem Tode geschützt, uns gnädig, uns ursprünglich gut und nahe »kommen« zu können.

8. In eine Formel gepreßt, lautet Barths Lehre zum Schluß: »Der Tod sagt uns negativ das positiv letzte Wort, das Gott als solches noch verhüllt in seiner Gnade durch Christus zu uns gesprochen hat.« Vielleicht hat Barth diesen Satz so dicht verschränkt, wie W. Koch ihn uns überliefert, damals in Münster nicht gesprochen. Aber inhaltlich sieht der verschränkte Gehalt des Satzes Barth ähnlich. Hören wir hin.

Der Tod kann uns etwas sagen, ist kein stummer Hund. Er ist, wie Gottes Wort, ein Wortgeschehen, mehr also als eine physische und logische Negation. Er kann uns, freilich auf die ihm eigene negative Weise, etwas Positives sagen. Was? Gewiß (das wissen wir): Er hat das »letzte Wort«, so erfahren wir ihn. Allerdings meint Barth damit nicht das letzte Wort unserer *Erfahrung,* sondern das letzte Wort, das *Gott* »zu uns gesprochen hat«. Das Sprachgeschehen, das der *Tod* ist, *gehört zum Worte Gottes.* Es ist Gott, der uns gegenüber den Tod zum Sprechen bringt, wirkliche Sprachkraft hat er doch nicht in sich selbst, er hat sie nur stellvertretend; an sich, ohne den Gebrauch, den Gott von ihm macht, macht der Tod uns stumm, ja: *ist* er das Sprachlose schlechthin, denn: »Nicht die Toten preisen oh Ihn, / nicht alldie in die Tiefstille sanken« (Ps 115,17). Wo der Tod ist, verstummt alles, wenn Gott ihn nicht benutzt und zum Sprechen bringt. Der Tod also: *Gottes* »letztes Wort«.

Was sagt er da? Er sagt: Gott. *Gott nötigt den Tod, Gott zu sagen* – nicht Satan, nicht Teufel, nicht Verderben, nicht Nichts: Gott lehrt den Tod, »Gott« sagen. In diesem Satz hat Barth eine außerordentliche Vision. Denn, *wenn* Barth diesen Satz auch nur dem Sinne nach so gesagt hätte (was wir, wie gesagt, W. Koch gerne abnehmen), dann sagt Gott uns durch das Sprechen des Todes etwas, was wir durch die Christus-Verkündigung der Kirche so noch nicht gehört haben – jedenfalls nicht in direkter Rede.

Die Kirche hat uns das Wort Gottes bisher als Wort von Christus gepredigt. Sie *muß* das, denn sie ist dafür da, die Gnade und Freundlichkeit Gottes unter die Leute zu bringen; und die sammelt sich nun einmal nach christlicher Er-

10. E. Jüngel, Vom Tod des lebendigen Gottes. Ein Plakat, in: Unterwegs zur Sache. Theologische Bemerkungen. 1972, 122.

kenntnis in dem Namen Jesu. Aber, sagt Barth nun: So köstlich das Gnadenwort der kirchlichen Christusverkündigung ist, es besitzt noch eine, in dieser Predigt »verhüllte« Dimension. Die Christus-Predigt *meint* auch diese tiefere Dimension, sie zehrt davon auch schon, aber sie vermag sie noch nicht ganz aufzudecken. Nicht aus Unvermögen bleibt in kirchlicher Predigt da noch etwas »verhüllt«, sondern aus Bestimmung. Die kirchliche Christus-Predigt hat nur eine einzige Aufgabe: Die »Gnade«, die Menschenfreundlichkeit Gottes zu verkündigen. Nichts haben die Menschen ja so nötig, als daß ihnen diese Menschenfreundlichkeit immer wieder zu Herzen gesprochen wird. Darum ist und bleibt Jesus praktisch-faktisch »das eine Wort Gottes, das wir zu hören, dem wir im Leben und im Sterben zu vertrauen und zu gehorchen haben« (Barmen I). Aber diese eine Aufgabe der Predigt ist nicht das Ganze, was die Kirche zu erkennen und zu lehren hat. Der Barth oft vorgeworfene Christomonismus ist immer ein ärgerliches Mißverständnis gewesen: ein barthianisches (eines seiner Schüler) und ein antibarthianisches (seiner Gegner) zugleich. Seine »christologische Konzentration« war eine Kampfhandlung zur Begründung einer Widerstandspraxis der Predigt; denn nur die Predigt der Gnade, nur Christus-Predigt, vertreibt schlechte Geister der Gottesspekulation, der religiösen Entmutigung und frommen Melancholie aus den Köpfen und Seelen der Christen und Kirchenmänner und -frauen. Barth wollte helfen, daß Gnade eben nicht nur ein ewiges Gerücht bleiben, sondern helles, klares, hörbares, artikuliertes und wahres Wort werden sollte.

Aber immer hat er sich dagegen verwahrt, ein *Prinzip* Gnade, ein *Prinzip* Christus zu vertreten und andere Aspekte der uns von Aposteln und Propheten verkündigten Wahrheit dafür an den Rand zu drängen. In unserem verschränkten Satz haben wir ein Beispiel, wo Barth die Gnadenverkündigung des Christus *relativiert* gegenüber einem in ihr zwar schon verborgen vorhandenen, aber noch nicht voll zur Sprache gebrachten weiteren Aspekt.

Es ist sehr aufregend, was Barth hier gesagt haben könnte. Gott hat »durch Christus« ein »letztes Wort« gesprochen. Dies ist uns aber bisher nur »verhüllt in seiner Gnade« zu Ohren gekommen. Also muß, will und wird Gott es noch einmal anders, und jetzt unverhüllt durch seine Christusgnade, sprechen.

Welches? Das Wort von der *Majestät* Gottes. Das *Gnaden*wort ist ja das Wort von der Entäußerung und Erniedrigung Gottes, von seinem Eingang in unser armes Fleisch und Blut; da hat es sich aber – Barth sagt: »verhüllt«, Luther sang: »verkleidet« (EKG 15,2: »In unser armes Fleisch und Blut verkleidet sich das ewig Gut«). Aber Gott wird noch einmal unverhüllt sprechen; es wird inhaltlich zwar kein anderes Wort Gottes sein, auch dann wird Jesus das Wort sein, aber es wird sich anders artikulieren und anders an uns wirken. Es wird uns dann nicht mehr – wie noch jetzt – mit der Menschenfreundlichkeit Gottes schmeicheln, locken, einladen. Barth sagt: Wenn Gott in der Zukunft dasselbe, was er bisher schon gesagt hatte, dann noch einmal anders sagen wird, wird es ein Wort seiner Majestät sein: ganz anders und auch bei ganz anderen durchsetzungsfähig als bisher, – widerspruchsfreier, evidenter, nicht mehr wie in einem Spiegel, sondern von Angesicht zu Angesicht, – nicht mehr in einer Form, in der er sich selbst entäußert, dann vielmehr in einer, in der er sich ganz zusammengefaßt hat, – nicht mehr in Brechungen und Bildern unserer Menschenworte, sondern dann als »Ewigkeit, du Donnerwort«, ein »Schwert, das durch die Seele bohrt« (EKG 324,1), dann aber auch als ein alle Schrecken und Furcht (auch Gottesfurcht) verjagendes »O Ewigkeit, du Freudenwort, das mich erquicket fort und fort« (EKG 325,1), – dann verstehbar auch für alle; die alten Unterschiede des Hören- und Verstehenkönnens, die Jesus noch für seine Gleichnisse des Himmelreichs machen mußte, werden dann nicht mehr gelten, es wird keine »Draußen« und keine »Drinnen« mehr geben, die auf verschiedene Weise das Reden Gottes hören – alle werden, jeder in seiner eigenen Sprache, in der er geboren ist (Apg 2,8), ihn dasselbe sagen hören: Ihn, Gott in seiner »Majestät«, Durchsetzungskraft, wir können (und müssen) es auch hermeneutisch ausdrücken: *in seiner Allgemeinverständlichkeit.*

Wie kann das zugehen? Und da nun die Antwort: Inmitten des negativen Wortes, das im Tod gesprochen wird, – hindurch durch dies schreckliche Todeswort – wird Gott sein dann nur noch positives, undialektisch klares und eindeutiges Wort sprechen.

Meinte Barth wirklich: *inmitten* des Todeswortes das Gotteswort? Hat er das Verhältnis von Gott und Tod wirklich so *sakramental* gedacht, daß Gott »in, mit und unter« (in, cum et sub) dem Wort unseres Todes sein letztes Wort des Lebens spricht?

Wir brauchen nicht zu bezweifeln, daß Barth es 1924/25 wirklich so gemeint haben könnte. Er stand da noch vor dem Widerruf seiner existentialistischen Phase, in der er auch noch 1927, bei seinem Anlauf zu einem zweiten Dogmatik-Entwurf steckte und die er erst in einem dritten Anlauf 1931, mit dem Beginn der Kirchlichen Dogmatik, hinter sich gelassen hatte. Er war damals mit allen Freunden der sog. Dialektischen Theologie der Meinung, daß die Wirklichkeit Gottes nicht nur auf unsere Wirklichkeit *bezogen,* sondern mit ihr auch *vermittelt* werden müsse; und er teilte die verbreitete Ansicht, daß Gottes Wirklichkeit existential, d.h. an Strukturen des menschlichen Daseins in der Welt, nachgewiesen werden müßte, eben in einer »Ortsbestimmung in Bezug auf unsere menschliche Existenz *wie wir sie kennen«.* Er vertrat diese Überzeugung schon damals in einer dialektisch viel gebrocheneren Form als manche Mit-Dialektiker, aber er vertrat sie noch. Und sie drückt sich eben in der Bestimmung aus, daß der Tod *Gottes* letztes Wort sprechen könne, wenn auch nur in negativer Zeugnisfunktion. Spricht der Tod, so muß er – er in seiner ganzen Negativität – doch das positive Wort sagen: »Gott«. Gott ist das letzte Wort. Er ist auch das letzte Wort noch nach Christus. 1 Kor 15,28 könnte hier im Hintergrund stehen, wo Paulus sagt, daß zuletzt »auch der Sohn selbst sich dem unterwerfen wird, der ihm alles unterworfen hat, damit Gott alles in allem sei«. Aber zu *hören* bekommen *wir* dies Wort doch nur in der negativen Form, durch das Wort des Todes; unser Tod lehrt uns, Gott als sein letztes Wort zu hören.

Eben dies hat Barth später so nicht mehr sagen können. »Gott wird nur durch Gott erkannt« – eine berüchtigte Formel schon des frühesten Barth, die immer (wegen angeblicher Tautologie) als eine Leerformel angegriffen wurde – zeigt hier ihren kritischen Sinn. Auch wenn Barth es irgendwann in der Mitte der Zwanziger Jahre ab und zu so gesagt hat, hat er es doch im tiefsten nie so gemeint: *als werde Gott nicht durch Gott, als werde er durch den Tod erkannt.* Ihm selbst ist dieser existentiale Verstehenshorizont wirklich fraglich und bald unmöglich geworden. Er rief sich selbst zu seiner Formel zurück: Gott wird *wirklich* nur durch Gott erkannt, das *kann* nur heißen: *durch* seine und unsere von ihm selbst besorgte gemeinsame *Anwesenheit in der Geschichte Israels und in der Geschichte Jesu von Nazareth.* In *dieser* Geschichte kann der Tod nicht einmal stellvertretend das »letzte Wort« sprechen und schon gar nicht ein Wort im Dienste Gottes. Mit der Israel- und Jesusgeschichte, nicht mit unser aller Todesgeschichte, hat Barth da Gott, Gnade, Zukunft, kurz: die »Majestät« Gottes vermittelt, und majestätischer als der Tod erschien ihm seither in völliger Eindeutigkeit das, was erhaben ist an Gottes Selbsterniedrigung in seine Gemeinschaft mit Israel und mit Jesus und mit uns allen. *Israel und Jesus haben den Tod als Steigbügelhalter für unsere Erkenntnis der Zukunft verdrängt.* Für Barth war das die Folge eines Wachstums in seiner biblischen Erkenntnis.

Uns aber weckt es die Frage, ob sich darin nicht auch – »verhüllt« – schon eine Einsicht meldet, die »uns heute« wohl bewegen kann: ob nämlich nicht *der Tod* sein Gesicht so verändert habe, daß er als ein Steigbügelhalter für eine Erkenntnis Gottes, als Gottes Grenzschutzbeamter, oder wie immer: als Vasall Gottes nicht mehr in Frage kommen kann. Der Tod ist *fürchterlicher,* will sagen: systematischer geworden, als daß es uns leicht fallen könnte, ihm weiterhin jene theologische Dienstleistungsfunktion zuzuerkennen, die er für Barth eine Zeitlang hatte und die er heute noch in vieler todergebener Theologie und Predigt hat.

Damit kommen wir zu *Fragen* an dies Modell von Eschatologie und Tod, das wir nach bestem Vermögen interpretiert haben.

Der Schaffenszeit Barths gegenüber sind wir um eine, zwei, drei Generationen »weiter«, – sagen wir lieber: wir leben um so vieles *später.* Wir haben es nicht mehr mit einem in Bezug auf Gott klaren, deutlichen und bestimmten, sondern mit einem *entfesselten* Tod zu tun. Er hat sich von der »Todesgrenze« losgerissen, an der Barth und seine Generation ihn noch orten, »festmachen«, begrifflich konsistent und begrenzt bestimmen konnten. Er wurde aus einer *Grenz*erfahrung zu einer *Grund*erfahrung. Wir haben ihn inzwischen dazu: zum *Ungrund* unseres Existierens, ja alles kreatürlichen Daseins gemacht und wissen nicht einmal, ob er nicht längst zu unserem *Grund* geworden ist, in dem wir gründen.

Die kurze Phase, in der in der protestantischen Theologie in Nordamerika und Westeuropa in den Sechziger Jahren vom »Tode Gottes« geredet wurde, war schon ein Indiz für das Schreckliche. Es gab dazu aber nur erst wenig, was die Wirklichkeit *wirklich* benennen konnte. Diese Rede war wohl nur, konnte wohl auch nichts anderes sein als »ein intuitiver Unglaubensakt«[11]; das meiste war nur Gedankenausdruck westlicher Säkularisationserfahrungen im »Amerikanismus« (hatte im »Osten« kaum Wirkung) und war *vor* dem Erwachen über Auschwitz gedacht. Als Indiz für einen unterschwelligen Zusammenhang aber bleibt es in Erinnerung.

Erst als die Inkubationszeit des Entsetzens über die Schoah vorüberging (die Entsetzensstarre), begannen wir in den *Abgrund* von Tod, in die *Totalität,* das *System* Tod zu blicken. Ihm waren alle Lebensfunktionen zu Diensten, die politischen, gesellschaftlichen, seelischen, das Schöpferische nicht weniger als die Destruktionskräfte unserer Triebe. Und nicht nur die Todes-*Opfer* waren betroffen, sondern auch alle die Todes-*Diener,* – in Deutschland: wir alle; die wenigen, die nicht Handlanger waren: als Duldende. Wir verloren mehr als nur unser Gesicht: unsere Humanität.

Ich bin mir bewußt, daß dies ein unerhörter Satz ist; denn Humanität, dachten wir, wäre unverlierbar *die* Spur Gottes an uns. Aber *wenn* Humanität wirklich eine Spur Gottes *ist,* haben wir eben Gott verloren, denn wir *haben* unsere Humanität verloren: sofern sie in Daseinsvertrauen, – Verläßlichkeit wenigstens einiger Menschen für einige Menschen,- Hilfsgewißheit, – Berechenbarkeit einfachster Kausalitäten oder sonstwelcher logischer Abläufe, in irgendeinem kleinen Ja besteht, in irgendetwas Geringem, was über gequältes Fleisch und Leichnam hinausgeht.

Vielleicht, daß wir »nach Auschwitz« inzwischen einen *Anspruch* auf solche Humanität wiedergefunden haben, gewiß auch, daß die meisten Ost- und Westeuropäer sie in diesem Sinne wieder *genießen* wollen. Aber uns ist der *Sinn* dafür abhandengekommen. Wir haben sie wieder, als hätten wir sie nicht. Sie ist nicht nur *für* uns gefährdet, sie ist *in* uns und *durch* uns gefährdet. Denn Unmenschlichkeit ist nicht nur unsere Erfahrung, auch Selbsterfahrung: sie ist jederzeit

11. Y. Amir, Jüdisch-theologische Positionen nach Auschwitz, in: G. B. Ginzel (Hg.), Auschwitz als Herausforderung für Juden und Christen, 1980, 441.

unsere Möglichkeit. Nicht nur die Opfer, gerade ihre Täter bleiben gezeichnet von ihr, vorläufig auch im dritten und vierten Glied; denn sich für unbetroffen halten, ist die Kältespur der Unmenschlichkeit in den nachgeborenen Generationen vor allem der Täter, solange die Nachkommen der Opfer nicht anders können, als mitbetroffen zu bleiben, unwillentlich-willentlich. Und am kältesten wirkt die Unmenschlichkeit weiter in den Wissenschaften, die nicht schreien, – in der Theologie, die nicht liebt, – in allen, die handeln nach der Devise: Après nous la deluge.

Dies macht, daß der Tod, wie über alles, so auch über das Sterben hinweggeht. So entfesselt ist er heute. Von der »Todesgrenze« sprachen unsere theologischen Lehrer mit Blick auf eines jeden einzelnen Menschen Sterben. Er wurde nicht immer identisch gesetzt mit dem Sterben; aber gerade diese Bindung des Todes an das Sterben je einer einzelnen Kreatur machte ihn – obgleich »Feind des Menschen« – doch zu etwas Menschlichem und *darum* brauchbar auch für Gott. In der Art, wie unsere »Alten den Tod gebildet« (G. E. Lessing), wie auch K. Barth vom Tod substantiell *theologisch* sprechen konnte, war noch etwas von einer *Zugehörigkeit* des Todes zu den Menschen und darum zu Gott, etwas Menschliches und (wenn auch in negativer Form) etwas Göttliches. Aber wer vermöchte denn heute noch den Tod zu einem theologischen Formbegriff zu machen, wie unzweifelhaft Barth getan hatte und alle die dialektischen Theologen; sie waren alle als Schüler Kierkegaards Denker der Grenze, menschlicher *Grenz*erfahrungen, aber darin doch: *menschlicher* Erfahrungen. Auch wenn der Begriff der Form hierbei nichts Banal-Formales bedeutete, sondern prägende, auch: unwiderstehliche Kraft des Widerspruchs: der Tod hatte darin seine *Ordnung,* und den Philosophen und Theologen *ging* er damit auch in Ordnung. Mochte er schon hier und da als *Ab*grund begriffen worden sein, an dem Seiendes, was immer es sei, scheitern kann – doch noch nicht so als *Un*grund, der alles Seiende bedroht, weil er das Sein, Grund alles Seienden, schon in sich gesogen, in sich verschlungen hat, wie wir jetzt ihn wohl fürchten und denken müssen.

Denkend fürchten, denn wir haben lernen müssen, daß nichts, was wir denken können, ja nicht einmal das Denken selbst mehr ohne zitternde Angst sein können; es kann nicht mehr, was es früher konnte (vgl. Prolegomena § 3, Die Fraglichkeit der Theologie, 53ff), Angst abwehren, vielmehr: Nachdenken macht Angst; und wer weiß denn, ob Angst wirklich Lebensschutz ist, wie wir uns während der Diskussion über die atomare Bewaffnung Mut zusprachen? Vielmehr *gilt* der kleine Satz Emil Fackenheims: The devil confounds our logic[12].

12. E. Fackenheim, God's Presence in History. Jewish Affirmations and Philosophical Reflections. 1970, 82.

Zu verantworten ist diese Sicht freilich nur, weil wir uns weigern müssen, Theologie, d.h. unser Denken Gottes, ja: Gott selbst von der Schoah freizuhalten[13]: in vollem Wissen darum, was wir tun, wenn wir *Gott nur noch als einen Betroffenen von Auschwitz denken* können. Wir können ihn da ja in Wirklichkeit gerade nicht mehr »denken«, wie er in 2000 Jahren Christentum zuvor *gedacht* worden ist. Einmal, weil jedes Denken vor Auschwitz zerbricht. Denn Denken war im Abendland eine Leistung der Humanität. Vernunft war »zu unbekannt mit dämonischem Übel, als daß sie den Skandal der Einzigartigkeit von Auschwitz ergründen könnte«[14]; sie will ja ihrer ganzen Konstitution nach die Dinge entdämonisieren, einordnen, relativieren; sie war immer auch »*zu* abstrakt universal, als daß sie der jüdischen Verfassung des Ausgesondertseins Gerechtigkeit widerfahren lassen« könnte[15]; sie will ja gerade nur das Allgemeingültige suchen und gelten lassen. Sodann aber muß schon das Wort »Gott« vor Auschwitz verstummen; es ist desavouiert von der Allmacht des Todes. Gottes Gesicht und das Gesicht des Todes verschwimmen uns ineinander.

Daran ist die theologische Tradition nicht unschuldig. Denn als sie den Gott Abrahams, Isaaks und Jakobs mit dem Gott der Philosophen verband, raubte sie ihm viel von der Gotteskraft des Widerstands und erniedrigte ihn zur Instanz unserer Seinslegitimation und Seinslogik; was wunder, daß er dann auch lange nicht mehr alt- und neutestamentlicher Protestant gegen den Tod sein konnte (schon gar nicht mit politischen und gesellschaftlichen Folgen), sondern bestenfalls nur noch die revisionistische Kraft, die dem Tod den Stachel ziehen, ihn so aber auch ertragbar machen konnte; dem Tod als Seinsgeschick aber ließ man ihn nichts antun. So schwächten wir theologisch Gottes Résistance gegen den Tod. Wer weiß, wieviel nicht auch das – vorbereitend – dazu beigetragen hat, daß Auschwitz geschehen konnte. Auch die christliche Osterbotschaft hat uns allenfalls zu Spöttern des Todes gemacht, die in ein großen Ostergelächter ausbrechen konnten, aber nicht zu seinen Widersachern in Gedanken, Worten und Werken.

Einen so schon geschwächten Gott konnte dann freilich auch sein Schicksal in Auschwitz ereilen.

Wenn wir so reden, ist das natürlich metaphorisch gesagt – wie denn sonst? Sachlich klafft darin eine heillose Differenz: So denkend, können wir nicht mehr wissen, ob es so *ist*. In der Tat: Wir *denken* so und *müssen* so denken: Von Auschwitz wurde selbst Gott in Mitleidenschaft gezogen. Nicht einmal die Vokabel »Gott« kann uns den Dienst mehr tun, den sie der Erfahrung und Verständi-

13. Vgl. a.a.O. 76.
14. A.a.O. 83.
15. Ebd.

gung der Menschen bisher tat. Zwischen Auschwitz und auch nur dem Wort »Gott« gibt es keine Lösung, für sie finden wir keinen Ausgleich in unserem Kopf. Aber die Differenz klafft *so* tief, daß auch Denken und Sein auseinanderfallen, und daß damit – nach allem, was wir im Abendland bisher »denken« nennen konnten – alles, was wir dazu denken, denken *müssen, leer* ist. Das ist Auschwitz, wie es im Denken zurückgeblieben ist. Es hat es zu leerer Hülse gemacht, weil es keinen der von Auschwitz gezeichneten Inhalte (und dies ist *alles* Denkbare) mehr »fassen«, als »Gegenstand« haben kann.

Das ist der oft bloß kulturkritisch und in Sonntagsreden beklagte tiefere Sinn des Entsetzens, daß »uns die Juden fehlen«. Wir haben den Tod an ihre Stelle gesetzt, und das *ist* ein ontologischer Tatbestand, und darum sagten wir in den Prolegomena: Auschwitz habe die Intelligenz getroffen.

Die Schicksale des Denkens aber betrifft auch ein Denken Gottes, unserer Theologie. Und das ist es, was wir eigentlich meinen mit dem Satz, der Tod sei aus einer Grenzerfahrung zu einer der Mitte, des Grundes – also: des Ungrundes – geworden. Auch Gott ist dem Denken Gottes, unserer Theologie also, entzogen.

Ein Denken Gottes nicht mehr von Auschwitz lösen können, meint: Gott ist undenkbar geworden angesichts der Schoah. Die alte Theodizee-Frage: Wie konnte Gott das zulassen? war schon immer eine leere Frage, weil sie keine Antwort erlaubte; spätestens seit Auschwitz sollten wir es wissen und die Frage nur schon als Frage streichen. Sie kann auf deutsch nur heißen: Wie konnten wir das zulassen? Aber mehr noch: Wir erklären uns für unfähig, irgendeine Logik zwischen Gott und *diesem* Tod, diesem Tod und *Gott* zu denken. Hier fügt sich schon nach den Vokabeln nichts. Erst recht kein Begriff von Erfahrung, logischem Schluß, geschichtlichem (heils- oder: unheilsgeschichtlichem) Bedingungs- oder gar: Wirkzusammenhang. Theologie *ist* hier am Ende.

Und eben das meinen wir, wenn wir von einer Betroffenheit Gottes von der Schoah sprechen. So tief klafft ein Riß zwischen dem uns Denkbaren und dem theologischen »Gegenstand« Gott, daß wir auch nicht sagen können, ob und wie Gott Auschwitz übersteht.

Hier unterscheiden wir uns auch von den meisten Entwürfen einer sog. Holocaust-Theologie. Wir können die Vokabel, auch die »Vorstellung« Gott nicht mehr *anders* einsetzen, wie das in den Tod-Gottes-Theologien noch verblüffend versucht wurde und zu gehen schien. Wir wissen keinen Ersatz für Gott, müßten ja etwas von Gott wissen, wenn wir einen Ersatz für ihn behaupten könnten. Aber Gott können wir nicht denken, nicht sagen, nicht bezweifeln, nicht ersetzen, nicht verwandeln.

Und dann läßt sich natürlich auch nichts über den Messias Gottes sagen. Richard L. Rubenstein, der erste jüdische Holocaust-Theologe, spielt: arbeitet mit einem Zitat, das er von Hertz Yanovar gehört hatte: »Der Tod ist der Messias. Das ist die ganze Wahrheit«[16]. Rubenstein brachte dies – für uns wichtig – in Zusammenhang mit einer *Absage an jede Eschatologie*, denn (sagte er) »ich glaube, daß Eschatologie eine Krankheit ist, in der der Mensch sich selbst den tragischen und schließlich hoffnungslosen Charakter seines Schicksals verbirgt«[17]. »Es gibt nur einen Messias, der uns mit der Ironie, Not und den Begrenzungen der menschlichen Existenz versöhnt. Der wird mit Sicherheit kommen. Es ist der Engel des Todes. Tod ist der wahre Messias und das Land des Todes ist Ort von Gottes wahrem Reich. Nur im Tod sind wir befreit von den Wechselfällen der menschlichen Existenz. Wir kommen in Gottes Reich nur, wenn wir in Seine heilige Nichtigkeit kommen. Eschatologie hat absolut keinen Sinn in Ausdrücken von irdischer Existenz. Ich sehne mich nicht danach, in Gottes Reich zu kommen, weil ich die Probleme der Endlichkeit einer Auflösung ins Nichtige der Ewigkeit vorziehe. Kein aktuelles historisches Ereignis kann identifiziert werden mit dem Kommen Seines Reiches.«[18]

Aber, fragen wir, kann das ein angemessener Ausdruck für Auschwitz sein, solch eine Messianisierung des Todes und solch eine Identifizierung Gottes mit einem Messias Tod? Rubenstein sucht hier für Unfaßbares alte sprachliche Fassungen. Er sagt vom Tode in Auschwitz, was der Nihilismus schon immer von jedem Tod sagen konnte. Er kann diesen Tod noch an alter Sprache identifizieren: mit dem Messias, mit Gott, mit Gottes Reich. So kann er von ihm also noch *Sinn* sagen. Eben mit Blick darauf hatte Yehoshuah Amir von einem »intuitiven Unglaubensakt« gesprochen und hinzugefügt: Der ist als solcher, »ebenso wie der Glaubensakt, dem Zugriff einer Beweisführung entzogen«; »und als solcher ist er authentisch«[19].

Ich würde sagen: Die Sprache irrt umher.

Aber hat denn dieser Tod überhaupt noch eine Sprache? Kann er eine haben? Sprache ist doch das Menschliche schlechthin, »Haus« eines *menschlichen* Seins. Gibt es für den Tod von Auschwitz ein Haus? Läßt er sich bei uns beherbergen? Gedanklich einholen, hereinholen?

Es ist wahr: »Ein Paradox hat alles Schreiben über den Holocaust im Griff: Das Ereignis muß kommuniziert werden, doch es ist nicht zu kommunizieren. Der Schreiber muß dies Paradox bejahen und es zugleich ertragen«.[20] Aber in welcher Sprache? In einem objektiven, klinisch reinen Ton? – doch das ließe sich

16. R. L. Rubenstein, After Auschwitz. Radical Theology and Contemporary Judaism. 1966. [10]1978, 220.
17. A.a.O. 198.
18. Ebd.
19. Y. Amir, a.a.O. 441.
20. E. Fackenheim, To Mend the World. Foundations of Future Yewish Thought. 1982, 26.

letztlich nur in ironischer Distanz bewerkstelligen: und das geht nicht, führt in Zynismus oder Verzweiflung. Oder in einer Sprache der Betroffenheit, mit Einschluß des Ausdrucks von Gefühlen? Aber Gefühle ein Spiel spielen lassen mit Scheußlichkeiten würde bedeuten, den Todeskampf von Millionen zu reduzieren auf ein Moment von Selbst-Schonung; denn in allzu großen Gefühlen schonen wir uns selbst vor dem Angriff des Scheußlichen, mit denen wir es begleiten, und können überdies der Versuchung des Erbaulichen erliegen. Andererseits können wir es nicht zulassen, uns sprachlich – wie gewöhnlich – *über* die Scheußlichkeiten zu erheben, denn es bedeutete, uns über die Toten in ihrem Tod erheben wollen; das dürfen wir nicht, wir können es auch gar nicht. Sprachlich ist dieser Tod nicht zu bewältigen und darum auch »Gott« nicht in diesem Tod. Es müßte Gott selbst sich melden, wenn hier aus lauter Unmöglichkeit etwas möglich werden sollte. Gott müßte zu einem Wort Gottes finden, dann könnten auch wir vielleicht wenigstens das Wort »Gott« noch einmal in den Mund nehmen. Bis dahin aber – wenn es ein solches Da gibt – spricht Yehoshuah Amir mehr als nur etwas Persönliches aus: »Die Frage ›Wo war Gott in Auschwitz?‹, an der sich die verschiedensten Denker versucht haben, geht nach meiner Ansicht über menschliche Kräfte. Es mag der Mühe wert gewesen sein, die klügsten, tiefsten, persönlichsten Antworten auf diese Frage zu versuchen. Ich fühle mich dieser Frage nicht gewachsen. Es bleibt nur, auf Auschwitz zu antworten. Und eine solche Antwort kann – so möchte ich sagen – letztlich nicht gedacht, sondern nur getan werden.«[21]

Ja.

Und dazu gehört auch das Tun der Seelen und der Gedanken, das Tun des *Gedenkens.* Auschwitz nicht aus dem Gedenken Gottes, das heißt vor allem: Gott nicht aus dem Gedenken an Auschwitz zu entlassen, – das sehen wir als letztes Recht von Theologie »nach Auschwitz«. Und das ist allein die Form, in der uns das eschatologische Thema Gott und Tod, Tod und Gott als der Ungrund des Themas Zukunft und Tod, Tod und Zukunft zugänglich ist.

Wir scheiden uns damit von allen jenen Theologien, die den Tod – mit E. Jüngel gesagt – als ein »Gottesphänomen« zu interpretieren versuchen.[22] Eine Durchsicht der »Lehre vom Tod« (schrecklich: »Thanatologie« genannt) bei den großen Theologielehrern unseres Jahrhunderts zeigt: Sie alle *vermitteln,* auf je verschiedene Weise, Gott und den Tod miteinander, machen in der Tat den Tod zu einem »Gottesphänomen«[23].

21. Y. Amir, a.a.O. 453f.
22. E. Jüngel, a.a.O. 123.
23. E. Schmalenberg, Tod und Tötung. Eine dogmatische Studie zur theologia mortis [!], 1976.

Dem Problem, wie es sich »uns heute« stellen muß, ist m.E. E. Jüngel am nächsten gekommen. Er besinnt sich auf »die Bedeutung des Todes Gottes für den Tod«[24]; aber so, daß er Gott und Tod bis an die Grenze des Erträglichen miteinander identifizieren (und so über Rubensteins »Messias Tod« noch weit hinausgehen) kann: »Und da Gott sich mit seinem eigenen Sein definiert, wird der Tod zu einem das Sein Gottes bestimmenden Prädikat. Die Rede vom Tode Gottes hat ontologische Relevanz für das Sein Gottes«[25].

Freilich ist das für Jüngel in keinem Augenblick ein Grund, an Gott zu zweifeln, geschweige denn: zu verzweifeln. Auch wenn Gott sich am Tode definiert, bleibt er Gott-der-er-immer-war: »Gott erleidet den Tod, um sich gerade in dieser Tat des Leidens als Gott zu erweisen. Erweist sich aber Gott im Tode *als* Gott, dann erweist sich Gott nicht ohne den Tod als Gott«[26], dann ist und bleibt der Tod theologisch bestimmbar wie eh und je: ein »Gottesphänomen«; und umgekehrt muß Gott es ertragen, vom Tode gezeichnet zu werden.

Die Frage, die ich auch gegenüber dieser dialektisch-schärfsten Vermittlung zwischen Gott und Tod habe, ist, ob – nach Auschwitz und angesichts des *entfesselten* Todes – solche Vermittlungsversuche noch möglich sind. Gott und Tod sind unvermittelbar auseinandergebrochen, und zwar nicht nur, weil *wir* Gott angesichts der Schoah eine göttliche Selbstdefinition am Tode nicht mehr konzedieren *dürfen,* weil dies auch das Angesicht des biblischen Gottes, der sich mit dem gekreuzigten Jesus identifiziert, bis zur Unkenntlichkeit entstellt, sondern weil der Tod in der Schoah auch Gott verschlungen haben könnte in seinem dortigen Sieg.

Natürlich können wir das nicht *behaupten,* daß dort der Tod Gott niedergerungen habe; noch aus den Gaskammern waren *Gebete* zu hören. Aber wir können es auch nicht einfach unterlassen, so etwas Schreckliches – als den tiefsten Ungrund – zu denken. Wenn wir es aber denken – mit jenen selbst von der Schoah gezeichneten und unmöglich gemachten Resten von Denkmöglichkeiten –, dann können wir, sowenig wie einen Sieg des Todes über Gott in Auschwitz, sowenig ein Überleben Gottes in Auschwitz behaupten, das ihm so viele Gotteskraft gelassen hätte, sich – auch noch dort – am Tode als an seinem eigenen Sein zu definieren. Ich will nicht unterstellen, daß auch Jüngel gar nicht an Auschwitz gedacht habe, als er den Tod ein »Gottesphänomen« nannte (vorsichtig, sensibel und zurückhaltend genug auf dem Level der theologischen Tradition), aber er hat von Auschwitz nicht gesprochen, auch er ist im geschlossenen Kreise der Bibel, der Christologie und des Theologengesprächs geblieben; Ausch-

24. E. Jüngel, a.a.O. 122.
25. Ebd.
26. Ebd.

witz blieb auch auf diesem »Plakat«, dieser Anzeige vom Tod »des lebendigen« Gottes, namenlos. Solche Namenlosigkeit kann wirklich *Scheu* sein, das Unbenannte kann in ihr *wirken.* Aber ein offenes *Gedenken* ruft Namen auf – Sechs Millionen: presente! -; und vorerst stehen diese Namen *zwischen* Gott und dem Tod, und es *ist* das Zwischen eines Ungrunds und nicht das einer Vermittlung; Gott und Tod lassen sich über die Schoah nicht vermitteln. Und wenigstens *einmal* sollten wir Theologen noch einen ganz anderen Schmerz als den des von Hegel so genannten »Schmerz der Negation« aushalten, ohne Sehnsucht nach einem »spekulativen Charfreytag«.

Und nun noch einmal unsere Frage: Ist es denn überhaupt nötig, in einer Eschatologie von unserem Sterben und unserem Tode zu reden?

Unsere theologischen Lehrer begnügten sich nie mit der unbestreitbaren Erfahrung, daß die Verheißungen des biblischen Gottes weit über das hinausreichen, was je unsereiner zwischen seiner Geburt und seinem Sterben erleben kann. Sie arbeiteten mit dem Tode theologisch auch, um unsere *Hoffnungen an ein Realitätsprinzip zu binden,* und meinten, nichts sei so »real« wie unser Tod, der Tod sei das realisierende Prinzip wenn (noch) nicht: alles Realen, so doch alles Realistischen. Um einer realistischen, nicht-phantastischen Zukunft willen war der Tod für sie das erste Thema der Eschatologie.

Und sie konnten dies natürlich auch *christologisch* rechtfertigen. Wenn Jesu Erweckung aus dem Tode für uns das Angeld auch auf unsere Befreiung von der Macht des Todes bedeutet, muß Jesu Tod nicht nur in seiner Bedeutung für Jesus, sondern auch in seiner Bedeutung für uns bedacht werden. Unseren Vor-Denkern war nicht zweifelhaft, daß Jesu Tod mit unserem Tod etwas zu schaffen hat. Paulus hatte ja verkündigt, daß wir alle »mit Christus gekreuzigt« worden (Gal 2,19), alle auf seinen Tod getauft und darum: mit ihm begraben worden seien (Röm 6,3-4). Und wenn unsere Hoffnung ist, mit Christus in einem »neuen Leben wandeln« zu können (Röm 6,4), bleibt uns unser Mitsterben und Mitbegrabenwerden mit Jesus nicht erspart. An ein neues Leben läßt sich nach biblischer Logik nicht denken, ohne daß wir offenen Auges auch der Beendigung, Tötung unseres alten Lebens entgegensehen – wie ja auch der neue Äon sich nicht anders durchsetzen kann als durch den Abbruch und Zusammenbruch des alten. Wir begreifen also wohl die Gründe, die dafür genannt werden können, daß Sterben und Tod ein Thema der Eschatologie sein können.

Wir haben allerdings auch Gegengründe geltend gemacht, die – obgleich auch sie gut biblisch sind – in der Theologie bisher nicht ebenso zum Zuge gebracht wurden: von einer Zukunft ohne Tod. Das gilt uns als ein Indiz dafür, daß – mindestens *auch* – *System*prinzipien mitverantwortlich dafür waren, das Bedenken des Todes vor das Bedenken der Zukunft zu setzen, Prinzipien z.B. einer Dialektik, die meint, von etwas Neuem nur vermittelt zu etwas, was als

Altes qualifiziert werden muß, denken und sprechen zu können. Solche Systemprinzipien (wie z.B. auch das *psychologische,* daß wir nur im Angesicht des Todes begreifen, was Leben als Qualität heißen könnte) sind uns zwar nicht suspekt, aber fragwürdig. Fraglich ist uns z.B., wie die biblischen und christologischen Zusammenhänge aussehen könnten *ohne* ihre Fassung durch solch beilaufende Systemprinzipien. Es ist nicht sicher, ob vom Tode *von daher* so selbstverständlich in einer Eschatologie zu handeln wäre, wie es zur Tradition dieser theologischen Disziplin gehört.

Aber auch wir *müssen* in unserer Eschatologie von Sterben und Tod reden, weil wir da von Gott reden müssen – und eben weil – nach Auschwitz – nicht nur der Tod von Gott, sondern auch Gott vom Tode bedroht worden ist in einer Weise, die uns zweifeln, wenn nicht verzweifeln lassen muß darüber: ob wir überhaupt noch hoffen können und Zukunft haben, die *theologisch* der Rede wert wäre. Und darum also doch ein nächster, erster Paragraph einer materialen Eschatologie.

B. *Wie uns die Zeugen Gottes den Tod verkündigen*

VORSÄTZE *Soviel wir Menschen auch angesichts unseres nur begrenzten Daseins über den Tod nachdenken, wir verstehen ihn doch nicht. Zumal die hohen Ansprüche, die das abendländische Philosophieren an »Verstehen« und »Denken« des letzten Sinns und Grundes unseres Daseins stellte, lehrten uns, über den Tod hinaus, ja an ihm vorbei zu denken: Wir seien mehr als unser Tod.*

Die biblischen Menschen täuschten sich nicht darüber, daß wir des Todes sind. Weil sie wußten, daß wir uns gerade darüber gerne täuschen, verstanden sie den Tod als eine Wirklichkeit, die uns gesagt werden muß, und Gott sagt sie uns auf den Kopf zu.

So kennen sie den Tod von vornherein nur als eine Wirklichkeit in Beziehung zu Gott.

Daher kommt es, daß wir schon lange vor unserem Sterben vom Tode gezeichnet sein können: je nach dem, wie wir mit Gott dran sind.

Gott legt uns vor: Wege des Lebens, Wege des Todes. So ist der Tod in unsere Wahlfreiheit gegeben.

Gott will nicht, daß wir den Tod, seinen Erzfeind, wählen. Wählen wir ihn aber, dann bestätigt Gott diese Wahl und ordnet unserem Sterben den Tod zu.

Er – der lebendige Gott – kämpft mit uns und dem Tod um unser Leben. Er selbst aber verfällt ihm nicht. Er bleibt der Vor-Gesetzte des Todes.

Auf dem Todesweg Jesu kämpfte Gott mit der Macht des Todes – unserer freien Wahl der Sünde. Daran gab er Jesus, den ihm Nächsten, für einen kurzen Augenblick preis.
Aber dann entriß er dem Tod sein erstes Opfer und ließ sein Leben den Sieg behalten.

Am Tod versteht sich nichts von selbst. Nicht einmal der Tod versteht sich von selbst.

Hätten wir diese beiden Sätze verstanden, hätten wir mit das Wichtigste schon verstanden.

1. Das Denken des Todes

Für gewöhnlich denken wir ja: alle Menschen müssen sterben, und nichts hält sich auf Dauer. Je mehr wir als Kinder heranwachsen, um so mehr entsteht in uns schon zugleich mit einer Lebensgewißheit eine Gewißheit des Todes. Oft schafft überhaupt erst die Einsicht, daß ein jeder Mensch sterben wird, das Bedürfnis, uns unseres Lebens zu vergewissern. Die kindliche Sorge, was wird aus mir, wenn die Eltern einmal nicht mehr dasein werden und ich ganz allein und verlassen zurückbleiben muß, erzeugt die weitere Frage: Wo werde ich sein, wie werde ich sein, was wird sein, wenn ich dann auch selbst einmal nicht mehr bin? Die Vorstellung meines eigenen Nicht-mehr-Seins beunruhigt mich nicht weniger als die – der seelischen Entwicklung nach wahrscheinlich frühere – Frage: Woher bin ich gekommen? Beides sind Fragen eines horror vacui, die aus dem Unausweichlichen stammen, das uns eines schon relativ frühen Lebenstages überfällt: Was für eine Leere muß das sein, in der wir einmal nicht waren und einmal auch nicht mehr sein werden?

Das Erschütternde stammt daraus, daß es uns einerseits undenkbar ist, – dennoch unaufhörlich unser Denken, mindestens unser Unterbewußtes beschäftigt und andererseits doch das Gewisseste ist: Es wird geschehen, daß ich einmal nicht mehr bin. Insofern könnte einer sagen: Der Tod ist das Gewisseste am Dasein, also selbstverständlich.

Und doch erfahren wir, daß dies eine Gewißheit ist, von der wir – mag sie noch so selbstverständlich sein – nichts verstehen. Denn die Fragen Woher? und Wohin? haben es an sich, uns notorisch zu einem regressus ad infinitum hinzureißen, von einer Antwort zur nächsten, einer »Erklärung« zur nächsten; eine jede kehrt sich nur wieder in eine nächste Frage um, und irgendwann ermüden wir, kapitulieren vor der Unendlichkeit von Antworten, die nur wieder Fragen gebären, und summieren den Eindruck: Was das Selbstverständlichste scheint und die größte Gewißheit besitzt: Alle Menschen müssen sterben, und weil ich ein Mensch bin, muß auch ich sterben, führt ins Nichts, wenn man ihm nachzugehen, auf den Grund zu kommen sucht.

Natürlich kann ich mir vorstellen und insofern auch denken, was geschehen wird: Ich werde irgendwann einmal einen letzten Atemzug tun; damit wird meinem Blut die lebensnotwendige Sauerstoffzufuhr abgeschnitten werden, es wird sich verändern; der Herzmuskel wird versagen und nach ihm auch alle anderen Muskeln. Ich werde unwillkürlich Urin und Kot verlieren. Meine Hornhaut wird sich trüben, meine Pupillen werden sich weiten. Ich werde in Todesstarre geraten. Meine Haut wird sog. Totenflecken bekommen, blau-rote Färbungen am Nacken, am Kreuz, an den hinteren Oberschenkeln, wenn ich darauf gelegen habe. Nacheinander werde ich in einem stunden-, vielleicht tagelangen Prozeß klinisch tot, physiologisch tot und schließlich auch absolut tot sein. Klinisch tot: wenn kein Arzt mir noch wird helfen können, an mir seine Kunst einstellen muß. Physiologisch tot, wenn Enzephalogramm und Elektrokardiogramm zeigen, daß mich nichts mehr elektrisiert, Gehirn- und Herzströme nicht mehr agieren. Absolut tot, wenn Zellen und Gewebe meines Körpers so geschädigt sein werden, daß da nichts mehr regeneriert, alles im Zerfall begriffen ist. Dann werde ich zu stinken beginnen, und dann wird aus meinem Körper ein Leichnam geworden sein. Erst dann dürfen sie mich beerdigen, weil dann erst die Möglichkeit beseitigt ist, ich könnte doch nur scheintot gewesen sein und es wäre vielleicht doch noch etwas zu machen gewesen; das wird der Prozeß meines Sterbens sein. Und dann werde ich tot sein, nicht mehr sein, gewesen sein, verwest sein. Alles wird weitergehen, nur ohne mich.

Das alles kann ich mir vorstellen und insofern auch denken. Mein Sterben kann ich mir vorstellen und denken, und denken kann ich mir auch die Welt ohne mich.

Aber das heißt noch nicht, daß ich mich selbst in meinem Tod denken kann, mich im Zustand meines Gewesenseins. Ich kann das Ich und seinen Tod, den Tod meines Ich nicht denken, denn alles, was ich denken kann, setzt immer einen Mich-Denkenden voraus, genauer: denkend setze ich immer mein Ich in die Welt, ihre Erfahrung, ihre Denkbarkeit. Aber kann ich denn mein Ich in den Tod hineinsetzen? Ist das denkbar, wenn ich durch die Stadien des Sterbeprozesses alle Funktionen meines Leibes zerfallen denken muß? Kann ich mein Ich ohne meinen Leib denken? Ich kann es projizieren, mythisch hoffen, willkürlich setzen, aber nicht »denken«, wenn ich unter dem Wirklichkeits-Anspruch des Denkens mich halten will, jedenfalls: des neuzeitlichen.

Doch auch die Geschichte des ur*alten* Philosophierens vermochte den Tod nicht zu fassen. Ja, man wird sagen müssen: Im Ursprung entstand das abendländische Philosophieren bei den Griechen sogar aus dem Wunsch, das Wirkliche über den Tod *hinweg* denken zu können. Denn die Leitfrage des Denkens, an der es sich allererst seiner selbst bewußt geworden ist, war die Frage nach dem, was für immer Bestand hat, nach dem ursprünglichen und unerschütterlichen Sein, aus dem alles Seiende entspringt, in das es zurückkehrt, das aber selbst weder entspringt noch vergeht.

Hören wir dazu aus dem großen, frühen Gesang des Parmenides Περὶ Φύσεως, »Vom Wesen des schlechthin Seienden«, wir sagen: »des Seins«: Es gibt, sagte er, viele σήματα, Kennzeichen, Hinweise dafür, daß es ἀγένητον, ungeworden sei, καὶ ἀνώλεθρον, unvergänglich, unverderblich, unverweslich; es sei, sang er, οὖλον, d.h. ganz, – μουνογενές, einheitlich, eingeboren, – ἀτρεμές, unerschütterlich, nicht zu verwirren, – οὐδ᾽ ἀτέλεστον, vollendet.

Wer die Sprache des alten christologischen Dogma kennt, die Rede vom ἀγένητος, vom ungeschaffenen, ewigen Sohn Gottes, – vom μονογενῆς, dem »eingeborenen« Sohn, erkennt sofort die Sprache des alten Philosophierens wieder. Denn im kirchlichen Dogma haben sie einst Jesus in der Sprache und Denkweise des ewigen Seins gelobt, aber sich nicht recht klar gemacht, was es bedeuten muß, Jesus in eine Denkstruktur zu kleiden, die willentlich über den Tod hinauswill und ihn fürs Wesentliche ausschließt: den Tod – und also: Werden *und Vergehen*.

Hören wir weiter Parmenides: »Und es (das Sein) *war* nicht einmal und *wird* nicht (einmal) sein, da es zugleich ganz *ist*, eins und zusammenhängend. Denn welche *Erzeugung* könntest du für es erfinden? Wohin, woher gewachsen? Weder: aus Nichtseiendem (werde ich dich sagen oder denken lassen); denn es ist nicht sagbar noch denkbar, daß (etwas) nicht ist. Und welches Bedürfnis hätte es auch veranlassen sollen, später oder früher, aus dem Nichts beginnend, sich zu bilden? Also muß es entweder ganz und gar sein oder nicht.« So dachte Parmenides zu der Kinderfrage: Woher komme ich? Und folgendermaßen dachte er zu der anderen Kinderfrage, die uns hier beschäftigt: Wohin werde ich geraten? »Noch auch wird die Gewalt der Gewißheit (πίστιος ἰσχύς) zulassen, daß jemals aus einem Seienden (ἐκ δὴ ἐόντος) irgendetwas über es hinaus *wird* – aus diesem Grunde hat weder zum Werden noch zum Vergehen die Rechtmäßigkeit es in seinen Fesseln lockernd losgelassen, sondern hält es fest«. Das Sein ist ans Sein gefesselt, gebunden, wie in einem Gefängnis gehalten, es kann nicht werden und eben auch nicht vergehen (οὔτε γενέσθαι οὔτ᾽ ὄλλυσθαι), nicht verlorengehen; die δίκη, das ewige Recht, hält es im reinen Sein fest; es ist recht so, und so ist es *Recht*, daß Sein nicht vergehen kann. »Wie aber könnte dann Seiendes vergehen: πῶς δ᾽ ἂν ἔπειτ᾽ ἀπόλοιτο ἐόν?« »Wenn es nämlich wurde, *ist* es nicht; auch nicht, wenn es zukünftig einmal sein wird. So ist Werden ausgelöscht und verschollen der Untergang«. »Und unbeweglich in den Grenzen mächtiger Fesseln *ist* es anfangslos, endelos (ἔστιν ἄναρχον ἄπαυστον), da Werden und Vergehen in weite Ferne verschlagen sind: verstoßen hat sie die wahre Gewißheit. Als ein Selbiges, und im Selbigen verharrend, ruht es in sich ...«

Wir müssen sagen: In diesem »Weg« des Parmenides ist bereits das Interesse der gesamten abendländischen Wissenschaft enthalten. *1.* Das Interesse am Feststellen von etwas, was ist. *2.* Das Interesse, es so fest zu stellen, daß es widerspruchslos so oder so *ist,* und nicht anders – oder, daß etwas sich jedenfalls so oder so *verhält,* und nicht anders. *3.* Das Interesse also, daß es eine Gewalt der Gewißheit gebe, eine πίστιος ἰσχύς, d.h. eine Sachautorität weit über uns, unabhängig und frei von jeder angemaßten individuellen Wissenschaftler-Autorität. Nicht die Autorität eines Schulhauptes ist es, die etwas als denkbar oder undenkbar zulassen dürfte oder nicht, sondern eben »die Gewalt der Gewißheit« oder »die wahre Gewißheit«, die πίστιος ἀληθής. *4.* Das Interesse am Zusammenklang dessen, was man sagen kann, mit dem, was man denken kann, von φατόν und νοητόν. Das ist antimythisch gesagt: Man soll auf dem Weg des Parmenides nicht *mehr* sagen können, als sich denken läßt. Mythos, das Erzählen von Wahrheit, soll gebunden werden ans Denkbare, und Undenkbares ausschließen. *5.* Schließlich geht neben allen Wissenschaften speziell die Philosophie diesen uralten Weg. Sofern sie prima philosophia ist, Metaphysik, Denken des Denkens, ist sie identisch mit der Frage nach dem Sein des Seienden, und dies im Spannungsfeld zweier Fragen: Sein oder Schein und der von M. Heidegger als Grundfrage der Metaphysik formulierten Frage: »Warum ist überhaupt Seiendes und nicht vielmehr nichts?«[27], oder, mit Shakespeare: »To be or not to be, that is the question«, Sein oder Nichtsein, das ist hier die Frage (Hamlet, 3. Akt, 1. Szene). Daß die Fragen auch Sein *und* Scheinen und Sein *und* Nicht-sein heißen könnten, wurde philosophisch gerade ausgeschlossen. Das Entweder-Oder hat etwas Zwanghaftes. Darauf wollen wir uns kurz besinnen.

Parmenides hat die *Beständigkeit des Seins* gefeiert *in einer Sprache des Zwangs.* Die δίκη, das Recht, die ἀνάγκη, die Notwendigkeit, sind Herrinnen des Seins. Sie beherrschen unsere Erkenntnis des Seins mit einer »Gewalt der Gewißheit«. Sie hindern uns, lassen es uns nicht zu, vom Sein zu sagen, gar vom Sein zu denken, daß es je geworden sei, daß es je verderben, gewesen sein könnte. Aber sie wachen nicht nur über unsere Erkenntnis des Seins, auch über das Sein selbst. Sie halten es in Fesseln. Sie denken keinen Augenblick daran, das angebundene Sein auch nur ein wenig lockerzulassen, so daß es keine Ausweichmöglichkeit mehr hat: weder zum Werden noch zum Vergehen hin. Sein *muß* sein, anfangslos, endelos. Und nur *ein* μῦθος ὁδοῖο wird zugelassen, einzig eine – μόνος –

27. M. Heidegger, Einführung in die Metaphysik, [1]1953.

Rede vom Weg der Erkenntnis des Seins. Der Absolutheitsanspruch nur eines einzigen Weges ist der abendländischen Wissenschaft in die Wiege gelegt. Und der Zwang: unter den Namen des Rechts und der Notwendigkeit. Zwanghaft abgewehrt werden sollen vom Sein das Werden und Vergehen, die Geburt und der Tod, das Lebendige und Verwesliche des Lebens; das Leben von Werden und Vergehen soll »in weite Ferne verschlagen« (τῆλε μάλ' ἐπλάγχθησαν), ja, »verstoßen«, Sein vom Leben entfremdet werden.

Wir könnten meinen: Gedankenspiel, abgehoben, nichtssagend, nur gedacht. Und könnten mit dem Haupt von Ernst Penzoldts Powenz-Bande, also mit Baltus Powenz, uns am Aphorismus weiden: »Das Leben ist herrlich, fürwahr! Die Existenz aber, die Existenz ist grauenhaft ...«[28]: die Existenz, das Sein, auf dessen Hintergrund unser Leben nur ein vergängliches Seiendes ist.

Aber das große abendländische Philosophieren ist ja dabei nicht stehengeblieben, Werden und Vergehen, das Leben der Menschen z.B., vom *Sein* ferne zu halten. Es hat den Zwang des Seins auch den *Menschen* angetan. Aristoteles hat seine Hauptschrift τά μετά τά φύσικα, »Metaphysik«, mit einer Besinnung auf das ihm vorangegangene Philosophieren der »ersten Philosophen« begonnen, die wir die »Vorsokratiker« nennen und zu denen Parmenides gehörte. Er referiert da das auch für ihn schon klassische Seinsverständnis seiner Vor-Denker: »Das nämlich, woraus alles Seiende ist und woraus als dem Ersten es entsteht und worin es letztlich wieder untergeht ... nennen sie Element, Prinzip des Seienden. Und deshalb meinen sie auch, daß weder etwas entstehe noch vergehe, da eine derartige Natur, φύσις, stets erhalten bleibe.« Und nun ist es Aristoteles, der das ewige Sein einem Menschen antut, dem Sokrates: dem Lehrer seines Lehrers Plato. »Wie wir ja auch nicht von Sokrates behaupten, daß er schlechthin *entstehe,* wenn er schön und musisch wird, noch, daß er *vergehe,* wenn er diese Merkmale [des Schönen und Musischen] verliert, weil ja das Substrat, das ὑποκείμενον, Sokrates *selbst,* bestehen bleibt ...« (A 983^{b}).

Schön ist es, wenn ein Student sogar noch vom Lehrer seines Lehrers etwas weiß und in gutem Gedächtnis behalten kann. Doch etwas anderes ist es, von einem Lehrer des Lehrers – und wäre er Sokrates – ein Substrat von Unvergänglichkeit zu behaupten, etwas Seins- und Wesenhaftes, das nie erst entstehen konnte, das auch nie absterben kann, das den Sokrates ausmacht und ein Unsterbliches ist an ihm, ein ὑποκείμενον, ein ihm Zugrundeliegendes, das er gar nicht *leben* und *sterben* kann, weil er es *ist.* Ich weiß nicht, ob Aristoteles so etwas von jedem Menschen gedacht hat oder nur vom bedeutenden Lehrer des Lehrers; aber ich denke wohl: von jedem; jeder hat seinem Wesen nach Unsterbliches, das macht ihn aus und es »west«, hat Bestand jenseits, unabhängig von den

28. E. Penzoldt, Die Powenzbande, 1949, 57.

Anstrengungen und Schmerzen, Beglückungen und Verlusten des gelebten Lebens. Ein Mensch ist mehr als nur ein Mensch; er hat Sein.

Laßt uns hierüber nicht spotten. Das ist die Herrlichkeit des Humanismus. Wir begegnen ihm in der von den Griechen belehrten Denkgeschichte des Abendlandes in einem rückhaltlosen, geradezu strahlenden Ja zum Sein des Seienden; radikale Weltverneinung konnte auf diesem Boden nicht wachsen. Und wir begegnen hier einem rückhaltlosen, ebenso strahlenden Ja zum unsterblichen Wesen des Menschen, das einem jeden Menschenleben zugrundeliegt, ὑποκεῖται – gleich, ob es ein glückliches oder unglückliches Wesen ist; der Mensch ist wesentlich; und Menschenverachtung könnte es auf diesem Boden eigentlich nicht geben.

So gesehen, können wir gut verstehen, warum die Christen, seit dem zweiten Jahrhundert etwa, begannen, Gott und Jesus mitzunehmen auf die Wege dieses Denkens. Indem sie von Gott dasselbe sagten, was die alten Griechen vom Sein gesagt hatten, schufen sie sich das Vertrauen, daß Gott etwas schlechthin Unvergängliches sei, das nie verderben, verlorengehen, nie verwesen kann. Und indem sie von Jesus unter gleicher Absicht sprechen lernten, wie Aristoteles von Sokrates gesprochen hatte, wollten sie von ihm sagen: Nicht sein Kommen und Gehen machen ihn aus, nicht seine Geburtsgeschichte, nicht seine Sterbegeschichte, sein *Bleiben*, was ewig Gegenwart ist an ihm, macht ihn aus, sein ὑποκείμενον, kurz: nicht das Menschliche – das *Göttliche an ihm*. Die ganzen christologischen Streitigkeiten um den Menschen und den Gott an Jesus beruhen auf der Denkform, in der die alten Griechen das Sein und den Menschen sich dachten.

Das aber war nun ein Denken, mit dem sie notorisch den Tod über-dachten, über den Tod hinwegdachten, ja sogar damit ernsthaft ein wirkliches Denken erst beginnen lassen wollten; ernsthaftes Denken über-denkt den Tod.

Aber wie sollten Christen das je können: Ein ὑποκείμενον Jesu: ohne, daß er geboren wäre von einer Frau?; ohne, daß er von seinen Freundinnen und Freunden wieder davongegangen, im Tode vergangen wäre?; ein ewiger Jesus mit dem Kennzeichen, das schon Parmenides dem Sein gegeben hatte und das auch Aristoteles vorbehaltlos wiederholt hatte: des ἀκίνητον, des Unbeweglichen, »in den Grenzen mächtiger Fesseln« gehalten (Fr. 8)? Wir verstehen jedenfalls von hier aus den Protest Luthers, wenn er gegen dies ὑποκείμενον Jesu strikt einseitig, eng auf den λόγος τοῦ σταυροῦ, das Wort vom Kreuz des Apostels Paulus zurückgriff (1 Kor 1,18) und als junger Mann von nichts als einer theologia crucis wissen wollte, einer Theologie gerade des *Todes* Jesu, die im Sprachgewand der Philosophie nicht etwa faktisch, aber strukturell und grundsätzlich verdrängt worden war, weil eben nach einem Sein notorisch über den Tod hinweg gefragt worden ist. Auch die Theologie des Todes Gottes in unserer

Generation war ein notwendiger Protest gegen die Todesvergessenheit im lange herrschenden Seinsverständnis von Theologie und Philosophie; sie *mußte* gleich mit einer letzten Jesus-Vergessenheit sein; einem ewigen Gott wurde er zwanghaft angefesselt, ohne Ausbruchsmöglichkeit.

Ein Denken aber, das an Jesus versagt, weil es seinen Tod beiseiteschieben will – und damit alles, was er Gutes für uns tut und will –, erweist sich als unbrauchbar für unser Verständnis des Wirklichen, des Seins und des Wesens. Wohl verstehen auch wir die Wohltat einer Wissenschaft und eines Denkens, die ein unerschütterliches Seinsvertrauen lehren, mit ewigem Bestand eines Bestehenden rechnen; sie sind ein Heilmittel gegen Resignation und Weltverdruß. Aber sie sind dies durch und durch *heidnisch,* weil sie das nur auf Kosten der Geburt und des Todes sein können, weil sie den Tod über-denken und nichts von ihm, ja ihn nicht wissen wollen. Indem sie nach dem Wirklichen ohne Tod und Verwesung fragen, fragen sie nicht nur an unserer Erfahrung vorbei; das dürften wir ihnen nicht verübeln. Aber sie fragen an Jesus vorbei. Und darin können wir ihnen nicht folgen. Indem sie Jesus über-denken, überdenken sie die *Schwäche* des Wirklichen, und darin müssen sie uns prinzipiell illusionär erscheinen.

Mag der Tod also wirklich nicht *denk*bar sein – wer ihn nicht denken kann, muß ihn *hören.* Damit aber gehen wir über vom gedachten Tod, der nicht gedacht werden kann, zum verkündigten Tod, der uns gesagt wird und den wir gesagt bekommen.

2. Das Gesagtbekommen des Todes

In der Bibel *denken* die Menschen nicht anders vom Tod als die alten Griechen und wir heidnischen Leute es von Hause aus auch tun, sie *reden* anders von ihm. Das andere ihres Redens besteht aber darin, daß er dort etwas ist, was gar nicht gedacht werden kann, weil es *gesagt* werden muß, u. zw.: uns Menschen auf den Kopf zu. Wie alles in der Welt der Bibel ist dort auch der Tod eine Wortwirklichkeit.

Natürlich bezieht sich biblisches Denken auch auf die Erfahrungen unserer Endlichkeit, auf unsere alltäglichen Lebenserfahrungen, zu denen auch das Sterben naher Menschen, eines Tages oder einer künftigen Nacht auch unser eigenes Sterben gehören. Aber *die biblische Rede vom Tod entspringt nicht unseren Sterbeerfahrungen und anderen Erfahrungen unserer Endlichkeit.* Mithin gibt sie auch keinen Beitrag zu einer ursprünglichen *Deutung* unseres befristeten Lebens und der Schrecken oder Erwartungen, kurz: der Probleme, die uns unsere Lebenserfahrungen bereiten, wenn sie plötzlich auch Sterbeerfahrungen werden. Biblische Rede vom Tod stellt sich weder als ein sinnvolles noch als ein sinnkritisches

Deutemodell neben andere der Religion oder des Philosophierens, der Psychologie oder auch der Soziologie (sofern Erfahrungen von Lebensverlust immer auch ein soziales Problem aufwerfen, das auch soziologisch dargestellt werden kann). Was die Bibel vom Tod sagen will, geht weit über alle unsere Sterbeerfahrungen und Endlichkeitsprobleme hinaus. »Tod« ist in der Bibel ein Wort *zu* uns, nicht ein Wort *von* uns, es wird an uns gerichtet. *»Tod« ist ein Wort von Gott.* Es besitzt den ganzen Umfang seiner Bedeutung darin, daß auch mit diesem Wort zuerst etwas von Gott gesagt wird – von Gott zu uns –, ehe mit dem gleichen Wort danach auch etwas von uns gesagt wird. *»Tod«* ist dort also *ein Beziehungswort* zwischen Gott und uns (wie es sich übrigens auch mit dem Wort »Leben« verhält), und es nimmt teil an derjenigen Wirklichkeitsdimension, die dort für alle Beziehungen zwischen Gott und uns, aber auch zwischen Menschen und Menschen, Menschen und belebter und nicht-belebter Natur gilt: In der Welt der Bibel werden die Dinge real nur im Reden, Sprechen und Widersprechen, Sagen, Erzählen und Zuhören, Befehlen und Gehorchen, nicht: im Nachdenken, Meditieren, Reflektieren, Begreifen oder »Verstehen«; die Realitiät ereignet sich als Davar, Wortgeschehen. So auch der Tod. Er besitzt die ihm eigene Realität nur sekundär in unserem Sterben und unseren besorgten Gedanken darüber, primär aber darin, daß Gott ihn uns auf den Kopf zusagt.

Erst dadurch wird der Tod etwas, was wir nicht über-denken, über das wir nicht hinwegdenken können. Ist er ein Wort von Gott, so kommt er aus einem Letzten, »hinter« das wir mit keinem Gedanken mehr kommen können, um uns dort etwa – wie die alten Griechen – ein Wesen ohne Tod zu erdenken oder zu erschließen. Ist der Tod ein Wort von Gott, dann erst hat er das *Unausweichliche.* Die Art, in der es uns Menschen für gewöhnlich gelingt, »mit dem Tod fertig« zu werden, widerlegt die beliebte Rede von einer Unausweichlichkeit des Todes und damit von seiner Letztwirklichkeit; wir sagen das zwar immer so, aber widerlegen es auch durch Handlungen und ein Denken, das den Tod überdenkt. Unausweichlich ist uns nicht der Tod, sondern Gott, und der Tod ist uns unausweichlich nur, sofern er ein Wort von Gott ist.

Dadurch wird er uns zu etwas schlechterdings *Fremdem.* Versuche, den Tod zu über-denken, unternehmen wir oft auch darin, daß wir ihn uns anheimeln. Wir nennen ihn dann etwas ganz »Natürliches«: damit er uns ja keinen Grund zur Aufregung gibt. Nicht selten schmeicheln wir ihm und nennen ihn sogar unseren »Freund«, begrüßen ihn wie einen »Erlöser« von unseren Schicksalen, Schmerzen, oft auch (im Falle mancher Selbstmorde) von einer Langenweile oder Gleichgültigkeit unserer frühen, einer unbehebbaren Hilflosigkeit unserer späteren Jahre. Wo er jedoch ein Wort von Gott ist, wird er uns unüberwindbar fremd.

Nicht etwa, weil *Gott* uns etwas Fremdes wäre, sondern weil Gott das Wort Tod, das er uns auf den Kopf zusagt, doch nicht an der Endlichkeit unseres

Lebens und an unserem Sterben auslegt, sondern am Sterben *Jesu,* eines anderen Menschen also, will sagen: eines Menschen, der nicht-ich-bin, auch nicht etwa am Kollektiv Mensch, nicht an der Gattung Mensch. Das ist das Befremdende, ja Entfremdende des Todes: Als ein Wort von Gott wird er uns zwar *zugesprochen, aber* er wird *nicht ausgelegt* im vertrauten Interessenkreise unserer persönlichen Erfahrung, unseres persönlichen Geschicks, auch nicht unseres menschheitlichen Gattungsschicksals, sondern am Sterben eines einzelnen anderen Menschen. Das wirkt unbegreiflich auf uns und – so unvermittelt zu uns selbst – befremdend und fremd.

Wir können auch sagen: Erst, wo der Tod ein Wort von Gott ist, wird er zur Macht *über* uns, derer wir nicht mehr Herr werden können: weder durch Ignoranz noch durch Interpretation, weder durch Verdrängung noch durch Überdenken: so wenig Herr über den Tod, wie Herr über einen anderen Menschen, gar: *diesen* anderen Menschen, Jesus. Der Tod bekommt erst von Gott die Kraft des Anderen, damit: des uns Fremden.

Hören wir das aus biblischen Texten.

Es ist Gott, der uns, wie das Leben, so auch den Tod *vorlegt.* »Sieh, / gegeben habe ich heuttags vor dich hin / das Leben und das Gute, / den Tod und das Böse« (Dtn 30,15); das Leben und das Gute stehen hier synonym, der Tod und das Böse auch, – sie beide hat Gott »vor dich hingegeben« (reeh natati lephanecha hajom ät ha chajim: »dir vors Gesicht gesetzt« hat Gott das Leben, auch den Tod; wir umschreiben: »auf den Kopf zu« gesagt hat Gott uns Leben, auch den Tod). Doch wie hat Gott beide vor uns »hingegeben«? »... da ich heuttags dir gebiete, / IHN deinen Gott zu lieben, / in seinen Wegen zu gehn, / seine Gebote, seine Satzungen, seine Rechtsgeheiße zu wahren: / Leben wirst du, / wirst dich mehren, / ER dein Gott segnet dich im Land, wohin du kommst es zu ererben. / Wendet sich aber dein Herz, / hörst du nicht, / lässest dich absprengen, / neigst dich anderen Göttern, / dienst *ihnen,* – / ich melde euch heuttags, / daß ihr dann schwinden, schwinden müßt, / nicht werdet ihr Tage längern auf dem Boden, / dahin zu kommen du den Jordan überschreitest, ihn zu ererben.« (Dtn 30,16-18).

Zunächst wichtig ist uns das *Wort* vom Tod: »Ich melde euch heuttags«, Zürich: »so kündige ich euch heute an«, Luther: »so verkündige ich euch heute«, also: gemeldeter, *an*gekündigter, *ver*kündigter Tod, hebr. higgadti, von higgid, anzeigen, Nachricht geben, erzählen, das Wort, von dem die Haggada kommt. Gott meldet, erzählt, verkündigt uns wie unser Leben, so unseren Tod. Der *Tod ist etwas Gesagtes.*

Wenn wir sagen, daß Gott uns den Tod sagt, wollen wir damit keine metaphorische Beziehung von Gott und Tod beschreiben. Wir könnten ja meinen, daß das Sterben eines Menschen »etwas Sprechendes« an sich habe; und so Sprechendes ließe sich unschwer näher bestimmen mit dem Gedanken: es sei Gott, sein unergründlicher Wille oder seine heilige Fügung, die aus einem Sterbegeschehen zu uns spräche. Das Sterbegeschehen wäre hier das Wort, oder jedenfalls Medium eines Wortes, in dem verborgen Gott sich hören läßt: etwa so wie das Pochen des Schicksals, das phantasiebegabte Menschen in den beiden ersten Takten der Beethovenschen c-moll-Symphonie zu hören meinen. Aber so spricht in der Bibel nicht der Tod und Gott nicht durch den Tod. Unser Sterben als solches ist kein biblisches Sprachmedium, weniger noch als unser Leben als solches. Beide haben von sich aus nichts Sprechendes und sind als solche auch nicht Medien, mit deren Hilfe oder »in« denen Gott uns etwas sagt. Unser Leben und Sterben sind keine indirekten Worte Gottes; jedenfalls nicht mehr nach Auschwitz.

»Leben« und »Tod« sind aber direkte Worte Gottes darin, daß Gott zu uns das ihm, nicht uns eigene Wort Gottes spricht, sein ganz spezifisches, mit anderem Sprechenden nicht zu verwechselndes, von ihm sich gerade unterscheidendes Wort. Die *Tora* ist das Wort Gottes, mit dem er uns Leben und Tod auf den Kopf zusagt. Und das *Evangelium* ist eben dies gleiche Wort Gottes – weswegen Luther der Sache nach Recht hatte, das »ich melde euch heuttags« mit seinem Herzwort: »Ich *verkündige* euch heute« zu übersetzen; das Sprechen des Verkündigungsengels auf dem Hirtenfeld von Bethlehem: »Siehe, ich *verkündige* euch heute« – dort: große, große Freude (Lk 2,10) – ist ganz das gleiche Sprechen, das Mose als Mund Gottes sprechen muß: »So *verkündige* ich euch heute« – »daß ihr umkommen und nicht lange in dem Lande bleiben werdet, dahin du einziehst über den Jordan, es einzunehmen« (Dtn 30,18): Verkündigte Freude, verkündigter Tod. Das Leben wird gesprochen, indem die Tora gesprochen wird und das Evangelium. Der Tod wird gesprochen, indem die Tora gesprochen wird und das Evangelium. Beide: indem sie zu Israel und zu uns gesprochen werden. Israel und wir hören das Leben und den Tod, unser Leben, unseren Tod, indem wir Tora hören und Evangelium.

Wir wollen uns bemühen, dies noch genauer zu benennen. Wir bekommen in der Tora und im Evangelium wirklich das Leben selbst, *unser* Leben, und den Tod selbst, *unseren* Tod, zu hören. Abwegig wäre es, das Verhältnis von Tora und Evangelium und von Leben und Tod als eines von Ursache und Folge, Voraussetzung und Konsequenz zu deuten und Leben und Tod unter die *Bedingung* unseres Hörens oder Nichthörens des Wortes Gottes gestellt zu sehen: Nur wer hört, habe Leben vor sich, wer aber nicht hört, den Tod. Leben und Tod wären dann nur Konsequenzen unseres Hörens oder Nichthörens des Davar, wären nur Folgen aus unserem Verhalten, das Leben eine Belohnung für uns, der Tod eine Strafe. Mag diese gräßliche Logik unseren frommen Gemütern noch so geläufig sein: Sie ist biblisch abwegig; als wären Leben und Tod uns gegenüber etwas Nachträgliches, Sekundäres, als wären wir irgendwie *vor* unserem Leben und vor unserem Tod, und als hätte Gott uns eine Verfügungsgewalt über Tod und Leben zugespielt in unserem Verhalten zur Tora. Das sei ferne! *Mit* der Tora gibt Gott uns das Leben und den Tod, und *mit* dem Evangelium auch; *im Hören* der Tora das Leben, *im* Nicht-Hören den Tod. Das Leben ist im Sagen Gottes und im Hören Israels, und der Tod ist auch *im* Sagen Gottes und im Nichthören der Seinen. Unser Leben und Tod sind der Tora und dem Evangelium implizit. Denn nichts hat *Gott* gesagt, was wir nicht hören. Und was wir nicht hören, hat dennoch Gott *gesagt.*

Und noch einen Schritt genauer lehrt uns das Mosewort Leben und Tod als *gesprochenes* Leben, *verkündigten* Tod zu erfahren. Denn es ist die Tora, die uns sagt, *was* unser Leben ist und *was* unser Tod. Dies ist die entscheidende Bedeutung, die das biblische Gesagtbekommen wie unseres Lebens, so auch unseres Todes hat. Die biblische Rede von Leben und Tod setzt nicht voraus, daß wir immer schon wüßten, was »Leben«, was »Tod« seien. Die Verkündiger der Bibel leugnen zwar nicht, daß wir ganz gut wissen können, was Geborenwerden und was Sterben sind. Damit machen wir ja Erfahrungen, an anderen, auch an uns selbst. Und das sind keineswegs oberflächliche Erfahrungen; sie können bis dahin gehen, daß einer den Tag seiner eigenen Geburt verflucht oder sich wünscht, endlich sterben zu können. Ein Wissen von Geburt und Sterben bleibt keinem lebenden Wesen erspart. Aber nach biblischem Wirklichkeitsverständnis wissen wir damit überhaupt noch nichts vom »Leben« und nichts vom »Tod«. Lebenserfahrung in ihrem Sinn ist nicht gleich unseren Zeugungs-, Geburts- und immer neuen Zeugungs- und Geburtserfahrungen; und Todeserfahrung ist nicht gleich mit unseren Sterbeerfahrungen. Weil dies keine Gleichungen sind, muß uns *gesagt* werden, *was* Leben, *was* Tod sind. Und eben beides bekommen wir zu hören, wenn Gott uns Tora sagt und Evangelium.

Danach heißt *Leben* per definitionem: *1.* Gott lieben (le ahava ät adonai elohecha); *2.* seine Wege gehen (la lechet be derachav), – d.h. zu wahren (ve lischmor); *3.* seine Gebote (mizotav), *4.* seine Satzungen (ve chukotav), *5.* seine Rechtsgeheiße (u mischpatav); und in dem allen: leben wirst du (ve chajita), wirst dich mehren (ve ravita), und *6.* Er, dein Gott, segnet dich in dem Land, wohin du kommst, es zu ererben (u verachcha adonai elohecha ba arez ascher atah ba-schammah le rischtah). Das ist »Leben« per definitionem: *der* Begriff des gesagten Lebens. Ein Glied ist hier ins andere verflochten und ein jedes deutet ein jedes. Danach heißt das uns auf den Kopf zugesagte Leben: Es *ist* Lieben Gottes. Aber was ist Lieben Gottes? Antwort: Seine Wege gehen. Aber was heißt: seine Wege gehen? Antwort: dreierlei: seine Gebote, seine Satzungen, seine Rechtsgeheiße wahren, alle diese drei. Das ist in sich Leben. Aber wie *er*lebt sich dies Lebens? Antwort: Mehren wirst du dich, auf deutsch: Kinder bekommen, im wirklichen und im übertragenen Sinn. Gesegnet wirst du sein, aber nicht nur mit geistlichem Segen, sondern in dem Land, wohin du kommst, es zu ererben, also in Kanaan, in Palästina, – also: in deiner Teilnahme an der Geschichte deines Volkes. Das *bedeutet* nicht nur Leben, das heißt auch nicht nur so – das *ist* Leben in sich selbst. Nämlich: Dazu hat dein Vater dich gezeugt, deine Mutter dich geboren. Gezeugt- und Geborenwerden allein sind freilich noch nicht »das Leben«. Sie *gehören* zum Leben, sind es aber nicht in sich selbst. Zeugung und Geburt bergen in sich eine Tendenz zum Leben, sind – wenn das nicht schon zuviel gesagt sein sollte – Bedingungen der Möglichkeit des Lebens, bedürfen aber erst des Davar, des Wortes, der Tora, des Evangeliums, um »Leben« zu werden. Biblisch läßt sich die Rückprojektion des Lebens in die Sphäre von Geburt und Zeugung, gar von Ei und Befruchtung und Fristen und seine Definition von daher schlechterdings nicht nachvollziehen. Leben muß der Zeugung und der Geburt erst zugesagt werden, wie Tod dem Sterben erst zugesagt werden muß.

Kurz: Tod und Leben sind per definitionem geschichtliche und keine physiologischen oder biologischen Wirklichkeiten. »Geschichtlich« heißt nicht: »geistlich«, »spirituell«. Aber es heißt: »sozial«. Unsere heutige Biologisierung des Lebensverständnisses ist der Preis für den Verlust der biblischen Realitätsdimension im kirchlichen Heidentum, ist auch Antwort auf die Nazikategorie des »lebensunwerten Lebens«: nacktes physisches Dasein *muß* uns »der Güter höchstes« gelten. Biblische Realität ist aber Wort-Realität, also: soziale Realität. Und die Lebensfrage können wir vom Boden der Bibel aus *nur* als in diesem Sinne soziale Frage diskutieren, mit *Protest gegen die Verlegung des Lebens aus der Sozial-Geschichte in die Natur-Geschichte*, genauer: gegen die Absprengung einer Naturgeschichte des Vaterglieds und des Mutterleibes von der Sozialgeschichte, in der uns erst Leben zugesprochen wird.

Biblisch heißt Leben per definitionem: An der Tora Gottes teilnehmen und damit an der irdischen Geschichte Israels. Und am Evangelium Gottes teilnehmen und an den Wegen Jesu. Und das Andere davon heißt »Tod«.

»*Tod*« heißt per definitionem *1.* »Du wendest dein Herz ab«: von ihm, Gott, der zu dir spricht (ve im-jiphne le vavcha, von panah, sich wenden), *2.* du hörst nicht (ve lo tischma), *3.* läßt dich absprengen (ve niddachta, von nadach, niddach, verstoßen, vertreiben; Buber: absprengen, wie ein verlorenes Schaf von seiner Herde; du gibst dann deinen sozialen Zusammenhang auf, »steigst aus«), *4.* neigst dich anderen Göttern (ve hischttachavita lelohim acherim, du machst dann den Kniefall, die Proskynese, bückst dich vor anderen, fremden Gottheiten, Mächten, Gestalten, Wahrheiten), *5.* dienst ihnen (ve avadtam, verdingst dich ihnen als Knecht, Arbeiter, eved), *6.* schwinden, schwinden müßt ihr dann (avod tovedun, von avad, verlorengehen, herumirren, zugrundegehen, umkommen), *7.* nicht werdet ihr Tage längern auf dem Boden, dahin zu kommen du den Jordan überschreitest, ihn zu ererben (lo taarichun jamim al ha adamah, ascher attah over et ha jarden la ve schamah le rischtah). – Das ist »Tod« per definitionem: *der* Begriff des gesagten Todes.

Wirklich der *Begriff*, d.h. formal genau orientiert an dem, was »Leben« zuvor hieß. Gesagter Tod ist völlig abhängig vom *zuvor* gesagten Leben. Er hat keine eigene Bedeutung, eigene Seinsmacht, keinen Bestand. »Tod« ist nur das Andere des »Lebens«. Wieder ist hier ein Glied ins andere verflochten und jedes deutet ein jedes. Ist Leben: Lieben Gottes, so Tod: mein Herz abwenden von Gott. Aber was ist: mein Herz abwenden von Gott? Antwort: du hörst nicht (und das ist das Andere von: Seine Wege gehen). Aber was heißt: du hörst nicht? Antwort: du läßt dich absprengen, steigst aus dem Zusammenhang mit denen aus, die Gottes Wege gehen, ihm ihr Herz geben und so: hören; du stiehlst dich aus der Hörweite Gottes, aus der Reichweite seines Redens. Aber was heißt: du läßt dich absprengen? Antwort: anderen Göttern neigst du dich, beugst dich einer Fremdherrschaft. Und das, was heißt das? Antwort: du dienst ihnen, machst dich zum Fremdarbeiter. Und das ist in sich Tod. – Aber wie erfährt sich dieser Tod? Nicht gleich im Sterben, und eigentlich überhaupt nicht im Sterben. Diesen Tod *erlebt* man. Schwinden, schwinden wirst du dann. Buber hat es mehrdimensional übersetzt. Wenn er »Schwinden« sagt, denken wir in deutscher Sprache sogleich an die Formel: die Körperkräfte schwinden uns (J. S. Bach, Motette BWV 229, Komm, Jesu, komm: »Die Kraft verschwindt je mehr und mehr«). Doch fragt sich, ob das in biblischer Sprache gleich die erste Bedeutungsebene ist; jedenfalls erfahren wir »Tod« auch darin, daß wir umherirren, die Orientierung verlieren, jene, die die Tora gibt mit Geboten, Satzungen und Rechtsgeheißen und die das Evangelium gibt mit Jesus. Und dann erleben wir den Tod darin, daß wir unsere Tage nicht längern können auf der adama, dem Stück Land diesseits des Jordan, das Israel gegeben ist, es zu ererben; und darin, daß wir Nichthörer des Evangeliums unserer Länge auch nicht eine Elle zusetzen können, obgleich wir uns doch darum so sorgen (Mt 6,27). Das *bedeutet* nicht nur Tod, das heißt auch nicht nur so – das *ist* Tod: dies Schwinden, Schwinden, in dem sich unser willentliches Verschwinden von der Gemeinde, unsere müde Herzlosigkeit für Gott, unsere Lust an Fremdbestimmung, Heteronomie, auslebt. Biblisch läßt sich die Rückprojektion des »Todes« allein in die Sphäre unseres Sterbens, Verwesens und Verendens, läßt sich eine Definition des Todes am Exitus *nicht* nachvollziehen. »Tod« wird uns nicht erst, und auch sachlich nicht primär in Bezug aufs Sterben zugesagt, sondern aufs Leben zuvor. Das ist die Schwäche, die Abhängigkeit des Todes; er ist nur am Leben zu definieren, er besitzt keine eigene Subsistenz, außer der, die die Tora und das Evangelium ihm zusagen. Wie das Leben, ist auch der Tod eine Wort-Realität, also eine Sozial-

Realität, zu der das Physiologische und Biologische des Sterbens wohl gehören, aber nicht sie sind es, die dem Tod seine Kraft geben können und seine Bedeutung. Seine Kraft hat er lediglich davon, daß er am Leben zehrt; aber das ist gleichbedeutend mit dem Wichtigeren, daß auch er, wie das Leben, ein Wort von Gott sein darf. Er darf *nur* ein Wort von Gott sein. Aber daß er das darf, gibt ihm die Kraft seiner Wirkung an uns und allem Leben.

Wir denken das jetzt noch nicht systematisch weiter, sondern halten uns weiter auf bei der Frage, wie uns die biblischen Zeugen Gottes den Tod verkündigen. Wenn der Tod nur am Leben zehren kann und das Leben also dem Tod immer vorausgesetzt ist, und wenn der Tod seine Kraft und Bedeutung nicht so sehr aus unserem Sterben bezieht, sondern daraus, daß Gott ihn uns auf den Kopf zusagt: Was haben dann Gott und Tod miteinander zu tun, wie sehen die Zeugen Gottes dies Verhältnis?

Eine einfache und doch revolutionäre Antwort muß lauten: Wie das Leben dem Tod vorausgesetzt ist, so daß er überhaupt nur etwas zu beißen hat, weil das Leben ihm etwas zum Beißen gibt, so ist auch Gott dem Tod vorausgesetzt. Wir müssen genauer sagen: Das Leben kann überhaupt nur deswegen dem Tode *voraus*gesetzt sein, weil Gott, den wir als einen lebendigen Gott des Lebens erinnern, der *Vorgesetzte* des Todes ist.

Das ist eine vielschichtige und komplexe Erfahrung der Zeugen Gottes, sie klingt einfach, aber in dieser Erkenntnis steht auf dem Spiel, was für die biblischen Menschen überhaupt »Gott« heißt. Denn ihnen ist der Begriff Gottes noch längst nicht durch zu häufigen und oft fahrlässig-gedankenlosen Gebrauch so abgeschliffen wie uns.

Uns scheint es auf eine allzu einfache Weise selbstverständlich, Gott mächtig zu denken über den Tod. Diese unbesonnene und sehr irrtumsfähige Formel von einer angeblichen All-Macht Gottes – wir sagen das so hin: »allmächtiger Gott« – macht es zu einem leichten Gedanken-Spiel: Da Gott allmächtig – also mächtig über alles – sein soll, muß er es auch über den Tod sein; das scheint leicht, so leicht, wie uns dieser logische Schluß fällt vom Allgemeinen auf das Besondere: vom über Alles Mächtigen zum dann natürlich auch über den Tod Mächtigen; so leicht, wie uns das Spiel logischer Subsumtionen, von Oberbegriffen und abgeleiteten Begriffen fällt, so leicht beherrscht Gott den Tod.

Wie ahnungslos und unerfahren in Gott und Tod würden wir aber mit solchen logischen Kunststücken dastehen, wenn heute irgendeine biblische Frau, ein biblischer Mann unversehens mit ihren Erfahrungen und ihrem Bewußtseinshorizont unter uns auftauchten oder auch nur *ein* Überlebender eines deutschen Vernichtungslagers; sie könnten über solche Naivität des Logischen nur den Kopf schütteln. Für sie waren es nämlich umwerfende Erfahrungen, einschneidende, unvorhersehbare und letztlich kaum zu verstehende Geschehnisse, wenn sie erleben mußten, daß Gott den Tod in seine Hand bekam. Nichts war daran logisch.

Rein historisch-kulturell nicht. Die Kultur, in der die Zeugen Gottes dem Gott Israels begegneten, war auf weite Strecken eine Totenkultur, die Feier eines letzten Respekts vor der Allgewalt des Todes. Ihm wurden Tempel wie den Göttern errichtet; er erzwang sich in antiken Gesellschaften ebensolche Begehungen, Feiern, Gedächtnisse wie nur irgendeiner der Götter. Ja, man mußte den Tod ins Pantheon selbst hineinversetzen, ihm göttliche Macht und Würde zugestehen, ihm: wie einem Gott, mehr noch: ihm *als* einem Gott. Er war nicht nur unter den Menschen, auch unter den Göttern überall dabei. Wenn die große Macht des Lebens Götter *leben* ließ, so ließ der große Tod Götter auch regelmäßig wieder *sterben*. Und fast verhielt es sich hier umgekehrt zu dem, was wir von der Beziehung zwischen Leben und Tod in der Bibel sagten: In der Umwelt Israels und der frühen christlichen Zeugen Gottes war das Leben der Götter doch immer nur ihr Wiederaufleben aus dem Tode, und an ihnen behielt der Tod ein letztes Recht, *er* war der Vorgesetzte des Lebens. Dies war eher die allgemein anerkannte Logik, sie wurde z.B. hier und da sogar noch in die biblische Schöpfungserzählung hineingelesen: aus dem Tohuwabohu, dem Chaos, schuf Gott Licht, Erde und Leben, und man mythisierte es öfter zur Instanz des Todes und seiner Urgewalt. Leben war dem *Tod* abgerungen, und der Tod behielt zuletzt auch meist den Sieg übers Leben. Mindestens eine Gleich-Gewalt, ein ausgewogenes Verhältnis zwischen Leben und Tod galt als selbstverständlich in den Mythen von den immer wieder sterbenden und auferstehenden Göttern.

Doch was reden wir von der Antike, da in unserem Jahrhundert der Tod zu einem Meister aus Deutschland gemacht wurde und seither an Meisterschaft eher noch dazugewonnen, jedenfalls nichts verloren hat. Wir atmen, reden, denken hier in Gegenwart von 20 Millionen verhungernder Kinder jährlich.

Durchaus haben die biblischen Zeugen davon etwas behalten. Vor allem, daß zwischen Leben und Tod eine *dramatische Geschichte* spielt und darum zwischen Gott und Tod keine einfache logische Hierarchie von Überordnung und Unterordnung gedacht werden kann. Gott und Tod sind vielmehr *Feinde*, u. zw. hartnäckig verfeindet miteinander. Paulus sagt (1 Kor 15,26): ἔσχατος ἐχθρός ... ὁ θάνατος, der Tod ist Feind Jesu, u. zw. »letzter« Feind. Das heißt: Er wirkt zu Wirkzeiten Jesu immer noch und ungebrochen. Er hat auch an Jesus den Sieg behalten: Jesu Tod ist einer der großen Triumphe des ungebrochenen Todes gewesen. Und wenn Jesus auferweckt worden ist aus dem Tode, ist der Feind immer noch da; ihm ist die *All*gewalt genommen, denn wenigstens eines seiner Opfer – Jesus – hat er nicht für immer behalten können. Aber auch wenn Jesus lebt, wirkt noch der Tod in alter und ungebrochener Feindschaft. Selbst, wenn andere Gottesfeinde schon dahin sein sollten – die Sünde, die Herrschaft der

Ungerechtigkeit in der Welt, die Trägheit in den Seelen der Menschen: ihre Müdigkeit – : Der Tod ist noch da; selbst noch der auferweckte Jesus hat sein ungebrochenes Weiterwüten unter den Menschen auszuhalten. Allerdings: eines ist, so wie Paulus es sieht, klar: Solange hat Jesus sein Werk noch nicht vollendet, solange dem Tod in der Welt das Seine noch gelingt. Und zu Gott kann Jesus nicht kommen, er kann sich Gott solange noch nicht übergeben, solange der Tod noch wirkt und nicht »vernichtet« ist (καταργεῖται). Denn Gott und Tod schließen einander aus. Gelingen kann das freilich nur, wenn Gott durch Jesu Wirken den Tod ausschließt: vor allem von uns Menschen, aber – in noch näher zu bestimmendem Sinne – auch von sich.

Gott gönnt niemandem neben sich den Tod. Und Gott gönnt dem Tod niemanden als Opfer. Wohl hat er Jesus für einen Augenblick – die bewußten drei Tage – an denTod abtreten müssen. Aber er hat dies Opfer dem Tod nicht gegönnt und hat Jesus dem Tod wieder weggenommen. Und niemanden gönnt er dem Tod als Opfer, niemanden: nicht einmal den Gottlosen. Gott hat keinen Gefallen am Tode des Gottlosen, das soll ja niemand meinen; diese Lektion hat er besonders dem Propheten Ezechiel erteilt, gleich zweimal: 18,23 und 33,11. Das verbietet es uns, Gottes Feindschaften so ohne weiteres auf irgendwelche Menschen zu übertragen und also irgendwelche Menschen zu ärgsten Feinden Gottes zu erklären, denen Gott nur den Tod an den Hals wünschen kann. Gott erlaubt nicht, irgendeinen Menschen als Feind Gottes abzustempeln, nicht einmal die Gottlosen, und erlaubt auch nicht, jemanden im Namen Gottes für des Todes schuldig zu erklären, also z.B. eine Todesstrafe theologisch zu begründen. Das gab es ja in der Tora. Aber hier ist offensichtlich einer der Punkte, wo Gott dazugelernt hat. Er hat im Prozeß Jesu, des ihm besonders nahen Menschen, den Wahnsinn kennengelernt, zu welchen Urteilen Menschen im Namen Gottes fähig sind: »Wir haben ein Gesetz, und nach dem Gesetz muß er sterben« (Joh 19,7). Wenn er es wirklich nach dem Gotteswillen der Tora »mußte«, dann *nach* ihm niemand mehr. Da muß sich gegen die Tora durchsetzen, was Gott den Propheten schon lange hatte hören lassen: »Gott hat *nicht* lieb den Tod« – nicht einmal den des Gottlosen.

Aber noch eine weiterreichende Lektion hat Gott erteilt, auch wieder dem Ezechiel. Nicht nur der Tod des Gottlosen schmeckt ihm nicht, sondern: »Ich habe kein Gefallen am Tod des Sterbenden, spricht der Herr« (Ez 18,32), lo ächpoz be mot ham-met: »Ich habe nicht Gefallen / am Sterben dessen, der sterben muß« (Buber) – ein in seiner grundsätzlichen Bedeutung weit reichendes Wort; was meint es? Denken ließe sich: Gott sieht niemanden gerne sterben: daß Menschen sterben, mag er nicht. Aber dies wird hier nicht gesagt, und es wäre auch nicht der Sinn dessen, was wir sonst den biblischen Gott vom Tod sagen hören. Nicht Gott und das Sterben schließen einander aus, sondern Gott und der Tod. Darum besagt das Wort an Ezechiel, genau abgehört: Gott steht nicht dagegen, daß wir *sterben,* wohl aber dagegen, daß einer sterben *muß.* Er steht gegen die hintergründige Gewalt, die auch noch den sterbenden Menschen unter Zwang setzt, reden wir hier lieber im Plural: unter Zwänge. Wie Gott schon zu unseren Lebzeiten alle Zwänge haßt, denen irgendwer oder irgendwas uns unterwirft, denen wir uns auch assimilieren und freiwillig unterwerfen, so haßt er bis zuletzt, bis in unseren letzten Atemzug, ein zwanghaftes Sterben und damit natürlich erst recht: ein Sterben unter Zwang. »Zwanghaftes Sterben«, d.h. ein qualvolles, von inneren Zwängen des Körpers, der Seele, des Geistes nicht losgelassenes Sterben; und »Sterben unter Zwang«, das heißt: jeden Tod durch äußerliche Gewalteinwirkung. *Gott ist nicht der Konkurrent der Natur, sondern der Mächte,* genauer: der Zwangsmächte, die Natur vergewaltigen. Er ist unter allen Göttern der freie und darum befreiende Gott und steht darum gegen Mächte innerer und äußerer Zwänge. In eben diesem Sinn hat er keinen Gefallen am Sterben dessen, der sterben *muß* – weil dies notorisch kein *freies* Sterben ist.

Unsere Lehrüberlieferung hat insbesondere drei Zwangsgewalten immer wieder genannt, denen Gott besonders zuwider wirkt: der Sünde, dem Tod und dem Teufel. Sie alle drei sind fähig, um Menschen herum eine gottwidrige Sphäre aufzubauen und sie so zu Gefangenen einer *Gegenwelt* zu Gottes guter Welt zu machen; und zwar nicht zu schicksalhaft, sondern zu freiwilligen Gefangenen, Menschen, die mit vollem Bewußtsein, in Freiheit, im Ausdruck eines besten Selbstwertgefühls, oft sogar eines moralisch hohen Wertestandards eine Welt bejahen, ja sie selbst mit aufbauen, die willentlich Gegenwelt gegen Gott ist. Es gibt Gottlosigkeit als freie Entscheidung, die keineswegs als moralischer oder intellektueller Defekt abqualifiziert werden darf, vielmehr Betätigung von Geistesfreiheit ist, also einer gerade dem biblischen Gott sehr wohl gefallenden Weise, richtig als ein Mensch zu leben. Der Mensch als Sünder – also im nicht nur unbewußten, sondern auch gewollten Widerspruch gegen Gott, – der Mensch auch frei seinem Tod gegenüber und etwa Zeit und Art seines Sterbens selbst bestimmend, – schließlich auch Faust als Blutsbruder Mephistos oder Judas als Tradent und Verkäufer Jesu an die Weltgeschichte – es ist nicht nur klar, daß Gott in alledem den Tod herrschen sieht, sondern daß er das ihm Widrige gerade als Tod bezeichnet. »Tod« ist für dies menschliche Verhalten mehr als nur ein göttliches Werturteil, eine sprachlich harte Einschätzung durch Gott – es ist wirklich »Tod«, wirklich, und ja auch ausdrücklich gott-widrig; nicht nur benennt Gott es so: so versteht es sich auch selbst, das will es sein – und so *ist* es eben: Tod. »Tod« ist hier also zugleich ein *Urteilswort* Gottes, das im Tiefsten Gottes selbst begründet ist, in ihm, in dem das Leben ist und nichts sonst, – zugleich ist »Tod« eine *Selbstbestimmung* des Menschen im bewußten Gegensatz gegen Gott, – und in beidem zugleich ein wirkliches Sein, das den Namen »Tod« verdient: tot nämlich für Ihn, unser Leben, ist ein Mensch in jenen um ihn aufgebauten Sphären der Sünde, des Todes und des Teufels.

Wir beobachten die Momente menschlicher *Freiheit* in diesem Todesverständnis. Jesaja überliefert ein ironisch-zynisches Wort der Herrschenden in Jerusalem. »Ihr sprecht ja: Wir haben einen Bund mit dem Tode geschlossen, einen Vertrag mit dem Gruftreich, dem Totenreich. Die wogende Geißel, wenn sie einherfährt, wird über *uns* nicht kommen; denn wir haben Lüge zu unserer Zuflucht gemacht und als Bergung den Trug eingesetzt« (Jes 28,15). Das ist natürlich ein prophetisches Hohn- und Spottwort, denn vermutlich hat in Jerusalem kein Mensch daran gedacht, einen Pakt, eine berit, einen Bund mit dem Tode zu schließen; im prophetischen Hohnwort wird dies als innere Konsequenz aus dem Alltagshandeln der Herrschenden von Jerusalem projiziert; in Konsequenz kann euer Handeln nur in den Tod führen, – was ihr jetzt tut, ist schon gebunden an den Tod, – ihr seid schon in dessen Fängen. Woher kann ein Prophet das wissen?

Er liest es ab aus solchen Verhaltensweisen, die bereits *vor* allem Sterben und Zusammenbrechen Jerusalems todesgezeichnet sind: Lüge und Betrug – zwei totsicheren Todesgesellen, sie haben den Tod in sich. Entscheidend für uns ist aber die Formel: karat berit ät-mavet, einen Bund schneiden, d h einen Bund schließen mit dem Tod. Der Mensch kann sich zum Bundesgenossen des Todes machen, sich an den Tod binden. Er kann sich vom Tode »versehen alles Guten und Zuflucht haben in allen Nöten«, vom Tod schützen lassen und sich in ihn bergen – die Weise aller Diktatoren, wie Hitler einer war, die nicht zu kapitulieren bereit sind. Was Luther als Begriff von Gott formuliert hat: »Sich versehen alles Guten, Zuflucht haben in allen Nöten« (Gr. Katechismus, 1. Gebot), ist im Jesajaspruch, z. T. bis in den Wortlaut hinein (»Zuflucht«) das, was die Jerusalemer sich vom Bund des Todes versprechen. Man kann den Tod sich als Gott wählen. Freilich will Gott dies nimmermehr gelingen lassen. »Ich will Recht als Meßschnur einsetzen«: gegen euer Lügen, »und Bewährung als Flachwaage«: gegen euer Betrügen. »Dann zerkracht Hagel die Bergung des Trugs, / übergießen Wasser das Versteck, / zugedeckt wird euer Bund mit dem Tod«, eure berit ät-mavet, »und euer Vertrag mit dem Totenreich hat keinen Bestand« (Jes 28,17-18). Aber das schließt nicht aus, sondern ein, daß der Tod bis ins Sprachliche hinein Gott ähnlich behandelt werden kann: Auch er, wie der Gott Israels, ein Bundes-Genosse, – auch er ein Beschützer, – auch er ein Herr der Freiwilligkeit. Die Menschen haben eine Freiheit zum Tode. Sie setzen sich damit dem Widerwillen und Widerwirken Gottes aus, aber sie sind so frei, mit dem Tode paktieren zu können, und tun es auch. Noch im aufgeklärten, griechisch gebildeten Judentum kennen sie das: »Es ist der alte Bund: Du mußt sterben« (Sir 14,18). Das ließe sich auch übersetzen: »Von

Urzeit her besteht die Abmachung: ›Du wirst sicherlich sterben‹«. Eine Abmachung zwischen wem und wem? Hier natürlich zwischen Gott und Mensch. Sie haben von Urzeiten her einen Bund, dessen Inhalt ist: Du, Mensch, willigst ein, ein sterbliches, endliches Wesen zu sein, und ich, Gott, verpflichte mich dazu, dich vorm Tod zu bewahren und dich immer wieder vor einem Bund mit dem Tode zu warnen, und rufe dir also treulich zu: »Gedenke, daß der Tod nicht säumt, und du weißt ja wohl, daß du *keinen* Bund mit dem Tode hast«: weil du mit mir und ich mit dir im Bunde bin (Sir 14,12). Auch hier: mindestens Denkbarkeit eines Todesbundes; und auch hier gilt: Was man denken kann, muß ja einen Grund haben: Man *kann* mit dem Tode paktieren.

Wichtig ist das Moment der Freiheit in diesem Bund. Tod ist kein Verhängnis. Der Mensch kann ihn wählen; wir Menschen können eine Gegenwelt zu Gott aufbauen und dort frei leben und wirken. Nur eben: Gott wird das anfechten.

Zunächst nur so, daß er den Menschen ihre Freiheit bestätigt; »Warum wollt ihr sterben, / Haus Jißrael«, läßt er, wie in einem Schmerzensschrei, durch Ezechiel hören: lama tamutu bet Jißrael (Ez 18,31); beides scheint hier wichtig: das lama, Warum – hier nicht ein Wort des verlassenen Menschen (wie in Ps 22,1), hier vielmehr ein Wort des verlassenen Gottes, der nichts mehr begreift von den Entscheidungen Israels; und wichtig auch: ein Anschreien des *Willens,* mit dem Israel sogar die letzte Konsequenz des Todes, sein Sterben, wählt: warum willst du das? Und wörtlich später noch einmal derselbe Schrei: 33,11. Die Freiheit Israels ist wirklich Freiheit: Sie kann Gott irremachen an seinen Genossen.

Auch Paulus hat diese Freiheit gekannt; sie ist kein »alttestamentliches« Sonderfündlein. Er sieht: »Der Tod ist der Sünde Sold« (Röm 6,23), liegt in der Konsequenz der Wahl des Menschen, in der er Sünde, d.h. Gottwidrigkeit, als seine Lebensspäre wählt. Diese Wahl zahlt sich im Tode aus, genauer noch: Der Tod ist dieser Daseinssphäre der Sünde immanent, Sünde ist gleichbedeutend mit dem Tod. Daß Paulus hier Wahlfreiheit anerkennt, also auch er weder Sünde noch Tod als Verhängnisse begreift, zeigt sich darin, daß er den Römern in dieser Sache Alternativen zeigt und sie unter Imperative stellt: »Entweder Knechte der Sünde zum Tode« (d.h. mit dem unvermeidlichen Gefälle zum Tode) oder »Knechte des Gehorsams zur Gerechtigkeit« (d.h. mit dem klaren Gefälle zur Gemeinschaft mit Gott): Röm 6,16. Auch hier heißt es, daß wir Menschen es sind, die den Tod wählen, nicht Gott ihn verhängt. Menschen sind leider bündnisfähig für den Tod: die Gottwidrigkeit schlechthin.

Aber was verstehen wir nun unter diesem Gefälle von der Sündensphäre zum Tod, was unter der Immanenz des Todes in der Sünde? Wir haben ja eine Automatik im Todesverständnis der Bibel gerade nicht entdecken können und gelernt, daß biblisch der Tod in die Sphäre der Freiheit, nicht des Verhängnisses gehört. Wir können und müssen darum jetzt auch fragen: Wie soll das möglich und denkbar sein, im Bezug ausgerechnet auf den Tod von unserer Freiheit zu sprechen und damit ausgerechnet dem Tode so etwas wie eine Würde der Freiheit zuzuerkennen?

Darauf können wir nur abermals antworten: Der Tod hat solche Würde, weil er – obgleich Gottes letzter Feind – ein Wort ist, das *Gott* uns auf den Kopf zusagt, – weil er also seine Kraft, die er nicht aus unserem Sterben bezieht, nur von Gott empfangen kann. Wo aber der Geist des Herrn ist, da ist Freiheit – auch wenn es um den Tod geht.

Damit sind wir nun in der Lage, das Verhältnis von Gott und Tod noch etwas näher zu benennen.

a. Der Tod: gelehrt, gelernt

Unsere von der Bibel gesehene Freiheit zum Tode ist natürlich gleichbedeutend mit einem gespenstischen *Realitätsverlust.* Wir *wähnen* uns frei in der Welt, die wir gegen Gott errichten, und sind es auch in dem Maße, in dem wir nicht einmal ahnen, die ganze Grundlage dieser unserer Welt könnte auf Sand gebaut, ein einziges illusionäres Großunternehmen sein. Wir täuschen uns darüber, was es heißen kann, auf den Tod zu bauen. Wir wissen nicht einmal, daß es der Tod ist, auf den wir da bauen, und fühlen uns gerade darin frei: es nicht wissen zu wollen. Wir wollen den Grund nicht sehen und berechnen nicht das Ende, das auf dem Grunde des Todes nur das Schwinden, Schwinden, das Sterben, die weltgeschichtliche und persönliche Katastrophe sein kann. Zur Tiefe der Selbsttäuschung unserer Freiheit gehört, daß ihr Illusionäres ihr nicht bewußt wird und nur ganz anders erleuchtete Augen dafür einen Durchblick haben. Nur von der Realität Gottes her ließe sich das Illusionäre am Bau einer gottwidrigen Sphäre meines persönlichen und unseres gemeinsamen, kirchlichen und gesellschaftlichen, Lebens erkennen. Nur vom Leben her erkennten wir den Tod im Topf (2 Kön 4,40).

Dies ist der Grund dafür, daß uns der Tod *gesagt* werden muß.

In der Bibel ist darum der Tod Inhalt einer breit gefächerten *Lehre.* »Lehre uns bedenken, daß wir sterben müssen, auf daß wir klug werden« (hat Luther Ps 90,12 übersetzt; Belehrtwerden heißt hier wörtlicher: limmut jamenu ken hoda: »Lehre uns unsere Tage zählen« (Zürich), »Unsere Tage zu bestimmen, laß es recht kennen« (Buber). Gemeint ist Unterweisung in Lebensweisheit: »… daß ein Herz der Weisheit einkomme uns« (Buber), »… daß wir ein weises Herz gewinnen« (Zürich), Luther sagt schlicht: »… auf daß wir klug werden«.

»Tage zählen« heißt natürlich: Umgehen lernen mit der Kürze, Befristetheit unseres Daseins; wir sollen und wollen lernen, uns unsere eigene Unendlichkeit abzugewöhnen: als Handlungsgrundlage unseres Wirkens, – Bemessungsgrundlage unserer Wert- und Wirklichkeitsurteile, – Einschätzung unserer seelischen, körperlichen, auch ökologischen Kraftreserven. Im Tod kennen wir nur das Maß des Unbefristeten. Weil wir an eine Letztendlichkeit des Todes glauben, rechnen wir mit Unbegrenztem auf der ganzen Linie, – mit unendlich viel Zeit, ja ewiger Zeitlosigkeit und mit dem Ungestalten jeder Art Maßlosigkeit, – alles, meinen wir, sei unermeßlich im Tod, und am Tode sei alles Unermeßlichkeit. Gerade darum trauen wir ihm ja Kraft zu, uns bergen, uns befreien zu können von schmerzenden Begrenzungs- und metaphysischen Grenzerfahrungen. Mit solcher Hoffnung des Todes lebt, wer mit dem Tode paktiert, schon alle die Tage der Jahre seines Lebens. Grenzen zählen nicht; Lorenzo da Pontes Don Giovanni gehört mit dem Wahn seiner unerschöpflichen Potenz schon von der ersten Szene des ersten Aktes an dem Tod: Da schon verbreitet er ihn, in dessen Schlund er in der letzten Szene des letzten Aktes selber versinken wird; und in der Bibel ist die Urgeschichte des aus dem Tode die Maßlosigkeit beziehenden Menschen die vom Turmbau zu Babel: »Heran! bauen wir uns eine Stadt und einen Turm, sein Haupt bis an den Himmel, / und machen wir uns einen Namen ...« – warum das?: »sonst werden wir zerstreut übers Antlitz der Erde!« (Gen 11,4): Es ist die Angst der Endlichkeit, die einen Zwang zum Unendlichen in die Herzen pflanzt. Dieser Zusammenhang läßt uns begreifen, was Auferweckung vom Tode meint: Dem Tod wird seine Maßlosigkeit, seine Verführerkraft zum Unendlichen bestritten, auch ihm wird eine *Frist* gesetzt, Gott unterwirft ihn dem Maßvollen – und so auch dem, daß wir ihn ermessen lernen, mit ihm rechnen lernen und dadurch klug fürs Leben werden können.

In Ps 39 ist ein Beter schon klug geworden. »Lasse, DU, mein Ende mich kennen, / meiner Tage Maß, was es sei, / kennen will ich, wie ich hinfällig bin. / Spannenbreite, ach, gabst du meinen Tagen, / meine Weile, vor dir ist sie wie nichts, / allsamt ein Dunst nur ist all der aufrechte Mensch. / Sela. Empor!« (Ps 39,5-6).

Nennen wir dies die existentielle Lehre vom Tod. Die Bibel gibt uns auch eine intellektuelle, eine *Phänomenkunde* des Todes: Und Kunde hier natürlich dazu, daß wir *beherzigen,* was wir da lernen können, also daß auch in dieser Hinsicht »ein Herz der Weisheit einkomme uns«; es geht nicht um irgendeine Phänomeno*logie* des Todes; ginge es *da*rum, ginge es ja primär bloß um Erscheinungen unseres Sterbens; aber in der Bibel geht es ums Wort Gottes, auch und gerade in bezug auf den Tod.

Das Entscheidende ist hier, daß der Tod lange schon vor unserem Sterben wirkt, ja zu unseren Lebzeiten stärker als nach dem Ende unseres Daseins. Der Tod, wie die Bibel von ihm spricht, gehört auch so gesehen dem Leben. Am Leben hat er seinen Wirkbereich, mehr als an dem, was wir üblicherweise den »Tod« nennen: Existenz nach unserem Gestorbensein.

In allen unseren *Lebensschwächen* wirkt der Tod. Im *Alter,* wenn unsere physischen Kräfte nachlassen, zeigt sich, daß wir des Todes sind; in *Krankheiten* gehören wir ihm schon, auch wenn es sich dann doch noch nicht um die »Krankheit zum Tode«, d.h. zum Sterben handelte; wenn wir *kein Glück* haben, auf irgendwelchen Strecken des Lebens uns etwas mißlingt, – wenn wir uns *nicht* richtig und von Herzen *freuen* können über unser Leben oder seine schönen Geschenke, Erlebnisse, Menschen, – wenn wir *unsicher* werden, seelisch frustriert, schwankend, *entscheidungs- und willensschwach:* da überall frißt sich der Tod bei uns ein. »Tod« kann gleichbedeutend mit jeder Art von *Schwachwerden* benannt werden.

Wenn der Prophet Jesaja sein Triumphlied über den Sturz eines Königs von Babel anstimmt, dann auch mit folgenden Versen: »Das Totenreich drunten geriet in Aufruhr ob dir, als du nahtest; es (das Totenreich) jagte die Schatten auf um deinetwillen: alle Fürsten der Erde (die dort »unten« schon versammelt waren), – ließ aufstehen von ihren Thronen alle Könige der Völker. Sie alle heben an und sprechen zu dir: ›Auch du bist *schwach* geworden wie wir, uns bist du gleich geworden‹. Ins Totenreich ist gestürzt deine Hoheit und das Rauschen deiner Harfen. Auf Moder bist du gebettet …« (Jes 14,9-11). Nur erst gestürzt und seiner Macht beraubt, noch nicht gestorben scheint dieser Großkönig, aber schon, nein: eben darin gehört er bereits ins Reich der Toten, und dort speziell in die Ecke, wo die toten Könige der Völker alle auf ihrem Stühlchen hocken; große Aufregung unter ihnen, als sie mitkriegen, daß einer der ganz Großen von ihnen, der von Babel, nun auch »schwach« geworden ist wie sie. Sein politischer Machtverlust ist diejenige Schwäche, die ihn den toten Kollegen gleich macht.

»Schrecken des Todes« macht ein Mensch durch, der *Feindschaften* seiner Mitmenschen ausgesetzt ist: »Ich bin in Unruhe ob des Lärmens der Feinde, ob des Schreiens der Gottlosen; denn sie wälzen Unheil auf mich und befeinden mich grimmig. Mein Herz ängstet sich in meiner Brust, und die Schrecken des Todes (Todesängste) befallen mich«; ganz besonders hart, denn »nicht mein Feind schmäht mich, *das* wollte ich tragen; nicht mein Hasser tut groß wider mich, vor *ihm* wollte ich mich bergen. Nein, *du,* ein Mensch meinesgleichen, mein Freund und Vertrauter, die wir zusammen süßer Gemeinschaft pflogen …« Auf solche Schrecken des Todes reagiert dieser Mensch mit einem Todeswunsch: »Der Tod soll sie überfallen, sie mögen lebend ins Totenreich fahren! denn Bosheit ist in ihrer Wohnung, in ihren Herzen« (Ps 55,4-5.13-16). Ein *treuloser Freund* – eine Erfahrung von Tod; möge er lebend ins Todesreich fahren – der frustrierte Wunsch eines um die süße Gemeinschaft betrogenen Freundes. Beides entspricht einander genau: Todeserfahrung zu Lebzeiten, umgekehrt: Verbannung eines Lebenden (nicht eines Gestorbenen) ins Todesreich; der Wunsch des frustrierten Freundes ist kein Sterbewunsch, sondern Wunsch, daß der treulose Freund seinerseits lebendig dasselbe erfahre, was der betrogene Freund derzeit erfahren muß: *Tod bei lebendigem Leibe.*

Und die Grunderfahrung »Tod« heißt hier: *gebrochene Gemeinschaft,* verratenes Vertrauen: also derjenigen Lebensform, die in sich lebendig, ja Inbegriff von Leben selbst ist. Leben ist Bund, Verbindung; Tod ist Vertrauensbruch, verratene Freundschaft. Der Tod ist nicht – bildhaft – »so etwas wie« verlorene Freundschaft, er ist es in sich selbst. Denn nur in Gemeinschaft ist der biblische Mensch lebenstüchtig.

An dem Mann-Frau-Verhältnis in Gen 2 läßt sich das zeigen. Nicht weniger am Beispiel der Männerfreundschaft zwischen David und Jonathan. Jonathan »schloß den David in sein Herz, und er gewann ihn lieb wie sein eigenes Leben« (1 Sam 18,1); Buber: »Es geschah aber, … / daß mit Dawids Seele sich Jonatans Seele verknotete, / Jonatan gewann ihn lieb wie seine eigne Seele«. Was tun sie in so einer Liebe, die sich mit einem Freund verknotet wie mit dem eigenen Leben? »Und Jonathan schloß einen Bund«, eine berit, »mit David, *weil* er ihn lieb hatte wie sein eigenes Leben« (1 Sam 18,3). Bund ist immer Lebensbund, einerseits: unkündbarer Bund, andererseits: Bund, in dem das Leben selbst seine je konkrete, lebendige Form erhält, – Bund, in dem das Leben selber spielt. Herzzerreißend und lebentötend darum die Nachricht, daß Jonathan im Krieg gefallen ist; Davids Trauergesang endet in den Worten: »Es ist mir leid um dich, mein Bruder Jonathan. Du warst mir so hold (Buber: gefreundet warst du mir sehr)! Deine Liebe war mir köstlicher als Frauenliebe!« (2 Sam 1,26); von diesem Trauerlied aber heißt es: »Man soll es die Söhne Judas lehren; es steht ja aufgezeichnet im Buche des Wackeren (Geraden)« (2 Sam 1,18); dieser Gesang soll Lehrinhalt werden in Israel, nicht wegen der Homoerotik – obgleich auch sie problemlos dazugehört –, sondern weil wir uns einprägen sollen: Leben ist Bund, Bund ist Leben, und *verlorene Gemeinschaft ist verlorenes Leben, ist Tod.*

Tot sind Menschen, wenn sie ihren *Namen* verlieren und andere Menschen sie *vergessen.* »Du«, lobt der Beter des 9. Psalms Gott, »machtest den Frevler schwinden, / ihren Namen wischtest du aus / für Zeit und Ewigkeit« (9,6). Tod: das sind auch ruinierte, *untergegangene Städte,* die *dem historischen Gedächtnis verloren* gegangen sind: »Der Feind – ewig stumm sind seine Trümmer, die Städte, die du zerstört – dahin ist ihr Gedächtnis« (Ps 9,7). Nicht nur meinen Feinden kann das geschehen, umgekehrt: Sie können auch mich ins *Anonyme* stürzen und damit in den Tod. »Meine Feinde reden Arges wider mich: ›Wann wird er sterben und sein Name vergehen?‹« Beides ist ein und dasselbe (Ps 41,6). Und wieder andersherum: Feinde werden verwünscht mit der Verwünschung: »Sein Nachwuchs falle der Vernichtung anheim, im nächsten Geschlecht soll sein Name erlöschen« (Ps 109,13). Dies zeigt eine wichtige Struktur von Name und Gedächtnis in der Bibel: Sie sind Sache der nächsten Generation. Und Tod wird sein, wenn der Name vergessen wird, weil es keine nächste Generation einer Familie, eines Stammes, meines Volkes mehr gibt. Darum ist auch in der *Kinderlosigkeit* der Tod; ein Geschlecht stirbt da aus.

Und – umgekehrt zum Leben – ist der Tod ein Dasein *ohne Hoffen.* Prediger 9,4-5: »Wer noch zu der Schar der Lebenden gehört, der hat noch etwas zu hoffen; denn ein lebender Hund ist besser als ein toter Löwe. Die Lebenden wissen doch (wenigstens), daß sie sterben müssen, dieToten aber wissen gar nichts ...«, d.h. Tod ist *Amnesie,* »sie haben auch keinen Lohn mehr, denn ihr Andenken ist vergessen«. Und dann ist Totsein: *teilnahmslos* vegetieren: »Auch ihr Lieben und Hassen und Neiden« – das, was das gemeinsame Leben ausmacht – »ist längst dahin, und sie haben an nichts mehr teil von allem, was unter der Sonne geschieht« (Prediger 9,6).

Dem Tod gehören also Todesboten, Todesengel, – alles, was unser Leben (Lebenskraft, Lebensfreude) beschattet, verfinstert, ist schon Todesbotschaft: Krankheit, – Körper-, Seelen-, Geistesschwäche, – Willensschwäche, – Verlust an Durchsetzungsvermögen und Stellenverlust, – persönliche und gesellschaftliche Feindschaften, – Treubruch und Freundschaftsverlust, – Vergeßlichkeit und Verfall ans Anonyme (mit Heidegger vielleicht: ans »Man«), – Kinderlosigkeit, – Hoffnungslosigkeit, – Verdrängung, – Teilnahmslosigkeit. Wir sehen: Das sind alles menschliche Grunderfahrungen. Aber die Bibel »lehrt«: Es sind in Wahrheit Erfahrungen des Todes. Denn noch einmal: Was in der Bibel »*Tod*« heißt, ist *an Gott* gewonnen, unserem Leben, *nicht an der Phänomenwelt des Sterbens, nicht an der Metaphysik der Frage Sein oder Nicht-Sein.* Tod ist eine *Relation zu Gott* und darum vor allem in dem Erfahrungsbereich zu machen, der der Erfahrungsbereich Gottes ist: in unserem Leben. Und weil das so ist, muß uns der Tod erst gesagt werden. In aller Lebensminderung ist der Tod da, weil da des lebendigen Gottes Leben nicht zur freien und vollen Entfaltung kommt. Als Todeserfahrung ist es uns meist überhaupt nicht bewußt. Umgekehrt: Wir pflegen, wenn wir in solche Lage kommen, das *Leben* anzuklagen, weil es so bitter, grausam, ungerecht sein kann, und wünschen uns, deswegen lieber zu sterben. Daß das alles schon der Tod *ist,* sagt Gott uns auf den Kopf zu, und »lehrt« uns damit: *Leben* ist das in der Tat nicht. »Leben« nach dem Sinn, in dem Gottes Sinn nach dem Leben steht, hat *nicht* solch dialektisches Wesen. Existenzdialektik weist wohl das Leben auf, wenn wir es selbst reflektieren mit den uns zugänglichen Erfahrungen und Begriffen; *Gottes* Leben, das von Gott geschaffene und gemeinte Leben, kennt solche Dialektik von Licht und Schatten – als zum *Leben* gehörig – nicht. Und es dürfte jedenfalls kaum biblisch genährte Frömmigkeit sein, wenn uns etwa gelehrt würde, uns ins Bittere und Trübe des Daseins einfach widerspruchslos zu schicken – als wollte Gott besonders im Dunklen unseres Lebens wohnen. Da bleibt Dietrich Bonhoeffer unvergeßlich und biblisch wahrer: »Die Religiösen sprechen von Gott, wenn menschliche Erkenntnis (manchmal schon aus Denkfaulheit) zu Ende ist oder wenn menschliche Kräfte versagen – es ist eigentlich immer der deus ex machina, den sie aufmarschieren lassen, entweder zur Scheinlösung unlösbarer Probleme ...« – Existenzdialektik! – » ... oder als Kraft bei menschlichem Versagen, immer also in Ausnutzung menschlicher Schwäche bzw. an den menschlichen Grenzen; das hält zwangsläufig immer nur solange vor, bis die Menschen aus eigener Kraft die Grenzen etwas weiter hinausschieben und Gott als deus ex machina überflüssig machen; das Reden von den menschlichen Grenzen ist mir überhaupt fragwürdig geworden (ist selbst der Tod heute, da die Menschen ihn kaum noch fürchten und die Sünde, die die Menschen kaum noch begreifen, noch eine echte Grenze?), es scheint mir immer, wir wollten dadurch nur ängstlich Raum aussparen für Gott; – ich möchte von Gott nicht an den Grenzen, sondern in der Mitte, nicht in den Schwächen, sondern in der Kraft, nicht also bei Schuld und Tod, sondern im Leben und Guten des Menschen sprechen«[29]. Und er fügt hinzu: »So ist es alttestamentlich und in diesem Sinne lesen wir das Neue Testament noch viel zu wenig vom Alten her«[30].

b. Die freie Wahl des Todes

Ist der Tod eine Relation zu Gott, – kann also nur Gott uns sagen, was der Tod ist, – gehört der Tod also auch in jene Freiheit, die alle Beziehungen auszeichnet, in denen Gott ist: die guten wie die schlechten, dann steht Tod auch in unserer Wahl. Wir hörten schon Dtn 30: »Siehe, ich habe dir heute vorgelegt Leben und Glück, Tod und Unglück« (30,15), – »Leben und Tod habe ich euch vorgelegt, Segen und Fluch« (30,19). Da besteht Wahl.

Aber nun ist diese Wahlmöglichkeit eine Vorlage *Gottes*, und darum – das ist unser nächster Erkenntnisschritt – kein neutrales, wertfreies Anerbieten. Das wäre doch gar nicht denkbar, daß Gott uns eine Wahl des Todes ganz gleich mit dem Wahlangebot des Lebens unterbreitete, – dem Tode bei uns Chancengleichheit mit seinem Leben einräumte: ihm, seinem ärgsten Feind. Zu beachten haben wir vielmehr folgendes: Indem Gott in der Tat dem Tod bei uns eine Chance gibt, gewählt zu werden, sagt er uns zugleich, daß er uns durchaus nicht raten kann, den Tod auch wirklich zu wählen. »So erwähle nun das Leben, auf daß du am Leben bleibst, du und deine Nachkommen, indem du den Herrn, deinen Gott, liebst, auf sein Wort hörst und dich fest an ihn hängst – denn davon hängt

29. D. Bonhoeffer, Widerstand und Ergebung. Briefe und Aufzeichnungen aus der Haft. 1951, 181f.
30. Ebd.

dein Leben ab und dein hohes Alter, – auf daß du in dem Lande wohnen bleibst, das der Herr deinen Vätern Abraham, Isaak und Jakob zu geben geschworen hat« (Dtn 30,19^{b}-20). Daß Gott uns den Tod überhaupt zur Wahl anbieten kann, hat die Bedingung der Möglichkeit darin, daß er in sich und von seinen göttlichen Voraussetzungen aus nicht die geringste Chance des Todes mehr sehen kann. Barth hätte vielleicht gesagt: Mit Gottes Augen gesehen wäre eine Wahl des Todes nur eine »unmögliche Möglichkeit«, formal natürlich »möglich«, material ganz unmöglich. Wenn Gott uns »Tod und Unglück«, »Tod und Fluch« »vorlegt«, dann gewiß nicht als ein Wesen, das dem Tod grundsätzlich überlegen wäre, wohl aber – wie wir sagten – als *Vorgesetzter des Todes.*

Das meint jetzt näher Folgendes: Es ist ja nicht das Leben als solches, das uns den Tod vorlegte. Im Leben als solchem erweisen wir uns ja als reichlich ahnunglos gegenüber dem Tod. Er hat nichts Evidentes und begegnet uns nur verschleiert hinter Erfahrungen, die wir als ganz normale Lebensmüdigkeiten und Daseinsdefekte ansehen und hinnehmen. Im Leben als solchem begegnet uns nur das Sterben, aber nicht der Tod, jedenfalls nicht der, den Gott uns vorlegt. Und so geschieht es, daß uns, wo wirklich der Tod uns vorliegt, Gott es ist, der ihn uns vorlegt. Mit dem Tode haben wir nichts zu tun, außer wenn Gott uns begegnet. Doch heißt das nicht: In Gott begegnet uns der Tod, und schon gar nicht: Gott wäre der Tod oder der Tod wäre in Gott. Es heißt nur: Niemand als Gott ist fähig, uns den Tod vorzulegen, weil ja nur Gott fähig ist, den Tod als eine Beziehung zu Gott zu benennen. Der Tod kommt hier nur als ein Gehilfe Gottes infrage oder als ein Freigelassener Gottes. Und sein Vasallenverhältnis zu Gott kennzeichnet den Tod ganz.

Wie wirkt dies Vasallenverhältnis sich aus? Darin, daß Gott uns den Tod ausgesprochen mit dem Ziel vorlegt, daß wir ihn *nicht* wählen, daß wir vielmehr statt seiner Gott wählen, seinen Herrn, und eben darin unser Leben. Begegnet uns wirklich der wirkliche Tod, dann einerseits als ein Warnruf Gottes: Nicht Diesen – mich, euer Leben, wählt; andererseits als eine Einladung: »Warum willst du sterben, bist du so glücksverdrossen, Haus Israel?«: du Frau, du Mann, du Alte, du Junger? »Ich bin das Leben«, »hier bin ich«; schau den Tod an: in ihm willst du dich bergen? Du wirst doch nicht?!

Damit wir hier ja nicht falsch verstehen: Gott stellt uns den Tod *ernsthaft* zur Wahl, und er wird – wie wir gleich noch zeigen müssen – diese Wahl bestätigen, wenn wir sie treffen. Er spielt nicht mit dem Tode, er mißbraucht ihn auch nicht einfach bloß als negative Proganda-Folie für sich und das Leben, damit wir ihn besser sehen können. Er schickt wirklich den *Tod* vor. Aber indem *Gott* es ist, der uns den Tod zur Wahl schickt, zeigt er sich selbst zugleich mit dem Tod und lehrt uns sich selbst kennen als den *Bestreiter* des Todes, einen, der ihn wirklich bestreiten *kann,* da er ihm ja schon so vorgesetzt ist, daß er ihn uns vorsetzen kann. Damit stellt er klar: Wem von uns einfallen sollte, den Tod zu wählen, wäre damit Gott und sein Leben noch lange nicht los. Er müßte sich darauf gefaßt machen, es beim Tode zugleich auch unvermeidlich mit dem Vorgesetzten des Todes, mit Gott eben, zu tun zu bekommen; zwar dann nicht mit Gott, unserem Leben, und schon gar nicht mit Gott, unserem Tod, aber dann mit Gott, dem Bestreiter des Todes, der den Tod niemals in Ruhe und damit auch uns niemals in Ruhe mit dem von uns gewählten Tod lassen wird. Gott ruft uns kein »Gute Nacht« mit dem Tode nach, es würden schlaflose Nächte mit dem Tode werden, und der Tod durchaus nicht »mein Schlaf«, sondern nervöse Schlaflosigkeit.

Gott sagt uns also den Tod auf den Kopf zu: um Gottes und unseres Lebens willen.

Und nun, nachdem wir den Tod als ein Verhältnis zu Gott kennengelernt haben, sind wir endlich soweit, auch nach dem Verhältnis dieses Todes zu *unserem Sterben* zu fragen.

c. Die Zuordnung des Todes zum Sterben

Es versteht sich jetzt schon, daß auch dies die Bestimmung eines menschlichen *Gottes*verhältnisses und eines Verhaltens Gottes zu uns Menschen sein wird. Nach allem Bisherigen ist undenkbar, es könne uns gelingen, Gott wegzusterben und ihn durch unser Sterben loszuwerden. Sterbenkönnen ist ja eine gute Gabe Gottes und – jedenfalls für Menschen jenseits von Eden – wirklich etwas »Natürliches«, ihre normale Daseinsperspektive: »Denn Staub bist du und zum Staub wirst du kehren«, »denn Erde bis du, und zur Erde mußt du zurück« (Gen 3,19). Für einen bürgerlich-idealistisch fühlenden Menschen klingt schon das negativ; nichts von frei sich aufschwingender und über den verfallenden Leichnam sich erhebender Seele hier, – nichts von einem platonischen ὑποκείμενον, einer unauflösbaren Geistessubstanz, unanfechtbar von jeder Vergänglichkeit, nur: »In Staub ...!« (H. v. Kleist, Der Prinz von Homburg, letzter Akt, letzte Szene).

Wohl ist biblisch richtig: Dies Wort spricht zu den beiden Menschen des Sündenfalls, doch *nicht* als ein Strafwort. Denn wohin der Mensch am Ende »kehren« soll, von daher hatte Gott ihn ja zuvor genommen; Staub und Acker waren nichts Untermenschliches, und so bedeutet die Rückkehr der Menschen in den Staub ihre Heimkehr in den Stoff, aus dem die Menschen sind, besser: aus dem Gott Menschen macht; wir können auch sagen: Heimkehr in das, was der Mensch *ist,* denn »Erde bist du«. Erde ist unser ὑποκείμενον. Diese Heimkehr ist der *Friede* des Sünders, nicht sein Unglück. Als – zum Beispiel – nun auch für ihn »die Zeit kam, da Dawid sterben sollte, gebot er seinem Sohne Schlomo: Ich gehe jetzt den Weg aller Welt« (1 Kön 2,1-2), »Ich gehe dahin, den Weg alles Irdischen« (Buber), sprichwörtlich: »alles Fleisches«, d.h. den Weg des größten Allgemeinen, an dem nichts besonders Auffälliges, nichts schlimm und schlecht ist, – nur *schwer:* weswegen Dawid seinem Sohn geradezu den Befehl erteilt: »So sei denn stark und sei ein Mann«, wenn du das jetzt wirst erleben müssen. Aber es versteht sich von selbst, daß, wenn einer stirbt, »seine grauen Haare in Frieden ins Totenreich hinunterkommen ...« (1 Kön 2,6): ausdrücklich be-schalom, und es ist eine Ausnahme, nicht die Regel, eine besondere Anordnung Gottes, wenn es anders geschieht und einer friedlos ins Grab muß.

Das freilich kann uns widerfahren. Gott kann auch so der Vorgesetzte des Todes sein, daß er ihn an unsere Sterbestätte, in unsere Sterbestunde und in unsere Grabkammer hinein befiehlt. Wir können der biblischen Rede vom *Zorne* Gottes nicht ausweichen.

Sie ist belastet, – hat unendliche Angst und Schrecken verbreitet, – hat über Jahrhunderte hin die gute Gottesfurcht zur Fratze einer zitternden Todesfurcht entstellt; kirchliche Kunst, Seelsorge, Predigt haben sich nicht entblödet, sie zu einem Herrschaftsmittel über das einfache Volk zu gebrauchen; aufständische Christen haben ihre Kriege als Zorn- und Rachefeldzüge Gottes gerechtfertigt; was wunder, daß dann auch feinsinnige bürgerliche Theologen die Rede vom Zorn Gottes als untersittliche Züge am Gottesbild kritisierten und als dem Bilde eines Gottes überhaupt, besonders aber des Gottes Jesu unwürdig anprangerten[31], mit viel Beifall vom Publikum für so feine Empfindsamkeit. Doch fehlte dem biblischen Gott mehr als nur die Hälfte einer Gottes*vorstellung,* ihm fehlte, wenn er nicht auch zürnen könnte, seine Freiheit, wählen, entscheiden, auf Menschen antworten, sich zu ihnen verhalten zu können, und mit seiner Freiheit seine wahre Gottheit. Er wäre, wie das parmenidische Sein ins Bewegungslose, Unveränderbare gefesselt ist, ein Gefesselter seiner Liebe, u. zw. eines regungslosen, zu keinen Ausbrüchen fähigen Liebens, einer immer gleichen Liebestemperatur – einer wohltemperierten Liebe gleichsam –, eines entscheidungslosen Liebens und damit keines wirklichen Liebens, eines stets an sich haltenden und darin: leblosen Liebens. Dagegen hat mit Recht Karl Barth das Zürnen Gottes die Kehrseite, das Brennen seines Liebens genannt[32]. Er hat damit das Lieben Gottes als etwas Lebhaftes und Lebendiges beschrieben, nicht als eine Eigenschaft neben anderen, sondern als eine Seinsweise Gottes, die er bestimmte als die eines *in Freiheit* Liebenden, der also nicht dazu gezwungen werden kann, nur der liebe Gott zu sein.

Solch ein Zürnen Gottes begleitet das im Tode bestehende Gottesverhältnis der Menschen schon immer, denn der Tod ist nie Gottes Freund. Aber nun

31. Vgl. z.B. A. Ritschl, Die christliche Lehre von der Rechtfertigung und Versöhnung. Dritter Band. Die positive Entwicklung der Lehre.31888, 305f; 539f.
32. K. Barth, KD IV 2, 879.

kann es auch geschehen, daß Gott im Auswirken seines Zürnens den Tod auch zum Komplizen unseres Sterbens beruft. Dann macht es sein Zorn, daß wir so gar vergehen (Ps 90,7).

Der Prophet Hosea z.B. hat davon eine starke Erfahrung aufbewahrt, als er Gott in bezug auf Ephraim, d.h. die Menschen im Nordreich Israel, das Kommando geben hörte: »Her mit deinen Seuchen, Tod! Her, Unterwelt, mit deiner Pest! Mitleid kenne ich nicht mehr« (Hos 13,14): »Vor meinen Augen muß die Tröstung sich bergen« (Buber). Das ist so eine Sprachfigur, in der Gott als der Vorgesetzte des Todes, als dessen Kommandeur sich erweist.

Auch in Ps 78 klingt es ähnlich. Das ist ein Psalm von der Wut Gottes, wieder gegen Ephraim gerichtet, wegen dessen Geschichtsvergessenheit, weil sie »vergaßen seiner Taten, seiner Wunder, die er sie schauen ließ« (Ps 78,11), als er sie aus Ägypten befreite.

Diese Befreiung selbst aber geschah ebenfalls mit heftigen Begleitzeichen des Zürnens Gottes, nämlich gegen Ägypten: daß es das Volk Gottes nicht freiwillig in die Freiheit ziehen lassen wollte. Da »ließ er los die Glut seines Zornes«, d.h.: Gott konnte da nicht mehr an sich halten, er ließ los: »Grimm und Wut und Drangsal, eine Rotte verderbender Engel, da er freie Bahn schuf seinem Zorn, ihre (d.h. derÄgypter) Seele nicht vor dem Tode bewahrte und ihr Leben der Pest dahingab« (Ps 78,49-50), – in Bubers Sprache: »Er schickte die Flamme seines Zornes an sie, / Überwallen und Dräun (Bedrohen) und Bedrängnis, / Schickung von Boten der Übel, / er ebnete seinem Zorn eine Bahn, / er enthielt dem Tod ihre Seele nicht vor (d.h.: ihr *Leben* nicht, das enthielt er dem Tod nicht vor) / und lieferte ihr Leben der Pest aus …«

Es ist ungemein wichtig, die Rede vom Zorn Gottes und seine Kommandos an den Tod in Beziehung zu sehen zu der Wahlfreiheit, die Gott uns dem Tode gegenüber eingeräumt hat. Gottes Zürnen ist nicht gleichursprünglich in Gott wie sein Lieben. Es ist vielmehr die Art und Weise, in der er auf uns reagiert, wenn wir den Tod wählen und damit ihn, Gott, abwählen zu können meinen. Ihn bringt schon diese Wahl in Rage, vielleicht auch um seinetwillen und in enttäuschter Liebe, aber mehr doch um unseretwillen, denen er ja seinen Lebensbund zugedacht hat.

Und doch ist seine Zornesantwort darauf *mehr* als nur eine Reaktion; sie ist das einzige Mittel, mit dessen Hilfe er uns noch klarmachen kann, daß wir ihn mit unserer Wahl des Todes nicht loswerden können, wie wir meinen und hoffen. Er bleibt an uns dran. Wenn wir ihm nicht zulassen, daß er uns als Liebhaber begleitet, dann nimmt er sich die Freiheit, uns mit seinem Zorn zu verfolgen, und darin läßt er uns nicht los. So nutzt er seine Fähigkeit zu zürnen zu einem Mittel seiner Treue; wenn auch wir ihn nicht wählen, er hält fest daran, uns gewählt zu haben, als er uns unsere Wahl anbot. So betätigt er sich auch sich selbst gegenüber als frei, er läßt sich von uns nicht enttäuschen, er entflammt vielmehr nun erst recht in seinem unenttäuschbaren Interesse an uns, und sein Zürnen ist ein Zeichen seines bleibenden Interesses an uns. Damit aber kann er uns auch bis in unser Sterben hinein verfolgen.

Dies aber bleibt ein wirkliches *Gottes*tun, d.h. ein Tun göttlicher Freiheit. Es besteht nämlich nur darin, daß er denen ihre Wahl endgültig *bestätigt,* die statt seiner den Tod gewählt haben. Bis zur Stunde ihres Sterbens hat Gott sie verfolgt und ihnen eine Revision ihrer Entscheidung offengehalten. Dann aber bestätigt er sie in der Wahl ihrer von Gott ihnen gegebenen Freiheit und tut dies, indem er ihrem Sterben nun auch von sich aus eben den von ihnen gewählten Tod *zuordnet*.

Er verlängert dann den von ihnen gewählten Wirklichkeits- und Erfahrungshorizont in ihr Sterben hinein. Er erweitert dann dessen Gültigkeit im Dasein vor dem Sterben in das Sterben, ja bis in unser Gestorbensein hinein. Damit erlaubt er uns, in dem von uns gewählten Wirklichkeitshorizont, in dem wir gelebt haben, dann auch zu sterben, und wir tun gut, dies als eine freie *Gewährung* Gottes zu begreifen.

Freilich schließt das nicht aus, daß der Tod dadurch seine Bedeutung noch einmal einschneidend verändert. Er kommt nun erst zu einem letzten Ernst. Denn nun kann er nicht mehr, wie bisher, seinen Dienst als ein Vasall des Lebens tun. Nun, wenn Gott ihn unserem Sterben zuordnet, wird er ganz und gar und nur der Tod, der tödliche Tod. Hier gibt es keine Errettung vom Tode mehr. Hier könnte nur noch eine Auferweckung von den Toten helfen, nicht eine Errettung der Sterbenden und Gestorbenen von ihrem Tod, sondern eine Erweckung der in den Tod hinein Gestorbenen sowohl von ihrem Tod wie von ihrem Gestorbensein. Doch wer dürfte wagen, dies in Aussicht zu stellen, gar: dies zu verkündigen? Wer hätte den Auftrag und – wenn er den Auftrag hätte – den Mut, dies zu tun? Vorerst können wir nur sagen: Wenn Gott den Sterbenden den Tod zuordnet, dann sind sie wirklich tot. Dann ist nichts mehr an ihnen, was Gott noch preisen könnte, Jes 38,18: »Nicht die Gruft ja kann huldigen dir / noch der Tod lobpreisen dir, / nicht die in die Tiefe sanken / besinnen deine Treue«, entsprechend dem, was wir auch aus Ps 6,6 lernen müssen: »Denn im Tode gedenkt man deiner nicht, wer wird in der Unterwelt dich preisen?«, oder – mit Buber -: »Denn im Tod ist kein Deingedenken, / im Gruftreich, wer sagt dir Dank?!« Gott gibt Sterbende da endgültig dem Tode preis: »Ich will euch nicht weiden, / das Sterbende mag sterben, / das sich Abscheidende mag scheiden« (Buber): Sach 11,9, »Ich mag euch nicht (mehr) weiden; was sterben will, das sterbe, und was verkommen will, verkomme« (Zürich), er gehe, er geht in die Gottferne, ja ins Gottwidrige; so wollte er's selbst.

3. *Das Leben mit dem Tod*

Was geschieht *praktisch,* wenn es geschieht, daß Gott unserem Sterben den Tod zuordnet? Ist das von irgendeinem Belang, – irgendetwas anderes als bloß Interpretation, besonders radikale *Deutung* des Sterbens, besonders skrupulöses Verständnis von Tod?

a. Die Halacha, sich vor dem Tod zu hüten

Die Zuordnung des Todes zum Sterben hat Gott in der Tora Israels mit enorm einschneidenden Konsequenzen für den Umgang seines Volkes mit den Toten versehen.

Tod verunreinigt noch die Lebenden, die mit einem Gestorbenen in Berührung kommen; »verunreinigt« heißt: macht untauglich für eine Teilnahme am Gottesdienst und stellt einen solchen Menschen unter besondere Nötigungen, sich zu reinigen. »Und dies soll den Israeliten und dem Fremden, der unter ihnen wohnt, als ewige Satzung gelten: Wer einen Toten, den Leichnam irgendeines Menschen, berührt, der wird für sieben Tage unrein« (Num 19,10-11). »Er soll sich (mit dem mit der Asche der roten Kuh gemischten und dadurch als Sündopfer qualifizierten Reinigungswasser) am dritten und am siebenten Tag entsündigen, dann wird er wieder rein; wenn er sich aber am dritten und am siebenten Tage nicht entsündigt, so wird er nicht rein. Ein jeder, der einen Toten, den Leichnam eines Verstorbenen, berührt und sich nicht entsündigt, der verunreinigt die Wohnung des Herrn (und darf darum nicht zum Gottesdienst kommen), und seine Seele soll aus Israel ausgerottet werden (d.h.: so wie der Tote selbst von der Gemeinschaft ferngehalten, aus ihr ausgeschlossen werden); weil das Reinigungswasser (Buber übersetzt: »Entsondrungswasser«) nicht auf ihn gesprengt worden ist, bleibt er unrein, und seine Unreinheit haftet noch immer an ihm« (Num 19,12-13).

Will sagen: Die Gottwidrigkeit des Todes, der einem Gestorbenen zugeordnet worden ist, ist eine aktive, nun entfesselte Kraft, weil der Tod nicht mehr Vasall des Lebens ist. Dieser Tod schließt nicht nur aus von der Israelgemeinschaft, auch nicht nur von der Gottesdienstgemeinschaft und damit von Gott, er wirkt als Macht Gott entgegen. Sein Machtcharakter zeigt sich daran, daß er auch Nicht-Gestorbene, noch Lebende in seinen Bann ziehen kann: in die Sphäre der Sünde; dieser Tod macht auch noch den Lebendigen – wie die Gestorbenen – unfähig, Gott zu preisen. Gott verwehrt es ihm mit dieser Weisung: Wer Berührung mit Toten hatte, *darf* Gott nicht preisen in der Gemeinde. Das aber heißt auch: Gott *will* sich aus der Welt der Toten nicht preisen lassen; Mischna Brachot III,1: »Wer seinen Toten vor sich liegen hat, ist vom Sch'malesen, vom

Gebete und von allen in der Tora genannten Geboten befreit« – nicht weil er da genug anderes zu tun hätte und von den Forderungen des Gesetzes entlastet werden soll, sondern weil in der Sphäre des Todes die Tora, die Weisung des Lebens, keinen Platz hat; das ist eine Welt Gott fremden Geistes – weswegen er seinen Bundesgenossen auch verbietet, sich an die Totengeister und an die Wahrsagegeister zu wenden: »Ihr sollt sie nicht befragen und euch so an ihnen verunreinigen; *ich* bin der Herr, euer Gott« (Lev 19,31).

Nicht nur die Berührung mit einem Leichnam, auch die Gegenwart eines Verstorbenen in einem Hause macht alle, die im Hause sind, auch die, die ins Haus kommen, unrein, ja: unrein wird sogar das Haus selbst, seine Wände, seine Böden, Gebälke, Fugen, Türrahmen, sein sämtliches Inventar. In der antikisierenden (besser: erinnernden) Sprache, derzufolge jüdische Häuser immer noch die »Zelte« der durch die Wüste wandernden Kinder Israels sind, lautet die Tora-Weisung: »Wenn ein Mensch in einem Zelte stirbt, so gilt folgendes Gesetz: Jeder, der in das Zelt hineingeht, und jeder,der in dem Zelte ist, wird für sieben Tage unrein. Und jedes offene Gefäß, auf dem kein Deckel festgebunden ist, wird unrein« (Num 19,14-15).

Wie soll das praktikabel sein; irgend jemand muß ja den Gestorbenen waschen, betten, kleiden, heben, tragen, legen. Es ist praktisch unmöglich, sich vom Tode fernzuhalten. Wie wäre das zu gewährleisten?

Nun zuerst: Es ist dem Menschen nicht beschieden, sich für immer reinzuhalten, niemand kann »ganz rein« sein; wir sind Wesen, die reinigungsbedürftig sind, heiligungsbedürftig.

Sodann: Solcher Unreinheit setzt Gott eine befristete Zeit: sieben Tage; freilich kann sie auch »bleiben«, wir können für immer zu Abgesonderten von der Gemeinschaft der Heiligen werden und für immer im Bann derer bleiben, von denen Gott sich nicht preisen läßt.

Schließlich: Gott will freilich unsere Unreinheit, die Absonderungsgewalt, die der Tod unter Lebenden haben kann, in Grenzen halten, und darum gewährt er Israel Reinigungsmöglichkeiten in den sog. *Reinheitsgesetzen* und nennt uns genaue Zeiten – den dritten und den siebenten Tag nach der Todesberührung –, unter deren Beachtung wir wieder rein und gemeinschaftsfähig für die Welt Gottes werden. Der Weg der Heiligung ist der Weg der Resozialisierung in der Lebenswelt.

Die Lehrer der Mischna – also der Grundschrift, die in den Talmudim diskutiert wird – haben die Weisungen der Tora, nach ihrer Art, bis in alle Einzelheiten hinein durchdacht. Zusammen mit der Erörterung immer neu auftauchender praktischer Probleme, die aus Erfahrungen mit dieser Weisung entstanden, kommen sie nicht nur zu differenzierten Praktiken ihres Umgangs mit Toten, sondern auch zu vertieften Einsichten in die Bedeutung dieser Weisungen.

Schon in der Tora selbst begannen praktische Differenzierungen. Die allgemeine Weisung: »Ein *jeder,* der einen Toten, den Leichnam eines Verstorbenen berührt ...« wurde zunächst sozial genauer bestimmt. Mindestens Leute, die im Gottesdienst *amtieren,* müssen die Sphäre des Todes meiden. »Und der Herr sprach zu Mosche: Sage den Priestern, den Söhnen Aharons, und sprich zu ihnen: Ein Priester darf sich an keinem Toten unter seinen Volksgenossen verunreinigen« (Lev 21,1); das ist gleich die erste Weisung in einem Katalog von Weisungen an die Priester und zeigt den Stellenwert, den Totenberührung für die Gottesdienstfähigkeit hat. Allerdings werden in Lev 21 sogar für einen Priester Ausnahmen zugelassen: An keinem Toten darf er sich verunreinigen, »außer an seinen nächsten Blutsverwandten: an seiner Mutter, an seinem Vater, an seinem Sohn, an seiner Tochter, an seinem Bruder und an seiner Schwester, die noch nicht verheiratet, sondern noch Jungfrau ist und ihm darum nahesteht« (Lev 21,2-3); d.h. der Verunreinigung seines Hauses kann sich auch ein Priester nicht entziehen, und braucht es nicht. So ist auch der Priester ein grundsätzlich reinigungsbedürftiges Wesen (vgl. Hebr 5,1-3).

Ganz anders sieht es eine andere Weisung für einen anderen Personenkreis: »Wenn ein Mann oder eine Frau das besondere Gelübde eines Gottgeweihten, eines Nasir, auf sich nehmen, um dem Herrn zu Ehren Enthaltung zu üben«, dann gilt – neben vielem anderen – auch: »Die ganze Zeit, während derer er dem Herrn zu Ehren Enthaltung übt, soll er zu keinem Toten hineingehen. Auch an seinem Vater, seiner Mutter, seinem Bruder oder seiner Schwester darf er sich nicht verunreinigen, wenn sie sterben; denn die Weihe seines Gottes ist auf seinem Haupte« (Num 6,2.6-7), und die eben umgibt ihn mit der Sphäre des Lebens, die ihn von der Sphäre des Todes ausschließt. Gesetzt nun aber den im Alltag gar nicht zu vermeidenden Fall, daß »jemand neben ihm plötzlich und unververmsehens stirbt und er so sein geweihtes Haupt verunreinigt, so soll er sein Haupt scheren an dem Tage, da er wieder rein wird; am siebenten Tag soll er es scheren«, und dann dem Priester Sündopfer darbringen zur Entsühnung (Num 6,9ff).

Aber in der Mischna geht nun alles in viel weitere Details. Ihr ganzer sechster und letzter Hauptteil und Seder trägt die Überschrift Toharot, Von der Reinheit. Da geht es über *alle* Unreinheiten. Gleich der erste Traktat in diesem Seder heißt Kelim, Von den Geräten, und diskutiert den Umgang mit verunreinigten Haus- und Arbeitsgeräten, z.B. solchen in einem Haus, in dem es einen Verstorbenen gibt, das also dadurch in die Sphäre des Todes gerissen wurde. Dieser Traktat wiederum fängt mit einer Aufzählung der Haupt-Unreinheiten an, die die gottwidrige Wirklichkeit erzeugen; das Wort »Haupt-Unreinheiten« müssen wir besser, weniger abstrakt und oberbegrifflich, übersetzen mit »Väter«, avim: Was sind die »Väter«, die die gott- und gemeinschaftswidrige Sphäre der Heillosigkeit und Unreinheit erzeugen? »Die Väter sind: das Kriechtier, der Samenerguß, der Leichenunreine, der Aussätzige während seiner Zähltage und dasjenige Entsündigungswasser, das das zur Besprengung erforderliche Quantum (von Asche der roten Kuh) nicht hat. Diese verunreinigen Menschen und Geräte durch Berührung ...« (Kelim I,1). Leichenunreinheit ist hier nur eine unter anderen. Aber dennoch gilt sie als die tiefste Verunreinigung und »Vater« aller Väter der Verunreinigungen. In Kelim I,4 heißt es nämlich: »Höher als alle (anderen Verunreinigungen) ist die eines Toten«. Wieso? »Er verunreinigt durch Bezeltung, wodurch jene (anderen) alle nicht verunreinigen«, d.h.: durch seine bloße Anwesenheit im Hause, selbst, wenn niemand ihn berührt, hebt, trägt. Der Tod schafft eben durch den Gestorbenen eine Sphäre, eine von sich selbst her wirkende Gesamtwirklichkeit, in der für Gott keine Gemeinschaft ist.

Zwei andere Gesichtspunkte seien noch ausgewählt. Im Seder von der Reinheit gibt es einen weiteren Traktat unter dem Titel Ohalot, Zelte. Ging es im Traktat Kelim um Reinigung verunreinigter Geräte, so im Traktat Ohalot um Reinigung der Häuser, die zur Sphäre von Unreinheit geworden sind. Dort beginnen alle Weisungen bereits mit dem »Vater« aller Verunreinigungen, dem Tod. Ein Toter im Haus verunreinigt alle und alles im Hause, und so das Haus selbst. Hier wird auch eine Kette der Berührungen erörtert, z.B.: »Berührt ein Mensch einen Toten, so ist er sieben Tage lang unrein, und ein Mensch, der diesen berührt, ist unrein bis zum Abend« (Ohalot I,1). Aber dabei geht es nicht nur um eine Menschenkette der Berührungen mit dem Toten, sondern auch um Geräte und Kleider. »Mensch und Geräte werden durch einen Toten unrein. Schwerer (allerdings) ist es beim Menschen als bei Geräten« (I,4). Grundsätzlich können wir erkennen: Berührungen, Berührbarkeiten sind Medien, durch die *Sphären, Ganzheiten eines Wirklichen* gebildet werden. Berührung durch den Stoff des Todes – den Leichnam – bildet eine *Gegenwelt gegen Gott,* wie übrigens auch männlicher Samenerguß und der Erguß fraulicher Menstruation, d.h. Berührung des Lebensstoffes, eine ebenso gottwidrige Späre der Unreinheit bilden; darum werden – schon in der Bibel – Totenberührung und Berührung der weiblichen und männlichen Lebensstoffe oft zugleich miteinander und in gleichem Sinne bedacht; Toten- und Zeugungsstoff gehören nicht in unsere Hände.

Was nun aber weiter den Totenstoff betrifft: Im Traktat Nidda, Von der Menstruation, wird beiläufig auch von der Verunreinigung durch einen Toten gesprochen (beides gehört eben wirklich zusammen). Da wird unterschieden, ob nur Fleisch von einem Toten verunreinigt oder nicht auch die Knochen eines Menschen, wenn man z.B. beim Umpflügen eines Grabes darauf stößt; und wie steht es übrigens mit Haut, Haaren und Zähnen?

Beim Lesen dieser Stelle des Traktats Nidda fühle ich mich wie vor den Bergen von Knochen-, Nagel-, Zahn- und Hauterzeugnissen in Auschwitz und ahne von ferne, was über alles »natürliche« Entsetzen hinaus ihr Anblick in Menschen hervorrufen muß, für die eben solche, nein: eben diese Leichenteile en detail Inhalt der Tora, der Lehre um Gottes willen, sind; sie müssen nicht nur im Menschenschrecken, sondern im Gottesschrecken vor diesen Bergen ent-setzt sein. Aber welcher Goj und Christ wagt es bisher, das zu *wissen* und mitzuspüren?

Nun: *Eine* Antwort der Reinheit gibt es im Totenmeer des Unreinen: »Wenn Fleisch von einem Toten zerbröselt ist, so ist es rein. Dies in dem Falle, wenn es ganz zerfallen und Staub geworden ist« (b Nidda 55a). Der Staub, aus dem wir wurden, ist rein, und so der Staub, zu dem wir werden; denn er ist in seiner Reinheit Stoff, aus dem Gott Menschen macht; da hört das Tote wieder auf das Rufen Gottes.

Doch zurück zum Mischna-Traktat von den Zelten. Dort wird der Augenblick genau bestimmt, von dem an der Tod verunreinigt, nämlich: »Ein Mensch verunreinigt nicht eher, als bis ihm die Seele ausgegangen ist«, ein Sterbender also endgültig in die Hand des Todes gefallen ist. Nicht der Sterbende verunreinigt, sondern der Tod, wenn er den Sterbenden überkommt. *Denn der Sterbende als solcher zählt noch voll zu den Lebenden.* Es heißt: »Selbst dem die Sehnen zerschnitten sind (der sich also nicht mehr bewegen kann) oder der im Sterben liegt, verpflichtet noch zur Schwagerehe (d.h. seinen Bruder seine zurückbleibende Frau, seine Frau seinen noch lebenden Bruder zu heiraten, damit sein, des Sterbenden, Name in Israel erhalten bleibt: Dtn 25,5-10) oder entbindet von der Schwagerehe, – berechtigt (wenn er Priester ist, seine Hausleute) zum Essen von Hebe (d.h. von den einem Priester bestimmten Opfergaben der Gemeinde) oder macht für die Hebe (= Erhebung) untauglich« (Ohalot I,6). Ein Sterbender lebt noch, ist noch voll rechts- und torafähig, ist darum noch *nicht* des Todes; ihn berühren verunreinigt also nicht; wie sollte es auch: da doch der Umgang mit der Tora das Leben selbst, in sich das Leben ist. Erst wenn der Tod den Sterbenden ereilt, wendet sich das Blatt; der Gestorbene verunreinigt.

Noch ein Letztes: *zum Ethos* der Unreinheit des Todes. Nicht nur der Tod macht gottwidrig und gemeinschaftsfremd, *auch das Töten,* und selbst die Mittel, mit denen getötet wird. Im Traktat von den Geräten, Kelim 13,1, wird gelehrt: »Das Schwert, das Messer, der Dolch, der Speer, die Handsichel, die Erntesichel, das Rasiermesser und die Barbierschere, auch wenn sie geteilt sind (und keine Spitze haben, mit der man zustechen kann), sind unrein. R. Jose sagt: Was nahe dem Griffe ist, sei unrein, und was nahe der Spitze ist, sei rein« (: fasse ich einen Dolch an der Spitze an, hat er keine tödliche Länge mehr, kann vielleicht noch verletzen, nicht mehr töten; fasse ich ihn hingegen am Griff, kann ich ihm die ganze Kraft des Zustoßens geben und dadurch töten). Die Geräte als solche dienen ja nicht von vornherein zum Töten: die Sicheln zum Ernten, die Rasiergeräte zum Rasieren. Aber weil es geschehen könnte, daß sie dennoch zum Töten verwendet würden, sind sie unrein. Alles, was Tod auch nur schaffen *könnte*, ist gottwidrig; *jeder*, auch der alltägliche, Gebrauch solcher Geräte bedarf der Entsühnung. Es gibt kein harmloses Messer, keine harmlose Schere, von Dolch und Schwert zu schweigen. Der Tod lauert im Alltäglichsten. Und Israel kann sich davor nur bewahren dadurch, daß es zu jedem Handgriff eine Beracha weiß, eine Segnung Gottes, er möchte es fügen, daß wir als Handlanger des Lebens wirken und nicht von Todesgriffen.

Nur soviel zu einer biblisch-jüdischen Praxis der Todeserfahrung in der Totenerfahrung. Das jüdische Volk verhält sich zur Fügung des Todes durch die praktischen Tora-Weisungen des Lebens und lernt, daß der Tod etwas ist, das nach unserer Reinigung und Heiligung schreit, wenn wir nicht in seiner gottwidrigen Sphäre »bleiben« und in ihr schon vor unserem Sterben verkommen wollen.

b. Die Halacha, sich in das Sterben zu schicken

Wie gehen Juden, wie Christen ans Sterben? Sehen sie ihrem Tod entgegen, zu Tode resigniert? Oder sterben sie – aber nicht in ihren Tod, vielmehr ihrem Leben entgegen?

Das Sterben ist unsere letzte Wahl.

Nicht die Weise unserer körperlichen, seelischen, geistigen Befindlichkeit im Sterbensprozeß spricht dafür. Religion schlägt immer gerne Kapital aus der Art und Weise, *wie* Menschen sterben: qualvoll oder ruhig, bis zuletzt kämpfend oder ergeben, bewußt oder verdämmernd, getröstet oder trostlos, gefaßt oder katastrophal. Oft wird daraus geschlossen, ob jemand »selig«, d.h.: in Gott, oder »unselig«, d.h. ohne Gott stirbt oder gestorben ist. Solche Rückschlüsse sind der letzte Triumph des Systems natürlicher Theologie: Gott soll unmittelbar an der Natur, an der Physis sein Gericht und letztes Urteil beweisen. Das ist so unmenschlich wie gottlos. Unmenschlich: weil selbst noch der ohnmächtige Mensch in seiner Schwäche zum Beweismittel für die Überlegenheit Gottes verbraucht wird. Gottlos: weil Gott so manifestiert werden soll durch den Menschen. Aber ob einem gewährt wird, »selig« zu sterben in Gott, ist weder manifestierbar am Körper, noch an Äußerungen der Seele oder des Geistes. Wer darf denn sagen, ob ein qualvoller Todeskampf gegen oder für Gottes Wollen spricht, ob sich einer da gegen *Gott* wehrt oder nicht vielmehr im Namen seines Gottes gegen die Allgewalt des *Todes?* Gewiß brauchen wir nicht zu leugnen, daß im Todeskampf beide auf dem Plan sind, Gott und der Tod, und daß wir da noch einmal zur Wahl und Diskussion stehen. Aber *wie* Gott dabei ist, wie der Tod, läßt sich von draußen an nichts ablesen. Das Glauben erscheint nie selbst an einer Oberfläche, nicht an der des Körpers, nicht an seelischen Äußerungen, nicht an geistigen. Das Glauben ist kein Phänomen. Es liegt unter allem, was wir je zur Erscheinung bringen, in der Tiefe des Ich-Selbst, das immer noch einmal verschieden ist von allem, was erscheinen kann, selbst von dem, was ich selbst von mir wissen, sagen, halten möchte; meine Gottes- oder Sünden- oder Todesbeziehung kann zwar in mir, aber weit jenseits meines Bewußtseins wirklich sein, auch jenseits des spannungsgeladenen Verhältnisses, das ich zu mir selbst habe: »mit Christus verborgen in Gott« (Kol 3,3): darum auch jenseits alles dessen, was ich zum Ausdruck bringen kann, und erst recht jenseits dessen, was andere, die noch weiter »draußen« sind als ich selbst, behaupten, an mir wahrnehmen und beurteilen zu können. Gott erscheint nicht *am* Lebenden, nicht *am* Sterbenden, sondern *in* seinem Leben, *in* seinem Sterben. Und noch einmal: In der Qual kann er so gegenwärtig sein wie in der Ruhe; und zwar nicht: in der Qual als Quälender, in der Ruhe aber als Befriedender; so etwas sind Pfaffen-Unterscheidungen; denn *Gott* kann, wie gesagt, einen *ehren,* bis zum letzten Atemzug den guten Kampf des Lebens zu kämpfen und sich bis zuletzt dem letzten Feind zu widersetzen: Gott zu Lobe.

Aber so ist das Sterben doch unsere letzte Wahl. Übereinstimmend sehen Juden und Christen sich einer letzten Entscheidung gegenüber, einer sehr persönlichen, wahrscheinlich solcher, der sie sich (so ganz auf sich selbst gestellt, für sich allein) noch nie zuvor ausgesetzt gesehen haben.

Es ist die Entscheidung, noch einmal sich zusammenzunehmen und *eigene Sünde zu erkennen und zu bekennen:* noch einmal, aber vielleicht zum ersten Mal, – jedenfalls zum ersten Mal von Herzen, in der Intensität eines letzten Bewußtseins, und wenn nicht das: eines letzten, wenn auch unbewußten Selbstverständnisses.

Im Jüdischen wird dies deutlicher als im Christlichen. Denn hier sagen sie selten vor Gott Ich, ganz besonders selten im Beten; gerade vor Gott gehört der jüdische Mensch ganz ins Wir der Geschichte seiner Gemeinde, der Geschicke seines Volkes; und Bubers Philosophieren im Verhältnis eines Ich zu einem Du ist, was dies betrifft, eher deutsches als jüdisches Erbe, womöglich sogar eher lutherisches Erbe, denn Luther war es, der die ganze Gottesgeschichte aufs Ich gezogen hatte, ins pro me, und hat's für lange ans deutsche Philosophieren vererbt. Lesen wir im Gebetbuch des jüdischen Volkes, im Siddur, werden wir erst und nur im Herzstück des Gottesdienstes *am Versöhnungstag auf ein betendes Ich* stoßen, dort wo Israel sich als Volk von Sündern vor Gott stellt und sich ihm des Todes schuldig bekennt; aber auch dort bleibt die Sprache des betenden Ich eingebettet in das betende Wir.

Von dort, dem jom kippur, *her* aber drängt sich das Beten und Sich-Bekennen in die Sterbestunde. Da nämlich bekennt der Einzelne, fühlt er sein Ende nahen, in der *Ich-Form,* was ganz Israel am jom kippur in der *Wir-Form* bekennt, in eben den gleichen Worten: »*Ich* habe gesündigt. *Ich* habe die Treue gebrochen. *Ich* habe Unrecht getan. *Ich* habe Böses geredet. *Ich* habe den Weg des Rechts verlassen. *Ich* habe zur Sünde verleitet. *Ich* habe im Übermut gehandelt. *Ich* habe Gewalt geübt. *Ich* habe mich durch Lüge entwürdigt. *Ich* habe Böses geplant. *Ich* habe falsche Reden geführt. *Ich* habe gespottet. *Ich* habe gemurrt. *Ich* habe gelästert. *Ich* habe das Gute verschmäht. *Ich* habe mich schwer vergangen. *Ich* habe mich tief verschuldet. *Ich* habe gehaßt. *Ich* habe in Verstokkung verharrt. *Ich* habe gefrevelt. *Ich* habe zerstört. *Ich* habe Unwürdiges verübt. *Ich* habe geirrt. *Ich* habe in die Irre geführt«[33]. Das Ich-Sagen ist hier wie ein Durchbruch letzter und erster Existentialität. Nicht ein Akt der Reinigung für die Teilnahme an der Gemeinschaft, sondern einer der Selbstreinigung und Vorbereitung auf das ungeheuere Ereignis, abzuscheiden, mich zu trennen vom gelebten Leben in der Gemeinschaft des Volkes und mich persönlich auf eine erste unvermittelte Gottesbegegnung vorzubereiten.

Das hat jüdisch einen eigenen Klang. Der Christ, oft noch bis zuletzt angefochten von seiner Sünde (als hätte Christus sie ihm nicht längst vergeben), stirbt aufs *Erbarmen* Gottes hin, dem Juden spricht der Siddur vor, daß er aufs Ganze sterben will, auf *die Ganzheit Gottes* hin. *Der Gottesname »Fels«* wird angerufen: ha-zur, tamim poalo: »Der Fels, ein Ganzes ist sein Wirken, denn alle seine Wege sind Recht, ein göttlich Treuer, el emuna, ohne Falsch, bewährt und gerade ist er. ha-zur tamim be kol poal: Der Fels, ein Ganzes in allem Wirken, wer spräche zu ihm: was wirkst du? Er gebietet auf der Erde *und* im Himmel … » – beides –, »… er tötet und belebt …« – beides –, »… senkt zur Gruft, läßt entsteigen …«: beides. Refrain: »ha-zur tamim be kol-maasäh: »Der Fels, ein Ganzes in allem Tun«, »bewährt auf allen seinen Wegen, Fels, Ganzer …«: zadik be kol derachav ha-zur tamim. Die Sprachformel: »Der Fels, ein Ganzer« preist die felsenfeste Verläßlichkeit Gottes, nichts Ungewisses wird er dem Sterbenden. Die Ganzheit, die an Gott *gerühmt* wird, wird aber auch von Gott *erwartet:* Er sendet zur Gruft *und* läßt entsteigen; der Tod kann keinen dualistischen Schnitt in die Erfahrung von Gott bringen. Er ist eh und je *in einem: der Gerechte und der Barmherzige.* Jedenfalls preisen so die Juden Gott am Grabe. *Die Einheit des Wirklichen bleibt erhalten in Gott.* Und darum ist nicht mein künftiges Geschick, sondern der Preis Gottes, Gottes allein, der *Einheit Gottes,* das letzte Wort, letzter Gedanke eines Sterbenden: »Er regiert. Er *hat* regiert. Er *wird* regieren für Zeit und Ewigkeit.« Dreimal schließt sich an: »Gelobt sei der glorreiche Name seiner Herrlichkeit für Zeit und Ewigkeit«. Und dann siebenmal: ER ist Gott,

33. Zit. bei R. R. Geis, Vom unbekannten Judentum. 1961, 119f. Zu vergleichen mit dem Gebet 'Aschaunu im Tiflot Jom Kippur.

ER ist Gott, ER ist Gott, usw. Und dann, mit dem letzten Atemzug: »Sch'ma Jißrael, adonai elohenu, adonai echad«[34].

Mindestens ein von Luther unterrichteter Christ stirbt *ungewiß* über solche Gottesganzheit. Denn Luther hat die Lebenserfahrung: »Mitten wir im Leben sind mit dem Tod umfangen« bis in den Tod hinein verlängert: »Mitten in dem Tod anficht uns der Höllen Rachen« (EKG 309,1.2). Er kennt die Hölle im Tod, einen Tod im Tod, noch den Tod zerrissen in sich selbst. Und treibt's noch weiter in der dritten Strophe: »Mitten in der Höllen Angst unsre Sünd' uns treiben«; er kennt die Angst in der Hölle, eine Hölle in der Hölle, noch sie zerrissen in sich selbst. Die erste Strophe: »Mitten wir im Leben sind mit dem Tod umfangen« hat er aus der mittelalterlichen Kirche übernommen, der Antiphon Media vita in morte. Aber die Anfechtung des Todes im Tod, der Hölle in der Hölle, das ist lutherisch, das hat er aus Eigenem hinzugedichtet: kein zurtamim – quälender Schrecken bis ins Letzt-Letzt-Letzte. Das will natürlich nicht Panik machen, will zweierlei: Auch im Sterben gehen wir einer *offenen,* dramatischen Geschichte entgegen, einem *Kampf.* Und es preist um so mehr Gottes Barmherzigkeit, wenn er uns »will aus solcher Not frei und ledig machen« (EKG 309,2). Luther sieht uns, müssen wir sagen, wenn wir sterben, *nicht in den Tod* gehen, *sondern ins Drama des Gerichts,* genauer noch: *eines letzten Kampfes,* den Gott – hier nicht *mit* uns, sondern *um* uns – mit der Hölle und ihrer Angst kämpft. Sterbend steht uns gewiß Gott bevor, aber Gott im Kampf mit dem Höllenrachen unserer Angst, insofern sind wir daran beteiligt. Wessen Beute werden wir werden? Gott und Tod und wir sind hier *extrem* geschichtlich gedacht, auch unser Grab ist noch eine Walstatt, und die tiefste Tiefe ist die Angst. *Deutscher* Todesradikalismus? Geist unserer besonderen Meisterschaft, und nach einem Luther braucht kein Hitler uns zu wundern?

Diese im Sterben kumulierende Ungewißheit hängt bei von Luther belehrten Christen tief mit der Dialekik ihres Verhältnisses zu Gott während ihrer Lebenstage zusammen. Sie haben sich schon da immer nur in der »Schwebe« gewußt, einerseits »gerecht« vor Gott, andererseits aber immer auch noch »Sünder zugleich« zu sein. Wohl hatte Jesus ihnen schon »die Welt« überwunden, aber doch hatten sie in der Welt immer noch Angst. Und nach Luthers Lied hat ja diese Angst uns so wenig genommen werden können, daß wir sie als »der Höllen Angst« im Sterben immer noch vor uns sehen; diese Angst begleitet uns bis ins Grab, als Projektion unseres zwischen Gottes Erbarmen und unserer Sünde noch zu ausgewogenen Glaubens. Daher *fehlt* solchen Christen, was die Juden in ihrem Sterbegebet haben: Vertrauen in die Ganzheit Gottes, die uns zur Gänze zugute kommen wird; denn Gott wird zwischen seinem Gericht und seinem

34. R. R. Geis, a.a.O. 120.

Erbarmen das Erbarmen wählen, wie er es bisher schon immer getan hat; darauf kann ich als Jude, des ungekündigten Bundes gewiß, getrost sterben; zu meinen Sünden stehe ich, ich bekenne sie zuletzt ganz persönlich, aber eben das gibt mir die Gewißheit, daß Gott *nur* sein Erbarmen walten lassen wird.

Natürlich: Auch Christen kennen ein getrostes Sterben. Aber sie setzen nach ihrer Art nicht unvermittelt auf die Ganzheit und Einheit Gottes, sondern darauf, daß *Jesus* sie ins Sterben geleitet, daß er mit der Erfahrung *seines* Todes ihnen bei ihrer Begegnung mit *ihrem* Tode helfe und daß Gott dem Tod den Tod anrechne: ihrem Tod den Tod Jesu. Christen vertrauen sich für ihre Todesfreiheit dem Tode Jesu an und der Lebensverheißung, die Gott auf Jesu Tod für alle Menschen gelegt hat. Christen hoffen in ihr Grab hinein, daß der Tod Jesu, auch für sie wirksam, der Tod des »Fürsten des Lebens« war (Apg 3,15), daß damit Gott in ihrem Sterben der Vorgesetzte auch ihres Todes werde.

Aber damit müssen wir nun zuletzt auf das Verhältnis von Gott und Tod zu sprechen kommen, wie es sich auf dem Wege Jesu zeigt.

4. Die Geschichte des Todes Jesu: als wäre sie die des Todes Gottes (Zur Christologie des Todes)

Wie hängt eigentlich Gott mit der Passion und dem Tode Jesu zusammen?

Wir könnten ja in der historischen Dimension bleiben und z.B. mit David Flusser von einem Justizirrtum sprechen, dem Jesus von Nazareth zum Opfer gefallen sei, also von der »Frucht eines grausamen Zusammenspiels zwischen nackten Interessensphären im Schatten brutaler Ressentiments ...« der daran Beteiligten, »ohne jeden Zusammenhang mit dem Menschen Jesus und seinem Anliegen«[35]. Wir könnten so Jesu Tod als den vielleicht exemplarischen, vielleicht aber gerade auch in seiner Beliebigkeit schockierenden Tod eines der Milliarden Opfer gesellschaftlicher und politischer Machtgeschichte begreifen; könnten ihn womöglich ein wenig heroisieren und – wieder mit Flusser – an die »stumme Einsamkeit Jesu bei seinem ›Prozeß‹ – der keiner war – ...« denken und uns damit die »Welt der Angeklagten« (W. Jens) als die unheimliche und bedrückende Hinterwelt, die zu unserer vordergründigen Welt gehört, bewußt halten: z.B. als ein Motiv, Amnesty International beizutreten. Wir könnten uns – existentialistisch – in Jesu Tod die menschliche Grunderfahrung des »Scheiterns« vorgegeben sehen und sie als eine Grunderfahrung besonders darin erkennen, daß an und mit Jesu Tod zugleich Gott scheitert, dem Jesus und der Jesus so nahe war; und im Bild von einem scheiternden Gott erführen wir zugleich eine Gestimmtheit von Dasein, In-der-Welt-Sein überhaupt, in dem Schei-

35. D. Flusser, Jesus. 1968, 127.

tern kein moralischer Defekt, sondern ein Seinsgeschick wäre. Oder aber wir sähen darin, daß Jesu Tod – historisch gesehen – unableitbar, ein Geschehnis der Leere und Sinnlosigkeit war, einen Verweis auf die vernichtende oder auch eine beflügelnde Leere: eine Kraft der Negation und behülfen uns philosophisch, etwa mit Hegels Begriff von einem »speculativen Charfreytag«. Wir brauchten Gott nicht wirklich, um: sei es die Sinnlosigkeit, sei es irgend einen Sinn dieses einen Todes unter den Milliarden Toden zu verstehen. Und es muß uns immer sonderbar bleiben, daß die Botschaft der Jesus-Schriften den Tod Jesu so besonders betont und vehement mit Gott zusammenbringt. Wir sind so daran gewöhnt, daß wir kaum noch ein Gespür für das Absurde daran in uns zulassen – leider auch gar nicht in unseren Dogmatiken.

Das hat uns abgestumpft gegen Empfindungen, denen oft Nichtchristen Ausdruck geben: Ist denn nicht der Radikalismus absurd, mit dem die christliche Botschaft das in ein Geschehen zusammendrängt, was doch am meisten sich ausschließt: den Gott des Lebens und den Tod ausgerechnet seines Nächsten? Ist es denn nicht wirklich ungereimt, abgeschmackt, untauglich, ja auch: mißtönend – ausgerechnet Gott und den Tod seines Nächsten zu etwas zu kumulieren, was dann auch noch als das Heil der Welt, Sinn alles Sinnes, Glück alles Glücks, Freiheit aller Freiheiten, Friede alles Friedens urbi et orbi verkündet wird? Können wir denn einen ethischen, einen ästhetischen Ekel davor gar nicht nachempfinden, wenn durch die Kombination mit Gott der Tod Jesu und so der Tod überhaupt einen solchen Sinnanspruch, solche Sinnfülle bekommen, wie sie eben mit dem Worte »Gott« gegeben ist? Sind wir unempfänglich für die Kritik, das sei pervers: etwas, was die Bedürfnisse, Ansprüche, schließlich doch auch: die durchschnittlichen Lebenserfahrungen verdreht und verkehrt? Und können wir uns gegen ideologiekritische und politische Rückfragen versperren, was wir da eigentlich befördern, wenn wir mit Gott zugleich immer den Tod predigen? Wieviel Lebensmut, Menschenstolz und aufrechten Gang, auch wohl bloß: Lebensfreude hat die Kirche mit diesem Konglomerat nicht in den letzten 2000 Jahren untergraben?

Das hat im ausgehenden 18. Jahrhundert die berühmt-berüchtigten Tübinger Stiftler, vor allem Hölderlin und Hegel, vom Gott der Christen in die Arme der Götter Griechenlands und der Römer zurückgetrieben, denn die standen für Lebensgewißheit und Ehre ihrer Völker und eines jeden ihrer Verehrerinnen und Verehrer, bildeteten »Volksreligion«, nicht Todesreligion. Und wie oft waren nicht auch wirklich die abendländischen Kirchen eher Sachwalter des Todes als des lebendigen Gottes, wenn sie meinten, die arme, irrende Seele durch Verbrennen ihres widerspenstigen Körpers befreien zu können, – wenn sie Gräber und Kriegerdenkmale errichteten und beräucherten, – das Kreuz über Soldaten, die ins Feld zogen, schlugen, – und jede Opferforderung legitimierten, als wäre Gott, der dem gekreuzigten und gestorbenen Jesus nahe ist, eigentlich doch Moloch, ein Opfergieriger und Menschenfresser; mit theologia crucis im Rücken haben wir Protestanten fast jede sittliche, aber auch unsittliche Opferforderung – wessen auch immer – legitimiert. Und wir boten dem Tod deswegen nie richtig Widerstand, weil wir ihn eben in Jesu Tod so nahe mit Gott verbunden sahen.

Darum jetzt erst recht noch einmal die Frage: Wie hängt eigentlich Gott mit der Passion und dem Tode Jesu zusammen?

Führen wir uns die Haggada, also die erzählende Verkündigung der Evangelien vom Tode Jesu, vor Augen. Wo kommt da Gott vor?

Wir wählen nur das Augenfällige: einmal zu Beginn der Leidensgeschichte, in Gethsemane, und dann, wenn alles ausgelitten sein wird, am dritten Tage in der Frühe, wenn Gott Jesus aus dem Grabe holt: also in der Erzählung vom leeren Grabe, dem Zeugnis von Ostern.

Gethsemane, das ist die Erzählung davon, daß Gott den Tod Jesu *will* und daß er seinen Willen gegen Jesu Widerstand durchsetzt. Die Erzählung setzt voraus, daß Jesus, in der tiefen Nähe seines Lebens zu Gott, weiß, was Richtung, Ziel, Sinn seines Weges nach Jerusalem und seiner Wege in Jerusalem sind. Zu Gott betend kämpft er gegen sie an: »Abba, Vater, … laß diesen Kelch an mir vorübergehen« (Mk 14,36). Er appelliert hier an die All-Möglichkeiten Gottes: »Alles ist dir möglich« (ebd.), möglich wäre darum Gott auch, Jesus den Tod zu ersparen.

Wir sollten die Intimität der zwischen Jesus und Gott bestehenden Beziehungen gerade hier beachten. Dann wird uns klar, daß Jesus sich hier nicht theologisch-formal an eine abstrakte Allmacht Gottes wendet; er kennt den Vater besser, inhaltlicher; Gott kann auch auf anderen Wegen zum gleichen Ziel kommen, weiß ja viel tausend Weisen, zu retten aus der Not; es muß doch nicht gerade dieser eine Todesweg sein. Mehr noch: Jeder andere Weg entspräche Gott mehr. Denn so, wie Jesus ihn kennt, ist Gott dem Tode zuwider, ist der Tod ihm »letzter Feind«. Verrät denn Gott sich nicht selbst, wenn er für Jesus den Weg seines Feindes, den Todesweg wählt? Jesus kämpft in Gethsemane nicht eigentlich um sein Leben, sondern um das Leben seines Lebens: um seine Seele, von der er gerade in Gethsemane sagt, sie sei zu Tode »bekümmert« (Mk 14,34); um sein innerstes Wissen von Gott; darin hat die Gethsemane-Geschichte das Erschütternde, aber auch theologisch Herausfordernde: In Wirklichkeit betet Jesus hier um das Gottsein Gottes, um diejenige Identität, die kein Mensch so wie Jesus kennen kann, also: um den *lebendigen* Gott, der der Weg und die Wahrheit ist und das Leben, notorisch nicht ein »Gott von Toten, sondern von Lebendigen« (Mt 22,32).

Das Leitwort des Abschnitts ist ja eindeutig »Wollen«, und erzählt von der Begegnung dessen, was Jesus will, mit dem, was Gott will. Sie wollen nicht von Anfang an das Gleiche, aber am Ende hat Gott seinen Willen durchgesetzt,

Jesus sich in den Willen Gottes gefügt, und nun bejaht er den von Gott gewählten Todesweg als den seinen: »Dein Wille geschehe« – und darum dann, an seine ihm noch Getreuen gerichtet: »Stehet auf, laßt uns gehen. Siehe, der mich verrät, ist genaht« (Mk 14,42). Alles, was nun folgen wird: die Stationen der Gefangennahme, der verschiedenen jüdischen Verhöre, der Überlieferung an Pilatus, die Anklage, die Verurteilung, Verspottung, Geißelung, das Abgeführtwerden zur Exekution, die Kreuzigung, der letzte Schrei, die Beerdigung – alles das steht in der Klammer von Gethsemane: In alledem hat Gott seinen Willen durchgesetzt, geschieht im nun ergebenen Willen Jesu alles das, was Gott will, und alles so, wie Gott es will. Diese Gethsemane-Überlieferung zeigt, wie recht die Evangelisten hatten, wenn sie den letzten Lebensabschnitt Jesu insgesamt als Auswirkung eines höheren göttlichen »Müssens« benannten. Jesus »muß« nach Jerusalem gehen, dort vieles leiden und getötet werden (Mt 16,21), »muß verworfen werden von diesem Geschlecht« (Lk 17,25), »muß ausgeliefert werden in die Hände sündiger Menschen« (Lk 24,7). Was aber ist das Notwendige, ja Zwingende daran?

Die Zeugen der Jesus-Schriften geben vielfältige Antworten darauf. Wohl mit Blick auf Gethsemane hat der Prediger des Hebräerbriefs gesagt, Jesus habe »in den Tagen seines Fleisches« (d.h. zu seinen Lebzeiten) »Gebete und flehentliche Bitten mit starkem Geschrei und Tränen vor den gebracht, der ihn vom Tod erretten konnte, und er ist erhört worden aus seiner Angst und hat, wiewohl er der Sohn war, an dem, was er litt, den Gehorsam gelernt« (Hebr 5,7-8): Angst und dann auch das Sterben Jesu: die göttliche Erziehung eines Sohnes zum Gehorsam – in unseren Ohren eine brutal-autoritäre Pädagogik, blindwütiges Patriarchat, hier nicht gegenüber Frauen, sondern gegenüber einem erwachsenen Mann geübt; dem Selbstverständnis des Hebräerbrief-Predigers nach jedoch Schule eines Hohenpriesters, der darin für seinen Dienst Amtserfahrung lernen soll, denn niemand soll amtieren ohne jene Erfahrungen, die die Leute haben, für die er dasein soll; kein Amt ohne Betroffenheit des Beamten, in Wahrheit also: Schule der Solidarität gegen das Entstehen einer abgehobenen Hierarchie, revolutionäres Amtsverständnis. Dieser »aus Menschen gewonnene Hohepriester wird für Menschen eingesetzt zum Dienst vor Gott, um Gaben und Opfer für die Sünden darzubringen als einer, der für die Unwissenden und Irrenden Verständnis haben kann, da er auch selbst mit Schwachheit behaftet ist …« (Hebr 5,1-2); »denn weil er gelitten hat und dabei selbst versucht worden ist, vermag er denen, die versucht werden, zu helfen« (Hebr 2,18). Dadurch bekommen wir »keinen Hohenpriester, der mit unseren Schwachheiten nicht Mitgefühl haben könnte, vielmehr einen, der in allem auf gleiche Weise versucht worden ist (wie wir) …« (Hebr 4,15). Gott will einen mit allen Menschen solidarischen, mehr noch: sympathiefähigen, mitleidensfähigen Sohn. Er setzt diesen einen Menschen dem Tode aus, um der Menschheit wenigstens *einen* Sympathisanten zu geben, will sagen: einen, der dies nicht beiläufig, sondern durch und durch ist, der nichts als Sympathisant des Menschengeschlechts ist. Dies kann er nur, wenn eine Beziehung zwischen seinem Leiden und dem aller Menschen, seinem Tod und dem aller anderen gedacht werden kann. Jesus wird in die Schule des Lernens bei der Menschheitsnot und dem Menschheitselend geschickt. Seine Passion, sein Tod sind weithin kein besonderes Leiden und Sterben, die nur ihm eigen wären; umgekehrt: Der Sinn dieser Schule hängt daran, daß er das Menschheitsleiden lernt: *auch* er das lernt.

Das Besondere besteht in zweierlei: *1.* Daß *er* dies erst »lernen« muß; würde er nicht in diese Leidens- und Todeschule geschickt, bliebe er unerfahren in dem, was keinem Menschen sonst erspart wird. *2.* Und besonders ist daran natürlich, daß Jesus nun gleichsam in Sympathie, Mitleidensfähigkeit als Beruf geschult wird; das lernt kein anderer außer ihm; das beides macht *Gott* an diesem Menschen aus: Das Menschengeschick muß er erst »lernen«, und Menschheitsmitleiden ergreift er als Beruf. Es bedeutet eine Extrapolation, ein *Ausziehen* von Gedankenlinien, wenn wir uns das dahin erklären, daß an, in, mit der Erfahrung Jesu Gott selbst das ihm von Hause aus Fremde »lernen« will, was er Jesus lernen läßt, und daß er selbst jenen Beruf des Menschheits-Sympathisanten ausüben will, für den er Jesus, als seinen »Sohn«, erzieht. Aber wie gesagt: Damit schreiben wir Gedanken fort, die der Prediger des Hebräerbriefs vielleicht gemeint, jedoch so nicht selbst gesagt hat. Eine Mitbetroffenheit Gottes läßt sich mit Sicherheit nur darin erkennen, daß er es ist, der Jesus in diese Schule schickt, und daß er es will, daß inmitten des Menschengeschlechts einer lebt, der zu nichts als einer Mitleidensfähigkeit mit diesem Geschlecht da ist.

Den Gedanken, daß Jesus in seiner Passion Gott gehorsam war, finden wir auch im Christuslied, das Paulus in Phil 2,6-11 zitiert. Er wurde auch danach »gehorsam bis zum Tode, ja, bis zum Tode am Kreuz« (2,8). Anders als im Zeugnis des Hebräerbriefs mußte er das hier freilich nicht erst lernen; von sich aus übte er diesen Todes-Gehorsam. »Gehorsam« beschreibt natürlich auch hier eine Beziehung zu Gott; ihm wird Jesus gehorsam, seinem Willen entspricht er hier. Aber nach der Theologie dieses Liedes entspricht der gehorsame Jesus Gott, indem er sich selbst entspricht. Er selbst erscheint hier als einer, der ἐν μορφῇ θεοῦ existiert (Phil 2,6): schwer zu sagen, wie man dies verstehen soll, eine erhebliche Literatur aus vielen Theologen-Generationen gibt es dazu; uns genügt, dies als ein Wort größter, bis ins Innerste ihrer Gemeinschaft reichender Nähe zwischen Jesus und Gott aufzufassen; Gott und Jesus sind »von Haus aus«[36] einander die Nächsten. Und Jesus betätigt nun seine Nächstenschaft zu

36. G. Eichholz, Die Theologie des Paulus im Umriß. 1972, 140f.

Gott so, daß er sich ihrer entäußert, um eine andere Nächstenschaft zu wählen, in Gestalt eines Knechts, also als eines Dienenden: die Nächstenschaft der Menschen; beide Beziehungen werden mit dem gleichen Wort bezeichnet: Jesu und Gottes Nähe zueinander und Jesu und seine Nähe zu den Menschen allen (μορφή).

Es ist eine dramatische Geschichte, in der Jesus seine Nächstenbeziehungen wechselte und die Nähe Gottes mit der Nähe der Menschen vertauschte. Das wird als Selbst*entäußerung*, κένωσις, besungen, und diese wird (im parallelismus membrorum) als eine Selbst*erniedrigung* gesehen: von der Höhe Gottes in die Tiefe der Menschen (2,6-8). War in Hebr 5 das Lernen des Gehorsams ein zielgerichtetes Geschehen: die Schulung eines Menschheits-Sympathisanten, so besitzt diese Geschichte in Phil 2 offensichtlich Sinn in sich selbst, in der Selbstentäußerung der Gottesnähe zu einer Menschennähe *in Gestalt* einer Selbsterniedrigung in den Tod.

Für den von Haus aus Gottnahen ist der Tod etwas Erniedrigendes, eben weil er Gottesferne ist. Jesus übt in dieser Erniedrigung aber Gottes Willen aus, darum wird gesagt: Er leistete in dieser Entäußerung und Erniedrigung Gott Gehorsam. Gott *will* die Erniedrigung des ihm Nächsten in das ihm Fernste, Fremdeste, Zuwidere. Kein Wort hier, *warum* Gott das will, zu welchem Zweck. Paulus hat sich die Frage auch gestellt. Aber mehr, als daß mit Jesu Gehorsam uns etwas Vorbildliches für unser eigenes Verhalten gegeben wird, hat er daraus nicht gelesen; wir sollen die gleiche »Gesinnung« hegen, die Jesus hier an den Tag gelegt hat (2,5), genauer: in Demut einer den anderen höher achten als sich selbst, nicht bloß mit Blick auf das Seine, sondern jeder auch mit Blick auf das des anderen existieren; also eine doppelt-engagierte Existenz? Nein, Selbstentäußerung heißt Seinsnähe für Seinsferne *aufgeben,* preisgeben, nicht *sie* als Lebensgesetz festhalten: Ich muß Ich bleiben, vielmehr: *Dein* Geschick will ich teilen, Ich bin nicht mein: Dein will ich sein – und zwar bis ins Letzte, den Tod, bis in Dein und mein Nicht-Sein hinein. Welchen anderen Sinn sollte das haben, als wiederum den der Solidarität in Gestalt von Mitleiden mit dem anderen; keine andere Nähe über seine Nähe, nicht einmal die Nähe Gottes mehr über die Nähe der todgezeichneten Mit-Menschen. Wie der Prediger des Hebräerbriefs Jesus als Teilnehmer am Todesgeschick der Menschheit beschreibt, so der Sänger des Philipper-Liedes ihn als Vorbild für eine freie Wahl der Todesnähe vor der Gottesnähe. Der Gehorsam bis zum Tod, ja bis zum Tod am Kreuz, ist für Jesus ein Gang in die Fremde, um den todgezeichneten Menschen so nahe zu sein, wie er »von Hause aus« Gott ist. *Er will,* können wir sagen, *dem* alles zerreißenden, entfremdenden *Tod das Wesen der Nähe bringen, das er von seiner Nähe zu Gott, Gottes Nähe zu sich her kennt.* Wir sind nicht befugt zu dem Gedanken: Jesus will die Nähe *Gottes* in unseren Tod bringen. Die Nähe Gottes gibt er ja auf. Übrig bleibt nur: Er, der in der Nähe Gottes erfahren ist – und damit im Wesen von Nähe überhaupt – will solche Nähe, seine Nähe, in den Tod bringen. Wo Jesus, selber leidend und sterbend, hingeht, stirbt niemand unter dem Gesetz der Entfernung, er stirbt unter dem der Nähe, wieweit er sich auch von seinem bisherigen Leben entfernt haben mag. Hier ahnen wir etwas von einem Sinn des Todes-Willens Gottes. Er will durch Jesus Nähe verbreiten, also *Liebe: bis in den Tod.* Zwar nicht sich, aber das ihm Wichtigste will er den Menschen mit in ihr Sterben geben: den ihm nahen »Sohn« und, in seiner »Gestalt«, das Wesen von Nähe, die das Todeswesen von Entfremdung aus dem Sterben und dem Gestorbensein der Menschen verdrängen soll. So drängt Gott in Jesu Tod dem Tod das *Gesetz* der Nähe auf; und so macht er sich selbst zum Vorgesetzten des Todes.

Die Geschichte ist so unerhört wie diese Absicht. Daß Jesus seine Gottesnähe preisgibt zugunsten einer Menschennähe bis ins Letzte, hat er zu erleiden, indem Gott ihn an wirkliche Gottverlassenheit preisgibt. Das ist der Augenblick, in dem Jesus am Kreuz den 22. Psalm beten muß: »Mein Gott, mein Gott, warum hast du mich verlassen?« Hier wird die Preisgabe Gottes durch Jesus beantwortet mit einer Preisgabe Jesu durch Gott, und das zeigt, daß wir hier nicht bloß bildhaft und uneigentlich reden sollen, wenn wir mit Phil 2 von einer Entäußerung, Kenosis, der Gottesnähe durch Jesus sprechen. Indem Gott sie mit seinem Rückzug von Jesus in den Stunden auf Golgatha und in den Tagen des Grabes beantwortet, ist das alles andere als ein Spiel mit Worten oder Gefühlen. Die Dogmatik ist nicht gut beraten, wenn sie auch für diese Stunden und Tage noch eine Verbundenheit, gar Gemeinschaft zwischen Gott und Jesus dialektisch festhalten will und im äußersten etwa von einem Mitleiden Gottes mit Jesus (einem Patripassianismus), gar einem »Tode Gottes« im Tode Jesu sprechen will. Die biblischen Texte geben das nicht her, es sind logische Extrapolationen, ihre fromme Dialektik will das Unerhörte überspielen, daß Jesus und Gott in der Stunde des Todes Jesu voneinander – einer vom anderen – verlassen waren. Gott »war« *nicht* im Tode Jesu, er verließ Jesus in seinem Tod, so wie Jesus Gott verlassen hatte, als er den ihn von Gott geheißenen Todesweg antrat. Der Tod Jesu war ein Gemeinschaftsbruch, nach biblischem Denken also ein Seinsbruch, eine Seinserschütterung, die nur durch eine Neuschöpfung behoben werden konnte, jene, die am Ostermorgen geschah. Die Tiefe des Bruchs aber bestand darin, daß Jesus, die Nähe Gottes verlassen habend, nun dem Tode so nahe trat, daß der sein empörend entfremdetes Wesen – seine Gottfeindlichkeit – nicht mehr ungestört behaupten konnte. Mit Jesus im Grab bekam er das Wesen der Nähe in seinen Rachen, so daß er diesen jedenfalls nicht mehr zu Knochen, Asche, Pulver und Erde zermalmen konnte, vielmehr ihn mit Haut, Knochen, Fleisch und Haaren nach kurzem wieder hergeben mußte. Die Kürze der drei Tage war zwar die Länge einer Ganzheit des Todes, so wie die Zahl Drei die Zahl einer Einheit und Ganzheit ist; aber sie war doch kurz genug, Jesus erinnerungsfähig, wiedererkennbar für die Seinen zu halten, also identifizierbar. Der Tod aber konnte nicht mehr bleiben, was er zuvor war; den einen hat er wieder ausspucken müssen, und der ist ja nur der Erste von vielen Weiteren.

Bevor wir nun jedoch das Verhältnis von Gott und Tod bedenken, wie es sich am Ostermorgen darstellte, müssen wir uns noch eine andere Dimension am Geschehen des Willens Gottes in der Passion Jesu vor Augen halten. Wir sagten schon: Nach Jesu Ergebung in den Willen Gottes geschah nicht nur alles, *was* Gott wollte, es geschah auch so, *wie* er es wollte.

Dazu gehört,daß Jesu Passion *in voller Öffentlichkeit* geschah, ja unter ihrer vollen Beteiligung und Teilnahme. Jesu Leiden war keine bloß innere Geschichte seiner Seele oder sein persönlich bleibendes Glaubensdrama mit Gott. Sie war das auch. Gerade der Willensstreit mit Gott in Gethsemane hat ihn innerlich angeschlagen und mitgenommen; Lukas hat das bis in die somatischen Auswirkungen des Gebetskampfes verfolgt: »Und er (Jesus) geriet in angstvollen Kampf und betete noch anhaltender; und sein Schweiß wurde wie Blutstropfen, die auf die Erde fallen« (Lk 22,44). »Es erschien ihm aber ein Engel vom Himmel und stärkte ihn« (Lk 22,43). Nach Lukas hat sich diese Seelenanstrengung, Gebetsintensität, kawwana, auch den drei Freunden mitgeteilt – Petrus und den beiden Zebedäus-Söhnen –, die er in diesem Augenblick bei sich haben wollte; nur Lukas wußte, warum sie während der Gebete Jesu eingeschlafen waren: nicht aus Müdigkeit oder Treulosigkeit, sondern »vor Traurigkeit« (Lk 22,45); vielleicht hatte sich hier etwas seelisch Belastendes von Jesus auf sie übertragen.

Aber das »Leiden Christi« läßt sich nicht auf eine innere Geschichte reduzieren. Es wird uns als Haupt- und Staatsaktion überliefert; alle wesentlichen Instanzen des öffentlichen politischen und gesellschaftlichen Lebens sind daran beteiligt gewesen: die römische Staatsmacht, – die jüdische Tempelgewalt, – die Militärgewalt und die Polizei, – das jüdische Vasallenkönigtum des Herodes, – alle Schichten des Volkes von Jerusalem und seiner internationalen Besucher, – Männer wie Frauen, – Beamtenfamilien, – als Kriminelle angeklagte politische Widerstandskämpfer, – Gruppen feiger und treuloser Jesus-Anhänger, – auf Distanz zum Kreuz stehenbleibende Freundinnen Jesu, – gemischtes Straßenpublikum, teils spottend, teils mitleidend, teils helfend. Sie alle aber: sei es als Haupt-Verantwortliche, sei es als Handlanger, – sei es im Dienst nach Vorschrift, – sei es in spontanen Handlungen, – sei es als Beobachter, – sei es als Anheizer von Stimmungen und öffentlicher Meinung, – als Zeugen, Ankläger, Urteilende, – Gerührte, Berührte, Unberührte, – Gemeine, Edle. Die evangelische Haggada erzählt dies alles absichtlich so detailliert: Pars pro toto sind alle gesellschaftlichen Institutionen, Gruppen, Kräfte in Leiden, Prozeß und Tod Jesu verflochten, und das ist offensichtlich nicht nur literarische Staffage von Geschichtenerzählern, sondern so wird uns mit kerygmatischer Absicht berichtet. Auf Jesu Todesweg setzt sich Gottes Wille zugleich mit umfassender menschlicher Schuldverflechtung in dies Geschehen durch. Gott wollte offenbar nicht nur den Todesweg Jesu, sondern auch, daß dies ein Weg imitten von vielen werde, exemplarisch und stellvertretend »für viele«, ὑπέρ πολλῶν, d.h. für alle am Leiden Jesu beteiligte und daran schuldig werdende Menschen. So werden auf dem Wege Jesu Gottes Wille, Jesu Tod und Menschenschuld in eine gemeinsame Geschichte gepreßt und zu einem Zusammenhang gefügt.

Uns liegt daran, dies *nicht* als eine Schicksals-Verknüpfung zu deuten, als Konstellation mythologischer, überindividueller Mächte, in der sich Gott »als Macht«, der Tod »als Macht«, Sünde und Schuld »als Mächte« begegnen. In der christlichen Verkündigung ist das bald so gedeutet worden. Der Tod wurde, fast wie von selbst wirkend, der Sünde Sold (Röm 6,23); fast wie von selbst wirkt die Sünde den Tod (Röm 7,13); durch die Sünde ist der Tod »gekommen« (Röm 5,12); die Sünde »herrscht zum Tode« (Röm 5,21); zu »allen Menschen« ist »der Tod durchgedrungen« (Röm 5,12); der Stachel des Todes ist die Sünde (1 Kor 15,56). Von ungeheuren Menschheitsschicksalen wird so gesprochen und von übermenschlichen Mächtekonstellationen. Gewiß sollen wir durch diese Redeweise nicht zu teilnahmslosen Marionetten dieser Großgeschicke gemacht werden; die christlichen Verkündiger wollten, als sie so sprachen, niemanden von uns aus persönlicher Verantwortung entlassen: für Gott, den Tod, die Sünde.

Dennoch scheinen diese theologischen Lehraussagen kritikbedürftig.

1. Zu den Begriffen von Gott, Sünde, Tod, Teufel etc. als »Mächten«. – Im theologischen Sprachgebrauch scheinen oft nötige Unterschiede in der Funktion dieser Begriffe ineinander zu verschwimmen.

Der Begriff der »Macht« ist zu einer Kategorie der Religionswissenschaft geworden; als solcher bildet er einen Oberbegriff für eine unübersehbare Vielzahl überindividueller Wirk- und Organisationsphänomene, die individuell oder kollektiv erfahren und verarbeitet werden. Als Oberbegriff neutralisiert er aber die in ihm aufgehobenen dynamischen Inhalte, bändigt also gerade das, was da unter dem Begriff begriffen werden soll: das Dynamische von Widerfahrnissen, die es an sich haben, zu überwältigen. Der Dynamik ihrer diversen Inhalte ledig, bilden sie dann als »Mächte« eine eigene Konstellation von Wirklichkeit im Ganzen: ein überindividuelles System von »Gewalten«, die auf die Individuen – wie auch immer: religiös, psychisch, geistig, politisch, ästhetisch usw. – wirken. Die Begriffe konstituieren also eine Weltanschauung, und es bleibt sich gleich, ob als eine so qualifizierte »Macht« von Gott, vom Tod, von der Sünde, vom Geist oder wovon immer geredet wird; die Inhalte und Qualitäten können verschieden sein, wie sie wollen, ihnen gemeinsam ist, daß sie »Mächte« der Bemächtigung von Menschen – Gruppen und Individuen – sind. Ein Zwingendes sind unter diesem Begriff in gleicher Weise Gott und der Tod und die Sünde und der Geist und der Teufel und der (johanneische) Kosmos und das Fleisch und die Wahrheit usw. Entsprechend werden *Verhaltensweisen* zu solchen Mächten vereinheitlicht: Wir begegnen ihnen aggressiv oder kapitulierend, in Widerstand oder Ergebung, mit Ehrfurcht oder in zitternder Angst, durch Tabu-Strukturen oder durch entmachtende Säkularisation usw.

Beiseite bleiben gegenüber so bestimmten »Mächten« aber alle Verhaltensweisen, in denen *wir* es sind, die Gott erst zu Gott, den Tod erst zum Tod, die Sünde erst zur Sünde machen: Verhaltensweisen der *Er*mächtigung, – seelischer Projektionen, – geistiger Ideologiebildungen, – »Mächte«-Phänomene, die wir erst zur Macht *bringen:* Phänomene z.B., die Luther als solche eines Deum facere, Gott-Machens, beschrieben hat[37]. Der religionsgeschichtliche Begriff erfaßt die Probleme der Macht-*Bildung* nicht, ja er ist gerade dazu gebildet worden, diesen möglichen Aspekt von »Mächten« auszuschließen und als Mächte nur etwas zu behaupten, dessen wir gerade nicht mächtig sind, das sich einseitig unserer bemächtigen kann und will. Mag dies begrifflich in Ordnung gehen, unzulänglich scheint jedoch die Verwendung dieses Begriffs in der Theologie, jedenfalls in christlicher, jedenfalls in evangelischer. Denn dort gibt es keine übermenschlichen, übermächtigen, Menschen durch Zwang überwältigenden Wirklichkeiten, und es verstellt uns verhängnisvoll den Blick, wenn wir etwa Gott, Tod und Sünde begriffen mit einem so profilierten Begriff. Was religionshistorisch (und nach verbreitetem, davon abhängigen theologischem Sprachgebrauch) als Macht/Mächte beschrieben wird, sind in der Bibel alles ereignishafte gott-menschliche, zwischenmenschliche *Beziehungen,* und sie ereignen sich ausnahmslos alle in kleinen oder größeren, immer begrenzten, konkreten, vielfältigen, stets wechselnden Geschichten von Taten und Worten, Wirkungen und Gegenwirkungen, Heilungen und Verwundungen, vor allem aber in Geschichten, deren Charakter *niemals einseitige* Handlungen eines einzelnen Subjekts sind, sondern mehrseitige, *vielseitige Beziehungsgeschichten,* in denen es zu Wandlungen, Verwandlungen, Assimilationen, Selbstfindungen, Selbtbehauptungen kommt, zu Austausch, ja Tausch, – Charakterbildung und Charakterverlust (im Sinne des griechischen χαράσσειν = Wetzen, Schärfen, und des geschichtshaltigen biblischen Weisheitsspruchs: »Ein Messer wetzt das andere und ein Mann den anderen«: Spr 27,17: »Eisen schärft man an Eisen, / und ein Mann schärft das Angesicht seines Genossen«: Buber); es ist unübersehbar, daß nach der Bibel so gerade auch das zwischen Gott und Mensch bestehende Verhältnis beschrieben werden sollte: Gott schärft das Angesicht seines menschlichen Genossen,

37. M. Luther, Deudsch Catechismus. Das erste Gepot, WA 30, I, 133.

und menschliche Genossen wetzen das Angesicht ihres Gottes: in Handlungen übertragen ist dies die Lehre vom Menschen als imago Dei und von der Fleischwerdung des Wortes Gottes *in einem.*

2. Das Schicksalhafte und damit theologisch Dubiose am Mächtebegriff greifen wir in den Theologien z.B. dort, wo von Gott, Sünde und Tod menschheitlich, aber ohne Bezug auf das Geschehnis des Leidens und Sterbens Jesu gesprochen wird. Etwa dort, wo die Adams-Geschichte als Quelle menschheitlicher Erblast gedeutet wird und nicht als urgeschichtliches Geschehen, das wir selbst, nachdem es einmal geschehen ist, immerzu und in jeder Generation anders und neu wiederholen. Oder wo eine ominöse Autorität »das Gesetz« als Verführungs- und Zwingmacht ausgegeben wird, die uns unwiderstehlich zu Sündern und damit unvermeidlich zu des Todes Schuldigen macht:

3. während Sünde, Gesetz, Tod und Gott ja nur in der Passionsgeschichte Jesu eine innere Verknüpfung und damit etwas Schicksalhaftes bekommen. Denn dort sind wir Menschen in einem Exekutoren des Willens Gottes, der Jesus auf dem Todesweg haben will, und solche, die eben dabei manifest Mitschuldige an gerade diesem Wege werden. Unübersehbar viele einzelne Menschenhandlungen bahnen da Jesus seinen Weg in den ihm von Gott bestimmten Tod: Die Frau, die ihn aus einer Alabasterflasche »für sein Begräbnis« salbt, – der Zwölfe einer, der Jesus an Polizei und Militär verkauft, – Petrus, der ihn verleugnet und nicht bei ihm »stehen« bleibt, – die drei Schläfer aus Traurigkeit, – die mit Schwertern und Stöcken bewaffneten Häscher, – die Tempelaristokratie, die falsches Zeugnis gegen Jesus sucht, ihn für des Todes schuldig erklärt, – das Wachpersonal, das ihn bespuckt, ihm ins Gesicht schlägt, -die, die ihn fesseln und überliefern, – Pilatus in seinen Untersuchungen, Gesprächen, Auseinandersetzungen, seinem Für und Wider zu Jesus, in seiner endgültigen Entscheidung dann, – die schreiende, politisierte Volksmasse, – die ihn verspottende Kohorte, – die sich an seinen Hinterlassenschaften Bereichernden, – das vorübergehende und lästernde Publikum usw. Unendlich viele kleine Handlungen kommen zu einem Gesamtgeschehen zusammen: Alle und Alles hat sich gegen Jesus verschworen; so harmlos jedes Wort, jeder Handgriff, jede Geste für sich sein mögen und ja wirklich auch sind, kumulieren sie doch zu einem großen Widerstand, werden zu Teilen eines größeren Ganzen von »Sünde« und werden doch ein schlechthin großes Ganzes erst dadurch, daß in alledem, durch Beteiligung von ihrer aller kleinem Menschenwillen, sein, Gottes, Wille geschieht und an Jesus exekutiert wird.

Erst im Gesamtgeschehen wird auf dem Wege Jesu Sünde manifest als so etwas wie eine überindividuelle Macht, durch das, was nur einer *erleidet,* viele aber *tun;* und daß in dem allen Gottes Wille geschieht (was unter ihnen allen nur Jesus allein weiß, das Opfer) – erst das macht das Ganze überhaupt zu einer ihres Namens werten Ganzheit. Will sagen: Gott, Sünde und Tod werden zu »Mächten« erst, sofern und wo sie auf dem letzten der Wege Jesu zusammenkommen und das Leben Jesu besiegeln. Es *geschieht,* daß Gott, Sünde und Tod so sehr mächtig *werden,* daß man sie in ihren Mächtigkeiten verknüpft und so erst als »Mächte« erkennen kann. Dagegen wäre die Annahme einer vor aller Geschichte, vor allem: vor Jesu letztem Weg bestehenden Macht- oder Mächtekonstellation »Gott, Sünde, Tod« Mythologie. Gott, Sünde und Tod sind aber entmythologisiert, d.h. entmachtet, wo sie erfahren, manifest gesehen werden auf dem letzten Weg Jesu und in den hunderten von unverbundenen kleinen Handlungen, die Jesus diesen Weg bereiten.

Wir können sagen: *Wir* sind es (in Gestalt unserer Repräsentanten in der Passionsgeschichte Jesu), die Sünde und Tod zusammenbringen auf dem Weg, den Gott Jesus gehen heißt und den zu gehen Jesus sich hat überwinden lassen. Und der Inhalt dieser Geschichte – das *Geschehen* in ihr – ist: *Gott läßt uns Menschen an Jesus schuldig werden.* Gott läßt an den kleinen Handgriffen, Gesten, Worten unserer Beteiligung am Leiden und Sterben Jesu die in uns allen schlummernde Sünde herauskommen, sichtbar, zu Taten werden. Insofern wir mit Reaktionen unserer Sünde Jesus leiden machen und ihn Schritt für Schritt auf den Todesweg bringen, legen wir ihm Manifestationen unserer Sünde auf: ihm, den Gott dazu berufen hat, unsere Sünde in den Tod zu tragen. Mit dem, was unsere Stellvertreter in der Passionsgeschichte Jesus antun, zeigen wir, an welchen Aggressionen, Treulosigkeiten, Lügen, an welcher Dummheit und Gemeinheit, an welchem Sadismus, welcher Selbstsucht, Teilnahmslosigkeit, Kälte wir selber leiden.

Im Verhältnis zu Jesus ist es schon auf seinen früheren Wegen immer wieder einmal zu Selbsterkenntnissen von Menschen gekommen. »Ich bin nicht wert, daß du unter mein Dach kommst ...« – so der Hauptmann von Kapernaum (Mt 8,8); »Geh von mir hinaus, denn ich bin ein sündiger Mensch« – so Petrus (Lk 5,8). So auch in der Passionsgeschichte: »Herr, bin ich's?« – die Jünger beim letzten Mahl und der Voraussicht des Verrats (Mk 14,19); »da erinnerte sich Petrus des Wortes Jesu, der gesagt hatte: Ehe der Hahn kräht, wirst du mich dreimal verleugnen. Und er ging hinaus und weinte bitterlich« (Mt 26,75); oder Judas, als er sah, daß Jesus, den er verkauft hatte, verurteilt war, »reute es ihn ... und er sagte: Ich habe gesündigt, indem ich unschuldiges Blut verraten habe« (Mt 27,3-4); der eine der beiden Mitgekreuzigten zu jenem anderen, der Jesus lästerte: »Hast du denn gar keine Furcht vor Gott, da du doch dem gleichen Urteil verfallen bist? Und wir beide doch gerechterweise, denn wir empfangen, was unsere Taten wert sind; dieser aber hat nichts Unrechtes getan« (Lk 23,40-41); schließlich: »Und die ganze Volksmenge, die zu diesem Schauspiel (der Kreuzigung Jesu) mitgekommen war, schlug sich beim Anblick dessen, was geschehen war, an die Brust und kehrte zurück« (Lk 23,48). Was wir ihm antaten, offenbarte, wer wir sind. Das Leiden, das er litt, war ein Erleiden dessen, was wir sind, und in sich ein Mitleiden damit, daß wir das alles aus uns heraus so tun mußten; *Jesu Leiden war ein Mitleiden mit unserem Zwang, ihn an uns leiden lassen zu müssen.* Und zugleich das Ja dazu, daß Gott am Tode Jesu diese unsere Zwänge zum Absterben bringen und für immer begraben wollte.

Wir müssen also sagen: *Nur am Todesweg Jesu macht eine Nähe von Gott und Tod Sinn.* Sie vermitteln sich dort, wo einer unsere Krankheiten trägt, unsere Schmerzen auf sich lädt, wo Gott einen treffen läßt unser aller Schuld, wo der die Sünden der Vielen trägt und so für die an ihm Schuldigen bei Gott eintritt, indem er sein Leben in den Tod dahingibt (Jes 53): ans Gottferne, Gottfremde ausliefert, so daß Gott von unseren Sünden nicht mehr belastet und gequält werden kann. An Jesus toben wir unsere Sünde aus und er bringt sie ins Grab, so daß sie zwischen Gott und uns keinen Spielraum mehr hat; in der Gottferne seines Todes und Grabes hat der Knecht Gottes sie begraben, und nur noch Leben kann danach zwischen Gott und uns spielen.

Für das Verhältnis von Gott und Tod, nach dem wir hier fragen, bedeutet dies aber folgendes. Als Gott Jesus »hinauf nach Jerusalem gehen« (Mk 10,33), ihm seine »Stunde« kommen ließ (Mt 26,45), da hatte er für dies eine Mal und immer den Tod *gebraucht.* Er brauchte ihn: sich zugut, uns zugut, um ihm alles das auflasten zu können, das ihn und die von ihm geliebten Menschen voneinander trennen könnte. Er gebrauchte den Tod, seinen Feind, als Mittel zu seinem Zweck: nämlich zur Wahrung seines Gottseins und unseres Menschseins mit Gott. In diesem Sinne »wollte« er den Tod Jesu, unterwarf er Jesus, den ihm Nächsten, dem Tode, legte ihm sein göttliches, zielgerichtetes und unwiderstehliches »Müssen« auf. Er gebrauchte den Tod.

Aber er ist ihm nicht selbst verfallen. Er hat ihn nicht selbst erlitten. Gewiß hat er ihn mit dem ihm Nächsten mitgelitten, in jener συμπάθεια, um die es ihm zugunsten aller Menschen ging. Aber er hat sich ihm selbst nicht ausgeliefert. Er gebrauchte den Tod, der ihm auch da noch für immer fremd blieb. Er bediente sich des ihm Fremden, um so das ihm Eigene, Entsprechende, Wesentliche bei uns durchsetzen zu können: seine Nähe zu uns, unsere Nähe zu ihm, und sie nun befreit von jeder Störmöglichkeit. Wir können, ja müssen sagen: Weit davon entfernt, in Jesu Tod seinen eigenen Tod zu sterben, blieb Gott im Tode Jesu Gott. Er war, als Jesus starb, nicht solidarisch »Gott mit uns«, er war da, zielgerichtet auf sich selbst und uns bedacht, Gott *über* allen Dingen, so über allen, daß wir in der Ohnmacht Jesu mit der wahren Allmacht Gottes zu tun bekommen, mit seiner überlegenen Göttlichkeit. Gerade darin und *nur* darin konnte er uns helfen, daß Gott in Golgatha nicht einen Tod Gottes wählte, sondern Jesu Tod und in ihm den Tod uns zugute. Nur als die Geschichte seiner

Wahl, seines Willens und seiner Ziele läßt sich ein Zusammenhang von Gott und Tod denken; und wirklich: nur als eine *Geschichte,* also als etwas Kontingentes, Einmaliges, Kommendes und Gehendes, das einmal geschieht und dann für immer geschehen ist, unwiederholbar. In Jesu Leiden und Sterben *verfügte* Gott über den Tod, und der Tod mußte sich Gott fügen; das hat Jesus in seinem Gehorsam ihm möglich gemacht.

Diese ihm von Jesus zugespielte Verfügungsgewalt *behielt* nun Gott auch. Das zeigte sich am *Ostermorgen,* dem anderen Eckdatum für das Verhältnis von Gott und Tod. Stellen wir aus der christlichen Oster-Haggada die dafür wichtigsten Hinweise zusammen.

1. Das Ereignis wird auf den ersten Tag der Woche datiert.

Beides ist daran wichtig. Es wird datiert, also als ein Geschehen in der datierbaren Zeit verkündigt. Datierbare Zeit ist weltgeschichtliche Zeit. Auch Ostern will nicht als innere Geschichte, sondern als ein Ereignis in der Geschichte verstanden sein, die wir alle miteinander teilen: Juden und Nichtjuden, Fromme und Fremde, Unbeteiligte und Beteiligte. Und es will auch nicht als geschichtsloser oder ungeschichtlicher zeitloser Mythos aufgefaßt werden. Die Zeitbestimmung dient der Angabe eines bestimmten Wirklichkeitscharakters neben anderen für die Geschichte zwar nicht möglichen, aber doch denkbaren Charakteren von Realität.

Sodann: Die Ostergeschichte wird datiert innerhalb des *jüdischen* Kalenders. Der zählt Weltzeit, aber er zählt die Weltzeit der Lebensordnung des jüdischen Volkes. Dies unterstreichen Markus und Matthäus im Unterschied zu Lukas und Johannes. Wo Lukas und Johannes nur sagen: Es geschah »am ersten Tage der Woche« (Lk 24,1; Joh 20,1), beziehen die beiden ersten Evangelisten diesen ersten Wochentag ausdrücklich auf den vergangenen Schabbat: »Und als der Schabbat vorüber war ...« (Mk 16,1), – »Nach dem Schabbat aber, als es zum ersten Tag der Woche aufleuchtete ...« (Mt 28,1). Wir sollen nicht an irgendeinen »Montag« nach beliebigem Kalender denken, sondern an jenen ersten Wochentag, der der Tag nach dem jüdischen Schabbat ist. – Richtig jüdisch ist diese Zeitangabe der ersten Evangelisten auch insofern, als sie nicht nur vom Wochentag spricht, sondern vom Lichtstand im Laufe der Stunden dieser Nacht und dieses Tages. Für die halachische Lebensgestaltung eines jüdischen Lebens spielen nicht nur die Tage, sondern auch die Stunden, ja Minuten einer Nacht und eines Tages eine Rolle, und sie bemessen sich nicht nach Uhrzeiten, sondern nach Lichtzeiten; sie bestimmen, wann es Zeit ist für den Priester, sich für den Tempeldienst zu reinigen, – wann, ihn zu betreten, – wann das Opfer zu bringen; und so bestimmen nach der Zerstörung des Tempels auch die Lichtzeiten die Stunden der Gebete in einem jüdischen Leben. Z.B. signalisiert in der Frühe die Erkennbarkeit des blau-weißen Fadens am

Gebetsschal den rechten Augenblick fürs Rufen des Sch'ma Jißrael. Insofern folgt die Lichtdatierung des Ostergeschehens: »als die Sonne aufgegangen war« (Mk 16,2) halachischer Regel und unterstreicht den Willen zu einer *jüdischen* Datierung des Ostergeschehens.

Freilich schließt dies nicht eine starke, Symbolisches einschließende Doppelbödigkeit der Zeitangabe aus. Für Matthäus geschah es, daß dieser erste Tag der Woche »aufleuchtete«, schlechthin zu einem leuchtenden Tag des Lichtes wurde: von dem her nämlich, was an diesem Tage geschehen sollte; die Strahlen dieser Sonne haben hier mehr als nur die Schatten der vergangenen Nacht vertrieben: die Finsternis schlechthin, die »Schatten des Todes« (Jes 9,2; Mt 4,16); und eine Erinnerung an das erste Geschöpf Gottes, vor allen anderen Geschöpfen, wird mit dem Aufleuchten dieses Tages in allen geweckt, die von ihm hören: »Und Gott sprach: Es werde Licht! Und es ward Licht. Und Gott sah, daß das Licht gut war, und Gott schied das Licht von der Finsternis« (Gen 1,3-4). Noch einmal scheidet Gott im Anbrechen des Ostertages das Licht von der Finsternis in jener fundamentalen, allem weiteren Werden und Geschehen vorausgehenden Weise. Noch einmal schafft er »Licht der Welt«, und wie er es dort, am ersten Tag aller Tage, aus dem Tohuwabohu herausruft, so ruft er es hier, beim Aufleuchten des ersten Tages der Woche, aus dem Grab oder: über dem Grab des Joseph von Arimathia. – Weiter mag der Bezug der Zeitangabe auf den Schabbat beiläufig *auch* eine christliche Überbietung des jüdischen Schabbat bedeuten: so nach *zu* vielen Exegeten. Eher ließe sich hieraus eine Aussage über Gott vernehmen. Der Schabbat ist Israels Tag, indem er Gottes Tag ist. Es ist der, an dem er, Gott, von allem seinen Werk ruht, das er geschaffen und vollbracht hat (Gen 2,3). Und so ist *nach* dem Schabbat der erste Tag der Woche vor allem der Tag ausgeruhter, gesammelter und ganz neuer Kräfte Gottes, die er an *diesem* »ersten Tag« (wie an jenem allerersten) aufs neue entfalten wird. Und wie er sie dort, am allerersten Tag, aufs Tohuwabohu wendete, um Licht als das erste aller seiner Geschöpfe zu erschaffen, so wendet er sie an diesem »ersten Tag« an den Tod, um an ihm dem Leben den Sieg zu gewinnen: am Tod eines Juden das Leben dieses Juden und mit dem Leben dieses Juden das Leben aller Menschen.

2. Das erste Widerfahrnis für die Zeuginnen des Ostergeschehens ist nicht das leere, sondern *das offene* Grab: der ihnen völlig unerwartete Zugang zur Höhle. Sie kommen dort hinein, wo hineinzukommen sie nicht rechnen konnten. Sie *wollten* wohl hinein, um nämlich mit ihren Salben Zeichen des Lebens am Leichnam Jesu anzubringen; denn nicht wollten sie ihn einbalsamieren, um ihn *als Toten* zu verewigen und ihn unsterblich zu machen als Mumie, vielmehr wollten sie an Jesus tun, was – nach alter jüdischer Erzählung – einst auf Befehl Gottes der Erzengel Michael dem verstorbenen Henoch tun sollte: Sie wollten ihm den »Geruch des Todes zum Tod« wegsalben mit einem »Geruch des Lebens zum Leben« (vgl. 2 Kor 2,16); sie wollten ihn in tiefem Vertrauen zu Gott von sich aus nicht einen toten Mann sein lassen, ihn nicht dem Verwesen und der Vergangenheit preisgeben. Und darum wollten sie in die Höhle hinein, in die Jesus gelegt war und in der er seiner Vergangenheit entgegenwesen sollte. Sie wollten dort mit dem Öl des Lebens zum Leben hin und protestieren gegen den Tod.

Es ward aber der Stein von des Grabes Tür gewälzt: der, der das abgelebte Leben Jesu zur Vergangenheit besiegelt. In der Tat, sie konnten sich nicht ausrechnen, ins Grab zu kommen, die Kluft zu überwinden, die zwischen Toten und Überlebenden befestigt war, um dort noch ein Lebens-Werk verrichten zu können.

Aber nun geschah es, sie blickten auf, sie sahen, der Stein war fortgewälzt, sie gingen hinein in die Gruft. Kein faustischer Gang zu den Müttern. Vielmehr der Gang der Lebens-Mütter zum Toten mit den Zeichen des Lebens zum Leben.

Ostern heißt für sie: Ihnen ist der Weg in die Vergangenheit geöffnet worden, wo sie ihrem Toten das Leben antun wollten. Das Widerfahrnis des offenen Grabes ist das Widerfahrnis der diesen Frauen eröffneten Vergangenheit Jesu. Daß sie das Grab schon leer finden werden, ist dann freilich ein Zeichen dafür, daß es auch keiner Frau beschieden ist, Lebensspenderin zu sein. Aber dennoch geht ihre Absicht in Ordnung: Gott tat Jesus, was sie Jesus tun wollten. Gott tat es ihnen zuvor. Sie brauchten es nicht mehr zu tun. Doch wollten sie tun, was Gott tat: von Jesus den Geruch des Todes zum Tode nehmen und ihn zum Geruch des Lebens zum Leben salben. So sind sie zwar nicht Lebensspenderinnen, aber in einem theologisch spezifischen und einzigartigen Sinne: Zeuginnen des Lebens; dies nicht etwa nur durch das, was ihnen widerfuhr, als sie wider Erwarten in die Vergangenheitshöhle gelangten, auch nicht nur durch das, was sie den männlichen Jüngern Jesu dann von dem berichteten, was ihnen widerfahren war, sondern zuvor durch das, was sie wollten und: was sie *tun* wollten: Jesus nicht dem Verwesen überlassen.

3. Das Widerfahrnis des Engels in der Höhle ist das Widerfahrnis der Botschaft, nämlich: der Botschaft Gottes. Sie kann Furcht erwecken, und ja nicht nur vor dem erhabenen Gott; denn mit einer großen Furcht fürchteten sie sich auch auf dem Hirtenfeld von Bethlehem, als der Engel des Herrn zu ihnen trat, um ihnen seine »gute neue Mär« zu verkündigen (Lk 2,9); sie muß abgewehrt werden gerade vor dem, was Freude macht (2,10). Eben ein gleiches »Fürchtet euch nicht« muß der Engel den Frauen in der Höhle sagen (Mt 28,5), »erschreckt nicht, geratet nicht außer euch« (Mk 16,6). Das Gute, das ein Engel bringt, ist immer Außerordentliches, Unkoordinierbares, den Lauf der Dinge, Erwartungen, Rechnungen Störendes – darin: Erschreckendes. Im Grabe dem Toten *nicht* begegnen, schrickt. Statt des Gewissesten nach der Rechnung der Erfahrung: des Toten, blicken die Frauen nur ins Leere. Die Todesgewißheit trägt nicht mehr, und das könnte schrecklich sein für uns Todesgewisse. Aber der Engel wirkt darauf hin, daß uns gerade der Verlust des Gewissesten nicht schrickt.

Sodann: Das wenigste, das ein Engel den Frauen geben könnte, wäre eine Tatsachen-Information über »die Auferstehung«. Vielmehr erteilt er ihnen einen Verweis, der sie existentiell berühren und treffen soll: das Fürchtet-euch-nicht; aber auch das »Er ist nicht hier« (Mk 16,6) soll sie »existentiell« orientieren, nicht lokal: Ihr steht im Leeren, ihr seid ins Leere gelaufen. Und Lukas gibt dem die Form eines Verweises: Was (um alles in der Welt) sucht ihr den Lebendigen (ausgerechnet) bei den Toten? (Lk 24,5). Hier ist der, den sie suchen, schon gar nicht mehr der eben erst, vor kurzem ins Leben Gekommene, er ist der Lebende schlechthin, der, der seiner ganzen Art und seinem Wesen nach Lebendige, der von Haus aus und von Rechts wegen nicht unter die Toten gehört, nie dorthin gehört hätte. Will sagen: Wer ihn kannte, wußte, daß er dort nicht hingehört, in die Schattenwelt der Toten. Es ist absurd, ihn dort überhaupt zu suchen. Jedenfalls gebührt *ihm dort* keine bleibende Statt. Der Engel erteilt den Frauen einen Verweis wegen eines im Grunde fehlgeleiteten Suchens. Selbst wenn er für die Ewigkeit eines Moments tot war – nun ist er es nicht mehr.

»Er ist nicht hier, sondern er ist auferweckt worden« (Mt 28,6; Lk 24,6). Nicht sagt der Engel: Er ist auferstanden. Er sagt: Er wurde erweckt, ἠγέρθη; also: Gott hat ihn von hier, aus der Mitte der Toten, und von hier, der Höhle, dem Grab, dem Ort der Toten, herausgeholt. Er hat ihn dort nicht *liegen* lassen, er hat ihn längst wieder auf seine Beine gestellt und längst ist er – euch voran – schon wieder unterwegs, über Land, »vorwärts ins Galil« (Mk 16,7; Mt 28,7). Bevor ihr in der Höhle der Vergangenheit wart, war Gott schon hier, ist Gott in die eigentlich vor *ihm* verriegelte, steinern versiegelte Grabes- und Totenwelt eingebrochen, hat Jesus erweckt. Das konnte nur *so* gehen. Jesus, wiewohl er seiner ganzen Art nach nie in diese Welt gehört hätte, war doch tot, und das heißt: Er besaß in sich nicht eine geringste Kraft und Eigenmächtigkeit, auf*erstehen* zu können aus den Toten, keine Fähigkeit zu irgendeiner Art von Selbstbefreiung. Es ging nur so: Gott war hier, rief und erweckte ihn aus dem Tode. Und Gott vermochte dies. Er war nicht tot in Jesus, sondern Jesus war tot und Gott erweckte ihn.

4. Wirklich aus dem Tode hat Gott Jesus erweckt, einen Gestorbenen und Begrabenen. Was übrig blieb von ihm in der Höhle, waren nichts als die Totentextilien: Johannes nennt sie: leinene Binden, das Schweißtuch (Joh 20,5.7): Relikte, Hinterlassenschaften des Todes, Erinnerungsfetzen an einen, der tot war, aber nun *war* er das, – das liegt hinter ihm, – der Tod ist zu seiner Vergangenheit geworden; er: jetzt lebt er.

5. Das alles hörten wir aus der Haggada vom zuerst offenen und dann auch leeren Grab: Gottes Einbruch in die Höhle, in der Jesus zur Vergangenheit verkommen sollte und Gott ließ es nicht zu, wie die Frauen es nicht zulassen wollten: darin eines Geistes mit ihm, nur daß sie törichterweise Gott zuvorkommen wollten. Er selbst, Jesus, war in dieser Haggada aber wirklich »nicht hier«, als Toter nicht und als Lebendiger auch nicht. Die Erzählung hält selbst ein, wovon sie spricht. Ostern ist zuerst einmal eine Erzählung *ohne* Jesus, eine, die zwar um Jesus kreist, ihn aber nicht hören, nicht sehen, nicht schmecken, nicht fühlen läßt. Er lebt als Erweckter uns entzogen, und das unterscheidet sein Leben jetzt von seinem früheren Leben zuvor: Da war er ja ἐντός ὑμῶν, mitten unter uns; das ist er jetzt nicht. Nicht Tod, nicht Leben sind in dieser ersten Ostererzählung anwesend, weil er – der tot war und siehe, er lebt – nicht anwesend ist. Das Leben bezeugt sich durch seine Entrissenheit von den Örtern unseres gewissen Todes, des Gewissesten. Es bezeugt sich den Frauen und uns im Leeren, und dort dann in der Stimme des Verweises, existentieller Orientierung. Die Haggada vom leeren Grab, die keine gute Presse bei den Exegeten hat, ist nicht nur unentbehrlich, sie ist für die Erkenntnis von Gott und Tod die vielleicht wichtigste. Denn wo Gott dem Tod in die Parade fährt, bleibt uns nichts als Leere; so sehr hängen wir am Tod, vielleicht gerade auch am Tode Jesu. Ohne die Entzugs-Erfahrung dieser Haggada sind wir gar nicht fähig, ihm selbst, dem Lebendigen, zu begegnen. Es hat darum seinen guten theologischen Sinn, die Haggada vom leeren Grab *vor* den Berichten von den Begegnungen mit dem Lebendigen zu haben und so das Leben einbrechen zu lassen auch in unsere Leere. Ex negativo bezeugt das leere Grab den Lebendigen, und im Leeren empfangen wir ihn: im Tode das Leben. Die literarische Folge spiegelt den Lauf und Sinn der Dinge gut.

Fassen wir nun noch einmal das Verhältnis von Gott und Tod zusammen, wie wir es am Todesweg Jesu erkennen.

1. Gott will den Tod Jesu.

2. Er überläßt Jesus für einen Augenblick dem Tode.

3. Er stirbt den Tod Jesu aber nicht mit.

4. Er läßt Jesus das Wesen der zwischen ihm und Jesus bestehenden Nähe in den Tod der Gestorbenen bringen und raubt dem Tod damit die ihm eigene Todesgewalt: das Wesen der Entfremdung.

5. So gebraucht Gott den Tod zur Wahrung seines Gottseins, indem er Jesus im Tode unsere Sünde hat begraben lassen. So hat er darin, daß Jesus Gottes Willen an sich geschehen ließ, ein freies Verhältnis der Gestorbenen zu Gott und Gottes zu den Gestorbenen geschaffen.

6. Dadurch werden die Gestorbenen frei sein, Gottes Stimme zu hören, wenn er sie – mit dem Schall der Posaune (1 Kor 15,52; 1 Thess 4,16) – aus ihren Gräbern rufen wird. Jesu Tod ist die Bedingung der Möglichkeit für unsere Erweckung aus dem Tode.

Wir beschließen diesen Paragraphen, indem wir nun noch einmal eine Antwort zu geben versuchen auf die Frage, mit der wir unser Nachdenken über den Tod eröffnet und beständig begleitet haben: Inwiefern sollte es nötig sein, in einer Eschatologie überhaupt vom Sterben und vom Tode zu sprechen?

Wir bedachten: Nicht deswegen müssen wir in der Eschatologie vom Tode sprechen, weil unser Sterben aller großen Zukunft vorangeht und die von uns nicht zu überwindende Schwelle, das geschlossene Tor vor aller Zukunft, ist. Auch nicht, weil die uns im Sterben gezogene Erfahrung der Grenze – »grenzbegrifflich« – ein logisches Mittel hergeben kann, etwas uns so Verschlossenes, wie Zukunft, überhaupt und wenigstens *denken* zu können. Uns wurde der Tod längst aus einer Grenz- zu einer Grund/Ungrund-Erfahrung. Und dies hat uns aufmerksam gemacht auf einen Abstand, der noch zwischen Sterben und Tod besteht: Uns »hat« der Tod nicht erst, wenn wir sterben, er wirkt schon als Ungrund unseres Lebens zuvor. Wir lernten hören: Nach dem Zeugnis der Schriften ist »Tod« eine Beziehung zu Gott und damit – so wie auch das »Leben« – eine Wort-Wirklichkeit eigenen Grundes und anderer Erfahrung als die, die wir aus unserem Leben und Sterben kennen. Als Vorlage und Bescheid Gottes an uns steht der Tod – so wie auch das Leben – überall zur Diskussion, wo Gott zur Diskussion steht, also darum auch in der Eschatologie. Er steht aber *besonders* in der Eschatologie zur Diskussion, weil Gott uns gerade ihn als den »letzten Feind« verkündigen läßt: als seinen, Jesu und unseren letzten Feind. Dies meint nicht nur eine *zeitliche* »letzte« Gegnerschaft des Todes gegen Gott, Jesus und uns, es meint auch, daß der Tod der *Qualität* nach – hartnäckiger als die Sünde und der Teufel – schlechthin gottwidrig und zäher Widerspruch gegen Gott ist. Er kann aber um Gottes, Jesu und unseretwillen nicht »das Letzte« bleiben. Bliebe der Tod das Eschaton, hätte Gott umsonst gelebt und gewirkt. *Damit* aber der Tod auch ja nicht das letzte Wort unserer Erkenntnis bleibe, muß dort von ihm die Rede sein, wo vom wirklich Letzten zu reden ist: von A *und* von O, vom Ersten *und* vom Letzen (Offb 1,8), von ihm also, der lebendig ist von Weltzeit zu Weltzeit und der die Schlüssel des Todes und des Totenreiches in seine Hand genommen hat (Offb 1,18). Er stellt damit all das beklemmend Beängstigende infrage, das unsere Generation zeichnet (und von dem wir oben, im Abschnitt über »Tod und Zukunft in unserer Generation« gesprochen haben): ob der Ungrund, über dem wir nur noch Überlebende sind, bleibt oder ob wir mit Gründen einem festen Grund unseres Lebens entgegensehen. Für uns heißt das aber: Mit dem Tod steht mitsamt aller denkbaren Zukunft zugleich Gott auf dem Spiel. Und das freilich ist die Frage der Eschatologie schlechthin: ob Gott will und er lebt?

§ 5 Auf Wegen zum Ziel (de antecedentibus)

VORSÄTZE *Ehe Gott und die Menschheit zu ihrer alles entscheidenden Begegnung im Gericht kommen, begegnen sie einander in den Prozessen der Weltgeschichte, in denen Gott sich, seinen Willen und seine Werke, durch sein Wort und das Wirken seiner Erwählten bezeugen läßt. Er will darin Irrnis und Wirrnis der ihm immer mehr widerstehenden Menschheit das Recht und den Frieden seiner Verheißungen entgegensetzen.*

Aber die Menschheit verwehrt es ihm in einer einzigen Geschichte von Ablehnungen, durch die sie sich selbst in immer neue politische, gesellschaftliche, religiöse Katastrophen stürzt, in die auch der Bestand der Natur mit hineingerissen wird.

Jesus hat es in seiner großen Zukunftsrede (den sog. Synoptischen Apokalypsen) für wichtig gehalten, seine Anhänger in diese Geschichte einzuweisen. Sie sollen sie als Bewährungsfeld ihrer Treue und der Hartnäckigkeit ihrer Hoffnung durchstehen lernen.

Insofern gehört die Weltgeschichte zum Weltgericht, und darum muß Eschatologie – die Lehre vom Letzten – auch eine Lehre vom Vorletzten (de antecedentibus) mitbedenken.

Vor allem Gottes Selbstbindung an ein einzelnes Volk unter vielen Völkern empfinden diese als eine Zumutung. Sie sehen sich dadurch aus eigener Gottunmittelbarkeit verdrängt und in dauernde geschichtliche Abhängigkeit von dem einen Volk dieses Gottes gebracht. Das widerspricht in ihren Augen jedem Bild von einem Gott und jedem religiösen Sinn. Aber so anstößig hat Gott sich gemacht, als er sich selbst mit den Namen der Väter und Mütter dieses Volkes zeichnete: Gott Abrahams und Saras, Isaaks und Rebekkas, Jakobs und Rahels und Leas.

Diesem Volk hat Gott ein kleines Land unter allen Ländern bestimmt, damit es ihm dort, von der Tora geleitet, in gerechten Institutionen diene. Darin soll tätig die Verheißung eines kommenden Reiches Gottes auf Erden erinnert werden. Zum Wesen dieses Zeugnisses gehört, daß es in der quälenden Widersprüchlichkeit der noch nicht erlösten Welt abgegeben werden muß. Unter den Bedingungen der immer noch harten und grausamen Alltäglichkeit soll das Nicht-Utopische, die weltliche Wirklichkeit, auch des kommenden Reiches Gottes bezeugt werden. Hartnäckig hält das jüdische Volk darum durch die Zeiten am ihm zugewiesenen Land fest und unterzieht sich der ihm von Gott auferlegten Pflicht zu seiner Selbstbehauptung in diesem Land – wie mit der Treue zur Tora, so auch mit den unidealen Mitteln der Weltgeschichte. Es erleidet solange die Feindschaft der davon in Mitleidenschaft gezogenen Völker und den Widerspruch der nichtjüdischen Menschheit, bis in einem consensus gentium der Gottesauftrag erkannt und anerkannt wird, um dessentwillen Israel und dies Land zusammengehören. Es ist jedoch zu befürchten, daß es zu der Anerkennung Gottes, um die es in diesem Konsens gehen müßte, erst im Jüngsten Gericht kommen könnte. Bis dahin können wir die Geschichte von den Juden und ihrem Land nur als Geburtswehen eines kommenden Neuen begreifen.

Durch den ihnen erteilten Missionsauftrag sind die Glieder der christlichen Kirche zu allen nicht-jüdischen Völkern gesandt worden: de facto wie Schafe unter die Wölfe. Mit ihrem Wirken versuchen sie den Namen Jesu als eine Weise des Namens Gottes zur allgemeinen Anerkennung zu bringen. Aber dies Vorhaben ist noch nicht gelungen, und Jesu Name steht noch im offenen Prozeß der Welt und macht die Christen schwer umstritten.

Den Namen Jesu verkündigen sie als Unterpfand und Inhalt des in die Welt kommenden Reiches Gottes, das sie als ein zeitliches, räumliches und vor allem soziales Zukunftsereignis bezeugen. Sie muten damit den nichtjüdischen Völkern und Gesellschaften einen theologischen Herrschaftswechsel zu und verkündigen den Gott Israels in einem fundamental »antiheidnischen Zeugnis« (K. H. Miskotte).

Anders als die Gottheiten der Völker sperrt sich Israels Gott gegen jede Art von Apotheosen und Metamorphosen und bedroht damit das die Gesellschaften vor allem religiös und ökonomisch beherrschende Tauschwertprinzip, damit aber die bis heute herrschende gesellschaftliche Form überhaupt. Die Mächte der Völkergesellschaften wehren sich gegen diese Angriffe auf ihre geschichtlichen Grundlagen und bekämpfen die christliche Botschaft darum entschieden als gefährlichen, sei es latenten, sei es offenen Unruheherd. So werden Verfolgungen und Leiden von Christen unvermeidlich zu Weisen ihres Gottesdienstes in der Welt. Ihr Zeugnis führt also auch sie in tiefste Lebenskrisen.

Christen wissen aber, daß die Einladung zur Kirche, die sie an die Menschen der Völker richten, kein Selbstzweck ist. Ihr Missionsauftrag geht von Jerusalem aus bis an die Enden der Erde, er soll aber die Völker auch geistlich, geistig und praktisch auf Jerusalem hin orientieren. In der Mission wollen Christen die Völker der Welt dafür gewinnen, daß Israel in ihrer Mitte endlich anerkannt wird und in Frieden aufatmen kann.

In der Lehre vom Tausendjährigen Reich hat die Kirche Israels Hoffnung festgehalten, daß es in der immer noch nicht erlösten Welt den-

noch eine Phase des Aufatmens und der Befreiung vom Druck der Geschichte geben könne und werde: einen Aufschub vom Teufelswerk des Völkerhasses und besonders der in der Judenfeindschaft manifesten Feindschaft gegen Gott und sein Werk.

Nach biblischer Zukunftsaussicht sehen wir – alle je geborenen und gestorbenen Menschen – Gott entgegen. Er soll zu uns kommen, wir ihm entgegeneilen. Das ist eine doppelte Bewegung: Gott und Mensch sollen und werden aufeinander zukommen. Sie gehören zusammen. Und ihre Zusammengehörigkeit soll endlich verwirklicht werden. Sie soll nicht nur, wie bisher, allein zwischen Gott und Israel gelebt werden zusammen mit denjenigen Nichtjuden, die sich – vermittelt durch Jesus – Israel angehängt und zu seinen Mitläufern gemacht haben. Es soll und wird geschehen, daß Gott und das ganze Menschengeschlecht zueinanderfinden.

Er hat ja »die Welt geliebt«, als er ihr seinen eingeborenen Sohn gab (Joh 3,16), das meint: den Kosmos der ganzen Menschheit. Auf dies Ziel hin hat er schon in der Schöpfung den Weltenraum Adam und Eva und der von ihnen herkommenden Gesamtmenschheit zum Lebensraum bestimmt, sie schöpferisch dort eingewiesen, daß sie in gleichem Raum zusammengehören. Aber die Menschheit hat sich dieser Bestimmung schnell entzogen; ein jeder sah auf seine eigenen, nicht auf Gottes Wege (Jes 53,6). Die babylonische Völkerzerrissenheit ist davon die äußere Erscheinungsform, deren innere die Gottfremdheit der vielen Seelen ist. Das Gesetz der Weltgeschichte scheint eine einzige große Zerreißprobe in allen menschlichen Beziehungen zu sein: zwischen den Geschlechtern, – in Ehen und Freundschaften, – zwischen den Generationen, – gesellschaftlichen Gruppen, Eingeborenen und Fremden, – Völkern, Sprachen, Reichen, – zwischen Leib und Seele, – Buchstaben und Geist, – uns Menschen und Gott: manifest in der Zerrissenheit zwischen Israel und den Gojim. Ihm selbst zerreißt es das Herz darüber. Er hat sich in den Sinn gesetzt, ut omnes unum sint: daß alle eins seien, und läßt sich von Jesus darum bitten (Joh 17,11.21.22.23). Dabei denkt er gewiß auch an Menschen- und Völkereinheit, aber er sieht voraus, daß die nirgendwo einen Ort hat als in ihm selbst, genauer: als *in der Beziehung*, die er und Jesus miteinander haben, so wie Israel und er sie miteinander und ineinander leben; Jesus bittet, »daß alle eins seien, wie du, Vater, in mir bist und ich in dir, ja daß auch sie in uns eins seien ...« (Joh 17,21). In der Beziehung zwischen Gott und Jesus gibt es ein *Sakrament* der Einheit, in dem eine Menscheitseinheit wirklich werden kann; wie es im Bund zwischen Gott und Israel, Israel und seinem Gott auch eine *Lebensform* beständiger Einung gibt, die in jenem Sich-Einen besteht, das sich im Rufen des Sch'ma Jißrael am Morgen und am Abend ereignet: »Höre, Israel, der Herr, dein Gott, ist einer, und du sollst den Herrn, deinen Gott, lieben von ganzem Herzen, von ganzer Seele und mit aller deiner Kraft« (Dtn 6,4-5) und dich so mit ihm einen: immer neu.

Was uns allen bevorsteht, ist in der Lebens*gemeinschaft* zwischen Gott und Jesus schon da, wie in der Lebens*form* des für immer ungekündigten Israelbundes. Aber es ist dort nur erst stellvertretend da, als pars pro toto, Teil *fürs* Ganze, freilich leider derzeit immer noch nur als Teil *anstatt* des Ganzen.

Die biblischen Zeugen richten unsere Erwartungen auf eine Heilung, Einung des Ganzen. »Ihr sollt ganz sein, wie euer Vater im Himmel ganz ist, τέλειος« (Mt 5,48) – diese Weisung Jesu an seine Freundinnen und Freunde ist eine Verheißung auch an die Volksmenge, die Mithörerin seiner Bergpredigt war (Mt 5,1), also: an alle.

Freilich wird das, wenn es dazu kommt, ein schmerzhafter Prozeß sein. Es tut weniger weh, auseinanderzugehen und sich zu zerreißen, als wieder zusammenzufinden. Sünde schmerzt weniger als ihre Vergebung. Sich krank machen, geht leicht, gesundwerden zuweilen über die verbliebenen Kräfte. Wir dürfen uns über die *Härte* religiöser Grunderfahrungen (Liebe, – Vergebenkönnen und Vergebung empfangen, – sich ändern, – ein neues Leben beginnen, – gar: von vorne anfangen) keine Illusionen machen. Religion befriedigt nicht, kann quälen, sogar als »Krankheit zum Tode« beschrieben werden, wie S. Kierkegaard tat; sie beglückt kaum: sie schmerzt.

Auf der Völkerebene aber bewirkt sie Katastrophen: *Geburtswehen der Endzeit.* Wenn das *Reich Gottes* sich anschickt zu kommen, kann es *nicht harmonisch anschließen* an irgendetwas, was wir schon vorbereitet hätten: seelisch in uns, – gesellschaftlich in irgendwelchen Strukturen, die wir schon ganz gut finden. Gott urteilt anders. Er will »alles neu« schaffen (Offb 21,5), nicht nur die Inhalte, auch die Formen und Rahmenbedingungen des Menschseins. Am besten wäre, er risse alles ab und begänne einen totalen Neubau. Viele christliche Zukunftsdenker haben das für logisch gehalten und gelehrt: vor dem Reiche Gottes komme der Weltuntergang. Die Sintflutgeschichte wurde als archetypische Zukunftsgeschichte gelesen: Alles säuft ab. Aber das ist keine biblisch gute Lesart. Schon in der Sintflut gab es die für die ganze biblische Wirklichkeit entscheidend wichtige Erfahrung, die vor allem die Propheten (aber nicht nur sie) in Worte gefaßt haben: Ein Rest wird übrigbleiben (Jes 11,16; 28,5) – *die* Grunderfahrung des Ungekündigten Bundes: archetypisch in denen vor unseren Augen, die in die Arche Noah und dann aus ihr in die neue Welt hineingerettet wurden. Aus der vorigen, in ihrer Katastrophe verschwindenden Welt gibt es Samen für die neue: Paar für Paar kam es zur Rettung der Arten (Gen 6,18-20; 8,19). Nicht Abriß: Umbau der Welt war einst das Konzept und soll es, per analogiam, für die Zukunft sein.

Nur um so schwieriger wird alles. Denn es ist kein Vergnügen, in die Arche eingepfercht zu sein, so lange Zeit; keine Hausboot-Idylle. Ja, es ist mehr auch als die Mühe des Überlebens; es ist der *Kampf* ums Überleben und kann eine Qual des Überlebens bedeuten: wovon wir heute mehr wissen als vor Auschwitz.

Die christliche Predigt hat jedenfalls das *Kommen des Reiches* Gottes nicht verkündigen können, ohne jene *Zukunftsrede Jesu* aufzubewahren, in der er voraussieht und ankündigt, was dem kommenden Reich vorausgeht: Zukunftskatastrophen, »Wehen der Endzeit«.

Ihnen dürfen wir uns nicht entziehen.

Wir werden sie freilich anders lesen als unsere Vorfahren und viele unserer fundamentalistischen und sektiererischen Zeitgenossen. Sie lasen sie, erpicht auf kalendarische Informationen und mit unverhohlener Lust am Untergang. Beides ist ausdrücklich nicht die Absicht der Zukunftsrede Jesu. Wir verstehen sie vielmehr als *Überlebens-Unterweisung für seine Angehörigen in den geschichtlichen Katastrophen,* denen sie entgegensehen; von denen Jesus ihnen aber auch beibringt, daß sie sie selbst auslösen, wenn sie als ordentliche Juden und Christen zeugniskräftig leben in der Welt. Die Welt schäumt dann auf im Widerwillen dagegen. Und die Gottesgemeinden müssen das aushalten lernen und durchstehen in der Hoffnung, ja Gewißheit, daß dies alles nur Vorzeichen des Kommenden sind: des Reichs.

Die unberechenbare Zeit Gottes und die Vorzeichen des Kommenden

Nach biblischer Anleitung wurde in alten Eschatologien der Besinnung auf ein letztes Kommen Jesu eine Besinnung darauf vorangestellt, daß er nicht gleichsam aus heiterem Himmel, unerwartet und unangekündigt, kommen, vielmehr durch ihm *vorauseilende »Zeichen«* angekündigt werden wird.

Freilich teilen Juden und Christen entsprechend ihren Schriften die Überzeugung, daß sich *kein Termin* angeben läßt für den Anbruch des kommenden Äon oder das Kommen des erwarteten Messias. Beide haben ja die verständliche Verlockung zurückgewiesen, das Ende zu berechnen – nach welchen kosmischen, geschichtlichen oder seelischen Maßen auch immer: bestimmten Gestirne-Konstellationen, politischen Kriegs-, Revolutions- oder auch Friedens-Bewegungen als gesicherter (oder wenigstens möglicher) Eckdaten für die Voraussage eines »Endes« und einer Erneuerung der Welt oder der Geschichte.

Daß diese Warnung weder Juden noch Christen im Laufe der Zeiten zurückgehalten hat, immer wieder doch das Ende zu berechnen, zeigt, wie tief eingewurzelt ein solches Bedürfnis in den Menschen sitzt; ja, wir werden zugeben müssen, daß überall dort, wo so etwas wie ein »Ende« und eine Erneuerung von

Welt und Geschichte überhaupt verkündigt werden, eben damit *Neu-Gier* geweckt wird, die als cupiditas novi durchaus ihr *Gutes* hat – *verwehrt sie doch die Trägheit oder den Konservativismus,* uns einfach abzufinden mit der Welt, wie sie nun einmal ist; *aber* Neu-Gier kann auch faule Blüten treiben, so vor allem den Wunsch, über die angekündigte Zukunft schon jetzt wenigstens etwas verfügen zu können, und wäre es nur, mit Gewißheit auf sie zu rechnen, sich entsprechend berechnend auf sie einstellen, vorbereiten, spannen zu können. Doch gerade einen solchen abusus wollten die biblischen Verkündiger eines Endes der alten Dinge vermeiden. Sie waren der Meinung, daß sichere Berechenbarkeit der Zukunft gerade ihr Wesen als Zukunft *Gottes* zerstören könnte.

Es mag ja sein, daß wir Menschen ein *Recht* darauf haben, über unsere Zeit und die Zeit aller *verfügen* zu können. Der Bericht von den Gotteswerken des vierten Tages räumt uns diese Möglichkeit nicht nur ein, gebietet sie uns geradezu, wenn dort »die Leuchten am Gewölb des Himmels« dazu bestimmt werden, »zwischen dem Tag und der Nacht zu scheiden«, mehr noch dazu, daß sie »werden zu Zeichen, so für Gezeiten so für Tage und Jahre …« (Gen 1,14); uns menschlichen Geschöpfen hat Gott eine freie und verfügende Orientierung in den Gezeiten, im Laufe der Tage und der Jahre zugestanden, und er hat uns dafür selbst othot, Zeichen, gegeben in Gestalt der »zwei großen Leuchten, / die größre Leuchte zur Waltung des Tags und die kleinre Leuchte zur Waltung der Nacht, / und die Sterne« (Gen 1,16). So stellt er die Zeit auch in unsere Hände.

Aber bei der Zukunft *Gottes* soll es sich doch um etwas anderes handeln. *Seine* Zeit sollen wir mit jenem Geschöpf seines vierten Tagwerkes nicht verwechseln. Denn Gott behält sich selbst eine eigene Zeit und vor allem auch: eigene, freie Maße und freies Bemessen der ihm eigenen Zeit vor, um sie dann eines Tages – eines von ihm frei gewählten und gesetzten »Tags des Herrn« – auch uns zuzuwenden und uns so mit einer wirklich »neuen Zeit« begegnen und beglücken zu können. Darum soll eine neue Zeit nicht eine bloße Modalität der geschöpflichen Zeit sein. Gerade das Moment der Verfügbarkeit von Zeit soll der neuen Zeit Gottes fehlen. Sie soll als neue eine freie, wesenhaft für uns eine *Frei-Zeit* sein (wie die neue Welt wesenhaft ein *Frei-Raum* werden soll). Ihr sollen alle jene Merkmale abgehen, die das Geschöpf Zeit ausmachen; ist diese doch eine vom Lauf der Leuchten *determinierte* Zeit, sie setzt uns unter Zeit-Diktat der Gestirn-Bahnen, den Zwang der Termine, des Kalenders und aller kleinen und großen, aber meist ohnmächtigen Versuche, Termine einzuhalten, den Kalender unserer physischen, gesellschaftlichen, ästhetischen, religiösen Lebensregelungen zu erfüllen. Paulus bezeugt das *un*determinierte, freie Wesen der neuen Zeit Gottes, indem er Jesus als unseren Befreier von »den schwachen und armseligen Naturmächten« begreift, die uns nötigen, »Tage« zu beobachten »und Neumonde und Festzeiten und Neujahrstage« (Gal 4,9-10). Das Bild von der freien Zeit wird aber – auf ihre grundsätzliche Möglichkeit hin – im letzten Buch der christlichen Bibel dadurch gezeichnet, daß im neuen Jerusalem »die Stadt nicht mehr der Sonne noch des Mondes bedarf, daß sie ihr scheinen; denn der Lichtglanz Gottes erleuchtet sie, und ihre Leuchte ist das Lamm« (Offb 21,23). Anstelle der Gestirne, die die Zeit der Geschöpfe diktieren, sollen Gott und Jesus die einzigen Maße von Zeit werden, will auch sagen: Zeit soll nicht mehr eine Form sein, sondern ein Inhalt, – eine Einheit und Ganzheit, nicht ein Verlauf, unter dessen Gewalt und Zeittakt auch unser Leben zerläuft, – aus Quantität zur Qualität werden, – Gott und Jesus wollen unsere Zeit ausfüllen, erfüllen und darin *unsere Zeit sein.*

Weil Juden und Christen auf die in diesem Sinne neue Zeit hoffen, auf Zeit als Qualität, halten ihre Verkündiger es für notwendig, uns zu warnen, mit der Zukunft Gottes so umzugehen, wie wir mit der alten geschöpflichen Zeit umzugehen wohl berechtigt sind und jedenfalls umzugehen pflegen. Diese Zeit soll dem üblichen Zugriff der Berechenbarkeit entzogen und so ihre einzigartige Qualität als Zeit Gottes respektiert, aber auch vor unserem Verbrauch geschützt werden.

»Wie der Blitz vom Osten ausfährt und bis zum Westen leuchtet, so wird die Parousie des Sohnes des Menschen sein« (Mt 24,27). »Der Sohn des Menschen kommt zu einer Stunde, wo ihr es nicht meint« (Mt 24,44), »an einem Tage, an dem ihr es nicht erwartet«, »zu einer Stunde«, die der Knecht »nicht weiß« (Mt 24,50). »Ihr wißt nicht, an welchem Tag euer Herr kommt« (Mt 24,42). Er wird kommen, überraschend, wie ein Dieb in der Nacht (Mt 24,43; 1 Thess 5,2; 2 Petr 3,10; Offb 3,3). »Über jenen Tag aber und jene Stunde weiß niemand etwas, auch die Engel im Himmel nicht, auch der Sohn nicht, sondern nur der Vater« (Mk 13,32). »Ihr wißt nicht ..., ob am späten Abend oder um Mitternacht oder um den Hahnenschrei oder am frühen Morgen ...« (Mk 13,35) – die Meßeinheiten der uns bekannten Zeit versagen. Paulus folgert daraus: »In bezug auf die Zeiten und Fristen aber ... habt ihr nicht *nötig,* daß euch geschrieben wird. Denn ihr wißt selbst genau, daß der Tag des Herrn so kommt wie ein Dieb in der Nacht« (1 Thess 5,1-2). Ähnlich antwortete nach Apg 1,6-7 der vom Tod erweckte Jesus, als seine Anhänger ihn – zionistisch – fragten: »Herr, stellst du in dieser Zeit – jetzt – das Reich für Israel wieder her?«: »Euch gebührt es nicht, Zeit oder Stunde zu wissen, die der Vater nach seiner eigenen Vollmacht festgesetzt hat.«

Jüdische Lehrer *teilen* solche Ablehnung von Zukunftsberechnungen der Neu-Gierigen. ;Rabbi Schmuel ben Nachmani rief unter Berufung auf Rabbi Jonathan fast beschwörend aus: »Es schwinde der Geist derjenigen, die das Ende berechnen wollen« (b Sanhedrin 97b), er meinte damit das Ende der Gola, der Zerstreuung Israels, die aber ja – auch von den Jüngern Jesu – gleichbedeutend mit der großen messianischen Befreiung des jüdischen Volkes angesehen wurde. So lehrte auch Rabbi Zera (und verwehrte damit seinen Schülern jede weitere Diskussion über den Termin der Zukunftsereignisse): »Drei Dinge treffen ein, wenn man *nicht* an sie denkt: der Messias, ein Fund und ein Skorpion« (b Sanhedrin 97a).

Der Grund für diese fast exorzistische Abwehr war aber der: Die, die so rechnen, erklären nämlich, sobald der Termin des von ihnen berechneten und vorausgesehenen Endes gekommen und ereignislos verstrichen ist, daß die Stunde der Befreiung nun *überhaupt nicht mehr* zu erwarten sei (ebd.). Das Berechnen des Endes wird also nicht nur, wie bei Christen, abgelehnt, um das überlegene Wesen der Gotteszeit zu achten, sondern auch, um einen Absturz in die *Resignation vor der Zukunft* zu verhindern. Schlechte Erfahrungen mit der Nutzlosigkeit, ja einer Falschheit der Zukunftsberechnungen drücken sich darin aus, begründete Skepsis gegen jeden zu aufgeregten Messianismus, vor allem gegen einen Wildwuchs von Naherwartung, die bis zur Skepsis gegen die Eschatologie überhaupt reicht, wie z.B. R. R. Geis von der messianischen Hoffnung urteilte: »Geht man von einer Eschatologie aus, erfaßt man sie nicht, denn dann verfehlt man gerade das Spezifische, den konkret-geschichtlichen Kern. Der Messias gehört nämlich gar nicht dem Rand der Geschichte an, wo sie ins Zeitlose übergeht, aus dem Überzeitlichen herabsteigt, sondern ihrer Mitte«[1].

Wie jüdisch gerade solche *eschatologische Zurückhaltung* ist, zeigt sich daran, daß einst, als Jonathan, der Sohn Uziels, eine Übersetzung der Hagiographen veröffentlichen wollte (d.h. von Schriften, die nicht zu Tora und Propheten gerechnet werden, zu denen aber auch z.B. das Buch Daniel mit seinen apokalyptischen Zukunftsvisionen gehört), eine bat-kol, eine Tochter-Stimme, die Hallstimme Gottes, ertönte und rief: »Begnüge dich!«, nämlich mit Tora und Nevi-im (Propheten). – Weshalb?, lautete seine Rückfrage. – Die Antwort hieß: »Weil in diesen Ketuvim (Schriften) das messianische Ende enthalten ist«, sie also zu gefährlichen Zukunftsspekulationen den Anlaß geben können (b Megilla 3a).

Allerdings müssen wir angesichts so scharfer Warnungen mit der Tatsache fertig werden, daß schon die Bibel von der *Zukunft* fast nur *in der Form von Zeitabläufen* spricht, also mit Maßen der geschöpflichen Zeit. Überdies aber auch mit Anweisungen, daß wir die *»Zeichen der Zeit« lesen* lernen und unser Leben und Handeln danach einstellen sollen. Der Ausdruck »Zeichen der Zeit«, σημεῖα τῶν καιρῶν (Mt 16,3), othot ha-ittim, enthält ja in sich genau das Wort, das in der Schöpfungserzählung der Sonne, dem Mond und den Sternen ihren Orientierungs- und Berechnungswert zuspricht: ve haju le othot u le moadim (von moed: Treffpunkt, Versammlung, tempus constitutum, Fixpunkt,

1. R. R. Geis, Vom unbekannten Judentum. 1961, 158.

jour fixe). Sehr paradox wird von Gottes Zukunft in der Sprache der geschöpflichen Zeit gesprochen. Dies ist so auffallend und schwierig, daß wir dem zunächst eine eigene Besinnung einräumen müssen.

a. Das Laufwerk der Zukunft

Zunächst zu dem vielleicht etwas gesucht wirkenden Ausdruck »Laufwerk«. In ihm klingt etwas Mechanisches an, und wir können z.B. an das Laufwerk einer Uhr denken.

Diese Assoziation ist gewollt. Oft wird in Theologenkreisen, in denen es kein rechtes Verhältnis zu der Zukunftssicht der Bibel mehr gibt, spöttisch vom »heilsgeschichtlichen Fahrplan« gesprochen, ein Eindruck, den viele biblische Texte machen, in denen verschiedene Zukunftsereignisse in einer chronologisch wirkenden Abfolge erzählt werden, wie z.B. Paulus tut, wenn er 1 Kor 15 seine Erkenntnis, daß Christus von den Toten auferweckt worden ist »als Erstling der Entschlafenen« (15,20), auslegt in der Entwicklung einer zeitlichen Reihenfolge: Als Erstling wird Christus erweckt, dann, ἔπειτα, d.h.: danach die, welche zu Christus gehören, bei seiner Parousie, – dann, εἶτα, das Ende, το τέλος, was darin bestehen wird, daß Christus das Reich, die βασιλεῖα, Gott, dem Vater, übergeben wird; doch ist das erst möglich, wenn er zuvor jede Gewalt und jede Macht und Kraft zerstört haben wird, denn er muß solange noch selber herrschen, bis er alle seine Feinde unter seine Füße gelegt hat. Aber auch dann noch nicht genug: »Als letzter Feind wird (dann erst) der Tod zunichte gemacht« (1 Kor 15,23-26). Paulus gibt dieser Reihenfolge einen gewissen systematischen Wert; er nennt sie eine τάγμα, *Ordnung,* und meint damit einen von Gott eben so angeordneten und gefügten Gang der Ereignisse.

Das ist nur eines von vielen eschatologischen Szenarien in der Bibel beider Testamente; wir haben das Prinzip z.B. ähnlich in den sog. Synoptischen Apokalypsen Mk 13,5-32; Mt 24,4-44; Lk 21,8-24: gefügte Reihung künftiger Geschehnisse, die zum Ende der alten Welt und dem Anbruch der neuen führen werden.

Dogmatische Eschatologien (wie z.B. die von Th. Kliefoth[2] in ihrem Zweiten »Theil«) sind einem solchen Ordnungsgefüge gefolgt und sprechen beispielsweise von der Parousie, dem Weltgericht, der Auferstehung der Toten und Verwandlung der Lebenden, vom Endgericht und vom Weltende unter dem zusammenfassenden Titel: »Der Abschluß dieser Zeit und Zeitlichkeit« (228ff); das ist hier heilsgeschichtlich-linear gedacht, und ein solches Problem stellt sich da nicht, wie wir es im Widerspruch zwischen der geschöpflichen, in ihren Abläufen gesetzlichen und

2. Th. Kliefoth, Christliche Eschatologie. 1886, 228ff.

berechenbaren Zeit und der unberechenbaren, diebischen Zeit Gottes empfinden. Eine Kritik solcher planen, heilsgeschichtlich-linearen Eschatologie richtet sich mit Recht gegen solche Problemlosigkeit. Das Fragliche daran: es bleibt undeutlich, wer oder was das Ordnende in dieser Ordnung sein soll. Handelt es sich um je freie, neue Handlungen und Anordnungen Gottes, um Einbrüche seiner Zeit in unsere Zeit, oder um einen uns je schon gegebenen, aus eigenen Triebkräften laufenden ordo temporum, der in Selbstmächtigkeit läuft, wie ein – sei es denn: früher einmal – von Gott aufgezogenes, nun aber von selbst laufendes Uhrwerk; und nicht Gott wäre es, der uns durch die Zeiten unserem Ziel zuführte, sondern die Zeiten wären es, die ihrem und unserem Ende entgegenliefen? Wir können (und wollen) nicht bestreiten, daß biblische Zeitzeugnisse vielfach solchen Eindruck von einem fast automatisch wirkenden Laufwerk erwecken, und sprechen eben darum von einem Laufwerk der Zukunft. Aber im Sinne der biblischen Sprache wollen wir bei diesem Wort doch eine zweite Sinnmöglichkeit mithören lassen: Das Lauf-Werk der Zukunft meint dort jedenfalls auch, daß es sich bei allen unseren Wegen in die Zukunft vor allem um *ein Wirken und Werk der Führungen Gottes* handelt; die mechanistische Form eines technischen Laufwerks, die manche biblischen Texte nahezulegen scheinen, sind doch in Wahrheit als freie und immer neue Wirkungen Gottes gemeint – nicht als Abläufe einer mechanischen, sondern als Einbrüche, Wirkungen und Weisungen der freien Zeit des freien Gottes.

Die in Zeitreihen zusammengestellten Ereignisse machen ja *Sinn auch ohne* τάγμα, *Ordnung* einer chronologischen Aufeinanderfolge.

Nehmen wir die sog. Markus-Apokalypse, die Rede Jesu über die Endzeit in Mk 13, mit ihrer Aufreihung aufeinanderfolgender Endzeit-Geschehnisse (vgl. oben § 3.2).

Danach wird die letzte Zeit mit dem Wirken vieler und großer Irreführer beginnen, die unter dem Namen des Messias auftreten und die Bedeutung Jesu damit ins Zwielicht stellen werden (13,6). Von Kriegsgerüchten und Kriegen wird zu hören sein, und im öffentlichen Bewußtsein wird das bereits Katastrophen-, Erd- und Weltuntergangsstimmungen erzeugen, auch wenn das noch keineswegs wirklich τέλος, Ende bedeutet (13,7). Volk wird sich gegen Volk, Reich gegen Reich erheben, d.h. Revolutionen und politische Umwälzungen stehen überall auf der Tagesordnung (13,8). Naturkatastrophen, wie z.B. Erdbeben, werden die Erde erschüttern, Hungersnöte um sich greifen (13,8). Aber, heißt es, dies ist alles nicht etwa das Ende, sondern nur erst ein Anfang. Christen werden bedrückt, sie werden vor Synagogengerichte gestellt werden, aber auch vor staatlichen Behörden – Statthaltern und Königen – verklagt und zur Rechenschaft über ihr Messias-Bekenntnis gezogen werden; sie werden das als Chance für ein öffentliches Zeugnis begreifen (13,9). Nicht nur in der Synagoge und im Staat, auch unter den Völkern wird das Evangelium gepredigt und verbreitet; weltweite Mission und die Proklamation des Wortes Gottes gehören zu jenen Geschehnissen, deren Sinn aufs Ende aller alten Dinge zielt und einen universalen Neuanfang denkbar macht (13,10). Alles wird im Zeichen des Martyriums, d.h. des öffentlich werdenden Gottes- und Jesus-Zeugnisses stehen, – die Gerichte, vor die Christen gezogen werden, werden zu Zentren und Toren werden, durch die das Evangelium aus in sich geschlossenen Zirkeln und Gruppen hinaus ans Licht der Öffentlichkeit kommt; Verhandlungen vor Gericht werden Geistereignisse werden (13,11). In diesem Sinne radikales Christsein wird Familien spalten und die sozialen Zellen des Zusammenhalts werden zu Dunkelkammern der Denunziation und des gegenseitigen Verrats werden; also: Familienzerstörung ist beklemmende Zukunftsperspektive; »ein Bruder wird den anderen zum Tode überliefern und ein Vater das Kind, und Kinder werden gegen die Eltern auftreten und sie zum Tode bringen« (13,12). Christen werden allgemein – »von jedermann« – gehaßt. Mehr noch: Die Feldzeichen des Antichrist – des »Greuels der Verwüstung« – werden mitten im Tempel von Jerusalem, im Gnadenzentrum der Gottesgegenwart errichtet werden; aus der Stadt und aus Judäa, der die Stadt umgebenden Landschaft, wird es große Flüchtlingsströme geben (13,14-18). Jene künftigen Tage werden θλῖψις sein, Drangsal, Notzeiten, wie es sie seit den Tagen der Schöpfung noch nie gegeben hat und danach hoffentlich auch nie wieder geben wird (13,19-20). Es wird zu einem Zauber, zu Zeichen und Wundern der religiösen Falschheit, zu Irrsal in der Ausrichtung der Christus- und Prophetenbotschaft kommen, will sagen: Auch in der biblischen Verkündigung wird es schwer werden, zwischen Wahrheit und Lüge noch zu unterscheiden, die Ausrichtung des Evangeliums wird selbst in Katastrophen gestürzt; auch Theologie wird nicht daheim bleiben können, sondern unter allen Anzeichen von Entfremdung ins Elend mitgerissen werden (13,22). Auch Natur wird ihre Haltbarkeit und Verläßlichkeit verlieren; in kosmischer Katastrophe wird es zu permanenter Sonnen- und Mondfinsternis kommen und zu Sternensturz (13,24-25). Mitten in alledem wird man dann die Parousie erfahren und »wird den Sohn des Menschen auf den Wolken kommen sehen mit großer Macht und Herrlichkeit« (13,26). Und der wird dann seine Engelboten aussenden und die in die Gola zerstreuten Menschen aus allen vier Himmelsrichtungen sammeln; die Gola wird beendet werden durch die Alija nach Jerusalem und Judäa, von wo sie bei Anbruch der Katastrophen geflohen waren.

b. Über die Zeitlichkeit der Vor-Zeichen

In diesen Zukunftsaussichten, die wir hier aus dem Munde Jesu hören, sind ja Erfahrungen mit Händen zu greifen, die Juden und Christen zur Zeit des Markus-Evangelisten je *schon gemacht* hatten. *Befürchtungen* und *Hoffnungen* gegenüber dem Kommenden weckt Jesus hier *aus Erinnerungen* des Gottesvolks und seiner Anhänger. Was sie schon erfahren *haben*, gibt er ihnen als Perspektive für etwas, was sie noch eimal erfahren *werden*.

Uns wird ja auffallen, wie übereinstimmend die drei synoptischen Evangelisten die Endzeit-Rede Jesu als Reaktion auf seine Schreckensvision von der *Zerstörung des Tempels* in Jerusalem folgen lassen. Seine Freunde entzücken sich gerade eben noch am Anblick der Schönheit dieses Baus: »Meister, siehe, was für Steine und was für Bauten!«(Mk 13,1); aber da graust's Jesus schon: »Kein Stein wird auf dem anderen bleiben, der nicht zerstört würde« (13,2).

Wir können nicht ausschließen, daß dies eine ex eventu-Erzählung ist und der Evangelist so schon auf den August 70 zurückblickt, in dem der Tempel tatsächlich zerstört worden war. Andererseits ist uns heute aus jüdischer Überlieferung bewußt, daß es solche Schreckensvisionäre über eine zukünftige Zerstörung des Tempels mehr als eimal gab, ehe sie wirklich eintrat.

»Unheimlich war folgendes ...«, erzählt Josephus (bellum jud. VI,300-309): »Ein Mann namens Jesus, der Sohn des Ananus, kam vier Jahre vor Beginn des Kriegs (also 62 n. Chr.) – die Stadt lag im tiefsten Frieden, und überall herrschte großer Wohlstand – zu jenem Fest, an dem nach altem Brauch alle Juden zu Ehren Gottes nahe beim Tempel Laubhütten aufschlagen; da mit einem Male begann er laut aufzuschreien: ›Wehe vom Aufgang, wehe vom Untergang, wehe von den vier Winden, wehe über Jerusalem und über den Tempel, wehe über alle, die Bräutigam und Braut sind, wehe über das ganze Volk!‹ Und er schrie es Tag und Nacht und lief dabei in der Stadt umher. Einige angesehene Bürger ärgerten sich über das Wehgeschrei, ergriffen den Mann und schlugen ihn heftig. Er aber suchte sich keineswegs zu rechtfertigen und äußerte auch nichts gegen jene, die ihn schlugen, sondern wiederholte nur immer wieder die nämlichen Worte. Die verantwortlichen Führer des Volkes vermuteten zu Recht, der Mann fühle sich bei seinem Tun von einer höheren Macht getrieben, und so führten sie ihn zum römischen Statthalter. Dort wurde er gegeißelt, bis ihm das Fleisch von den Knochen gerissen war, aber er bat nicht um Milde und vergoß keine Träne, sondern antwortete auf jeden Schlag nur, indem er – freilich mit kläglichen Lauten – den Ruf hervorpreßte: ›Wehe über Jerusalem!‹ Als Albinus, das war der Name des Statthalters, ihn fragte, wer er sei und woher er komme, beantwortete er die Frage nicht, sondern setzte nur seine Klagerufe über die Stadt fort, bis Albinus überzeugt war, daß er es mit einem Verrückten zu tun habe, und ihn freiließ«[3].

Josephus erzählt diese Geschichte in dem Kapitel, wo er die Zerstörung des Tempels dargestellt hat; er erinnert sich an sie post festum als an ein »Vorzei-

3. Übersetzung von H. Endrös, Flavius Josephus. Der jüdische Krieg. De bello Judaico. Zweiter Band. 1966, 203.

chen«, das Gott neben anderen dem verblendeten Volk hatte zukommen lassen, aber sie hatten sich dafür nicht zugänglich gezeigt. Welche Parallelen! Namensgleichheit – aber freilich ist »Jesus« in Israel ein Allerweltsname; Ausbruch der Angstvision plötzlich, und während eines der großen Wallfahrtsfeste in Jerusalem; ärgerniserregend bei Juden, übergeben an den römischen Statthalter, Geißelung, und er antwortete nicht auf ein Wort; rückwärts als ein »Vorzeichen« erinnert, eine Katastrophenwarnung zuvor. So etwas ist eben auch historisch denkbar.

Richtig *historisch* konturiert wirkt auch jene Ankündigung, die uns auf den ersten Blick vielleicht rätselhaft erscheinen mag: die von einem »Greuel« der Verwüstung, den wir stehen sehen werden, wo er nicht stehen sollte (Mk 13,14).

Matthäus erinnert in seiner Fassung daran, daß von einem »Greuel der Verwüstung« schon von dem »Propheten Daniel« geredet worden war (Mt 24,15), in Dan 9,27;11,31;12,11. Dort handelte es sich um ein Offenbarungswort, das der Engel Gabriel dem Daniel gebracht hatte, wonach eine Folge schwerer »Wochen« über Jerusalem verhängt worden sei, am »Ende der Zeiten«, da werden die Stadt und das Heiligtum verwüstet, da wird das Ende kommen mit Überflutung, »und bis ans Ende dauern Krieg, Verhängnis, Verwüstung«; eine Woche lang werden den Bewohnern »schwere Bestimmungen auferlegt« werden, und eine halbe Woche lang werden sogar die Schlachtopfer und die Speisopfer (im Tempel) abgeschafft, d.h. Israels Tempelgottesdienst wird eingestellt werden; und dann steht in Aussicht: »An ihrer Stelle wird der Greuel der Verwüstung sein« (Dan 9,20-27), das »verwüstende Scheusal« (11,31;12,11). Die »Wochen«, von denen da die Rede ist, sind apokalyptische Weltwochen, Maßeinheiten der Endzeit-Rechnungen, nach unserem Berechnungswesen also ganze geschichtliche Perioden.

In der jüdischen Wirkungsgeschichte wurden solche apokalyptischen Voraussagen immer wieder mit *historischen* Ereignissen identifiziert. So hören wir z.B. im 1. Makkabäerbuch (1,54): »Am 15. Kislew des Jahres 145 errichtete er ...« – nämlich der syrische König Antiochus Epiphanes IV (175 – 163 v. Chr.) – »ein verwüstendes Scheusal auf dem Altar und erbaute ringsum in den Städten Opferhöhen«. Das »verwüstende Scheusal« ist hier aus einer apokalyptischen Zukunftswirklichkeit zu einem auf Tag und Jahr genau datierten historischen Ereignis geworden.

Und im 2. Makkabäerbuch (6,2) lernen wir das »Scheusal« selbst noch genauer kennen. Antiochus beauftragte danach einen alten Athener, der sollte »den Tempel in Jerusalem entweihen und ihm den Namen des olympischen Zeus geben«, genau wie er den Tempel der Samaritaner auf dem Berge Garizim unter den Namen des »gastlichen Zeus« stellen sollte. Die zwanghafte Paganisierung des Tempels von Jerusalem wurde also als Ereignis von der Qualität einer Endzeitkatastrophe aufgefaßt.

Rund 200 Jahre später drohte Gleiches noch einmal, als nämlich 39 auf 40 n. Chr. der römische Kaiser Caligula den Befehl gab, seine Statue im Jerusalemer Tempel aufzustellen, was allerdings der Statthalter Petronius im letzten Augenblick verhinderte, der mit Recht einen in seinen Folgen nicht absehbaren Aufstand der Juden dagegen befürchtete; Caligula nahm den Befehl zurück, ordnete aber, um sein Gesicht wahren zu können, den Selbstmord seines Statthalters an[4]. Es wird vermutet, daß Mk 13,14 beim »Greuel der Verwüstung« an diese Caligula-Affaire gedacht haben könnte.

Ähnlich werden noch viel mehr von den »Zeichen« des Endes in der Zukunftsrede Jesu wirkliche historische Reminiszenzen erwecken oder in sich enthalten. Z.B. die *Fluchtanweisung,* die nicht in den Schutz der befestigten Stadt Jerusalem führt, sondern ins judäische Gebirge: der alte Fluchtweg schon für Matthatias Makkabäus nach seinem Mord an einem Beamten des Königs Antiochus Epiphanes, der die Juden von Modeïn zum Zeusopfer zwingen wollte; nach seinem Mord ließ Matthatias den Ruf erschallen: »Jeder, der für das Gesetz eifert und den Bund aufrecht erhalten will, ziehe aus, mir nach«; jedem war klar, wohin: »So flohen er und seine Söhne ins Gebirge und ließen alle ihre Habe in der Stadt zurück« (1 Makk 2,27-28); die uns besser bekannten Leute von Qumran taten es genauso, und so oder so hat auch der markinische Jesus diese »richtige« Fluchtrichtung gekannt.

Uns interessiert hier nur das Grundsätzliche: Apokalyptische Zukunftserwartungen wurden im Judentum häufig mit konkreten, begrenzten historischen Erfahrungen identifiziert. So wurden sie aus Schreck- und Angst-*Bildern* zu machbaren *Erfahrungen,* mehr noch: zu solchen, die schon gemacht worden *sind* und immer wieder einmal gemacht wurden. Dadurch werden die Bilder ent-apokalyptisiert, besser: wird die apokalyptische Vision aufs Weltlich-Geschichtliche bezogen, – aus der Sphäre übergeschichtlicher Schrecken heruntergezogen in solche Erfahrungszusammenhänge, in denen Menschen freilich zugrundegehen können, die sie aber oft genug unter Not, Leiden und Schrecken auch durchgestanden haben. *Historische Identifizierung apokalyptischer »Vorstellungen«* hat so auch immer bedeutet: Wir sehen Schrecken entgegen, aber solchen, die wenigstens einige auch überleben können. Gewiß wird das Ende einen Vorlauf von Schrecken haben, aber nicht für alle und jeden wird dies ein Schrekken ohne Ende sein. Mit immer neuen historischen Identifizierungen apokalyptischer Visionen *bewältigen Juden die Apokalyptik im Geist der Propheten Israels;* denn was immer auch sie für vernichtende Gerichte Gottes über sein Volk ankündigen mußten, sie zweifelten nicht daran: mindestens ein Rest wird übrig-

4. Vgl. P. Schäfer, Geschichte der Juden in der Antike. Die Juden Palästinas von Alexander dem Großen bis zur arabischen Eroberung. 1983, 123.

bleiben, Israel wird nicht über sein Vermögen geprüft und gepreßt (1 Kor 10,13), die Zukunft bleibt trotz allem erreichbar.

Das bedeutet aber gleichzeitig auch folgendes: Die Übung, visionäre Schrekkensbilder immer wieder einmal historisch zu identifizieren mit längst schon überstandenen Notlagen, gibt ihnen einen *tröstenden* Sinn, und dies ist etwas anderes, als heutzutage christliche apokalyptische Strömungen damit verbinden; denn diese deuten und benutzen die Vor-Zeichen-Texte der Jesus-Schriften häufig, ja in der Regel, als Angstmacher-Worte, Entsetzensperspektiven, die den Menschen Schrecken einjagen und sie dadurch zur Umkehr kurz vor Toresschluß bewegen sollen; aber das ist ein mieser pädagogischer Mißbrauch, wie wir ihn aus spätmittelalterlicher Vulgärtheologie und Volksfrömmigkeit kennen, wo auch höllische Katastrophenpanik als Erziehungsmittel eingesetzt, in abendländischer Kirchenmalerei sinnenfällig gemacht wurde; wir erkennen heute auch das nackte Machtgelüste an solcher Deutung der apokalyptischen Vor-Warnungs-Worte Jesu. Dagegen lehrt uns ihr historisches Profil, daß sie womöglich in genau entgegengesetzter seelsorgerlicher Absicht gesprochen wurden: Schwere Prüfungen stehen uns bevor und weisen uns ein, das Ende zu bedenken; aber das muß nicht unbedingt über unser Vermögen gehen: Solche Prüfungen *sind* schon bestanden worden.

Das Wort Mk 13,20 legt uns diese Deutung nahe: »Und wenn der Herr die Tage nicht verkürzt hätte, würde kein Fleisch gerettet werden; aber um der Auserwählten willen, die er auserwählt hat, hat er die Tage verkürzt.« Es fällt ja auf, daß hier, inmitten von Zukunftsvisionen, plötzlich ein Stück auftaucht, das wir doch nur wie einen Bericht von schon Geschehenem auffassen können. Es ist einmal, immer wieder einmal, geschehen, daß der Herr den Tagen der Drangsal ihre Dauer und Länge amputiert, verkürzt *hat,* -sie mußten nicht bis zum bitteren Ende durchgelitten werden; daß wir davon aber Erfahrung haben, macht uns gewiß, daß wir uns in der Zukunft keinem grenzenlosen, rettungslosen Schicksal ausgeliefert sehen müssen, wir haben Erfahrung, daß es bei allem Katastrophalen der Zukunft gerettetes Fleisch geben kann, und sind gewiß, daß es dies geben wird; diese Gewißheit hat, bei allem Entsetzen, ihr Tröstliches, und in psychologisch und logisch schwer erträglicher Spannung sollen, können wir in die Katastrophen der alten Welt gehen, der Zusammenbruch läßt sich überleben. Das Historische läßt dem Leben mehr Chancen als das Apokalyptisch-Metaphysische in seiner Totalität, – das Leben ist stärker als die Schicksals-Politik, Gott widersteht dem Verhängnis, Prädestination ist nicht Determination, sondern Befreiung.

c. Alles Ding bringt seine Zeit mit sich (Von der Kontingenz der Ereignisse)

Unsere Beobachtungen zur Historizität der Endvoraussagen Jesu hat nun auch Bedeutung für ein Verständnis, vielleicht auch eine Kritik der chronologisch scheinenden Reihungen von Endzeit-Ereignissen, also fürs »Laufwerk« der Zukunft.

Historisches ist immer kontingent. Wohl ereignet sich, was immer in der Geschichte geschieht, in Zusammenhängen und Geflechten gegenseitiger und sogar universal wirkender Bedingungen; und doch waren bisher alle verständlichen Versuche vergeblich, eine Logik, ein Gesetz geschichtlicher Abhängigkeit festzustellen, einen sicheren Schlüssel für Voraussagen in der geschichtlichen, gesellschaftlichen Wirklichkeit zu finden. Gerade die Versuche des apokalyptischen Denkens haben immer wieder angeregt dazu, Geschichte durchschaubar und dann auch berechenbar zu machen – vergeblich; wichtige Weichenstellungen, z.B. Kriegserklärungen, bleiben rational unfaßbar mindestens in dem Sinne, daß sie durch eine ganz andere Logik als Ausbund einer puren Unvernunft angesehen werden können. Wir könnten als Christen darin – wie geschichtsspekulativ – einen Hinweis auf ein Drittes, Tertium, sehen, das es doch »nicht gibt«: Non datur. Jedenfalls macht unsere bisherige Geschichtserfahrung es nicht möglich, Ereignisse in der Geschichte und in den Bewegungen der Gesellschaft mit einem noch so differenzierten und dynamischen Modell von Logik zu fassen und fest-zu-stellen. Auch, gerade hier, hat alles Ding seine Zeit und mit seiner Zeit sein zuletzt Unableitbares und Kontingentes.

Das gilt gerade auch für die in den Zukunftsreden Jesu und z.B., wie wir zeigten, auch von Paulus im Geist der Apokalyptik zusammengestellten sog. Endzeit-Ereignisse. Ihr historisches Profil macht sie zu etwas Kontingentem, und das *widerspricht* der Denkform ihrer chronologischen Abfolge und zeitlich-kausalen Verknüpfung, die den Schein eines ordo temporum erzeugt. Die *mehrfache* geschichtliche Identifizierung (z.B. hier Antiochus Epiphanes IV. – da Caligula und Petronius – und dann dort wieder die »Wüste«, die ἔρημος vom August 70) zeigt, daß nach jüdischem und christlichem Verständnis mit der Figur der zeitlichen Reihung so etwas wie eine kausale Verknüpfung gar nicht gemeint gewesen ist; sie ist eine Projektion des neuzeitlichen Denkens in Jesus und Paulus (oder in Markus, Matthäus und Lukas) hinein, die uns fast zwangsläufig notwendig erscheint und doch an der Bibel vorbeigeht. Denn im Gebrauch, den die Zeugen der Bibel von apokalyptischen Denkmöglichkeiten machen, wird das ur-biblische Zeitdenken nicht umgangen, nach dem alles Ding eine ihm spezifisch eigene Zeit mit sich bringt und daß dies *Mitbringen* der je eigenen Zeit gerade das Ereignishafte eines Ereignisses ausmacht, seinen Geschehenscharakter, sein Kontingentes, eben darin sein wirklich Historisches. Jesu

Wort: »Ihr jedoch, sehet zu, ich habe es euch alles vorhergesagt« (Mk 13,23) verknüpft die Vorhersage ja nicht mit der Aufforderung, uns ans Fernsehen zu setzen und zuzuschauen, welche Katastrophen uns da vor Augen geführt werden; mit seinem »Ihr jedoch, sehet zu« *mobilisiert* er unser eigenes Urteils- und Handlungsvermögen, also: uns selbst *in bezug auf* die vorausgesagten Ereignisse; allein schon dies *Mobilisierungsmotiv bricht das Schicksalhafte des Vorausgesagten.* Jesus mobilisiert damit die Seinen gleichsam zu Eingreif-Trupps ins Geschehen, und das ist alles andere als die Haltung des auf die Schlange starrenden Kaninchens: Aufruf zur Gegenlogik gegen die Hinnahme des Geschicks.

Ist dies aber so, wäre freilich zu fragen, was dann die *verknüpfende Rede* in bezug auf die Zukunft bedeuten wolle und könne? Hier ist neben die Beobachtung des historischen Profils dieser Zukunftssprache ein zweites Grundmoment zu stellen: die Beobachtung ihrer *Biblizität.*

d. Die Ereignisse als Devarim

Nämlich nichts in den Ankündigungen Jesu, das nicht zuvor, ähnlich oder gleich, von früheren und gleichzeitigen Zeugen des Gottes Israels längst schon vorausgesehen und -gesagt worden wäre. *Jesus spricht nicht als Visionär, sondern als Bibliker* – oder: Markus, Matthäus, Lukas haben ihn in ihren »Apokalypsen« jedenfalls so sprechen hören.

Wenn er sagt, daß in der Vorzeit des Endes ein großes *Irreführen* über alle Menschen hereinbrechen werde (Mk 13,6), sie zum Spielball chaotischer Irrnis und Wirrnis würden (vor allem in Orientierung über Wahrheit und Lüge), dann wird sich das ereignen in einer fatalen Verunsicherung über das Wesen des Messianischen. Eine allgemeine Kategorie des Messianischen wird sich in der Sehnsucht der Menschen so breit machen, daß darin der *Name* des Messias undeutlich und nicht mehr wiederzuerkennen sein wird. Der »Christus«-Name selbst wird verbraucht sein, unterschiedlichste Versprechungen von Glück und Heil, auch unterschiedlichste Gefolgschaftsansprüche können unter dem Namen des Christlichen aufkommen; wir können getrost von einer Inflation des »Christlichen« sprechen, in der Jesus selbst versucht oder bis zur Unkenntlichkeit entstellt wird.

Doch wird dies noch nicht das Schlimmste sein. Katastrophal ist der *Gottes*anspruch, mit dem diese Messianismen erhoben werden. Die vielen, die unter dem Messiasnamen kommen, werden sagen: »*Ich bin's*«, ἐγώ εἰμί, d.h. sie werden sagen, was nach dem Zeugnis Israels Gott zu sagen pflegt, wenn er sich, in Erfüllung des ihm eigenen Namens: »Ich werde mit euch sein, wann immer ich mit euch sein werde«, bei Israel zur Stelle meldet, und was doch in Wahrheit nur er sagen kann (Ex 3,14; Jes 43,10.11; Jes 52,6). So wirkt ein messianisches »Ich bin's« wie Verführung zur Abgötterei, jedenfalls zur Irrung inmitten einer Proklamation des »Christlichen«. Die Erzählung von Simon dem Magier, der das samaritanische Volk bezauberte und vorgab, »er wär's« (wäre »etwas Großes«, die »Kraft Gottes, die da groß ist«: Apg 8,9-11), will ein Beispiel geben für solche Verführungen.

Oder: Endzeit wird *Kriegszeit* sein (Mk 13,7-8), – das haben jüdische Apokalyptiker gesehen wie Jesus (z.B. 4 Esra 13,20-32: »Da wird gewaltige Erregung über die Erdbewohner fallen, daß sie Kriege gegeneinander planen ... Volk gegen Volk, Reich gegen Reich«.) Aber ähnlich hatte es zuvor auch schon Jesaja gesehen: »Aufstacheln will ich Ägypten gegen Ägypten, daß einer gegen den anderen kämpft, ein jeder gegen seinen Nächsten, Stadt gegen Stadt, Reich gegen Reich« (19,2), und erst recht Jeremia erleben wir geplagt von solchen Gesichten; übergroße Kriege sah er zukommen auf Israel und die Völker: Schwert, Hunger, Pest (Jer 21,9). Übrigens ist dies »Volk wider Volk« Zukunft und Vergangenheit in einem auch schon in der Hebräischen Bibel: »Und es schlug sich ein Volk mit dem anderen und eine Stadt mit der anderen, und Gott beunruhigte sie durch alle Menge Not« (2 Chr 15,6).

Erdbeben sah Haggai (2,6) voraus (wie Jesus Mk 13,8): »Denn, so hat ER der Umscharte gesprochen, / noch auf eins, es ist um ein weniges nur, / erschüttre ich / den Himmel und die Erde / und das Meer und das Trockne ...«; und – Sacharja sah's –, der Ölberg, der östlich von Jerusalem liegt, der »spaltet sich von der Mitte aus nach Ost und nach West, und es entsteht ein sehr großes Tal«, eine sehr abgründige Schlucht, »nordwärts weicht die Hälfte des Bergs, mittagwärts seine andere Hälfte« (Sach 14,4).

So etwas gehört zu den »*Wehen* der Endzeit«; den Rabbinen Israels ist das ein geläufiger Ausdruck, wie Jesus und seinen Zeugen (Mk 13,8). Aber Ähnliches hatte auch Jesaja lange zuvor schon gesagt: »Wie eine Schwangre, die nah ist dem Gebären, / in ihren Wehn sich windet, schreit, / so waren unter deinem Antlitz wir, DU. / Wir waren schwanger, wir wanden uns, / und wie wir gebaren, wars Wind: / Befreiung am Lande blieb ungetan ...« (Jes 26,17-18), vergebliche Wehen hier – dort Geburtsschmerzen, die der Frau Menschheit Geschrei abpressen.

Es wird dazu kommen, sieht Jesus voraus, daß seine Freunde in die *Zucht der Synagoge* genommen und zur dort rechtlich verankerten Prügelstrafe verurteilt werden; das hat natürlich kein Prophet Israels so voraussehen können, reine historische Erfahrung der Gemeinde spricht Jesus damit an (13,9). Aber daß sie »*vor Statthalter und Könige* gestellt werden ... zum Zeugnis« (13,9), das ist »biblisch«: »Von deinen Vorschriften, Zeugnissen will ich reden vor Königen und mich nicht scheuen«, darin auch »nicht zuschanden werden« (Ps 119,46).

»*Unter allen Völkern* muß *das Evangelium* gepredigt werden« (Mk 13,10), also jene Kunde, die Jesaja maschmia-schalom und maschmia-jeschuah genannt, die Martin Buber übersetzt hat mit »Märe-bringer«, »der hören läßt: Friede!, / der gute Märe bringt, / der hören läßt: Befreiung!« (Jes 52,7); Luther hat hier das Wort geführt: »Ich bring euch gute neue Mär«, - »Glücksmär zu bringen«, heißt es noch einmal in Jes 61,1. Und unter alle Völker, alle Gojim gehört solche Frohbotschaft, man denke sich nur einmal den Ps 96 recht durch. Die Weltmission, also die Universalität der Gottesbotschaft, ist kein christliches Fündlein; christlich kann sie nur sein, weil sie zuvor biblisch ist, und das jüdische Volk hat von dieser weltumspannenden Aufgabe nicht weniger gewußt als die Christen; es selbst ist ja zum or-gojim, Licht der Völker berufen (Jes 42,6; 49,6); ausdrücklich zum »Propheten der Völker« hat Gott auch einen Propheten wie Jeremia berufen; dementsprechend ist nach den Psalmen Salomos (11,1.8; 17,43) der Messias Israels zugleich auch Friedensbote für alle Völker. Daß die Botschaft hinauskommen soll in alle Welt, ist eines der Weltziele des biblischen Gottes, und ehe das sich nicht erfüllt, kann's mit der Welt noch nicht zu Ende sein.

Freilich: Die Erfahrung lehrt, daß die Völker das nicht widerspruchslos anhören werden, die Mission weckt ihren Widerstand, die guten Nachrichter werden immer wieder mundtot gemacht. Das ist die Stunde, in der dann *Gottes Geist ihr verstummendes Menschenwort* überkommt; Geist und Wort kommen vor allem im Martyrium zusammen (darum sollten wir Theologen uns mehr zurückhalten mit der Konstruktion eines begrifflich-selbstverständlichen Zusammenhangs von »Wort und Geist«; Gottes Geist ist immer nur die Nothilfe für unser menschliches Zeugnis von Gott, – er versteht sich keineswegs von selbst als Begleiterscheinung unseres Redens, – unser Wort ist wirklich nur ausnahmsweise, im äußersten Notfall geistgeführtes »Wort Gottes«). Gott hat seine Geistbegleitung seinem Knecht vor allem für die extreme Situation verheißen; *dann* gibt er ihm seinen Geisthauch (Jes 42,1), – dann auch, wenn er den Tyrannen schlagen wird mit dem Stabe seines Mundes, – den Gottlosen töten wird mit dem Hauch seiner Lippen (Jes 11,4), – dann auch, wenn er mit seiner Frohbotschaft an die Elenden gerät, die Gefangenen, Gebundenen (Jes 61,1). Es ist diese Erfahrung der Propheten Israels, des Knechtes Gottes, in der Jesus Sorglosigkeit, eine letzte Unverantwortlichkeit, seinen Zeugen zuspricht, wenn sie, im Fall ihrer Überlieferung an ihre Widersacher, nicht mehr wissen, was sie reden sollen; sie werden dann von Israels Erfahrung – von der Noterfahrung des Geistes Gottes – getragen werden (Mk 13,11).

Dann das Elend der *Familienspaltung;* die Christen werden in der Zukunft davon nicht verschont bleiben; nichts von christlicher Familien-Integrität, gar Familien-Idylle: Jesus gibt ihr keine Zukunft, zu sehr weiß ein Jude, wie es damit steht und geht. »Denn der Sohn verachtet den Vater, die Tochter erhebt sich gegen die Mutter, die Sohnsfrau gegen den Schwiegervater; des Menschen Feinde sind die eigenen Hausgenossen« – der Prophet Micha (7,6) hat es so schon gesehen, so erlebt; seitdem kann man in Israel wissen, daß es so geht, – sagt darum auch Jesus, daß es so gehen wird.

Man kann um Gottes willen grundlos *gehaßt* werden (Ps 35,19; 69,5), »mit frevlem Haß« (Ps 25,19), – man kann unter Menschen wohnen, die den Frieden hassen (Ps 120,6): den Inhalt der guten Botschaft; und Jesus gibt dies bittere Wissen aus der Tiefe jüdischer Erfahrung seinen Anhängern mit auf ihre Wege in die Zukunft (Mk 13,13).

Ob sie wohl »*harren*« lernen, wie man das in Israel lernen muß und kann: »Harren auf den Gott meiner Freiheit« (elohe jischi)? Ob sie wohl in der Schule des Propheten Habakuk sogar sich einstellen lernen aufs Ende? Denn schon er war damit vertraut. Was er erlebte, zwar »noch ist es Schau auf die Frist, / doch es haucht dem Ende zu, / es täuscht nicht; / wenn es zaudert, harre sein, / denn kommen, kommen wirds, / es bleibt nicht aus« (Hab 2,3) – als wäre das Theologenfündlein einer »Parousieverzögerung« eine christliche Spezialerfahrung! Um Wichtigeres ging es da schon Habakuk, geht es auch dem vorausschauenden Jesus: »Wer aber ausharrt bis ans Ende, der wird befreit werden« (Mk 13,13).

Und das »*Ende*« – als wärs nur apokalyptischer Fremdgeist! Das ganze Kapitel Ezechiel 7 sehe man an; da stellt der Prophet seine ganze Gerichtsverkündigung unter das drohende Leitwort des Endes. »SEINE Rede geschah zu mir, es sprach: / Du nun, Menschensohn: / So hat mein Herr, ER, gesprochen / zu dem Boden Jißraels: / Ende! kez-ba ha-kez, / das Ende ist gekommen ...« (Ez 7,1), so hebt das Kapitel an, als Überschrift; und so setzt es sich immer wieder fort: »Jetzt über dir ist das Ende« (Ez 7,3); »Ende ist gekommen, / gekommen ist das Ende« (Ez 7,6); »Ich werde ein Ende machen« (Ez 7,24). Gott wirds so fügen – zum Glück: *Gott,* und nicht, wie es oft bei Apokalyptikern klingt: Die Zeit wird verenden; das ist ein Unterschied; aber der apokalyptische Gedanke kann in Israel nur eine Chance bekommen, weil eine entsprechende (theologisch verantwortliche) Verkündigung der Propheten schon gerufen worden ist: zu anderer Zeit, in anderer Situation, vielleicht auch in anderer Absicht, aber doch schon *gerufen;* Juden, die es apokalyptisch denken, haben dies prophetische Rufen schon gehört, und es befremdete sie darum nichts Persisches, wie das apokalyptische Denken; gerade die Schule des Ausharrens aufs Ende war ja babylonisch-persisch zu erlernen. Und nun schickt Jesus die Seinen in diese Schule.

Nicht zuletzt der biblische Daniel brachte solch persische Erfahrung unter die Juden. Wohl deswegen gab es lange Zeit Streit im Judentum, welchem Teil der Bibel er zuzuordnen sei: den »Schriften« oder den »Propheten«, – beides war möglich, aber durchgesetzt hat sich schließlich doch die Meinung, ein Prophet wie die anderen sei Daniel wohl nicht gewesen; andererseits nennt ihn Matthäus, und zwar gerade an der so apokalyptischen Stelle von dem »Greuel der Verwüstung«, ausdrücklich den »Propheten« Daniel (Mt 24,15) und hört ihn aus dem Munde Jesu eben als einen Propheten Israels. Jesus hat ihm das Wort vom »Greuel der Verwüstung« nachgesprochen; aber z.B. auch das Wort Mk 13,19 von jenen kommenden Tagen, die »eine Drangsal« sein werden, wie es sie so noch nicht gegeben hat »von Anfang der Schöpfung«; das ist ein annähernd wörtliches Zitat aus Dan 12,1; wie Jesus erst recht, am Ende seiner Zukunftsrede (in Mk 13,26), den kommen sieht, den Daniel schon vor ihm kommen sah: den *Menschensohn* oder den »wie ein Menschensohn«, einen ben-adam, – und Jesus sieht ihn auch kommen, *wie* Daniel ihn kommen sah: »mit den Wolken des Himmels« (Dan 7,12).

Doch nicht nur Daniel wurde zum Sprachführer Jesu, wenn er von der Zukunft sprach. Einem »richtigen«, anerkannten Propheten sprach er – wieder annähernd wörtlich – nach (Mk 13,24): »Ja, ein grausamer, kommt SEIN Tag, / ... Denn die *Sterne des Himmels,* / seine Orionen, / sie lassen nicht schimmern ihr Licht, / in ihrer Ausfahrt schon ist die Sonne verfinstert, / der Mond läßt sein Licht nicht erglänzen« (Jes 13,9-10).

Und von der großen *Sammlungsbewegung* der Zerstreuten am Ende redet er (Mk 13,27) mit Worten des Propheten Sacharja (2,6): »Von den vier Winden des Himmels sammle ich euch«, kombiniert mit ähnlich lautenden Worten aus der Tora (Dtn 30,4): »Wenn auch deine Versprengten am Ende des Himmels wären, so wird dich doch der Herr, dein Gott, von dannen sammeln und von dannen holen.«

Was besagt das alles?

Die Endzeit-Ereignisse, die der irdische Jesus in den synoptischen »Apokalypsen«, die, in vielem ähnlich, auch der von den Toten erweckte Jesus in der letzten Schrift der christlichen Bibel ansagt, *entstammen,* historisch gesehen, wohl dem Mutterboden der von Juden aufgenommenen und verarbeiteten Apokalyptik; Ernst Käsemann nannte sie überhaupt die »Mutter der christlichen Theologie«[5]; kein Wort, das sich nicht noch deutlicher aus apokalyptischen Schriften belegen ließe, als wir es hier aus den Schriften der Hebräischen Bibel unternommen haben. Das theologisch *Wichtigere* erscheint uns aber gerade in dem *Bibel*bezug der Ansagen des Kommenden. Denn das kann uns lehren, daß eine primäre Verknüpfung der Ereignisse nicht ihre zeitliche Aufeinanderfolge ist, sondern ihr Zusammenhang mit der Gottesbotschaft der Zeugen Israels, – genauer, und für unser Verständnis deutlicher: mit Ereignissen, Drohungen, Hoffnungen, denen Gott das jüdische Volk schon bisher – und bisher schon mehr als einmal – ausgesetzt hat. Jedes einzelne der Zukunftsereignisse, auf die Jesus seine Anhänger einstellt, erinnert schon an erfahrene Nöte und Befreiun-

5. E. Käsemann, Die Anfänge christlicher Theologie (1960), in: Exegetische Versuche und Besinnungen. Zweiter Band. 1964, 100.

gen Israels, jedes einzelne für sich auch an die *Sprache,* mit der Gott nach dem Zeugnis sowohl der Tora wie der Neviim (Propheten) wie der Ketuvim (Schriften) Israel in diese Ereignisse begleitet und sie so verstehen und bestehen gelehrt hat. Dieser Rückbezug zeigt uns, daß wir auch kommende Ereignisse als *Devarim* begreifen sollen, also nicht als nackte Tatsachen, die unheimlich auf uns zukommen, sondern als solche, die – wann immer sie kommen, was immer sie bringen, wie immer sie uns schrecken, bedrohen, vernichten oder auch überleben lassen werden – »in Gottes Wort gefaßt, in Gottes Wort gebunden« sind. Das aber gibt mehr, als daß es uns die Ereignisse, wenn sie kommen, »deuten« hilft (was nicht wenig wäre, wenn das Wort Gottes uns sprachliche Benennung und so die Chance einer sprachlichen Bewältigung schenkte, so daß wir nicht dumpf, seelisch erschlagen, und nicht dumm, geistig stutzig, töricht, gar erloschen, vielmehr hörend, fragend, erkennend aufs Ende uns bereiten könnten).

Noch wichtiger scheint uns an dieser Verknüpfung die Lehre: Noch so schreckliche Zukunftskatastrophen können und werden uns nicht herausfallen lassen aus Gang und Sinn der Geschichte Israels. Menschheits- und Naturkatastrophen verlieren nicht die Sprache Gottes, die er in der Existenz und im Weg und vor allem: in seinem mit Israel geschlossenen Menschheitsbund spricht. Auch Katastrophengeschichte wird Davar, sprechende Geschichte bleiben, Sprachbeziehung zwischen Gott und Menschen. »Himmel und Erde werden vergehen – meine Worte nicht« (Mt 24,35). Eben das ist wohl der Sinn der Zukunftsrede Jesu: Er spricht die Erfahrung Israels, die Devarim seiner Geschichte, seinen Anhängern auf ihren Wegen in die Zukunft zu. Die wirkliche Verknüpfung in den neutestamentlichen Apokalypsen ist diese. Das »Laufwerk« der Zukunft ist nicht das der chronologischen Abfolge, sondern: Die Geschichte Israels – ihre Erfahrung und das sie begleitende Wort der Tora, der Propheten, der Schriften – läuft, sei es denn: auch durch Menschheitskatastrophen, auf Ende und Anfang zu, hat Zukunft. Das ist τάγμα, Ordnung der Devarim.

Erst von daher läßt sich auch das »chronologische« Laufwerk begreifen. Im Ezechiel-Kapitel, das so andringend vom Ende spricht, sagt Gott: »Schlag kommt auf Schlag, Schreckenskunde auf Schreckenskunde« (Ez 7,26), Buber übersetzt: »Fügung auf Fügung wird kommen, / Vernehmen auf Vernehmen«, hovah al hovah tabo, heißt es hebräisch, Sturz auf Sturz, Desaster auf Desaster, calamitas auf calamitas. Und *Gott* fügt hier, schlägt, stürzt – nicht das Schicksal, nicht ein Gesetz der Geschichte, eine Ordnung der Zeit. Vielleicht, daß Apokalyptiker Geschichtstheologen waren und der Geschichte zuschrieben, was die Propheten als Werke Gottes verkündigten, – daß Gott ihnen in die übermächtige Weltgeschichte versank, zum »Ferment« ihrer Komposition, in Wahrheit: aller Dekomposition geworden war. Doch lesen wir das vielleicht auch nur in sie hinein, selber die Weltgeschichte schon für das Weltgericht haltend: wie Schiller, wie viele Geschichtsphilosophen und deutsche Heiden nach ihm. Denn wer wollte ausschließen, daß doch auch jüdische Apokalyptiker Söhne der Propheten, Hörer z.B. des Ezechiel, des Sacharja gewesen sein und gemeint haben könnten, eben »dasselbe, nur noch eimal anders« zu sagen, was sie zuvor in ihre Ohren *gehört* (und nicht bloß in ihren apokalyptishen Visionen *geschaut)* haben. Jesus jedenfalls hat aus ihnen das *prophetische* Wort gehört und damit seine Jüngerinnen und Jünger auf die Devarim der Zukunft vorbereitet.

Diese biblische Perspektive einer eschatologischen Vorgeschichte versuchen wir nun in einem eigenen Gedankengang umzusetzen in Bewußtseinszusammenhänge, die uns vielleicht heutzutage erschwinglich sind.

Wegbereitung und Wehen I: Die Gottesgemeinden als Unruheherde

Ekklesiologische Vorbemerkung

In dem Dogmatik-Projekt, das uns hier beschäftigt, haben wir bisher noch nirgends einen Aspekt einer Lehre von der Kirche zur Sprache gebracht. Das heißt nicht, daß wir nicht überall – in den Prolegomena, der Christologie und in der bisherigen Entwicklung der Eschatologie – mit der Existenz und dem Wirken der Kirche gerechnet hätten. Es war uns unmöglich, *Jesus* ohne »die Seinen« zu denken: seine Anhänger, befreundete Frauen und Männer, Nachfolger: ohne seine Gemeinde. Und es wäre uns unmöglich, von der *Bibel* den so bestimmten und bestimmenden Gebrauch für die Entwicklung unserer Überlegungen zu machen, wie wir es versuchen, wenn wir dies nicht im Hören auf die Kirche täten, die uns das Wort Gottes anders nicht als gebunden an die Schriften und an ihre je neue Verkündigung überlieferte. Daß wir umgekehrt mit unserer Schriftauslegung eine Dogmatik erarbeiten wollen, verstehen wir als ein Stück Beitrag zum Leben, zur Erkenntnis, zum Bekenntnis der heutigen Kirche. Insofern steht die Kirche – als die auf Jesus hörende Gemeinde – in allem mit zur Diskussion, was wir bisher schon gearbeitet haben. Dennoch kann sich diese Dogmatik bisher »nur« *praktisch* eine »kirchliche« nennen.

Daß dies eine heute »notwendige« Zurückhaltung ausdrücke, wollen wir damit nicht behaupten. Aber sie ist uns jedenfalls bewußt. Uns scheint ein praktisch-kirchlicher *Bezug* unserer Theologie *wichtiger als* eine theologische Kirchen-*Kunde,* und wir bewähren uns lieber in der Kirche, als daß wir groß Worte über sie machten.

So haben wir es bisher also bewußt unterlassen – was ja bei der Richtung und Linie der Verantwortung im jüdisch-christlichen Verhältnis, an die wir diese Dogmatik binden möchten, naheläge –, etwa eine grundsätzliche Zuordnung der *Kirche* zu *Israel* und dem jüdischen Volk zu bestimmen. Das rechtfertigen wir nicht zuletzt damit, daß wir ja auch keine »Lehre von Israel« entwickelt, also z.B. keinen eigenen Paragraphen über das Volk Gottes, seine Erwählung, seinen Dienst, die ihm geltende Verheißung, das ihm geltende Gebot skizziert haben. Das jüdische Volk selbst hat kaum einmal seine Erwählung zum Inhalt z.B. des so überreichen rabbinischen Lehrens gemacht, – auch Maimonides hat sie nicht thematisiert in seinen, im Mischna-Kommentar formulierten, Dreizehn Grundsätzen des Glaubens, den Iqqarim. Über das, was man ist, redet man nicht, man ist es; und nur *zu* Gott betend, also mit Furcht und Zittern, hat Israel auch einmal von seiner Erwählung gesprochen.

Wir halten das für vorbildlich. Es ist auch für uns Christen »noch nicht erschienen, was wir sein werden« (1 Joh 3,2), und wir haben genug damit zu tun (denn es fällt uns schwer), uns an die Kirche zu halten, aus ihr, mit ihr zu leben und also: selbst Kirche zu sein, Gemeinschaft der vom Worte Jesu gerufenen und gesammelten, ihm zu Diensten stehenden und mit ihm Gott und alle Nächsten liebenden Menschen. Zu viele theologische Definitionen der Kirche haben es schwer gemacht, sie zu praktizieren; sie schufen ein Gerüst von Normativität dessen, was die Kirche, theologisch gesehen, angeblich alles *ist,* was sie ihrem »Wesen« nach ausmacht, das doch fast zwangsläufig (wie alles Normative) uns leiden läßt am Graben zwischen Anspruch und Wirklichkeit, Norm und dem alltäglichen Kämpfen gegen das Kompromißwesen Kirche. Natürlich gibt es glaubwürdigere und weniger glaubwürdige Kirchen-Normen: praktisch weniger und praktisch besser vermittelte. Aber die besten, die wir haben, etwa die von Augustana 7 und Barmen 3, zeigen auch, daß uns eine glaubwürdige Erkenntnis von der Kirche doch erst in Kampf- und Notsituationen aufgeht; wenn es Zeit ist, Kirche zu sammeln, erfahren wir, was wahrhaft Kirche, gar: wahre Kirche ist. Diese *Geschichtlichkeit* gehört zu dem, was wir allenfalls über ihr »Wesen« sagen können und müssen; es läßt sich nicht vorwegnehmen. Die Augsburger Einsicht, »daß allezeit müsse eine heilige christliche Kirche sein« (CA Art. 7), bindet das »Sein« der Kirche an die Zeit; wenn die aber ernst gemeint ist, kann sie ja nicht nur Dauer bedeuten, sondern Treue und Beharren gerade unter den Wechselfällen, die Zeit nun einmal ausmachen; *als was* wir da aber die Gemeinde Jesu durchhalten können, wird uns jeweilen erst gegeben werden, wir wissen es nicht, können es nicht planen und haben auch keine Maße dafür. Es gibt nicht nur die christliche Gemeinde »im Wechsel der Staatsordnungen« (K. Barth), uns wird auch immer mehr bewußt das Wechseln der Lebensformen und seinsprägenden Aufgaben der christlichen Gemeinden angesichts der hartnäckigen Unwandelbarkeit der Welt; »die Welt« erhält sich immer viel bewegungsloser und identisch mit sich, als es den Treuen Jesu je erlaubt wäre; denn sie stehen mit Israel unter der Weisung täglicher Umkehr, und auch jener Mobilität des *wandernden* Gottesvolks, das da, wo man es in der Welt mit seinem Schalom-Gruß nicht aufnimmt und seine Worte nicht hört, aus solch einem Haus, solch einer Stadt, solch einem Volk auch fortgehen und den Staub dieser Gegenden von seinen Füßen schütteln kann (Mt 10,13-14). Kirche gelingt danach durchaus nicht überall, und muß das auch nicht – übrigens ein Widerspruch zu jedem zwanghaften Volkskirchentum.

Was freilich die Bedeutung eines Zusammenhangs von *Kirche und Volk* betrifft, gibt es biblische Aspekte, die in der Ekklesiologie bisher nur eine geringe Rolle gespielt haben – wenn überhaupt eine; sie aber sollten uns brennend interessieren: *die Kirche gehört den Gojim, den Völkern.* In folgendem Sinne:

a. Sie ist die »*Kirche aus Juden und Heiden*«, und dies bleibt auch dann ein wichtiges Kennzeichen, wenn die Botschaft Jesu, so schlecht, wie wir sie vertreten, keinen einzigen Juden mehr in die Kirche locken könnte. Was Kirche heißt und sein will, *baut* in jeder Generation neu auf dem Grunde der jüdischen Apostel Jesu und der Propheten des jüdischen Volkes Israel (Eph 2,20), sie ist nicht nur historisch, sondern sachlich bleibend jüdisch gegründet und hat sich immer dann selbst verloren, wenn sie sich aus dieser sie innerlich konstituierenden Gemeinschaft löste; wir wissen aber, daß sie das oft, ja in ihrer bisherigen Geschichte meistens tat. (Schon weil die Theologen dies jüdische Fundament noch nie zur nota ecclesiae gemacht haben, ist uns das, was Kirche »ist«, erfahrungslos-unerkennbar geblieben – es wäre denn, wir sähen gerade in der Verdrängung dieses Grundes die nota, ein Kennzeichen der »real-existierenden« Kirche als eines Un-Wesens, das ständig verfehlte, ja bekämpfte, worauf sie gründet. Zuerst im Kapitel Nostra aetate wurde auf dem 2. Vatikanischen Konzil dieser Grund lebendig, d.h. wirklich mit Blick auf das *jüdische* Volk Israel, zur Sprache gebracht, statt, wie bisher immer, auf die theologische *Form* Israel, als deren *Inhalt* leider auch die Reformatoren nur die Kirche, im Gegensatz zum jüdischen Volk, sahen.)

Die Formel »*Kirche aus Juden und Heiden*« bedarf aber, biblisch gesehen, einer eindeutigen Betonung. Nicht, daß »auch Juden« zur Kirche gehören, wird damit gesagt, sondern daß »auch Heiden« in die ursprüngliche, von christlichen Juden gebildete Gottesgemeinschaft und durch sie in die Gemeinschaft mit Israel gehören, ist das außerordentliche Geschehen, das Kirche meint. Die »Juden zuerst« – das ist der Grund der Kirche, »und auch« die Völker: Dies ist der bleibende, immer neu zu wiederholende und sich auch wirklich wiederholende *Prozeß Kirche.*

b. Dieser Seins- und Wesensprozeß Kirche vollzieht sich in der *Sendung* aller Freundinnen und Freunde Jesu *unter die Völker.*

Was Jesus selbst in dieser Hinsicht bedeutet,ist im sog. Missionsbefehl zusammengefaßt. Er ist der, dem Gott jede Vollmacht im Himmel und von dort her in bezug auf die Erde gegeben hat (Mt 28,18). Was das heißt, ist aber nicht in einem Kapitel über eine Welt-Mächtigkeit Jesu, nicht »christologisch«, auszusagen, sondern nur in Entsprechung seines Tuns; wir erfahren, was er »ist«, wenn wir seiner Weisung folgen: »Geht hin, unterrichtet alle Gojim … und lehrt sie meine mizvot halten« (Mt 28,19-20).

Dieser Prozeß Kirche ereignet sich aber im Zirkel um Jerusalem herum: »Ihr werdet meine Zeugen sein in Jerusalem, in ganz Judäa und Samarien und bis ans Ende der Erde« (Apg 1,8); das ist mitsamt einer lukanischen »heilsgeschichtlichen« Konstruktion zuerst der Weg, den die Mission wirklich gegangen ist, und dann auch das Projekt Kirche. *Die Kirche »ist« ihr in Jerusalem zentrierter Weg durch die Völker.*

c. Damit wird sie und ihre Bedeutung bestimmt innerhalb der Perspektive, die das biblische Wirklichkeitsverständnis vorzeichnet: im gegliederten Unterschied und der gegliederten Beziehung, die zwischen Israel und den Völkern »von Hause« aus, d.h. durch die immer neuen Wahlhandlungen Gottes besteht und deren Spannung das ausmacht, was biblisch »Geschichte« heißen kann. In diesem Wirklichkeitsfeld erlebt und erleidet die Kirche ihre Geschichte, und das prägt ihr Wesen als »Geschichtlichkeit«.

Zum besseren Verständnis fügen wir jedoch sofort zwei abgrenzende Bemerkungen an. Die Kirche ist *nicht Repräsentanz* der Völker, will sagen: nicht gojischen Wesens. Ihre Aufgabe läßt sich nicht einfach so bestimmen, daß wir sie einen »Weg der Heiden« neben dem »Weg des jüdischen Volkes« gehen sehen. Wohl ist es geschehen, daß die Kirche sich mehr und öfter, als sie durfte, im Laufe ihrer Geschichte tatsächlich als heilsgeschichtliche Repräsentanz der Heiden betrachtete; priesterlich wollte sie durch Mission und Taufe Sippen, Stämme, Völker dem Höchsten darbringen; deren Christianisierung bedeutete oft in Wirklichkeit nichts als eine höhere Weihe für ihr eingefleischtes Heidentum; überall da, wo Christianisierung nicht Hinführung eines Volkes zum Zion, d.h. zur Tora, die von dort ausgeht, und dem Volk vom Zion brachte, machte sich die Kirche zum Anwalt des Heidentums, und ließ z.B. ungehemmt heidnische Gedanken in ihre Verkündigung und Theologie ein, bis hin zu jenem kompakten Heidentum, das in jedem Judenpogrom und schließlich in der Denkstruktur eines theologischen Antijudaismus sich ausdrückte, als müsse es so sein.

Aber nur als Repräsentation *Gottes* und seines *Volkes Israel* kann sie unter die Völker treten. Die Botschaft des Gottes Abrahams, Isaaks und Jakobs und des Vaters Jesu hat sie dort mit Wort und Leben auszubreiten und zu bezeugen.

Nach der geschichtlichen Lage sind es heute christliche *Gojim,* die den Auftrag haben, »das Gesetz und die Propheten« und »die Schriften« in Gestalt eines

»Evangeliums«, eines frohen und befreienden, d.h. eines antiheidnischen Beispiels unter die Völker zu bringen. Und sie sollen nicht einem »tieferen« und »besseren« Wesen des Heidnischen, Nationalen, Völkischen, Natürlichen, Eingeborenen zum »Ausdruck« verhelfen, nicht ungeschlachte Barbarei kirchlich und christlich domestizieren, vielmehr sollen sie die Völker, soweit sie sie erreichen, mit dem Volk Gottes verbinden, d.h. vor allem: mit »dem« Volk, dem jüdischen, dem ersten und bleibenden »Licht der Völker«: eine geistliche, gesellschaftliche und politische Aufgabe zugleich. In diesem Sinne können wir jetzt näher sagen: Die Geschichtlichkeit der Kirche war und ist eine *Israelgeschichtlichkeit.* Das »Sein« der Kirche steht und fällt in ihrer immer empfangenden Beziehung zu Israel und in ihrem aktiven Wirken für das jüdische Volk: dafür, daß es inmitten der Völker seinen anerkannten Platz, seinen Frieden und darin Stillung seiner messianischen Sehnsucht erfahre.

Diese Klarstellung bedarf aber sofort einer weiteren Erklärung. Im Zusammenhang unseres Denkens versteht sich wohl von allein, daß wir die Kirche weder als Erbin und Ersatz noch als Ablösung Israels auffassen können. Diese Hinterlassenschaft eines früheren kirchlichen Selbstverständnisses ist uns im Feuer vergangen.

Aber wir fügen nun hinzu: Wir können den Dienst der Kirche unter den Völkern *auch nicht als einen Stellvertreterdienst an Israels Statt* tun. *Israel bezeugt sich selbst.* Es spricht für sich selbst. Gott läßt es die Tora, die Propheten, die Schriften von allein unter den Völkern darstellen: wesentlich durch das Zeugnis seiner Existenz, aber auch durch die Erzeugnisse seines Geistes, wozu mit der Wissenschaft vom Judentum auch seine Theologie und das praktische Lehren aus Bibel, Talmud, Midrasch, Philosophie, Kabbala, Sozialwissenschaften und Künsten gehört, aus dem heute aufs neue viele Menschen vieler Völker – darunter zum Glück nun endlich auch Christen und kirchliche Theologen – zu lernen beginnen.

Wir sagten, daß der Kirche die Aufgabe zufalle, das Gesetz, die Propheten und die Schriften »in Gestalt eines Evangeliums« unter die Leute zu bringen, d.h. vor allem *als antiheidnisches Zeugnis,* im Streit mit Göttern, Fürstentümern und Gewalten, die die Menschen geistig, seelisch, politisch, theologisch verkrümmen; Israel dagegen lehrt und lebt die Wahrheit Gottes: angefochten und bestritten zwar, aber doch in der Form einer *Selbst*gewißheit, die so keinem Heidenchristen erschwinglich ist und das, was Tora, Propheten und Schriften sagen, mit anderen Akzenten hört, als wir mit unseren heidnisch-gebildeten Ohren und Herzen. Wir hören Gott in zwei Weisen und notieren uns, was wir da hören, due toni.

Das ungebrochene Zeugnis Israels für sich selbst schließt mithin jedes subsidiäre Verhältnis der Kirche für Israel aus. Das ist die praktische und die Kirche in ihrer

Völkerbedeutung fundamental begrenzende Folge davon, daß Gott sein Volk nicht verstoßen, ihm den Bund – und damit seine eigene Mission – nicht gekündigt hat (Röm 11,1). So können wir das Verhältnis zwischen der Kirche und Israel nur als *teilnehmende* Beziehung zu dem vor uns, neben uns, mit uns, gegen uns und auch (eschatologisch) noch nach uns wirksamen jüdischen Volk beschreiben. Wir kommen *aus* Israel, wir werden wandern *mit* Israel, und die schönste Aufgabe der Kirche, ihre tiefste Daseinsberechtigung, besteht darin, daß sie im Namen der Völker Jerusalem Glück wünscht (Ps 122,6) – was sie ja nur kann, wenn es ihr gelingt, die Völker dafür zu gewinnen, einen ihnen bestimmten Gottessegen darin anzunehmen, daß sie das eine Volk in ihrer Mitte segnen (vgl. Gen 12,3).

Solche Partizipation ist aber mehr als Gesinnung und Theologie: *Wille zu gemeinsamer Geschichte;* also: Mitleiden, Mitfreuen, mithin Solidarität, die nicht nur empfunden, sondern tätig bekundet werden. Von solcher gemeinsamen Geschichte haben wir bisher kaum Erfahrungen. Wie können wir uns da deutlicher bestimmen?

Es mag die eine oder den anderen schockieren, wenn wir nun nicht, wie unsere mittelalterlichen und reformationszeitlichen Lehrer, nach der »Kirche im Alten Testament« fragen, nicht – genauer – Züge eines über sich selbst hinausweisenden vorchristlichen Israel aufspüren oder alttestamentliche Transparente für Selbstverständnisse eines späteren kirchlichen Handelns: als »Typen«, Vorausdarstellungen der Kirche, und wenn wir schon gar nicht, mit Vater Luther, »Christen im Alten Testament« finden: *er*finden.

Zwar fordert uns heraus, was es bedeuten könnte, wenn das, was ein »Christ« sein soll, so relativierbar ist, daß es sich »rein alttestamentlich« – auch ohne Christentum und Kirche – bezeichnen ließe; wir bleiben immer wieder mit unserem Kirchen-Positivismus hinter Luthers Geistesfreiheit zurück. Aber umgekehrt wollen und können wir den Namen eines Christen nicht Leuten andemonstrieren, die es nicht waren, nicht sind. Das ganze Modell einer sich selbst in Israel vorausseienden Kirche, von sich in Juden vorausseienden Christen läßt sich nicht mehr halten. Wohl aber ermöglicht uns das Ostergeschehen der Öffnung der Gezeiten füreinander ein *Wiedererkennen* unserer Situationen, Hoffnungen, Verfehlungen, Fragen, Geschicke und auch: Wege im Zeugnis der Hebräischen Bibel und in den Selbstzeugnissen Israels (vgl. Christologie II, § 8).

In einer der unscheinbarsten biblischen Erzählungen könnten wir uns in diesem Sinne finden und darin die Kirche in einer ihr angemessenen Bescheidenheit theologisch und geschichtlich orten: Mitten *in der Pessach-Haggada* vom Auszug Israels aus dem Sklavenhause Ägypten hören wir nämlich (Ex 12,38): »Auch viel fremdes Volk zog mit ihnen«; Buber übersetzt es deutlicher: »Auch wanderte vieles Schwarmgemeng mit ihnen hinauf«.

Das »*Hinaufwandern*« ist die Alija Israels ins Gelobte Land, zum von Gott verheißenen Ziel. So sagt der Vers, daß zugleich mit diesem zielgerichteten Aufstieg Israels nach Jerusalem ein Aufstieg vieles »Schwarmgemengs« begonnen hat. Israel ist nicht allein befreit worden. Seine Befreiungsgeschichte zog andere mit sich und in ihren Bann. Bei ihnen handelt es sich – in den Augen Israels – um ein unspezifisches Gewimmel und Durcheinander, um unstrukturierte, unordentliche, unüberschaubare Leute: kein Volk, kein Stamm, keine Familie, keine Gemeinde, halt bloß »*Leute*«: *erev rav.* Nichts hält sie zusammen, nichts charakterisiert sie als ihr Mitläufertum mit Israel. Auch für sie ist ein Strick zerrissen, auch sie sind freie und lockere Vögel (Ps 124,7). Auch mit ihnen soll es aufwärts gehen.

Nicht nur in sich selbst bilden sie ein chaotisches Durcheinander. Sie haben auch keinerlei geordnete Beziehung zu Israel, mit dem sie aus Sklaverei durch Wüste ins Gelobte Land unterwegs sind. Sie bindet kein gemeinsames Gesetz, kein gemeinsamer Plan, geschweige denn irgendein gemeinsam formulierbarer »Glaube«. Gerade das *Toralose, Bindungslose* scheint bezeichnend. Nichts, als daß die einen mit den anderen unterwegs sind, scheint sie aneinander zu ketten; gemeinsam haben sie Sklaverei und eine Befreiung hinter sich, ein ihnen gewiß nur auf verschiedene Weise bewußt-unbewußtes Ziel vor sich; und sie teilen die Mühen des Wegs.

Innerhalb der biblischen Geschichtserzählung ist das eine verstreute Notiz, auch im Trend der Erzählung offenbar etwas wenig Beachtliches. Vielmehr sogar etwas höchst Zweifelhaftes.

Nämlich in einer unangenehmen Situation taucht dies Schwarmgemeng – und da unter anderem Namen – noch einmal auf: nicht als erev rav jetzt, sondern als asaphsuph, »hergelaufenes Volk«, englisch: riff-raff, lateinisch: turba vulgi, Buber übersetzt »Mischmasch, der darunter war«, nämlich untergemischt unter das jüdische Volk in der Wüste. Erzählt wird (Num 11,4): »Das hergelaufene Volk aber, das unter ihnen war, befiel ein Gelüste. Da fingen auch die Israeliten wieder an zu wehklagen und sprachen: Hätten wir doch Fleisch zu essen!«, Buber (wieder hebräisch expressiver): »Aber der Mischmasch, der drunter war, / die lüstete ein Gelüst, / da weinten auch die Söhne Jißraels wieder und sprachen: / Wer gibt uns Fleisch zu essen!« Will sagen: ein disziplinloses, lustbetontes Menschen-Mischmasch und darin eine Anfechtung, Verführung für das – für dergleichen durchaus anfällige – Volk Israel. Es ist »zum Heulen«: verführt zum Weinen und Klagen über ungestillte *Fleisches-Lust.*

Wir spielen absichtlich mit dem Wort »Fleisches-Lust«; daß damit ein spezifisch gojisches »Gelüste« gemeint ist, zeigt sich daran, daß »die Israeliten« ihrerseits sich davon nur zu einem vegetarischen Heißhunger verführen lassen: »Wir gedenken / der Fischmenge, die wir in Ägypten umsonst zu essen bekamen, /

der Gurken, der Melonen, / des Porrees, der Zwiebeln, des Knoblauchs!« (Num 11,5); die Speisegesetze prägen die Triebstruktur; und »das Gelüste« von Leuten, bei denen sogar das Wort Fleisch werden kann, wirkt anders organisiert als das von Menschen, die nach Gurken gieren und die Gott dann mit Manna bedienen wird: aus Koriandersamen und anzusehen wie Edelharz (11,7).

Will sagen: Diese *Mitläufer in die Freiheit* werden als zutiefst *gesetzloses Gewimmel* erfahren; gerade wo es ums Essen, eine andere Küche geht, geht es mit anderem Geschmack immer auch um etwas gegenseitig Ungenießbares, anderen Körpergeruch (Knoblauch!), Widerwillen der Sinne, meist ganz unkontrolliert: Der Andere »schmeckt« mir nicht, ich kann ihn nicht »riechen«. Er habe gegen Juden, sogar Judenchristen immer »eine völlig irrationale Aversion herunterzuschlucken« gehabt, hat mir Karl Barth in einem inzwischen berühmt gewordenen Brief geschrieben[6] – »herunterzu*schlucken«;* und von einem verwerflichen »Instinkt« sprach er in diesem Zusammenhang auch. Das Physische ist am Geistigen etwas Reales, wie am Physischen umgekehrt das Geistige. Gojische Fleisches-Lust kann eine umfassende, aufs Ganze gehende Verführung Israels zur Gesetzlosigkeit sein. Und wir wissen übrigens auch, eine wie weittragende Bedeutung das Fleischessen und das Gemüseessen für die Bildung und das Zusammenleben einer christlichen Gemeinde hatten (1 Kor 10,25; Röm 14,2); zwischen Fleisch und Gemüse spielten gegenseitiges Verachten, gegenseitiges Verurteilen von Heidenchristen und Judenchristen eine verhängnisvolle Rolle. Am Essen scheiden sich nicht nur die Kulturen, auch die Geister. Und man kann verstehen, daß für Juden »das Gojische« etwas Widriges sein und Unmutsgefühle, physischen Widerwillen erwecken kann; das Wort »gojisch« ist davon besetzt, und wenn wir es theologisch bewußt immer wieder gebrauchen, dann durchaus mit einem Gespür dafür, was es an jüdischen Aversionen mitmeinen kann.

Auch das Wort »Mischmasch« ist in diesem Sinne psychisch besetzt, genau wie asaphsuph. Denn *falsche Mischungen* werfen schwerste halachische Probleme auf: ob Mischungen in Mahlzeiten und Töpfen, Stoffen und Materialien, Saatgut, Verwandtschaften und menschlichen Beziehungen. Wollte und könnte man Prinzipien der Halacha festlegen, wäre sicher auch eines, falsche Mischungen zu meiden, zu hindern. Bis ins höchste Geistige geht dies hinauf: Schlimmer als ein fremder Gott wäre ein mit Abgöttischem vermischter Gott; häufig zielt die Schärfe des 1. Gebots dagegen, daß jemand andere Gottheit Gott »ins Angesicht«zeichnete, ihn mit fremden Zügen entstellte, ihn so vermischte und verunreinigte; den trinitarisch erkannten Gott empfinden Juden unvermeid-

6. K. Barth, Briefe. 1961 – 1968, hg. v. J. Fangmeier und H. Stoevesandt. 1975. Nr. 260, 421.

lich so: als mit Menschlichem vermischten und darin halachisch verunreinigten und verbotenen Gott, Gott, dem Jesus von Nazareth ins Angesicht gezeichnet wäre.

Sind nun erev rav und asaphsuph »die Kirche«? Natürlich nicht. Sie sind es so wenig, wie wir Israel noch als die Kirche-im-voraus-zu-sich-selbst denken und lehren können. Aber sie *erinnern uns an uns.* Es gibt von Israel her die offene Möglichkeit, seine Grunderfahrung des Pessach als eine Geschichte zu sehen, in der eine »Vermischung verschiedener Nationen, die sich ihnen anschlossen,« mitbeteiligt gedacht werden kann: so hat Raschi (Rabbi Schlomo ben Jizchak) den erev rav umschrieben. Wir wären als Kirche jüdisch denkbar, wenn wir über uns brächten, uns als »Vermischung verschiedener Nationen, die sich ihnen anschlossen,« zu begreifen. Und auch dann sind wir es, wenn wir es in der Rolle der Versuchung und Verführung Israels zum »Fleisch« wären; wer weiß, ob nicht Paulus mit seinem heidnischen παραζηλῶσαι der Juden, »Reizen«, in Röm 11,11 auch an so etwas gedacht haben könnte? Raschi hat jedenfalls zu Num 11,4 über diese provokanten Hergelaufenen ausdrücklich erklärt, das sei eben jenes Mischvolk, das sich ihnen bei ihrem Auszug aus Ägypten »angeschlossen« hatte.

Also noch einmal: Wir wären – als wie widrig empfunden auch immer – jüdisch denkbar; so hat auch Philo von Alexandrien das erev rav von Ex 12,38 auf seine vergeistigende Weise umschrieben: »den Ausziehenden schlossen sich Proselyten an, die von der Gottesliebe der Leute beeindruckt waren« (De Vita Mosii I, 147). Wir könnten die *Kirche* als *Mit-Empor-Kömmlinge Israels* begreifen: geschichtliche Mitläufer, gesetzlos-dubios, aber Schicksals-Gemeinschaft, besser: Weg-Genossenschaft, noch besser: *Mit-Geführte Gottes.* Gott führt uns gerade nur mit mit Israel. Aber er führt uns mit. Und eben: mit Israel.

Freilich: Die Differenz bleibt. Erev rav ist kein Harmonisierungsmodell. Das »Mischvolk« kann und soll nicht zum jüdischen in-sider werden. Noch einmal taucht es auf, als Nechemja, nach der Babylonischen Gefangenschaft, die Mauern Jerusalems wieder hat errichten lassen, – als dann von Esra die Tora Gottes tagelang verlesen und gehört wurde, als wäre sie ganz neu, – als sie dann zum ersten Mal seit langem wieder ihre jüdischen Feste feierten, da geschah es auch: »Sie sonderten alles Gemisch von Jißrael ab« (Neh 13,3). Israel muß sich den Gojim immer wieder einmal frei gegenüberstellen, sich auf sich selbst zurückziehen, es kann keine Assimilations-Heiden gebrauchen. Und solange das Judentum jüdisch ist im Sinne seiner eigenen Wiederentdeckung zu Zeiten Esras und Nehemias, wird es darauf bestehen, daß es Beziehung nur in Distanz bejahen kann, es also auch *keinen christlich-jüdischen Mischmasch* geben soll. Auch wir wollen das bejahen. Nur daß wir nach den 2000 Jahren unserer elenden, nicht gesunden, sondern tödlichen und tötenden Distanz zum jüdischen Volk das Recht, ja die Pflicht haben, nach *Beziehungen* zu streben und sie zu wollen. *Mag Israel das Recht der Distanz behaupten, uns gehört die Pflicht der Beziehung.*

Noch einmal: Das ist keine »Definition«, gar eine »Wesens«bestimmung der Kirche, auch nicht das Ganze eines kirchlichen Selbstverständnisses. Als »Kirche« bildet sich eine Menschengruppe um *Jesus* herum. Er ruft und beruft sie zur Kirche. Er befreit sie vor allem aus innerer Sklaverei: Sünde, und von der Allgewalt des Todes und des Tötens. Er ist und bleibt ihre Mitte, ihr Herzzentrum; ihn verkündigt sie, vielleicht, daß sie ihn sogar – »irdisch-geschichtlich« – repräsentiert.

Aber nun tut er, was er für sie, mit ihr, durch sie tut, aus der Tiefe der Gotteserwählung heraus, derer er als Glied seines Volkes Israel teilhaftig ist. Er »ist« als Gottes Nächster: Jude, und was er für, mit und durch seine Gemeinde sagt und tut, tut und sagt er »jüdisch« nicht nur in der Form, sondern im Gehalt und in der Tendenz, in der Absicht, kurz: in Vollzug des Erwählungsdienstes seines Volkes. So ordnet er »die Seinen« den Wegen, Beglückungen und Traurigkeiten Israels zu. Diese *Zuordnung* verstehen wir als eine *Grundordnung* von Kirche, nämlich als die Ordnung ihrer primären Geschichtlichkeit: ihres Mitläufertums mit dem jüdischen Volk, dem es wie auf Verderb, so auf Gedeih zugehört: dem anderen ihrer selbst, – beileibe nicht dem »verlorenen« Sohn, sondern dem älteren Bruder des verlorenen Sohns, der schon stets beim Vater war und ihm diente (Lk 15,29).

1. *Katastrophale Zukunft*

Mit diesen ekklesiologischen Bemerkungen im Sinn kehren wir nun in den Zusammenhang unserer eschatologischen Überlegungen zurück, und da zunächst noch eimal zu der synoptisch übermittelten Zukunftsrede Jesu.

Sie richtet sich ja an seine Gemeinde, ist an seine Jüngerinnen und Jünger adressiert, genauer: an Petrus, Jakobus, Johannes und Andreas, an sie – wie es heißt – »für sich allein« (Mk 13,3) – als wären sie apokalyptische Geheimnisträger, zur Verschwiegenheit verpflichtet. Aber am Inhalt der Rede wird ja klar: Es geht um die *Zukunft der Gemeinde Jesu* im ganzen. Und das sollten wir eigens bedenken.

Zweifellos hat Jesus *welt*geschichtliche, ja sogar *natur*geschichtliche Schrecken in seiner Rede vor Augen. Aber er redet sie nicht ins Anonyme-Leere, wie es sektiererische und wir politisch-linken Schreckensapostel gerne tun: plakativ ans unbestimmte Man, wodurch so viele apokalyptische Redereien oft nicht mehr als Selbstausdruck von Apokalyptikern sind: ihrer Angst oder ihrer Eitelkeit oder ihrer Anmaßung, den ganz tiefen Durchblick zu haben auf die Wurzeln alles Übels und die Voraussicht alles dessen, was jetzt zwangsläufig kommen wird, muß.

Als 1917 die Bolschewiken ihren berühmten Aufruf: »An Alle!« erließen, war schon das etwas ganz anderes als ein bloßes Vor-sich-her-Reden ins leere Anonyme: revolutionär wollten sie »alle« mobilisieren und zu handelnden Subjekten machen; da war nichts von jenen »Geschichtsnotwendigkeiten« zu hören, die die Menschen zu Objekten des Verhängnisses degradieren und ihnen die Dampfwalze der Geschichte androhen, unter der sie jetzt zermalmt werden. Lenin rief zwar universal, aber adressatenbewußt, was den linken Nachkömmlingen, in Europa jedenfalls, meist abgegangen ist, und den apokalyptischen Sektierern auch.

Das war bei Jesus noch viel ausgeprägter. Er kannte die mit Namen, zu denen er sprach. Und vor allem: Er riß keinen unbestimmt-allgemeinen Katastrophenhorizont von der Weltgeschichte als Weltgericht auf, er sah Zukunftsgeschichte *seiner Gemeinde* voraus, wie es ihr ergehen werde, was speziell auf sie zukommen werde, auf welches Gericht *sie* sich gefaßt machen müsse. Er sprach zu denen, die Devarim verstehen, nicht zu Menschen, die nur heidnisch-panisch reagieren können. Und er sprach zu ihnen als denen, die wohl wissen, daß, was kommt, speziell ihnen gilt: das »Gericht, das am Hause Gottes anfangen« muß (1 Petr 4,17). Er sieht nicht einfach Zukunftsgeschichten voraus, sondern die Gemeinde im Zentrum – als *Adressat* und *Opfer* aller Zukunftsgeschichten und als deren *Zeuge.*

In diesem Sinne ist zuerst mit dem *messianischen Wahn* zu rechnen (Mk 13,5-6), und das betrifft natürlich niemanden so wie die Gemeinde Jesu. In diesem Sinne wird damals zwar auch in höchster Allgemeinheit von Kriegen und Kriegsgeschrei, imperialen Gegensätzen, Erdbeben, Hungersnöten gesprochen (13,7-8); aber, als sollten die vier Hörer sich ja nicht ans vage Jammertal der Welt verlieren, wird sofort, imperativisch, der *Blick auf die eigene Betroffenheit* zurückgebogen: »Ihr aber, seht auf euch selbst!« (13,9).

Jesus konzentriert weltgeschichtliche Schrecken aufs *absehbare Martyrium* seiner Freunde. Und lehrt, daß die kommende weltgeschichtliche Entwicklung etwas zu tun haben könnte mit dem Widerwillen »der Welt« dagegen, daß sie ihr das Evangelium predigen: unter allen Völkern; *der universale Weltgeschichtshorizont ist bezogen auf den universalen Völkerhorizont des christlichen Lebenszeugnisses;* darauf reagiert die Völkerwelt katastrophal.

Dann (13,14) wieder etwas, was alle die besonders angeht, die ihre Lebensmitte in Jerusalem haben: der Antigott, der *»Greuel der Verwüstung« auf dem Boden der Weltmitte,* des Tempelberges; das ist mehr als eine *innere* Katastrophe: eine Welt-Drangsal. Erschütterung aller Daseinsfundamente. Und in diesem Zusammenhang (mehr als eine literarische »Dublette«) noch einmal der Vorausblick auf »falsche Christusse« und »falsche Propheten« (13,21f); alles will die Gemeinde irreführen (13,22). Auf deren *Sammlung* aber durch die Engel des kommenden Menschensohns läuft alles hinaus (13,26f). Darum noch einmal das Summarium: »Himmel und Erde werden vergehen, meine Worte aber werden nicht vergehen« (13,31).

Diese *Konzentration der Weltzukunft auf die Gemeindezukunft* heißt nicht, die Weltkatastrophe sei etwa nur metaphorisch, bildhaft, vergleichsweise gedacht. Wir sollten schon die Züge des Weltgeschichtlichen ernstnehmen, die sich ja darin ausdrücklich aussprechen, daß, was wir allenfalls »Bild« von Zukunft nennen könnten, in der Sprache und Erinnerung real gemachter historischer Erfahrung gesagt wird; uns ist nicht erlaubt, die Zukunftsrede Jesu zu enthistorisieren und zu entpolitisieren. Dann nämlich erst erfassen wir ihre Spitze: Jesus gibt so wenig eine Prognose nur des Kirchengeschicks, Vision nächster Jünger- und Kirchengeschichte, so wenig er anonym-adressatenlos katastrophale Welt- und Erdgeschichte gibt. Er gibt Voraussicht der nächsten *Kirchengeschichte in der Weltgeschichte,* und er deutet eine Interdependenz von beiden an: die Betroffenheit der Völkerwelt durch das Wirken der Gemeinde, die Betroffenheit der Gemeinde von dem katastrophalen Geschick der Völker in der Natur, als wäre dies womöglich eine Reaktion aufs Evangelium. Darin, daß Jesus seine Gemeinde in der Welt der Völker und deren Weltgeschichte auch wie ein Reaktionsverhältnis auf die Anwesenheit und das Wirken seiner Gemeinde sieht, verkündigt er die *Struktur der Weltgeschichte als Davar, Begegnung von Wort und Welt.*

Dem denken wir unter verschiedenen Aspekten näher nach.

a. Wir erinnern uns: In seiner Zukunftsrede hatte Jesus von den »Vorzeichen des Endes« immer wieder in einer Weise gesprochen, daß seine Zuhörer die voraussehbaren Ereignisse trotz und in ihrer ganzen weltgeschichtlichen Schrecklichkeit doch als Devarim begreifen konnten, »sprechende« Ereignisse, in denen Gott nicht aufhört, zu ihnen und mit ihnen zu sprechen. Für Jesus, den Juden, und seine Zuhörer, die Juden Petrus, Jakobus, Johannes und Andreas, verstand sich von selbst, daß Geschehnisse Devarim nur sein können, wenn sie zurückverweisen auf vergleichbare Geschehnisse in der Geschichte Israels, die dort schon in das Wort der Zeugen Gottes gefaßt worden waren: der Propheten, des »Deuteronomisten«, des »Jahwisten«, »Elohisten«, des »Priesters« – und wie noch wir sie alle nennen, wer immer sie gewesen sein mögen. Als Geschehnisse, die den Bund zwischen Gott und Israel bezeugten, erhielten sie jene »paradigmatische Transparenz«, von der Schalom Ben-Chorin öfter sprach[7]: jene Kraft, über sich selbst hinauszuweisen (K. Barth) auf immer neue künftige Geschehnisse, diese also einholen zu können in den Lauf, Zusammenhang und Sinn der Geschichte Israels: in deren Zeugniskräftigkeit für Gott. Als Devarim hatten sie immer Fu-

7. Sch. Ben Chorin, Die Antwort des Jona. Zum Gestaltwandel Israels – ein geschichtstheologischer Versuch. 1956, 85.

turum in sich. Und in der Weise des Futurum, das der Geschichte Israels innewohnt, sprach Jesus auf dem Gelände des Jerusalemer Tempelberges seine Zukunftsrede.

Er sprach dort aber von der *Zukunft seiner ganzen Gemeinde,* auch ihrer erst noch kommenden Geschlechter. Die weltgeschichtliche und naturgeschichtliche Perspektive dieser Rede schließt die Weltmission der Christen in sich, wendet sich also auch an die damals noch ungeborene ökumenische Kirche: auch an die ihr künftig zugehörenden Gojim. Dies aber ist das erste, was wir ausdrücklich in unser Bewußtsein aufnehmen wollen: Jesus weist in seiner Zukunftsrede seine künftige Gemeinde, auch deren heidnischen Großteil, ein in die Devarim, also in die Israelgeschichte mit ihrem spezifischen, aus ihrer Gebundenheit an das Wort Gottes rührenden Futurum. Er schickt seine Gemeinde keinem eigenen, anderen Futurum entgegen als dem der Geschichte Israels. Scheinbar »rein« christliche Erfahrungen, wie die Verlegenheiten vor den Synagogengerichten und den Staatsbehörden, läßt Jesus bewußt stehen neben künftigen Schrecklichkeiten, die besonders die Juden berühren und die die Gojim womöglich weniger bewußt empfinden: wie den »Greuel der Verwüstung« auf dem Altar des Tempels. *Judennot und Christennot sieht er so innerlich miteinander verbunden voraus:* in *einer* Geschichte, als Mühe und Not eines gemeinsamen Weges zum Ziel. Er lehrt seine Gemeinde ein tiefstes Mitempfinden für die Zukunft Jerusalems und seines Tempels und rechnet damit, daß ein umgekehrtes Mitempfinden mit Christen bei Juden entsteht, wenn sie vom Drang der Weltgeschichte in eine gemeinsame Zukunft getrieben werden. Er sieht die Zukunft von Juden und Christen und Menschen ungetrennt und unvermischt: als Zukunft ihrer Not. Auch die Nicht-Juden haben die Zukunftsgeschichte Israels vor sich.

b. Von der künftigen Geschichte wird aber *weltgeschichtlich* gesprochen. Von Kriegen und Kriegsgeschrei ist die Rede, – Hungersnöten und Familienzerstörungen, – Konkurrenz und Antinomien zwischen Völkern und Reichen. Und es wird *naturgeschichtlichlich* gesprochen, von Erdbeben und unnatürlichen Himmelsbewegungen, kosmischer Unordnung. Daß auch davon, wie wir zeigten, in der Weise der Devarim gesprochen wird (vgl. oben S. 150), heißt nicht, daß wir die Geschichte, wie Jesus sie sieht, einer eigenen Kategorie zuweisen dürften, etwa der einer »Heilsgeschichte« oder »Unheilsgeschichte«, an der das Weltgeschichtliche nur sekundäre Bedeutung hätte, allenfalls nur fatales Medium einer tieferen oder eigentlicheren Geschichtlichkeit wäre, nach der es Gott um nichts als Gericht und Heil, jedenfalls um »das Theologische« ginge, aber nicht um das Gesellschaftliche, Politische, das in diesem Sinne Universale daran, und auch natürlich nicht um etwas Kosmisches, gar Kosmologisches. *Devarim bilden* aber *keine Geschichte eigener Art,* sie sind das von Gottes Wort begleitete weltgeschichtliche, völker-, familien-, reiche- und naturgeschichtliche Geschehen.

Und so sollten wir Jesu Zukunftsrede auch nicht so deuten, daß wir das Weltgeschichtliche nur als Außenform einer eigentlich nur individualgeschichtlichen Relevanz deuteten. Die Weltgeschichte ist die Geschichte von *Kollektiven,* sie sind die Objekte und Subjekte alles Geschehens. Darum sieht Jesus die Zukunft hier auch im Blick auf das Kollektivum seiner künftigen Gemeinde ab.

Selbstverständlich wirkt sich Weltgeschichte immer auch auf die einzelnen Menschen aus, sie zwingt – vor allem in Krisenfällen – jeden und jede unter ihre objektiven Bedingungen und jede und jeden zu einer oft erschütternden inneren Auseinandersetzung mit den Ereignissen, die bisherige Daseinserfahrung, bisheriges Weltverständnis fundamental infragestellen und, wenn's gut geht, verändern können. Niemanden läßt die Weltgeschichte ungeschoren, und individualgeschichtlich kann man auch das nennen, daß weltgeschichtliche Ereignisse mich selbst von mir tief entfremden können, so daß ich mich nicht mehr wiedererkennen, mich selbst nicht mehr verstehen, aber auch so, daß ich im Verhältnis zu mir selbst dadurch verändert werden kann und mein Verhältnis zu anderen Menschen, geistigen Herausforderungen der Zeit, zu bisher mich überzeugenden Verbindlichkeiten und Bindungen »sich« ändert, mir verändert wird; oder ich ändere es auch. Diese individualgeschichtliche Seite ist ja in der Zukunftsrede Jesu ausdrücklich da. Nicht jeder und jede befindet sich in der Stunde der Krise auf dem Dach seines Hauses und muß auf der Flucht einen Mantel im Hause (einen »Koffer in Berlin« 1958 beim Chruschtschow-Memorandum) zurücklassen; das ist lokalgeschichtliches Kolorit von Palästina und eher individuelle, nicht universale Perspektive. Und ebenso die Erwähnung von schwangeren Frauen und stillenden Müttern: Ihre besondere Not repräsentiert für Jesus die individualgeschichtliche Wirkung aller Weltgeschichte.

Aber diese Dimension hebt nicht auf, daß das Individualgeschichtliche nur geschildert wird als Betroffenheit vom Weltgeschichtlichen; dies ist das Geschichtliche schlechthin, – Herz und Seele bleiben hier auf der Strecke, – die »Geschichtlichkeit« des menschlichen Existierens ist hier nur in-volviert ins Politische und Kosmische gesehen.

Deswegen mögen viele grundsätzliche Theologen diese Zukunftsrede nicht, nicht das Apokalyptische an ihr, und bevorzugen für ihre theologische Aufnahme Jesu lieber Aussagen von einer Geschichtlichkeit des ganz persönlichen Glaubens, der nicht verflochten ist mit Politik und Gesellschaft, Natur und Katastrophen. Sie schätzen die Geschichte, die zwischen Gott und der Seele spielt – die von individueller Erkenntnis der Sünde und existentiellem Widerfahrnis der Freisprechung und Gerechtmachung des Gottlosen – für theologisch und christlich-kirchlich wichtiger, »eigentlicher« ein als die weltgeschichtlichen Erfahrungshorizonte in der Verkündigung Jesu. Aber Jesus will eben auch von der Zukunft *der Welt* sprechen, und vor allem: Für die Zukunft seiner Gemeinde, der Kirche, sieht er gar keine andere Möglichkeit, als sie in den Lauf der Welt verflochten zu sehen: Er selbst verflicht sie in die Weltgeschichte.

c. Er sieht aber die Weltgeschichte realistisch. Sie hat in seiner Rede nichts zu tun mit *Idealen,* wie wir sie aus der deutschen Klassik kennen, z.B. von einer Erziehung des Menschengeschlechts[8] zu seiner eigenen Höherentwicklung und inneren größeren Vollkommenheit; nichts mit einem Vorankommen von den Stammes- und Nationalgeschichten zur großen Geschichte der Menschheits- und Weltgemeinschaft; nichts mit der Weltgeschichte als dem philosophisch Universalen, wozu sie im Denken des deutschen Idealismus, etwa bei Hegel, wurde; nichts mit ihr als einer Kategorie des Historismus und seiner Relativitäten; schon gar nichts mit ihr als dem einzig entsprechenden universalen Pendant für das Universale Gottes, also nichts mit Weltgeschichte als einer theologischen Kategorie; damit dann auch nichts mit Augustins civitas terrena im Verhältnis zur civitas Dei, nichts mit Joachim von Fiore, den großen altkirchlichen und mittelalterlichen theologischen Denkern der Geschichte[9].

Jesus sieht die Weltgeschichte realistisch, heißt: Er sieht sie als *Katastrophen*geschichte. In ihr leben wir Menschen nur von Aufschub zu Aufschub, jede historische Entwicklung begrenzt die vorangehende und ist, indem sie beginnt, schon ihrerseits begrenzt von der ihr mit Gewißheit folgenden; immer wieder begrenzt eine Kriegszeit die eben erst mühsam errungene Friedenszeit; eine Regierung löst die andere ab, ein Regierungssystem das andere; Hungerzeiten folgen auf Phasen von Prosperität; kapitalistisches Wirtschaften verläuft in Zyklen von sog. Aufschwüngen der Wirtschaft, und dann drohen wieder sog. Rezessionen; das Auf und Ab der Börsen ist ein tägliches Thermometer und ein Spiegelbild für permanente, unruhestiftende Bewegungen der Weltgeschichte. Natürlich bringen Phasen der Weltgeschichte nicht nur Destruktionen, – dem Destruktiven folgt auch Konstruktives, und es ist nicht auszuschließen, daß, beobachtet man nur die Ausschnitte konstruktiver Phasen, man zwischen ihnen vielleicht sogar so etwas wie Fortschritte zum Guten entdecken kann: im Schneckentempo nur, aber doch; aber nur ein harmloser Optimismus kann das für das Wesen oder Gesetz der Weltgeschichte ansehen – kaum eine Generation, die nicht von der Gegenbewegung eingeholt und alsbald in bittere Desillusionierungen gestürzt würde. (Ich schreibe dies in der dritten Woche des Golfkriegs 1991, in der die junge Generation deutscher Pazifisten schwerste Anfechtungen ihrer Überzeugungen durchmachen muß). Weltgeschichte ist Katastrophengeschichte im Sinne einer Bedeutungsmöglichkeit des griechischen Wortes καταστροφή: Sie ist Geschichte permanenter Wendungen, Wendegeschichte und darin die Wirklich-

8. G. E. Lessing, Die Erziehung des Menschengeschlechts. 1780.
9. Vgl. K. Löwith, Weltgeschichte und Heilsgeschehen. (Meaning in History, 1949). 1953.

keit, insofern sie uns nicht in Ruhe läßt; Wirklichkeit, auf die wir *nicht* bauen können, – *Wirklichkeit in ihrer tiefsten Unverläßlichkeit.*

d. Nun hat ein alter Araber uns einmal, 1959, an der Theke des Hotel Petra, gleich hinterm Jaffa-Tor in der Altstadt von Jerusalem, beim dritten Arrak gesagt, als wir mit ihm von Israel sprachen, das damals noch weit jenseits des jordanisch schwer bewachten Jaffators lag: »Ach, wissen Sie: Das Leben ist stärker als die Politik.«

Die Menschheit schien damals noch nicht totzukriegen, und es war eine alte Erfahrung der Völker, wie sie auch der georgische Stalin vielleicht noch geteilt hatte mit seinem Propagandaspruch: »Die Hitlers kommen und gehen. Das deutsche Volk bleibt«; er wollte uns damit moralisch aufbauen für seine Ziele. Bisher ist solch orientalisches Daseinsvertrauen zum Glück noch nicht widerlegt. Die Lebenssysteme, die wir uns schaffen, sind nicht das Leben, die Politik nicht, die Weltgeschichte nicht. Das *nackte* Dasein *relativiert* die Ansprüche und die Bedeutung des Politischen, es gibt eine Geschichte *vor* aller Weltgeschichte (so wie wir sie im Abendland, speziell in Europa, begreifen wollten). Ein nicht geringes Stück der europäischen Inhumanität beruht darauf, daß wir immer verbissener die Lebensgeschichte mit der Weltgeschichte *in eins* setzten; wir entschlugen uns je länger je mehr möglicher Lebenserfahrung *jenseits der Politik,* gerade wir Intellektuellen, und das gab unserer Politik oft Züge schrecklicher Grausamkeit, gibt uns bis heute einen beklemmenden Unverstand für Völker und Kulturen, auf die unsere Politk nur brutal wirkt, weil sie eben nichts von einem Leben weiß, das stärker ist als die Politik – und entsprechend kaum etwas von einer Lebensart ohne die Dominanzzwänge der Politik und der Weltgeschichte; trotz der großen Bedeutung der Wirtschaft für unser Lebenssystem verstehen wir kaum etwas vom antik-orientalischen Wesen des Marktes, des Handelns, Verhandelns und der Ordnung, die darin liegt, daß schließlich nur eine Hand die andere wäscht und ein auch nur kleiner Geschäftsabschluß auf dem Basar wie ein richtiger Bundesschluß mit einem Essen besiegelt wird. Wir haben uns statt des Hin- und Her-Handelns auf dem Markt, durch das sich das Leben erhält, das politische Gesetz gegeben: Dinge und Menschen müssen *be*handelt werden, nach übergeordneten Prinzipien, Normen, Gründen, Zielen: fiat iustitia, pereat mundus, mag das Leben sehen, wo es bleibt.

Allerdings haben in allen, auch den früheren Zeiten und Kulturen die großen Imperien sozusagen schon im voraus die politische Rationalität Europas gekannt und vollzogen auch über die Völker der alten Welt. Sie kannten die Vernunft der Weltgeschichte als imperiale, reichsgründende, übergreifende und unterordnende und dabei auch unterwerfende Vernunft. Wir im christlichen Abendland haben ja *unsere* Reichsvernunft absichtlich von der des Imperium

Romanum ableiten wollen, und dies wiederum hatte ja das Erbe aller der Imperien in sich, die es sich einverleibt hatte. Die *monotheistische Reichsvernunft* wollte immer die Götter unterwerfen[10]: die Wächter der Pluralität: ob das in Ägypten geschah oder in Babylonien, in Persien oder bei Alexanders Diadochen; und natürlich war auch die Gegenreformation ein Stück solcher Reichsvernunft, weil die Reformation das göttlich geordnete mit einem göttlich unfaßbar freien Leben zu bedrohen schien. Wenn Jesus in seiner Zukunftsrede nicht nur »Volk wider Volk«, sondern auch »Reich wider Reich« sich erheben sah (Mk 13,8), sah er wirklich Weltgeschichte vor sich, wie der Orient sie schon kannte und das Abendland sie später »machen«, auch gedanklich formulieren würde.

Aber er kannte – vielleicht gut orientalisch oder gut volkserfahren – auch ihre *Grenze*. Er sah sie im Zeichen ihres Endes. Und stellte sie in dies Zeichen.

Wenn man die Geschichtssicht seiner Zukunftsrede als »endgeschichtlich« bezeichnen will, sollte man diesen Begriff nicht von vornherein »mythologisch« deuten (sofern auf apokalyptische Zukunftsvision ein Begriff des Mythologischen überhaupt anwendbar wäre). Es bleibt ein zunächst rational nachvollziehbarer Gedanke, wenn Jesus die *Katastrophen*geschichte in ein Zeichen ihres *Endes* stellt. Wir müssen daraus noch nicht – »mythologisch« – ein »Ende der Geschichte« überhaupt, aller Geschichte herauslesen. Dieser Gedanke wäre doch nur zu verstehen, wenn man alle Weltgeschichte von vornherein als Katastrophengeschichte sähe. Aber das *ist* sie nicht; sie ist die Geschichte eines ewigen Auf und Ab, eines dauernden Sich-Begrenzens diverser Mächte, Gestalten und Wahrheiten gegeneinander. Und Jesus *sagt* das nicht; er spricht vom τέλος der Geschichte, die er als *Katastrophen*geschichte vorausgesehen hat. Mit der wird Schluß sein.

Und ferner: Er verwehrt ausdrücklich die bei manchen Pietisten und Fundamentalisten so beliebte Gleichsetzung von Katastrophengeschichte mit »der« Endgeschichte (was immer das sei). Das Wort »Ende« benutzt er in seiner Rede überhaupt nur, indem er erklärt: Alle diese Katastrophen seien »noch *nicht* das Ende« (Mk 13,7), und das Ende stehe überhaupt noch aus, darum müßten wir in den Katastrophen das Ausharren bis ans Ende erst noch lernen (13,13). Das Ende bleibt der Katstrophengeschichte gegenüber noch ausständig, ist ihr nicht inne. *In noch so großen Katastrophen werden wir nicht »das Ende« erleben.*

»Endgeschichtlich« ließe sich also die Zukunftsperspektive Jesu nur insofern nennen, als sie auch unsere Zukunft immer noch *vor* dem Ende liegen sieht und daß er ihr freilich ein Ende ankündigt: das Ende *dieser* Zukunft. Ablesen läßt

10. E. Peterson, Der Monotheismus als politisches Problem. Ein Beitrag zur Geschichte der politischen Theologie im Imperium Romanum. 1935.

sich aus den Katastrophen, die wir erfahren, nichts. Lernen aber sehr wohl: die Zähigkeit des Ausharrens bis ans Ende; ohne Übertreibung können wir sagen: die Zähigkeit des Lebens und Überlebens in den Brutalitäten der Weltgeschichte und der Politik.

2. Weltgeschichte und Gemeinde

Aber nun wollen wir versuchen, diese Zukunftsrede Jesu auf uns zu beziehen.

Zunächst: *Das Weltgeschichtliche ist das Politische.* Das heißt aber, daß wir uns grundsätzlich die Aufgabe stellen sollten, einen dogmatischen Zusammenhang auch für diese Seite der Wirklichkeit zu finden, weil sie eine der Verkündigung Jesu ist.

Dafür haben wir bisher keine klassische Überlieferung; das Politische und Weltgeschichtliche waren stets dogmatisch beiläufig gehalten worden, wenn sie überhaupt in der Entwicklung der Lehre vorkamen. Allenfalls fanden sie in der Sozialethik einen Platz, jedoch nicht in der Dogmatik, also nicht im Nachdenken über Gott, seine Menschenbünde (also: seine Offenbarung), sein Wort, seine Verheißungen, sein Gesetz, seine Sendung, seine Befreiungen von Sünde, Tod und Teufel. In unserer ganzen bisherigen Arbeit bemühten wir uns zu zeigen, daß und inwiefern es an der Bibel vorbeigeht, diesen Aspekt der Wirklichkeit theologisch auszuklammern; was wir das »biblische Wirklichkeitsverständnis« nannten, steht und fällt damit, daß wir das »Handeln Gottes« als ein Geschehen zwischen Israel und den Völkern begreifen und darin eingeschlossen zwischen Männern und Frauen, Schwestern und Brüdern, Eltern und Kindern, Sklaven und Freien, Reichen und Armen, Genossen und Genossinnen, und noch einmal darin eingeschlossen auch zwischen Gott und der Seele, der Seele und ihrem Gott: also als ein Geschehen in der realgeschichtlichen Dimension. Unsere Lehrer haben in den beiden vorigen Generationen so unter einem *Druck* der Weltgeschichte gestanden und darunter gelitten, daß sie mit Hilfe einer existentialen Interpretation der Schriften über die Allgewalt des Politischen hinwegkommen, ihr als etwas Abgöttisch-Molochhaftem begegnen wollten. Das sollte die Politik nicht zum »schmutzigen Geschäft« abstempeln, an dem Christen sich »nicht die Finger schmutzig machen« dürfen; es sollte nur ein *Protest für die überlegene Freiheit Gottes* über allen Interessenmißbrauch, alle Manipulationen Gottes durch die Politik bekunden, vor allem aber dafür, daß *Gott* wirklich *kein Politikum,* d.h. weder in seiner aktuellen Bedeutung noch in seiner »Existenz« und seinem »Wesen« *verhandelbar* ist (denn Verhandeln ist das Wesen des Politischen): logisch verschieden disponibel, – ethisch so oder so wertebestimmt, – metaphysisch oder eben auch weltgeschichtlich-politisch legitimierend. Vor allem sollte der Politik verwehrt werden, als alle und alles bewegendes *Schicksal* aufsteigen zu können: eine Allmacht *neben* Gott, und praktisch dann immer sogleich *über* ihm. Es sollte protestiert werden dagegen, daß »Gott« nur ein Interpretament des höheren, gar allerhöchsten Geschicks würde – wozu er spätestens seit dem 18. Jahrhundert, im bürgerlichen Zeitalter, schon geworden war. Existentiale Interpretation (im spezifischen Bultmannschen oder auch einem wie immer weiteren Sinne dieses Begriffs) sollte dagegen »Gott« als *Angriff* auf jede Form menschlicher Unfreiheit, Assimilationswilligkeit, vor allem auf Selbstvergessenheit und Untergangsbereitschaft im wogenden Meer des Politischen ins Feld führen: Gott zur Rettung des wirklichen Menschen gegen jenen Schein von sich selbst, den wir Menschen in unseren gesellschaftlichen Rollen erzeugen, wenn wir uns mit ihnen in eins setzen. Die Überzeugungskraft einer existentialen Interpretation der Schriften bezieht sie aus dem Drohcharakter der Weltgeschichte und alles Politischen und daraus, daß eine »politische Religion«, z.B. eine civil religion, uns selbst als katastrophale Wesen bejaht.

Aber diese – im Kampf des ersten Gebotes um Gott und uns wohlbegründete – Seite der biblischen Verkündigung besitzt eine Kehrseite: Jesus sendet die Seinen wie Schafe mitten unter die Wölfe (Mt 10,16). Das Weltverhältnis der Christen ist danach kein Naturverhältnis, – *das In-der-Welt-Sein* auch kein Existential (= allgemeine Grundbefindlichkeit eines *jeden* sich selbst bewußt werdenden menschlichen Daseins), es ist *ein Sendungsverhältnis;* wir *sind* nicht in der Welt, wir sollen in die Welt *gehen,* Jesus sendet uns in sie. Das aber setzt Bestimmungen von Mensch und Welt ganz anders, als sie in Kategorien des Natürlichen oder in allgemeinen Existentialen erfaßt werden können. Davon jetzt.

»Welt« ist, biblisch gesehen, *Handlungs*raum für Gott und die Menschen. Sie ist es gerade auch als »Schöpfung« Gottes. Sie ist diejenige Wirklichkeit, die nicht »einfach so da« ist. Zwar ist sie schon als Natur Geschichte, so sehen es heute auch Naturwissenschaftler[11]. Aber als »Schöpfung« entspringt Natur nicht ihrer ihr innewohnenden Evolution, sondern: dem »Sprechen« Gottes, – dem »Scheiden« Gottes, – dem »Rufen« Gottes, und sie ist da als »Ein Tag« (Gen 1,5), als »zweiter Tag« (1,8), als »dritter Tag« (1,13) usw., d.h. in der Zeitform kleinmenschlicher und alltäglicher Erfahrung zwischen Erwachen und Einschlafen.

Die *Zeitform* der Natur als *»Schöpfung«* ist aber die des *Arbeits*tages, der hinläuft zum *Ruhe*tag des Schabbat (Gen 2,2-3). Die Welt als »Schöpfung« wäre also als *das Zeitwerk Gottes, des Arbeiters,* zu verstehen, und der Mensch wird erschaffen, seinerseits in bezug auf alles von Gott Erarbeitete, Geschaffene, in gleicher Weise als Nutznießer so auch als Bearbeiter zu wirken, mit der von Gott

11. C. F. v. Weizsäcker, Die Geschichte der Natur. Zwölf Vorlesungen. 1948. ²1954.

gesprochenen, unterschiedenen, benannten und je ihrem spezifischen Arbeitstag zugeordneten Natur zu »schalten« und zu walten. So ist sie – als »Schöpfung« – nicht einfach Naturraum, sondern Arbeits- und Handlungsraum, *Kulturraum* im weitesten Sinn dieses Wortes, mit der besonderen Bestimmung, im Laufe von Tag zu Tag, aber auch mit der Zielrichtung der Tagesläufe zum Ruhetage hin, als *Geschichtsraum* erfahren zu werden.

An täglicher Arbeit orientiert, bekommt hier das, was »Geschichte« dabei heißen soll, etwas unpretentiös-Alltägliches; geschichtliche Wesen sind wir als Arbeiter und als Ruheständler von unserer Arbeit; was da alles passiert, was wir – arbeitend – tun und erleiden, gewinnen und verlieren, lernen und wieder vergessen, ordnen und zerstören, gut machen und schlecht, aber auch, was wir ruhend versäumen, »auf sich beruhen lassen«, luxuriös verschleudern oder einfach auch träge oder übermüdet verschlafen, das alles ist in Abfolge und Zusammenhang erste Geschichte.

Daß wir aber arbeiten in ständigem Bezug auf das, was *Gott* sprechend, scheidend, rufend, benennend, zeitlich zuordnend seinerseits an Natur erarbeitet (nicht nur: einmal erarbeitet *hat;* denn »Schöpfung« ist nicht Produktion der Natur und ihrer Evolution, sondern ist jenes *nie aufhörende* Sprechen, *nie beendete* Scheiden, *nie erschöpfte* Rufen, Nennen und Benennen der Dinge, – nie hört Gott damit auf, *uns* Natur *zu*zusprechen, *zu*zuweisen, sie uns sprachlich *vertraut* zu machen, sie dem Lauf unserer Tage *zu*zuordnen), bedeutet, daß unsere täglich kleinen Geschichten mit der Welt Wirkformen der viel größeren Geschichte sind, der die biblische Schöpfungserzählung nur als Vorwort zugeordnet ist: der Geschichte des *Bundes* zwischen Gott und Israel und allen Menschen, – in ihm der Geschichte des jüdischen Volkes und aller Völker, – und *in* ihm, *zwischen* ihm wieder auch des Häufleins der Christen und vieles anders mitlaufenden erev rav.

»Schöpfung« ist die *Einweisung* der *Bundes*genossen Gottes in die Natur: derer, die aus weltgeschichtlicher Erfahrung *schon wissen,* was es heißt: Gott spricht, scheidet, ruft, zeitigt. Es ist die immense geschichtliche Erfahrung der babylonischen *Gola,* der die Schöpfungserzählung entspringt; die weltgeschichtliche Not zeichnet sich in das biblische Verhältnis zur Natur ein; der seines Landes historisch beraubte Teil des jüdischen Volkes sucht jetzt die Welt als seinen weiteren Handlungs- und Lebensraum, – die Berufung in die Bundes- und Weltgeschichte findet neue Bewährungsmöglichkeiten in bezug auf die Welt als solche: unter den gleichen Grundbedingungen, unter denen bisher schon die Volksgeschichte, die politische, erfahren worden war: Gott spricht, scheidet, ruft und benennt, zeitigt einen Tag nach dem anderen und hält das Ziel fest: die Ruhe.

Abstrakt: Die Schöpfungserzählung ist eine der oft vorkommenden großen *Transformationen* von einer geschichtlichen Erfahrung in die andere. Viel später werden z.B. Gottesdienst und Tempel *in den Himmel* transformiert; wenn und solange sie sich in Jerusalem nicht halten lassen, wird die alte Analogie von Erde und Himmel das Mittel sein, die Geschichte Israels festzuhalten am Geschehen des Willens Gottes: wenn nicht auf Erden, dann im Himmel. In der »Schöpfungs«erzählung haben sie dagegen versucht, die Einheit ihrer Geschichte festzuhalten, indem sie den Raum ihres Angerufenseins von Gott *aus dem* kleinen, ihnen vorübergehend verlorenen *Land ins Weite der Welt* projizierten. So gesehen, ist die biblische *Schöpfungserzählung Weltgeschichte im Vollzug,* in sich ein Politikum, nichts *Vor*-Geschichtliches.

Daher kommt es, daß die Schöpfungserzählung *auch Eschatologie* sein kann. Israel und die Christen sind gelehrt worden, auf einen »neuen Himmel«, eine »neue Erde«, ein »neues Geschöpf« zu warten (Jes 65,17); das zeigt schon, daß die erste Schöpfung offen für Eschatologie gedacht worden war. Daß es Apokalyptiker gab, die sich der Zukunft in »Weltwochen« zu nähern meinten, bleibt biblisch möglich, weil schon die Welt als Schöpfung Gottes in Tag- und Nachtzeiten von sieben Tagen einer Woche erfahren wurde und weil die Gezeiten der Schöpfung zielgerichtet auf einen Tag hin gesehen wurden, an dem Gott »vollendet« hatte seine Arbeit, die er machte, »und feierte am siebenten Tag von all seiner Arbeit, die er machte« (Gen 2,2), – auf einen Tag hin, den er dann »segnete« und »heiligte« (2,3). Das ist nicht nur *ziel*gerichtete Sprache, sondern eben auch Sprache bevorstehender *Vollendung.* Von »Schöpfung« ist somit nur eschatologisch zu reden in Sprache der Hoffnung, nicht positivistisch, in Sprache der Gegebenheiten. Weltschöpfung zielt auf Weltvollendung. Die Welt ist nicht nur Ort *für* Geschichte, sie ist in sich, d.h. für Israel und uns alle der Handlungsraum der Geschichte, gehört so selbst der Geschichte zu und macht das, was in ihr geschieht, eo ipso zur *Welt*geschichte.

So ließe sich verstehen, was es heißt, wenn Jesus die Seinen in die Welt sendet, von Jerusalem bis ans Ende der Erde: von der Bewegung der in die babylonische Gola Geführten her, denen »die Welt« als Handlungsraum des Gottes erschlossen wurde, der *auch dort:* spricht, scheidet (= erwählt), ruft, benennt und zeitigt.

Nicht, als wäre die Sendung der Jesus-Jünger »dasselbe noch einmal anders« wie Israels Verschleppung in die Gola. Aber die Sendung der Jesus-Jünger in alle Welt ist in den Erfahrungen der Geschichte Israels schon etwas – »theologisch« – Erschlossenes. Kein Zufall, daß auch das jüdische Volk diese *Not* der Gola als Chance seines Zeugnisses für Gott vor dem Forum der Völker begriff; Zerstreuung bekam »Sinn«, d.h. wurde als Auftrag, Dienst Gottes ergriffen, und wird es bis heute. So hören wir z.B. von Chajjim ben Josef Vital, einem bedeutenden Lehrer der (lurianischen) Kabbala aus S'fad (1542 – 1620), die Aussage: »Das Geheimnis, warum über Israel verhängt ist, daß alle Völker der Welt es versklaven: Es soll aus den Völkern jene göttlichen Funken herausholen, die unter sie gefallen sind. Und darum war es notwendig, Israel in alle vier Winde zu zerstreuen« (Sefer Halikkutin 89^{b})[12]. Mit dem Wort von dem erlösungsbedürftigen göttlichen Funken ist das natürlich gnostisch-kabbalistisch gedacht; uns beschäftigt es nur als ein Beispiel dafür, daß Israel das Exil nicht nur als Strafe und Prüfung, sondern auch als einen Auftrag begreifen konnte. So wählt Jesus seinen Jüngern ihre Zerstreuung zu: »je zwei und zwei« (Mk 6,7), und gibt ihnen alle Welt, alle Völker zu ihrem Handlungsraum, so werden sie, wie die Zerstreuten Israels, zur Mission Gottes in der Welt.

a. Die missio des absonderlichen Gottes trifft auf den Widerstand der Welt

Was heißt unter diesem Aspekt: *Weltmission,* – was weltgeschichtliche Mission Israels und der Jesus-Anhänger, – zu welchem Handeln schafft Gott den Seinen die Welt zum Handlungsraum, – zu welcher Geschichte, welchem Ziel?

Die Grundantwort darauf klingt so banal, wie sie herausfordernd – bedrohend und beglückend zugleich – ist: Es soll *in der Welt Raum geschaffen werden für das Loben Gottes,* und zwar ein solches, das aus freien Seelen und von laut hörbaren Stimmen vernehmbar wird.

Schon dies sind zwei Bedingungen, die sich nicht leicht erfüllen lassen. Denn ein für das Gotteslob freies Inneres muß ja den Bedrückungen des Alltags und den inneren Unfreiheiten, die er meistens schafft, erst abgerungen werden. Selbst wenn wir uns noch vorstellen könnten, daß Menschen als gute Geschöpfe Gottes von Hause aus, vielleicht sogar: »von Natur aus«, offene Seelen für Gott, eine ursprüngliche παρρησία, Offenheit, besäßen – unsere Lebenserfahrungen, der Trotz der Sünde, den sie in uns wecken, machen uns innerlich eng und schnüren uns die Kehlen zu; für ein Loben Gottes können wir nur selten tief durchatmen; freie Seelen sind nur befreite Seelen.

Und noch mehr Hemmungen gibt es gegen das Lautwerden des Lobes Gottes *in der Welt.* Gerade der Lobes-Hymnus hat etwas Demonstratives, genau wie das freie Bekenntnis. Da wird Gott »großgemacht« (Ps 35,27; 92,5: LXX: μεγαλυνθῆναι), und so etwas geschieht faktisch immer im Trotz, Protest, Widerspruch gegen anderes anspruchsvolles Große: als dessen Herausforderung; es ist sicher kein Zufall, daß das biblische Buch der Psalmen die Sammlung von Lobgesängen Israels im Psalm 2 mit Spott- und Hohnversen über »Erdenkönige« und ein »Munkeln« der »Erlauchten« gegen Gott und seinen Gesalbten *beginnen* läßt (Ps 2,2); sie machen *alle* folgenden Psalmen zu Protestliedern. So nimmt es – umgekehrt – nicht wunder, wenn R. R. Geis historisch betont, daß

12. Zitiert bei R. R. Geis, a.a.O. 146.

»der Gottesdienst der Synagoge« mit seinen Gebeten, Bekenntnissen und Segnungen »stärkste Impulse gerade aus den Situationen erhalten (hat), die eine Normalgeschichte nur als negativ empfinden könnte. Das babylonische Exil, die Religionsverfolgungen unter Syrern und Persern, die Judenverfolgungen des Mittelalters sind hier die Stationen, an denen man die Gnade des Unterliegens, die Kraft der Machtlosen ablesen kann«[13].

Vor allem hat es das Loben Gottes in der Welt aber schwer des *Gottes* wegen, den Israel frei und laut loben will. Denn der ist schlechterdings eigenartig und eigensinnig im Vergleich mit dem, was neben ihm sonst »Gott, Welt und Mensch« heißt.

Er ist – wenn wir von ihm schon in Begriffen sprechen wollen (was ihm jedoch noch nicht gemäß ist) – In-Begriff von *Unangepaßtem.* Nicht in dem von Rudolf Otto geformten allgemeinen religionsgeschichtlichen und religionspsychologischen Sinn des »Ganz Anderen«, sondern in dem vom frühen Karl Barth entwickelten einer *radikalen Verneinung, von Krisis und Protest und darin: Offenbarung.* Anders – in der Bedeutung des in *jeder* Beziehung Unvergleichlichen (weltbildlich, religiös, philosophisch, ästhetisch, politisch, religionsgeschichtlich, psychologisch). Damit ist Analogielosigkeit gemeint, begrifflich-komparativisch sowieso, denn Gott geht über jeden Begriff, mehr noch in einem militanten praktischen Sinn: Überall da, wo wir ihn – etwa als Theologen – in begriffliche Analogie bringen, ihn z.B. mit dem höchsten Sein aller Philosophen in Vergleich bringen wollen, – mehr noch, wo wir uns, geleitet von irgendwelchen analogen Erfahrungen, zu ihm verhalten wollten (z.B. stolz oder demütig, erschauernd oder vertraut), streitet er aggressiv gegen unsere Analogiezwänge und stürzt sich in den Widerspruch seiner Freiheit von Menschen und Welt. Gott, wie ihn die Bibel beider Testamente bezeugt, ist in einem beständigen Selbstbefreiungskampf um die Behauptung der ihm eigenen Gottheit, seiner Unverwechselbarkeit, Un-Greifbarkeit, Un-Verfügbarkeit begriffen. Wieder, wollten wir ihn in (ihm freilich auch hier noch unangemessene) Begriffe fassen, müßten wir sagen: Dieser ist In-Begriff von *Selbstbefreiung* gegenüber jedem nur denkbaren Zugriff, Greifenden und Be-Greifenden. Er sperrt sich gegen alles, was »Religion« erzeugt (Not, die angeblich oder wirklich beten lehrt, – Ehrfurcht vor dem Leben, – Genuß eines Kunstwerks, – Erfahrung eines Gelingens usw.) – nach welchem schlichteren oder komplizierteren Verständnis von so etwas wie »Religion« auch immer. Und das Entscheidende daran ist, daß es sich dabei um *immer neue Akte freier Selbstunterscheidungen Gottes* handelt, die sich niemals zu einem in sich irgendwie konsistenten »Phänomen« eines unfaßbaren »Gottes«, nicht zu einem kritischen, nicht affirmativen, gar negativen Gottesbegriff, ei-

13. A.a.O. 20.

nem Typus von Gottheit (»Hochgott« oder dgl.) festigen lassen, daß er sich vielmehr von religiösen und theologischen Fixierungsbedürfnissen gerade derer befreit, die unter allen Gottheiten gerade ihn loben, als Theologen gerade ihn bedenken wollen: mehr als gegen Verehrer anderer, fremder Gottheit und Religion. Dieser Gott entzieht sich gerade der ihm geltenden Religion, ist die Religionskritik an den ihm Verbundenen, seine Freiheit wirkt er gerade auch gegen die aus, die »an ihn glauben«, besser: gerade ihm trauen, also gegen *jüdische* und *christliche* Analogiezwänge, die *Zwänge des Bekenntnisses;* er ist der gerade für die »unmögliche« Gott, denen er zum Grund ihrer selbst, ihres Daseins und ihrer Freude geworden ist.

Die biblischen Erzählungen beider Testamente ließen sich fast ausnahmslos als Zeugnisse für eine Religionskritik des Gottes Israels an den religiösen Bedürfnissen, Handlungen, Institutionen, Lehrformen der ihm geltenden Ergebenheit darstellen, und was wir – inzwischen bis zur Unbrauchbarkeit affirmativ -«Offenbarung« nennen, ist der Widerspruch Gottes gegen seine religiöse Domestizierung. Gott schützt sich mit dem »Wort Gottes« davor. Denn »Wort Gottes« ist, als viva vox, lebendiges Wort und kann als solches nicht eingehen in geprägte Form. Wir können es »hören«, es auch »bewahren« (Lk 11,28), aber nur in existentiellen Akten, die sich mit Worten wie »Gehorsam des Glaubens« (Röm 1,5; 16,26) oder »Tun« (Mt 7,24.26; Lk 8,21) bezeichnen lassen, also nur mit Begriffen einer *Aktualität, die Konstanz durchbricht* – aus Gewöhnung, Sitte, Stil, Tradition (auch in ihren psychischen Instanzen) herausreißt und bald wieder schwindet; auch da, wo Aktualität Gottes im »Gebot« innere Konstanz im »Gesetz«, in der Tora hat, nötigt das »Lernen« der Tora immer wieder zu den Akten des »Tuns«, in denen allein sie ihren Sinn und ihre göttliche Absicht hat. Dies Tun aber hat nichts Rituelles, kann nicht wiederholt werden; Gott mag das *Geplärr* der ihm geltenden Lieder *nicht* hören, so wenig er die ihm geltenden Feste *riechen* mag (Amos 5,21-23); aber auch gegenüber einem ethischen Verhalten, sofern es sich zu einem Habitus von Ethos oder Moral verdichten würde, hält er sich im Abstand des »Vielleicht« – ulai -: »Hasset das Böse, / liebet das Gute, / das Recht setzet im Tor ein,« (institutionalisiert es!) » / Gunst schenkt dann *vielleicht* ER, / der Umscharte Gott, / dem Überreste Josephs« (Amos 5,15); dieser *Gott hegt auch gegenüber einem Pathos der »Praxis« Vorbehalte.*

Etwas abstrakter ausgedrückt: dieser Gott ist der Feind eines jeden Gottes*begriffs,* Gottes*phänomens,* irgendeiner *Kategorie* von »Göttlichem«, von höherem »Wesen«, von »Macht«, »Heiligem«, von »Hierophanie«, von »Numinosem« – und sogar eines kategorial gedachten »sui generis«; denn er bildet auch kein *eigenes* Genus, setzt sich vielmehr als Jhwh in immer neuen Widerspruch gegen sich selbst als Elohim, sich als *Name* gegen sich als »Macht«, sich als »Barmherzigkeit« gegen sich als »Gerechtigkeit«. Sein Selbstbefreiungskampf gegen alles, was ihn greifen und be-greifen will, ist nur eine Aus-Wirkung des Grundwiderspruchs, der seine *innere Lebendigkeit* ausmacht, seines *Kampfes um sich selbst.* Wer in sich so unausgeglichen ist, wie Dieser, – sich immer erst selbst neu besinnen, bestimmen und darin als Gott *erwählen* muß, sperrt sich jeder Eindeutigkeit, auch jeder Zweideutigkeit und Mehrwertigkeit, denn er hat kein Leitprinzip seiner Bedeutung in sich, genauer: So, wie er uns begegnet, ist er uns nicht erschlossen, ist er für jede allgemeine Bedeutung un-umgänglich. Dieser Gott führt nicht nur Menschen ins Abenteuer, er ist eines in sich selbst, und diese »Innenperspektive«, die sicher auch die der jüdisch-christlichen »Religion« ist, ist aber – mehr als dies – eine dieses Gottes selbst, so wie diese »Religion« ihn erfährt, kennt und benennt. Er spezifiziert sich nicht als »ein« Gott, er kämpft um sich als Gott, und was er als Dieser dann »endlich« sein wird, hat er noch nicht entschieden; denn auch er weiß noch nicht, was und wer er sein wird, wenn er »Alles in Allem« sein wird (1 Kor 15,28). *Dieser Gott ist eine durch und durch »eschatologische« Wirklichkeit,* und dies gar nicht nur in bezug auf Menschen und Welt, sondern – eben darin – auch im Bezug auf sich selbst. Er hat sich – gerade als Gott –, wenn es um sein »Wesen«, seine »Macht«, seine »Erscheinung« und (sei's denn) seinen »Begriff« gehen sollte, noch vor sich, mindestens in der Weise. daß er sich mit sich selbst zur ihm eigenen Einheit bringen wird: die seiner Gerechtigkeit mit seiner Barmherzigkeit, seiner Barmherzigkeit mit seiner Gerechtigkeit; und also so, daß er dann – widerspruchslos – als der *in sich geeinte* wirklich der *eine* Gott sein wird: mithin überhaupt Gott.

Diese Ab-Sonderlichkeit dieses Gottes verschärft sich in ihrer »Welt«-Bedeutung aber nun noch dadurch, daß sie selbst Folge der exklusiven und in ihrer Wirkung extremen Bindung an ein einzelnes, weltgeschichtlich unscheinbares Volk unter den vielen Völkern der Menschheit ist – und für immer bleiben wird. Dieser Gott ist der *Gott der Juden, ehe er der Gott der anderen Menschen ist,* ist partikular scheinender »Volksgott« (im Sinne eines entsprechenden religionsgeschichtlichen Typus), ehe er »universaler« Menschheitsgott ist. So sehr dieses »ehe« auch Signal für einen geschichtlichen Weg (sei's denn: auch einer religionsgeschichtlichen »Entwicklung«) ist, signalisiert es doch in der Hauptsache ein historisch unüberwindbares theologisches Verhältnis: Dieser Gott will als ein Menschheitsgott nur wirken, *indem* er der Gott des jüdischen Volkes war, ist und bleibt – Menschheitsgott nur »als« Gott Israels. An dieses Volk hat dieser Gott sich *gebunden.* Was immer er als »ein« Gott bedeuten möchte, will er nur als Gott unter Bedingungen dieser Bindung sein. Es ist die Folge seiner Erwählung Israels und seines mit dem jüdischen Volke geschlossenen und für immer ungekündigten Bundes, daß er selbst ein in diesen Bund sich bindender Gott ist, wir können sagen: Gott nur in dieser geschichtlichen Begrenzung, die auch eine historische Begrenztheit nicht scheut. Sie wirkt sich folgendermaßen aus.

b. »Gott und Israel sind Zwillinge«

An Israel hängt er sich in einer Weise, die ihn auch innerlich abhängig macht vom Wohl und Wehe, der Treue und Untreue dieses Volks. Er lebt als ein mit Israel *korrelierendes* Wesen – diese in der theologischen Diskussion zumal der Zwanziger Jahre und besonders von Karl Barth und seinen Freunden (besonders gegen Paul Tillich[14], aber eigentlich die ganze liberale Theologie des 18. und 19. Jahrhunderts) schwer bestrittene Bestimmung ist doch unvermeidlich: als eine *bundes*theologische Formel. Sie entzieht sich insofern jedem analogia-entis-Vorwurf (der einst im Hintergrund jener Diskussion stand), als *diese* Korrelation eine der freien und souveränen Selbstbestimmung und Selbstbindung dieses Gottes ist, – also etwas anderes als ein Gebot menschlicher Gotteserkenntnis und der Analogiezwänge, unter denen sie sich wähnt, wenn sie sich allgemein denkbar ausweisen möchte. Es handelt sich weniger um eine von Theologen gern diskutierte erkenntnistheoretische oder logische, vielmehr jene *praktische* Korrelation, die ihren klassischen Sitz im Leben vor allem in der mündlichen Tora Israels hat, im rabbinischen, talmudischen Judentum also.

Dort ist sie eine *Korrelation der Dankbarkeit,* die die jüdischen Lehrer, die am Praktischen interessiert sind, zu fragen nötigt, was Israel -außer für sich – vor allem *für Gott tun* kann. Dies Volk ist so *gesättigt* von Erfahrungen, daß Gott es am Leben hält, liebt, befreit, gebrauchen kann, – ist auch so *erschüttert* von der Schicksalsgemeinschaft, die Gott immer neu mit ihm bewährt, vor allem davon: daß er es immer noch *nicht* preisgegeben hat, seiner noch nicht müde geworden ist – daß es einen inneren Sinn, zarteste Sensibilität dafür entwickelte, was für eine Zumutung es auch für Gott bedeuten muß, die turbulenten Wege Israels unerschöpft mitzugehen. Das jüdische Volk weiß darum von mehr als bloß den äußersten gott-menschlichen Beziehungsweisen der »Gnade« und des »Zorns«, des »Erbarmens« und des »Gerichts« – es weiß auch etwas von den »Schmerzen«, der »Sehnsucht«, dem »Bangen« und »Hoffen« Gottes für sich und sein Volk, vom »Verstummen« dieses so aufs Wort setzenden Gottes, von dem »Schwachwerden« dieses Gottes, der doch auch so »stark« sein kann: und um Israels willen sein möchte. Im Vergleich damit wirkt die christliche Theologie erbärmlich arm bei der Aufnahme von Lebensäußerungen Gottes, scheint auch erschreckend grob in der Fixierung dialektischer oder antipodischer Paare von Verhaltensweisen Gottes (»Gnade« – »Zorn«, »Gerechtigkeit« – »Barmherzigkeit« usw.: ohne Zwischentöne); vor allem scheint sie auch unempfindlich für die mit solchen Worten bezeichneten Wirklichkei-

14. Vgl. P. Tillich, Systematische Theologie. Band I. 1956, bes. 73ff (Die Methode der Korrelation).

ten, wenn sie sie zu theologischem Denk- und Gedankenstoff macht, sie dogmatisch womöglich bloß als »Eigenschaften« Gottes ins problematische Verhältnis zu einem davon verschiedenen oder damit zusammenfallenden »Sein« oder »Wesen« Gottes bringt. Sie zeigt sich darin praktisch teilnahmslos an seinem Leben, lebt selbst nicht in Beziehung zu diesen *Betreffbarkeiten und Betroffenheiten Gottes* durch uns Menschen: denn *darum* handelt es sich. Wieviel gotteserfahrener sehen wir daneben das rabbinische Judentum. Ihm scheinen viel mehr Lebendigkeiten, Lebensregungen Gottes erschlossen als uns christlichen Theologen. Und das hängt wohl damit zusammen, daß die Lehrer Israels existentiell auf Gott reagieren statt ihn begrifflich festzusetzen; was sie in der Summe generationenlanger Erfahrungen zu einer uns christliche Theologen doch fremd anrührenden Grundeinstellung brachte: Sie übernehmen *Verantwortung für Gott,* sehen sich berufen und genötigt, Gott im Kampf um sein Gottsein zu helfen, beizustehen, – durch Inhalt und Weisen ihres Betens, Handelns, Leidens weniger um ihr »Heil« als um Ihn-selbst, sein Ansehen, seine Glaubwürdigkeit, seinen »Namen« in der Welt besorgt zu sein. Wo zumal protestantische Theologie um Mensch und Welt »coram Deo«, vor dem Angesichte Gottes, streitet, streitet rabbinische Lebensunterweisung um den Namen Gottes coram populis, vor dem Angesichte der Völker durch das Zeugnis Israels. Das jüdische Volk lebt das Immanu-El, Gott-mit-uns, in einem Wir-mit-Gott und Wir-für-Gott: in der Welt. Die 613 mizvot der mündlichen Tora sind überhaupt nicht Gebote der »Heilsbeschaffung« für die Menschen (wie antijüdische theologische Polemik immer behauptet), sondern letztlich für Gott: daß Er – gleichsam – heil durch die Welt kommt. Jedenfalls ist das ein entscheidendes Sinnelement am sog. jüdischen »Gesetzesgehorsam«.

»Zwischen Gott und Israel ist ein Vertrag geschlossen, daß sie einander nie verleugnen« (Lev r 6). »Gott und Israel sind Zwillinge« (Pesikta rabbati 70[b]). »Wenn Israel den Willen Gottes erfüllt, dann wird sein Name groß in der Welt. Wenn nicht, wird sein heiliger Name entweiht« (Mech zu Ex 15,2). »Als Gott Israel aus Ägypten erlöste, erlöste er sich selbst mit ihnen« (Mech zu Ex 12,4 // j Sukkot 54 c). »Der Heilige, gelobt sei Er, nennt alle Israeliten (ohne Ausnahme) seine Verwandten« (j Brachot 13[b]). Sie *können* etwas für Gott tun. Spr 19,17: »Wer sich des Geringen erbarmt, leiht dem Herrn«; dazu b Baba bathra 10a: »Wenn dies nicht ein geschriebener Schriftvers wäre, könnte man so etwas gar nicht sagen – als ob so etwas überhaupt denkbar wäre!« Vor allem aber: »Ihr seid meine Zeugen, spricht Er, und ich bin Gott. Wenn ihr meine Zeugen seid, bin ich Gott, wenn ihr nicht meine Zeugen seid, bin ich nicht Gott« (Pesikta de Rav Kahana 102[b]).

c. *Israel – der Exponent Gottes*

Diese Gott-Jüdische Bundesbindung bedeutet *für alle anderen* Menschen – und Gottheiten! – eine unerhörte *Zumutung.* Wollen sie es mit diesem *Gott* zu tun bekommen, bekommen sie es unvermeidlich mit *diesem Volk* zu tun. Dies Volk *als solches* (sie *alle* sind seine Verwandten, nicht nur die Gerechten und die Treuen unter ihnen) vermittelt diesen Gott *historisch,* indem es den Völkern die Bibel vermittelt; Augustin nannte die Juden die »Bibliothekare Gottes«; es vermittelt Gott so aber in Gestalt der Erzählung von seiner eigenen, jedoch für alle anderen Völker und Menschen stellvertretend gedachten Geschichte, seinen Lebens- und Überlebenskämpfen in der Welt, seiner Selbstkritik vor diesem Gott und durch ihn, zugleich mit seiner tätigen und bekennenden »Antwort«[15] auf das Wort in den gebietenden und erbarmenden Worten dieses Gottes, – zugleich also auch mit seiner »Religion«. Wirklich »historisch« vermittelt es Gott aber vor allem darin, daß es *andere nicht* auf seine eigene Antwort *verpflichtet,* sondern ihnen die ihre freigibt. Nur so wurde es möglich, daß Israels Gott auch zum Gott der christlichen, muslimischen, säkularen Menschheitsantworten werden konnte. Israel bewahrt seiner Überlieferung das ihr eigene »historisch *Relative*«, auf anderer Antworten Bezogene, nicht-Doktrinäre, und darin: wirklich Historische.

Doch mehr noch: Wer es mit diesem Gott zu tun bekommen will, bekommt es wie mit den jüdischen Antworten auf Gott, so erst recht mit dem *Volk* der Juden als den je lebendigen *Zeugen* dieses Gottes zu tun. Wir werden über die Formen, in denen dieses Zeugnis Nichtjuden begegnet, später noch mehr sagen. Hier haben wir zunächst nur die Tatsache als solche zu bedenken.

Christen, Muslime und die Menschheit insgesamt haben versucht, zum *Gott* Israels ein Verhältnis *an Israel vorbei* zu finden; sie versuchen es noch heute, lösen ihn von seinem Volk, bestreiten ihm seine Bindung, zumal seine tiefe Gebundenheit an dieses Volk, leugnen die Gott-Jüdische Symbiose: die »Verwandschaft«, »Zwillingschaft« und den darin sich äußernden Eigenwillen Gottes. Sie wollen Gott humanisieren, entnationalisieren, ihn schlicht: *entbinden* aus seinem Bund. Sie erklären diese Bindung nur als Ausbund der »jüdischen Religion«, die keinen Nichtjuden verpflichten könne, pochen auf ihre eigene Unmittelbarkeit zu Gott. Sie berufen sich auf die Vorordnung der biblischen Schöpfungserzählung vor die biblische Bundeserzählung, – auf Abraham, den »Ur«-sprünglichen, aus Ur entspringenden Goj und stellen ihn Abraham, dem Vater Isaaks und Jakob/Israels voran – in einem schlimmen »ursprungstheologischen«[16]

15. G. v. Rad, Theologie des Alten Testaments. Band I, Die Theologie der geschichtlichen Überlieferungen Israels. 1962, 366ff (Israel vor Jahwe [Die Antwort Israels]).
16. Zum Begriff des »Ursprungsmythischen« vgl. P. Tillich, Die sozialistische Entscheidung. 1932. ^{2}1948, 24ff.

Mißverständnis der Sprache, Situation und damit der Bedeutung, die die biblischen Erzählungen von der Schöpfung und von Abraham haben: als Erzählungen vom Israelbund und seinem Auftrag inmitten der »Welt« und ihrer Menschheit. Ist man aber erst eimal auf diesem Weg, dann ist man auch schnell damit bei der Hand, das biblische Zeugnis von dieser Bindung als eine *jüdische Anmaßung* abzuwerten, als nationale Befangenheit: statt als Zeichen der in seinem erwählenden Handeln wirksamen Prädestination, deren tiefstes Wesen die darin virulente freie Selbstbestimmung Gottes ist. In extremis führte das dazu, das jüdische Volk zu *verdrängen:* theologisch zuerst, – geistig-seelisch zugleich, – es sich durch Vertreibungen und Verfolgungen *aus den Augen zu schaffen,* – schließlich es vom »Antlitz des Ackers« *auszurotten* –, um so den Eindruck von einem juden-freien Gott zu gewinnen und ihn auch von innen her – theologisch – zu entjudaisieren. Daß Antijudaismus – in welcher seiner historischen Erscheinungsformen auch immer – mit dem jüdischen Volk gerade den »jüdischen«, also den Israel-gebundenen Gott meinte, ist alte deutsche Tradition; Hitler, der das auch so sah und sagte, war darin nur Erbe, auch von Theologie, Philosophie, kultureller »Geistigkeit« im Abendland[17]. In Wirklichkeit macht aber die Entbindung Gottes und Israels voneinander die gottlos, die dies tun, und dies Tun ist – jedenfalls wenn es nach biblischem Verstande gehen soll – in sich ein Tun der Gottlosigkeit: Verfügung über Gott, die in Wahrheit ein Dekret gegen ihn ist: Da toben, »tosen die Weltstämme, / murren Nationen – ins Leere! / … wider IHN, wider seinen Gesalbten« (Ps 2,1-2). Sie, die so tun, wollen, indem sie Gott von Israel lösen, sich selbst von Israel entbinden: »Sprengen wir ihre Fesseln, / werfen wir ihre Seile von uns!« (Ps 2,3). In diesem heidnischen, gottlosen Willen zur Selbstbefreiung von Israel tobt sich der Wahn aus, Beziehung zu Gott haben zu können ohne Beziehung zum Volk, zum »Sohn« Gottes (Ps 2,7); dies ist der Wahn der christlichen, muslimischen, menschheitlichen Gottlosigkeit schlechthin: der Wunsch, Gott ohne geschichtliche Fremdheit, ohne Widerhaken und Gegenständlichkeit, ihn in Unmittelbarkeit statt in Entfremdung zu haben; und erst recht der Wahn, Gott wäre ein Wesen des Gleichen, gleich-gültig einem jeden Wesen, Volk, Stamm, Menschen (während es doch gerade geschehen kann, daß er wohlgefällig auf Abel und sein Opfer blickt, auf Kain aber und sein Opfer sah er nicht: Gen 4,4-5, – oder den Jakob liebt, doch den Esau haßt: Röm 9,13, – dann aber auch wieder »das Volk, das nicht mein Volk ist« »mein Volk« nennen wird »und die Nichtgeliebte Geliebte«: Röm 9,25). In Wahrheit begegnen wir jedoch Gott nur, indem wir diesem Volk begegnen. Denn *es ist in seiner Existenz der erste Zeuge Gottes:* in zeitlichem, aber auch qualitativem Sinn Erster.

17. Vgl. J. Heer, Gottes erste Liebe. 1967.

Damit meinen wir mehr als bloß einen historischen, gar nur chronologischen Vorsprung. Den auch. Doch Israel ist den Völkern *theologisch* unendlich voraus. Sie haben diesem Volk die Botschaft von diesem Gott zu danken; ohne seine Vermittlung hätten und wüßten sie nichts von ihm, wären sie »ohne Gott in der Welt« (Eph 2,12). Aber Israels Vorzug besteht nicht nur in seinem Beruf, *Tradent* der Gottesbotschaft, erster Gotteserfahrung und sogar Gottes selbst zu sein (wie Judas nach der Voraussicht und dem Willen Jesu sein Tradent an die Römer – an sie stellvertretend für die nichtjüdischen Völker – war: Mk 14,18). Wie Tradent, ist das jüdische Volk viel mehr noch *Exponent* Gottes: Zeichen, Signal, leibhaftiger Hinweis auf ihn, so wahr, daß, wer sich an Israel vergreift, sich eben damit an Gottes Augapfel vergreift (Sach 2,12), dem Organ, durch das Gott die Welt sieht; der also blendet Gott, raubt ihm die Sicht auf die Welt, die Völker, die Menschheit, der Israel anrührt in der Integrität seiner Existenz, denn Gott schützt sie und sich in ihr (Dtn 32,10).

Etwas abstrakter gesagt: Israels ausgezeichnete Bedeutung als Zeuge Gottes besteht darin, daß es seinerseits das von Gott bezeugte Volk ist. Es »steht in der Bibel«, was man von nur wenig anderen Völkern sagen kann. Gott bezeugt seine eigene Lebendigkeit und Geschichtlichkeit *am* Leben und der Geschichte dieses Volks. Dies Volk ist darin einzigartiger Zeuge Gottes, daß es Gegenstand und Inhalt aller Zeugnisse Gottes ist. *Es bezeugt ihn daraufhin, daß er es zuvor bezeugt.*

Darin kommt ihm eine Bedeutung zu, die christliche Theologie bisher nur an Jesus wahrgenommen hat. Auch der heißt der treue und wahre Zeuge Gottes (Offb 1,5; 3,14), lebt, wirkt, leidet, stirbt, ersteht in diesem Beruf; und ist zugleich der, für den Gott Zeugnis ablegt vor aller Welt (1 Joh 5,9). Aber eben so – und ihm voraus – das ganze Israel. Es will reden von Gottes herrlicher schöner Pracht (Ps 145,5); und zugleich ist es Ihm »ehrenwichtig« (Jes 43,4), will Er »Völker rufen« lassen, »die du nicht kennst, und Heiden, die dich nicht kannten, werden zu dir hereilen um des Herrn, deines Gottes, um des Heiligen Israels willen: weil er dich verherrlicht«, »denn er läßt dich prangen« (Buber Jes 55,5), – »SEIN Ehrenschein, / über dir ist er erstrahlt« (Jes 60,1). An Israel erstrahlt Gott.

Wie Jesus ist also auch das jüdische Volk nur als eine *christologische* Wirklichkeit zu begreifen, will vor allem sagen: eine, an der Gott sich selbst definiert, d.h.: bestimmt und – begrenzt. R. R. Geis sagte, daß am Sinai »mehr als nur ein Vertrag« entstanden sei; »Gott und Israel werden hier theopolitisch zu einer Einheit zusammengeschlossen«[18]. Es hat also nichts mit einem modernistischen Israel-Positivismus zu tun, ist auch kein Ausdruck irgendeines »Philosemitis-

18. R. R. Geis, a.a.O. 125.

mus«, die beide sich hier – freilich unverständig – unter Verdacht stellen ließen. Wir nehmen Israels Bedeutung so wenig am Augenschein Israels wahr, wie sich Jesus durch Augenschein als »Sohn Gottes« wahrnehmen ließe. Wir projizieren auch weder Schuld- noch Wiedergutmachungsbedürfnisse unseres Schuldbekenntnisses auf Israel, wenn wir ihm jenen »Vorzug« einräumen, von dem ja lange vor uns Paulus gesprochen hat: τό περισσόν τοῦ Ἰουδαίου: Röm 3,1. Und nicht einmal irgendeinem schnöden, theologisch unaufgeklärten Biblizismus geben wir nach, reden etwa nur deshalb so, weil es so – in der Tat! – geschrieben steht. Dies auch.

Doch ist die Tiefe und Einzigartigkeit und – das Anstößige der Zeugenschaft Israels schlicht darin begründet, daß *Gott sich selbst nach den Namen* der Väter Israels benennt und »offenbart«. »Und weiter sprach Gott zu Mosche: / So sollst du zu den Söhnen Jißraels sprechen: / ER, / der Gott eurer Väter, / der Gott Abrahams, der Gott Jizchaks, der Gott Jaakovs, / schickt mich zu euch. / Das ist mein Name in Weltzeit, / das mein Gedenken von Geschlecht zu Geschlecht« (Ex 3,15). Jesus hat ihm eben diesen Namen bestätigt, und zwar als einen mehr als bloß historischen Erinnerungsnamen, als er sagte: »Was aber die Auferstehung der Toten betrifft, habt ihr nicht gelesen, was euch von Gott gesagt ist, welcher spricht: ›Ich bin der Gott Abrahams und der Gott Isaaks und der Gott Jakobs?‹« (Mt 22,31f). Und Jesus lehrt uns, was das besagt: »Er ist nicht ein Gott von Toten, sondern von Lebendigen; denn ihm leben sie alle« (Lk 20,38). Das heißt ein Doppeltes: *1.* Gott hat sich »in Weltzeit« mit jüdischen Menschennamen gezeichnet. *2.* Er hat sich, indem er sich selbst mit den Namen der Erzväter Israels zeichnete, zugleich mit den toledot, den Zeugungen, Nachkommen, dem diesen Vätern entsprungenen Volk »von Geschlecht zu Geschlecht« gezeichnet. Eben darin sind die Väter, von denen Gott seinen Eigen-Namen angenommen hat, für ihn nicht tot, keine historischen Runen, kein Duft des Todes an ihm, sondern »ihm leben« die Väter alle: in den jüdischen Töchtern und Söhnen dieser Väter, wie wir sie unter uns haben bis auf diesen Tag. *Gottes Name läßt sich nicht entjudaisieren.* Sein Name bindet uns an die, die *ihm nicht Tote* sind, sondern alle, alle ihm leben. *Israel-Theologie ist eine, in der wir uns bemühen, den Namen Gottes auszulegen und die Geschichte durchzubuchstabieren, die er benennt, ja: in sich hat. Von Israel muß geredet werden um Gottes willen.*

Diese Zeugenschaft ist, ehe sie eine der Lehren und des Lehrens ist, eine der *nackten Existenz.* Israels Dasein als solches bezeugt Gott. Dies ist Folge davon, daß sie »Zwillinge«, »Verwandte«, zu einer »theopolitischen Einheit zusammengeschlossen«, eine nur christologisch zu denkende Wirklichkeit sind. Allerdings müssen wir eine Analogie des »christologischen« Inkarnationsgedankens hier meiden. *Gott »wird« nicht »Fleisch« in Israel, Israel wird nicht Gott.* Wohl aber müssen wir sagen, daß das reine Dasein Israels das reine Dasein

Gottes bezeugt, weil zuvor Gott seine »Existenz«, sein uns Menschen zugewandtes Leben, an der »Existenz« Israels bezeugt. Doch ist der *gegenseitige Existenzbeweis* kein logischer, sondern *ein geschichtlicher.* Daß Israels nacktes Dasein, sein »pures« Existieren, Gott bezeugen kann, läßt sich nicht auf der Ebene einer Seinsreflexion behaupten, weil es nur der harte Kern, Brennpunkt, kelal jener Geschichte ist, in der Israel ganz anders vielfältig, formenreich, beziehungsreich in Worten und Werken Gott bezeugt. Gott hat es ja zum königlichen Priestertum, zum heiligen Volk berufen (Ex 19,6), es in die Tora-Verfassung eines sich heiligenden und darin für Nichtjuden beispielhaften und reizvollen Lebens eingewiesen: als Lob und Werbung für seinen Gott; »eine solche Existenz allein ist schon Mission«[19]. Seinem Gotte und sich bundesgemäß lebend, war die Existenz eines heiligen Volkes aber immer, im ganzen Gang seiner Geschichte, eine *Herausforderung aller anderen,* weckte Bewunderung, aber auch Neid, auch Widerspruch, auch Spott, auch Haß. Es weckte auch Verfolgung, Verschleppung, Ausweisung, Tötung. Es war – den Zahlen und der Lebensverfassung nach – eine Minoritäten-Existenz, also immer ausgesetzt dem Unterwerfungswillen der Mehrheiten. Und die Minorität wurde immer wieder im Gang der Geschichte weiter reduziert bis auf den winzigen »Rest« eines Volksteils oder des ganzen Volks selbst, so daß der Begriff des »Restes« zu dem einer geschichtlichen Daseinsbestimmung Israels werden konnte (Jes 7,3; 10,20f; 11,16; 28,5 usw.). Israel lernte sich als »Gottes Minorität« verstehen (R. R. Geis) und mußte schließlich das Martyrium in einer Weise zu sich selbst gehörend erfahren, daß es es mit dem »Heiligen des Namens Gottes« geradezu in eins setzte: Kiddusch-ha-schem. Erwählung, sagte R. R. Geis, muß mit dem Gedanken vom Rest zusammengedacht werden. »In der Welt der Propheten erhält diese Vorstellung ihre letzte Vollendung, jedoch muß sie lange vor ihnen existiert haben. Dem biblischen Menschen ist ›der Rest‹ ein sehr Vertrautes. Die Sintflutgeschichte, die Erzählung von Sodom, die Strafen nach der Versündigung beim Goldenen Kalb und bei der Rückkehr der Kundschafter, die Verhängung der vierzigjährigen Wüstenwanderung und die geringe Zahl der Bewahrten des Stammes Benjamin nach der Greueltat von Gibea sprechen davon. Es ist eine Selbstverständlichkeit, daß viele verworfen, wenige aufgehoben werden. Das ist keine theologische Theorie, sondern eine Erfahrung in der ganzen Breite des Daseins, mit ihr rechnet man. Der biblische Mensch ist von anderer Art als der moderne, seine Einstellung ist realer, er erwartet gar keine ›Versicherung‹ in allen Lebenslagen. Es ist kein Zufall, wenn die jüdische Heilsgeschichte sich in der Subtraktion und nicht in der Addition manifestiert, wenn Auserwählung eine Minderheit sucht, aus der nötigenfalls immer wieder

19. Ebd.

von neuem eine Minderheit ersteht, wenn Erwählung den Schwachen und nicht den Mächtigen meint und die Verheißung des Anfangs von den vielen, die mit den Sternen des Himmels und dem Sand des Meeres verglichen werden, nur als eine Verheißung des Endes gelten läßt«[20].

Wegbereitung und Wehen II: Der Unruheherd Israel

Zur welt-politischen Dimension der Mission Israels gehört nun erst recht jene Unangepaßtheit des ihm verbundenen Gottes, die darin besteht, daß er mit seinem Volk *im anstößigsten Sinne real-politisch* kommuniziert: Er verheißt dieser bodenlosen Menschengruppe ein Stück ihm *ursprünglich fremden Landes,* erwählt es ihr zu und macht es über Jahrtausende hin zum kritischen Medium ihrer gegenseitigen Beziehung.

1. Die Verheißung des Landes

Gottes und seines Volkes Verhältnis zum Land Israel ist kein »Dogma«, d.h. kein Lehrstück, mit dessen Anerkennung das Gottesheil steht oder fällt, wir verstehen es rein historisch, es gehört in unseren Augen also in die Wechselhaftigkeit und Relativität, die alles Historische ausmachen. Dennoch müssen wir darüber dogmatisch sprechen, denn in seiner ganzen Relativität ist dies Verhältnis *zugleich* der dramatische Brennpunkt, in bezug auf den Gott sich auf Israel, Israel sich auf Gott beziehen, gleichsam das *Sakrament ihrer Zuwendung zueinander.*

Denn das *Land ist das Ziel,* auf das hin Gott sein Volk aus dem Sklavenhause Ägypten befreit; der Auszug in die Freiheit bildete keinen Wert in sich, wies über sich hinaus; der Zuspruch des Landes war das Ziel der Freiheit – und es bedeutet einen empfindlichen Mangel von Befreiungstheologien, wenn sie sich zwar auf den Exodus stützen, die Landgabe als Ziel aller Befreiung aber meistens übersehen.

In der *Abrahamsgeschichte* wurde diese Grundstruktur der Volksfreiheit archetypisch, d.h. für immer sprechend, vorweggenommen, denn Gott berief schon Abraham heraus aus seinen alten Bindungen an »Vaterhaus und Freundschaft« und bewegte ihn danach zu einer langen Wanderung »in das Land, das ich dir zeigen werde« (Gen 12,1); archetypisch für ganz Israel ist – außer dem Ziel des Landes – also auch die Länge des Weges dorthin, – sind die vielen Umwege und Hindernisse, die sich Abraham entgegenstellen, nicht zuletzt das Auf und Ab

20. Ebd., 125f.

von Landgewinn, Landverlust und wieder neuem Landgewinn, also das historische Auf und Ab auf den Wegen zu diesem Ziel[21]. Die Bedeutung, die das Land hat, dürfen wir von den schwierigen Wegen nicht trennen, auf denen es zu erreichen ist, gerade darin hat es sein Historisches.

Aber noch weiter zurück: *Auch die biblische Schöpfungserzählung* sollten wir bereits als eine *Landgabe- und Landnahmegeschichte* lesen. Wie Gott seinem Volk das *Erez* Israel winken läßt, so allen Menschen die *Arez,* die Erde, beiden *»gibt«* er sie, beiden als etwas, was er ur-sprünglich für sie »bestimmt«, ihnen schafft, auf das sie keinen Anspruch anmelden, das sie verspielen können und tatsächlich oft genug verspielen; die *Sündenfall-Erzählung* (Gen 3) wirkt ebenfalls archetypisch wie *die Vorauserzählung des Landverlustes,* der Vertreibungen aus dem ihnen von Gott gegebenen Land, die das Volk Gottes in der Zeit seiner biblischen Geschichte immer wieder, mehr als einmal, erfahren, erleiden mußte. Aber umgekehrt wirkt der *Gan Eden,* in den Gott den Menschen setzte (Gen 2,8), gleichbedeutend dem »Land, da Milch und Honig fließt«, in das sein Volk hineinzuführen Gott »herniedergestiegen« ist (Ex 3,8).

Dies »Herniedersteigen« zeigt, wie tief Gott sich dafür engagiert, Israel ins Land zu bringen. Er tut dies in einer Lebensbewegung seiner selbst; will sagen: Israels Verhältnis zum Land können wir, bei aller Historizität, durchaus nicht als etwas »bloß Historisches«, etwa theologisch Nebensächliches abtun oder in seiner Bedeutung herunterspielen; wir sollten es nicht einmal nur als ein Werk der allgemeinen Vorsehung Gottes, mit der er die menschlichen und geschichtlichen Dinge auf Erden begleitet, ansehen. Israel ins Land zu führen, entspringt seinem innersten Willen, er läßt sich davon zu einer ihm ganz eigenen Lebensbewegung hinreißen, einem jarad, einem Herunterziehen aus seiner Höhe abwärts in die weltliche Tiefe, einen Abstieg, im theologischen Jargon benannt: Gott rettet sein Volk aus der Hand Ägyptens, »es aus jenem Land hinaufzubringen nach einem Land, gut und weit« in einem Akt seiner eigenen *Kondeszendenz,* er setzt sich selbst dafür ein, Israels Landbeziehung entspringt *ihm.* Er steigt *hinab,* damit Israel *hinaufziehen* kann in das Land (Alija); die eine Bewegung vollzieht sich in zwei Gegenbewegungen: Sein Hinab-, ihr Hinaufziehen, der Struktur nach eine christologische Figur: Er erniedrigt sich, damit sie erhöht würden.

21. Vgl. F.-W. Marquardt, Von Elend und Heimsuchung der Theologie. Prolegomena zur Dogmatik. 1988, 318ff.

a. Die anstößige Landverheißung

Diesem inneren, im Wahrsten *theologischen* Sinn entsprechen auch Beobachtungen zur Sprache, in der wir die biblischen Landverheißungen zu hören bekommen. Das Hauptwort, mit dem die biblischen Zeugen benennen, daß Gott Israel »das Land« verspricht, heißt schaba, nischba = *schwören.* Unter den vielen Stellen des Tenach, in denen wir hören, daß Gott etwas »schwört«, erzählt die Mehrzahl, daß er seinem Volk »das Land« zuschwört; wollen wir ihn selbst als einen *Israel* verschworenen Gott bedenken, heißt das vor allem: Er hat geschworen, Israel das *Land* zu geben. Das macht den Kerngehalt dessen aus, was er schwört.

Darum herum schwört er gewiß auch anderes. So vergißt er nicht »den Bund deiner Väter, den er ihnen beschwor« (Dtn 4,31). Daß er sein Volk mit starker Hand aus dem Hause der Dienstbarkeit *herausführte,* darin wahrte er den Schwur, den er »euren Vätern zuschwor« (Dtn 7,8). Wenn Israel auf Gottes *Rechtsgeheiße* hört, sie wahrt und tut, dann »wird ER dein Gott dir wahren den Bund und die Huld, die er deinen Vätern zuschwor« (Dtn 7,12). Im Buch Devarim (Deuteronomium) ist Gottes Schwören stark ausgeprägt sein Beschwören des Bundes (Dtn 8,18). Doch darin faßt sich nur jene Schwurgeschichte zusammen, die sonst überall, und auch im fünften Buch des Tenach, das Zuschwören des Landes ausmacht. Dies ist aber Zentralgehalt alles Schwörens Gottes. Er schwört freilich auch, daß die Mütter und Väter Israels viele *Nachkommen* durch die Zeiten hin bekommen sollen. Aber auch diese Nachkommensverheißung steht überall in Zusammenhang mit der Landverheißung; Gott schwört, daß es immer ein Volk fürs Land, vor allem aber: immer dies Land für dies Volk geben soll. Die Nachkommensverheißungen hören wir heute (gequält von Auschwitz und den Folgen) vor allem als eine *Überlebens*verheißung für das jüdische Volk. Doch biblisch gesehen ist das nicht das Ganze, denn wie die Befreiung aus dem Sklavenhause Ägypten die Gabe des Landes zum inneren Ziel hat, so alles Überleben von Juden in allen Feueröfen ihrer Leiden das Gewinnen des Landes, das Gott beschworen hat. Um dieses Ziels willen hält er eine wie geringe Minderheit der Generationen Israels auch immer am Leben.

Und noch ein Moment gehört zum Schwur Gottes: Die verheißenen Nachkommen der Väter und das Ziel des Landes bekommen im Schwören Gottes ein Mittelglied: daß »er dich« – Israel – »heut sich zum *Volk* errichte / und er dir zum Gotte werde, / wie er dir redete, / wie er deinen Vätern, Abraham, Jizchak, Jaakob, zuschwor« (Dtn 29,13). Dasein von Generation zu Generation, – zum Volk errichtet werden und sich darin Gott stellen, – das Land zugeschworen bekommen, bilden die Dreieinheit, die in der Sprache des Buchs Devarim (Deuteronomium) eben das ausmacht, was »Bund« heißt und bedeutet.

Das alles ist auch ein »religiöses« Phänomen, aber »religiös« gerade darin, daß es sich nackt weltgeschichtlich ereignet: Menschen werden aus Sklaverei befreit, zu einem Volk zusammengeschlossen, ein Land, nein: das Land wird ihnen zum Ziel- und Fluchtpunkt ihrer Wege durch Zeiten und Generationen zugesprochen: banalste weltgeschichtliche Figur, im schlichtesten Sinne des Wortes eine Aller-Welts-Figur, das menschheitlich Gewöhnlichste und Selbstverständlichste von der Welt; denn *alle* Völker unter Gottes Himmel betrachten es als ihr Naturrecht, frei, je als ein Volk gesammelt und vereint, auf eigenem Boden, in eigenem Lande leben und dort Dasein gemeinsam gestalten und verantworten zu können. So auch Israel. Nur mit dem Unterschied, daß dies Volk dies allen anderen von Natur Selbstverständliche aus Schwur Gottes empfängt, vor Gott tätig verantwortet und diesen Schwurgott sich auf immer zu seinem Gott nimmt – »theologisch« genauer: es auf sich nimmt, in alledem ständig Gott bei sich zu haben und – nach Kräften – zu halten. Das banal-Weltgeschichtliche und das sublim – Theologische der Gottesverantwortung in Gottesgegenwart bilden eine – mit M. Buber zu reden – »theopolitische« Einheit; unlöslich verknüpfen sich darin die einzelnen Elemente, und keines behält Bestand ohne das andere. Diese Einheit ist keine »empirische«, vielmehr, wie wir zeigten, eine verheißene, aber als verheißene eine von letzter Gewißheit: beschworene Einheit. Keine Utopie – ein: Gesetz, im Sinne von: Es ist Israel so gesetzt und gilt auch dann, wenn Juden dies gar nicht mögen und lieber heute als morgen loswerden, von diesem Gesetz ihres Daseins sich befreien wollen. Bisher hat die Historie aber gelehrt, daß sie diesem Gesetz immer wieder verfallen: *sei es aus Liebe, sei es aus Not.*

Jenes Israel zugeschworene Land erstreckt sich »von Dan bis Beerscheva« (Ri 20,1) in der Nord-Süd-, von der Meeresküste bis zum Arnon und Jabbok (Num 21,24) in der West-Ost-Richtung, geographisch konkret also. Das Buch Devarim (Deuteronomium) beginnt mit der »Weisung«, die Mosche in Gottes Namen den am Fuße des Offenbarungsberges Horeb lagernden Israeliten »erklärt«: »Genug eures Sitzens an diesem Berg! / Wendet und zieht ihr, / daß ihr ins Gebirg des Amoriters kommt und zu all seinen Anwohnern«; »Amoriter« ist ein öfter gebrauchter biblischer Name für die Kanaanäer, die Vor-Einwohner Israels im Lande und seine künftigen Mitbewohner. »In der Steppe, im Gebirg, in der Niedrung, im Südstrich und an der Küste des Meers, / das Land des Kanaaniters, / an den Libanon, bis zum großen Strom, dem Strom Euphrat: / sieh, / ich gab das Land vor euch hin, / kommt und ererbet das Land, / das ER euren Vätern, Abraham, Jizchak und Jaakob, zuschwor / ihnen zu geben und ihrem Samen nach ihnen« (Dtn 1,6-8). Das ist das verheißene Land: Sie sollen gehen: ba-arava, in die Arava-Wüste, d.h. ins Wüstenstück des Jordangrabens zwischen dem Südende des See Genezaret und dem Toten Meer; ba-har: ins Gebirge Jehuda, gleich südlich von Jerusalem beginnend, die David-Stadt Bethlehem, nur wenige Kilometer von Jerusalem entfernt, liegt schon in »dem Gebirg«; u ba-schephela, ins Niederland, das ist das dem Gebirge Jehuda westlich vorgelagerte Hügelland, in Richtung aufs Meer zu; u-ba-negev, in den »Südstrich«, dessen größte Stadt Beerscheva war und ist; u be-chof hajjam, an die Küste »des« Meers, also des Mittelmeers; dann ins erez kenaani, d.h. in die Siedlungsgebiete vor allem der kanaanäischen Stadtstaaten, also wohl auch in die Jesreelebene, jedenfalls nach Norden hin; ve ha-levanon, zum Libanongebirge hin; ad ha-nahar ha-gadol, bis zum großen Fluß, nahar prut, zum Euphratstrom. Das ist nur eine ungefähre Landkarte »des« Landes, einerseits viel zu klein, die ostjordanischen Gebiete zwischen Arnon und Jabbok fehlen hier, wie das westjordanische Ephraim-Gebirge auch, andererseits viel zu groß: Syrien bis zum Euphrat gehört nach dieser Gottesweisung ebenfalls zum zugeschworenen Land; auch Josua (1,4) kennt diese Erstreckung: »Von der Wüste und diesem Libanon bis zum großen Strom, dem Strom Euphrat, alles Land der Chetiter, bis zum großen Meer im Eingang der Sonne soll eure Gemarkung sein.« Jos 13 – 19 (21) enthält ein »System der Stammesgrenzen« Israels und zählt alles noch genauer auf[22].

Uns interessiert hier nur das nackt Konkrete. Das zugeschworene Land ist geographisch genau zu orten, das heißt grundsätzlich: Es kann durch kein anderes Gebiet oder Land ersetzt werden, schon gar nicht durch irgendeine Idee von einem Land an und für sich, wir können es auch unter keinen Umständen zu einem Symbol vergeistigen für irgendeine andere, x-beliebige Form von Lebensgrundlage. Wir betonen das eigens, weil es christlichen Theologen bis heute fremd ist. Längst haben wir uns gewöhnt, alles »Materielle« gering zu achten und bestenfalls in geistiger, übertragener Bedeutung gelten zu lassen; sie halten wir für eine »höhere« – gut heidnisch.

Allerdings kennt auch das *hellenistische Judentum* solche *Spiritualisierungen, Vergeistigungen* ursprünglich irdisch-materieller Wirklichkeiten; die Deutungsmethode der Allegorie – Ver-anderung – hat auch dort Freunde gefunden: Philo von Alexandrien, ein Zeitgenosse Jesu, ca. 20 v. Chr. – 50 n. Chr. lebend, steht dafür als ein Erster unter vielen. Aus ihm spricht die Diaspora, die das Israelitische ins Menschheitliche übersetzen möchte. Das geht nur auf Kosten des »nationalgesellschaftlichen« Moments am Judentum, das wird »aufgeweicht«, und »statt dessen« wird »die persönliche Entscheidung als Grundlage stärker« betont[23]. Es wird freilich nicht aufgegeben, also nicht einfach preisgegeben, aber, soweit es nur geht, allegorisiert, d.h. vergeistigt, aus dem begrenzt historischen

22. A. Alt, Das System der Stammesgrenzen im Buche Josua (1927), in: Kleine Schriften zur Geschichte des Volkes Israel. Erster Band 1953. ²1959, 193-202.
23. Y. Amir, Die hellenistische Gestalt des Judentums bei Philon von Alexandrien. 1983, 30.

Boden gelöst und verallgemeinert, so daß das spezifisch Israelitische sein Partikulares verliert und universal, für alle Menschen unmittelbar zugänglich wird; daß die Bibel die Schöpfungsgeschichte vor der Vätergeschichte erzählt, berechtigt in den Augen Philos dazu[24]: »Blutsverwandtschaft tritt zurück gegen Glaubensverwandtschaft«[25]. Die geistige Welt allein ist die Wahrheit, die Sinnenwelt (von Tälern weit und Höhen, Fluß, Wüste, Meer) minderer Wirklichkeit. In diesem Sinn und Geist hat Philo sogar den an sich unverwechselbaren Namen »Israel« ver-andert, denkt dabei nur noch »uneigentlich« an eine bestimmte Person (den Jakob/Israel der Vätergeschichten), gar an »dies« bestimmte, historische Volk; vielmehr steht der Name Israel ihm für die Gestalt des vollendeten Menschen, »die im Höhenflug ihrer Vernunft bis zum obersten Gipfel der geistigen Welt gelangt ist, nämlich zur Gottesschau«[26]; der »nationale Name Israel« meint den »gottnahen Menschen« schlechthin[27]. So nimmt es nicht wunder, daß Philo auch die Stadt Jerusalem »ihres konkret irdischen Charakters entkleidet und sie … mit einer geheimnisvollen Geste im undefinierten Irgendwo stehen« läßt. »Für sein Gefühl dürfte eine genaue geographische Ansetzung dem Vorgang« der Sammlung des Volkes in der Stadt »etwas von seiner geistigen Erhabenheit nehmen«[28]. Folge: »Die Stadt Gottes wird von den Hebräern Jerusalem genannt, ein Name, der übersetzt ›Gesicht des Friedens‹ heißt. Daher suche die Stadt des Seienden nicht in den Landstrichen der Erde – denn sie ist nicht von Holz und Stein gebaut«[29]. Das hat einerseits mit einem Ethos des Geistigen und Religiösen zu tun; denn dies bedeutet immer ein Sich-los-machen der Menschen von der Unmittelbarkeit ihres Lebensraumes, der sie umgibt, ein geistig-seelisches Auf-die-Reise-, Ins-Fremde-Gehen. Andererseits bedeuten Vergeistigung und Symbolisierung immer zugleich *Individualisierung.* Was dem Volk das Land war, jetzt ist es der Seele des einzelnen der Körper: Ort und Medium der Anwesenheit in der Welt. Philo hat die *Analogie von Land und Körper* intensiv gebraucht, sie schien ihm selbstverständlich. So sehr, daß die Fremdheit, die der griechisch Philosophierende gegen seinen Körper als Gefängnis seiner Seele und des Geistes hegt, auch aufs Land übertragen wird; so etwas wie Land, Politik, weltliche Geschichte erfahren sie letztlich nur im Zeichen des Befremdenden und Fremden. Und so konnte sogar der griechisch denkende Jude Philo sagen, daß der »zum Sehen fähige und zum Schauen liebende Geist« das »körperliche Land« verlassen solle. Der Himmel sei »die Mutterstadt

24. A.a.O. 15.
25. A.a.O. 26.
26. A.a.O. 21.
27. A.a.O. 22.
28. A.a.O. 33.
29. A.a.O. 52.

der Seele«[30], nicht die irdische Stadt, nicht »das Land«, oder »das Land« nur in übertragener Bedeutung.

Solche philonische *Allegorisierung* hat Schule gemacht. Christen haben sie begierig aufgegriffen, weil es ihnen zur inneren Lösung vom Judentum helfen und ihnen positiv ein gutes Gewissen machen konnte für einen Gebrauch des Alten Testaments lediglich in einem »übertragenen« Sinne, nicht mehr in der Verbindlichkeit des Historischen und Weltlichen. Eigenartig, daß die Rabbinen, die im Talmud zu Worte kommen, nicht einmal Philos Namen, geschweige denn sein Denken kannten, – daß auch die mittelalterlichen jüdischen Philosophen nicht das geringste Zeichen einer Kenntnis des Philo aufweisen, zugleich aber christliche Kirchenväter »tiefgehende Anregungen vom ihm bekommen haben und ihn in ihren Werken häufig auch mit Namen zitieren«[31]; zum ersten Mal wird er jüdisch im 16. Jahrhundert in Italien erwähnt[32]; das zeigt u.a. auch, wie *fremd* solch allegorisierendes Judentum der Mehrheit geblieben war. Und dies, obgleich Philo die gesamte jüdische Tradition festgehalten, nichts abgestoßen hat; er wollte sie nur »aktualisieren« für die Welt des hellenistischen Diaspora-Judentums, und hat nicht im Traum daran gedacht, sich etwa von Tora und mizvot zu befreien; im Gegenteil, er hat sie hingebungsvoll und en detail interpretiert, ähnlich wie jeder ordentliche Rabbiner sonst – anders freilich darin, daß er die Gebote nicht nur aufs neue Tun, sondern auf Tugend, Ethos und Gesinnung aktualisierte. Und freilich mit der – lagegerechten – Weltoffenheit auch für Nicht-Juden, worin er wohl weiter ging als irgendeiner der Rabbiner in Palästina oder Babylonien. Um so verständlicher die christliche Genugtuung über ihn. Er hat nicht zuletzt durch Christen Schule gemacht.

Darum müssen wir uns allerdings den fundamentalen *Unterschied* klarmachen, der darin besteht, daß es eins ist, wenn ein Jude sein Judentum allegorisierend nach außen öffnet und so nach innen aktualisiert – etwas anderes aber, wenn Christen diese Methode gebrauchen, um sie *gegen* das Judentum zu richten, um damit die Zusammenhänge seiner irdischen Geschichte »geistig« zu überholen und ins bloß Individuelle hinein zu spiritualisieren. Es ist eins, wenn Philo zur Lebenszeit Jesu dem irdischen Jerusalem eine geistige Weltbedeutung erschließt, etwas anderes, wenn – nach Auschwitz – ein protestantischer Theologe, von der gleichen Methode Gebrauch machend, schreibt: »Israel glaubt, auf Grund der Verheißung des Alten Testaments berechtigt zu sein, auf die Verklärung und Verwirklichung des irdischen Jerusalem zu hoffen. Aber diese Hoffnung ist und wird erfüllt ›in spiritueller Weise‹ durch Christus«[33]. Hier wird

30. A.a.O. 64.
31. A.a.O. 3.
32. A.a.O. 4.
33. G. Jasper, Zur Sinndeutung des Staates Israel, in: ELKZ 12, 1958, 318.

Jerusalem nicht geistig aktualisiert, sondern christlich abgeschrieben. Oder es ist eins, wenn Philo den Namen »Israel« so deutet, wie Yehoshua Amir es zusammenfaßt: »1. ›Israel‹ heißt ›Gott schauend‹; 2. Gott zu schauen ist die höchste Gabe, die dem Menschen zuteil werden kann; 3. die Vernunft ist von sich heraus nicht befähigt, Gott oder auch nur eines seiner ›Attribute‹ zu erreichen; 4. diese Attribute umfassen nicht nur das Wohltun, sondern auch die Strenge«[34] – eins also, wenn Philo den Namen Israel auslegt als ein Konzept menschlicher Gotteserkenntnis; etwas anderes aber ist es, wenn im Jahre 1968, ein paar Wochen nach dem 6-Tage-Krieg im Nahen Osten, ein englischer protestantischer Theologe von der Near East School of Theology in Beirut arabischen christlichen Studenten ein antikes »Israel 1« von dem heutigen »Israel 2« mathematisch rein auseinanderdividiert[35] und nur das antike gelten läßt in rein christlich-theologischer, also auch da nur christlich begrenzter Form. Und es ist noch einmal ein anderes, wenn in arabischer, für Deutschland bestimmter Propaganda der Name »Zion« als »rein geistige und geistliche Idee«, als »Symbol« ausgespielt wird gegen das heutige, für »rassistisch« erklärte Israel des Zionismus.[36] In nichtjüdischem, allgemein-christlichem, heute besonders auch christlich-arabischem und in muslimischem Gebrauch (auch im Gebrauch übrigens englischer Kolonialisten während der Mandatszeit in Palästina bis 1948) ist die Allegorisierung von Volk und Land Israel zu einem *politischen* Kampfmittel ersten Ranges geworden und auch als solches zu kritisieren.

Dieser späte Gebrauch desavouiert rückwärts nun auch die *frühchristliche Allegorisierung* Israels: seines Volkes, seiner Geschichte, seiner religiösen und politischen Institutionen, seines Landes, die wir innerhalb der Jesus-Schriften besonders ausgeprägt im Hebräerbrief finden, die dann für die Gemeinde des um 120 n. Chr. herum, also in nachneutestamentlicher Zeit, geschriebenen Barnabasbriefs schon wie selbstverständlich scheint. Barnabas zitiert 6,8 die biblische Landverheißung aus Ex 33,1.3: »Sieh, also spricht der Herr Gott: ›Ziehet ein in das gute Land, das der Herr dem Abraham, Isaak, Jakob zugeschworen hat, und nehmt es in Besitz, das Land, das von Milch und Honig überfließt!‹ Und dann interpretiert er das so: »Wie sich hierüber die Erkenntnis« – er schreibt: γνῶσις – »äußert, sollt ihr vernehmen: Hoffet, erklärt sie (die Gnosis), auf den im Fleisch künftig euch sich offenbarenden Jesus. Denn Land als etwas Leidendes bedeutet einen Menschen. Ist doch die Erschaffung Adams aus Erde geschehen. Was heißt nun aber ›in das gute Land, ein Land, das von Milch und Honig überfließt‹? Gelobt sei unser Herr, Brüder, der uns in Weisheit und Ver-

34. Y. Amir, a.a.O. 21.
35. Informationsblatt Nr. 24 d. Instituts Kirche und Judentum in Berlin, 1970, 5-7.
36. Die arabische Welt, hg. v. d. Liga arabischer Staaten. 12. 1968. Nr. 14/15.

ständnis für seine Geheimnisse gelegt hat. Der Prophet meint nämlich damit sinnbildlich den Herrn; niemand aber wird das fassen als, wer weise und verständig ist und seinen Herrn lieb hat« (Barnabas 6,9-10). Das ist alexandrinisches Allegorisieren. Wie für Philo steht auch für den Schreiber des Barnabasbriefs das Land für den menschlichen Körper, meint nichts Geographisches, sondern etwas Anthropologisches. Barnabas läßt uns allerdings eine Brücke zwischen Geographie und Anthropologie erkennen: Gott hat den Menschen aus Erde geschaffen, Erde ist der Stoff, aus dem wir Menschen sind, das vermittelt zwischen Land und Menschenkörper. Und noch ein Zwischenglied läßt Barnabas durchschimmern: Weil das Land nicht einfach Naturraum, sondern von Gott zugeschworenes Land ist, hat es etwas Messianisches, und Barnabas berücksichtigt das, indem er es sinnbildlich, ἀλληγορικῶς, für den Messias, den »Herrn«, stehen läßt.

Wir sehen: Allegorisches Deuten phantasiert nicht nur, es hat Vernunft, und Allegorie läßt sich durchaus geschichtlich und begrifflich vermitteln. Ihr Problem ist nur der *Überhang von Bedeutung* über den Wortlaut einer Tradition. Auch das läßt sich begreifen: Die biblische Rede birst von Sinn, so reich, gut, überschwänglich wichtig ist sie; sie läßt nichts an Vergangenheit verfallen, stemmt sich gegen alles Überholen des Alten, widersteht dem Tod[37], – tut's freilich, paradox, indem sie sensus historicus mit Überschwang von Sinn überholt. Aber umgekehrt: Wenn »das Land« den Messias meint, bleibt die Erinnerung doch wach, daß es etwas Messianisches wenigstens war. Wohl nennt Barnabas Land ein Passivum, etwas Leidendes, es ist zwischen Gott und Israel selbst kein handelnder Faktor – nur ein »Es«; als solches fällt es den griechisch Denkenden, zu denen auch »wir heute« gehören, schwer, es irgendwie als etwas Geschichtliches aufzufassen. Das konnten die biblischen Menschen anders, wenn sie z.B. das Land einen Schabbat feiern sahen (Lev 25,2-7), Berge und Hügel bei der Rückkehr der Verschleppten in Jubel ausbrechen und alle Bäume des Feldes in die Hände klatschen (Jes 55,12), oder alle Bäume im Walde jauchzen, das Feld und alles, was darauf steht, jubeln sahen und hörten (Ps 96,12), – wenn sie aber auch erfuhren, daß und wie das Land sittenlose und gesetzlose Bevölkerungen »ausspeien« konnte (Lev 18,25.28). Aber wie schwierig diesem vergeistigten Denken das Land als ein Passivum, ein Es, handlungsunfähige Materie auch sein mochte: Das »Leidende« weckte lebendiges Mit-Leiden, Sympatheia, fiel nicht aus dem Sinn und konnte einen »Menschen bedeuten«; denn ein Mensch weiß, was ein Passivum, Leidendes ist. Barnabas hat auch dies wohl messianisch gemeint und auf den leidenden Christus gedeutet. Aber es ist nicht ausgeschlossen, daß er in einer tieferen Schicht des

37. Vgl. W. Benjamin, Ursprung des deutschen Trauerspiels, in: Ges. Schriften Bd I 1, 204ff, speziell 336ff.

Wissens und der Erkenntnis auch daran gedacht haben mag, wie sehr das jüdische Volk am Land, um des Landes willen auch zu leiden hatte (und bis heute hat), und wie sehr umgekehrt auch das Land an diesem Volk und um seinetwillen, so daß es seine Bewohner auch »ausspeien« kann, »wenn ihr es bemakelt, wie es ausspie das Volk, das vor euch da war« (Lev 18,28), – so daß es dadurch sogar – menschenleer geworden – zu seiner wohlverdienten Ruhe kommt von den Qualen, mit denen Menschen seinen Boden quälen: »Während der ganzen Zeit, da es wüste liegt, wird es Ruhe haben, die Ruhe, die ihm versagt war in den Ruhezeiten, die ihr hättet halten sollen, als ihr darin wohntet« (Lev 26,35). Daß das Land für Barnabas etwas »Leidendes« ist und bedeutet, hat doch *auch* historische Wahrheit, die Aussage doch auch einen sensus historicus in der Bibel – und, wer weiß, womöglich sogar im Sinne des Barnabas.

Jedoch: Gegen solche ver-andernde Gewalt des Geistes kommt *die arme Wahrheit der Namen* auf. Es ist denkbar, wird sogar als historisch wahrscheinlich angesehen[38], daß die beiden führenden Stämme oder Stämmegruppen, die des späteren israelitischen Nordstaats und des späteren jüdäischen Südstaats, ihre Namen erst nach ihrem Einzug in das Land Kanaan erhielten, d.h. historisch gesagt: daß sie sich dort womöglich überhaupt erst als Stämme zusammenfanden. Der Stammesname Ephraim, der später auch für den Nordstaat »Israel« stehen konnte, ist womöglich abgeleitet von dem Namen har Ephrajim, »das Gebirge Ephraim«, das westjordanisch gelegen ist zwischen Bethel im Süden und der Jesreel-Ebene im Norden. Der Stamm gab sich seinen *Namen von der Landschaft,* in der er siedelte und heimisch wurde[39]. Eben so steht es mit dem Stamme Jehuda, Juda. »Die Wahrscheinlichkeit spricht dafür, daß Jehuda von Hause aus Landschaftsname war und der in dieser Landschaft seßhaft werdende israelitische Stamm danach benannt wurde und nicht umgekehrt…«[40]. Die Landschaft aber umfaßte den har-Jehuda, das Gebirge Juda, zwischen Bethlehem im Norden und Hebron im Süden, und den midbar-Jehuda, die Wüste Juda, wie der östliche Abfall des Gebirges in den Graben des Toten Meers hinunter heißt. *»Die Juden« trugen also,* wo immer sie lebten, – und sie tragen bis heute – *das Land in ihrem Namen,* sind, wie Töchter und Söhne ihrer *Geschichte,* so für immer Kinder dieses *Landes;* sind es, auch wenn sie von diesem Moment ihrer in ihrem Namen gefestigten Identität keinen Gebrauch machen würden. *So identifiziert der Landschwur Gottes dieses Volk!*

Und den Völkern war dies – offen oder heimlich – immer bewußt. In den Namen, mit denen *sie* dies Land benennen, drückt sich neben den Wandlungen der Landesgeschichte auch der Parteien Gunst und Haß aus.

38. M. Noth, Die Welt des Alten Testaments. ^{3}1957.
39. AoO. 49f.
40. A.a.O. 47.

Ehe die Stämme Israels in die Gebiete dieses Landes einwanderten, wurde es »*Land Kanaan*« genannt (z.B. Gen 42,5ff); Israel hat diesen Namen nicht verdrängt, sondern überliefert, genauso wie den Namen der alten Bewohner: »Kenaaniter«. Womöglich bezeichnete Kanaan ursprünglich nur ein Gebiet am Meer zwischen dem Karmel und dem Gaza-Streifen nach Süden und nach Norden bis Sidon hinauf, und dann noch am oberen Jordangraben, am südlichen Abhang des Hermongebirges. Dennoch scheint es ein Gesamtname für Gebiete auch im Landesinneren geworden zu sein[41].

Erez Israel hieß es dann, und heißt es heute wieder; so kommt es schon in der alten Saul-Tradition 1 Sam 13,19 vor, dann in der Königszeit (2 Kön 6,23), und immer noch in der späten Ezechiel-Zeit (Ez 27,17).

Die Römer gliederten es sich unter dem Namen »*Judaea*« ein, wie schon zuvor der Staat der Hasmonäer und der des Herodes hieß[42]. Aber sie änderten den Namen in Παλαιστίνη, *Palästina,* und das geschah nach dem zweiten Jüdischen Krieg 132 – 135 n. Chr. Das hatte sicher auch pragmatische Gründe: In »Judaea« konnten sich nun nicht mehr viele Juden halten. Aber der Namenwechsel hatte auch politisch-propagandistischen Sinn, soll das aufständische Volk der Juden ebenso strafen wie die Umbenennung Jerusalems in Aelia Capitolina zur gleichen Zeit; den Provinznamen »Syria Palaestina« finden wir unmittelbar nach Niederwerfen des Aufstandes im Jahre 139 n. Chr. zum ersten Male urkundlich erwähnt[43]. Mit den Παλαιστῖνοι sind die alten Philister gemeint, die im 14. vorchristlichen Jahrhundert, mit der sog. Seevölker-Wanderung, aus dem Donauraum, über die Aegaeis und von Kreta her kommend, das libanesische und das Küstenland südlich von Akko hinunter besiedelt hatten und dort so seßhaft und stark geworden waren, daß sie als Hauptwidersacher der israelitischen Stämme handeln konnten in der Periode der Staatengründungen; auch David haben sie schwer zu schaffen gemacht. So sind sie exemplarisch historische Gegner Israels, und die Römer haben sich sicher dabei auch etwas gedacht, als sie ihr Kolonialgebiet Judaea nach dem Bar-Kochba-Aufstand nun eben Syria Palaestina nannten: mit diesem *gegen-jüdischen Namen.*

Ins allgemeine historische Bewußtsein eingebürgert haben freilich ausgerechnet die christlichen Kirchenväter diesen Namen. Eusebius von Caesarea nannte das Land der Bibel ebenso konsequent »Palaestina« wie Hieronymus, und durch sie ging diese Bezeichnung über in die abendländische Pilger- und Reiseliteratur über das Heilige Land, von da schließlich in die wissenschaftliche Literatur des 19. Jahrhunderts[44]. Das Land als Erez Israel kam den Christen schon früh gar

41. A.a.O. 43ff.
42. A.a.O. 4.
43. P. Schäfer, a.a.O. 227, Anmerkung 557.
44. M. Noth, a.a.O. 4.

nicht mehr in den Sinn, obgleich sie sich doch nur um der biblischen Geschichte Israels willen dafür interessierten. »*Palästina*« war so jedenfalls *auch eine christliche Kampf-Bezeichnung,* Name antijüdischer Polemik – wie ja auch die Tatsache zeigt, daß sehr früh – und bis zu Luther hin – die Vertreibung der Juden aus »Palästina« als Strafe Gottes für ihre »Verwerfung« des Messias Jesus gedeutet, geradezu als historischer Beweis dafür gebraucht wurde.

Die sich nun heute als *palästinensisches Volk begreifen,* tun dies natürlich im Sinne des für dies Land eingebürgerten Namens Palästina, aber durchaus auch mit dem Pathos des römischen Strafnamens und des antijüdischen Propaganda-Namens der christlichen Tradition. Sie sind ja keineswegs Nachkommen der alten Philister, berufen sich auf eine solche Kontinuität jedenfalls nicht ebenso, wie die Juden und Israelis es in bezug auf das biblische Erez Israel tun. Die Palästinenser sind Araber, aus der südlichen Wüste ins Land gekommen, nicht Nachkommen nördlicher Seevölker. Gewiß haben auch Araber eine bis in biblische und vorbiblische Zeit zurückreichende Geschichte. Geschan, »der Araber«, war in Jerusalem einer von denen, die Nechemja verspotteten, als er die Mauern der zerstörten Stadt Jerusalem wieder aufrichten ließ (Neh 2,19); und zu den Nachbarn, die das gewaltsam hindern wollten, zählten neben Amoritern und Asdoditen auch »die Araber«, ha-ar'vim (Neh 4,1). Nach dem Bericht der Chronikbücher bekamen die Könige von Juda es immer wieder auch einmal mit »den Arabern« zu tun: im Guten (2 Chr 17,11) wie im Schlechten (2 Chr 22,1; 26,7). Doch historisch gesehen ist das in alter biblischer Zeit ein eher unbestimmter Sammelname für Wüstennomaden aus der Umgebung des Kulturlandes gewesen; erst mit der arabischen Eroberung des Landes in den Jahren 634 – 640 n. Chr., also in islamischer Zeit, werden »die Araber« zu einer historisch-festen Einheit, und erst von da an läßt sich historisch auch von »arabischen Palästinensern« im Lande reden, den Vorfahren der heutigen Palästinenser.

Mit ihrem Namen verbindet sich nun der unlösbar scheinende *Konflikt um das Land* heute, in einem gleicherweise nationalen, kulturellen, religiösen und historischen Widerspruch, dessen *Wurzeln nicht zuletzt in einer Auseinandersetzung um Gottes Landverheißung an Israel* liegen: dem Sinn ihrer biblischen Bezeugung, ihre heutige Aktualität und Verbindlichkeit, – sie geht uns darum theologisch unbedingt an. Eine hermeneutische Frage ist im heutigen sog. Nahost-Konflikt unmittelbar eine politische: und dies nicht nur dadurch, daß jüdische, muslimische und christliche Fundamentalisten als Partei-Gruppierungen darin aufeinanderprallen mit der Exklusivität und Aggressivität, die historische und politische Identitätszwänge immer in sich haben.

Das Problem, um das es dabei geht, ist nicht nur eines der biblischen Darstellung, die man als ein ideologisches Konstrukt, vielleicht sogar als einen »ideologischen Strukturfehler«[45] ansehen und kritisieren könnte; es ist *inhaltlich* »biblisch«, will sagen: eines des *Gottes*zeugnisses der Bibel, ein materiell theologisches Problem also. Und die biblischen Zeugen haben es in seiner auch uns berührenden, ja quälenden Problematik empfunden und ausgesagt: *Das verheißene Land war schon damals nicht »leer«* – so wenig wie zur Zeit der neuzeitlichen zionistischen Siedlungen dort, so wenig wie bei den heutigen jüdischen Landnahmebewegungen auf der Westbank am Ende des 20. christlichen Jahrhunderts. Andere Völker lebten und herrschten dort, und so bedeutete die Landverheißung – wie heute schon damals – einen unvermeidlichen Zusammenstoß zwischen den Stämmen Israels und den Bewohnern des Landes.

Uns wird dies *ethisch* besonders *fragwürdig:* Das Bild von einem Gott, der zugunsten eines Volkes damals andere, und heute: *ein* anderes vertreibt, stößt uns ab. Es nötigt uns ja, Gott mit etwas zusammenzudenken, was wir als offensichtliches Unrecht empfinden. In unserem Jahrhundert der Vertriebenen und Asylsuchenden wirkt es unerträglich, anhören zu müssen, Gott habe vor Israel her die Vorbewohner des Landes vertrieben, und er habe dies nicht nur faktisch getan, sondern ausdrücklich auch so gewollt.

»Mose sprach zu ihnen: Wenn ihr das tun wollt, wenn ihr euch im Angesicht des Herrn zum Kampf rüstet und wenn jeder Gerüstete unter euch im Angesicht des Herrn über den Jordan geht, bis er seine Feinde vor sich her vertrieben hat und das Land dem Herrn unterworfen ist, und ihr erst dann umkehren wollt, so habt ihr gegenüber dem Herrn eure Schuldigkeit getan, und dieses Land soll euch als Eigentum zufallen vor dem Herrn« (Num 32,20-22). *Schrecklich:* Rüstung, Kampf, Feinde (!), Vertreibung, Unterwerfung – und das alles immer wieder »im Angesicht des Herrn« und als »Schuldigkeit« gegenüber Gott. – Oder: »Rede mit den Israeliten und sprich zu ihnen: Wenn ihr über den Jordan in das Land Kanaan hinüberkommt, so sollt ihr alle Bewohner des Landes vor euch vertreiben … Und ihr sollt das Land in Besitz nehmen und darin wohnen; denn *euch* habe ich das Land bestimmt, daß ihr es besitzt« (Num 33,51-53). – Oder – jetzt in der Sprache des großartig ethischen Deuteronomium -: »Wenn ihr dieses ganze Gesetz (ät kol ha mizva hassä), das ich euch gebe, getreulich erfüllt, so daß ihr den Herrn, euren Gott, liebt, ganz nur in seinen Wegen wandelt und ihm anhangt,so wird der Herr alle diese Völker vor euch her vertreiben, und ihr werdet Völker bezwingen, die größer und stärker sind als ihr. Jeder Ort, darauf eure Fußsohle treten wird, soll euer sein; von der Wüste bis zum Libanon und von dem großen Strom, dem Euphratstrom, bis an das westliche Meer soll euer Gebiet reichen.

45. Vgl. C. Colpe, H. Papenthin (Hg.), Religiöser Fundamentalismus – unverzichtbare Glaubensbasis oder ideologischer Strukturfehler? Dahlemer Hefte Nr. 10. 1989.

Niemand soll euch widerstehen können. Schrecken und Furcht vor euch wird der Herr, euer Gott, über das ganze Land, das ihr betretet, kommen lassen, wie er euch verheißen hat« (Dtn 11,22-25).

Alles sträubt sich in uns dagegen. Spätestens hier verlangen wir *Sachkritik* an der Bibel; das Buch Josua z.B., in dem der Vollzug dieser Weisungen dieses Gottes berichtet wird, möchten wir als für *unseren* Glauben irrelevant am liebsten aus der Bibel streichen (wie Luther es einst mit dem letzten Buch der christlichen Bibel oder mit der »strohernen Epistel« des Jakobusbriefs tun wollte, weil der die Werke verkündigte, nicht den werk- und wirkungslosen Glauben allein). Aber vor allem: Dieser *Gott:* quod non! Der ist eine *Zumutung* gegenüber allem, was wir als christlich und menschlich bejahen können. Hieran *muß* eine Biblische Theologie scheitern, die eine Einheit von Neuem und Altem Testament zurückgewinnen will. Hier *müssen* sich Christen von Juden trennen, wenn dieser Gott mit diesen Weisungen auch heute noch jüdisch diskutabel sein und gelebt werden sollte. Hier empfinden wir einen Abgrund der Trennung, über den wir nicht hinwegkommen können und wollen; hier *sind* wir getrennt. Wir meinen, den Gott Jesu und den in Jesus wirksamen Gott *so nicht* begreifen zu könnnen; hier ist die Befürchtung nur schwer abzuweisen, Christen und Juden könnten doch *nicht* in dem einen Gott verbunden sein – wenn der Eine *Dieser* ist.

Diese Reaktion wirkt evident, weil sie allgemein ist; niemand von uns wird anders reagieren. Wir haben Gott in einer Weise als den *Mitleidenden* kennengelernt, der auch Mitleiden mit Schwachen, Armen, Entrechteten als ein höchstes Gebot lehrt, so daß wir ihn nicht wiedererkennen können, wenn er so als ein Ausbund von Aggression erscheint, wie hier: militant, Anstifter von Unrecht, Gewaltanwendung, Völkerrechtsverletzung, imperialem Gehabe und Handeln, ja zu Mord und Totschlag.

Dabei kann (und soll) uns freilich bewußt sein, wie *neu* ein Primat des Mitleidens im Verständnis Gottes in unserer westlichen Kultur und zumal in unserem Deutschland ist. Durchgesetzt hat sich das bei uns erst, als uns Dietrich Bonhoeffers Gedanken aus dem Tegeler Zuchthaus bekannt wurden. Wir kennen das erst seit 1950, es hat allerdings von da an einen Durchzug durch die ganze Ökumene begonnen, der protestantisch prägend geworden ist: ein Gethsemane-Christentum, dem Ruf Jesu folgend: »Könnt Ihr nicht eine Stunde mit mir wachen?« »Das ist die Umkehrung von allem, was der religiöse Mensch von Gott erwartet. Der Mensch wird aufgerufen, das Leiden Gottes an der gottlosen Welt mitzuleiden. ... Nicht der religiöse Akt macht den Christen, sondern das Teilnehmen am Leiden Gottes im weltlichen Leben. Das ist die ›Metanoia‹, nicht zuerst an die eigenen Nöte, Fragen, Sünden, Ängste denken, sondern sich in den Weg Jesu Christi mithineinreißen lassen ...«, »... Hineingerissenwerden in das messianische Leiden Gottes …«[46]. Im Gedicht »Christen und Heiden« hat Bonhoeffer hieran die Differenz zwischen einem heidnischen und einem jesuanischen Christentum aufmachen wollen. Heidenchristentum: »Menschen gehen zu Gott in ihrer Not, flehen um Hilfe, bitten um Glück und Brot, um Errettung aus Krankheit, Schuld und Tod. So tun sie alle, alle, Christen und Heiden. / Menschen gehen zu Gott in *Seiner* Not, finden ihn arm, geschmäht, ohne Obdach und Brot, sehn ihn verschlungen von Sünde, Schwachheit und Tod. *Christen* stehn bei Gott in *Seinem* Leiden …«[47]. Bonhoeffer sprach da von »Gott in Christo«. »Gott geht zu allen Menschen in ihrer Not, sättigt den Leib und die Seele mit Seinem Brot, stirbt für Christen und Heiden den Kreuzestod, und vergibt ihnen beiden«.

An die Juden hat Bonhoeffer hier leider nicht gedacht. Er hat den Gedanken »Gott in Not« hier nur christologisch gesehen. Er ist aber lange zuvor schon jüdisch. Mit seinem Volk zusammen zeigt Gott sich dort als ein *erlösungsbedürftiger Gott.* »Der Heilige, gepriesen sei Er, sprach: Wer sich mit der Tora und Liebeswerken befaßt und mit der Gemeinde betet, dem rechne ich es an, als hätte er mich und meine Kinder von den weltlichen Völkern erlöst« (b Brachot 8a); der starke Erlöser, hier braucht auch er Erlösung. Und wie *schmerzempfindlich* hat das jüdische Volk seinen *Gott* erfahren. »Rabbi Jizchak ben Sch'muel sagte im Namen Ravs: Die Nacht ist in drei Nachtwachen eingeteilt. An jeder Nachtwache sitzt der Heilige, gelobt sei Er, und brüllt wie ein Löwe, indem Er spricht: Wehe, daß ich mein Haus zerstört, meinen Tempel verbrannt und meine Kinder unter die Völker verbannt habe.« »Wehe dem Vater, der seine Kinder vertrieben, und wehe den Kindern, die vom Tische des Vaters vertrieben wurden« (b Brachot 3a). Vertrieben! Und mindestens so selbstverständlich, wie Bonhoeffer es für die Christen hielt, daß sie zu Gott in Seiner Not stehen und gehen, war dies eh und je für die Juden; und war es selbstverständlicher noch. Denn richtig sagte Bonhoeffer: Für uns Christen ist dies eine »Metanoia«, eine Umkehr, die eine *Abkehr* ist – nämlich *von dem paganisierten Gottesbild,* in das die Christen allzu früh die Züge des heidnischen, *unbeweglichen, unberührbaren, leidensunfähigen und darin allmächtigen Seins* der alten Griechen eingezeichnet hatten. Bonhoeffer sah, daß sein Denken im Tegeler Gefängnis wirklich um ein neues Christentum, darin um eine neue Ethik, aber auch ein – für uns – neues Gottesverständnis kreiste. Er nannte es das »religionslose Christentum«; es bedeutete für unseren Zusammenhang ein neues berührbares Christentum und einen *berührbaren,* das heißt vor allem: *entmachteten Gott.* Dieser ist uns fabel-

46. D. Bonhoeffer, Widerstand und Ergebung. Briefe und Aufzeichnungen aus der Haft, hg. v. E. Bethge. 1951. Brief vom 18. 7. 1944.
47. A.a.O. 246f.

haft neu geworden, aber doch erst seit 1950; mit geschichtlichen Maßen gemessen, ist uns das immer noch *ganz* etwas Neues, theologisch noch lange nicht selbstverständlich – so geläufig uns – bei der rasenden Eile der Säkularisation in den Industriegesellschaften – das heute schon scheinen will. Der mächtige, gar allmächtige Gott ist uns darüber längst fremd, ja zum unbekannten Gott geworden, obgleich wir ihn im Glaubensbekenntnis noch so nennen und obgleich wir, wenn's uns dreckig geht, auch noch auf ihn zurückzukommen versuchen. Aber innerlich haben wir Gott längst humanisiert, und *militante Züge an ihm empfinden wir als unmenschlich,* darum auch ungöttlich, Gott-widrig, geradezu gottlos. *Nach der Nazi-Zeit gilt uns seelische Empfindsamkeit und ethische Empfindlichkeit als ein Gebot an unsere Generation, unsere Kultur und unser Bekenntnis zu Gott.* Da erschüttert uns aufs tiefste ein Gott, der Völker vertreibt, und dies mit Gewalt. Uns fällt es schwer, diesen Mächtigen Israels zusammenzubringen mit dem vor Schmerzen brüllenden, erlösungsbedürftigen und auf Menschenhilfe angewiesenen jüdischen Gott.

b. Die bittere Enterbung

Nicht um die Bibel und dieses Bild von Gott zu rechtfertigen, sondern es zu verstehen, sollten wir nun aber doch versuchen, es *in seinen eigenen Voraussetzungen* etwas näher anzusehen. Das erfordert die Geduld, mit unserer Widerrede für einen Augenblick zurückzuhalten und uns, soweit wir es können, in eine ferne, alte und uns fremde Kultur hineinzudenken. Das ist uns geboten, weil dies Fremde ja – in mannigfachen Gestalten – uns immer noch gegenwärtig ist: einerseits in Atavismen in uns selbst (Wut, Neigung zu Gewaltlösungen, Nachsicht gegen Terror), unbewußten Unterströmungen unserer Seelen, andererseits in benachbarten nichtchristlichen Religionen, nicht zuletzt in Logik und Moral nichteuropäischer, besser: nichtwestlicher Gesellschaften, in denen Blutvergießen und Messerstechen in Ordnung gehen. *Die Bibel,* bewußt gelesen, kann uns heute auch als ein *Exerzitium zur Einübung in uns fremde Kultur dienen,* die auf der Südhalbkugel der Erde, aber auch schon ums Mittelmeer herum, viel stärker noch aus Zusammenhängen lebt, die auch die der Bibel sind, als wir.

Zuerst eine *Sprachbeobachtung.* Die Zürcher Bibel und Martin Luther haben das uns besonders anstößige Gewaltwort mit *»Vertreiben«, »Ausstoßen«, »Einnehmen«* usw. übersetzt.

»Und Mose sandte [Leute] aus, um Jaeser auszukundschaften; dann nahmen sie es samt seinen Nebenorten ein und vertrieben die Amoriter, die dort wohnten« (Num 21,32), so Zürich; und Luther: »Und Mose sandte aus Kundschafter gen Jaser, und sie gewannen seine Ortschaften und nahmen die Amoriter ein, die darin waren« (ebd.). Während Luther, getreu seinen Verdeutschungsprinzipien, aus Gefälligkeitsgründen gerne bei gleichen biblischen Begriffen die deutschen Worte wechselt, bleibt die Zürcher Übersetzung, wenn irgend möglich, bei gleichem deutschen Wort für gleiches hebräisches Wort, übersetzt also immer »Vertreiben«. Das hebräische Wort heißt jarasch oder jaresch, im Hiphil horisch; dort steht aber eine ganz andere Bedeutungsebene im Vordergrund: die von *Besitzverhältnissen;* sie hat z.B. mit der archetypischen Vertreibung – der des ersten Menschen, Adams, aus dem Gan Eden – nicht das mindeste zu tun; dort heißt es: va jischallechehu adonai elohim miggan eden, »so schickte ER, Gott, ihn aus dem Garten von Eden ...« (Gen 3,23: von schalach, schicken), während es (Num 21,32) heißt: va jaresch ät ha amori ascher scham: sie taten in Jaeser etwas, was die dortigen Besitzverhältnisse betraf, also sie nahmen dies Land in Besitz. *»Etwas in Besitz nehmen«* ist die inhaltliche Grundbedeutung, aber auch quantitativ die Bedeutung in der Mehrzahl der Fälle, in denen in der Bibel das Wort jarasch gebraucht wird. Natürlich kann *Inbesitznahme* eines Eigentums sich auch in einer *Vertreibung* der früheren Eigentümer aus ihrem Besitz auswirken, und so kann jarasch sekundär auch die Bedeutung von Vertreiben annehmen; aber das ist eine vom Grundwort nur abgeleitete Bedeutung, spricht *nicht* in der Schärfe der urbildlichen Ausweisung aus dem Paradies von *Vertreibung, sondern* von *Besitzwechsel,* und wir dürfen wohl sprachgeschichtlich unterstellen, daß die Zürcher und Luther den Wortsinn von jarasch aus dem Erfahrungshorizont *ihrer* Zeit festlegten, wo Vertreibung von Haus und Hof unter den Gegebenheiten der feudalen Gesellschaft das Übliche waren; Luther z.B. befahl den Oberherren seiner Zeit, die Juden »wie die tollen Hunde ausjagen« zu lassen, »so müssen wir geschieden sein und sie aus unserem Lande vertrieben werden«[48] – dies im Geist der Zeit, die von Judenvertreibungen nur so wimmelte (Judenvertreibungen: »1386 aus Straßburg, 1390 aus der Pfalz, 1401 aus Freiburg, 1405 aus Speyer, 1424 zum zweiten Mal aus Freiburg, 1435 zum zweiten Mal aus Speyer, 1418 aus Trier, 1420 aus Mainz, 1427 aus Bern, 1436 aus Zürich, 1490 aus Genf, 1450 aus Bayern, 1492 aus Mecklenburg, 1493 aus Magdeburg, 1495 aus Reutlingen, 1496 aus der Steiermark, Kärnten und Krain, 1499 aus Nürnberg und Ulm, 1506 aus Colmar und Nördlingen, 1519 aus Regensburg, 1520 aus Rothenburg und Weißenburg, 1524 aus Hessen [auf Anraten von Martin Bucer], 1536 aus Kursachsen [1538 wieder zugelassen] usf.«[49]), und die große Judenvertreibung aus Spanien 1492 mittendrin. *Politische Usancen legen auch die Sprache fest,* – die Erfahrung, gesellschaftliche Duldung und Bejahung von Vertreibungen praejudizieren die analoge Auffassung

48. M. Luther, Von den Juden und ihren Lügen. WA 53, 938f.
49. W. Bienert, Martin Luther und die Juden. Ein Quellenbuch mit zeitgenössischen Illustrationen, mit Einführungen und Erläuterungen. 1982, 155.

biblischer Vorgänge; so ist es nicht auszuschließen, daß bewußt oder unbewußt in der Sprache deutscher Bibelübersetzungen ein moralisches Gleichgewicht hergestellt werden soll: Heute »vertreiben« wir die Juden, die damals Amoriter etc. »vertrieben« haben. Analogie der Erfahrung bildet Analogie geschichtlicher »Vorstellungen« und so auch: Sprache.

Wogegen nun Buber/Rosenzweig, von einer anderen Erfahrung herkommend, jarasch auch anders – und zwar konsequent anders – übersetzten. Wo die Deutschen »Vertreiben« hörten, hörten die Juden *»Enterben«.*

»Mosche sandte, Jaser auszuspähen, /.sie eroberten ihre Tochterstädte, / man enterbte den Amoriter, der dort war« (Num 21,32); *»Enterben« ist etwas anderes als »Vertreiben«:* ein Vorgang in der *Rechtssphäre,* nicht in der ethnographischen – ein wesentlicher Unterschied, der zählt, wenn wir verstehen wollen. Als »Enterben« verstanden, bildet jarasch nämlich den inhaltlich genauen Gegenbegriff zu nachala, dem »Erbteil«; dies aber ist das zentrale Wort, mit dem in den biblischen Landverheißungen das verheißen wird, worum es Gott für Israel geht: ein Stück Erbteil im Land und am Land.

Als nachala ist das Land gar nicht wie ein Nationalbesitz der Nation Israel gemeint, vielmehr wird sie von je einer der Familien, Sippen, Stämmen aus gesehen, die erst, wenn sie im Land seßhaft und versammelt sein, eine größere, »nationale« Einheit Israel bilden werden. Verheißene nachala ist eigentlich nur je ein Stückchen vom Land, das Gott je dieser Familie, dieser Sippe, diesem Stamm verspricht als je ihr kleines Erbteil. Die *Landverheißung ist also »von unten«, gesellschaftlich und nicht eigentlich politisch gedacht.* Zur Zeit Salomos war in dieser Beziehung ein Normalzustand erreicht, der zugleich ein Idealzustand war: voll eschatologischen Gehalts (Micha 4,4), der in 1 Kön 5,4-5 im Sinne der Landverheißung zutreffend genau beschrieben war: »Jehuda und Jißrael saß in Sicherheit, / unter seinem Rebstock, unter seinem Feigenbaum jedermann, / von Dan bis Berscheba«.

Dies schließt allerdings nicht aus, daß im Buche Devarim (Deuteronomium), und zwar nur dort, *zugleich von der Gesamt-nachala ganz Israels* gesprochen wird; aber dort hat dies einen eigentümlichen, ethisch verpflichtenden Sinn, über den wir gleich noch etwas sagen müssen.

Zuvor noch ein anderer Gesichtspunkt; alles im einzelnen und alles zusammen kann das Erbteil nämlich auch nachala *Gottes* genannt werden, nachalat adonai (1 Sam 26,19) oder nachalat elohim (2 Sam 14,16) oder nachalati (Jer 2,7): »meine nachala«. Das ist ein eigentümlicher, uns mehr als fremder Gedanke: uns *Gott als Erben eines konkreten Landes* vorstellen zu sollen; aber gerade der trägt theologisch alles andere. Israel, seine Stämme, Sippen, Familien haben das *Land nur als Lehen,* ihre nachala, ihr Erbteil ist es nur sekundär, abgeleitet davon, daß im tiefsten und letzten Gott eine Wahl- und Liebesbeziehung zu diesem Land hat. Des zum Zeugnis ist die Landverheißung nur eine Land-*Anteil*- und eine Land-Anleihe-Verheißung, und wenn es sich im fünften Buch Mose um »Israels Erbteil« handelt, steht das gerade dort unter *ethischen Vorbehalten* – denen der Pflichten, mizvot der Tora –, die sie an das Geschehen des Willens Gottes in bezug auf dies Land bindet und keinerlei autonomes israelisches Besitz- und Verfügungsrecht begründet. Wir kommen gleich darauf zurück.

Hier nur die Erkenntnis: Die *Rede vom »Enterben« des Landes steht korrelativ zur Bedeutung, die die nachala als »Erbteil« des Landes in Gottes Landverheißung hat.* Bilden unsere reformatorischen Bibelübersetzer im 16. Jahrhundert sich vom jarasch eine Analogie ihrer damaligen gesellschaftlichen Erfahrung, so Buber/Rosenzweig sich ihren Begriff nicht ebenso aus einer *historischen* Erfahrung (des gerade in dieser Beziehung so erfahrungsträchtigen 20. Jahrhunderts der Flüchtenden und Vertriebenen), sondern aus der »Welt der Bibel«, ihrem Wirklichkeitsverständnis und in ihr: aus der Verheißung Gottes; *sie* bildet ihnen die Sprache. Israel »vertreibt« nicht, es »enterbt« die Vorbewohner des Landes, genauer: nur einen Teil von ihnen; in Richter 1,21.27-35 hat es eine genaue Liste aufbewahrt von Landesgebieten und ihren Bewohnern, die es den Stämmen Israels nicht gelang zu »enterben«. »Den Jebusiter aber, der in Jerusalem saß, enterbten die Söhne Binjamins nicht, / der Jebusiter blieb ansässig mit den Söhnen Binjamins in Jerusalem, bis auf diesen Tag« , ad hajjom hassä (Ri 1,21). Mancherorts konnten sie nicht einmal zur Bevölkerungsmehrheit werden, dann war es ihnen beschieden, als Minorität mitten unter einer Mehrheit von Kanaanäern zu leben: »Ansässig wurde der Ascherit« – Stamm Asser – »innen bei dem Kanaaniter, den Landesinsassen (joschve ha arez, Zürich übersetzt richtig: den »einheimischen« Kanaanitern), denn er enterbte ihn nicht« (Ri 1,32). So gibt es eine *Vielzahl von Landnahme-Modellen* der Israeliten im Land, sie wohnen bei und mit Kanaanitern, auch »unter« Kanaanitern: unter ihrer Mehrheit zerstreut, ihnen auch fronpflichtig, wie z.B. der Stamm Jißachar »ein knochiger Esel, / lagernd zwischen den Hürden – / er sah Ruhe, daß sie ein Gut, / das Land, daß es freundlich war, / zum Lasttragen neigte er seine Schulter / und wurde ein Fronknecht« (Gen 49,14-15). *Fronknechtschaft* ist also *ein landesübliches Rechtsverhältnis,* und es bedeutet keine besondere Grausamkeit, wenn umgekehrt etwa der Stamm S'bulon, der weder die Bewohner von Kitron noch die von Nahalol enterben konnte, ebenso tut: »Die Kanaaniter blieben ansässig innen bei ihm (bikirbo, in seiner Mitte), sie wurden fronpflichtig« (Ri 1,30), also dienst- und abgabepflichtig.

Dies gilt es festzuhalten: Sie »blieben ansässig«, – wurden nicht lutherisch »wie tolle Hunde« verjagt; »nur« ihre Rechtsstellung wurde verändert, sie wurden Abhängige, Bürger zweiter Klasse – so wie es bis zum heutigen Tage in südlichen Gesellschaften noch gang und gäbe ist, wie es zumal das Geschick jüdischer Minoritäten in annähernd 2000 Jahren christlichen Abendlandes immer war und auf der Nordhalbkugel mancherorts auch dort noch ist, wo die demokratische Rechtsgleichheit prinzipiell längst durchgesetzt wurde; besonderes »Ausländerrecht« gibt es leider auch bei uns immer noch, selbst für solche, die schon in dritter Generation »Eingeborene« – in unserer Mitte Geborene – sind. Geschichtlich gesehen, ist Fronabhängigkeit also bereits ein *Fortschritt* gegenüber Vertreibung und Verjagung von Haus und Hof, die auch viele noch lebende Deutsche am eigenen Leib und Leben erfahren haben, Erfahrungen, die sie nicht vergessen können, solange sie noch leben, die offensichtlich sogar durch Generationen hin vererbt werden können: in der vierten Generation von Schlesiern ebenso wie in der dritten von Palästinensern. Im Vergleich damit ist die Gewährung von Minderheitenrecht etwas Humaneres: auch wenn es auf Kosten des Selbstbestimmungsrechts geht.

Wir sollten nicht vergessen, wie neu (und darum zerbrechlich) Menschenrechte, Selbstbestimmungsrechte und ein Völkerrecht in der Menschheitsgeschichte sind, die uns heute in unserer Kultur schon wie das allein Menschengerechte erscheinen, an die, wie an einen unveräußerlichen Besitz, wir uns schon gewöhnt haben, während sie in den meisten Gesellschaften der Welt noch nicht durchgesetzt, ja sogar schwer bestritten und auch theoretisch umstritten sind (wie zur Zeit des Kalten Kriegs zwischen Ost und West: was ihr konkretes Verständnis betrifft). Der Fortschritt auch von Abhängigkeitsrechten besteht darin, daß sie *Rechte* sind, *die* die brutale *Willkür* nackt Herrschender *ablösen.* Selbst da, wo es noch nicht von Betroffenen *einklagbare* Rechte waren, sondern nur von Herrschenden *gewährte,* bedeutete die Rechtsform mindestens eine *innere* Verbindlichkeit derer, die das Recht gaben und schufen: Selbstbindung an eine höhere Norm des Handelns und Verhaltens. Was aber die Fron-Unterwerfung in der Bibel betrifft, konnten wir ja schon eine gewisse »Internationalität« dieser Rechtsform beobachten: Sie kam dem israelitischen Stamm Jißachar von seiten der Kanaanäer ebenso zugute wie umgekehrt den kanaanäischen Bewohnern von Kitron und Nahalol von seiten des israelitischen Stammes S'bulon (Sebulon).

Fassen wir vorerst ein Zwischenergebnis zusammen:

1. Die Landverheißung verheißt Land als *Lehen* Gottes, nicht als autonomen Besitz Israels.

2. Sie verheißt grundsätzlich nur *Anteile* am Land, was geschichtlich auch daran erscheint, daß sie den Raum bis zum nahar gadol, zum Euphratstrom, umschließt – ein Gebiet , das Israel nie in seiner Geschichte als »sein Land« hat »erben« können; es wäre denn, in der Nennung des Euphratstroms spiegelte sich auch der Lebensraum schon wider (oder voraus), in dem Israel »an den

Wasserströmen Babels saß und weinte« (Ps 137,1); wäre es das, dann würfe dies ein Licht auf Verständnis und Nichtverständnis der Bedeutung des Landes: Die Landverheißung meinte wirklich zu-*geschworenes,* aber *nicht* ebenso fest zu-*geeignetes* Land, denn fremdes Land unter fremder Herrschaft rechnete ebenfalls dazu, Land, in dem Israel zwar siedeln kann und doch nicht herrscht, auch nicht »zu Hause« ist, Land seiner *Gola.* Daß jedenfalls die Verheißung des Landes weiterreicht, als bisher je eine historische Erfüllung einlösen konnte, zeigt *a.* wie wenig es eine nachträgliche ideologische Projektion zur Rechtfertigung von Großmacht-Ansprüchen ist, – *b.* unter welchen historischen Vorbehalten diese Verheißung steht: solchen, die zugleich eine überlegene Freiheit Gottes gegenüber der Erfüllung seiner Verheißung bezeugen; die Nennung des Euphrats hat also theologischen Sinn, bezeugt das Unerreichte und für Israel von sich aus Unerreichbare an der Landverheißung, damit aber auch das bloß Anteilhafte »am« verheißenen Land, das vollen Besitz und eine entsprechende Besitzmentalität verwehrt.

3. Die Kehrseite, die die Landnahme Israels für die Vorbewohner hat, entspricht dem grundsätzlich positiven Sinn der Landverheißung: Sie meint nicht deren willkürliche Vertreibung und Verjagung, sondern deren Enterbung. Diese macht sie nicht rechtlos, sondern gibt ihnen ein Recht: das derer, die nun nicht mehr »Erben« sind im Land, sondern Abhängige.

4. Historisch verteilt sich die Last der Abhängigkeit nicht einseitig, das Abhängigkeits-Recht gilt gegenseitig, ist also etwas wie ein »Völkerrecht« in nuce.

Noch einmal: Ich bitte um die Geduld des Verstehens. Es ist klar, daß in unseren Augen und für unser Wertbewußtsein ein Abhängigkeitsrecht nicht weniger grausam, fragwürdig wirkt wie die nackte Verjagung. *Opfer* sehen das freilich anders und wissen selbst eine solche minimale Differenz sehr wohl zu schätzen. Doch ehe wir besser urteilsfähig sind, müssen wir uns noch etwas eingehender um den theologischen Hintergrund dieser historischen Phänomene bemühen. Das uns wirklich Unverständliche daran ist ja nach wie vor die *Verquickung,* die das alles *mit Gott* haben soll.

Wir beginnen auch hier mit etwas uns besonders Fremdem, ja Ärgerlichen: Gott bestimmt die Landverheißung zu einer *bleibenden Aktualität.* Der Anspruch ihrer biblischen Bezeugung verhindert konsequent, sie als antiken Stoff abzuwerten, der in der weiteren Entwicklung des menschlichen Bewußtseins über seine früheren Standards hinaus längst überholt worden ist und als eine Skurrilität der Vergangenheit links liegen bleiben kann. Das ist unsere europäische Normalreaktion; wir betrachten uns für *aufgeklärt* genug, um in so etwas wie einer göttlichen Landverheißung entweder mythischen Unsinn oder uns leicht durchschaubare Projektionen von Herrschafts- und Besitz-Ideologie zu erkennen, die da, wo sie – wie z.B. auch bei gewissen afrikanischen Stämmen[50] – noch wirkt, durch Aufklärung bekämpft werden muß. Aber gegenüber Menschen, die glaubend und trauend an so etwas gebunden sind, wirkt eine solche Reaktion hinterhältig, weil unbetroffen von der hier waltenden Wirklichkeit, damit auch unverständig-äußerlich. *Wahre Aufklärung ist nur Emanzipation des Glaubens im Glauben,* entsprungen inneren Notwendigkeiten der Glaubenden in je ihrer »Situaton«; und dann bewirkt Aufklärung Verwandlung, nicht jene aggressive und gewaltsame Zerstörung, die vor allem wir Europäer in unseren Revolutionen – den Schritten von Aufklärung-im-Vollzug – erfahren haben und mit deren Anspruch und Form wir die ganze Welt zu überziehen immer noch für »vernünftig« halten. Hier sollten wir dazu zu lernen versuchen.

Ideologieverdacht gegen die biblischen Landverheißungen bestünde zu recht, wenn unter »Verheißung« ein göttliches, von sich selbst her wirkendes Geschichtsgesetz zu verstehen wäre, Schicksal, das sich über die Köpfe von Menschen hinweg vollziehen und dessen Selbstvollzug, Selbstmächtigkeit nachträglich theologisch legitimiert werden sollte aus »höherer Notwendigkeit«: objektive, darum unwiderstehliche historische Triebkraft, jenseits von Gut und Böse, ein »Gesetz der Geschichte«. Und Ideologieverdacht wäre berechtigt, wenn daraus objektive Ansprüche auf Besitz des Landes – etwa ein jus primi occupantis – abgeleitet würden und ein politisches, gesellschaftliches Zwangshandeln begründen sollten. Sofern im heutigen Israel mit so etwas von bestimmten Personen und Gruppen operiert werden sollte, scheitert es von allein daran, daß es einer Mehrheit von Menschen nicht einleuchten kann und etwas Irreales, Wirklichkeitsfremdes nur allzu deutlich an sich trägt – was nicht weniger für die umgekehrte Version vom »unzerstörbaren dar-al-Islam« gilt: der muslimischen Überzeugung, daß jedes Stück Land, das der Islam jemals in den Raum seines »Hauses« eingefügt hatte, von da an unter dem Anspruch steht, für immer von Rechts wegen diesem Haus zuzugehören – ob das nun Judaea oder Niederösterreich oder Cordoba wäre.

Wohl ist wahr, daß, biblisch gesehen, die Landverheißungen ein Stück Gesetz sind, aber nicht ein Stück historischer Gesetzlichkeit, sondern eines der *Tora,* die Gott dem Mose gegeben hat. Als solches trägt auch diese Verheißung die Züge der Weisung, die Gott seinem Volk gibt; *alle »Verheißung« ist Verpflichtung,* nirgendwo aber Stoff für historische Spekulation oder Legitimation von Politik; gerade nach der Tora Israels würde sie, so gebraucht, mißbraucht. Was

50. B. Demardi, The Concept and Bond of the Land in African Religious Tradition, in: The Jerusaleman Colloquium on Religion, Peoplehood, Nation and Land, hg. v. M. H. Tanenbaum und Z. Werblowsky. 1972, 209ff.

Gottes Verheißung in Aussicht stellt, will nach biblischem Verstand von Menschen bewährt, also getan sein: »vor Gott«, d.h. einerseits allein um seinetwillen ohne jede weitere Nebenabsicht, – andererseits: unter seinem ständig begleitenden Urteil mit der Frage, ob es *ihm* so recht ist, wie wir als Menschen es bewähren und tun. Und da denn fangen wir an, die theologische Dimension auch der Landverheißung zu begreifen, – als erstes also: ihre *nie erlöschende Aktualität. Weil die Verheißung Gebot ist,* gilt sie unbegrenzt und richtet sich quer durch die Zeiten an alle Generationen Israels, an jede neu.

Wir hörten ja: Gott hat das Land zugeschworen »deinen Vätern Abraham, Jizchak, Jaakob« (Dtn 29,13). Der Rückwärtsblick auf die Väter und Mütter Israels, die ersten Empfänger dieser wie aller anderen großen Verheißungen, bezeugt indirekt die *Stetigkeit und Treue Gottes,* der an seiner Verheißung von Generation zu Generation festhält, sie nicht hinfallen, sie auch nicht ideologisch antiquieren läßt. Darum wird immer wieder auch gesagt, daß die Landverheißungen nebst den Vorfahren so auch »dir«, dem *heute* Hörenden und Gehorchenden, zugedacht sind und gelten. Das heißt: Sie erreichen jede gegenwärtig lebende Generation mit der *Verbindlichkeit des ungekündigten Bundes* und in der Strenge einer Tat-Verpflichtung, die nicht ermäßigt wird; Ahn und Enkel verpflichtet sie. Das erklärt zweierlei: Erstens, woher es kommt, daß das jüdische Volk das Gedächtnis des Landes durch die zwei Jahrtausende festgehalten hat; vielen außenstehenden Deutern ist das oft wie ein Mysterium der Geschichte vorgekommen, andere haben es als besonders schlimme Starrköpfigkeit Israels kritisiert und abgelehnt. Aber so geheimnisvoll, daß es metaphysische Spekulationen erlaubte, ist es nicht; das ganze Geheimnis des Gedenkens ist die Striktheit des Gebots und eine Treue des Gehorsams. Zweitens legt die Generationenbeständigkeit der Verheißung, die Gebot ist, das entscheidende Strukturmoment aus für ein Verständnis vom Erbteil, nachala. »Erben« sind immer die Angehörigen der nächsten Generation. Wird Israel das *Land zum »Erbe« gegeben, geschieht das mit Blick auf das kommende Geschlecht.* Wir werden sehen, wenn wir nachher die Erzählung von der Auskundschaftung des Landes näher betrachten, eine wie große Bedeutung es hat, daß nicht die Generation, die die Befreiung aus Ägypten erlebt und die Wüste durchgemacht hat, auch ins Land kommen wird, sondern nur gerade bis an dessen Grenze – Mose eingeschlossen –, ins Land hinein jedoch kommt erst die nächste Generation. Das »besagt« auch, daß »Erbe« wirklich mit Zukunft zu tun hat. Soll Israel das Land »erben«, soll es *Zukunft* bekommen. Und denen, die dabei »enterbt« werden, wird Zukunft beschnitten – eine eschatologische Figur ersten Ranges: eine Struktur von Gericht.

2. *Die Tora des Landes*

Aber *wo Gericht kommen soll, muß zuvor Recht sein.* Davon ist die ganze Landverheißung eingehüllt, die Israel ja nur als Gebot kennt.

a. *Die Rechtsverpflichtung durch die Tora des Landes*

Wir stellen vier Aspekte dieses Zusammenhangs dar: *Erstens:* Das Tun der Tora ist für Israel die Voraussetzung dafür, ins Land zu *kommen,* und zugleich die Bedingung der Möglichkeit, im Lande zu *bleiben.* – *Zweitens:* Umgekehrt ist das Siedeln im Land eine Voraussetzung dafür, die Tora *ganz,* in jeder von ihr vorgesehenen Beziehung, tun zu können, also: die Vielzahl auch der mizvot, die den Umgang mit dem Land und seinem Erdboden betreffen. – *Drittens:* Die Tora *bindet* Israel gerade auch in seinen *Beziehungen zu den »enterbten« Vorbewohnern,* aber auch zu den nicht-enterbten Mitbewohnern des Landes an die Gebote Gottes: in den kriegerischen Auseinandersetzungen ebenso wie in den alltäglichen Umgangsweisen mit ihnen, auch wenn sie zu »Fremdlingen« geworden sind. – *Viertens:* Die Tora unterstellt gerade das im Lande siedelnde Israel der ganzen Schärfe des Rechts und *bedroht* jeden Rechtsbruch Israels mit dem Widerspruch Gottes: bis hin zu der Aussicht, daß das Land das Volk Israel genauso wird »ausspeien« können, wenn es dort nicht makellos lebt, wie es die Kanaaniter »ausgespieen« hat wegen deren avoda zara, deren Götzendienst auf dem Boden des Landes.

Man pflegt diesen Zusammenhang die »kultische« Bedeutung des Landes zu nennen, weil darin die Idee von so etwas wie einem heiligen Boden, einer terra sancta in einem christlich-sakramentalen Sinn, wirksam sein soll. Ähnliches *gibt* es. Z.B. hören wir schon früh, »im Anfang« der biblischen Erzählung, Gen 12,6-9: »Abram durchquerte das Land bis zum Weihplatz von Sichem, bis zur Steineiche des Rechtsweisers. / Der Kanaaniter war aber damals im Land. / ER ließ von Abram sich sehen und sprach: / Deinem Samen gebe ich dieses Land. / Und er baute dort eine Schlachtstatt IHM, der von ihm sich hatte sehen lassen. / Von da rückte er vor zum Gebirge, östlich von Bet-El, / und spannte sein Zelt, Bet-El im Westen und Ai im Osten. / Dort baute er IHM eine Schlachtstatt / und rief den Namen aus. / Dann zog Abram fortgehenden Zugs nach dem Südstrich«.

Das erste also, was Avram tut im Lande: Er baut hier einen Altar und dort einen, eine »Schlachtstatt«, einmal am »Weihplatz von Sichem«, offensichtlich einem kanaanäischen Heiligtum, wo er – die dort wohnende Gottheit konkurrenzierend – seinem, dem Gott Israels, einen Ort schafft; dann noch einmal östlich von Bet-El: Dort setzte er frei seinem Gott einen Altar in die Landschaft als Ort der Begegnung, und dort auch rief er den Namen seines Gottes aus: va jikra be schem adonai. *So bekommt das Land den Namen Gottes zu hören;* an jener Schlachtstatt wird nicht einem unbekannten Gott geopfert werden können und keiner Gottheit des Landes – dort kann Gott jetzt unter seinem, von Avram ins Land hinein- und über dem Land ausgerufenen Namen kommuniziert werden; das Land wird mit Gott bekannt. So tat Abraham später auch am Schwurbrunnen in Beerscheva, da, wo er mit dem Philisterkönig Abimelech einen Bund geschlossen hatte: »Er aber pflanzte eine Tamariske in Beerscheba / und rief dort den Namen aus: ER Gottheit der Weltzeit«: va jikra scham be schem adonai el olam (Gen 21,33). Mag darin urtümliche Namensmagie mitspielen, daß das Land unter den Ruf des Namens Gottes tritt und ihm so zugeheiligt wird – der Bau der Schlachtstätten entmagisiert das doch: Es soll im Lande von Ort zu Ort zu Begegnungen Gottes mit jenen Menschen kommen, die dort ihm begegnen wollen, – die Gott-Israel-Beziehung wird im Lande »geortet«, und zwar vorsorglich nicht für Abraham allein – auch für seinen »Samen«, seine Nachkommen, die später dort leben wollen und werden. Der Ruf des Gottesnamens über diesem Land wird von da an immer die Freunde dieses Gottes dorthin ziehen.

Dem biblischen Gott gemäßer als das ist jedoch die *Pflicht* des Landes, das, was Buber »die ausgereifte Lehre Kanaans« nannte[51]. Wir gehen dafür unsere vier Aspekte durch.

Erstens: Das Tun der Tora ist für Israel die Voraussetzung dafür, ins Land zu kommen, und zugleich die Bedingung der Möglichkeit, im Lande zu bleiben.

Keiner so, wie der Zeuge (oder die Zeugen) des Buches Devarim (Deuteronomium), hat so unlösbar die Tora Gottes mit dem Land verknüpft. Solenn setzt die Gesetzessammlung in 6,1-3 mit den Worten ein: Ve ssot ha mizva, dies aber ist das Gebot, ha chukim, die Gesetze, ve ha mischpatim, wie die Rechtsgeheiße, ascher ziva adonai elohechem le lamed ät chem, das ER euer Gott gebot euch zu lehren, / la assot ba arez, ums zu tun in dem Land, ascher atem ovrim schamah le rischtach, wohinüber ihr schreitet es zu ererben: / damit du fürchtest IHN deinen Gott, / zu wahren all seine Satzungen und seine Gebote, die ich dir gebiete, / du, dein Sohn, der Sohn deines Sohns, / alle Tage deines Lebens, / damit deine Tage sich längern – / hören sollst du, Jißrael, / wahren sollst du im Tun, / daß gut dirs ergehe, / daß ihr euch mächtig mehret, / gleichwie ER der Gott deiner Väter dir geredet hat: / Land, Milch und Honig träufend, erez ssavat chalav u dewasch.«

La assot ba arez, ums zu tun im Lande – knapper läßt sich die Bedeutung, ja das »Wesen« des Landes für Israel gar nicht benennen: Das Land und das Tun

51. M. Buber, Israel und Palästina. Zur Geschichte einer Idee. 1950, 46.

sind füreinander bestimmt, gehören unlösbar zusammen, keinen anderen Sinn hat Gott mit der Verheißung und *Gabe des Landes* an Israel im Sinn, als: *Raum und Boden fürs Tun des Gebotenen.* Freilich: dort im Lande soll Israel auch eingehen können in seine *Ruhe* (Dtn 3,20); Ruhe, menucha, und Erbbesitz, nachala, bilden in Dtn 12,9 eine Einheit. Dort soll es – wir hörten es – auch »in Sicherheit sitzen« dürfen (1 Kön 5,5). Aber Ruhe und Sicherheit sind letztlich nur geschichtliche und politische Zielbestimmungen der Landgabe, wenn sie sich im Tun der Gebote Gottes verwirklichen und *aus* diesem Tun quellen. Wie auch immer: In Devarim 6,1-3 wird die Tora Israel eingeschärft, *bevor* es in das Land kommt, *damit* »ihr danach tut im Lande«; aber auch weiter mahnt Mose, die Tora zu tun, damit es euch wohl ergehe *im* verheißenen Land von Milch und Honig. *Ins* Land hinein gelangt Israel, belehrt von der Tora, *im* Land als gutem Land kann es sich auf die Dauer von Generationen halten, indem es dort das Gebotene tut. Das *Land also soll Freiraum werden für* ein durch keine Fremdbestimmung mehr gehindertes oder auch nur eingeschränktes, *umfassendes Tun der Tora.* Denn dazu hatte Gott ja sein Volk aus Ägypten, dem Sklavenhause befreit, dafür hatten Mose und Aaron ja schon vor langem mit Pharao gestritten, nicht nur: Let my people go, das wäre nur die halbe Wahrheit der Freiheit Israels, sondern: ve jachogu-li ba midbar, daß sie mir rundreihen in der Wüste (Ex 5,1), mir, Gott ein chag, ein Fest feiern. *Die Freude, das Lob, der Dienst Gottes war das Ziel der Freiheit; sie bleiben die Pflicht des Landes.* Israel kennt keine ziellose Freiheit, keine selbstzweckliche Sicherheit, nicht einmal eine pflichtlose Ruhe. Es wäre so wichtig, wenn doch christliche Befreiungstheologen, wenn sie Israels Geschichte schon als Transparent für ihre eigenen Probleme benutzen wollen, auch bis zu den Zeugnissen von der Zielgerichtetheit der Freiheit Israels im Dienst Gottes gelangten, statt die Freiheit von diesem Ziele zu lösen und zu einem autonomen Wert zu säkularisieren und so zu verfälschen.

Zweitens. Umgekehrt ist das Siedeln im Land eine Voraussetzung dafür, die Tora ganz, in jeder von ihr vorgesehenen Beziehung tun zu können, also: die Vielzahl auch der mizvot, die den Umgang mit dem Land und seinem Erdboden betreffen.

Wir hörten: Die Gabe des Landes ist denen verheißen, die die zuvor schon, in der Wüste am Gottesberg, gegebene Tora tun. Hier nun erfahren wir auch etwas Umgekehrtes: Nur im Lande läßt sich die Tora ganz erfüllen. Diese Einsicht beruht auf einer Erfahrung, die Israel in ihrer vollen Bedeutung erst aufgehen konnte, nachdem es das Land schon eimal wieder verloren hatte; es ist eine Erkenntnis aus dem Rückblick der Zerstreuten auf die Zeit im Lande: was sie da alles hätten verwirklichen sollen, und nun können sie es nicht mehr. Aus dieser Mangelerfahrung heraus hören sie mit neuen, aufgeschlossenen Sinnen die *Rückkehrverheißung* ins Land: die Wiederholung der Landverheißung für eine spätere Generation. In der Gola, unter der »Verwünschung« Gottes, vernehmen sie dann: Läßt du einkehren dein Herz / »unter allen Stämmen, wohin ER dein Gott dich versprengte, / und kehrst um, hin zu IHM deinem Gott, / und hörst auf seine Stimme, allwie ich heuttags dir gebiete, / du und deine Söhne, / mit all deinem Herzen, mit all deiner Seele: / dann läßt ER dein Gott dir die Kehre kehren, / er erbarmt sich dein, / er kehrt um, er führt dich zuhauf aus allen Völkern, / dahin ER dein Gott dich ausstreute, – / ob deine Versprengtheit am Rande des Himmels sei, / von da führt ER dein Gott dich zuhauf, von da holt er dich. / Und ER dein Gott läßt dich zu dem Land kommen, / das deine Väter ererbten, du erbst es neu…«, ve jirischtach steht da, »neu« hat Buber verdeutlichend und treffend hinzugefügt (Dtn 30,2-5); auch hier wird das Erhören der Stimme Gottes Voraussetzung für das Neu-Erbe sein, aber mit neu gewonnenen Gotteskräften bedarf es auch eines Neu-Erbes des Landes, weil Israel nicht ebenso gut außerhalb des Landes sich mit Gott einen kann wie im Lande.

Einer der bedeutendsten Denker des Exils, der Spanier Jehuda Halevi (ca. 1080 – 1145), dem die Seele ganz hingerissen war zum Land und dessen Spuren sich unserem historischen Blick auf seinem Weg von Spanien zurück ins Land verlieren, hat es in seinem Hauptwerk, sefer ha kusari, so ausgedrückt: »Das Land Kenaan« (so nannte es ein Israel-bewußter Jude noch im 12. Jahrhundert), also: erez kenaan, »ist nun besonders für den Gott Israels bestimmt«, mejuchedet lelohe Jißrael – das Wort mejuchedet hat jachad in sich: verbunden, vereint sein, wir dürfen also ruhig deutlicher, »sakramentaler« hören: Erez Kenaan ist mit dem Gott Israels verbunden, vereint, geeint – so als wäre es ein selbständiger Partner Gottes, mit Gott im Bunde. Davon sagt Jehuda Halevi weiter: »… und die religiösen Handlungen«, ve ha maassim, d.h.: alles, was es dort (von Gott her) zu tun gibt, »können nur da zur Vollendung gelangen«, lo jischlemu, können nicht zur Ganzheit, zum schalom werden, ki im bach: wenn nicht dort. Er begründet das: »Viele israelitische Gebote sind für den nicht da, der nicht im Lande Israel wohnt«, wir werden gleich sehen: welche.

Vorerst noch eine tiefere Begründung dafür: »Herz und Seele«, ha lev ve ha nephesch, »sind nur rein und lauter an einem Ort, von dem man weiß, daß er ganz besonders für Gott bestimmt« (V, 23), mit Gott geeint ist, wörtlicher: Herz und Seele – nicht können sie tehorim ve ssakim sein, rein und lauter, wenn nicht an einem Ort, von dem man wissen kann, daß er mejuchad, geeint ist lelohim: mit Gott.

Jehuda Halevi, unter dem Einfluß arabischer und christlicher Gelehrsamkeit seiner Tage, versucht, seinem nichtjüdischen Unterredner, dem König der Chasaren, diese sonderbare Ortsgebundenheit jüdischen Gottesgehorsams zu erklären, und ergänzt: »… und wäre es auch nur bildlich und gleichnisweise« so gesagt: be dimion u be maschal: So muß es für einen Nichtjuden aussehen, nur »uneigentlich« gemeint; denn was sollte ein Stück Land mit einem Ethos zu tun haben?: jedem »Griechen« ein Ärgernis, jedem Christen eine Torheit. Nicht so einem Juden. Jehuda Halevi konzediert: Mags dir, König der Chasaren, Hekuba sein, gleichgültig, rätselhaft: Uns Juden ist »es doch *wahr*«: kol scheken sche-hu ämät, zuverlässig – So *ist* es, nur in diesem Land läßt sich die Tora ganz erfüllen (V, 23).

Darin drückt sich aus, daß die Tora aufs Ganze geht, alle nur denkbaren Möglichkeiten des Menschseins und ihre ganzheitliche Verwirklichung gebietet, wie Israel es sich täglich im Sch'ma Jißrael zu Herzen spricht: »Höre Jißrael: / ER unser Gott, ER Einer! / So liebe denn / IHN deinen Gott / mit all deinem Herzen, mit all deiner Seele, mit all deiner Macht« (Dtn 6,4-5), – u be kol meodecha, steht da: »mit aller deiner Kraft«, lateinisch vielleicht: vehementia, liebe ihn vehement; Luther übersetzte »von allem Vermögen«; Samson Raphael Hirsch: »die ganze Summe von Mitteln und Kräften« und insofern »das Vermögen« (z. St.). Dabei erinnert Hirsch an das Wort, das Gott zum Abschluß seines Sechstagewerkes gesprochen hatte: »Und Gott sah an alles, was er gemacht hatte, und siehe, es war sehr gut« (Gen 1,31), ve hine tov meod; das »Sehr« des Guten, das Gott in dies Tagwerk investiert hat, nennt Hirsch dort nicht die ganze »Summe«, sondern – göttlicher – »das ganze *›Reich‹* von Mitteln und Kräften«, wir können sagen: Seine Reich-Gottes-Kraft. Und dann liest er das göttliche »Sehr«, meod, des Schöpfungstages und das ganze »Vermögen« – ebenfalls meod – des Sch'ma Jißrael analog zueinander: Israel soll tun, wie Gott tat; Israel mit der »Summe« aller seiner Kräfte – Gott mit dem »Reich« seiner Kräfte. Die Ganzheit aller menschlichen Vermögen ist gefragt, die des Herzens, die der Seele, aber auch die anderen körperlichen und schöpferischen Kräfte. Und damit auch die, die das Land braucht: die physischen, die der Hände und des Leibes. *Diese* Ganzheit der göttlichen Forderung – eins, ganz zu sein, wie Gott Einer und ganz ist – verlangt so auch nach einem Ort, an dem sie verwirklicht werden kann, und so ist das Land auch der Ort, an dem Israel Gott mit *allen* seinen Kräften dienen kann, nicht nur den »religiösen« des Herzens und der Seele, auch denen der Einheit und Ganzheit, in der allein es dem Einen Gott entsprechen kann. *So gehört das Land zur Bezeugung der Einheit Gottes,* indem dort die entfremdende religiöse Gespaltenheit aufhören kann: hier ein Wesen von Herz und Seele, dort jedoch ein Wesen auch noch ganz anderer meodim, Kräfte, zu sein – hier ein religiöses, dort ein arbeitendes Wesen, – hier ein innerer, dort ein äußerer Mensch. *Es ist nur das Land, das die Einheit des Menschseins vermittelt, die die Einheit Gottes bezeugen kann.*

Vielleicht hat Moses de Leon, der Verfasser des Hauptwerks der Kabbala, des Sohar, des »Buch des Glanzes« (gest. 1305), an so etwas Ähnliches gedacht, als er – Abrahams Geschichte auslegend – schrieb, was M. Buber so zusammenfaßte: »Abraham ist es, in dem Israel aus dem Menschengeschlecht hervortritt. Aber er kann die ihm bestimmte hohe Stufe der Gottesnähe erst im Lande erreichen, erst in ihm kann er in den Bund mit Gott eintreten; schon in seinem Urvater kann Israel zu dem ihm Bestimmten nur durch die Berührung mit dem Lande gelangen…«[52] Im Sohar besitzt das Wort von der Gottesnähe im Lande etwas stark Spekulatives. Auch Jehuda Halevi hatte die Lehre gekannt, daß die Schechina, die Gegenwartsweise Gottes, und sogar seine Herrlichkeit, kavod, einmal über dem Lande geglänzt haben; 900 Jahre lang, wußte er, hatte der Gottesgeist dort geweilt – und schon deswegen wäre es recht, daß »edle Seelen sich dorthin sehnten, um dort Läuterung zu finden« (II,23). Erinnerung daran ist zurückgeblieben, auch als die Schechina das Land längst verlassen und mit dem Volk Israel in die Fremde gezogen war; nur um so stärker kann man empfinden, was es bedeutet, daß viele israelitische Gebote nicht außerhalb des Landes getan werden können. Im Gedanken vom Leuchten der Schechina über dem Land wirkt sich aus, daß einst Abraham den Namen Gottes übers Land ausgerufen hatte; der »Name« Gottes ist, wie die Schechina, eine Gegenwartsweise Gottes. Im gleichen Geist hören wir im sefer-ha-sohar, daß Abraham nur im Land, dort wo Gott gegenwärtig ist, mit Gott »in den Bund«, und auch das heißt ja jüdisch: in die *Pflicht* des Bundes treten konnte. Nur dort.

Wir spüren hier, *welche* »Kräfte« sich in der Heimkehrbewegung des neuzeitlichen Zionismus säkularisieren.

Doch nun erfahren wir nicht nur, *daß* allein das Land die Ganzheit des Tora-Gehorsams zu erfüllen erlaubt, wir lernen auch: *inwiefern.*

Bleiben wir gleich bei Jehuda Halevi. Der König der Chasaren, der Kusari, verlangte von ihm Auskunft über die *maalot Erez-Jißrael,* die »Vorzüge«, das Hervorragende, *das Besondere des Landes Israel.* Er erhält zwei prinzipielle Antworten: Erstens: Es hat die Aufgabe, die ganze Welt, kol ha olam, zur Wahrheit zu leiten. Wie? Darauf zweitens: durch seine Existenz als eine »erwählte Gesamtheit«, eine hamon segula, eine Menge, Volksmenge des Eigentums Gottes; diese erwählte Gesamtheit gliedert sich aber in vier Näherbestimmungen: Sie ist und heißt ein »Volk des Ewigen«, am adonai, – in einem besonderen Land, be erez mijucheget (wieder müssen wir es von jachad her denken: ein mit einem Volk geeintes Land), und das wird gerufen nachalat adonai: Erbteil Gottes, – mit Zeiten, die von ihm (Gott) selbst festgesetzt werden, nicht nach eigener oder aus astrologischen oder sonstigen Gründen entnommener Bestimmung, und die daher moade adonai, die Festzeiten des Herrn, heißen (dazu gleich mehr), – schließlich mit Vorschriften, Anordnungen, Bestimmungen, die von Ihm selbst abgegrenzt werden und daher »Werk des Ewigen«, melechet adonai und avodat adonai heißen: »Dienst des Ewigen«. Diese Vier – Volk Gottes, Land Gottes,

52. A.a.O. 96.

Feste und Zeiten Gottes, Dienst Gottes – bilden die »erwählte Gesamtheit«, eine Figur der Ganzheit, von der wir sprachen, und sie eben benennt Jehuda Halevi als die maalot Erez-Jißrael, Vorzüge des Landes Israel (II,16).

In II,18 seines Kusari nun zählt Jehuda Halevi drei ganz speziell an das Land gebundene Weisungen der Tora auf, eigentlich sind es drei Prinzipien für viel mehr einzelne mizvot, Weisungen.

a. »Siehst du nicht, kennst du nicht die kiblat ha arez schabbatot, die Überlieferung vom Schabbat des Landes, kemo, wie es heißt: scheamar ›schabbat ha arez‹, ›das Land soll einen Schabbat für Gott feiern‹?« – Das ist Zitat aus Lev 25,4-7: »Im siebenten Jahr soll das Land« – Zürich übersetzt »hohe Feierzeit halten«, hebräisch steht da: schabbat schabbaton adonai la arez, einen schabbatlichen Schabbat für das Land feiern, und dann wird noch einmal angefügt: schabbat l'adonai, einen Schabbat für den Herrn; »da darfst du dein Feld nicht besäen und deine Reben nicht beschneiden. Was von der Ernte (des Vorjahres) her von selbst wächst, das sollst du nicht ernten, und die Trauben deines unbeschnittenen Weinstocks sollst du nicht schneiden; es soll hohe Feierzeit sein für das Land – sch'nat schabbaton adonai la arez. Und was das Land während der Ruhezeit (von sich aus) hervorbringt, soll euch als Nahrung dienen (und genügen!), dir und deinem Sklaven und deiner Sklavin, sowie dem Tagelöhner und dem Beisassen, die bei dir weilen; auch deinem Vieh und dem Wild in deinem Lande soll der gesamte Ertrag zur Nahrung dienen.« Raschi, der Rabbi Sch'lomo Jizchaqi (1040 – 1105), schreibt zu Vers 6, dies Schabbatgebot fürs Land solle verhindern, »daß du wie ein Besitzer – ein baal ha-bajit, ein Baal des Hauses – mit ihnen verfährst; vielmehr sollen alle darin gleich sein – ha kol jihju schavim bach –, du und dein Mietling und dein Beisasse«. Und aus der Auslegung, die Samson Raphael Hirsch diesen Versen gegeben hat: »Die Gotteshuldigung als Schöpfers und Herrn der Welt findet am Sabbat ihren Ausdruck nicht nur in Unterordnung des Menschen mit seinen die Welt umschaffend beherrschenden Kräften unter Gott. Vor dem Gedanken der Gottesschöpfung tritt der Mensch schöpferisch zurück. Naturgemäß ist *jedes* stoffbeherrschende Werkschaffen unter der am Sabbat verbotenen mel'achah (Beschäftigung) begriffen ... Die Gotteshuldigung als Bodeneigentümers des jüdischen Landes bedarf zu ihrem Ausdruck nur der Unterstellung des Bodens unter Gottes Herrschaft. Vor dem Gedanken des eigentlichen Bodeneigentümers tritt sein Lehensträger, der Jude, mit Bestellung des Bodens und Einheimsung seiner Früchte für die Zwecke der Existenzsicherung zurück. Es genügt die allgemeine Einstellung der Aussaat und Baumbeschneidung, sowie der einspeichernden Ernte aller etwa von selbst wachsenden Früchte, um für dieses Jahr keine Nahrungssicherung aus dem Boden zu erzielen, und damit dem Boden eines ganzen Landes das Gepräge der Herrenlosigkeit aufzudrücken und ein ganzes Jahr zu einer nationalen öffentlichen Bekenntnisthat zu gestalten, daß das jüdische Volk nicht Herr und Eigentümer des jüdischen Landes sei«[53]. Hirsch zitiert für den Gedanken b Sanhedrin 39a: »Der Heilige, gelobt sei er, sprach zu den Israeliten: Säet sechs Jahre und das siebente Jahr lasset (den Boden) brach, damit ihr wisset (spürbar, sinnlich begreift), daß das Land mir gehört.« Zusammenfassend schreibt Hirsch: »Vergegenwärtigen wir uns die schiviit-Gesetze in ihrer Verwirklichung, so sind sie die großartigste, ein ganzes Jahr durchdauernde, auf Äckern und Feldern, in Gärten und Wiesen sich offen kund thuende, in jeder Frucht, jedem Grashalm sich aussprechende Bekenntnisthat einer ganzen Nation, mit welcher sie ihren Nationalboden Gott als dessen eigentlichem Eigentümer und Herrn huldigend zu Füßen legt, sich selbst nur als gerim ve toschavim, als geduldete Einwohner und Beisassen auf Gottes Boden begreift, und aller Hoheit und allen Besitzstolzes entkleidet zu den Ärmsten der Menschen und zu dem Thier auf dem Felde in Gleichheit und Gleichberechtigung vor Gott zurücktritt«[54]. »Im Sabbatjahre ist das Privateigentumsrecht an den Erzeugnissen des Bodens aufgehoben. Nichts wächst für den Acker- und Feldbesitzer allein. Bis zum Thier hinab wächst alles für alle gemeinschaftlich. Es hat der Mensch und Besitzer kein Vorrecht. Er darf sein Feld und seinen Acker nicht absperren, er muß Menschen und Tieren den Zutritt gestatten und darf sie im Pflücken und Genießen seiner Früchte nicht hindern. Was im Sabbatjahre sein Acker und sein Feld tragen, ist … herrenloses Gut, nur in Gemeinsamkeit mit allen anderen … darf auch er davon genießen, und er selbst darf davon nur kleine Quantitäten, wie jeder andere, in sein Haus zum zeitlichen Verbrauch bringen« – d.h. *nicht:* zum Horten und Sammeln.[55]

Es versteht sich: So kann Israel nur in *eigenem* Land das Gebotene tun, nur dort, wo alle gleicher Tora gehorchen, der Tora des Landes.

Frage: *Ist das mehr als nur ideale Projektion?* In 1 Makk 6,49 hören wir, daß während seines Kriegs gegen Judas Makkabäus der König Antiochus Eupator mit den Bewohnern des Ortes Bethsura Frieden schließen konnte, denn: »Sie ergaben sich, weil sie dort keine Nahrungsmittel hatten, daß sie noch länger eingeschlossen bleiben könnten, weil das Land Ruhezeit hatte.« Das war 162 v. Chr. Genau in der gleichen Lage waren damals auch die Bewohner im belagerten Jerusalem; sie »verteidigten sich eine geraume Zeit«, aber, heißt es dann: »Es gab aber keinen Mundvorrat mehr in den Behältnissen, weil es das siebente Jahr war, und die vor den Heiden nach Judaea Geretteten den Rest der Vorräte verzehrt hatten« (1 Makk 6,53). Nicht einmal im Kriegsfall wurde demnach das Schabbatjahr gebrochen, eher kapitulierten sie, als die Tora des

53. S. R. Hirsch, Der Pentateuch. Übersetzt und erläutert. Dritter Teil: Leviticus. O.J., 563.
54. A.a.O. 564.
55. A.a.O. 563f.

Landes zu versäumen. So fest hielt jene Selbstverpflichtung, unter die das Volk sich nach dem Bericht des Nechemja (Neh 10,31) einst, rund 250 Jahre zuvor, gestellt hatte: »Wir setzen aus im siebenten Jahr« (Buber), wir nehmen auf uns die eidliche Verpflichtung, »daß wir auf den Ertrag des siebenten Jahres ... verzichten«; das war vielleicht so um 430 v. Chr. herum. Zwischen ca. 430 und ca. 160 v. Chr. können wir also eine Zeitspanne von 250 Jahren annehmen, während derer mit Gewißheit das Schabbatjahr des Landes gehalten wurde; doch nichts spricht dagegen, dies auch schon für die frühere Königszeit Israels und dann auch für spätere Zeiten bis zur Vertreibung der Juden aus dem Lande durch die Römer anzunehmen; jedenfalls war es doch wohl mehr als nur eine schöne theologische Idee.

Und vielleicht ist es nicht einmal abwegig, die *Worte,* die Jesus in seiner Bergpredigt *gegen das Sorgen* richtete, als eine *Lehre aus* der Erfahrung und *dem Geiste des Schabbatjahres* zu lesen. Lukas hatte ja Jesu gesamtes Wirken unter dem Leitgedanken des Jobeljahres, des sozialen Erlaßjahres gesehen, das in Lev 25,8ff sofort im Anschluß an die Weisung vom Schabbat des Landes (in 25,2-7) geboten worden war: Jesu Wirken insgesamt besteht darin, »ein angenehmes Jahr des Herrn« zu verkündigen (Lev 25,10: Jobeljahr, Halljahr; »So sollt ihr das fünfzigste Jahr weihen und Befreiung ausrufen im Lande für alle, die darin wohnen«); Jesus – wie Lukas ihn hörte -: Der Herr »hat mich gesandt, den Armen frohe Botschaft zu bringen, den Gefangenen Befreiung zu verkündigen« (Lk 4,18-19) – ins Hebräische zurückgedacht: lischbuim deror (Lev 25,10 u keratem deror ba-arez). Mindestens Lukas verstand *Jesus wie ein gleichsam verkörpertes Jobeljahr,* eine Sch'mitta in Person. Wer weiß, ob er dabei nicht auch (der Sache nach) an jenes Stück der Bergpredigt gedacht haben mag, in dem Jesus die Weisung gibt: »Ich sage euch: Sorgt euch nicht um euer Leben, was ihr essen oder was ihr trinken sollt, noch um euren Leib, was ihr anziehen sollt! Ist nicht das Leben mehr als die Speise und der Leib mehr als die Kleidung? Seht die Vögel des Himmels an! Sie säen nicht und ernten nicht und sammeln nicht in die Scheunen ...« – d.h.: sie tun alles das nicht, was auch Juden im Schabbatjahr nicht tun – »und euer himmlischer Vater ernährt sie doch...«: gerade im Schabbatjahr! »Seid ihr nicht viel mehr wert als sie? Wer aber von euch kann durch sein Sorgen zu seiner Lebenslänge eine einzige Elle hinzusetzen? Und warum sorgt ihr euch für die Kleidung? Betrachtet die Lilien des Feldes, wie sie wachsen...« – gerade, wenn wir Menschen sie wachsen *lassen* -: »Sie arbeiten nicht und spinnen nicht...« – so wenig wie Juden während dieses Jahres auf Feld, Wiese, im Garten tun; »Ich sage euch aber, daß auch Salomo in all seiner Pracht nicht gekleidet war wie eine von diesen. Wenn aber Gott das Gras des Feldes, das heute steht und (erst) morgen in den Ofen geworfen wird...« – nach Ende des Schabbatjahres –, »so kleidet, wird er das nicht viel mehr euch tun, ihr Kleingläubigen? Darum sollt ihr euch nicht sorgen und sagen: Was werden wir essen oder was werden wir trinken oder womit werden wir uns kleiden? Denn nach solchem allen trachten die Gojim ...«, die nichts von einem Schabbatjahr wissen. »*Euer* himmlischer Vater (dagegen) weiß ja, daß ihr all dieser Dinge bedürft. Sucht vielmehr zuerst sein Recht und seine Gerechtigkeit...« – jene, die er übt, indem er uns die Weisungen der Tora gibt –, »dann werden euch alle diese Dinge hinzugefügt werden« (Mt 6,25-33). Menschen, Tiere und Pflanzen sind hier symbiotisch vereint, teilen ein gemeinsames Leben, so sehr, daß statt der üblichen adamitischen Herrschaft über Tiere und Pflanzen nun Pflanzen und Tiere umgekehrt zu Lehrern für die Menschen werden und sie in einer Sorglosigkeit unterrichten können, die das Wesen der Freiheit ausmacht und: das Wesen dieses Freijahrs des Landes ist. »Alles für alle gemeinschaftlich«, deutete Samson Raphael Hirsch einen *Sinn* des Schabbatjahres und folgte damit dem Raschi (z. St.): ha kol jihju schavim bach, »alle sollen darin gleich sein« (von schavah, schaveh = gleich sein); einem sog. urchristlichen »Liebeskommunismus« geht ein urjüdischer Schabbatjahr-Kommunismus voraus; eine der Konkretionen davon heißt für Hirsch auch »nur in Gemeinsamkeit mit dem Tier auf dem Felde...«, wie »in Gemeinsamkeit mit allen anderen...« Menschen.[56] Das ist die Freiheit Israels, die in der Freiheit Jesu grundsätzlich wieder und noch einmal da ist. Der Bericht: »Und er – Jesus – war bei den Tieren ...« steht wie archetypisch am Anfang des Markus-Evangeliums; dies wird erzählt als ein Begebnis nach Jesu Taufe, in der er von Gott berufen worden war, und vor Beginn seines ersten öffentlichen Auftretens in Galilaea (Mk 1,13): Zuerst steht er »in Gemeinsamkeit mit den Tieren auf dem Felde«, danach »in Gemeinsamkeit mit allen anderen ...«, den Menschen. Es ist keine Naturidylle am Anfang des von Markus erzählten Lebens Jesu und keine Romantik der Sorglosigkeit in seiner Bergpredigt. Es ist *Jesus im Lichte der Tora vom Schabbat des Landes;* »ein Jahr des Feierns seis dem Land« (Lev 25,4) – das bedeutet auch Jesus, genauer: Das bedeutet die Tora in ihm, und er legt aus und lebt vor, wie der Mensch dran sein soll, der dies Gebot hält: ohne Sorge um sich.

Doch zurück zu Jehuda Halevi.

b. Kurz, knapp und bestimmt nennt er ein zweites Gebot der Tora des Landes: Siehst du nicht, König der Chasaren, »daß man nicht befugt war, es – das Land – für immer zu verkaufen, wie es heißt: ›Das Land soll nicht für immer verkauft werden‹ (Wajikra = Lev 25,23)?« (II,18).

Die betreffende Weisung heißt in Lev 25,23: »Grund und Boden darf nicht für immer verkauft werden, denn das Land ist mein, und ihr seid Fremdlinge und Beisassen bei mir«, Hirsch übersetzt: Das Land soll nicht »zur starren An-

56. A.a.O. 564.

eignung« verkauft werden. Das ist die womöglich wichtigste Bestimmung des sog. *Jobeljahres,* das alle 50 Jahre unter dem Schall der Posaune der Befreiung eingeleitet werden soll. Es folgt und krönt eine Phase von Schabbatjahren des Landes: Alle sieben Jahre soll das Land seinen Schabbat feiern, nach sieben mal sieben, also 49 Jahren bricht dann aber das Jobeljahr – *ein soziales Befreiungsjahr der Menschen* – an: »Halljahr«, so genannt vom Hall des Freiheitshorns, mit dem es verkündet und eröffnet wird. Da wird Zinsknechtschaft gesetzlich aufgehoben. Jüdische Volksgenossen, die verarmt sich als Sklaven verkauft hatten, werden gesetzlich frei (nicht so freilich nichtjüdische Sklaven). Und eben so soll auch ein Rückkaufsrecht für ein Stück Land bestehen, wenn ich aus Not (und nur aus Not ist es überhaupt erlaubt) ein Stück Landeigentum habe verkaufen müssen.

Das Prinzip des Jahres der »Heimholung«, wie Buber es übersetzt, heißt: »Da sollt ihr ein jeder wieder zu seinem Besitz und ein jeder wieder zu seinem Geschlecht, seiner Sippe zurückkommen« (Lev 25,10) – eine soziale Weisung mit starken ökonomischen Rückwirkungen z.B. auf die Preisbildung bei Kauf und Verkauf. Denn die Länge der Zeit bis zum Jahr des Rückkaufrechts von irgendeinem Eigentum, das ich einem anderen verkauft habe, bestimmt den Preis. »Nach der Zahl der Jahre, die seit dem (letzten) Halljahr vergangen sind, soll sich dein Kaufpreis richten, und nach der Zahl der Erntejahre soll er (der gegenwärtige Eigentümer) es dir verkaufen. Je mehr Jahre es noch sind (bis zum nächsten Halljahr), um so größer soll der Kaufpreis sein (denn um so mehr Ernten kann der Käufer erwarten), und je weniger Jahre, um so kleiner der Kaufpreis; denn er verkauft dir (in diesem Falle nur) eine (begrenzte) Anzahl von Jahreserträgen« (Lev 25,15-16). Das *Halljahr also zugleich ein theologischer und ein ökonomischer Tatbestand* – theologisch: ein Zeugnis *gegen* unverrückbare Besitzverhältnisse an Land und im Land und *für* Gott als den Allein-Besitzer des Landes; gleichzeitig ökonomisch eine auf die Preisgestaltung sich einschneidend auswirkende rechtliche und gesellschaftliche Institution: Es gibt kein bleibendes Eigentumsrecht, sondern bestenfalls nur eins für die Lebenszeit einer Generation; gerade das Land kann nicht veräußert werden für immer; ich kann meiner Tochter, meinem Sohn keine Zukunft bauen, ihre Beziehung zum Land bleibt ihnen zukünftig, mit doppelter Wirkung: Sowenig ich ihnen ihre Zukunft sichern kann, sowenig sie ihnen auch verbauen.

Das ist der Sinn der Weisung: Das Land soll nicht zur »starren Aneignung« verkauft werden. Wir können sagen: Das ist eine Weisung zu theologischer, gesellschaftlicher und ökonomischer Flexibilität. *Theologisch:* Israel muß sein eigenes Verhältnis zum Land für das geschichtliche Verhältnis Gottes zum Land und des Landes zu Gott offenhalten. *Gesellschaftlich:* Es kann eine feudale Erbfolge an Land das Verhältnis der Generationen zueinander weder prägen noch belasten. *Ökonomisch:* Nicht Eigentum bestimmt den Preis, sondern rechtlich gesicherter Wechsel und Wandel der Verhältnisse; und das macht natürlich auch den Geldwert flexibel, und Gebrauchswert tritt vor Tauschwert. Diese dreidimensionale Wirkung des Jobeljahres ist aber Folge des Zusammenhangs der Institution mit dem institutionalisierten Zirkel der siebenmal sieben Schabbatjahre des Landes. Wir können auch sagen: Die Tora des Landes und die Tora der sozialen und ökonomischen Beziehungen gehören zusammen, und zwar so, daß die Tora des Landes jene Beziehungen bestimmt und diese abhängig sind von jener. Das Ganze *ein »System« gegen »Erstarrung«* – und nebenbei ein Hinweis für die Absurdität des antijüdischen Vorurteils von Christen, Theologen und Philosophen gegen »Starrheit« als Charakteristikum der »jüdischen Gesetzesreligion«. Im »Gesetz« selbst bekämpft Gott jedes starre Wesen in jeder nur denkbaren Erfahrung des Lebens des Einzelnen und der Gesellschaft. Das gängige Urteil über die »starre jüdische Gesetzesreligion« erweist sich als typisches Vorurteil und wird gefällt ohne Ansehen des Gesetzes.

Über eine Bedingung der skizzierten Jobeljahr-Ordnung müssen wir nun allerdings noch etwas sagen. Es besteht ja kein prinzipielles Verbot, Land zu verkaufen. Insofern können wir nicht in einem modernen sozialistischen Sinne von einer Aufhebung des Privateigentums an Grund und Boden sprechen. Landbesitz kann in den ökonomischen Kreislauf von Besitzverhältnissen eingeführt, sozusagen privatwirtschaftlich gehandelt werden. Die Tora verwehrt nur jede Absolutsetzung dieses privatwirtschaftlichen Kreislaufs und gibt mit dem Jobeljahr das Mittel, ihn zu stören, ja – und zwar auf im einzelnen unabsehbare Weise – zu durchbrechen. Der Hintergrund dieser Störung ist aber rein theologischer Art. Denn der Rechtsgrund des »privaten« Landbesitzes ist die von Gott angeordnete Zu-Losung aller Israel erreichbaren Landesteile je an die einzelnen Familien, Sippen, Stämme dieses Volks.

Das hebräische Wort, mit dem das Land oder ein Teil des Landes als verheißenes Land, terra promissionis, und als »Erbteil« Gottes und Israels benannt wird – nachala –, hängt zugleich mit der Institution zusammen, mit deren Hilfe die in Kanaan eingewanderten Stämme Israels das Land unter sich verteilten, also mit dem *Los-Verfahren.* So hören wir z.B. vom Haus Joseph: »Und das Los fiel den Nachkommen Josefs (folgendermaßen) zu: vom Jordan bei Jericho an, östlich vom Wasser Jerichos, hinauf durch die Wüste, von Jericho an auf das Gebirge nach Bethel« (Jos 16,1). Oder (Jos 17,1): »Dann fiel das Los für den Stamm Manasse…« usw. Eine Einzelschilderung über das Losverfahren haben wir Jos 18,6. Bei einem Volkstag »der ganzen Gemeinde Israels« in Silo ordnete Josua an, daß zuerst eine Aufzeichnung des noch nicht verlosten Landes gemacht, diese in sieben Teile (für sieben noch nicht mit einem Erbteil versehene Stämme) geteilt, diese dann zu ihm gebracht werde, »so will ich euch das Los werfen hier vor dem Herrn, unserem Gotte« – der in Gestalt des heiligen Zeltes in der Mitte der Versammlung zu Silo anwesend war. So geschah es: »Da warf ihnen Josua das Los zu Silo vor dem Herrn, und er verteilte daselbst das Land unter den Israeliten, einem jeden seinen Teil« (Jos 18,10). Hier ist der »Zufall« des Loses ein Mittel der »Zuweisung« durch Gott; durch das Losverfahren wird die volle Freiheit der Zuweisung sinnenfällig, und auf sie kommt es an. Diese »Zufalls«-Freiheit soll als das glatte Gegenteil zu jedem Rechtsanspruch, den die Stämme von sich aus erheben könnten, begriffen werden; das Los ist der Gegenwurf gegen z.B. ein ius primae occupantis, also gegen Eroberer-Recht; so bezeugt es Gottes Recht am Land *vor* Israels Recht.

Aber nachdem das Los dann gefallen ist, gehören die Gebiete den Stämmen zu eigen. Ihr Eigentumsanspruch allerdings steht dann wieder vor dem der einzelnen zum Stamm gehörenden Sippen und Familien, dieser ist gleichsam Lehensherr für das »Erbteil« einer Familie oder Sippe – mit der Ausnahme vielleicht des Stück Landes für ein Familienbegräbnis; dies läßt sich über Generationen hin vererben, denn von Josua hören wir: »Man begrub ihn im Gebiet seines Erbbesitzes – seiner nachala – zu Timnath-Sera, das auf dem Gebirge Ephraim liegt, nördlich vom Berge Ga'as« (Jos 24,30). Das Normale war aber, daß eine Familie Eigentumsrechte an dem ihr zugelosten Stück Land besaß und daß diese unveräußerlich waren; eben deswegen im Jobeljahr zurückkaufbar. Eine Integrität des Eigentumsrechts ist also Voraussetzung für die flexible Ordnung des Jobeljahrs. Sie aber ist nicht anders begründet als in jener Freiheit, in der Gott einem Jeden in Israel sein Stück Land hat zufallen lassen, wir können sagen: bestimmt, vorgesehen hat. Beide Regelungen: die des freien Zufalls und die der Unveräußerlichkeit des Landes als »Erbteil«, nachala, bedingen einander, sie bezeugen das Land als Gottes, und nur unter dieser Voraussetzung als Israels nachala. *Praktisch wirkt sich Gott als Besitzer des Landes in den Störfaktoren aus, mit denen die Tora des Landes jeden Herr-im-Hause-Standpunkt Israels (baal ha-bajit!) verwehrt.*

c. Jehuda Halevis drittes Gebot des Landes lautet: »Wisse übrigens, daß ›die Schabbate des Ew'gen‹ und die ›Festzeiten des Ew'gen‹ an das ›Erbteil des Ew'gen‹ gebunden sind« (II,18); der *Schabbat und die Feste hängen von der nachala, vom Land ab.* In welchem Sinne?

Es geht hier um die Frage der Berechnung der Festzeiten, ihrer *Kalendierung.* Vor allem zwei Probleme stellen sich. Einmal die jüdische Zeitrechnung überhaupt. Der jüdische Kalender ist lunisolar, er richtet sich nach verschiedenen Zeiteinheiten: das Jahr nach dem Lauf und jeweiligen Stand der Sonne, die Monate nach Lauf und Stand der Monderneuerung. Daraus entsteht unvermeidlich eine Zeitdifferenz, denn das Sonnenjahr ergibt 365,2422 Tage, die zwölf Mondmonate jedoch nur 354 Tage – ein Unterschied von 11 Tagen, die durch Interkalation eines Schaltmonats ausgeglichen werden müssen.

Dieser Doppelkalender nach Sonne und Mond verlangte natürlich eine ständige Rechnerei, die nach der Zerstörung des Tempels vom Synhedrion übernommen wurde in der Sorge darum, das räumlich in alle Himmelsrichtungen zerstreute Volk wenigstens zeitlich zusammenzuhalten, *die im Raum Geschiedenen wenigstens in der Zeit zu einen.* Vor allem die Beobachtung des Neumondes spielte hierfür eine Rolle. Beobachtete jemand sein Eintreten, war er verpflichtet, dies sofort der zuständigen Behörde zu melden. Nicht jeder war dafür vertrauenswürdig, und wir finden im Talmud, vor allem im Traktat Rosch ha-schana, vom Neujahr, Erörterungen darüber, wer als Zeuge in Frage kommt, wer nicht. Festgesetzt wurde der genaue Termin des Mondwechsels vom »Patriarchen«, dem Fürsten, ersten Mann der Exilsgemeinde. Und nun kam es zur Herstellung der Synchronizität des zerstreuten Volkes zu folgendem Usus: »Anfangs«, d.h. nach der ersten Vertreibung aus Judaea, als das Volkszentrum noch in Jerusalem lag, »zeigte man (den Neumond) durch Feuersignale an ... Wie zeigte man es durch Feuersignale an? Man holte lange Stangen aus Zedernholz, Rohr, Oleasterholz und Werg (von Flachs) und umwickelte alles mit einer Schnur. Hierauf stieg jemand auf die Bergspitze, zündete es an und schwang es hin und her, aufwärts und abwärts, bis er sah, daß sein Genosse auf der nächsten Bergspitze das gleiche tat; und ebenso (ein Anderer) auf der dritten Bergspitze. Von wo aus zeigte man die Feuersignale an? Vom Ölberg nach Sartaba, von Sartaba nach Agrippina, von Agrippina nach Chavron und von Chavron nach Beth Baltin; von Beth Baltin aus signalisierte er nicht weiter, sondern schwang (die Fackel) hin und her, aufwärts und abwärts, bis er das ganze Diasporagebiet wie eine Feuerflamme vor sich sah« (m Rosch ha-schana II, 2-4): so wie die alten Schweizer sich ihre Befreiung mit Bergfeuern signalisierten. Später, nach der Zerstörung der Stadt, als das Volkszentrum sich von Jerusalem ins Galil verlagert hatte, wurden eigene Boten für die Verkündigung des Neumondes bestellt, schelichim genannt, griechisch ἀπόστολοι, Apostel (m Rosch ha-schana I, 3), die die Nachricht von der neuen Zeit in die jüdischen Gemeinden herumbrachten – bis nach Pumareditha hin, im Zweistromland Babyloniens, meinte einer der Weisen (b Rosch ha-schana 23b)[57]. So durchdringt die Zeitfrage den Raum der Zerstreuten.

Eben das ist im 12. Jahrhundert auch noch das Thema Jehuda Halevis. Die unüberbietbare Bedeutung des Landes ergibt sich für ihn daraus, daß *das zerstreute jüdische Volk die entscheidenden Daten seines Lebens,* den Beginn des Schabbat und so die Termine auch aller anderen Festzeiten, von dort her bekommt, wo allein sie festgestellt werden können: *aus Erez Jißrael.* Er rechnet auch den Berg Sinai zum Erez Jißrael gehörend und sagt (II,20): »Der Beginn des Schab-

57. Vgl. K. H. Rengstorf, Art. ἀπόστολος, in ThWNT I,416.22ff.

bat ist zu rechnen vom Sinai oder noch früher, von Alisch an, wo das Manna zum ersten mal herabkam. Der Schabbat tritt also nicht eher ein, als bis man vom Sinai aus die Sonne hat untergehen sehen.« Von dort aus rechnet man dann die Zeit geographisch westwärts weiter, rund um die Erde herum bis zu ihrem Osten. Die Rechnung geht dabei so, daß 18 Stunden herauskommen bei einer Differenz des Schabbatbeginns rund um die Erde. Uns braucht jetzt nicht der 18-Stunden-Rhythmus näher zu interessieren, Jehuda Halevi hat da selbst astronomische Probleme mit und polemisiert gegen neuere Ansichten von Wissenschaftlern, die anders rechnen. Wichtig ist für ihn, daß *Erez Israel »der Ort des Gesetzes«* ist, *makom ha-tora,* und für alle mit dem Gesetz gegebenen Zeitfragen normativ bleibt auch in der Zeit der Zerstreuung; *vom Land geht die Zählung aller Tage der Schöpfung aus.* Das eigentlich Entscheidende aber sieht er darin, daß wenigstens ein Augenblick des Schabbattages in aller Welt synchron ist. Er sagt: Die Absicht ist nur, »daß der Name irgendeines Wochentages auf der ganzen Welt derselbe sei, so daß, wenn man jemanden, der in Zin (ganz im Osten) war, und einen anderen, der im Westen war, fragte: An welchem Tag habt ihr das Neujahrsfest begangen? beide sagen können: Am Schabbat (z.B.), obgleich der eine von ihnen (chronologisch) schon aus dem Fest herausgetreten war, als der andere noch darin war, je nach der Lage des Wohnorts im Verhältnis zu Erez Jißrael. Jedenfalls hatten sie doch das Fest am gleichen Wochentag. Also die Kenntnis der ›Schabbate des Ew'gen‹ und ›Feste des Ew'gen‹ hängt von dem Land ab, welches ›Besitz des Ew'gen‹ (seine nachala) heißt« (II, 20).

Neben diesen drei Hauptsachen, die die Erfüllung des Gesetzes ans Land binden, nennt Jehuda Halevi noch eine Menge anderer. So zitiert er aus mündlicher Tora z.B. »Geldstrafen können nur vom Gericht im Erez Jißrael erlassen werden« (II,22). Umgekehrt: »Die *Gesetze über Unreinheit haben für uns aufgehört, da wir uns außerhalb Erez Jißrael befinden …*«, denn: »Reinheit und Heiligkeit sind zwei korrelative Begriffe, der eine ist durch den anderen bedingt; wo keine Heiligkeit, da keine Unreinheit« (III, 49). Und heilige Gegenstände, an denen man sich durch Berühren verunreinigen kann, weil sie Gott geweiht sind – »Priester, Speisen, Kleidungen, Hebe, Opfer, Tempel und dergleichen« – gibt es nach der Zerstörung des Tempels und also außerhalb des Landes nicht mehr.

So also steht es – nur beispielsweise hier ausgeführt – mit der Tora des Landes, in der sich die maalot Erez-Jißrael, die »Vorzüge« des Landes entfalten. Das Siedeln im Land ist eine Voraussetzung dafür, die Tora *ganz,* in jeder von ihr vorgesehenen Beziehung zu tun – und, fügen wir jetzt hinzu, selbst wenn es nicht möglich ist, im Lande zu siedeln: *Das Land bleibt* auch dann, ja dann erst recht, eine *Norm* fürs Tun der Tora, jetzt nicht als Norm des Raumes, sondern *der Zeit,* von deren penibler Beachtung alles Tun des Gebotenen an allen Orten der Welt abhängt. *Alle jüdische Zeit und alles Tun in der Zeit haben ihr Maß am Raum des Landes.*

Nun unsere *dritte* Bestimmung zum Verhältnis von Tora und Land: *Die Tora bindet Israel gerade auch in seinen Beziehungen zu den »enterbten« Vorbewohnern, aber auch zu den nicht-enterbten Mitbewohnern an die Gebote des Landes: in den kriegerischen Auseinandersetzungen, den alltäglichen Umgangsweisen mit ihnen, auch als »Fremdlingen«.*

Es ist sicher mehr als historische Erinnerung, wenn im Buche Devarim (Deuteronomium), bei den Erzählungen vom Marsch Israels auf das Land zu, zunächst mehrfach von *Friedensgeboten fremden Völkern gegenüber* berichtet wird. »Dem Volk gib die Weisung«, sagt Gott zu Mosche: »Wenn ihr nun durch das Gebiet eurer Brüder, der Söhne Esaus, zieht, die in Seir wohnen, so werden sie sich vor euch fürchten; nehmt euch aber wohl in in acht, fangt keinen Krieg mit ihnen an! Ich werde euch von ihrem Land nicht einen Fuß breit geben; denn Esau habe ich das Gebirge Seir zum Eigentum gegeben« (Dtn 2,4-5). Gott richtet an den Grenzen des Landes *Eroberungstabus* für Israel auf. Oder – 2,9 –: »Da sprach der Herr zu mir: ›Bekämpfe die Moabiter nicht und fange keinen Krieg mit ihnen an! Ich werde dir von ihrem Lande nichts zu eigen geben; denn den Söhnen Lots habe ich Ar zum Eigentum gegeben‹«. Oder – 2,18f –: »Wenn du jetzt durch das Gebiet der Moabiter ziehst, durch Ar, so wirst du ganz in die Nähe der Ammoniter kommen; bekämpfe sie nicht und fange keinen Krieg mit ihnen an! Ich werde dir von dem Lande der Ammoniter nichts zu eigen geben; denn den Söhnen Lots habe ich es zu eigen gegeben.« Mag das alles ex eventu erzählt sein – grundsätzlich bezeugt es, daß Gott Israel *Grenzen* setzt *an Gebiet und Mitteln.* Es soll mit seinen Nachbarn friedlichen Durchzug vereinbaren, und nur, wenn solche Verhandlungen scheitern, läßt Gott die Friedensverweigerer von Israel unterwerfen (Dtn 2,26-36; vgl Num 21,21-26).

Grundsätzlich hat der Zeuge des Deuteronomium das Überleben Israels, das Hineinkommen ins Land und das Besetzen des Landes, an »Satzungen und Rechte« gebunden (Dtn 4,1-5), mit dem Zusatz: »So haltet sie denn und tut danach. Denn das ist eure Weisheit und eure Einsicht – eure chogma und eure binah – in den Augen der Völker. Wenn sie von all diesen Satzungen, chukim, hören, werden sie sagen: ›Ein weises und einsichtiges Volk ist doch diese große Nation‹«: rak am-chocham ve navon ha-goi hagadol hassä (Dtn 4,6). Zu beachten wäre: Dies wird nicht als eine beiläufige Folge der Landnahme gedacht, vielmehr geradezu als ihr Ziel. Landverheißung und Landnahme geschehen in *missionarischer* Absicht, nicht nur de facto unter den Augen der Völker, sondern für ihre Augen bestimmt. Das ist der Sinn der Tora-Bindung der ganzen Geschichte Israels und so auch dieses für die Völker schwer begreiflichen und schwer erträglichen Stücks der Landnahme in ihrer göttlichen Veranlassung und Bestimmung. Israel war das durchgehend bewußt; wir haben vielleicht in Erinnerung, daß auch Jehuda Halevi, achtzehn Jahrhunderte später als der Zeuge des

Deuteronium, unter den »Vorzügen«, den maalot, des Landes Israel an erster Stelle nannte: »Es hatte die Bestimmung, die ganze Welt – kol ha olam – zur Wahrheit zu leiten« (II, 16).

Inwiefern kann *Landwegnahme und Völker-Enterbung Zeugnis für Gott* sein? Zwei Antworten können zunächst gegeben werden: Selbst die Härte der Macht- und Gewaltauseinandersetzungen zwischen Völkern, selbst der Imperialismus von Überfall und Unterwerfung, der ja bis in unsere Gegenwart noch durch kein wirksames Völkerrecht verhindert werden konnte und schon in der Antike problemlos und unwidersprochen das Übliche war, ist in dem einen Volk Israel zwar nicht im Keime erstickt, aber durch chukim, feste Rechtsmaße, domestiziert, gegenüber nackter Willkür und Brutalität gezügelt worden. In der Umwelt des alten Israel galt das – so sieht es jedenfalls der Zeuge des Buchs Devarim – als einmalig. Denn es ist sicher *eines,* wenn einem orientalischen Despoten Weisheit und Einsicht als Gestaltungsprinzipien seiner Politik zuerkannt werden können (besonders, wenn es nicht von Historikern »byzantinistischer« Gesinnung geschieht, sondern von kritischen Chronisten bestätigt werden kann) – etwas *anderes,* wenn ein ganzes Volk am Ausleben einer gewaltsamen Triebstruktur gehindert wird und das noch durch festes Gesetz geschieht. Das Besondere des Wortes chukim benennt nämlich ein von Geschlecht zu Geschlecht unwandelbares Normengefüge, das von keiner »Grundgesetzänderung« angetastet werden kann, also die Chance hat, durch dauerhafte Geltung verinnerlicht, zur Gewöhnung zu werden: von innen selbstverständlich, statt nur von außen auferlegt. In den chukim spiegelt sich der *Gott* des Rechts wider, der sich selbst rechtlich *gebunden* hat an Israel und insofern *nicht einmal selbst über seinem eigenen Recht steht.* Das, in der Tat, ist geschichtlich etwas Besonderes bis heute. Und eben dies soll beispielgebend für die ganze Menschheit werden. Samson Raphael Hirsch hat diesen missionierenden, beispielgebenden Sinn umschrieben: Die »Kunst, wie man Hütten, Städte, Staaten baut, in welchen Gott seine beseligende Gegenwart bekundet, wird nur bei Sems Söhnen zu finden sein, *das* wird sich an euch bewähren, und indem ihr ausschließlich dieser Erkenntnis und Erfüllung des Gesetzes vor den Augen der Völker lebet, wird euer ganzes Leben eine Propaganda sein für das dem Gottesgesetze huldigende Gottesreich auf Erden«[58] – mithin eschatologischer Vorschein des Reiches Gottes auf Erden.

Ein um wenige Jahre jüngerer Generationsgenosse des orthodoxen Rabbiners Hirsch (geb. 1808) war der sog. Kommunistenrabbi Moses Heß (geb. 1812), von dem Karl Marx einige Zeit lang etwas hielt. Er veröffentlichte 1864

58. S. R. Hirsch. Der Pentateuch. Übersetzt und erläutert. Fünfter Teil: Deuteronomium. O.J. 38.

eine Schrift »Briefe über Israels Mission in der Geschichte der Menschheit«. Er war zugleich Sozialist und ein Früh-Zionist, lange vor Theodor Herzl und Martin Buber. Im neunten dieser Briefe heißt es: »Die größte Strafe, die uns auferlegt wurde, ... ist, daß wir seit dem Verluste unseres *Landes,* Gott nicht mehr als Nation durch Institutionen dienen können, die in der Diaspora nicht aufrechterhalten und entwickelt werden können. Sie setzen eine im Lande unserer Väter bestehende Gemeinschaft voraus. Ja, das *Land* fehlt uns, um unsere Religion auszuüben!«[59]. Heß hört ein »lautes Gelächter« seiner Glaubensgenossen »über eine so veraltete religiöse Auffassung...« »Sie, die sie im Grunde mehr Christen als Juden sind, kümmern sich eben nicht um eine so *irdische* Religion. Menschen, die nur ihr persönliches Heil erst hienieden und dann im Jenseits, erst in der Zeit und dann in der Ewigkeit suchen, diese Menschen kennen die religiösen Bedürfnisse der unserer Mission ergebenen Israeliten nicht; ... ihnen fehlt das Land, um das historische Ideal unseres Volkes zu verwirklichen, welches kein anderes Ideal ist als die Herrschaft Gottes auf Erden, die messianische Zeit, die von allen unseren Propheten verkündet worden ist«[60]. Der orthodoxe Rabbiner und der linke jüdische Journalist – hier ziehen sie am gleichen Strang, der Rabbiner die Schrift auslegend, der Journalist brennend von Tatendrang für eine große soziale Menschheits-Revolution aus dem Geiste des jüdischen Volkes und seiner Beziehung zum Lande. Die Mission Israels besteht darin, Gott in gerechten Institutionen zu dienen und durch sie dazu beizutragen, daß das hervorragend *soziale* Ideal, das in der Tora-Verfaßtheit des jüdischen Volkes begründet ist, dem menschlichen Geschlecht mitgeteilt, zur Beteiligung angeboten wird: die »Sonne einer brüderlichen Gesellschaft«[61].

Allerdings weiß Heß: »Aber das erste Gebot Gottes, das er (Gott) uns als Schöpfer ... ins Herz gepflanzt hat, die Quelle und das Grundprinzip aller anderen unserem Volke gegebenen Gebote, ist, daß wir das Gesetz auch selbst ausüben, welches wir die anderen historischen Völker zu lehren die Mission haben«[62]. Und dazu gehören eben auch die Gesetze, die das Kriegsverhalten und das Erobererverhalten an die Leine legen wollen.

Wir finden solche Gesetze sicher in dem *geistigen* Sinn, den es hat, daß das so kriegerische Erobererbuch Josua mit Geschichten beginnt, in denen die Losung »Frieden« heißt: Fange keinen Krieg an. Das beruht sicher auch auf dem Zufall des geschichtlichen Weges: Nachbarvölker werden gegen Israels Zugriff tabuisiert, Gott zieht Israel Grenzen. Aber die Art und Weise der Erzählung enthält

59. M. Heß, Ausgewählte Schriften, hg. v. H. Lademacher. 1962, 341.
60. Ebd.
61. Ebd.
62. Ebd.

immer auch Weisung in sich: *Friede ist das erste Wort vor der Klammer aller Eroberungs- und Greuelgeschichten, sie stehen innerhalb dieser Klammer.* Das ist kein Trost für Opfer Israels aber es bleibt Vorzeichen und Weisung an Israel. *Gott gibt Israel nicht frei an einen totalen Krieg.*

b. Krieg ums Land

Sodann ist bedenkenswert, daß die beispielgebende soziale Berufung Israels für die »Kunst, wie man Hütten, Städte, Staaten baut« (Hirsch) am *allerschwersten Fallbeispiel* erwogen wird, das sich in der Völkerwelt überhaupt denken läßt: an Krieg, Eroberung fremden Landes und der Unterwerfung fremder Völker. Das ist rundherum nur *Krise,* Katastrophe, Gericht, eine Situation, ein »Fall«, an dem von vornherein nichts strahlend utopisch, sozial ideal, politisch gelungen herauskommen kann, wo alle Zeichen – ethisch gesehen – auf Scheitern gestellt sind, moralisch auf Ekel, seelisch auf Entsetzen, politisch auf Wahnsinn. Es zielt völlig am Alten Testament vorbei, wenn linker und utopischer Idealismus, christlicher Sozialismus gerade aus dieser Schriftensammlung Utopien für ein neues Menschenbild, Prophetien für eine bessere, gar neue Gesellschaft ableiten wollen. *Gegen messianisch-utopischen Verbrauch* der Tora steht von vornherein, systematisch-strukturell, die Bedingung der Möglichkeit aller denkbaren Utopien im Besitz des Landes, das für Israel ein *fremdes* Land ist, in das es nur erobernd und enterbend kommen kann, und daß es diesem Volk ein ungewisser, ja schwankender Boden aller seiner Zukunftsexperimente bleibt. Vor alle sozialen Utopien hat Gott die *Infragestellung* jeder Möglichkeit von Gerechtigkeit gesetzt: das *Elend, daß Landverheißung sich anders nicht als in Landnahme verwirklichen läßt.* Ein fundamentales Unrechttun ist die Basis, an der soziales Recht und höhere Gerechtigkeit, das Grundgesetz von chukim, erst gelernt, erarbeitet werden müssen. Wohl: Die Tora bringt Mose von »oben« herunter, aber »unten« muß sie bewährt werden, erst unten kommt im Detail, vor allem aber im Widerspruch und Gegensatz der nackten Realität heraus, was die Tora wirklich *will* und wie Menschen »unten« ihr wirklich – in Wirklichkeit – entsprechen oder gerade auch nicht entsprechen können. Daß Israel neben die schriftliche Tora, die von »oben«, die mündliche Tora – die »unten« gehörte, bewährte, in Widersprüchen zerrissene – gestellt hat und nichts von der oberen an und für sich wissen will, weil nur die mündliche Tora den Ernstfall des Alltags gibt, das müßten Christen erst begreifen lernen. Die mündliche Tora verriegelt das beliebte Mißverständnis von der schönen sozialen Utopie der Tora vom Sinai. *Das Oben ist nur durchs Unten zu erreichen,* anzuzielen. Das Judentum behauptet mit seiner Zusammenbindung von schriftlicher und mündlicher Tora die *Wahrung des Realitätsprinzips* im Angesicht jedes utopischen Lustprinzips, behauptet den

Widerspruch der Wirklichkeit gegen die Verheißungen und das Gebot Gottes, besser noch: schützt Verheißung und Gebot vor ihrer Ver-lustierung durch Idealisten. Und so zwingt uns schon die Bibel, die Tora, an der Widerwärtigkeit von Eroberung und Krieg zu lernen, oder – mit Hirsch – Hütten, Städte, Staaten *aufzubauen* aus dem Schutt, den Katastrophen der Geschichte und den Krisen aller unserer menschlichen (und heutigen!) Begriffe von Gerechtigkeit. Landverheißung und Landnahme stürzen die Tora in die Krise ihres menschlichen *Beginnens.* Das ist eigentlich die Funktion des Buches Josua: Es zeigt die Krisen, die entstehen, wenn der Tora erstmalig in einem Lande *Raum* gegeben werden soll: der, den sie selbst verlangt, Krisen der *Ortung* der Tora. Und wir verlängern unseren Blick: die Funktion der *Propheten* wird dann werden, den Krisen des Beginnens Krisen des Gelingens und Vollendens nachzuschicken – gegen Tora-Vergessenheiten *im* Lande.

Fragen wir zunächst nicht nach ethischen Prinzipien, sondern nach einigen konkreten Einzelheiten, die die Tora in bezug auf den *Krieg und den Umgang mit Feinden* vorschreibt.

In Devarim (Deuteronomium) 20 haben wir eine kleine Sammlung von *Kriegsgesetzen.* Hier finden wir z.B. aufs Prinzip gebracht, was wir aus den Anfangserzählungen des Buches Josua schon gehört hatten: »Wenn du einer Stadt nahst, sie zu bekriegen, / rufe sie an: le-schalom, Zum Frieden! / Es soll geschehen, / antwortet sie dir: Frieden, sie öffnet dir, / seis, alles Volk, das sich in ihr findet, sei dir pflichtig, sie sollen dir dienen« (Dtn 20,10f). Hier bemerken wir zweierlei. Die Weisung bezieht sich jetzt nicht nur auf Städte an den Grenzen des verheißenen Landes; jede Stadt, gegen die Israeliten anmarschieren, also auch solche innerhalb des Landes, sollen zuerst im Frieden heimgesucht werden. *Friede soll vor dem Krieg stehen.* Allerdings können wir dann doch nicht übersehen, was Frieden hier heißt, nämlich freiwillige Öffnung der betroffenen Stadt und freiwillige Unterwerfung ihrer Einwohner unter Israel – für unsere Maßstäbe heute kein Friedensbegriff, den wir noch verteidigen könnten, denn das ist Friede ohne Gerechtigkeit. Freilich dennoch kein Friede ohne Recht; denn das Unterwerfungsverhältnis ist ein Rechts-, kein brutales Willkürverhältnis, eines, das zwar die ganze Bitterkeit des – auf das Chile der Pinochet-Diktatur gemünzten – Filmtitels in sich hat: »Es herrscht Frieden im Land«, der Friede des Diktators; aber dennoch ist auch dieser Friede-nach-Regeln »besser« als das Gegenteil des Friedens. Denn dies ist nach der Weisung Gottes tatsächlich Totschlag und nackte Ausbeutung. Dtn 20,12ff heißt es ja weiter: »Befriedet sie (die Stadt) sich dir aber nicht...« – d.h.: »will sie nicht friedlich mit dir sich vergleichen« –, / »macht sie Krieg mit dir, du engst sie ein, / ER dein Gott gibt sie dir in deine Hand, / dann sollst du all ihr Männliches schlagen, mit der Schneide des Schwerts, / jedoch die Weiber, die Kleinen und das Vieh und alles, was in der Stadt ist, all ihr Plündergut, sollst du dir erbeuten, / sollst das Plündergut deiner Feinde genießen, das ER dein Gott dir gibt«: Männermord, Frauen-, Kinder-, Tiererbeutung, das sind die Regeln des Nicht-Friedens, der Feindschaft. Uns erschrickt: Es sind nicht nur die *faktischen* Reglements des Historischen, sondern auch *Gottes*regeln des Krieges: Gott in der Maske des härtesten Realitätsprinzips, Gott in der Wirkweise einer strengen, auch unmenschlichen Gerechtigkeit, nicht der menschenfreundlichen Barmherzigkeit, Luther hätte gesagt: Deus absconditus, Gott *als Gott verborgen,* für uns als Gott nicht erkennbar, nicht offenbar – und doch schrecklich wirksam, Gott: nicht im Schalom, sondern im Krieg.

Gott, wie auch Jesus ihn kannte, welchen er dem Mord überlassen, ja willentlich preisgegeben hat; und Jesus hatte zuvor selbst auch schon diesem Gott entsprochen: »Meinet nicht, daß ich gekommen sei, Frieden auf die Erde zu bringen. Ich bin nicht gekommen, Frieden zu bringen, sondern das Schwert« (Mt 10,34). *Nicht an Krieg und Frieden scheiden sich also die beiden Testamente der christlichen Bibel.* Ja, lesen wir genau, bejaht das Wort Jesu und die christliche Verkündigung der Heilsbedeutung des Mordes an Jesus sehr viel ungehemmter Krieg und Mord, als die Weisung des deuteronomischen Gesetzes. Denn wann immer wir in den Jesus-Schriften Jesus ein *»Ich bin gekommen ...«* sagen hören, hören wir *seine gesamte Sendung* auf einen Nenner gebracht; und so nötigt uns Mt 10,34, Jesu Wort, er sei nicht gekommen, Frieden in die Welt zu bringen, sondern Krieg, seine gesamte *Mission als eine einzige Kriegserklärung zu begreifen;* und zwar nicht eine *an* »die Welt«, das ließe ein allzu spirituelles Mißverständnis zu, sondern: *In* die Welt bringt er Krieg, Schwert und Streit, und dies, sagt er, sei sein Auftrag; wie wörtlich und nur wenig sinnbildlich das gemeint war, zeigt sich an dem von Lukas überlieferten Befehl an seine Jünger: »Wer kein Schwert hat, verkaufe seinen Mantel und kaufe eins« (Lk 22,36). »Sie aber sagten: Herr, siehe, hier sind zwei Schwerter« (22,38) – worauf er dann freilich rätselhaft antwortet: ἱκανόν ἐστιν, es ist genug, es reicht; aber es kann natürlich auch bedeuten: o.k., das taugt zur Sache und zur Lage, das »haut hin«.

Vergleichen wir diesen Jesus mit dem Kriegsgesetz im Deuteronomium, so setzt er seine Mission hier im Ganzen nicht auf Frieden, sondern auf Krieg, während Israel durch die Weisung zuerst und allem anderen voran auf Frieden gesetzt wird und erst, wenn es sich damit nicht durchsetzen kann, dann auch auf Krieg. Aber dann auch im Krieg immer noch ans Gesetz gebunden. Hinter beidem aber, dem jesuanischen Kriegsradikalismus und der gebundenen Kriegsbejahung Israels, steht – schrecklich für uns – Gott. *Und gleich zwei Herausforderungen müssen wir uns stellen: dem Jesus des Schwertes, der nicht Pazifist ist, so wenig wie Israel es sein kann; und dem Gott, der Frieden gebietet und doch auch: Krieg.*

Für ein späteres nachbiblisches Judentum ist diese *Kriegsbejahung Gottes* ein schweres ethisches Problem gewesen, und vielleicht haben sie sie sogar schwerer genommen, als die gleichzeitig mit ihnen lebenden Christen es in der Praxis und der Theologie taten; denn ein Nein zum Krieg hat es in 2000 Jahren Christentum so gut wie gar nicht gegeben, und ein Rat, dem Frieden stets den Vorrang vor dem Krieg einzuräumen – und dies nicht im Prinzip, sondern im praktischen Handeln –, ist meistens unwirksam gemacht worden durch nur zu schnelle Rechtfertigung »höherer« Notwendigkeiten, als sie der Frieden bedeutet. Natürlich hatten Christen es in dieser Hinsicht schwerer als Juden, weil sie seit dem vierten Jahrhundert an den Schalthebeln der Macht beteiligt waren, während Juden davon nicht verführt werden konnten, weil sie sie nicht hatten. Das hat – zumal in bürgerlichen Zeiten des 19. Jahrhunderts – auch zu einer Idealisierung des jüdischen Ethos führen können, wovon die »Ethik des Judentums« ein Beispiel gibt, die 1898 der Berliner Philosoph und Psychologe Moritz Lazarus veröffentlicht hat und die ein schneller Verkaufserfolg wurde; ein Stichwort »Feind« findet sich dort überhaupt nicht, zum Stichwort »Krieg« gibt es nur eine Rechtfertigung aus dem Zeitgeist ohne Bemühung um Bibel oder Talmud (§ 281), über den »Frieden« aber gibt es keine Besinnung auf die Schwierigkeit, ihn praktisch zu halten oder zu gewinnen, sondern nur eine Feier der »Idee des Friedens« (§§ 283. 290)[63].

Richtig schwergetan hat sich dagegen der Raschi mit dem Kriegsgebot Gottes in Devarim 20. Schon allein die Vokabel *»Feinde«* – Dtn 20,3: »Ihr rückt heute aus zum Streit wider eure Feinde« – bereitet ihm Kopfzerbrechen. »›Gegen eure Feinde‹, das sind nicht eure Brüder; wenn ihr in ihre Hand fallt, erbarmen sie sich nicht über euch« (z. St.). Was die Feindschaft ausmacht, wird am Feind, nicht an uns selbst ausgemacht. Übliche menschliche Selbstgerechtigkeit: Der Feind ist immer nur der andere, ich selbst kenne mich als Feind nicht? Wenn auch davon etwas bei Raschis Wort mitspielen sollte – er hat doch recht, das *unter Juden Übliche* anders zu kennen und wenigstens ein Stückchen weit zum Maß zu nehmen. Denn Bruderkriege kannte Israel genug, sogar in seiner Bibel. Meistens sind ja Bruderkriege unter den Völkern nicht weniger, sondern eher noch schlimmer grausam als Kriege gegen Fremde. Nicht so im Falle des jüdischen Volkes. Jedenfalls fährt der Raschi fort: Krieg mit Fremden ist »nicht wie der Krieg von Juda mit Israel, von dem es heißt (2 Chr 28,15), da erhoben sich die Männer, die mit Namen bezeichnet worden waren, und nahmen sich der Gefangenen an; alle ihre Blößen bekleideten sie aus der Beute; sie gaben ihnen Kleider und Schuhe, Speise und Trank, salbten sie, und alle Schwachen führten sie auf Eseln und brachten sie nach Jericho, der Palmenstadt, zu ihren Brüdern und kehrten (danach erst) nach Schomron zurück.« Diesen Hinweis des Raschi verstehen wir erst richtig, wenn wir auf den Zusammenhang achten,

63. M. Lazarus, Die Ethik des Judentums. 1899. §§ 281. 283. 290.

den diese Geschichte in 2 Chr 28,9ff hat. Denn das »Rot-Kreuz«(Magen-David)-Verhalten der Israel-Soldaten war erst die Folge einer bitteren Propheten-Anklage gegen ihr ganz anderes, blutrünstiges Verhalten gegen die Judäer im gleichen Krieg zuvor. Als sie schon auf dem Rückmarsch vom Schlachtfeld nach Hause, nach Schomron, waren, trat ihnen der Prophet Oved wütend entgegen und vergällte ihnen ihren Siegestriumph: *Gottes* Zorn gegen die Judäer sei es gewesen, der euch über sie siegen ließ; »ihr aber habt unter ihnen ein Blutbad angerichtet mit einer Wut, daß es zum Himmel schreit. Und nun gedenkt ihr (auch noch) die Leute aus Juda und Jerusalem zu zwingen, eure Sklaven und Sklavinnen zu werden – habt ihr, wenn ihr (nur einmal auch) auf euch sehen wolltet, nicht auch schwere Schuld gegenüber dem Herrn, eurem Gott? So hört auf mich und gebt die Gefangenen zurück, die ihr aus euren Brüdern weggeführt habt; sonst trifft *euch* der grimmige Zorn des Herrn« (2 Chr 28,9-11). »Da gaben die Krieger die Gefangenen und die Beute … frei« (28,14) und taten dann ihren »Rot-Kreuz-Dienst« an den Verwundeten. – Also einerseits: Auch im Bruderkrieg kannten die biblischen Menschen die hemmungslose Grausamkeit der Krieger. Doch zugleich erregte das den Widerspruch Gottes und seines Künders, ja die Androhung seines vernichtenden Zorns wie zuvor gegen die Besiegten, nun auch gegen die Sieger.

Das aber ist wohl das unterscheidend-Israelitische, das Raschi im Kriegsfall mit *fremden* Völkern nicht erwarten kann: deren Ansprechbarkeit auf den Widerstand Gottes gegen das grausame Kriegsgebaren. Und von daher müssen wir verstehen, daß Raschi die »Feinde« an den anderen, nicht an den Juden ausmachen kann. Es handelt sich hier nicht um die allgemein verbreitete Devise: Pack schlägt sich, Pack verträgt sich. Wirklich *Feind ist der Fremde, insofern er überhaupt nicht ansprechbar ist auf den Widerspruch Gottes, wie Israel es immerhin, wenn auch zähneknirschend, sein kann.* Und darum kann Israel von fremden Feinden nichts erwarten: »Wenn ihr in ihre Hand fallt, erbarmen sie sich nicht über euch.« Wer könnte, nach Auschwitz, dem auch nur für eine Sekunde widersprechen? In Raschis Feindbild sammelt sich eine Erfahrungssumme aller früheren und späteren Geschichte Israels bis auf den heutigen Tag. Und sie ist so bedrängend gegenwärtig, daß er sie in einem von der Erfahrung erzwungenen Umkehrschluß auch in das Gebot bringt: Sei auch du Feind dem Feinde. »Sie seien in deinen Augen wie Feinde; erbarme dich nicht über sie; denn sie werden sich nicht über dich erbarmen« (zu Dtn 20,1); Raschi zitiert diese Weisung aus bereits viel älterer Tradition, der Schule des Rabbi Akiva, und dem Sifre Deuteronomium, also vielleicht schon aus dem späten dritten Jahrhundert – ein Zeichen, wie alt und tiefgreifend die bittere Erfahrung ist, die in diesem Wort zur Weisung wird. Sie hat wirklich nichts ethisch »Großes«, sagen wir lieber: Ideales. Es ist gerade nur die nackte Not, die Juden zwingt, selbst Feinde zu werden, wenn sie Feinde haben. Aber noch einmal: Das Maß, an dem ein wirklicher Feind entsteht, ist die Unansprechbarkeit des Fremden für die Proteste Gottes, während Israel, selbst wenn es Feind eines anderen wird, zwar sich harthörig gegen Gott stellen, aber seinem Widerspruch doch nicht bis zuletzt widerstehen kann.

Solche *Unwiderstehlichkeit Gottes* macht Raschi zunächst an einem feinen, sensiblen Sprachausdruck klar; die Feind-Losung heißt in seinem Mund: jehu be-enecha ke ojevim – sie seien in deinen Augen *wie* Feinde, nur vergleichsweise Feinde, richtige Feinde, letzte Feinde, *nur* Feinde doch nicht. Und neben der sprachlichen Feinheit dann sogleich eine praktische Umsetzung: Zu Dtn 20,11 lehrt Raschi: Du brauchst doch wirklich nicht »das ganze Volk, das sich in der (von dir bekriegten) Stadt findet«, umzubringen. »Selbst, wenn du in ihr (dieser Stadt) von den sieben Völkern findest, für welche dir befohlen wurde, sie zu vernichten ...« – nach Dtn 20,17: Hethiter, Amoriter, Kanaaniter, Pheresiter, Hewither und Jebusiter –, »... darfst du sie am Leben lassen.« Das Leben soll stärker sein als das Recht des Todes. Das entspricht einer – »typisch jüdischen« – Tendenz: Nicht die Tora noch verschärfen, sie lieber erleichtern; Raschi besaß gerade in dieser prekären Sache den Mut dafür.

Und das entspricht ja auch noch in anderer Hinsicht dem »Kriegsgesetz« von Devarim 20. Dort wird nämlich eine Liste von Gründen zusammengestellt, die zu einer *sofortigen Entlassung eines Soldaten* aus der Armee nötigen. Wer den Bau eines Hauses begonnen, es aber noch nicht eingewohnt hat, soll sofort nach Hause befreit werden: »Er gehe hin und kehre heim in sein Haus, daß er nicht im Kampfe falle und ein anderer es einweihe« – »einweihe« durch Benutzung. Wer einen Weinberg gepflanzt, aber noch nicht davon geerntet hat: »Er gehe hin und kehre heim ..., daß er nicht im Kampfe falle und ein anderer den Genuß davon habe.« Wer sich mit einer Frau verlobt, die Ehe mit ihr aber noch nicht vollzogen hat: »Er gehe hin und kehre heim ..., daß er nicht im Kampfe falle und ein anderer die Ehe vollziehe« (Dtn 20,5-7). Für die Umstände dieser Entlassungsaktionen vom Militärdienst sollen wir folgendes beachten: Diese Weisung ergeht *beim Ausrücken zum Streit,* also beim Abmarsch in den Krieg, ist also keine *Weisung für* Friedenszeiten, sondern für *Kriegszeiten.* Sie entspricht nicht einfach selbstverständlicher Sitte, wird vielmehr durch einen Priester vor dem Forum der ganzen Volksgemeinde proklamiert. Sie erhält eine außerordentliche Dringlichkeit dadurch, daß der Priester diese akuten Weisungen einleitet mit den Worten: Sch'ma Jißrael, Höre Israel – den Worten des Gebets schlechthin. Dies zusammengenommen besagt doch offenbar: *Am Beginn eines Kriegs wird das verkündigt, was wichtiger ist als Krieg:* das Haus, der Weinberg, Frau und Ehe. Es ist nicht nur ideell, sondern *praktisch* wichtiger: das Wichtigere soll genauso durch Taten vollzogen werden wie die Handlungen des Kriegs.

Und noch etwas bedeutet es: Fürs Leben kann auch anders und besser gesorgt werden als durch Krieg. Haus, Weinberg und Ehe (und mit ihr die nächste Generation) sind die Mittel des Lebens, um das Leben zu erhalten; der Krieg dagegen kennt nur Mittel des Tötens und des Todes, der Lebensbedrohung und -gefährdung. Die Mittel des Lebens stehen denen des Todes voran – wie der Schalomgruß vor der Eroberung der gegnerischen Stadt; mehr noch: Die Mittel des Lebens werden den Mitteln des Todes *entzogen,* es sind Soldaten, die nach Haus geschickt werden; die »Militärmaschine« wird vom Priester im Namen Gottes und des Lebens *geschwächt.* Hier zum zweiten Mal: kein *totaler* Krieg, eher im Gegenteil: Krieg nur mit geschwächten Kräften.

Eine weitere, besonders erstaunliche Weisung schließt sich an: neben Haus, Weinberg und Ehe – das Lebens-Mittel der Angst: *Angst als Weisung.* »Und weiter sollen die Amtleute …« – Buber: »die Rollenführer« (*sie* jetzt, nicht noch einmal der Priester) – zu dem Volke sprechen: Wer ist da, der sich fürchtet und verzagten Herzens ist? Er gehe hin und kehre heim …, daß er nicht auch seine Brüder verzagt mache, wie er selbst ist« (20,8). Feigheit vor dem Feind – ein höchst pragmatischer Entlassungs- und Ausmusterungsgrund. Rabbi Akiva lehrte, diese Weisung ganz wörtlich, ohne weiteren Hintersinn, zu nehmen: Einer »vermag im Zusammenschluß zur Schlacht nicht standzuhalten und gezückte Schwerter zu sehen« (bei Raschi zu Dtn 20,8). Rabbi Jose, der Galiläer, allerdings deutete noch anders: Einer »fürchtet sich wegen der Sünden, die er begangen«, das heißt: davor, daß Gott ihn jetzt wegen seiner Sünden das Leben im Krieg verlieren lassen könnte. Und nun das Tolle: Rabbi Jose ha-Gelili sagt: »Darum hat die Tora für ihn die Rückkehr an Haus, Weinberg und Frau angeschlossen, um diejenigen zu verbergen, die wegen Sünde, die sie begangen, zurückkehren; daß man nicht merke, daß sie Sünden begangen; denn, wer einen solchen zurückkehren sieht, sagt: Vielleicht hat er ein Haus gebaut oder einen Weinberg gepflanzt oder sich eine Frau genommen« (Raschi zitiert auch dies aus Sifre Deuteronomium). Da steckt zweierlei dahinter: Zuerst: *Zum Kriege taugen keine Sünder – eine ganz außerordentliche Norm für Militärdiensttauglichkeit;* es geht ja um Krieg, bei dem Gott-mit-ihnen sein soll. Sodann: *Gott hat nicht lieb den Tod des Sünders,* sondern daß er sich bekehre; und ein Stück Bekehrungschance sei seine Heimkehr. Schließlich: Die Tora deckt der Sünden Menge, darum wird die Weisung »Nach Hause mit den Ängstlichen« sofort an die Weisungen »Nach Hause mit den Hausbauern, Weinbergpflanzern und Heiratsverpflichteten« angeschlossen; kommt der Ängstliche heim, könnte er ja auch aus einem der drei anderen Gründe heimgekehrt sein. Auch das ist außerordentlich: Der Feige wird *nicht in Schande aus der Armee* verstoßen, *sondern gesellschaftlich* gedeckt, besser noch: *von der Tora Gottes gedeckt.* Dies alles kurz zusammengefaßt: Es ist Gesetz und Wille Gottes, daß Kriegstüchtigkeit nur unter dem empfindlichen und wirksamen Widerspruch der Lebenstüchtigkeit angestrebt werden darf – was nicht ausschließt, daß die vom Militärdienst Entlassenen in der Praxis doch so etwas wie die »Heimatfront« verstärken müssen: Die Mischna Sota VIII,2-3 schreibt vor: »Sie liefern Wasser und Proviant und bauen die Straßen«; den Zwängen des Krieges entgehen also auch sie nicht.

Neben dem Primat der Friedensbemühung vor der kriegerischen Eroberung einer Stadt und neben dem Primat der Lebensstärkung vor der Kriegsertüchtigung steht in Devarim 20 nun ein dritter Block von Geboten: solche *gegen eine Politik der verbrannten Erde.* »Wenn du lange Zeit vor einer Stadt liegst, indem du wider sie Krieg führst, um sie einzunehmen, so sollst du ihre Bäume nicht verderben, indem du die Axt wider sie schwingst; du magst davon essen, sie selber aber sollst du nicht umhauen. Sind denn die Bäume des Feldes Menschen, daß du sie belagern müßtest? Nur Bäume, von denen du weißt, daß man nicht davon essen kann, die magst du verderben und umhauen und Bollwerke daraus bauen wider die Stadt, die mit dir Krieg führt, bis sie fällt« (Dtn 20,19-20). – Das ist, militärisch gesehen, der Belagerungsfall; ausgerechnet da treten Bäume in den Mittelpunkt der Aufmerksamkeit Gottes. Krieg heißt nie nur Menschenvernichtung, heißt immer schon – nicht erst heute – auch Naturvernichtung. Bäume dienen als Baumaterial für Belagerungswälle.

Zwei Gründe gibt die Tora für ihr Verbot an. Erstens ein ökologisches: »Sind denn die Bäume des Feldes Menschen, daß du sie belagerst?« *Natur darf nicht unter Kriegsgesetz gestellt werden.* Bäume sind keine Menchen. Zweitens, vor allem aber: Fruchtbäume gehören zur Lebensgrundlage der Bürger der Stadt, die du belagerst. Du hast *kein Recht, die Lebensgrundlage:* die Ernährungs- und insofern die Existenzgrundlage *deiner Feinde zu vernichten.* Hier zum dritten Mal eine Weisung gegen den totalen Krieg: Die Grenzen sind tabu, kein unbegrenzter Krieg also; Überlebenssicherung durch Friedenswirksamkeit geht selbst dann voran, wenn sie militärische Stärke schwächen könnte; und hier nun: Die Lebensgrundlagen, vor allem die Ernährungsgrundlagen der Feinde dürfen nicht zerstört werden.

Der Baum ist die Existenz des Menschen; der hebräische Satz setzt die Aussage noch radikaler und identifiziert den Menschen mit dem Baum, von dem er essen kann: Du sollst den Baum nicht fällen, von dem du essen kannst und sollst, ki ha-adam ez ha-sadäh – denn *der Mensch ist Baum des Feldes, ist abhängig in seiner Existenz, seinem Überleben vom Baum des Feldes,* er »ist«: durch den Baum. Das ist *ökologische Theologie,* und fast unmöglich scheint es, hier nicht an die archetypische Baumerzählung der Gan-Eden-Geschichte zu denken. Dort ließ Gott ja allerlei Bäume aus der Erde wachsen, lieblich anzusehen und gut zu essen. Unter den allerlei Bäumen aber die zwei besonderen: den Baum des Lebens mitten im Garten und den Baum der Erkenntnis des Guten und des Bösen

(Gen 2,9). Unter den Bäumen ist der Lebensort Adams, des Menschen, den Gott darein gelegt hatte. Und in bezug auf die Bäume erhielt Adam, der Mensch, das allererste Gebot seines Gottes: »Von allen Bäumen des Gartens magst essen du, essen, / aber vom Baum der Erkenntnis von Gut und Böse, / von dem sollst du nicht essen, / denn am Tag, da du von ihm issest, mußt sterben du, sterben.« (Gen 2,16-17).

Gott, Baum, Mensch, Gebot, Essen und Tod bilden hier eine geschichtliche Ur-Einheit, eine menschheitsgeschichtliche und eine israelgeschichtliche. Bäume sind zum Essen ihrer Früchte da, der *Mensch* ist nicht nur unter die Bäume gelegt, er *»ist« von den Bäumen her,* dies aber nicht nur als Naturtatbestand, sondern so verhält es sich, weil es so in Gottes Gebot gefaßt ist. Eben darum kann es als Norm und Maß für immer gelten.

Auch für die Feinde sind die Bäume zum Essen da, das gilt für alle Menschen vom Gan-Eden her, für Israel aber ist es ein Gebot: *Das Gedenken des Paradieses geht ein ins Kriegsrecht und beschränkt die Allmacht der Kriegsinteressen. Die Rettung der Bäume ist die Rettung der Menschen,* und so eng gehören sie zusammen, daß es im Kriegsgesetz Israels heißen kann: ha-adam ez ha-sadäh – der Mensch, Baum des Feldes; »du sollst ihre Bäume nicht verderben. Schwing nicht die Axt wider sie.«

Nach jüdischer Logik ist diese eine mizwa aber pars pro toto zu lesen; von diesem Gebot ist auf anderes zu schließen, das Gebot der Bäume ist ein Grundgebot, aus dem anderes analog folgt. Darum kann z.B. Samson Raphael Hirsch aus diesem einzelnen Gebot ein noch viel höheres, allgemeineres ableiten: *Überhaupt keine Zerstörung ist erlaubt.* »So wenig Zerstörung die Absicht deiner Belagerung sein soll, so wenig darfst du die Bäume der Stadt zerstören.« (z. St.) Weil sie mit zur Stadt gehören und nicht gefällt werden dürfen, darf die ganze Stadt nicht zerstört werden. Die *Bäume schützen die Stadt.*

Soviel zu Einzelweisungen, die das Kriegsgebaren zügeln sollen. Dem Judentum sind in ähnlicher Weise noch zwei andere Gebote besonders wichtig und verbindlich geworden, die sich in Schemoth (Exodus) 23,4-5 finden. »Wenn sich das Rind oder der Esel deines Feindes verirrt hat und du triffst sie an, so sollst du sie ihm wieder zuführen«, will sagen: Du darfst deinem Feind nicht sein *Arbeits- und Bewegungsmittel* vorenthalten, nicht das Rind vor dem Pflug, nicht den Esel zum Reiten; mehr noch: Du sollst beide deinem Feind zuführen, d.h. *aktiv zu seinen Gunsten* werden. Und: »Wenn du den Esel deines Hassers unter seiner Last erliegen siehst, so sollst du ihn nicht ohne Beistand lassen, sondern ihm aufhelfen.« Dem Esel aufhelfen – ein Tierschutzgebot. Aber sogar dem Esel »deines Hassers« sollst du aufhelfen: damit deinem Hasser selbst.

Immer wieder haben Juden diese Weisungen zitiert dafür, daß auch sie das jesuanische Gebot kennen: »Liebet eure Feinde, tut gut denen, die euch hassen«

(Lk 6,27). Und das mit Recht: »Feinde« und »Hasser« stehen auch in der Gebotsreihe Ex 23,4-5 nacheinander, und es ist schlimm, wenn deutsche Übersetzer für diesen Zusammenhang den Blick versperren und beide Male die hebräisch unterschiedenen Worte mit nur einem deutschen Wort »Feind« übersetzen (so Zürich, während Luther hier zutreffend den Ausdruck wechselt). Jesus und die Tora reden beide vom »Feind« und vom »Hasser«. Beide wollen, daß ich ihnen Gutes tue. Der Unterschied ist allein der, daß die Tora es viel *konkreter*, en détail sagt, was es heißen soll, während Jesus es sehr allgemein – vielleicht: viel zu allgemein – sagt; es wäre denn, Christen lernten begreifen, wie einschneidend der jesuanische Anwendungsfall der Feindesliebe für sie wäre, nämlich: »Bittet für die, die euch verfolgen« (Mt 5,44). Wir sollten lernen: Solche Fürbitte dürfte nicht etwas weniger Konkretes sein, als es das Aufhelfen des Esels meines Hassers ist: *ihm,* dem mir fremden Knecht, aufhelfen, statt ihn zu richten und in Schadenfreude liegen zu lassen. Paulus hat eine Wurzel dieser Weisung aufgedeckt: »Wer bist du, daß du einen fremden Knecht richtest? Er steht oder fällt dem eigenen Herrn. Er wird aber stehen bleiben, denn der Herr vermag ihn aufrechtzuerhalten« (Röm 14,4). Was aber der Herr »vermag«, das sollen wir *wollen.* Der Herr: Gott im Fremden, Feind, Hasser ist das Motiv des *Gebotes der Nächstenliebe und der Esel-Hilfe.*

Ohne es jetzt noch weiter auszuführen, ergänzen wir das zum Feindes-Recht Gesagte um die Vermutung, daß das so breit in der Tora des Mose gebotene und so ausführlich in Mischna und Talmudim ausgelegte *Fremden-Recht Israels auch für das Verhalten zu den »Feinden« gilt.* Daß es in Israel überhaupt so viele Fremde gibt, hat nicht zuletzt darin einen Grund, daß es im Lande so viele »Enterbte« gibt, die Israel ihre Städte geöffnet haben und nun wie »Fremde im eigenen Land« mitten unter Israel leben. Ihnen hat Gott Israel ganz besonders verpflichtet: mit dem unermüdlich eingeschärften Aufwand der *Erinnerung daran, daß auch Israel lange genug ein fronpflichtiges, fremder Herrschaft unterworfenes Volk gewesen ist* und dies niemals vergessen darf. »Einen Fremdling sollst du nicht bedrücken. Ihr wißt, wie dem Fremdling zumute ist; seid ihr doch auch Fremdlinge gewesen im Lande Ägypten« (Ex 23,9) – das steht in unmittelbarer Nachbarschaft zur Weisung über das Rind des Feindes und den Esel des Hassers. Nur um den Preis einer letzten *Selbstvergessenheit* könnte Israel einen Fremden im Lande »bedrücken«, zum Rechtlosen machen – einer allerdings fundamentalen, grund-erschütternden Selbstvergessenheit, denn Israel gibt es nur als das aus der Fronabhängigkeit befreite Volk; vergäße es dies, fiele der Grund seiner Existenz ins Leere. Konkret heißt das aber – hier nur beispielhaft genannt -: Erstens: Rechtliche Gleichstellung von Fremdling und Israelit: »Die Gemeinde, *eine* Satzung euch und dem Fremdling, der weilet, eine ewige Satzung für eure Geschlechter. Eine Tora und ein Recht sei euch und dem Fremdling, der bei euch weilt« (Num 15,15-16). »Ein Recht sei euch: der Fremdling sei wie der Eingeborene, denn ich bin der Ewige euer Gott« (Lev 24,22). Gleiches Recht für Einheimische und Fremde – in der Bundesrepublik Deutschland bis heute nicht einmal als Prinzip durchgesetzt, geschweige denn in einer Praxis. Zweitens aber: »Und wenn bei dir weilt ein Fremdling in eurem Lande, so sollt ihr ihn nicht bedrücken. Wie ein Eingeborener sei er euch, der Fremdling, der bei euch weilt, und du sollst ihn lieben, er ist wie du. Denn Fremdlinge seid ihr gewesen im Lande Ägypten. Ich bin der Ewige, euer Gott« (Lev 19,33f). Das berühmte Wort der Nächstenliebe, ruhend auf dem Grunde der Menschengleichheit – »er ist wie du« – ist in Wahrheit und zuerst ein Gebot der Fremdenliebe, gar der Feindesliebe (wenn der heute »Fremde« einst ein »Feind« gewesen sein sollte); und das »er ist wie du« spricht in erster Bedeutungsschicht nicht von gemeinsamer menschlicher Natur, ist kein stoischer, naturrechtlicher, kein Satz der europäischen Aufklärung, spricht vielmehr von Erfahrungsgleichheit in der bedrückten geschichtlichen Lage von Menschen ohne Erbteil am Land, Lohnpflichtigen, Unterworfenen. Nächstenliebe wird hier begründet in gleicher Not-Erfahrung von Fremdling und Israelit, Menschenliebe ist biblisch ein Wort der Notgemeinschaft.

c. Das zweischneidige Schwert der Tora des Landes

Doch nun unser *vierter* Gesichtspunkt zum Verhältnis von Tora und Land: *Die Tora unterstellt gerade das im Lande siedelnde Israel der ganzen Schärfe des Rechts und bedroht jeden Rechtsbruch mit dem Widerspruch Gottes: bis hin zu der Aussicht, daß das Land das Volk Israel genauso wird »ausspeien« können, wenn es dort nicht makellos lebt, wie es die Kanaaniter »ausgespien« hat wegen deren avoda zara, deren Götzendienst auf dem Boden des Landes.*

Die Tora des Landes ist die Mitgift der Landverheißung Gottes. Wir sagen »Mitgift«, nicht: Bedingung; denn erst im Lande läßt sich die Tora des Landes ja ganz erfüllen. Aber »Mitgift«, Geschenk, ist sie, weil sie Israel makellos im Lande leben lehrt, so daß Gott seine Freude am Volk im Lande haben kann und sich auch ihm das erfüllt, was er mit der Landgabe an sein Volk im Sinn hat: »die ganze Welt zur Wahrheit zu leiten« (J. Halevi), ihr ein Zeugnis für Gottes Reich auf Erden zu bringen.

Doch nun hat die Tora eine Kehrseite. Die Mitgift kann zum Gift werden für die, die sie ausgerechnet dort nicht tun, wo Gott den Freiraum für ihre ganze Verwirklichung geschaffen hat. Wie sie »Weg des Lebens« sein kann, kann sie auch ein »Weg des Todes« werden; in ihren *beiden* Möglichkeiten hat Gott sie Israel vorgelegt (Dtn 30,19). Und wie die Gabe des Landes in einem Verheißung und geschichtliche Erfahrung ist, so auch die Kehrseite der Tora des Landes: Drohung – und auch sie: geschichtliche Erfahrung. Das Positive, das wir *nicht* tun, kehrt sich gegen uns. Der Friede, den wir *nicht* stiften, wird uns entzogen. Das Rechte, das wir *nicht* tun, schlägt als unser Unrecht auf uns zurück. Die Hilfe, die wir unterlassen, läßt uns hilflos zurück.

Hier ist der Punkt, wo sich Idee und Praxis scheiden. Die *Idee* des Friedens bleibt ewig unzerstörbar. Doch die *Praxis,* Frieden zu halten, gar: zu stiften, stürzt uns von Versagen in Versagen. Die *Idee* der Gerechtigkeit leuchtet. Doch die kleinste Rechtstat fällt uns oft so schwer, daß wir sie gar nicht tun. Darum wählt das Judentum das Schwerere, wenn es *statt der großen ethischen Idee den konkreten Willen Gottes* zum Maße nimmt und alles Gelingen und Versagen nicht an der Gesinnung, der guten Absicht, dem hehren Ziel prüft, sondern an der einzelnen kleinen Tat. Darum auch muß jüdisch »Ethik« von vornherein etwas anderes sein als bei Philosophen und christlichen Theologen: keine Reflexion auf moralische »Werte« als Zielrichtungen des Handelns, nicht so sehr Reflexion auf so etwas wie »das Gute«, »das Böse«, das »Vollendete«, »die Sünde«, das »Schöne« – statt dessen die Diskussion von angemessenen kleinen Schritten, der mizwa für hier und jetzt. Mit Recht gibt es jüdische Vorbehalte gegen ein allzu hochgemutes Pathos des »Ethischen« in der Religion. Kant hatte diese kritische Distanz sogar zu der Behauptung verführt: »Der jüdische Glaube ist, seiner ursprünglichen Einrichtung nach, ein Inbegriff bloß statutarischer Gesetze ...«, eigentlich ohne »Moral«, d.h. ohne höhere Prinzipien des Handelns; »denn welche moralische Zusätze entweder damals schon, oder auch in der Folge ihm *angehängt* worden sind, die sind schlechterdings nicht zum Judentum, als einem solchen, gehörig«, d.h. Moral bezieht das Judentum von anderswo her, sie ist ihm nicht ursprünglich und nicht eigen.[64] Allerdings ist das ein schlimmes Mißverständnis, gegen das Kants Zeitgenosse Mendelssohn zu hören wäre: »Alle Gesetze beziehen oder gründen sich auf ewige Vernunftwahrheiten, oder erinnern und erwecken zum Nachdenken über dieselben; so daß unsere Rabbinen mit Recht sagen: die Gesetze und Lehren verhalten sich gegeneinander wie Körper und Seele«[65]. »Das Zeremonialgesetz selbst ist eine lebendige, Geist und Herz erweckende Art von Schrift, die bedeutungsvoll ist, und ohne Unterlaß zu Betrachtungen erweckt ...«[66]; d.h. in den kleinen mizvot sind unerschöpfliche religiöse und moralische Sinn- und Reflexionsdimensionen enthalten. Das Gesetz gibt zu *tun,* aber man kann über Gottes Gesetz auch »*sinnen* Tag und Nacht«, jüdisch deutlicher: »murmeln« tags und nachts (Ps 1,2). Aber die Sinn- und

64. I. Kant, Die Religion innerhalb der Grenzen der bloßen Vernunft, in: Werke, hg. v. W. Weischedel, Band IV. 1956. Drittes Stück. Zweite Abteilung, 789.
65. M. Mendelssohn, Jerusalem oder über religiöse Macht und Judentum (1783). Ed. 1919, 80.
66. A.a.O. 84.

Wertedimension, das in unserem Sinn »Ethische«, liegt in der Tat nicht *vor* der »kasuistischen« Weisung, nicht *vor* dem Anwendungsfall, sondern in ihm beschlossen: *Im Tun werden wir belehrt* (Vgl. Von Elend und Heimsuchung der Theologie. Prolegomena zur Dogmatik § 5. C. 213ff), der leitende Wert steckt im Tun und enthüllt sich in ihm.

Aber so steht es eben auch mit dem Unwert (und der Un-Moral); sie enthüllt sich im Nichttun und Versagen gegenüber dem, was zu tun geboten ist. Auch das Nichttun »hat es in sich«, will sagen: wirkt sich aus an den Nichttätern. Passivität, Quietismus, Unterlassen bleiben nicht wirkungslos; wir Deutschen und wir Christen wissen das genau. Ataraxie, die stoische Gleichgültigkeit der Seele, tötet den Gleichgültigen ab. *Was ihn gleichgültig läßt, bringt ihn um.*

Eben dies ist aber auch die Logik, besser: die Wirkweise der Tora des Landes und macht auch sie zu einem *zwei*schneidigen Schwert (Hebr 4,12; Offb 1,16). Was geboten ist, bedroht den Täter, der das Gebotene nicht tut. *Die Weisung, die im Land getan werden will, kann dem das Land streitig machen und sogar entziehen, der sich ihr verweigert.*

Wir haben dafür zwei große, harte, einander parallele Drohreden, die sich auf das Versagen im Lande beziehen: Dtn 28,15-68 und Lev 26,14-39 – lange, sehr ins Detail gehende Schrifteinheiten. Sie folgen als Fluchdrohungen Segenszusagen, die ihnen beidemal vorangehen. Wenn die Exegeten recht haben, schlägt sich in ihnen *Exilserfahrung* nieder; sie wird *als Strafe gedeutet* für das gebotene und mit Segen versehene, aber leider unterlassene Handeln im Lande. Alle nur denkbaren Schrecken zieht das Tatversagen auf sich: Krankheiten, Mißernten, Verlust des Wohlstandes, Klimakatastrophen, Hunger und Pest, die bis zum Kannibalismus führen (Lev 26,29). Aber das Entscheidende ist beidemale: *Das Land versagt sich den Nichttätern der Tora.* Die Israel als Feinde behandelt, werden als Feinde über Israel herfallen, und es wird ihnen unterliegen. Die Israel sich unterworfen hat, werden Israel unterwerfen (Lev 26,7f.), und Israel wird tun, was einst vor ihm Kanaanäer, – 1948 auch nicht wenige der modernen Palästinenser taten: »und ohne daß euch jemand verfolgt, werdet ihr fliehen« (Lev 26,17; vgl. 26,36-37a; auf dies Phänomen der Geschichte kommen wir nachher noch zurück). Und es wird Gott selbst in diesen Rückschlägen sein, wie er zuvor mit den Schlägen war, die Israel austeilen sollte: »Ja, ich selbst werde das Land verwüsten ...« – merke: das gelobte Land, dessen Besitzer Gott ist –, »... daß eure Feinde, die dort Wohnsitz nehmen, sich darob entsetzen. Euch aber will ich unter die Völker zerstreuen, und das Schwert will ich hinter euch zükken, und euer Land soll zur Wüste und eure Städte zu Schutthaufen werden« (Lev 26,32-33). Wie sehr dieser Rückschlag Gottes ein Rückschlag der (von Israel nicht erfüllten) Tora des Landes ist, zeigt sich an der folgenden Drohung: »Alsdann wird das Land die ihm gebührenden Schabbatjahre ersetzt bekommen, während der ganzen Zeit, da es wüste liegt und ihr im Lande eurer Feinde seid; alsdann wird das Land ruhen und seine Schabbatjahre nachholen. Während der ganzen Zeit, da es wüste liegt, wird es Ruhe haben, die Ruhe, die ihm versagt war in den Ruhezeiten, die *ihr* hättet halten sollen, als ihr darin wohntet.« Und darum noch einmal: »Ihr werdet euren Feinden nicht standhalten können, und ihr werdet unter den Völkern umkommen, und das Land eurer Feinde wird euch verzehren. Die aber von euch übrigbleiben (das *wird* es geben: Ein Rest wird immer übrigbleiben), sollen um ihrer Schuld willen vermodern in den Ländern eurer Feinde; auch um der Schuld ihrer Väter willen … sollen sie vermodern« (Lev 26,34-35.37b-39).

Man stelle sich einen Soldaten vor, dem so von seinen eigenen Kommandeuren gedroht wird. Das ist Gift gegen jede psychologische Kriegführung, Wehrkraftzersetzung – durch nichts Vergleichbares zu überbieten. *Wehrertüchtigung und Wehrkraftzersetzung stehen in der Tora Israels in einem Buch zusammen, sind Weisungen ein und desselben Gottes.* Wie soll das ein Soldat in einem kleinen Schädel unterbringen, in einem begrenzten Bewußtsein zusammenhalten? So etwas prägt Sensibilität, zerreißt aber auch Seelen, besonders, wenn es über Jahrtausende tradiert, gelehrt und eingeschärft wird. Und ganz besonders, wenn es nicht eine Schwarz-Weiß-Malerei aus Gründen propagandistischer Aufrüstung ist – keine Drohung mit dem »Erzfeind« des Deutschen Kaiserreichs, keine mit dem »jüdisch-bolschewistischen Untermenschen« des Hitlerreichs, keine der CDU-Parolen des Kalten Kriegs: »Lieber tot als rot« – also keine *leere* Drohung, sondern Drohung in Erinnerung an die pralle Erfahrung; *was hier droht, hat Israel schon mehr als einmal erlebt* und weiß, wie ernst es ist und gemeint ist. Aber diese *Selbst*bedrohung gehört nun einmal zum Wesen der Geschichtserzählung Israels. Und wir müssen uns das immer wieder klarmachen: Die Tora des Landes, so sehr sie auch eine Bedrohung für Kanaanäer und Palästinenser enthält, enthält zugleich damit eine Selbstbedrohung Israels, die nicht nur Folge eines historisch und politisch »logischen«, immanenten Aktions- und Reaktionsverhältnisses, sondern *Drohung des Gottes dieses Volkes ist gegen dieses Volk.* Dies macht es unmöglich, Israels Verhältnis zum Land und die Gebote der Tora des Landes – wie es bei Christen und Heiden, Muslimen und »wissenschaftlichen« Theologen üblich ist – als ein nacktes Verhältnis interessierter Ideologie zu deuten: als »religiöse Legitimierung«, gar: religiöse Verschleierung purer imperialistischer Machtbedürfnisse. Gerade geschichtlich gesehen war die *Drohung* der Tora des Landes bisher immer *effizienter* als ihr Segen, – Israel eher ihr Opfer als ihr Gesegneter. Man kann psychologisch und politisch – wie die Völker taten und tun – die Hartnäckigkeit kritisieren, die Israel dennoch immer wieder auch an dieser Tora hat festhalten lassen, festhalten *läßt.* Man könnte allerdings darin auch die Treue erkennen, die an der Verheißung des Segens nicht verzweifeln läßt. Denn so *ist* es: Die Erfahrung des Bedrohlichen der Tora hat dies Volk bis heute noch nicht stumpf gemacht gegen die Verheißung und Lockung des ihr immanenten Segens. Und so oft das Land das ungehorsame Israel schon »ausgespien« hat, wie vor ihm die Kanaanäer und neben ihm die Palästinenser (Lev 18,28), hat Israel dennoch immer wieder eine Rückkehr ins Land und einen Neuanfang mit der Tora des Landes versucht – sie: die Treuen, Kinder der Treuen (so R. R. Geis zu b Schabbat 97a)[67] – aller eigenen Untreue zum Trotz. Und sind damit auch ihrer Berufung und Sendung gefolgt, um derentwillen Gott ihnen ein Land verhieß und sie an eine Tora des Landes verwies.

Wir haben bisher von Israel und dem Land gesprochen unter dem Gesichtspunkt der *Verheißung* des Landes. Wir haben sodann von den *Verbindlichkeiten* Israels dem Lande gegenüber und im Lande gesprochen unter dem Gesichtspunkt der Tora des Landes. Beides waren in einem historische und theologische Bestimmungen, genauer: theologische, die sich unmittelbar historisch auswirken. Mit der Landverheißung *motiviert,* – mit der Tora des Landes *reguliert und diszipliniert* Gott Israels Verhältnis zum Lande.

Wahrscheinlich beruhigen die vorgetragenen näheren Erläuterungen durchaus noch nicht unsere Befremdung, ja unseren Widerwillen sowohl gegen die ethischen Auswirkungen als auch gegenüber den theologischen Voraussetzungen, unter denen das alles steht. Immer weiter fühlen wir uns genötigt, Gott dabei mit etwas zusammenzudenken, was wir – auch nach der uns jetzt zuteil gewordenen näheren Belehrung – immer noch als offensichtliches Unrecht empfinden. Mit wievielen Kautelen umgeben – es geht uns gegen den Strich. Die näheren Erläuterungen rechtfertigen diese ganze Landdimension der biblischen Tradition in unseren Augen auch jetzt noch nicht.

3. Gott und das Land

Nun ist es auch gar nicht wahrscheinlich, daß wir dies vor Instanzen unseres moralischen, politischen und theologischen Bewußtseins je werden rechtfertigen können, jedenfalls nicht, wenn »rechtfertigen« heißen sollte: irgendwie einleuchtend begründen. Um so mehr wollen wir aber trotzdem die *theologische* Dimension, die Israels Verhältnis zum Lande hat, noch extra bedenken. Wir sprechen jetzt also ausdrücklich, nachdem wir bisher von Israel und dem Lande, dann von der Tora und dem Land gesprochen haben, nun auch noch von *Gott*

67. R. R. Geis, Vom unbekannten Judentum. 1961, 129.

und dem Land. Denn für unser Empfinden wird das, was wir unter Gott verstehen möchten, von Israels Verhältnis zum Land und der biblischen Landtheologie besonders schwer belastet. Und es könnte tatsächlich sein, daß an dem mit dem Land verknüpften Gott σκάνδαλον und μωρία, Ärger und Torheit der biblischen Botschaft für uns heute noch aggressiver wirken, als es für Generationen vor uns das »Wort vom Kreuz« Jesu tat, mit seiner alles menschlich und religiös Übliche durchkreuzenden Kraft (1 Kor 1,23). Eine Absonderlichkeit, Unangepaßtheit, »Andersheit« des biblischen Gottes, von der wir sprechen, wird hier auch für unsere Begriffe – Gottesbegriffe auch der christlichen Theologie – mit Händen greifbar. Daß die Mission *dieses* Gottes in der Welt nur Widerstand, Ablehnung, Gegenbewegung, Gegenmission, auch Unterdrückung und Verdrängung erzeugen kann, scheint nur zu begreiflich.

a. Gott schwört das Land zu

So wie die Bibel es sieht, hat Gott *sich selbst* auf Gedeih und Verderb an das Volk Israel, die Wege seiner Geschichte und damit zugleich auch an sein Verhältnis zum Lande engagiert. Daß er Israel das Land *zuschwört,* wie wir zeigten, setzt ihn selbst in diesem Schwur aufs Spiel: seine Treue, diesen Schwur zu halten, nicht meineidig zu werden, – die Glaubwürdigkeit und Verläßlichkeit für Zusagen dieses Gottes überhaupt, für: das *Wort* Gottes also, und damit: für ihn selbst. So wenig wir Gott von diesem Schwur lösen können, so wenig auch von seiner Verheißung des Landes an Israel und von der zweischneidigen Tora des Landes.

Zwar: die theologie- und geistesgeschichtliche Entwicklung ist genau in diese Richtung gegangen; mehr als je versuchen Theologen und Nichttheologen, sich Gottes Landverhältnis als eine *überholte religionsgeschichtliche Stufe* vom Halse zu halten wie einen kulturellen Atavismus. Ferner wird eine so »weltliche« Bestimmung für Gott als »untersittlich« erklärt, da sie nur mit offensichtlichem Unrecht verbunden gedacht werden kann. »*In Christus*«, sagen weiter bei uns die meisten, habe sich Gott selbst inzwischen anders gezeigt, ja anders selbst bestimmt, habe die Wirkungsweise von Erwählen und Verwerfen aus der Völkerwelt und der Weltgeschichte, wo sie nach dem »Alten« Testament ihren Wirkraum hatte, auf den einen Jesus Christus zurückgezogen: ihn erwählt und ihn verworfen, so daß *Erwählung und Verwerfung nicht mehr auf verschiedene Menschengruppen* oder einzelne Menschen sich verteilen, sondern im Wirken und Geschick dieses Einzigen sich konzentrieren; damit zugleich aber habe – ergänzt Karl Barth – in Wahrheit Gott selbst sich in einem erwählt und verworfen, und damit Welt und Menschheit befreit vom Glück und Erleiden der praedestinatio gemina, der doppelten Prädestination: der einen zum Segen, der anderen zum Unheil. Und schließlich lehnen Theologen und Nichttheologen eine solche biblische Tradition mit scharfen *ideologiekritischen* Argumenten als heute überhaupt nicht mehr vertretbar rundherum ab.

Alle solche Argumente können wir verstehen. Nur eines hindert uns, ihnen zu folgen: Das biblische Zeugnis, so wie wir es zu verstehen meinen, verwehrt uns, aus Gott und der Land-Theologie zwei Paar Schuhe zu machen, einen landlosen oder seine Beziehung zum Lande hinter sich lassenden Gott zu denken und ihn selbst zu unterscheiden von einer Land-Theologie, die wir historisch als eine zu ihrer Zeit vielleicht verständliche Projektion auf Gott verstehen können, die aber als Projektion nicht zu Gott selbst gehöre; es müsse möglich sein, Gott und solche Projektionen zu unterscheiden und dann endlich auch eimal voneinander zu scheiden. Aber dazu sind wir nicht frei. *In der Bibel muß entweder alles als menschliche Projektion – auch und gerade Gott-selbst – kritisiert werden, oder alles muß – als menschliche Projektion – sachgemäß, also theologisch gehört und verstanden werden.* Die *Idee eines Gottes ohne menschliche Projektionen ist selbst nur eine menschliche Projektion:* die eines Gottes, der erhaben wäre über Menschlich-Allzumenschliches, vor allem die eines Gottes, der uns nicht in die Quere kommen und nicht wehtun kann. Viel zu lange hat christliche Theologie den verqueren biblischen Gott einfach ausgewechselt gegen diese Idee von einem projektionsfreien Gott, so daß wir heute kaum noch spüren, welche Anmaßung, ja existentielle und theoretische Gottlosigkeit es ist, wenn wir meinen, uns beständig einen neuen, unanstößigen Begriff von Gott zurechtlegen zu können, was meist geschieht nach dem Shakespeareschen Motto: As you like it. Wer Gott gegenüber so frei ist, sich ständig seinen eigenen Begriff von ihm zu schaffen, mag religiös wunderbar lebendig sein, den religiösen Fernseh-, Buch- und Zeitschriftenmarkt mit immer neuen Überraschungen in Bewegung halten und sich so up to date wissen; nach aller Erfahrung wird es ihm auch gar nicht unheimlich dabei, sich als Gottesproduzenten produzieren zu sehen, beim von Luther schon beschriebenen Handwerk des Deum facere[68]. Wir Menschen *können* das wirklich.

Nur: kann das denn in irgendeinem ernsthaften Sinne von auch nur einem ernsthaften *Begriff* von so etwas wie Gott überzeugen, wenn *wir* bestimmen, was das überhaupt sein darf: ein Gott, und was durchaus nicht? Ist nicht ein Gott – gerade per definitionem, also als »Begriff« – etwas, was *über* uns lebt, uns überlegen, darin »anders« als wir, – »Gott und nicht ein Mensch« (Num 23,19), Gott und darin »mehr als ein Mensch« (Hiob 33,12), – vor allem: Gott etwas oder jemand, der uns in der Hand hat (was ja das einzig Tröstliche an so etwas wie Gott wäre), – den wir – zu unserem Trost – *nicht* in Übereinstimmung mit Werten, Kräften, Idealen bringen können, die wir immer schon

68. M. Luther, Deudsch Catechismus, WA 30,I, 191.

kennen, über die wir verfügen, die wir auch manipulieren können? Wäre denn so etwas wie ein Gott wirklich nur ein anderes Wort für unser Selbstverständnis, unsere Selbsthilfe, Selbstgefälligkeit, Selbstbefriedigung und Selbstaufklärung? Muß nicht schon rein am Begriff eines Gottes etwas sein, das uns widersteht, umdrehen, ändern, uns eine andere Sicht von Gott, Welt und Mensch geben kann als die, die wir uns aus Erfahrung, Wissenschaft, Künsten selbst herstellen können? Umgekehrt: Wozu bedürften unsere Erfahrungen, Wissenschaften, Künste der Benennung mit »Gott«, wenn wir doch ganz genau sagen können, *wie* wir zu ihren Einsichten gekommen sind und *was* sie uns als Erkenntnis sagen? Wäre da nicht auch nur schon der *Begriff* eines Gottes eine reine Projektion und Ideologie?

Und um wieviel mehr müßte, was schon für einen ernsthaften menschlichen Begriff von Gott fragwürdig wäre, fragwürdig sein vor dem, was dann wirklich als Gott *begegnet:* den Begriff erfüllend oder ihn auch sprengend. Jedenfalls sind ja der Begriff und das Ereignis, das wir mithilfe eines Begriffs begreifen, ausdrücken, Sprache werden lassen wollen, immer noch zweierlei. *Der Gottesbegriff ist nicht Gott;* er ist nur das, was wir zu begreifen meinen von dem Wirklichkeitswiderfahrnis Gott. Und meist sprengt ein wirklicher Gott seinen Begriff, eine wirkliche Gotteserfahrung den ihren. Insofern ist an jedem Gott etwas Unheimliches, Verwirrendes, Unfaßbares. Davor sich zu schützen, bauen Theologen und Philosophen und Kirchen gerne mit einem Gottesbegriff vor: damit das Ereignis wirklicher Religion ja nicht Verwirrung, ein unabsehbares, nicht mehr beherrschbares Durcheinander, kein Chaos, nichts Anarchisches auslöst. Es ist Angst vor dem Anarchismus jeder wirklichen, wirkenden Religion, die nach dem Gottesbegriff greifen läßt: um gegen das Anfangslose, die ἀν–αρχή, das, was keinen faßbaren Anfang hat, ein A und ein O zu setzen, etwas, was wir in unser Alphabet einordnen und dann auch durchbuchstabieren, für uns überschaubar machen können.

Und noch einmal ist der *biblische* Gott nicht zu verwechseln mit einem Gottesbegriff oder »einem« Gott. *Er unterscheidet sich darin von den anderen, daß er ausdrücklich jede nur denkbare menschliche Projektion auf sich zieht, sich dafür hergibt, sich gerade dessen nicht schämt,* was unsere gescheite Religionskritik als letzte Aufklärung, Entlarvung, auch als stolzes humanistisches Ethos besonders der jüdischen und christlichen Theologie meint entgegenhalten zu sollen. Der Vorwurf läuft als Vorwurf ins Leere, während er als Beschreibung des biblischen Gottes so abwegig nicht scheint. Denn der biblische Gott hat – gelinde und noch harmlos gesagt – einen Hang zum Menschlichen. Er wählt sich ein »real existierendes« Volk zur Bundesgemeinschaft mit der Folge, daß er Gott nur noch in der Gebundenheit dieses Volkes sein will. Er will »mit« diesem Volk sein auf allen dessen Wegen, in allen dessen Belangen, den edlen geistigen und religiösen nicht nur, auch in den unedlen weltlichen, körperlichen, in den Trieben also auch, die Menschen in ihren Projektionen abführen. Und *so gehört natürlich auch das Land dieses Volkes, gehören die auf es sich richtenden Projektionen in die Gemeinschaft dieses Gottes,* ohne die er jedenfalls nicht mehr dieser Gott wäre, ein anderer als dieser oder überhaupt: etwas anderes als dieser, nämlich gar nicht *Gott.*

Die *christliche* Theologie hat gerade dies Verständnis Gottes, das wir hier »alttestamentlich« beschrieben haben, nicht verändern wollen und können. Sie hat im Gegenteil den »Hang Gottes zum Menschlichen«, seine Bindung ans Menschliche, Weltliche noch schärfer akzentuiert. Denn sie hat erkannt, daß der Gott, der sich im Bund mit Israel ans Menschliche gebunden hat, in Wahrheit eben damit auch *ins* Menschliche gebunden hat. Das Menschliche, Historische, »Niedrige« – in seiner ganzen Widersprüchlichkeit und mit allem Unedlen, das es kennzeichnet – hat er sich angeeignet, ja zu eigen gemacht. So jedenfalls hat christliche Theologie es am Verhältnis Gottes abgelesen, das er mit dem einen Juden Jesus von Nazareth eingegangen ist. Eine Menschlichkeit Gottes ist im christologischen Dogma noch bestimmter behauptet worden als im Bundesdenken Israels; und Menschlichkeit meint ja in der ganzen Bibel nie nur den Glanz der Humanität, sondern eben auch das Menschlich-Allzumenschliche, das niedere Menschliche. Sie meint beides: das *umfassend* Menschliche. Wozu dann aber auch der *Boden*-Satz des Menschlichen gehört, den Gott nach der Schöpfungserzählung dem Menschen zuweist, und so auch das Land, das er seinem Volke zuschwört.

Kurz: Weil der biblische Gott seine Identität in konkreten Menschen und ihren Verhältnissen sucht, wozu auch ihre Projektionen gehören, ist es uns auch *nicht möglich, ihn zu trennen von dem Komplex Land,* also: von dem, was uns so schwer fällt an ihm. Wir können ihn also auch alle dem gegenüber nicht freistellen, was uns an seinem Wirken und seinen Wirkungen zuwider ist. Wir können – und wollen – ihn z.B. nicht freistellen gegenüber dem Gedächtnis Israels, das es nie über sich brachte, das Jerusalem, das auf Erden ist, zu vergessen (Ps 137,5), – das jede nur denkbare Gelegenheit ergriff, die sich ihm in Jahrtausenden zu bieten schien, ins Land zurückzukehren, aus dem es große Mächte vertrieben hatten, – wir können Gott auch nicht freisprechen von der zionistischen, nationalistischen, sei's denn: auch »rassistischen« Form seines Gedenkens, – und schon gar nicht gegen dasjenige Gedenken des Landes, das eine allerletzte, not-erpreßte Form des Gedenkens an Gott war: die »Zuflucht für und für« (Ps 90,1), – den »Fels Israels«, auf den die ihre Zuversicht richteten, die am 5. Ijjar 5708 jüdischer, am 14. Mai 1948 christlicher Zeitzählung ihre Unterschrift setzten unter die Unabhängigkeitserklärung des neuen Staates Israel, am jom ha-azmaut. Gott, wie die Bibel ihn bezeugt, ist Gott auch in *diesen* Ereignissen der Geschichte seines Bundesvolks, wir können ihn aus diesen Verhältnissen nicht lösen und müssen lernen, sie in bezug auf Gott, Gott aber auch in bezug auf sie zu denken. Selbst auf die Gefahr hin, dann nach biblischem Verstand nicht nur von einem anderen Gott, sondern nach allgemeinem Verstand überhaupt von etwas anderem als Gott zu reden, können wir Gott nur *in dieser Identität bejahen oder* eben *verneinen.* Nicht möglich scheinen uns aber Experimente, in denen wir versuchen würden, ihn zu entbinden aus den Bindungen, in denen er seine Identität sucht und unserem Verstehen: *setzt.*

In der Segensrede des Mose, die in Dtn 28 der großen Drohrede vorangeht, von der wir sprachen, segnet Gott Israel bei allem seinen Tun im Lande und sagt dabei, daß er die Erfüllung aller Schwüre, die er damit bewirkt, »für sich« mache (Dtn 28,9), in Beziehung also nicht nur auf Israel, ihnen zugute, sondern auch in *Beziehung auf sich selbst:* sich zugute. Dies ist mehr als eine sprachliche Reflexivform, nämlich Ausdruck einer Beziehung, die Gott sich selbst etwas angehen läßt. »Für sich« heißt hier im Zusammenhang: »für seine Menschheitszwecke« (S. R. Hirsch z. St.). Indem er es nämlich »für sich« macht, bewirkt dies, daß »alle Völker der Erde sehen werden«, daß Israel »nach dem Namen des Herrn genannt ist« (Dtn 28,10), Israels Ergehen im Lande also den Namen Gottes auslegt und zum Leuchten bringt. Der *Name Gottes* ist aber Gott-selbst in der Weise, in der wir überhaupt etwas von ihm wissen und ihn anrufen können, ist *seine Identität,* wie er sie uns eröffnet, zugänglich macht. Sie zeigt sich nicht nur Israel, sondern allen Völkern in der Landbeziehung. Dort besitzt sie ihre universale Erkennbarkeit, nach biblischer Logik: ihre Evidenz. Gerade dort, wo sie uns am wenigsten einleuchtend erscheint, behauptet Gott seine allgemeine Gültigkeit: an diesem »partikularen« Verhältnis das Universale, das nach herkömmlichem Verständnis einen Gott ausmacht. *Ein gesegnetes Israel im Lande wäre also das höchste Allgemeine für die Erkennbarkeit dieses Gottes.* Erst mit dem Land entsteht diejenige Kategorie, die ein Verständnis Gottes allgemein kommunizierbar macht. Wie abwegig diese Kategorienbildung unserer abendländisch verbildeten Vernunft auch erscheinen mag – *auch die Bibel* (nicht nur die alten Griechen) *kennt das Thema des größten Allgemeinen und der allgemeinen Kommunizierbarkeit, wenn etwas als Gott soll erkannt werden können. Nur organisiert sie das Problem eigen und anders* als abendländische Philosophie und Theologie bisher: nicht am größten Abstrakten, am Begriff etwa eines höchsten »Seins« oder »Guten«, sondern *am größten,* banalsten *Konkreten: dem Land Israel,* der Brücke der Begegnung von Gott mit Israel *vor den Augen der Völker,* die so und dort zur Einsicht kommen über das, was Gott als solcher, Gott auch »für sich« meint, tut und ist. So kann das Land von ontologischer Relevanz werden für die Erkennbarkeit und allgemeine Benennbarkeit Gottes; Gott hat sich selbst »für sich selbst«

jedenfalls so bestimmt: daß es gerade den Völkern, den nicht-direkt-Betroffenen, also: der interessierten Allgemeinheit so aufgeht.

Auch die biblischen Zeugen wissen, wie tief widersprüchlich gerade dies gegenüber einem Begriff von einem überlegenen, gar: »all-mächtigen« Gott ist, gegenüber einer sog. Transzendenz, theologisch besser ausgedrückt: einer Heiligkeit des Höchsten. Gerade weil sie dies wissen, sprechen sie, wie wir hörten, davon, daß Gott *nieder*steigt aus seiner Seins- und Wesenshöhe, um Israel so *hinauf*führen zu können in das verheißene Land: Dtn 20,1. Dies jarad Gottes meint sicher keine Selbstentäußerung der *Macht* Gottes. Auch wo wir *heute leicht bei der Hand sind, Gott* nur noch erträglich *zu* finden, wenn wir ihn *entmächtigen,* ihm seine Macht bestreiten, indem wir nicht mehr bereit sind – es für menschenunwürdig und Gottes unwürdig erklären –, uns seiner Macht zu beugen; und auch wenn wir Bonhoeffers und Barths Umkehr von Gottes Allmacht in seine Ohnmacht besonders fromm und fabelhaft finden, dabei die Dialektik schlicht abstreifend, die für Barth und Bonhoeffer die Rede von der Ohmacht Gottes überhaupt erst sinnvoll machte (denn Ohnmacht an und für sich hilft nichts und ist keine Tugend, auch psychisch gar nichts Schönes) -: Wenn Gott herabsteigt, um Israel zur Alija ins Land hinauf zu helfen, bedarf er gerade dafür gesammelter Kräfte, die Israel auch spüren kann. So suchen wir die Kraft des jarad, des Niedersteigens Gottes, in seinem Willen und Vermögen, Gott-mit-Israel zu sein, in Israels Mitte zu leben auf Gedeih und Verderb. Was brauchte mehr Kraft als dies? Wohl dürfen und müssen wir theologisch von einer Selbsterniedrigung dieses Gottes sprechen, aber sie ist eine dieses Gottes *als Gott, kein Selbstverzicht auf seine ewige Kraft und Gottheit,* nur seine Entscheidung, jetzt als Gott Israel zu dienen und seine Geschicke zu teilen.

Wir sehen den stärksten Ausdruck dieses jarad in der Ermutigung, mit der Gott Israel antreibt, den Marsch ins Land nicht abzubrechen, sondern angstfrei voranzugehen. Umgekehrt aber auch in seinem unglaublichen Zorn gegen die Kundschafter, die Israel ins Land vorausschickt, um nach eigenem Urteil und Ermessen festzustellen, ob sich dies ganze Unternehmen überhaupt lohnt. Beides: das »Fürchtet euch nicht« und das »Wehe euch« sind zwei Seiten ein und derselben Medaille.

Was wirklich Gott an Israels Geschichte mit dem Lande ist, zeigt sich an den Erzählungen von dem permanenten Widerstand, den es der Führung Gottes ins Land entgegensetzt, an seiner *Angst,* ins Land zu kommen. Das ist nicht nur Angst vor dem unübersehbaren Abenteuer des Eroberns, Israel zittert ja davor durchaus begründet, in berechtigtem Mißtrauen gegen das eigene Vermögen. Gott hat beides – diese Angst und dieses Mißtrauen – eigentlich schon im Keime ersticken wollen. »Jenseits des Jordan, im Lande Moab, hob Mose an, folgende Weisung darzulegen: Der Herr, unser Gott, hat am Horeb also zu uns gesprochen: ›Lange genug habt ihr an diesem Berge verweilt ...‹« – will sagen: Lange genug habt ihr euch jetzt an der Gottesbegegnung geweidet und an dem Glück, die Tora empfangen zu haben – »... ›Wendet euch nun und brecht auf, und zieht nach dem Gebirge der Amoriter und zu allen ihren Nachbarn in der Arava, auf dem Gebirge, in der Niederung, im Südland und am Gestade des Meeres, in das Land der Kanaaniter und zum Libanon, bis an den großen Strom, den Euphratstrom. Seht, ich übergebe euch das Land; geht hinein und nehmt das Land in Besitz, von dem ich euren Vätern Abraham, Isaak und Jakob geschworen habe, daß ich es ihnen und ihren Nachkommen geben wolle‹« (Dtn 1,5-8). Er treibt das Volk *vom Gottes*genuß, ihrem frui Deo, nun *zur weltlichen Verwirklichung* an. Er ermutigt es dazu mit der Erinnerung an seine Schwüre, auf sie soll und kann es sich verlassen; es bedarf nur ihres Vertrauens in Gott, dann wird es ihnen gelingen; er selbst »übergibt« ihnen das Land, sie brauchen nichts anderes zu tun, als hineinzugehen und es in Besitz zu nehmen. Nichts dabei wird sie überfordern. Wer traut, bleibt betreut (Vgl. Jes 7,9). Gott bestärkt noch das geforderte Vertrauen und weist darauf hin, wie eine andere seiner großen Abrahamsverheißungen schon in Erfüllung gegangen ist: »Der Herr, euer Gott, hat euch gemehrt; seht, ihr seid heute schon so zahlreich wie die Sterne des Himmels« (Dtn 1,10), so wie ich es Abraham versprochen hatte (Gen 15,5). Da aber eine *erfüllte Verheißung nie eine überholte Verheißung* ist, wiederholt und bestätigt er sie jetzt noch eimal: »Der Herr, der Gott eurer Väter, mache euch noch tausendmal zahlreicher und segne euch, wie er verheißen hat!« (Dtn 1,11). In diesem Zeichen sollen sie nun nicht nur, *können* sie auch aufbrechen ohne Furcht. »Siehe, der Herr, dein Gott, übergibt dir dieses Land; ziehe hinauf und nimm es in Besitz, wie der Herr, der Gott deiner Väter, dir verheißen hat. Fürchte dich nicht und sei unverzagt!« (Dtn 1,21); dieses al-tira ve al-techat ist, von Gott aus gesehen, *das* Movens, zugleich auch *die* Bedingung der Möglichkeit für die Alija.

Doch nun mag das Volk dem nicht über den Weg trauen. »Da tratet ihr alle (– ihr alle, alle –) zu mir und spracht: ›Laß uns Männer vor uns her senden; die sollen uns das Land durchspähen und uns Bericht geben über den Weg, den wir ziehen müssen, und über die Städte, dahin wir kommen werden‹ (Dtn 1,22). Den Kundschafter-Auftrag lernen wir in Num 13,19-21 noch detaillierter kennen: »Seht, was es für ein Land ist und ob das Volk, das darin wohnt, stark oder schwach, klein oder groß ist, wie das Land beschaffen ist, in dem sie wohnen, ob gut oder schlecht, und was für Städte es sind, in denen sie wohnen, ob offene Orte oder Festungen, wie der Boden ist, ob fett oder mager, und ob Bäume daselbst wachsen oder nicht. Haltet euch tapfer und bringt von den Früchten des Landes mit.« Ein umfassender Auftrag, halb militärische Spionage, halb Landvermessung, ethnographische, ethnologische und ökonomische Erkundung. In dieser Form freilich ganz etwas anderes als Gottvertrauen. Sie wollen schlicht wissen, ob es sich nach empirischen Daten und ihrem Ermessen *lohnt.*

Ergebnis der Erhebung: Das Land ist herrlich, Milch und Honig träufend, riesig fruchtbar, wie die mitgebrachten Trauben zeigen und die Granatäpfel und die Feigen (Num 13,24). Aber, aber! So riesig fruchtbar das Land – so riesig stark seine Bewohner, so fest und groß die Städte: uneinnehmbar. »Auch die Enakskinder haben wir daselbst gesehen«: leibhaftige Riesen – so etwas wie für heutige Illustrierte der legendäre Schneemensch im Himalaja (Num 13,29). Darum das Urteil einiger der Kundschafter: »Wir können nicht gegen dies Volk ziehen; es ist uns zu stark. Und sie berichteten den Israeliten schlimme Dinge von dem Lande, das sie ausgekundschaftet hatten, und sprachen: Das Land ... verzehrt seine Bewohner, und das ganze Volk, das wir darin sahen, besteht aus hochgewachsenen Leuten. Wir sahen dort auch die Riesen, die Enakiter aus dem Riesengeschlecht, und wir kamen uns (klein) vor wie Heuschrecken, und so erschienen wir auch ihnen« (Num 13,32-34). Beim besten Willen läßt sich also nicht sagen, Israel habe sich blinden Auges und voll Illusionen über die Realitäten im Lande in dies Abenteuer gestürzt.

Im Gegenteil: Der Bericht der Kundschafter löst Panik aus im Volk. »Kol haedah, die ganze Gemeinde, erhob ihre Stimme und schrie, und das Volk wehklagte in dieser Nacht. Und alle Israeliten murrten wider Mose und Aaron, und die ganze Gemeinde sprach zu ihnen: Ach, daß wir doch in Ägypten gestorben wären! Oder wären wir doch in der Wüste gestorben. Warum, lama, will uns der Herr in *dieses* Land bringen, daß wir (dabei) durch das Schwert fallen, daß unsere Frauen und Kinder zum Raube werden? Ist es nicht besser, wir ziehen wieder nach Ägypten?« (Num 14,1-3), Sklaverei dort wäre ja besser als hier im Land, in das wir als Aggressoren eindringen und wo wir nur um so schlimmere Folgen zu erwarten haben. Nur einer, Kaleb, agitierte mit einem – sagen wir einmal: zionistischen – Trotz gegen solchen Defaitismus der Gesamtgemeinde: »Laßt uns gleichwohl hinaufziehen und das Land erobern« (Zürich, Num 13,31), »hinauf, hinauf laßt uns ziehn, / wir werden es ererben, / denn wir übermögen es, übermögen«, ki jachul nuchal lah (Num 13,30, Buber). Gott hat ihm das später hoch angerechnet: Er habe einen »anderen Geist« gezeigt als die meisten, eine ruach acheret, und »unwandelbar zu mir gehalten«, sei »völlig mir nachgefolgt« (Num 14,24); und daran zeigt sich, was uns hier interessiert: Die überwältigende Mehrheit Israels und Gott waren in der Sache der Eroberung des Landes *nicht* gleichen Geistes; diese Geschichte war jedenfalls nicht nach Israels Geschmack, jedenfalls nicht nach dem der Gesamtgemeinde. *Gott allein war hier die treibende Kraft und mußte sich gegen Israels Widerstand durchsetzen.*

Er hat diesen Widerstand auch auf seine Weise ernst genommen – hat ihn nicht gebrochen. Vielmehr hat er Israels Angst und Mißtrauen damit gestraft, daß er den Einzug dieser Generation ins Land verbot und verhinderte – dieser ganzen Generation, mit Einschluß seines Freundes Mose. Was sie nicht wollen, obgleich sie's sollen, verwehrt er ihnen: auch hier sein zweischneidiger Wille. Er schimpft sie jetzt seine »böse Gemeinde« (Num 14,27) edah ha-raah, und kündigt an, abermals mit einem Schwur, der nun nicht ein Gelingen, sondern ein Nicht-Gelingen beschwört: »So wahr ich lebe, spricht der Herr, ich will euch tun, wie ihr vor meinen Ohren geredet habt:« – d h. : ich werde tun, daß jetzt tatsächlich statt meinem euer Wille geschehe – »Hier in der Wüste sollen eure Leiber zerfallen, und zwar alle von euch ..., weil ihr wider mich gemurrt habt. Ihr sollt nicht in das Land kommen, das ich euch zum Wohnsitz geben wollte, wie ich geschworen habe ...« (Num 14,28-30); *erst ein künftiges Israel* soll ans Ziel kommen: »euere Kinder« (14,31). Und dann noch eins drauf: »Die Männer aber, die Mose gesandt hatte, das Land auszukundschaften, und die nach ihrer Rückkehr die ganze Gemeinde zum Murren wider ihn gebracht hatten, indem sie schlimme Dinge von dem Lande berichteten (den evil report: den dibat-ha arez raah), diese Männer, die schlimme Dinge über das Land berichteten, starben eines plötzlichen Todes vor dem Herrn« (14,36-37). dibat-ha arez raah ist hier Leitwort: Wie kann man sich auch unterstehen, von diesem verheißenen Land »schlimme Dinge« zu berichten!

Jüdische Auslegung sieht in der Kundschaftergeschichte eine einzige Katastrophe. Der für Israel kritische Bericht über die Stärke der Bewohner des Landes und die Panik, die das auslöst, – die Weigerung, die Landesgrenzen zu überschreiten, kommentiert der Raschi mit der lakonischen, ihm sichtlich schwer fallenden Bemerkung: »So sprachen sie, wenn man so sagen darf, gegen den Ewigen« (zu Num 13,31) und zitiert damit b Sota 35a. Der Vorwurf gegen diese sich Gott verweigernde Generation heißt stereotyp: »*Verleumdung des Landes*« (Tanch B Bemidbar IV § 4, § 5), »Verlästerung des Landes«, und Samson Raphael Hirsch spricht, im Sinne der Tradition, von einem »Verbrechen«: »sie produzierten, erdichteten Böses vom Lande« (zu Num 13,32). Denn in Wahrheit hätte ihre Begegnung mit den sie erschreckenden Riesen auch ganz anders gedeutet werden können. Nach dem babylonischen Talmud-Traktat Sebachim 113 a gab es nämlich Rabbinen, die vertraten die Überzeugung, das Israelland sei von der Sündflut verschont geblieben, das sagenhafte Einhorn z.B. habe sich dorthin vor der Flut gerettet und sei dort darum erhalten geblieben. Hirsch folgert weiter: »Es dürfte dann dem Lande von der urwüchsigen Kraft der Erde bewahrt geblieben sein, die sich unter einer kanaanitischen Bevölkerung nur in Produzierung leiblicher Größe bewährt, ebenso aber es zum Boden des Gottesvolkes geeignet haben mochte, das durch Erfüllung des Gottesgesetzes dort das Ideal geistiger und sittlicher Menschengröße anstreben und mit ihr eine paradiesische Wiederverjüngung der Erdwelt beginnen sollte. Vergessen wir nicht, daß nach der Lehre der Weisen leibliche Kraft und Gesundheit eine der Vorbedingungen höchster Geistesentwicklung bildet ...« (zu Num 13,33)[69]; diese Version von dem Israelland, das die Sündflut verschont hat, ist natürlich fortgeschrittenes Stadium einer *Mythisierung des Landes,* die mit der biblischen Formel vom erez ssavat chalav u devasch, dem »Land, wo Milch und Honig fließt«, schon begonnen hatte, reine theologische Projektion: was sonst? Die Funktion, in der Hirsch das Mythische hier erinnert, ist damit jedoch nicht erledigt: Der Augenschein des Landes hätte auch zu anderen Schlüssen führen, einen anderen Geist erzeugen und z.B. die Entscheidung Kalebs begründen können. Daß *das* nicht geschah, ist das Verwerfliche. Hirsch hat diese Verwerflichkeit in einer für uns heute schrecklichen Perspektive gesehen; Gottes Drohung gegen die »böse Gemeinde« umschreibt er mit Worten wie: »das angekündigte Gesamtsterben«[70], »Gesamtuntergang des unreifen Geschlechts«[71], »plötzliche Vernichtung der Gesamtnation«[72] – in unseren Ohren in der Sprache der Shoah. *Eine beklemmende Vision* bei einem jüdischen Lehrer des 19. Jahrhunderts in Deutschland: Drohende »Vernichtung der Gesamtnation« auf der einen Seite – dort das zu Unrecht verleumdete Land auf der anderen Seite – die Konstellation der sechs Jahre zwischen 1942 und 1948: der Achsenjahre des jüdischen Volkes. Ahnend-ahnungslos hat Hirsch die Vernichtungsdrohung der »aruch-aphim-Waltungsweise« Gottes – seinem Zorneswalten – zugeschrieben und (deutscher Bildungsbürger, der er auch war, nach Lessingart) als einen »Erziehungsplan« Gottes mit Israel gedeutet, der bis heute nicht abgeschlossen sei; Israels »ganzes zweimaliges Staatenleben im Lande, sowie sein zweimaliges Exil bis heute ist nichts, als ein vom aruch aphim geleiteter Erziehungsgang zu unserer geistigen und sittlichen Bestimmung ...«[73]. Aber was soll schon Erziehung heißen zwischen drohender Vernichtung der Gesamtnation hier – und dem Lande dort? Für uns ist dies nach Auschwitz in kein höheres theologisches oder pädagogisches Konzept mehr einzuordnen – nicht zuletzt deswegen nicht, weil diese Schreckensalternative so viele Generationen von Juden schon lange vor Auschwitz träumen konnten und mußten. *Vernichtung oder Land* – die Essenz der biblischen Kundschaftergeschichte – in welchem *christlichen* Kommentar zum »Alten Testament« stand das je zu lesen? Aber für unsere Generation ist es zu mehr als dem Buchstaben der Schrift geworden: Realität *vor* ihrem Buchstaben, und *wir* müssen *lernen, die Buchstaben von ihrer Realität her neu zu buchstabieren.*

69. S. R. Hirsch, Der Pentateuch. Übersetzt und erläutert. Vierter Teil: Numeri, 162.
70. A.a.O. 166.
71. A.a.O. 170.
72. A.a.O. 166.
73. A.a.O. 170.

Was aber zog nun Gott so unwiderstehlich ins Land, daß er es gegen den Willen seines eingeborenen Sohnes, Israels, erzwingen und Israel nötigen wollte zu einer Gethsemane-Entscheidung: Herr, ist es nicht möglich, daß dieser Kelch an mir vorübergehe, so geschehe dein Wille (Mt 26,42), nicht wie ich will, sondern wie du willst (Mt 26,39; dies sind die *wirklichen* Dimensionen in den Beziehungen der Juden zu ihrem Land!).

b. Land und Götzendienst

Die Antwort der in dieser Hinsicht am tiefsten entwickelten Theologie, der des Deuteronomium, lautet: *Dies Land ist verunreinigt durch avoda zara, Götzendienst.*

Freilich könnte das den Gott Israels noch kalt lassen, denn keineswegs sind schon »alle Lande seiner Ehre voll« (Jes 6,3). Aber gerade das begründet seinen Drang zum Lande: *Wenigstens ein* kleines Stückchen Erde, *wenigstens ein* winzig kleines Land unter allen Ländern, wählt er, um ein Beispiel zu geben dafür, was es für alle heißen könnte: Gott regiert auf Erden. Er erwählt seinem von seiner Tora geleiteten Volk ein nach der Tora zu behandelndes Musterländle zu, in einem missionarischen Akt, in dem er selbst und das Geschehen seines Willens auf Erden inmitten aller Länder erkennbar werden kann: was für eine Art Gott er ist und daß er Gott ist. Theologisch stark ausgedrückt: Er braucht *ein Stück Land als Offenbarungsort.* Was in der Mitte Israels die Bundeslade war und das Zelt der Begegnung, soll analog in der Mitte der Völker in ihren Ländern sein Volk in seinem Land sein. Dieser Gott will nicht nur »kultisch«, nicht nur ethisch verpflichten. *Er will auch »politisch« Gehör finden,* besser, biblisch gemäßer ausgedrückt: auch *auf der Ebene der Völker und Länder.* Denn sie ist, wie wir schon sagten, stärker als Kult und Ethos, das größte Allgemeine, *die universalste Kommunikationsebene, die es im Menschengeschlecht gibt,* die konkreteste Verwirklichung des Adam, der aus der Adama, dem Acker, und für die Adama geschaffen und bestimmt worden war, Ebene des Überindividuellen, und doch bestimmt es das Leben jedes einzelnen Menschen, der als Adam kein unbestimmt-allgemeiner Erdenbürger, sondern ein konkret-allgemeiner Landsmann ist. »Kommunikation« aber läßt sich auf dieser Ebene nur in der banalsten und schmerzlichsten Widersprüchlichkeit herstellen, in Interessen- und Erfahrungsgegensätzen, ungreifbaren Antipathie- und Sympathiebeziehungen, in Nähe, in Ferne, in Bündnissen und Blockbildungen, in Beziehungen, die durch kein höheres Drittes veredelt, in das sie »aufgehoben« werden könnten; sie entscheidet sich nur im Gelingen und Mißlingen, Segen und Unsegen, Heil und Unheil; und nur so ist sie – vorerst – gottgemäß (als Eigenschaft), Gott gemäß (als Verhältnis). Auf dieser für die ganze Menschheit entscheidenden, weil »schicksalhaften« Ebene will der Gott Israels Raum gewinnen, um dabeisein und seinen Willen, seine Maßstäbe, seine Vorhaben »einbringen« zu können. Vor allem: *Um der Menschheit das* gerade auf der Völker- und Länderebene – im »Politischen« – so besonders hartnäckig eingewurzelte *Schicksalhafte zu bestreiten* und auszutreiben. »Schicksal« ist Heidentum. *Das »Experiment Israel« soll Gottes Protest gegen die politische Schicksalsverfallenheit der Völker werden.* Dafür entreißt er ein kleines Volk seiner Schicksalsverfallenheit in Ägypten und unterstellt es stattdessen seinen Führungen. Dafür will er ein Land besetzen und zum Ort seiner Herrlichkeit machen, seiner kavod, seiner auch anderen spürbaren schechina, Einwohnung, Gegenwart. Und so soll es Vorschein des Gottesreiches auf Erden werden, hat es – wieder abstrakt und also nicht gut gesagt – »eschatologischen«, auf Künftiges vor-bildlich hinweisenden Sinn.

Um Mißverständnisse zu vermeiden: Das Experiment Israel dient *nicht* als *Beispiel moralischer Vollkommenheit, politischer Untadeligkeit.* Christliche Borniertheit schwört oft nicht höher als auf Idealität und Moral und verlangt von Israel moralische Beispielhaftigkeit, fordert sie geradezu mit dem Bemerken, nur so rechtfertige sich der Gedanke des »erwählten« Volkes – als gäbe es da etwas für Menschen zu rechtfertigen. Das ist so arrogant wie unverständig, weil es nichts von dem biblischen Zeugnis versteht und Gottesdienst – heidnisch – mit Vollkommenheit verwechselt, Gott aber mit dem ideal-Guten. Gerade darüber will Gott den Völkern den Star stechen, wenn er sein Volk – neben seiner kultischen und ethischen Bindung – auch noch dem nackten »Boden« der Tatsachen aussetzt: den *unvermeidlichen Selbstbehauptungskämpfen und -krämpfen* mit allen ihren unschönen, unmoralischen inneren Medien (Haß- und Feind-Projektionen, Freund-Feind-Ideologien, Schlangen-Klugheit) und äußeren Mitteln (Kriegen und Kriegsgeschrei, politischem Lavieren und Übers-Ohr-Hauen, Herrschaftszwängen). Die Herausforderung heißt: Gerade dort, wo die Idee eines Gottes nicht hinpaßt, wir froh sind, wenn wir zwei Reiche auf Distanz zueinander bringen können, will dieser Gott »mitmischen«, zu Worte kommen; gerade dort will »Wort Gottes« zu mehr als nur einer »geistigen Realität« werden, wo wir resigniert und zynisch immer wieder bereit sind, der Unmoral, Unmenschlichkeit, vor allem: der Gottlosigkeit das Feld irgendeiner Selbstgesetzlichkeit zu überlassen, ja: es geradezu einzuräumen. Gott will sich Raum verschaffen gegen solche Einräumungsbereitschaft, als wären ausgerechnet die »Bereiche des Lebens« ihm entgegen, »in denen die Menschen Wahrheit suchen, Recht setzen und Macht ausüben«; es gibt aber »keine Werte und Ordnungen, Prinzipien und Ideale für das menschliche Leben, durch die das eine Wort Gottes … gedeutet, bezeugt und suspendiert werden kann; ihre Anerkennung und Anwendung bedürfen und unterliegen vielmehr stets der Begrenzung, Interpretation und Korrektur durch Ihn.«[74] Darum ist Gott so interessiert an einem Raum für »Landespolitik« (Fr. Rosenzweig): Er will mit dem Experiment Israel ein Exempel auf der Ebene des miesesten Realen statuieren, sich selbst und sein Volk dieser Realität aussetzen, um dort Schicksal zu »übermögen, übermögen« (vgl. Num 13,30) – auch übrigens das Schicksal eines laissez faire laissez aller, »laß fahren dahin ...« Anders gesagt: *Er scheut nicht, einzugehen in den realpolitischen Widerstreit,* sich dort auch Niederlagen einzuhandeln, nicht zu triumphieren, sondern verdrängt zu werden, und so selbst – als ein *Gott* – Blessuren abzubekommen: sich unmöglich zu machen, bei denen nämlich, denen Israel durch sein Handeln und Verhalten den Gott Israels unmöglich macht.

Das Leitwort, mit dem die Bibel die Gereiztheit Gottes gegenüber dem noch nicht von Israel beerbten Land ausdrückt, heißt: *toevah, »Greuel«.* Wir kennen es es aus der Zukunftsrede Jesu, wo er absieht, daß seine Freundinnen und Freunde »den Greuel der Verwüstung« stehen sehen werden, »wo er nicht stehen sollte« (Mk 13,14), weil da nämlich Ort der Gegenwart Gottes ist. »Greuel«, das meint für Gott: avoda zara, Götzendienst.

Wie das praktisch aussieht, hören wir z.B. in Dtn 18,9-12.14: »Wenn du in das Land kommst, das der Herr, dein Gott, dir geben will, so sollst du dich nicht an die Greuel jener Völker gewöhnen. Es soll in deiner Mitte keiner gefunden werden, der seinen Sohn oder seine Tochter durchs Feuer gehen läßt, kein Wahrsager, Zeichendeuter, Schlangenbeschwörer oder Zauberer, kein Bannsprecher oder Geisterbeschwörer, keiner, der Wahrsagegeister befragt oder sich an die Toten wendet. Denn ein Greuel ist dem Herrn ein jeder, der solches tut, und um dieser Greuel willen wird sie der Herr, dein Gott, vor dir vertreiben ... Denn diese Völker, die du bezwingen wirst, hören auf Zeichendeuter und Wahrsager; für dich aber hat der Herr, dein Gott, anders verfügt ...« Zunächst sagt Mose damit im Namen Gottes, daß er *auch Israel* durchaus für anfällig und *verführbar hält fürs Heidnische;* das ganze Buch Devarim zittert von Sorge, Israel könne gerade im Lande – aber auch sonst – *Assimilationsverlockungen* erliegen; die Theologie des fünften Buches Mose ließe sich als eine einzige große »Hüte dich davor«-Theologie erzählen. Gott schärft Israel ausdrücklich einen Sinn für solche Anfälligkeit ein: »Sprich nicht bei dir selbst: ›Um meines Verdienstes willen hat der Herr mich hier hereingeführt, um dieses Land zu besetzen ...‹ Nicht um deines Verdienstes und deines lauteren Herzens willen kommst du hinein, um ihr Land zu besetzen ... Wisse also, daß der Herr, dein Gott, dir nicht um

74. Theologische Erklärung der Kirchlichen Bruderschaften. Frankfurt, 4. Oktober 1958, in: E. Wolf/H. Kloppenburg/H. Simon (Hg.), Christusbekenntnis im Atomzeitalter. ThExNF 70. 1959, 70.

deines Verdienstes willen dieses schöne Land zu eigen gibt; denn du bist ein halsstarriges Volk« (Dtn 9,4-6), hartnäckig *gegen* Gott. Und (zweitens) entnehmen wir dem Mose-Wort: Im Land sucht Gott ein Stück Erde, das die Menschen nicht durch die Geheimnisse und Kräfte von Land, Luft und Natur bezaubert, ja: verzaubert, wo weder Geister der Luft noch die gewundene Schlange der Erde die Menschenbewohner in ihren magischen Bann schlagen, kurz: wo *nicht Kräfte und Wunder des natürlichen Seins* uns religiös machen, vielmehr *allein das Erste Gebot die Menschen fesseln* kann: »Ich bin der Herr, dein Gott, nicht sei dir andere Gottheit mir ins Angesicht« (Ex 20,2-3). Wir lernen hier: Gerade darum sucht Gott nach einem eigenen Land für die Seinen, weil er die *Menschheit aus dem Bann der chthonischen Kräfte befreien* will: erdentsprossenen und erdgebundenen Geistern. Wir Menschen sollen uns nicht aus der Erde verstehen wollen, aus der wir genommen sind und zu der wir wieder werden sollen. Das sagt auch: sollen uns nicht aus uns selbst verstehen, uns etwas Selbstverständliches sein, uns nur für uns selbst interessieren, uns nur um uns selbst drehen, nicht höher als immer nur auf uns selbst schwören, von uns selbst bezaubert, gebannt sein, nur aus Kräften der Selbsthilfe leben wollen. Denn in der Tat: Die Erde, das Chthonische sind *wir.* Das ist *die Wahrheit alles Heidentums;* daran zu erinnern, gerade in Zeiten moderner Entfremdungen, ist ein Verdienst der Strömungen feministischer Theologie, die uns lehren wollen, Mutter Erde wieder zu ehren. Nur: »Hütet euch nun wohl um eures Lebens willen – ihr habt ja keinerlei Gestalt gesehen an dem Tage, da der Herr am Horeb aus dem Feuer zu euch redete –, daß ihr nicht frevelt und euch ein Gottesbild macht in Gestalt irgendeiner Bildsäule, das Abbild eines Mannes oder einer Frau, das Abbild irgendeines Tieres auf der Erde, das Abbild irgendeines beschwingten Vogels, der am Himmel fliegt, das Abbild irgendeines Kriechtiers auf dem Boden, das Abbild irgeneines Fisches im Wasser unter Erde, und daß du, wenn du deine Augen gen Himmel aufhebst und Sonne, Mond und Sterne schaust, das ganze Heer des Himels, dich nicht verführen läßt, sie anzubeten und ihnen zu dienen …« (Dtn 4,15-19) – hüte dich. Denn *Abbilder sind Ein-Bildungen,* die du selbst bildest; in ihnen machst du dich zum Kreator von Kreaturen und meinst, das könne dir helfen. Aber was du machen kannst, kann dir nicht helfen, – was du bist, hilft dir auch nichts. *Erde, die romantische Verführerin, wird vergehen, wie der Himmel;* »meine Worte aber werden nicht vergehen« (Mt 24,35). Gott sucht ein Land, das für Menschen *schwierig* ist – alles andere als Milch und Honig träufend; oder wenigstens eins, auf dem er es einem Volk schwer machen kann, aus Erdkräften sich zu helfen und zu verstehen, eins also: das er mit seinem Ersten Gebot radikal und konsequent *entmythisieren,* einbinden kann in sein Wort, sein Gesetz. Das ist die Bedeutung des *Zusammenhangs von Erstem Gebot und Land.* Es gibt nicht nur gesellschaftliche Sklaverei, die Gott angreift, es gibt auch eine Erdverfallenheit, die die Menschen an sich selbst fesselt. Gott sucht für uns einen davon *freien Raum.*

Aber das Erste Gebot ist auch noch anders konkret. Gott will, daß sein Volk sich in wirklichen, bewußten Entscheidungen vom Landbann befreit. Das Erste Gebot bildet einen anderen Lebensstil, andere gesellschaftliche Sitten als die chthonisch-autochthonen, andere Trieb- und Gefühlsstrukturen. Nur im *Distanzverhalten* läßt er sich verwirklichen.

»Ich bin der Herr, euer Gott. Ihr sollt nicht tun, wie man im Lande Ägypten tut, wo ihr gewohnt habt, und sollt nicht tun, wie man im Lande Kanaan tut, in das ich euch führen will; ihr sollt nicht nach ihren Bräuchen wandeln« (Lev 18,2-3). Die Bräuche, die im einzelnen aufgezählt werden, betreffen zunächst alle üblichen sexuellen Tabu-Beziehungen, die im Lande verachtet werden. Dann aber folgt in 18,19ff eine Kette von sexuellen Beziehungsverboten, die unter dem »kultischen« Begriff der Unreinheit aneinandergefügt sind: Geschlechtsverkehr mit einer Frau während ihrer Monatsblutung, – mit der verheirateten Frau eines Nächsten, – Geschlechtsverkehr zwischen Mann und Mann, – mit Tieren. Dies alles wird nicht gesellschaftlich (oder gar in unserem Sinne »moralisch«) abgelehnt, sondern »kultisch«. In welchem Sinne? Mitten in der Verbotskette erscheint ein Verbot, das wir zunächst gar nicht in sexuellen Zusammenhängen begreifen können: »Du sollst nicht eines deiner Kinder hingeben, um es dem Moloch zu opfern, damit du nicht den Namen deines Gottes entweihst; ich bin der Herr« (Lev 18,21) – das konkrete Verbot also, sich an den im Hinnomtal bei Jerusalem üblichen Kinderopfern für den Moloch zu beteiligen, einer kanaanäischen Gottheit. Wie kommt dies Opferverbot zwischen die sexuellen Verbote? Das gemeinsame Stichwort ist das »Sich-Hingeben«, hurerisch und buhlerisch nachlaufen: dem fremden Gott, der unvorbereiteten Frau, der Mann dem Mann, dem Tier, dem »anderen« also, um am anderen sich zu befriedigen, ihn als Mittel der Selbstbefriedung zu gebrauchen. Das aber passiert zugleich in religiöser wie in sexueller Triebstruktur, – einem *Zusammenhang von Religion und Sexualität* also, der vielleicht manchem Psychoanalytiker Freude bereiten könnte (obwohl es ihn brotlos machen muß, weil diese Erkenntnis nicht seiner Analyse, sondern, auch ohne sie, einer Einsicht des biblischen Wortes Gottes entspringt; es bleibt dem Analytiker da nichts »aufzudecken« und dem Religionskritiker nichts zu »entlarven«, weil Gott das schon immer klar war und er es uns auch gesagt hat). Fremdgehen ist sexuell und religiös ein und dasselbe, wobei – und das ist hier zu beachten – das Fremde weder aus gesellschaftlichem Tabu noch aus Moral bestimmt wird, sondern aus einem anderen, rein geschichtlichen Grund: »Ihr sollt euch durch nichts dergleichen verunreinigen, denn durch alles das haben sich die Gojim verunreinigt, die ich vor euch vertreiben will. Dadurch wurde das Land unrein, und ich suchte seine Schuld an ihm heim, so daß das Land seine Bewohner ausspie« (Lev 18,24-25). Gegen homosexuellen Geschlechtsverkehr usw. spricht nur, daß er hierzulande üblich ist. Die Weisung ist Distanzweisung, Nietzsche hätte vielleicht von Elite- und Herrenmoral gesprochen; so etwas tut man nicht in Israel, jedenfalls nicht: in Israel!

Doch dürfte eine noch tiefere Dimension – über elitebildende Distanz hinaus – mitspielen. Der Zusammenhang von *Sexualität und Religion* ist ja offenbar bewußt aufs *Land* bezogen, fast will es scheinen: durchs Land vermittelt. Die chthonischen Mächte von Erde und Land wirken ja außer durch Bild und Einbildungen vor allem durch sexuelle Triebe. Es ist kein Zufall, wenn heute eine Remythologisierung der Mutter Erde Hand in Hand mit einem Kampf um sexuelle Emanzipation geht: Wir selbst wollen uns nicht mehr als Kreatur, sondern als Natur begreifen, und wo wären gerade wir heutigen Menschen uns der in uns erhaltenen Reste von Natürlichem bewußter, als in unserer Sterblichkeit und in unserer Körperlichkeit mit allen ihren Triebbesetzungen, von denen sicher sexuelle noch besonders stark sind – wenn auch schon geschwächt und denaturiert genug. Sich hingeben, um sich so zu haben – nun, vielleicht im religiösen Akt nicht ganz dasselbe wie im geschlechtlichen, aber ein Sich-Verlieren, um sich zu spüren, ist beides, und beides ist erdiger Kreislauf: Vergehen und Werden, beides *ist:* Baal. Eine merkwürdige Doppeldimension tut sich uns sprachlich auf im Verbot des Moloch-Opfers. Allgemein übersetzt man: »Du sollst nicht eines deiner Kinder hingeben, um es dem Moloch zu opfern« (Lev 18,21); hebräisch heißt es aber: u misaracha, und das heißt deutsch genauer: »Von deinem Samen« sollst du nicht hingeben, um ihn dem Moloch zu opfern. Vielleicht ist die Übersetzung »Kinder« statt »Samen« schon eine Übertragung aus Eigentlicherem: kultischer Prostitution, Samenspende an die Mutter Erde, sie zu besamen, – als Mann ihr abbildlich zu tun, was der Gott ihr tut; oder auch ihm, dem melek Moloch, dem König Moloch, Samen zu spenden: Er, der Mann, ihm: dem abgöttischen König. Der Same hat jedenfalls in Kanaan wirklich kultische Bedeutung. Daß er das hat, macht ihn »unrein« von der ganz anderen geschichtlichen Bedeutung her, die er in den toledot, den »Zeugungen« der Mütter und Väter Israels hat; sie zeugen jene Nachkommen, für deren Dauer und Vielzahl Gott sich in einer Verheißung verbürgt hat, die ihrerseits eng mitder Landverheißung verknüpft ist. »Rein« ist Same, wenn er der Zeugung des Volkes fürs Land dient, »unrein« der, der um des magischen Bodens willen auf den Boden verspritzt wird, wie Onan tat, um *nicht* Kinder in Israel zeugen zu müssen (Gen 38,9). Der Entmythisierung von Erde und ihren Kräften soll also Entmythisierung jedes sexuell und religiös getönten menschlichen Land-Dienstes entsprechen und folgen – auch dies: in Auswirkung des Ersten Gebots. In einem Land sich bewegen – ohne Erdkraft-Verführung; frei *von* der Erde leben lernen, um frei *auf* ihr leben und *für* sie wirken zu können, und sie in Ruhe zu lassen. Alles andere wäre Vergötzung der Erde, Götzendienst, avoda zara, und machte das Land selbst untauglich für einen wahren Gottesdienst: unrein. Gott aber will irgendwo ein Stück Land für einen wahren Gottesdienst; und eben das treibt ihn ins Land, auch wenn Israel es gar nicht will. Es sind seine weltweiten, missionarischen Absichten und zugleich sein eschatologischer Reich-Gottes-Wille, die ihn zur irdischen Herbergssuche bewegen.

Wollten wir diesen Gesichtspunkt etwas abstrakter benennen, ließe sich sagen: *Die biblische Landverheißung zielt auf einen Freiraum für eine Lebensgestaltung nach Gottes Willen.* Sie ist aber *gleichbedeutend damit, daß Gott selbst nach Platz begehrt in der Menschheit: Raum seiner Einwohnung, seines Zeltens in unserer Mitte (Joh 1,14).* Die Landgabe an Israel dient aber der *Wegbereitung* seines eschatologischen Einzugs in die ganze Welt, alle ihre Länder und Völker. Das führt zu schmerzenden *Wehen,* denn Gott wählt damit das widersprüchliche Medium der Weltgeschichte, in dem Völker und Reiche gegeneinander toben. Wo es auch ohne Blutvergießen nicht abgeht.

Darum ist eine Spitze des Realismus in der Beziehung von Gott und Land die Weisung: »Ihr sollt das Land, in dem ihr wohnt, nicht entweihen; denn Blut entweiht das Land, und dem Lande kann nicht Sühne erwirkt werden für das Blut, das darin vergossen worden ist – es wäre denn durch das Blut dessen, der es vergossen hat« (Num 35,33) – will sagen: Wohl gibt es einen Schabbat des Landes, *fürs Land aber keinen jom kippur,* und *nur darum,* aber darum unvermeidlich, *noch die Todesstrafe* im alten Israel: um der Heiligkeit des Landes willen, des heiligen Landes willen. Das Land darf nicht zum Opferaltar gemacht werden, auch *fürs Land darf kein Blut fließen.* »So verunreinigt denn das Land nicht« – vergießt kein Blut im Land –,»in dem ihr wohnt und in dessen Mitte ich wohne; denn ich, der Herr, wohne inmitten der Israeliten« (Num 35,34).

Doch wie reimt sich damit eine kriegerische Eroberung des Landes?

4. Heiliger Krieg

Zunächst: Krieg soll nicht die einzige Weise sein, ins Land zu kommen, hörten wir. War es auch gar nicht. Aber als Grenzfall war er nicht ausgeschlossen.

Was wäre nach Gottes Sinn der Regelfall?

Hier wäre vom Phänomen des »heiligen Krieges« zu sprechen. Wir kennen ihn als eine Praxis und Ideologie, die seit ältesten geschichtlichen Zeiten im alten Orient verbreitet war und bis heute geblieben ist. Das biblische Israel steht damit geschichtlich nicht allein. Aber es gibt ihn doch auch – peinlich für unser Empfinden – in der Bibel, und zwar auf eine schockierende Weise zentral. Uns ist das wenig bewußt, daß – »so gut wie sicher« – »der Glaubensgedanke, d.h. jenes getroste Vertrauen in das Handeln Jahwes seinen eigentlichen Ursprung im heiligen

Krieg hatte, und daß er von da her seine eigentümlich dynamische Prägung erhielt«[75]. Denn die zentrale Struktur des heiligen Krieges ist: *Gott* kämpft *für* Israel – und Israel soll sich nicht fürchten, sondern glauben, d.h. sich vollkommen dem überlassen, daß Gott für es einstehen will. »Fürchtet euch nicht, stellt euch hin und schaut die Hilfe Gottes«, sagt Mose zu den Israeliten, als Pharao ihnen mit Streitwagen und Soldaten hinterherjagt (Ex 14,13); »der Herr wird für euch streiten, seid ihr nur stille« (14,14). Noch Jahrhunderte später, aber in vergleichbarem Zusammenhang, sagte Jesaja das auch allen christlichen Glauben beflügelnde Wort: »Glaubt ihr nicht, so bleibt ihr nicht«, d.h. dann haltet ihr dem syrisch-ephraimitischen Koalitionsheer nicht stand, das in Anmarsch auf Juda und Jerusalem begriffen ist (Jes 7,9); nur wer glaubt, d.h. sich Gott anvertraut, bleibt betreut. Glaube ist von daher und seitdem: Gottvertrauen angesichts von »Ereignissen, Mächten, Gestalten und Wahrheiten«, die uns zu erdrücken drohen von innen oder außen, uns vor allem abspenstig machen könnten von Gott (Barmen II). Aber von dieser *Kriegswurzel dessen, was biblisch Glauben heißt,* wissen wir kaum noch etwas, und darum auch nur noch wenig davon, wie *existentiell* Glauben von Haus aus ist; mit Fürwahrhalten von Sätzen oder Lehren über Gott, Welt und Mensch hat es von Hause aus nichts zu tun; da ist es existentielles Standhalten, Widerstand, und entsteht in Anfechtung – einem Wort, in dem immerhin ein Fechten noch enthalten ist, ein Gefechtsfeld benannt wird und die kriegerische Wurzel von Glauben durchscheint. Glaube ist also seinem Wesen nach Krieg, Angefochtensein, Standhalten gerade da, wo mit unserer Macht nichts getan ist und wir gar bald verloren wären, es stritte denn für uns der rechte Mann, den Gott selbst hat erkoren. Fragst du, wer der ist? Er heißt Jesus Christ, der Herr Zebaoth, und ist kein anderer Gott, das Feld muß er behalten (EKG 201,2) – Luther hat es noch gewußt: das Glaubenslied der deutschen Protestanten ein Schlacht- und Kriegsgesang, und Jesus von Nazareth ausgelegt, ja in eins gesetzt nicht etwa mit dem neuen milden Friedensmann, sondern mit dem Herrn Zebaoth, d.h. dem Gott der Heerscharen, also gleichgesetzt mit dem Kriegs- und Kampfnamen des Gottes Israels. *Der Protestanten-Choral ist ein Lied vom heiligen Krieg.*

Was hat es damit auf sich?

Die biblischen Aussagen nötigen uns, davon zweidimensional zu reden. Aus ihren Texten läßt sich einerseits eine »Theorie vom heiligen Krieg« entwickeln; daneben stehen andererseits Berichte von Kriegshandlungen, die als »Kriege Gottes« geschildert werden, aber der historisch-kritischen Analyse ein Bild geben, das mit der Theorie sich kaum in Einklang bringen läßt; so daß wir in der Theorie den Mund voller nehmen, als die Nachfrage nach der Praxis bestätigen kann.

75. G. v. Rad, Der heilige Krieg im alten Israel. ^{3}1958, 31.

Wichtig ist zuvor aber: *Nicht alle Kriege,* von denen in der Hebräischen Bibel erzählt wird, werden als *heilige Kriege* ausgegeben. Es gibt auch unheilige, gewöhnlich schlimme, aggressive – wie z.B. in der Erzählung, wie der Stamm Dan die sorglos, behäbig und ungeschützt-friedlich dahinlebende kanaanäische Stadt Laisch sich als seinen Siedlungsraum eroberte (Ri 18). Für so etwas ist uns auch ein terminus technicus überliefert: »Ein ganz gewöhnliches Unternehmen«, ein derech chol, ein »freigegebener Weg« – ohne religöse Auflagen (1 Sam 21,6). Per definitionem unterscheidet sich davon dann ein *»heiliger Krieg«* als einer, der *kein »freigegebener Weg«* ist, kein »ganz gewöhnliches Unternehmen«, bei dem die Präsenz Gottes vorausgesetzt ist und der darum als strikt von ihm geregelt zu verstehen wäre.

Nach der »Theorie«, wie G. v. Rad sie zusammengestellt hat, gehört zu einem heiligen Krieg etwa folgendes. Er beginnt mit einem Schall der Posaune, dem Schofarhorn der Freiheit, so daß ein heiliger Krieg der Idee nach auf jeden Fall ein Freiheitskrieg ist (Ri 6,34; 3,27; 1 Sam 13,3). Die kriegstüchtigen Männer versammeln sich. Als diese Versammlung heißen sie am-adonai oder am-ha elohim: Volk Gottes (Ri 5,11.13; 20,2). Sie stehen von diesem Augenblick an unter besonderer Ordnung Gottes und heißen als solche: geweiht, kadosch (Jos 3,5; 1 Sam 21,6). Sie enthalten sich von diesem Augenblick an jedes Geschlechtsverkehrs (1 Sam 21,6 etc.), das Militärlager muß rituell rein sein (Dtn 23,10-15), denn Gott selbst gilt als gegenwärtig im Lager. Vor dem Beginn einer Schlacht werden Opfer dargebracht (1 Sam 7,9; 13,9f.12), Gott wird befragt nach seinem Willen in diesem Augenblick (Ri 20,23.27 usw.). Gottes Antwort kündet der Führer des Lagers; sie lautet formelhaft: »Gott hat die und die in eure Hand gegeben« (Ri 3,28; 4,7.14; 7,9 u.ö.). Aufbruch zum Abmarsch. Gott »zieht vor ihnen her« (Ri 4,14; Dtn 20,4 u.ö.); in Jos 3,11 zieht die Gottes*lade* vor Israel her. Verboten ist eine statistische Feststellung der Mannschaftsstärke, denn das wäre ein Kalkül mit der eigenen militärischen Potenz (2 Sam 24,1ff.; Ex 30,12); dieser Krieg soll ja ein »Krieg Jhwhs« sein (milchama adonai), nicht ein von Israel zu beginnender, zu führender und zu entscheidender Kampf. Die Feinde im heiligen Krieg sind auch nicht Israels, sondern Gottes Feinde (Ri 5,31; 1 Sam 30,26). Gott allein handelt, Israels Beitrag ist – der Idee nach –, keine Angst zu haben und zu glauben (Dtn 20,3; Jos 10,25; 11,6 u.ö.).

Und da passierts's: Den Feinden entsinkt der Mut (Ex 15,14-16; 23,27f. Jos 2,9.24 u.ö.). Das wird sofort anders, wenn Israel nicht »traut«; dann müssen die Israeliten anfangen, sich zu fürchten (Lev 26,36; Jos 7,5; 1 Sam 17,11). – Die Schlacht wird mit großem Geschrei eröffnet, z.B. »Schwert für den Herrn und Gideon« (Ri 7,20 vgl. 1 Sam 17,20).

Und dann passiert das Allermerkwürdigste: Ein Gottesschrecken überfällt die Gegner, sie geraten in Verwirrung, dann in Panik, und in der Panik fangen sie chaotisch zu fliehen an, noch ehe auch nur »ein Schuß« gefallen ist (Dtn 7,23; Jos 10,10). Die Panik geht von Gott aus, auf mannigfaltige Weise: Er läßt größere Steine vom Himmel fallen (Jos 10,11), – läßt eine Finsternis zwischen den Einheiten Israels und der Ägypter eintreten, so daß die Kampfbereiten sich aus den Augen verlieren und voneinander getrennt werden, – in ihrer Panik kann es geschehen, daß bei den Feinden einer den anderen umbringt (Ri 7,22; 1 Sam 14,20), – Gott verbreitet Schrecken durch schwere Gewitter (1 Sam 7,10), Erdbeben (1 Sam 14,15). Aber der Effekt ist immer : die Flucht der Feinde.

Gewiß: Israel bleibt nicht untätiger Zuschauer dabei. Sie müssen »Gott zu Hilfe kommen« (Ri 5,23). Das heißt vor allem: den Fliehenden nachsetzen; aber auch mit dem Schwert dreinschlagen auf die Fliehenden.

Dann wird »der Bann« vollzogen, d.h.: Menschen und Tiere werden getötet, Gold und Silber gehen in den »Schatz Gottes« ein (Jos 6,18ff.). Den Bann zu vollstrecken ist, sagt von Rad, für Israel status confessionis[76]. Die Feinde sind Beute für Gott.

Der Krieg hört auf mit der Entlassung der Soldaten nach Hause und dem Ruf: »Zu deinen Zelten, Israel!« (2 Sam 20,1; 1 Kön 12,16).

Soweit die *Theorie* vom heiligen Krieg. Sie läßt sich natürlich ideologiekritisch leicht auflösen. Der zentrale Gedanke vom Gottesschrecken, der die Feinde verwirrt und in die Flucht schlägt schon beim bloßen Heranrücken Israels, kann leicht als ideologische Verschleierung wirklicher Militäraktionen der Israeliten gedeutet werden. Dagegen sprechen freilich einerseits die ernüchternden Berichte von jenen ganz »normalen« Kriegen, andererseits der uralte Gottesname pachad Jizchak, »Schrecken Isaaks« (Gen 31,53)[77], mit dem der Gott Isaaks als einer bezeichnet wird, dem ein Schrecken vorauseilt, wodurch der nachfolgenden Sippe Isaaks ein Weg ohne feindlichen Widerstand und eigene Feindberührung eröffnet wird. Freilich: Feinde, Widersacher, Konkurrenten gibt's für jeden Nomadenstamm in der Wüste, auch für den Stamm, dessen Haupt Isaak ist; aber der Gott Isaaks treibt sie mit seinem Schrecken vor sich her und in die Flucht und bereitet so seinen Leuten die Wege, die Bahn. Die Erinnerung an diesen Wüstenschrecken ist eingegangen in die Bestimmungsmerkmale des Gottes Israels und in die Idee vom heiligen Krieg. »Der Herr wird alle diese Völker vor euch her vertreiben, und ihr werdet Völker bezwingen, die größer und stärker sind als ihr« (Dtn 11,23).

Darin muß wirkliche Erfahrung aufgehoben sein: Es gab *Situationen eines unerklärlichen Ausweichens,* sogar Zurückweichens von Gegnern vor einem Nim-

76. A.a.O. 13.
77. A. Alt, Der Gott der Väter (1929), in: Kleine Schriften zur Geschichte des Volkes Israel. Erster Band 1959, 24ff.

bus, der Israel voranging. Das Phänomen gehört in die umstrittene, so gegensätzliche Geschichtserinnerung der Vorgänge von 1947 auf 1948 hinein: Palästinenser sprechen wie selbstverständlich von ihrer »Vertreibung« durch die Israelis, die Israelis bringen immer wieder Beweise für von ihnen gar nicht erzwungene Fluchtbewegungen von Palästinensern aus dem Land hinaus. Beides wird es gegeben haben, aber eben *auch:* freiwillige Massenflucht ohne Ausweisung. Ein Phänomen des heiligen Krieges war es wohl wirklich: »Wenn die Lade aufbrach, sprach Mose: Stehe auf, o Herr, daß deine Feinde zerstieben und die dich hassen vor dir fliehen!« (Num 10,35). Der heilige Krieg war, wie immer im einzelnen, ein Aufstand Gottes, – seine Erscheinungsformen: Flucht der Feinde; der reale geschichtliche und politische Vorgang wohl eine Verdrängung *mit, aber auch ohne* Blutvergießen, *mit* Gewalt, *aber auch ohne* sie.

5. Der Völkersturm gegen den Zion

Es versteht sich von selbst, daß dies dreifache Landverhältnis – die Beziehung Israels zu einem Land, das ihm nicht ursprünglich gehört, – die Beziehung der Tora zum Land, – und darin: Gottes eigene Beziehung dazu – nicht ohne *Rückwirkungen* bleiben konnte und bis heute nicht geblieben ist. *Die, denen Israel zum Feind werden mußte, wurden Israel feind.* Zu keiner Zeit lebte Israel unbestritten im Land, nie dort sicher und auf Dauer. Es hat die Lebendigkeit des Gotteswillens, die es hineintrieb, oft auch als einen nicht minder lebendigen Widerwillen Gottes gegen sein Volk erfahren müssen, wenn es den Absichten nicht genügend entsprach, die er mit alledem im Sinne hatte. So wie die Gabe des Landes dem Volk Israel einfach nur den *Raum einer Normalität* schaffen sollte, in dem es sich selbst verwirklichen, Boden unter die von Sklavenarbeit, Fluchten und Wanderungen heißen Füße bekommen sollte, eben so sollte sein Leben im Lande *Ort eines Zeugnisses* für Gott vor den Augen der Völker werden; und konkret meinte das: ein Beispiel und Vorspiel für eine Herrschaft, ein Reich Gottes auf Erden, in der Mitte der Menschheit. Landverheißung, Landordnung der Tora und Gottes eigene Leidenschaft fürs Land sollten *Wegbereitung für Gottes eigenes Kommen in die Welt* sein, dafür, daß »Gott in Israel *zur Welt*« kommt (H. J. Kraus). Sein Licht sollte in der Finsternis scheinen, die das Erdreich, – im Dunkel, das die Völker bedeckt (Jes 60,2). Aber die Finsternis hat's kaum einmal angenommen, nicht »begriffen« (Joh 1,5). Weder Gott noch Israel fanden, wenn sie im Lande waren, lange die Zustimmung der Völker, die sich gegen *diese* Konkretheit Gottes sperrten und verwahrten und sich zu heftigen *Abwehr- und Gegenbewegungen* sammelten.

Auch davon reden die biblischen Zeugen ungeschminkt; sie können nicht in Siegerpose vom Land sprechen. Die theologische Form aber, in der sie diese

Gegenbewegungen auffaßten, war die fast ans Mythisch-Ungeheuere reichende Voraussicht eines *Völkersturms auf den Zion:* Ein »Schwarm aller Völker« wird eines künftigen Tages wider den »Gottesherd« streiten – ein ominöser Name für Jerusalem – und werden seine Bergfeste bedrängen (Jes 29,1.7). Der mythische Gog aus dem Lande Magog wird mit seiner eigenen riesigen Kriegsmacht, unterstützt von Mannschaften aller großen Weltmächte und vieler Völker, schwerbewaffnet heranziehen, und wird – »am Ende der Jahre«, wie es heißt (Ez 38,8) – »nach einem Lande kommen, das dem Schwerte wieder entrissen, zu einem Volk, das aus vielen Völkern wieder gesammelt ist auf den Bergen Israels, den lange verödeten ..., und du (sagt Gott zu Gog) wirst heranziehn wie ein Unwetter, wirst kommen wie eine Wolke, das Land zu bedecken, du und all deine Heerscharen und viele Völker mit dir« (Ez 38,8-9). Ausdrücklich heißt Gog der, »der über das Land Israel kommt« (Ez 38,18), natürlich *im* Land über das dort aus der Gola heimgekehrte und neu versammelte Volk; aber die aggressive Bedeutung Gogs besteht darin, daß er »über das Land kommt«, bo al admat Jißrael, nicht über das Erez Israel, sondern über den Erdboden und Acker Israel: als dessen großer Widersacher und Bestreiter.

Diese Visionen von der geballten Gegenbewegung der Völker gegen das Land Israel haben nun aber noch einmal die Erinnerung an den heiligen Krieg, den Krieg Gottes aufgeweckt. Er gehört der Vergangenheit, er gehört auch der Zukunft. Er ist wie eine historische, so auch eine *eschatologische* Wirklichkeit.

So sah es Jesaja: »Ha! Ein Tosen vieler Völker! wie das Tosen des Meeres tosen sie! Und ein Brausen gewaltiger Nationen! wie das Brausen von Wasser brausen sie! Nationen brausen wie das Brausen vieler Wasser! Doch Er herrscht sie an, da fliehen sie fernhin, werden gejagt wie die Spreu auf den Bergen vor dem Winde, wie ein Staubwirbel vor der Windsbraut! Zur Zeit des Abends: siehe da, Schrekken (Buber: ein Ergrausen)! Ehe der Morgen kommt, sind sie nicht mehr. Das ist das Geschick derer, die uns plündern, und das Los derer, die uns berauben« (Jes 17,12-14). Freilich: hier greift nicht Israel an, wie in den historischen heiligen Kriegen, im *eschatologischen Krieg ist Israel die Angegriffene.* Nur um so mehr wird Gott für sie streiten: mit seinem Schrecken wird er die Völkerfeinde auch in Zukunft zum Ergrausen bringen, sie werden fliehen »in die Ferne«, Gott selbst mit seiner ruach, seinem Sturmbraus, jagt ihnen hinterher. Nacht ist's. Geht aber der Morgen auf, beterem boker: enennu ssa: sie sind nicht mehr, rien ne va plus, »Ende mit Schrecken«. Gottes Krieg mit Gottesschrecken, Flucht der Feinde, Nachjagen Gottes – eine *Zukunfts*vision.

So hat es auch Jecheskiel für Gogs Völkersturm vorausgesehen, am Zion wird er sich brechen. Es wird sich zeigen: Nicht gegen die adamat Jißrael, das Land, war er angetreten – in Wahrheit gegen Gott. »An jenem Tage aber, am Tag, da Gog über das Land Israels kommt, spricht Gott, der Herr, da wird mein Grimm auflodern, und in meinem Eifern, im Feuer meines Zornes sage ich: Wahrlich, an jenem Tag wird im Lande Israels ein großes Erdbeben sein ... ; die Berge werden zusammenbrechen, die Felswände werden einstürzen und jede Mauer zu Boden sinken. Ich werde wider ihn jegliches Schrecknis aufrufen (übersetzt die Zürcher Bibel sinngemäß treffend, doch nicht wörtlich; es muß mit Buber heißen: »Aber rufen will ich wider ihn / zu all meinen Bergen das Schwert ...«), spricht Gott der Herr; eines jeden Schwert wird wider den anderen sein. Ich werde mit ihm ins Gericht gehen ...« (Ez 38,18-22). Der heilige Krieg gegen Gog ist hier zu einer *Figur des Jüngsten Gerichts* geworden – Jüngstes Gericht nicht über die Seelen der Einzelnen, sondern über den Widerstand der Völker gegen Gott, und er bricht sich am Land, und Gott richtet ihn im Land; aber eben in Formen des heiligen Kriegs wird es geschehen, denn wir hörten: Erdbeben sind seit alters eine der Wirkformen dieses Krieges ebenso wie, daß Gottes Feinde einander von selbst ins Messer laufen, wenn sein Schrecken über sie kommt. Von diesem Erdbeben wird ja später auch Jesus in seiner Zukunftsrede wieder sprechen (Mk 13,8). Die christliche Lehrstelle de supremo oder de extremo iudicio, vom höchsten oder Jüngsten Gericht, hält von daher die Erwartung des heiligen Krieges – in wie verwandelter Form und Bedeutung auch immer – noch fest. Genauso, wie es Sozialisten tun, wenn sie die Internationale noch singen: »Völker, hört die Signale, auf zum letzten Gefecht ...«

Öfter hat Jesaja vom Völkersturm gesprochen. 8,9-10: »Tobet, ihr Völker, und erschrecket! Horchet auf, alle Fernen der Erde! Rüstet euch und erschreckt, ja rüstet euch und erschreckt! Plant einen Plan – er geht in die Brüche! Beschließt einen Beschluß – er wird nicht bestehen! Denn mit uns ist Gott«. Der Gottesschrecken gegen die Hochrüstung – heiliger Krieg. Sacharja hat es auf die Formel gebracht: »Nicht durch Heeresmacht und nicht durch Gewalt, sondern durch meinen Geist! spricht der Herr der Heerscharen« (Sach 4,6); da ist *der heilige Krieg schon spiritualisiert;* denn früher waren ja Israels Rüstung und Gottes Geist keine Gegensätze, sondern wirkten zusammen. Im Zukunftskrieg wirkt Gott allein, Israel kann, aber braucht ihm auch nicht mehr »zur Hilfe zu kommen«. Aber den Feinden Gottes wird es dann und dennoch so ergehen, wie Gott es ansagte, als er durch Amos einen heiligen Krieg auch gegen sein eigenes Volk androhte: »Da hilft kein Fliehen dem Schnellen, und dem Starken versagt die Kraft; der Held rettet sein Leben nicht, und der Bogenschütze hält nicht stand. Der Schnellfüßige kann nicht entrinnen und der Reiter sein Leben nicht retten. Auch wer unter den Helden ein tapferes Herz hat, flieht nackt an jenem Tage, spricht der Herr« (Amos 2,14-16); so sieht's aus beim heiligen Krieg, wie einst, so auch »an jenem Tage«. *Wir sehen einer militanten Zukunft entgegen, in der Gottes Geist alle Rüstung wegfegt* – jedenfalls die, die die Völker gegen das Land Israel hochrüsten und einsetzen, mit der sie Reich gegen Reich aufbringen wollen (Mk 13,8). Es ist der Zion, an dem das alles scheitern wird. Diese Vision aber ist Grundform und Grund des Jüngsten Gerichts, *Grund für letztes Urteil Gottes.* Grund auch für den Weltenrichter-Menschensohn, wenn er »unter einem Befehlsruf, unter der Stimme des Erzengels und unter dem Schall der Posaune Gottes vom Himmel herabkommen« wird (1 Thess 4,16): Sein Gericht wird – wie der heilige Krieg – eröffnet mit dem Schofarhorn der Freiheit Israels, und wie alle Völker auf den Zion anstürmen, um an ihm zu zerschellen, wird er alle Völker vor sich versammeln, freilich nicht, um sie alle an sich zerschellen zu lassen, wohl aber, um sie voneinander zu sondern in solche, die das Reich erben, und solche, die es nicht erben werden (Mt 25,31ff); jedenfalls haben wir zu beachten, daß *auch das Jüngste Gericht des Menschensohns nicht Seelenwägung, sondern Völkergericht* ist, und daß es dann nicht um den Himmel persönlicher Glückseligkeit, sondern ums »Reich« gehen wird, und um *Völker*scheidung angesichts desjenigen Weltbereichs, in dem Gott so herrlich regieren möchte, ursprünglich also: *angesichts des Landes,* wie ja denn nach Jesu Verheißung die Sanftmütigen »das Land besitzen werden« (Mt 5,5).

6. Die fragliche Wahrheit und Vernunft der biblischen Landtheologie

Fassen wir zusammen.

1. Die biblische Landtheologie können wir nicht – wenn wir Lessings berühmter Unterscheidung folgen wollen – als »zufällige Geschichtswahrheit« behandeln, die als solche veralten kann und uns nicht unbedingt angehen muß. Zu sehr ist sie mit dem ungekündigten Bund zwischen Gott und dem Volk Israel verbunden und ließe sich nur um den Preis theologisch abschieben, daß auch jener Bund für antiquiert erklärt würde. Daß wir dies nicht können, ist fundamental für unsere christliche Erkenntnis im ganzen, enthält aber freilich ein Moment *»zufälliger Geschichtswahrheit«* dennoch in sich. Denn daß wir eine These vom gekündigten Bund Gottes mit Israel in unserer Generation nicht mehr wiederholen können, obgleich sie in der Kirche zweitausend Jahre lang vertreten wurde, ist Folge brutaler historischer Umstände – der Shoah und der Rettung eines jüdischen Volksteils aus ihr und vor ihr – und der damit in einem engen Zusammenhang stehenden neuen Selbstidentifizierung der Geretteten und Verschonten mit dem biblischen Volk Israel. Zu ihr gehört auch die neue Identifizierung zuerst mit der adamat Jißrael, seit Beginn der modernen zionistischen Siedlung im Lande, – dann mit Erez Jißrael und der Staatengründung vom Mai 1948 dortzulande. Ob wir das eine »zufällige« Geschichtswahrheit nennen sollen, bleibe dahingestellt. Für uns, als Christen, ist es jedenfalls diese unerhörte »Geschichtswahrheit«, die uns nötigt, die Bibel mit ihren entsprechenden Partien in Zusammenhängen dieser neuen Realität zu lesen, vor allem sie auch neu *historisch* zu identifizieren mit diesem Volk, seinem Selbstverständnis, zu dem integral jene »ewige« Beziehung auf das Land gehört, von der wir jetzt gesprochen haben.

»Geschichtswahrheit« ist es auch darin, daß wir nach zweitausend Jahren ja überhaupt die allererste Generation von Christen sind, die einem Israel begegnen, das seiner selbst als Volk im Lande bewußt wird. Seit es das Christentum gibt, gab es bisher nur ein seines Landes verlustig gegangenes und für uns darin für »enterbt« gehaltenes Judentum – die erste, vor dem August 70 lebende Christengeneration ausgenommen; aber alle Schriften des Neuen Testaments, von den«echten« Paulusbriefen abgesehen, kennen Judentum nur in »entfremdeter« Gestalt der Gola, sie hat das problematische neutestamentliche Bild von ihm entscheidend mitgeprägt. Und wie mit den schriftlichen »Quellen« der Kirche steht es mit den Erfahrungen auf ihrem bisherigen Weg durch die Zeiten: Alle Perioden und Epochen der Kirchengeschichte, und alle Länderregionen der christlichen Kirche im Gang dieser Geschichte, kennen neben sich nur dies seiner selbst nicht mächtige Judentum. *Erst wir, in unserer Generation, sind genötigt und – gewürdigt, es mit einem Judentum völlig anderer Gestalt zu tun zu bekommen als alle unsere Glaubensmütter und -väter vor uns.* Nur wenigen Theologen ist diese historische Bedingung, unter der wir uns sehen, bisher in ihrer *epochalen* Bedeutung für das Christentum und seine Theologie bewußt geworden. Nur so erklärt sich, daß vielfach in bezug auf das Judentum einfach so weiter gedacht wird wie in der zweitausendjährigen Tradition – als wäre nichts geschehen, als dürften wir noch vom gleichen Blickwinkel, mit den alten Urteilsformen und Begriffen vom Judentum denken und sprechen wie eh und je. Tun wir es, werden wir mit einem weiteren Realitätsverlust gestraft, der deswegen tödlich werden kann, weil er von vornherein einer in bezug auf die Bibel wäre, die das Wort bezeugt, das uns zu Christen macht und von dem wir leben. Gerade wenn es uns um irgendeine Form eines sola scriptura – allein die Schrift – und ein dem zugehöriges solus Christus – Christus allein – gehen soll, *müssen* wir auf jene »Ereignisse, Mächte, Gestalten und Wahrheiten« hören, die sich in der gegenwärtigen Geschichte des jüdischen Volkes zutragen. Gewiß wollen wir uns hüten davor, sie leichtfertig »als Gottes Offenbarung« auszugeben (Barmen II). Aber sie besitzen eine eigene, von allen anderen vergleichbaren weltgeschichtlichen Geschehnissen a limine verschiedene Bedeutung darin, daß sie einen einzigartigen »hermeneutischen Zirkel« bilden von biblischem dictum, dem Wort der Schrift, und weltgeschichtlichem factum, dem Selbstverständnis, in dem das jüdische Volk seine gegenwärtige Erfahrung von Tötung und Errettung auslegt, – in dem dies von der Bibel *bezeugte* Volk seinerseits die *Bibel* bezeugt – wofür es nichts Vergleichbares neben der Kirche Jesu Christi gibt. Ebenso, wie wir Christen es um unserer selbst willen nötig haben, uns von den Zeugen unserer Bibel ansprechen zu lassen, uns aber auch in ihren Zeugnissen wiederfinden, selbst erkennen zu können, ebenso tut es das jüdische Volk heute. Was aber uns Christen selbstverständlich ist – ohne das keine evangelische Predigt sich halten ließe: *identifizierendes Reden und Hören* –, können wir Juden unmöglich bestreiten, im Gegenteil: Wir müssen größte Aufmerksamkeit darauf richten, was sie uns an der Schrift erschließen durch die Art, in der sie ihre heutige geschichtliche Realität bestimmen. »Geschichtswahrheit« bekommt hier ihr *theologisch* Notwendiges, jedenfalls *diese* Geschichtswahrheit: die uns neu hören läßt. Und theologisch notwendig wird sie gerade dann, wenn ansonsten um uns her Kreti und Plethi, Perser, Meder und Elamiter und die da wohnen in Mesopotamien: oder sonstwo, sich auf die Überzeugung versteifen, das alles, dieser »Bund« von Gott, Volk und Land, sei nur ein jüdischer Tick, nichts sonst, »zufällige Geschichtswahrheit« von vor dreitausend Jahren, die ein »Beweis von nothwendiger Vernunftwahrheit nie werden« könne[78]. Wir kommen gleich darauf noch einmal zurück. Nur: Bei unseren schüchternen Versuchen, für eine Erneuerung des christlich-jüdischen Verhältnisses zu arbeiten, sind wir wirklich nicht bei einem deutschen Schuldkomplex zu behaften. Die Shoah und ihre Folgen haben mehr für die Christen in sich, als uns zu Schuldnern der Juden zu machen. Es gefällt Gott, die Christen durch die Juden, und die Völker (und unter ihnen die Deutschen) durch Israel vor *neue Tatsachen* zu stellen, schärfer: neue Bedingungen einer Erkenntnis der Wirklichkeit im ganzen: »Dies Volk« – *lebt.*

2. Aber nun läßt sich der Bund von Gott, Volk und Land auch nicht als *»ewige Vernunftwahrheit«* behaupten.

Dies ist eine rein faktische, keine unbedingt notwendige, selbst also keine: Vernunftbestimmung.

Sowenig in unserem Kulturkreis »Religion« überhaupt als Tatbestand – sei es der theoretischen, praktischen, aesthetischen, sei es der dialektischen Vernunft – noch anerkannt wird, so wenig erst recht eine theokratische Beziehung auf ein bestimmtes Stück Land des Erdballs. Im Gegenteil: Die von der europäischen Aufklärung aufgeklärte Vernunft empört sich derzeit aufs neue gegen jeden sog. religösen Fundamentalismus, einen Gottesgehorsam mit kollektivem weltlichen Anspruch auf Gesellschaftsgestaltung, Staatsführung, religiöse Werte als öffentliches Recht, auch in bezug auf Länder- und Bodenrecht, auf Moralkodifizierungen fürs Sexualleben, auf innere Führung auch von Militär, öffentlicher Schule, Kunst und Unterhaltung, Bevölkerungs- und Minderheitenpolitik. Vernunft opponiert hier in dem ihr eigenen Auftrag der Religionsfreiheit; wir müssen aber sofort hinzufügen: in dem ihr – in den Grenzen *unseres* Kulturkreises – eigenen Auftrag der Religionsfreiheit. Dieser Auftrag gehört *historisch* zu ihrer

78. G. E. Lessing, Über den Beweis des Geistes und der Kraft (1777).

Konstitution, das besagt noch nicht, daß er sie auch systematisch konstituieren und daß er zu jeder Zeit an jedem Ort gelten muß. Denken ließe sich, daß Religionskritik die allgemeine Vernunft immer dort mitkonstituieren muß, wo sie zu allen Zeiten und an allen Orten sich selbst begründet: in Kämpfen um Ausgang aus selbstverschuldeter *Unmündigkeit* von Menschen. Aber es wäre unvernünftig, *jedes* religiöse Verhältnis als unmündiges und dann auch freiheits- und vernunftbedrohendes abzukanzeln; das wäre historisch unwahr, denn wahre Religion ist immer viel dialektischer, als solche einfachen Behauptungen der Religionskritik fassen; vor allem konnte sich Religion oft genug als Hort der allgemeinen Freiheit behaupten und bewähren, wo die freie Vernunft sich – vorgeblich vernünftig – längst ihr fremder Verfügungsgewalt sei es angeglichen, sei es unterworfen hatte. Wahre Religion ist überall: Ergebung *und* Widerstand, und real-existierende Kirchen z.B. waren in Krisenzeiten Zufluchtsorte freien Geistes, freien Diskurses, freien Handelns, wo Universitäten und Parteien, Künste und Gesellschaftsinstitutionen längst »umgefallen« waren. Gegenteilige Erfahrungen gibt es freilich auch: Religion kann Unterdrückermacht werden, Zermalmerin unassimilierter Kultur, seelische und gesellschaftliche Terroristin, Gewaltverbrecherin. Vernunft, die Asyl bei ihr finden kann, wird dann ausgetrieben und zu ihrer schärfsten, auch erfolgreichsten Widersacherin, ja: Überwinderin – bis sie dann ihrerseits wieder zum terrible simplificateur verkommt durch Selbstverfeinerung ihrer Abstraktionen; und dann wieder kann Religion ihr gegenüber als Anwältin des Unterdrückten und Verdrängten auftreten.

Vernunft jedenfalls, die sich nicht an sich selbst verblendet, kann es unterlassen, mit Gott aufräumen zu wollen; mag sie ihm als in sich vielleicht unmöglicher Idee noch widersprechen – vernünftig faßbar muß ihr die *Praxis* eines »Glaubens« bleiben, der angibt, von Gott angesprochen zu sein und auf ihn mit Tat und Wahrheit zu reagieren in dem, was der so angesprochene Mensch tut, sagt, von der Welt zu verstehen angibt, in ihr zu bewähren versucht. Was von Gott in die Welt kommt, weltlich wird, wird auch der Vernunft gegenständlich und *kann,* wie unvernünftig, so auch vernünftig sein, verdient jedenfalls die Beachtung der Vernunft, und dies ist nicht zuviel verlangt von ihr. Wo hingegen, wie zunehmend bei uns, Vernunft achtlos an Religion vorübergeht, – die »Vernünftigen« nur peinliches Schweigen, leere Gleichgültigkeit, Verachtung, Verächtlichmachung für sie übrig haben, zeigt sich, wieviel Schaden die Vernunft selbst erlitten hat, daß sie sich so tabuisieren muß gegen Wirklichkeiten, mit denen sie nur fertig wird, indem sie sie abblendet.

So muß auch religiöse Weltgestaltung – Land- und Gesellschaftgestaltung – ebenso wenig etwas in sich Widersinniges, Unvernünftiges sein wie etwa der Gedanke eines »empirischen Gottesvolkes«, von dem R. Bultmann behauptete, es leide per definitionem an einem »eigentümlichen Selbstwiderspruch«, an dem es nur »scheitern« könne[79]. Dies Urteil ist ein Vorurteil der *zu* viel differenzierenden Vernunft, die von vornherein »die realen Notwendigkeiten staatlicher Organisation« nicht mit auch nur »dem Gedanken« des Gottesvolks in Verbindung bringen kann.[80] Dies Ideal sei reine Utopie, für die Vernunft zu hoch angesetzt, sei »nicht im Sinne eines rational begründeten und durch menschliche Organisation zu verwirklichenden Ideals« zu halten.[81] Dies Ideal schon unterliegt also der Vernunftkritik, nicht etwa erst sein empirisches Scheitern. Hier aber vergreift sich die Vernunft – abgesehen davon, daß sie durch Verwirklichungen des Ideals schon hundertmal widerlegt worden ist, z.B. im Iran der Gegenwart. *Am* Ideal läßt sich zweifeln angesichts der Grenzen seiner Verwirklichung, – *als* Ideal läßt es sich nicht kritisieren, jedenfalls nicht, wo es gerade eben abermals in Prozesse seiner Verwirklichung eintritt. Wenn es aber z.B. für muslimische Theokratien hingenommen werden muß, darf man es Israel nicht bestreiten: zumal es dort gar nicht, wie im Iran, als theokratisches Modell experimentiert und gewollt wird, sondern nur, durch Demokratie gebändigt, für gesellschaftliche Einzelaspekte Bedeutung hat und beansprucht.

Dazu gehört allerdings, wie in islamischen Gesellschaften der Anspruch auf einen »islamischen Staat« gestellt wird, auch der Anspruch Israels auf einen »jüdischen« Staat. Und im Falle Israels gehört dazu nun auch der Anspruch auf in seinen Besitzverhältnissen noch umstrittenes »jüdisches Land«: Judaea und Schomron. Hiergegen aber verwahrt sich derzeit die allgemeine Menschenvernunft. Mag sie ein empirisches Volk als Gottesvolk allenfalls noch, wenngleich zähneknirschend, hinnehmen und dafür wenigstens den Beweis des Geistes und der Kraft einfordern – einem wirklichen Land als Gottes eigenem Land verweigert sie sich konsequent. Hier möchte sie auch nur den Anschein vermeiden, es könne dies als eine Vernunftwahrheit irgendwie auch nur in Betracht gezogen werden.

Auch wir werden nicht darauf bestehen, dies zu tun. *Wo ein consensus gentium fehlt, fehlt in der Tat der Vernunft ein entscheidendes Moment ihrer Evidenz,* d.h. ihrer Möglichkeit, als Vernunft zu wirken und zu überzeugen. Und so kann Israels Wille zum Land weder als ein ius primi occupantis noch gar als ein Völkerrecht eingeklagt werden.

Und doch gibt es hier auch ein Moment von Vernunftwahrheit: das Schwergewicht des Faktischen, der status quo, das Gewohnheitsrecht gleichsam, das überall im Völkerrecht ein entscheidendes Moment ist. Israel hat sich seit 1948

79. R. Bultmann, Weissagung und Erfüllung (1949), in: Glauben und Verstehen. Gesammelte Aufsätze. Zweiter Band. 1952, 179ff.
80. A.a.O. 180.
81. R. Bultmann, Adam, wo bist du? Über das Menschenbild der Bibel (1945), in: A.a.O., 111.

bereits im Lande behauptet, hat dort Heimat für jüdische Bevölkerung gefunden, einen Staat gegründet, dafür völkerrechtliche Anerkennung gewonnen – von der Sowjetunion vor allen anderen. – Und wie immer man die Kriegsursachen für den Jüdisch-Arabischen Krieg von 1967 beschreibt (auch hier sind mindestens zwei Versionen möglich), während dessen Israel die Altstadt von Jerusalem, die Westbank, den Gaza-Streifen und die Golanhöhen erobert hat: Nicht völkerrechtswidrig befindet es sich am Jordan, obgleich die tatsachenvergessene öffentliche Weltmeinung dieses immer wieder behauptet. Denn umgekehrt hat auch Jordanien niemals eine völkerrechtliche Anerkennung bekommen, als es während des Krieges 1948/49 dies Gebiet besetzte. Damals war sogar der Protest der arabischen Staaten dagegen so stark, daß sie im April 1950 deswegen Jordanien aus der Arabischen Liga ausschlossen. Der Internationale Gerichtshof dagegen entschied, daß dies von Jordanien besetzte Gebiet rechtlich nach wie vor unter dem Dokument des Völkerbundmandats von 1922 anzusehen sei, also als ein niemandem – auch den Palästinensern nicht – zugesprochenes internationales Mandatsgebiet. Diese Rechtsauffassung gilt also beiden: gegenüber Israel ebenso wie gegenüber Jordanien. *Das de-facto-Regiment* war in beiden Fällen dasselbe: Wie Israel heute hatte auch Jordanien zuvor nur die Verwaltung dieser Gebiete inne, und Jordaniens Versuche 1949 und 1967, sie regelrecht zu annektieren, wie Israel es mit Ost-Jerusalem und den Golan-Höhen tatsächlich getan hat, sind nie völkerrechtlich anerkannt worden – so wenig wie Israels entsprechende Handlungen. Rechtlich ist hier alles offen, und die Vernunftwahrheit hat zu ihrer Befriedigung noch einen großen Spielraum; sie ist hier noch nicht entschieden und kann es noch nicht sein. Un-Recht läßt sich Israel also nicht vorwerfen, allenfalls: Unmoral und politische Unklugheit; aber beides ist nicht justitiabel – mit Ausnahme freilich der Verletzung von Menschenrechten; aber sie beginnen jetzt erst, viel zu langsam, international zu einklagbaren Rechten zu werden – und vorerst nur im *europa*beschränkten KSZE-Prozeß, in keiner Weltregion sonst, z.B. nicht in der islamisch-arabischen Region. Sofern die Vernunftwahrheit Kind und Mutter des Menschenrechts zugleich ist, hat sie alles Entscheidende zu ihrer Durchsetzung erst noch vor sich, und wird dabei lernen müssen, gerade das Verschiedene zu hegen und zu pflegen und es nicht an ihrem Einheitsbedürfnis zu erdrücken. So bekommt auch die Vernunft noch die Chance, sich an der Wirklichkeit des Bundes zwischen Gott, dem Volk Israel und dem Land zu erhellen und das Wesen von Wirklichkeit daran neu aufzuklären.

3. Nun werden wir uns jedoch *hüten,* neben oder gar: über »zufälliger Geschichtswahrheit« und »ewiger Vernunftwahrheit« *ein drittes Wahrheitsgenus* zu postulieren, und etwa so etwas wie eine höhere »*Glaubenswahrheit*« über die Relativität des Geschichtlichen und den universalen Anspruch der Vernunft zu setzen.

Einmal, weil Glauben wirklich nicht »jedermanns Ding« ist (2 Thess 3,2) und darum kaum Chancen auf größere Evidenz und Allgemeingültigkeit besitzt, als sogar der allgemeinen Vernunft bisher zu Gebote stehen.

Vor allem erlaubt dies der Charakter des Gott-Israel-Land-Bundes nicht. Denn ihm ist wesentlich, mitten in der Welt der zufälligen Geschichtswahrheiten die Vernunft des Ewigen zu bezeugen: als von dem Ewigen angeleitete und ständig begleitete Vernunft. Gerade in Beziehung aufs Land will Gott von einem historisch-empirischen Volk beachtet und bewährt werden: und dies im Sinne eines Dienstes für letzte Evidenz des schlechthin Wirklichen, fürs Offenbarwerden Gottes unter den Völkern der Erde, ihnen einen consensus gentium zu ermöglichen im Bezug auf seine Realität, über die hinaus Realeres nicht gedacht werden kann, weil es Realeres gar nicht gibt.

Zwischen Gott, Israel und dem Land spielt *eine offene,* auch nur in ihren nächsten Entwicklungen *unabsehbare Geschichte.* Ihre Wahrheit kann sich also auch nur erst herausstellen; nichts anderes gibt sie in dieser Beziehung vorerst her als die Einladung, sich an ihr zu beteiligen, will sagen: sich in ihre »Zufälle« zu stürzen und dabei Vernunft nicht zu verlieren. Aber *nie* ist die Wahrheit Gottes etwas anderes als Einladung zur Beteiligung, Praxis, zum Bekennen; *teilnahmslose Wahrheit kennt nicht Gott.* Irrnis und Wirrnis sind dabei nicht auszuschließen, im Gegenteil: erst an ihnen erhebt sich die Wahrheit je neu, besser: zeigt sich überhaupt erst, was da wahr, was unwahr heißen soll. Sie kennt keine anderen Kriterien als die, die sie in sich hat, indem sie eine Beziehung mit dem Gott Israels ist, ja durch ihn überhaupt erst entsteht. Glied des Volkes zu sein, sich als solches zu bejahen, sich *nicht* davon zu emanzipieren, – und dem Lande treu zu bleiben oder überhaupt erst treu zu werden, ist für Menschen, die als Juden geboren werden, immer neue Entscheidung, neu in jeder Generation, neu in jeder der vielen Kulturen, in denen verstreut heute immer noch eine Mehrheit von Juden lebt. Entsteht solche Treue, dann gewiß unter dem Eindruck vieler Einzelmotive, aber vor allem doch des einen Grundmotivs, das die Tora ist – wie begriffen oder unbegriffen auch immer. Was hier treu macht, ist zugleich das – durchaus allgemein nachprüfbare – Kriterium der Wahrheit auch *über* diese Treue. Dies Kriterium aber schließt nun einmal auch das Land in sich, so daß die Offenheit der Wahrheit des Dreibundes Gott-Israel-Land nicht Willkür, nicht Kriterienlosigkeit bedeutet. Auch Nichtjuden können prüfen, *inwiefern* es »recht so« genannt werden kann, wenn Juden diesen Dreibund praktizieren. *Ob* es »recht so« ist, darüber kann kein Jude, kein Goj entscheiden; mit dieser Frage steht oder fällt dieser Gott; und mit ihm sowohl Geschichte, die mehr wäre als der übliche »Mischmasch von Irrtum und Gewalt« (Goethe), als auch Vernunft, die dem Ewigen standhielte und mehr gäbe als ihre übliche »Hurerei« (Luther).

4. Diese *Wahrheitsbestimmung* gründet darin, daß in Israels Verhältnis zum Land zugleich *ein Verhältnis Gottes selbst zum Land* lebendig ist, und zwar ein solches, in dem es, indem es ihm um Israel und ums Land geht, damit zugleich um sich selbst geht. Die Worte vom Zuschwören des Landes, – vom Herniedersteigen Gottes als eines Aktes seiner Kondeszendenz, um Israel hinaufzuführen ins Land, – das Wort von der Selbstbezüglichkeit Gottes: Daß er, wenn er seine Schwüre einlöst, dies um seiner selbst willen, für sich tut, – sein Wille, eben darin von den Völkern aller Länder als der erkannt zu werden, der er ist: wahrhaftig Gott, schließt jede theologische Relativierung dieser Schriftzeugnisse aus.

Freilich ist zugleich damit gesagt, daß *dies Landverhältnis für uns darum so unableitbar ist wie Gott selbst.* Wir können es nicht begründen. Hier entspricht ganz und gar nichts unserem Bild von einem Gott. Hier können wir nur dem ent-sprechen, was uns im Namen Gottes gesagt wird, und können es nur teilnehmend bezeugen.

Insofern müssen wir zugeben: Es ist reine Glaubenssache, eine Verifikationsmöglichkeit darüber hinaus kennen wir nicht.

Freilich müssen wir wissen: Glaube ruft nach Glauben. Gott hat seine Gerechtigkeit offenbart ἐκ πίστεως εἰς πίστιν, aus Glauben zu Glauben, weil sie nur so – Glauben durch Glauben rufend – dem Wesen seiner Gerechtigkeit entspricht, die Gemeinschaftsgerechtigkeit ist (Röm 1,17; vgl. Das christliche Bekenntnis zu Jesus, dem Juden, I, 1990, 192). Die Juden wollen mit Gott und dem Land gar nicht allein, an-und-für-sich, apart sein; sie wissen, *wozu* sie in diesen Bund gebunden sind. Sie rufen nach uns Gojim, ob da nicht wenigstens einer wäre, der sie in dieser Beziehung bestätigen könnte, indem er *Gott* in dieser Beziehung bestätigt und bezeugt. Christen sind dafür die Richtigen – wenn sie die Tora nicht aus ihrer Schrift streichen oder umdeuten, sondern aus Gesetz, Propheten und Schriften ebenso leben wie aus dem Evangelium Jesu. Leben sie aber aus Evangelium *und* »Gesetz«, können sie auf den Ruf des Glaubens Israels antworten mit dem Bekenntnis ihres Glaubens. Sie können dann zu ersten Außenzeugen für ein »recht so« werden. Sie können damit noch nichts zur allgemeinen Evidenz des Landverhältnisses beitragen, aber als erste *Anwälte eines kommenden consensus gentium* in bezug auf den Dreibund Gott-Israel-Land können sie wirken, ja dazu sind sie – so wie wir Christsein zu verstehen meinen – berufen. Durch sie kann und soll und wird die noch fragliche Wahrheit dieser Beziehung auf dann wenigstens *zweier* Zeugen Munde zu stehen kommen (Dtn 19,15 u.ö.): erstes Stückchen einer größeren Objektivität, die zu erzielen Gott selbst eschatologisch ehrgeizig ist.

Wir müssen nun noch drei weitere Bestimmungen anfügen.

5. Was wir *theologisch* als notwendig erkennen, berechtigt *nicht,* damit etwas *politisch* zu *legitimieren.* Theologische Erkenntnis bleibt Glaubenserkenntnis, ihre

Äußerung: Glaubensbekenntnis. Sie kann nicht das Genus wechseln. Weder Israels Ansprüche ans Land noch seine Politik können theologisch *gerechtfertigt* werden.

Theologie kann aber *verstehen helfen,* wovon Israel in seinen wechselnden Beziehungen zum Lande sich leiten läßt; sie erlaubt, Israel nicht bloß von außen, sondern auch von innen – aus der Tradition, auf die es sein Handeln und seine Ansprüche stützt – beurteilen zu können, »von innen«: also teilnehmend. Nichts in der Welt überhaupt kann Theologie legitimieren wollen, aber zur Verstehenshilfe kann sie – wenn es gut geht – taugen. Es spricht Bände von Selbstmißverständnissen, wenn Theologen selbst Theologie nur als Legitimationswissenschaft behandeln. Natürlich kann Theologie de facto dem nicht entgehen, zur Legitimation für Gott-weiß-was verbraucht zu werden; es scheint schon lange an der Ordnung. Um so notwendiger ist, daß wir nicht nur beteuern, dies nicht zu meinen, sondern ausdrücklich erklären, dies nicht zu *wollen.* Denn: »Du sollst den Namen des Herrn, deines Gottes, nicht unnützlich führen, denn der Herr wird den nicht ungestraft lassen, der seinen Namen mißbraucht« (in der Form, die Luther im Kleinen Katechismus dem 2. Gebot des Zehnworts gegeben hat). Und um den Namen Gottes geht es ja im Land: daß er daselbst wohne.

6. Auf der Landtheologie der Bibel liegt ein *Schein des Triumphalen.* Um zu zeigen, wie sehr dieser Schein trügt, haben wir die Zweischneidigkeit der Landtora stark unterstrichen. Was Israel und Gott zum Segen gegeben ist, kann ihnen auch zum Verhängnis werden.

Darum halten wir eine Ideologiekritik daran für letztlich gegenstandslos. Die *Landverheißung hat ihre eigene Kritik in sich,* und sie trifft schärfer, als es die Kritik irgendeiner Gegenideologie je könnte. Auch Israel weiß – mehr als irgendein Kritiker Israels –, daß das Gericht am Hause Gottes anfängt (1 Petr 4,17) und eins bis zur realen Vernichtung sein kann – nicht von Ideologien und Gedanken, sondern von Fleisch, Blut und Seelen (vgl. Lev 26).

Der Schein aber entsteht dadurch – und darauf ist ausdrücklich hinzuweisen –, daß alles Starke, wovon im Bezug auf das Land die Rede ist, – daß vor allem auch alles Kriegerische, Gewaltsame dabei – nur solche Kraft meint, die in den Schwachen mächtig ist (2 Kor 12,9): Gottes Kraft. Gerade die Rede vom heiligen Krieg meint *das,* nichts anderes. Die Landverheißung wird *in der Wüste* gegeben. Die Landnahme geschieht *von der Wüste* aus. Das Volk, das aufs Land zugeführt wird, bildet sich aus soeben *aus der Sklaverei* befreiten Haufen. Ihre Weigerung, ins Land zu ziehen, ist *Angst vor neuer Gefangenschaft.* Die Perspektive der Stärke ist und bleibt die einer hoffnungslosen *Minorität.* Sie *ist* eine Projektion: von *unten.* »Nicht weil ihr zahlreicher wäret als alle Völker, hat der Herr sein Herz *euch* zugewandt und euch erwählt – denn ihr seid das kleinste unter allen Völkern –, sondern weil der Herr euch liebte und weil er seinen Eid hielt, den er euren Vätern geschworen, *da*rum hat euch der Herr mit starker Hand herausgeführt und hat dich aus dem Sklavenhause befreit, aus der Hand des Pharao, des Königs von Ägypten« (Dtn 7,7-8). Die *Landtheologie ist Befreiungstheologie für Sklaven;* von daher versteht sich ihre Kraft. Sie hat nichts mit Kreuz und Schwert zu tun. Und auch nichts mit Schwert und Halbmond. Und deswegen ist auch aus dem biblischen heiligen Krieg in Christentum und Islam, bei Formverwandtschaft, in der Substanz etwas bis zur Unvergleichbarkeit anderes geworden. Dies ist zu *beachten!* Weder bei Christen noch Muslimen war je ein heiliger Krieg Gottes ein *Befreiungskrieg von Sklaven* und für sie, sondern nur für den Triumph der je eigenen Wahrheit. Gerade für diesen Triumph kann Israel *nicht* kämpfen. Und weder bei Christen noch Juden ging es um die adama, auch nicht adamat Jißrael, sondern immer nur um erez, oder um: heilige *Stätten,* und zwar solche, die durch *Israels* Geschichte erwählt und gesegnet sind.

7. Die Opfer der Befreiungsgeschichte (Zur palästinensischen Befreiungstheologie)

Alles, was wir jetzt ausgeführt haben, wäre vergebens, uns selbst unglaubwürdig, wenn wir nun nicht in der Spitze von den *Opfern* sprächen, die das alles kostet.

Alle Weltgeschichte, auch alle Befreiungsgeschichte, ist Opfergeschichte, es gibt sie bisher nicht als Prozeß ausgleichender Gerechtigkeit. Wenn *Gottesgeschichte* im Medium von Weltgeschichte geschieht, wird auch sie *belastet mit dem Elend,* das auch sie dann erzeugt. Erfahren Menschen hier Gottes Liebe, erfahren andere dort Gottes Zorn. Die theologische Lehre von einer praedestinatio gemina, einer doppelten Erwählung der einen zum Heil, der anderen zum Unheil, spiegelt diese weltgeschichtliche Struktur der Gottesgeschichte genau wieder. Entsetzlicherweise haben sie christliche und islamische Theologen sogar bis ins Letzte Gericht Gottes ausgezogen und einen doppelten eschatologischen Ausgang aller Dinge gelehrt. Schafe sollen da für immer von Böcken gesondert werden, und Christen hören den Richter Jesus schon im voraus sagen zu den einen: »Kommt her, ihr Gesegneten meines Vaters, ererbt das Reich …« – »ererbt« es: mit dem Wort der Landverheißung spricht er da immer noch; zu den anderen aber: »Geht hinweg von mir, ihr Verfluchten, in das ewige Feuer …« »Und diese …«, heißt es zusammenfassend, »…werden in die ewige Strafe gehen, die Gerechten aber in das ewige Leben« (Mt 25,34.41.46). Schrecklich. *Nicht* zu glauben. Aber alle drei sog. monotheistischen Religionen lehren das bis heute. Gottes Gerechtigkeit wird nicht als ausgleichende, sondern als distributive Gerechtigkeit gelehrt, die einem jeden seinen Teil zuteilt, wie es ihm gebührt. Seine Liebe deckt da *nicht* der Sünden Menge (1 Petr 4,8).

Wir können daran ermessen, was für eine Revolution die Erwählungslehre Karl Barths bedeutete (KD II,2), wenn er Gottes Erwählen und Verwerfen auf die Geschichte Jesu Christi konzentrierte, damit zugleich auf Gott selbst, der alles, was aus seinem Erwählen und Verwerfen folgt, auf *sich* nimmt und so uns Menschen *ab*nimmt. Nirgendwo ist die christliche Botschaft größer, befreiender als in diesem Kerygma, das der Menschheit meldet, Gott habe in Jesu Tod das Opfersystem der Weltgeschichte angegriffen und zerbrochen, und von daher einen Ruf ausgehen lassen – das Wort vom Kreuz –, einen »Dienst der Versöhnung« gestiftet, der befugt und verpflichtet dazu, im flammenden Protest gegen das Prinzip der »Menschenopfer unerhört« (Goethe)[82] sich zu erheben. Freilich hat auch Karl Barth nicht die Zweischneidigkeit des Wortes Gottes, also: seines Handelns aufheben können. Daß Gott weich *und* hart, streng *und* mild handelt, den Jakob liebt, den Esau aber haßt (Röm 9,13; Mal 1,2-3), hier erwählt, dort verwirft, das ist die Weise seiner Lebendigkeit; darin ist er der Freie, darin der uns so oder so Berufende, darin bewegt er sich und uns, darin macht er Weltgeschichte. Seine Wahlfreiheit macht ihn aus. Darin ist er Gott. Daran, sagte Luther[83], werden wir Menschen wesenhaft unfrei – *nur* daran, aber daran wirklich; das Bekenntnis unserer Unfreiheit ist unsere freie Antwort auf die Wahlfreiheit Gottes; ein anthropologisches Phänomen ist sie nicht, nur ein offenes Geständnis. Darin ist der biblische Gott *anders* Gott als alle Begriffe, die wir uns von einem Gott bilden können. Darin ist er *anstößig* Gott, daß er – anders z.B. als das Sein des Parmenides – nicht »unbeweglich in den Grenzen mächtiger Fesseln« »als ein Selbiges, und im Selbigen verharrend …« in sich »ruht« und »Werden und Vergehen in weite Ferne verschlagen« hätte[84]; gerade das hat dieser Gott nicht. Er handelt im Werden. Er handelt auch im Vergehen. Er handelt in solchen, die er »kommen« heißt, und solchen, die er von sich »weichen« läßt. Niemand von uns kann ihm dies freie Leben abmarkten.

Nur eines ist die Frage: ob und wie wir als so oder so von der Freiheit Gottes Betroffene sie annehmen. Ob wir die Weisheit in dem Wort begreifen, daß Gott züchtigt, die er liebt (Hebr 12,6); »ich strafe und züchtige alle, die ich liebhabe« (Offb 3,19). Ob wir auch noch an der Verwerfung uns trösten können, weil sie eine durch Gott ist, dessen wir uns womöglich auch in dieser Gestalt seiner Wahl alles Guten getrösten können. Denn wer könnte im voraus sagen, wozu es nicht auch gut sein könnte, von Gott verworfen zu sein, ihn also von seiner Kehr-Seite kennen zu lernen. Wer wären wir als Verworfene dann, wenn es geschehen sollte und er sich kehrte? Er läßt sich auch aus der Tiefe anrufen (Ps

82. J. W. Goethe, Die Braut von Corinth (1798), Strophe 9.
83. M. Luther, De servo arbitrio (1526). WA 18, 600ff.
84. Parmenides, Περὶ φύσεως 8, 26-29.

130,1) und – wer weiß – sogar loben. Barth hält leider traditionell die Juden für die Verworfenen Jesu Christi und spricht dennoch vom »Zeugnis« der Verworfenen – in einer logischen Figur, mit der auch Franz Rosenzweig in seinem »Stern der Erlösung« angefangen hat, von Gott zu reden: »Von Gott wissen wir nichts. Aber dies Nichtwissen ist Nichtwissen von Gott. Als solches ist es der Anfang unseres Wissens von ihm«[85]. Rosenzweig setzte dem Satz den Beisatz am Rande zu: »Negative Theologie«. In gleicher Struktur formulierte der frühe Barth: »Wir sollen als Theologen von Gott reden. Wir sind aber Menschen und können als solche nicht von Gott reden. Wir sollen Beides, unser Sollen und unser Nicht-Können, wissen und eben damit Gott die Ehre geben«[86]. Die Negation ist ein Negiertsein: Von Gott wissen wir nichts, wir sind arme Menschen, an uns ist er spurlos vorübergegangen. Wir wissen schon: Eigentlich sollten auch wir von ihm reden können. Aber wir können es nicht. Die Ohnmacht, dies nicht tun zu können – vielleicht steckt ein Anfang in ihr. Gott hat sich ja nicht nur »von Angesicht zu Angesicht« gezeigt, er ist auch im Hinterdreinschauen dagewesen (Ex 33,22-23); man kann mit ihm auch zu tun haben, wenn man ihm gegenüber *das Nachsehen* hat. Man kann mit Gott auch nach-sichtig umgehen – vielleicht ist dies eine *Tugend von Verworfenen,* ihre wahre *theologische Tugend.*

a. Menschen im Erbstreit

Die biblischen Geschichtenerzähler freilich sprechen kälter, härter. Sie sehen die *Menschen im Erbstreit* zwischen Erwählten und Verworfenen. Jakob erlistet sich den Segen seines Vaters und darin die bechura, das Erbrecht, zum Schaden Esaus, seines erstgeborenen Bruders, dem es zustünde, ginge es mit rechten Dingen zu (Gen 27). Mit der Folge: »Esau aber ward dem Jakob feind um des Segens willen, mit dem ihn sein Vater gesegnet hatte. Und Esau sprach bei sich selbst: Bald kommt die Zeit der Trauer um meinen Vater; dann will ich meinen Bruder Jakob töten« (Gen 27,41). Aber das ist nur die Wiederholung jener vorangegangenen Urgeschichte aller Erbfeindschaft: der der Abrahamssöhne *Ismael und Isaak. Ismael ist der Erstgeborene,* den Abraham mit der ägyptischen Magd Hagar zeugte, *ein Sohn, dessen Leben und Überleben ihm unendlich wert war,* gerade auch als Gott ihm die späte Schwangerschaft seiner Frau Sarai ankündigte; da bat er Gott ums Leben Ismaels: »Ach, möchte nur Ismael vor dir am Leben bleiben« (Gen 17,18). Er sah mit Saras Schwangerschaft eine Gefahr für seinen Sohn Ismael voraus. Gott antwortete: »Wegen Ismaels erhöre ich dich: Siehe, ich seg-

85. Fr. Rosenzweig, Der Stern der Erlösung. [2]1930. Erster Teil. Erstes Buch. Gott und sein Sein oder Metaphysik.
86. K. Barth, Das Wort Gottes als Aufgabe der Theologie (1922), in: Das Wort Gottes und die Theologie. Gesammelte Vorträge, 1925, 158.

ne ihn und mache ihn fruchtbar und überaus zahlreich; zwölf Fürsten wird er zeugen, und ich will ihn zu einem großen Volk machen« (17,20). Freilich: daneben etwas anderes, die freie Wahl Gottes: »Deine Frau Sara soll dir einen Sohn gebären, den sollst du Isaak nennen, und ich will meinen Bund mit *ihm* aufrichten als einen ewigen Bund, daß ich *sein* Gott und seiner Nachkommen Gott sei« (17,19). *Großes Volk: Ismael. Aber Bundesvolk: Isaak.* Beides Völker aus dem Erhören Gottes. Doch der eine so, anders der andere.

Christen und Muslime haben sich dazu verführen lassen, ihre Geschichte mit den Juden als eine einzige Erbstreiterei zu führen, statt – was ja auch denkbar gewesen wäre – als die Geschichte eines Lobes aus der Tiefe, einer »negativen Theologie«, einer Erfahrung von der Kehr-Seite Gottes, mit einer *Theologie des Nachsehens.* Zuerst hat Paulus den Juden eine gegenbiblische Genealogie verschafft, als er ihnen Gal 4,21ff Hagar, die Sklavin, zur Mutter gab, Sara, die Freie, aber: den Christen. Was wunder, daß Muslime es ihm dann nachtaten, nun aber gerade umgekehrt: in Hagars Sohn Ismael sich selbst identifizierend und damit den Erstgeborenen ausspielend gegen Isaak, den nachgeborenen und gottgesegneten Judenvater. Schon im Koran wird Isaak konsequent *nach* Ismael genannt – im Sinne der üblichen natürlichen Erbfolge. Aber so freilich *rebellieren in gleicher Weise Paulus wie Mohammed gegen die Erwählung Gottes,* damit gegen seine Wahlfreiheit, *damit letztlich aber gegen das Gottsein dieses Gottes.* Jeder will Lieblingskind *vor* dem Kind der Wahl Gottes werden. Niemand will hintanstehen. Daraus folgt Bruderzwist im Hause Abraham, unbezähmbar – eine Geschichte und eine Theologie des Zornes, von Lug und Betrügereien, eine *Verschlossenheit der Christen und Muslime gegen das Geheimnis der Erwählung,* das sich zusammenfaßt in dem Wort, das Gott gerade *im Vorübergehen* dem Mose gesagt hat, als der verlangte, Gottes Herrlichkeit zu schauen: »Ich will all meine Pracht an deinem Angesicht vorübergehen lassen und will den Namen des Herrn vor dir ausrufen: wem ich gnädig bin, dem bin ich gnädig, und wessen ich mich erbarme, dessen erbarme ich mich« (Ex 33,19). Er erläutert aber das Wort des Vorübergehens und des Namens mit dem Zusatz: »Du kannst mein Angesicht nicht schauen, denn kein Mensch bleibt am Leben, der mich schaut« (Ex 33,20). Kein Mensch. Was dies Entscheidende betrifft, sind Gnade Gottes und Erwählung Verweigerung: Verwerfung gerade des Menschenwunsches: »Laß mich doch deine Herrlichkeit schauen« (Ex 33,18).

Hätte also Lessing recht: daß wir's erst in tausend tausend Jahren vielleicht zu wissen bekommen, wer den echten Ring hat? Nein. Darin nicht. *Israel ist er gegeben.* Israel hat ihn nicht verloren. Der Christenring und der Muslimring sind Nachbildungen, wenn nicht gar Fälschungen, wenn nicht in betrügerischer Absicht gebildet, dann doch Anlaß zu schlimmerem Selbstbetrug – als hätten wir geerbt. Nein, Gottes Erwählen ist eindeutig und duldet weder Erbschleicherei noch Stammbaum-Fälschungen. Die verwickelten Verwandtschaftsverhältnisse Abrahams lassen sich nicht wie der gordische Knoten lösen. *Nicht der Älteste – der Erwählte zählt in Gottes Absicht.* Auch für den Nicht-Erwählten sorgt Gott. Auch ihn segnet er, macht ihn, wie Ismael, zu einem großen Volk, freilich zu einem: Wildesel: »seine Hand wider jedermann und jedermanns Hand wider ihn; und allen seinen Brüdern setzt er sich vors Gesicht« (Gen 16,12); wenn Muslime sich die Ismael-Genealogie wählen, die Araber sich die Esau-Deszendenz, haben sie eben damit auch die Wildesel-Zukunft gewählt: Sie gegen alle, alle gegen sie. Sie selbst freilich zählen diese Schriftworte zu den vielen jüdischen und christlichen Fälschungen, die sie überhaupt in der Bibel von Juden und Christen zu entdecken meinen. Anders als der Koran, der reines himmlisches Gotteswort sei, seien Altes und Neues Testament ein unentwirrbarer Mischmasch von göttlicher Wahrheit und Menschenlüge. Sie sagen Menschenlüge und meinen Gottes Erwählung Israels. *Die Naturordnung soll wiederhergestellt und gegen die vorgeblich falsche Ansicht von einer Wahlordnung Gottes gestellt werden – heidnischer* Protest gegen den eigenartigen und anstößigen Gott Israels, Zähmung Gottes. Während umgekehrt Juden und Christen um Gottes willen bestehen müssen auf der Wahlfreiheit Gottes gerade in ihrer natürlichen, weltlichen Unlogik.

Dieser Erbstreit also der theologische Hintergrund auch im heutigen Nahost-Gegensatz. Sein Un-Grund. Abgrund, der viel zu viele Menschenleben verschlingt.

Können *Christen* in der Region ein anderes Wort finden, sich dem Erbstreit-Syndrom entwinden und so Muslime und die Christenheit auf Erden ein anderes, Neues, Besseres lehren?

b. Die »Juden von heute« – oder: Prediger in der Wüste?

Sie *müssen* ja schreien. Keinen Juden dürfte dies verwundern. Sie müssen die Opfer des Weges Israels beklagen. Sie müssen ja Israel am Maß der Tora messen und es ihm vorhalten: »Du magst dich einen Juden nennen und dich auf die Tora Gottes verlassen und dich Gottes rühmen und, aus der Tora unterrichtet, seinen Willen erkennen und beurteilen, was recht und unrecht sei, und überzeugt sein, du seist ein Führer der Blinden, ein Licht derer, die in Finsternis sind, ein Erzieher der Unverständigen, ein Lehrer der Unmündigen, der in der Tora die Verkörperung des Wissens und der Wahrheit habe: du nun, der du einen anderen lehrst, lehrst dich selbst nicht? Du, der du predigst, man solle nicht stehlen, stiehlst? Du, der du sagst, man solle nicht ehebrechen, brichst die Ehe? Du, dem die Götzen ein Greuel sind – toevah –, beraubst ihre Tempel? Du, der du dich der Tora rühmst, entehrst Gott durch die Übertretung der

Tora? Denn ›der Name Gottes wird um euretwillen unter den Völkern gelästert‹, wie geschrieben steht« (Röm 2,17-24). Das könnte: es *muß* palästinensische Befreiungstheologie aus dem Munde des Paulus sein. Opfer *müssen* Kläger werden. Das ist ihre Pflicht. Ihr Dienst. Ihr Gegenangriff darf nicht nur, er *muß* kommen. Und um so mehr trifft er, je mehr er den Täter in sein Herz trifft, nicht ins Herz seiner Taten, nicht ins Herz seiner Untaten allein, sondern ins Herz seines Selbstverständnisses, dorthin, wo er sich selbst anfechten muß, wenn er ehrlich ist. Ihm ist ins Gewissen zu protestieren, pro-testieren, ihm ist ein Zeugnis für sich selbst zu geben. *Unterworfene kennen aus ihrer Perspektive hellsichtig und genau den schwachen Punkt derer, die über sie herrschen.* Und es ist ihr Recht, die nicht in Ruhe zu lassen, die sie maltraitieren; sie unglaubwürdig zu machen vor Gott und der Welt. Wer sollte das besser verstehen als Israel mit seiner reichen Unterworfenen-Erfahrung und den Verhaltensweisen des Untergrunds und Widerstands? Darin wären auch die Palästinenser wirklich gerechtfertigt. Und wären es sogar dann, wenn sie, wie Paulus, den Juden ihr Judesein anzweifelten unter dem Druck ihrer Erfahrungen. »Denn die Beschneidung ist wohl nützlich, wenn du die Tora tust; wenn du aber ein Übertreter der Tora bist, so ist deine Beschneidung zur Unbeschnittenheit geworden … Denn nicht der ist ein Jude, der es äußerlich ist, und nicht das ist Beschneidung, die äußerlich am Fleische geschieht …« (Röm 2,25.28). Allerdings hat nun *Paulus solche gutjüdische Polemik,* die jüdischer Identität durchaus an die Nieren gehen kann und soll, um eine in unseren Augen verhängnisvolle Drehung *überzogen und gegen den »wirklichen« Juden das Bild eines »wahren« Juden aufgebaut.* »Wenn nun der Unbeschnittene die Forderungen der Tora tut, wird ihm dann nicht seine Unbeschnittenheit als Beschneidung angerechnet werden? Und wird nicht der von Natur Unbeschnittene, wenn er die Tora erfüllt, dich richten, der du trotz Buchstabe und Beschneidung ein Übertreter der Tora bist? Denn nicht der ist ein Jude, der es äußerlich ist, und nicht das ist Beschneidung, die äußerlich am Fleische geschieht, sondern der ist ein Jude, der es innerlich ist, und das ist Beschneidung, die am Herzen geschieht, im Geiste, nicht nach dem Buchstaben. Ein solcher hat sein Lob nicht von Menschen, sondern von Gott« (Röm 2,26-29). Beschneidung des Herzens – das hat ein Prophet Israels schon lange seinem Volk als Aufgabe einschärfen, als seine Zukunft in Aussicht stellen können (als Imperativ: Dtn 10,16; Jer 4,4; als Verheißung: Ez 11,19; 36,26). Auch das gab es: Ein Nichtjude, der die Tora tut, kann sogar einem Hohenpriester gleichgeachtet werden: b Sanhedrin 59a. Aber niemand hat es gewagt, einen jüdischen Juden gegen die *Kunstfigur eines gojischen »Juden«* auszutauschen, das Bild eines gojischen »Juden« gegen das eines wirklichen zu setzen: wie unerkennbar er in seinen Taten als Jude auch wäre. *Paulus hat die unselige Entleerung des jüdischen Namens begonnen,* die in der Folge dazu führte, daß er zu x-beliebiger Verwendung auf dem Markt der Möglichkeiten feilgeboten wurde und wer auch immer gerade Lust darauf hatte, sich als den »wahren Juden« stilisieren konnte: das »wahre« Gottesvolk im Unterschied zum unwahr gewordenen jüdischen, – die »wahren« Leidenden und Unterdrückten im Unterschied zu den Juden, die es in Wahrheit nicht oder nicht mehr sind. *Der »Jude von heute« zu sein,* ist mehr als eine polemische: *eine antijüdische Vernichtungsfigur,* die oft ausgesprochen in der Absicht verwendet wird, den Juden ihre historische Identität streitig zu machen – nicht zuletzt, um ihnen ihre *heutige* Identifizierung mit ihrer Geschichte zu verwehren. Dieser »wahre Jude« ist ein Kampfmittel, das nach Auschwitz führte und seither Frucht von Auschwitz ist. Die es so verwenden, wissen dies auch genau und nützen es aus, daß jüdische Wirklichkeit, wie keine sonst, eine leib-geist-seelische Einheit ist: Beschneidung und Geisttrieb der Tora, und daß es zum Wesen der Sache gehört, daß dies keine harmonische, sondern eine kritische, spannungsgeladene Einheit ist, an der Juden leicht zerbrechen können. Die *infame Figur des »wahren« anstelle des »wirklichen« Juden* hat jeden Sadismus angezogen: christlich-theologischen, gesellschaftlichen, politischen, psychischen. Bis dahin geht das Syndrom des Erbstreits; nicht nur, wer »Erbe« ist, – nicht nur, wer die Tora besser versteht, ungebrochener tut, sondern *wer überhaupt mit Recht Jude heißen darf; der Erbstreit zielt auf die Namenlosigkeit der Juden* und damit *natürlich* auf die Namenlosigkeit des Gottes, der sich mit den Namen Abrahams, Isaaks, Jakobs benannt hat und *nicht* mit den Namen Abrahams, Ismaels, Esaus, und mit keinem Allerweltsnamen sonst.

So sollten hier palästinensische Christen eine sensible Grenze – die der mit Israel gesetzten Identität Gottes – einhalten und der Versuchung widerstehen, sich in ihren Leiden als die »wahren« Juden, die »Juden von heute« zu identifizieren; eine Grenze, die in so vielen anderen Befreiungstheologien schändlich, ahnungslos und frech überschritten worden ist; sie tragen damit den Keim der Rebellion gegen Gott in sich und vergiften damit die einzige Quelle der Befreiung, die sie doch meinen und die es auch nur gibt. Parteilichkeit auf Kosten Israels ist Fraternisierung mit Mord und Totschlag, Gas und Gift und identisch mit der Leugnung Gottes. Gerade palästinensische Christen haben es besonders schwer, diese Grenze zu wahren, weil es *eine spirituelle arabisch-islamische Kultur* gibt, die *in biblischen Bildern eine Poesie des eigenen Leidens* zur Sprache bringt, insbesondere *Jerusalem* schon seit langem als *Ort eines spirituellen Karfreitag* besingt, das palästinensische Volk mit dem gefolterten Leib Christi mystisch in eins setzend, und damit, wie unterschwellig auch immer, die Juden als Christusmörder anklagt. Wohlgemerkt: das ist *moslemische* Poesie, mit der Bibel als Bildstoff spielend, wie schon im Koran vielfach begonnen worden ist. Das macht es palästinensischen Christen schwer, nicht ähnlich zu singen und zu sagen.

Schwer ist es für sie also, sich auf den *Dienst Johannes des Täufers* zu beschränken, der, wie kein anderer, eine *palästinensische Identifikationsfigur sein könnte.* Er ist der Prediger in der Wüste, in der arava, der Abgehärmte, der, dem der Tod von Händen des beleidigten Herrschenden droht, weil er kein Blatt vor den Mund nimmt in seiner Kritik der Mächte von Jerusalem, weil er selbst mit der Axt und dem Ende und dem Tode droht. Er droht den Zöllnern. Er droht den Soldaten. Er droht der Volksmenge derer, die Abraham ihren Vater nennen, ohne ihm gerecht zu leben (Lk 3,7-14). Sein Ziel ist nicht, zu vernichten, sondern umzuwenden und neue Verhältnisse zu bereiten. Er handelt, von Wehen der Endzeit getrieben, die er über Jerusalem heraufbeschwört, wie vor, neben und nach ihm andere, vor allem auch Jesus, getan haben. Er ruft nach »Recht, nichts als Recht« – wie Naim Stifan Ateek in seinem »Entwurf einer palästinisch-christlichen Theologie« tut[87].

Freilich: Ateek will nicht der Prediger in der Wüste sein. Er will »christuszentriert« denken. Da wäre freilich Johannes sein Mann, denn niemand vor und nach ihm war so auf Christus zentriert wie Johannes; Jesus selbst hat das von ihm gesagt: »Ich sage euch: Unter denen, die von Frauen geboren sind, ist kein größerer Prophet als Johannes« (Lk 7,28). Denn er sprach aus Welt und Geist des »Alten Testaments« von der Erneuerung zum neuen Jesus-Leben. Ateek dagegen will »christuszentriert« der Hebräischen Bibel übers Maul fahren, alttestamentliche Interpretationen des göttlichen Willens durch die Christusbotschaft relativieren lassen: vor allem die Überlieferung des Exodus, weil sie für Juden ihren Anspruch auf das Land Kanaan begründe. Ein historisches Ereignis von vor 3000 Jahren dürfe heute nicht mehr dazu herhalten, die Vertreibung der Palästinenser aus ihrer angestammten Heimat zu rechtfertigen. In der Tat: das nicht. Aber eine ganz andere Frage ist, was es für Christen bedeutet, *daß* diese 3000 Jahre in Juden bis heute lebendig sind. Noch einmal: *Rechtfertigen* läßt sich damit nichts. Aber Aufmerksamkeit erwecken für das, *was* allenfalls in dieser Lebendigkeit lebendig ist, das sollten Christen sich schon gefallen lassen. Goethe war ja überhaupt der Meinung, daß es menschenwürdig wäre, sich über dreitausend Jahre Rechenschaft geben zu können: »Wer nicht von dreitausend Jahren / Sich weiß Rechenschaft zu geben, / Bleib im Dunkeln unerfahren, / Mag von Tag zu Tage leben.« (Buch des Unmuths aus dem West-Östlichen Divan); es müßte für Juden gar nichts so besonderes sein; es könnte ja dies Gedächtnis ein Maß des Menschlichen bewahren, das *wir* verloren haben, deswegen aber noch nicht für unmenschlich erklären müssen.

Johannes, der Mensch und Prediger in der Wüste, der heute ein Heiliger der Palästinenser sein könnte, hätte freilich *noch mehr als* den wohlbegründeten *Pro-*

87. N. St. Ateek, Entwurf einer palästinisch-christlichen Theologie, 1990.

test gegen Jerusalem in sich, mit dem er die Tora einfordert: »Recht, nichts als Recht«.

Ich versuche mich jetzt in einem Letzten, von dem ich sofort gestehe, daß ich dafür nicht kompetent bin. Denn Hiob, der im Elend sitzt, nützen seine Freunde nichts, die auf ihn einreden mit allen möglichen guten theologischen Erkenntnissen; mögen sie gut sein – von außen und soweit her geredet, wie ich es nur kann, sind sie doch nur gut *gemeint* und geben schalen Geschmack auf die Zunge. Was ich sagen kann, ist ohne Vollmacht – so wie wir meistens dran sind, wenn wir zu den Opfern der Geschichte reden oder uns verhalten. Ich versuche es dennoch in besten Treuen, mich, so tief ich kann, hineindenkend in den Alltag der palästinensischen Christen, die ich in ihren Häusern und Lagern kenne.

Ich stelle mir also vor, ich wäre ein palästinensischer Christ. Meine Eltern hätten mich in eine der Schnellerschen Anstalten zur Schule geschickt, sagen wir: oben in Talita kumi über Beit Jalla in den Bergen Judas. Ich hätte beschlossen, evangelische Theologie zu studieren, an der Near East School of Theology in Beirut vielleicht, vielleicht für ein paar Semester in Europa, in England, Holland, der Schweiz, in Deutschland. Ich wäre Vikar, dann Pfarrer in der Arabisch-Evangelischen Kirche, vielleicht Pfarrer in Bethlehem, in Nazareth, in Alt-Jerusalem. Ich müßte dann das Los des Volkes teilen, aus dem meine Gemeinde ihre Glieder erhält. Würde eine Wut haben gegen die demonstrative Militärpräsenz der Israelis, ihre unsinnigen Provokationen mit ihren Fahnen gegen die unseren, ihre Razzien, ihre Schulschließungen, ihre harten Reaktionen gegen unsere Demonstrationen, gegen ihre Internierungscamps für unsere Männer, gegen ihre Hauszerstörungen, wenn sie jemanden von uns gefaßt haben, gegen ihre Ausweisungen. Vor allem gegen die Art und Weise, wie die Militärs in den Gefängnissen mit uns umgehen, gegen die bei amnesty international aktenkundigen Mißhandlungen. Die gesamte Politik der Israelis kränkte auch mich: die hochmütige Einstellung vieler Juden, gerade auch orientalischer, die auf uns herabsehen wie auf Menschen zweiter, dritter Klasse, verletzten auch mein menschliches und arabisches Ehrgefühl. Ich weiß nicht, ob ich selbstverständlich von innen her für die PLO votierte, – welcher ihrer Fraktionen ich zuneigte. Es könnte auch sein, daß ich pragmatisch für eine Zusammenarbeit mit den Israelis wäre, mich dem nicht verweigerte und die Bedrohung meines Lebens durch meine arabischen Brüder dafür in Kauf nähme: um eines wenigstens minimalen modus vivendi willen. Mit Sicherheit wäre ich bei denjenigen Aktionen der Intifada dabei, die im Untergrund am Aufbau einer autonomen gesellschaftlichen Struktur arbeiten: an Informationssystemen, heimlichen Kindergarten- und Schulgründungen in privaten Häusern, vor allem am Aufbau von heimlichen Stationen medizinischer Hilfe. Als Christ würde ich die darin sich immer mitergebende Emanzipation arabischer Frauen aufs äußerste mitbefördern, es ginge gewiß in meine Predigt ein als ein großes Geschenk der

Unterdrückung an die Unterdrückten. Freilich würde ich mich verzehren in Sorge um die Gewalttätigkeit unserer Kinder und überhaupt um die militanten Aktionen der Meinen in der Intifada, die weitgehend ein Krieg der Kinder ist – wie in vielen Untergrund-Organisationen der Dritten Welt. Ich weiß nicht, ob ich hier nicht doch Nein sagen und da sogar gegenwirken würde. Als Seelsorger müßte ich unermüdlich wachen und beten mit Weinenden, innerlich Zerrissenen, und würde um den Trost Jesu bangen: ob ich »mein Volk« trösten, trösten kann. Ich würde helfen, den Verdienstausfall, der durch die demonstrativ geschlossenen Basare sehr empfindlich ist, in seinen Wirkungen zu lindern, soweit ich – z.B. durch meine ausländischen Verbindungen – nur kann. Und natürlich würde ich bei alledem die Bibel mit anderen Augen lesen, als ich in Beirut oder Europa gelernt habe. Wie sollte ich anders können, als sie aus meinem Kontext heraus zu lesen? Daß sich da Schwergewichte der Bedeutung verändern, würde mich nicht ängstigen. Das Entscheidende dabei wäre auch für mich das Bild von den biblischen Juden, wie sie im Vergleich mit den heutigen aussehen, die mir so belastend nahetreten. Und auch das stelle ich mir vor: welchen Anfechtungen ich mich gerade in bezug auf die Bibel ausgesetzt sähe. Ich erinnerte mich gewiß an mein Studium, was ich da von der Andersheit Jesu *gegenüber* dem Judentum alles zu hören bekommen habe. Und sicher würde auch ich mit Unmut, ja mit Widerwillen auf meine Kollegen in Europa, besonders auf einige da oben in Deutschland blicken, die die ganze ökumenische Tradition durcheinanderbringen und gerade den für unseren Kontext so hilfreichen Unterschied zwischen Jesus und den Juden weitgehend aufzuheben begehren. Müßte nicht auch ich sie im Namen der Traditon als Häretiker abweisen? Würde nicht auch ich mich empören darüber, daß ausgerechnet die Deutschen, die uns mit ihrer Judenvernichtung den Staat Israel eingebrockt haben, nun ausgerechnet von uns Enterbten ein Einsehen erwarten in eine Gottesbedeutung *dieses* Volkes, womöglich noch dieses Staates?

Ich weiß nicht, ob ich das alles tun und denken würde. Ich bin kein palästinensischer Christ, ich bin ein Christ aus Deutschland. Ich stehe unter anderen »kontextuellen« Bedingungen als meine palästinensischen Schwestern und Brüder. Ich bete für sie, wie ich für die Juden bete, auch die Israelis. Ich versuche, mich in sie hineinzudenken, so gut ich kann. Ich kann es nicht gut, aber versuche es immer neu. In sie hineindenken kann ich nur, indem ich meine Erfahrungen, Einsichten, mein Hören der Bibel doch nicht vergessen kann. Sich in einen anderen hineindenken und dabei sich selbst vergessen will nicht gelingen. Soll es auch nicht. Darf es auch nicht. Es wäre ein Spiel und kein Ernst. Ich kann nur *selbst* denken, nicht fremddenken und weiß, wie wenig ich dadurch mit dem anderen wirklich mitdenken kann.

Aber nun denke ich mir: *Wäre ich palästinensischer Christ,* dann wählte ich mir noch aus einem anderen Grund den Prediger aus der Wüste, Johannes, zum

Leitstern; ihn: in seinem tiefen Zorn gegen Jerusalem. Aber ihn in dem, worin er mir – gebunden in meine Erfahrung und meinen Kontext – noch heller leuchtete, ihn mit seinem Bekenntnis: »Nach mir kommt ein Mann, der vor mir gewesen ist; denn er war als Erster vor mir« (Joh 1,30). Und ich dächte wohl, indem ich »christuszentriert« an Jesus dächte, dabei an Jesus, den Juden, an *Jesus nicht ohne sein Volk,* das er repräsentiert. So hörte ich dies Johanneswort nicht nur als ein Wort von dem einen »Mann«, sondern auch als eines von seinem Volk. Nach mir kommt sein jüdisches Volk. Vor mir war sein jüdisches Volk. Es war Erster vor mir und meinem palästinensischen Volk. Ich hörte dies gewiß mit Zittern, sogar mit Entsetzen. Ich hörte es widerwillig. Ich wüßte: Selbst, wenn ich es mir in mein Herz hinein sagen ließe – wem denn neben mir dürfte ich das zumuten, wollte, könnte das? Ich müßte mich hüten, es meinem Volk zuzumuten, es könnte dies nur als Verrat aufnehmen. Ich müßte beten darum, es meiner kleinen Gemeinde zumuten zu können, und wüßte, wie sehr ich sie damit vor meinem Volk in Mißkredit bringen, ja in ihrer Existenz bedrohen würde. Wahrscheinlich würde ich es doch nicht tun.

Aber mich selbst, mich palästinensischen Christen, könnte ich nicht mehr schützen vor dem Anruf des Wüstenpredigers aus der Arava, der »im Land Judäa« (Joh 3,22) Jesus auf sich zukommen sah und ihm, seinem Konkurrenten, laut und vernehmlich bezeugte: Eum oportet crescere, me autem minui, Jener muß wachsen, ich aber abnehmen (Joh 3,30). Und ich würde geistlich irr und wirr von der Frage: ob es Johannes nicht heute auch für unsere *Völker* gemeint und gesagt haben könnte: mein Volk und das Volk der Juden? Oder wenigstens: meine Gemeinde und die edah Israels?

Noch einmal: inkompetent. Theologisch »unmöglich«. Und nur, weil ich schon einmal etwas von Doktor Martin *Luther* gehört habe, wage ich das Unmögliche: »Leiden, Leiden, Kreuz, Kreuz ist der Christen Recht«[88] – *Recht,* sagte er, nicht: Pflicht. Etwas Stolzes also, Fundierendes und Fundiertes. Und nur, weil ich von *Jesus* gehört habe, wage ich das Unmögliche: der *auswich,* wo man ihm nachstellte, statt ihm mit Schalom, Baruch habbah … zu begegnen.

Negative Theologie. Theologie von der Kehrseite Gottes. Theologie des Ausweichens. Lob aus der Tiefe, aus dem Gott-Hinterhersehen – Befreiungstheologie *der Enterbten.* Befreit von der *Macht* des Christseins: rein europäisch gedacht, sogar bloß deutsch. Und doch gedacht im Mit-Leiden, so weit es geht, um in den Wehen der Zeitkatastrophen durchzuhalten und wenigstens – wenn keine solenne Wegbereitung – doch einen Schlängelpfad nicht völlig verblendeter Erkenntnis zu suchen.

88. M. Luther, Ermahnung zum Frieden auf die zwölf Artikel der Bauernschaft in Schwaben (1525), WA 18,310.

Wegbereitung und Wehen III: Der Unruheherd Kirche

Paulus auf dem Markt von Athen: dort predigt er seinen Gott und steht epikureischen und stoischen Philosophen dafür Rede und Antwort. Da gibt es welche, die ihn für einen Schwätzer halten: einen »Spermologen« nennen sie ihn; das ist eigentlich der Name für eine Sorte von Krähen, die Samenkörner aufpikken, mal hier eins und mal da eins, wir können uns die sprichwörtliche Bedeutung dieses Vogels an unserem geflügelten Wort klarmachen: »Ein blindes Huhn findet auch einmal ein Korn«; auch unsere Redewendung von einem »Körnchen Wahrheit« hängt vielleicht damit zusammen. Im übertragenen Sinn haben die Griechen unter Spermologen besonders die Abfallsammler verstanden, die auf dem Marktplatz Abfallreste suchen, wenn er geschlossen worden ist. Eine andere übertragene Bedeutung nennt einen Spermologen einen, »der fremde Gedanken aufschnappt und unverstanden als eigene weitergibt«[89]. Die Athener Philosophen erklären Paulus als ein solches blindes Huhn: einen Eklektiker, der mal hier, mal da ein Körnchen gefunden haben mag, aber das unbegriffen, unverbunden wiedergibt, ohne Sinn und Verstand; so, wie er das alles sagt, ist es in ihrem Philosophen-Urteil reine Zungendrescherei, dummes Zeugs (Apg 17,18).

Freilich: Andere interessiert dieser Mann. Er scheint etwas Neues im Kopf zu haben, und so etwas reizt die sprichwörtlich neugierigen Athener immer (Apg 17,21). Aber das Neue befremdet sie auch. Paulus bringt ξενίζοντα in ihre Ohren, »befremdliche Dinge« (Apg 17,20); und sie vermuten: »Er scheint von ξένων δαιμονίων, fremden Gottheiten, zu reden« (17,18). Das ist keine ganz ungefährliche Mutmaßung, denn einst, vor 450 Jahren, war gerade hier, in Athen, Sokrates angeklagt worden mit einem wörtlich gleichen Vorwurf: Er habe καινὰ δαιμόνια εἰσφέρων, neue Dämonen, Schicksalsmächte, Gottheiten eingeführt; den Sokrates hatte das damals das Leben gekostet – ganz harmlos war auch Philosophie doch nie! Sicher hat Lukas, als er die Philosophen von Athen so über Paulus reden ließ, an Sokrates gedacht, aber den Vorwurf gegen Paulus noch ein klein wenig verschärft. Sokrates hatte seiner Zeit bloß »neue« Dinge aufgebracht – Paulus: »fremde«.

Das bezeugt die Befremdlichkeit der Botschaft vom biblischen Gott; ja: Er ist gerade als δαίμων, eine Macht und Gottheit, für athenische Ohren (die der gebildeten Welt) etwas aufreizend Befremdliches, Absonderliches, Unangepaßtes – und das, obgleich Paulus in seiner berühmten Areopag-Rede, wie überhaupt in Athen, nichts Israeltheologisches, gar Christologisches verkündigt hatte: was ja Philosophen besonders anstößig sein könnte, die nur wenig mit »zufälliger Geschichtswahrheit«, lieber mit »ewiger Vernunftwahrheit« etwas im Sinn

89. E. Haenchen, Die Apostelgeschichte. 1961, 455, Anm. 3.

haben. Die rein alttestamentlich-jüdische Gottesverkündigung auf dem Areshügel, nordwestlich der Akropolis, vom Schöpfergott, – seiner Wesensnähe zur Menschheit, – seinem Ruf zur Umkehr, – seinem kommenden Gericht, – von der Auferstehung der Toten (Apg 17,22-31) finden sie Spermologie: Windbeutelei, Geschwätz.

Anstößig fremd also, wie Israel auf seinen Wegen in der Mitte der Völker, sind auch die Christen mit ihrem Evangelium auf ihren Wegen durch die Menschheit. Die Situation des Paulus in Athen zeigt: Christen erregen Befremdung nicht erst mit der Botschaft von Jesus, auch schon, wenn sie – wie Juden – nur den ihnen mit Israel gemeinsamen Gott aus den Schriften predigen. Auch am Christentum ist das Ärgerliche für die Gebildeten unter seinen Verächtern – aber auch für viele andere – der absonderliche Gott Israels.

Was, meinte Lukas, wäre das so Absonderliche?

1. »Wegen der Hoffnung stehe ich vor Gericht«

In Jerusalem, erzählt er, hatten sie Paulus gefangengenommen; Beschuldigungen von jüdischer Seite, er habe »gegen das Volk und das Gesetz und den Tempel gelehrt« (Apg 21,28) hatten den römischen Stadtkommandanten zu diesem Befehl veranlaßt, weil angeblich »die ganze Stadt« durch Paulus »in Bewegung gekommen und ein Volksauflauf entstanden« war (21,30). Zweimal erhält Paulus – nach der Sicht des Lukas – Gelegenheit, sich in großen Reden zu verteidigen: einmal, in hebräischer Sprache, von der Freitreppe der Burg Antonia aus, gegenüber den »Brüdern und Vätern« des Volkes, die ihm in »großer Stille« zuhörten (21,40 – 22,2); sodann, nachdem man ihm die Handschellen abgenommen hatte, vor dem Synhedrion, dem Hohen Rat der Juden. Hier nun nennt er den wahren Grund für seine Verhaftung, wie *er* ihn sieht. Er hat – das erklärt er im Laufe seiner Gefangenschaft immer wieder – nichts gegen das Volk, nichts gegen die Tora, nichts gegen den Tempel gelehrt und getan. In Wahrheit, sagt er, »wegen der Hoffnung und der Auferstehumng der Toten stehe ich vor Gericht« (23,6): περὶ ἐλπίδος καὶ ἀναστάσεως νεκρῶν κρίνομαι, also: wegen seines Geprägtseins durch Hoffnung, und weil er in seinem Denken und Wirken ganz ausgerichtet ist auf das Kommende: die Auferweckung von den Toten; wir können auch sagen: wegen seiner eschatologischen Überzeugung und Existenz.

Für unser gegenwärtiges Bild von der Theologie des Lukas ist das ein überraschender Akzent. Denn gemeinhin haben wir Lukas als den Zeugen Jesu sehen gelernt, der die christlichen Überlieferungen »historisiert« hat, der – wie er im Prooimium zu seinem Evangelium mitteilte (Lk 1,1-4) – soviel ältere Überlieferungen wie nur möglich gesammelt und sie unter dem (ja wahrlich »historischen«) Gesichtspunkt der richtigen Reihenfolge »von Anfang an« geordnet habe. Er, als einziger von den Evangelisten, habe der Jesus-Geschichte auch eine Kirchengeschichte angehängt und ihr (vor allem in den Reden der Apostelgeschichte) die Geschichte Israels als eine Einheit ausführlich vorausgestellt. Jesus sei dadurch zur »Mitte« der Zeit geworden[90], die als ein großer heilsgeschichtlich-weltgeschichtlicher, also ein historischer Zusammenhang gesehen werde. Dadurch unterscheide Lukas sich fundamental z.B. von Paulus und anderen früheren Zeugen Jesu und der christlichen Gemeinde, die ganz endzeitbezogen gepredigt und gewirkt und mit einem Fortgang der weltlichen Geschichte gar nicht mehr gerechnet hätten. So dokumentiere Lukas eine Phase der Enteschatologisierung des frühen Christentums, – die alten Zukunftsttraditionen der ersten Christengeneration schleppe er zwar noch mit, aber sie besäßen für ihn keine aktuelle Bedeutung mehr, seien zu Stereotypen einer unlebendigen Überlieferung geworden; die Zukunft und das Kommende selbst seien bereits in weite Ferne gerückt. So unser derzeitiges Lukas-Bild.

Wir wollen dem nicht widersprechen. Aber wie immer, wenn in der Wissenschaft große Gesamtsichten entwickelt werden, fällt unvermeidlich auch etwas unter den Tisch. Dafür wollen wir uns jetzt interessieren und uns im folgenden in bezug auf die Apostelgeschichte des Lukas ein wenig wie Spermologen betätigen: sei es als Schwätzer, sei es, um ein paar Körnchen Wahrheit aufzupicken, die als Brosamen vielleicht von den Arbeitstischen der theologischen Werkstätten gefallen sein möchten.

Paulus selbst sieht sich angeklagt »wegen der Hoffnung«. Vor dem Synhedrium hatte er sie inhaltlich gefüllt mit der Erwartung der Auferweckung der Toten. Das war dort, nach der Erzählung des Lukas, auch ein geschickter Schachzug seiner Selbstverteidigung. Denn damit konnte er die zwei im Hohen Rat vertretenen Parteien der Pharisäer und Sadduzäer gegeneinander ausspielen; genauer: Als Mensch, der auf die Auferweckung der Toten wartet, konnte er sich mit den Pharisäern eins wissen und beginnt auch seine Rede ausdrücklich mit den Worten: »Ihr Brüder, ich bin Pharisäer, Sohn von Pharisäern; wegen der Hoffnung und der Auferstehung der Toten stehe ich vor Gericht« (Apg 23,6) – also: Eigentlich stehe ich als ordentlicher Pharisäer vor Gericht. Lukas kommentiert: »Die Sadduzäer nämlich sagen, es gebe keine Auferstehung und keinen Engel und keinen Geist; die Pharisäer dagegen bekennen sich zu beidem« (23,8).

Dazu zunächst eine Nebenbemerkung. Lukas ordnet Paulus hier konsequent ins Judentum ein, als Pharisäer, so wie Paulus selbst es ja auch getan hatte: »... beschnitten am achten Tag, aus dem Volk Israel, dem Stamme Benjamin, ein

90. H. Conzelmann, Die Mitte der Zeit. Studien zur Theologie des Lukas. 1954.

Hebräer von Hebräern, ein Pharisäer nach dem Gesetz ..., in der im Gesetz verlangten Gerechtigkeit untadelig geworden« (Phil 3,5-6). Lukas meint: Für Paulus habe seine Zugehörigkeit zur Schule der Pharisäer auch noch nach seiner Berufung durch Jesus eine Bedeutung behalten, während die meisten Exegeten aus den uns erhaltenen Paulus-Briefen das nicht meinen bestätigen zu können. Über beides läßt sich streiten – wenn dabei nur nicht die Perspektive des Lukas unterdrückt wird; immerhin bietet er uns – noch innerhalb des Neuen Testaments – eine (noch dazu die erste!) Interpretation des Paulus an, die uns Anlaß zu einer kritischen Neu-Lesung auch des paulinischen Gesetzes-Verständnisses geben, uns vielleicht auch dazu bewegen könnte, die Gesetzeskritik des Apostels noch einmal neu zu bedenken: Was besagte sie, wenn wir sie als das Gesetzesverständnis eines Pharisäers lesen müßten, der sich als solcher *nicht* aufgegeben und verleugnet hätte?

Wie auch immer: Lukas sieht Paulus hier als einen *Hoffnungs-Pharisäer.* Das meint nicht nur: Er erwartet, wie jeder Pharisäer, die Auferweckung der Toten. Es heißt vielmehr: Das Verhältnis des Paulus zu Volk, Gesetz und Tempel, darin: zur Tora, ist geleitet vom Motiv der Hoffnung, tikva, ἐλπίς. In den rabbinischen Listen von sieben Typen von Pharisäern kommt zwar der Typus eines Hoffnungs-Pharisäers nicht vor (j Brachot 14b; b Sota 22b). Aber denken ließe sich, daß ein Hoffnungs-Pharisäer, ähnlich wie ein »Pharisäer aus Liebe« oder ein »Pharisäer aus Furcht«, doch auch jüdisch vorkommen könnte. Wie einer aus reiner Liebe sich zur Tora verhalten kann, ein anderer aus eben so reiner Gottesfurcht, so könnte Lukas den Paulus als einen Pharisäer verstanden haben, der, geleitet von der pharisäischen Erwartung der Totenerweckung, sich durch und durch als Hoffender zur Tora verhalten hat, u. zw. nicht bloß moralisch hoffnungsvoll, sondern spezifisch als ein eschatologisch Hoffender. Wir werden sehen, wie das in der Sicht des Lukas wirklich so sein könnte.

Zunächst aber beobachten wir, daß der lukanische Paulus auch noch in weiteren Prozeß-Situationen das Motiv Hoffnung als den eigentlich gegen ihn gerichteten Anklagepunkt wiederholt.

Das geschieht zunächst in seiner Verteidigungsrede vor dem Prokurator Felix, nachdem man ihn von Jerusalem hinunter in das römische Regierungszentrum nach Caesarea gebracht hatte; jüdische Instanzen hatten sich sehr beim Statthalter dafür ins Zeug gelegt, gegen Paulus einzuschreiten, weil dieser Mann »eine Pest und Anstifter von Unruhen für alle Juden auf dem Erdkreis« sei (24,5). Felix erteilte Paulus in Anwesenheit des extra dafür ebenfalls nach Caesarea heruntergekommenen Hohenpriesters Chananja das Wort. Da verteidigte er »den Weg« der von den jüdischen Sprechern als »Häresie« bezeichneten Christengruppe (24,14) und erklärte folgendes: 1. Wie alle Juden schenkten auch er und seine Freunde ihren Glauben dem »Gott der Väter«. 2. Sie täten dies, als rechte

Juden, gemäß der Tora und gemäß dem, was in den Propheten geschrieben sei. 3. »Dabei habe ich die Hoffnung zu Gott, auf die auch diese selbst (- nämlich seine christlichen Freundinnen und Freunde -) warten, daß es eine Auferstehung der Gerechten und der Ungerechten geben wird« (24,15); in dem allen bemühe er sich, ein unverletztes Gewissen gegen Gott und die Menschen zu haben (24,16).

Auch hier nennt er die Hoffnung die Spitze des christlichen Weges. Er unterscheidet sich damit nicht von den Juden, denn sie ist Bestandteil seines Glaubens an den Gott der Väter, wie er von Tora und Neviim bezeugt wird. Diese Hoffnung hat die sog. allgemeine Totenauferstehung zum Inhalt, die der Gerechten und der Ungerechten. Sie richtet sich also auf etwas, was auch für Paulus noch reine Zukunft ist, von der Auferweckung Jesu aus dem Tode noch nicht abgegolten.

Wichtig, daß wir das festhalten. Wohl ist es klar, daß die Hoffnung auf Auferstehung der Toten für Paulus durch die Ostergeschichte einen immensen Auftrieb erhalten hat. Sie ist wirklich eine Osterhoffnung, von Jesu Erweckung aufs neue angefacht. Aber diese hat die Zukunftshoffnung nicht ersetzt. So daß, wenn Paulus von Hoffnung spricht, er damit wirklich eschatologische Hoffnung meint, die sich auf einen Inhalt der apokalyptischen Zukunftserwartungen Israels richtet.

Ähnliches wiederholt sich in seiner Verteidigungsrede vor dem herodianischen König Marcus Julius Agrippa II. und dessen Schwester Berenice. Beide waren zum Antrittsbesuch beim neuen römischen Hohen Kommissar Festus, dem Nachfolger des vorzeitig abberufenen Felix, gekommen, der den Fall Paulus übernommen hatte; aber der hatte ihn »ratlos« gemacht (25,20); jetzt wollte er sich gerne mit dem jüdischen König darüber beraten. Wieder stellt Paulus sich vor Agrippa als strenger Pharisäer vor (26,5). Und wieder erklärt er: »Und jetzt stehe ich vor Gericht wegen der Hoffnung, ἐπ ἐλπίδι ...ἕστηκα κρινόμενος«, und zwar der Hoffnung, die Gott »in der Verheißung an unsere Väter gegeben hat, zu der unser Zwölfstämmevolk, eifrig Tag und Nacht (Gott) dienend, zu gelangen hofft« (26,6f). Damit qualifiziert der lukanische Paulus seine Hoffung als eine der Gesamtgeschichte Israels immanente: von den Väterverheißungen bis zum heutigen Gottesdienst, der λατρεῖα, Israels reichende. Und wiederholt noch einmal: »Und um dieser Hoffnung willen werde ich, o König, angeschuldigt« (26,7). Dreimal hören wir in diesen zwei Versen das Stichwort Hoffnung, hoffen; es ist also Leitwort. Und wieder, wie schon vor dem Synhedrion, bringt Paulus auch vor Agrippa und Berenice diese Hoffnung inhaltlich mit der Erwartung der Auferweckung der Toten in Zusammenhang: »Warum wird es bei euch für etwas Unglaubwürdiges erachtet, τὶ ἄπιστον κρίνεται, wenn Gott Tote auferweckt?« (26,8). Das heißt im ganzen: Paulus ist ein Hoffnungs-Pharisäer darin, daß er die gesamte von der Tora bezeugte Geschichte Israels – zwischen der Vätergeschichte und dem tag-nächtlichen Gottesdienst Israels bis heute – als voll von Verheißung der Totenerweckung liest und dadurch in eine Grundhaltung des Hoffens sich gestellt sieht, die der Tora entspringt, – aus der heraus er die Tora liest und die überhaupt sein Verhältnis zu Gott, Welt und Mensch dirigiert. Er selbst versteht sich darin als Pharisäer, typisch unterschieden von einem sadduzäischen Judentum, das andere Schwergewichte setzt.

Und noch ein viertes Mal anderswo dieselbe Rede. Als sie ihn endlich als Gefangenen nach Rom gebracht hatten, ließ er dort die Leitung der jüdischen Gemeinde zusammenrufen, um sich ihr vorzustellen. Auch ihnen erklärt er, warum er jetzt hier sei: Ich habe euch eingeladen, »um euch zu sehen und zu euch zu reden; denn um der Hoffnung Israels willen trage ich diese Kette«: ἕνεκεν γὰρ τῆς ἐλπίδος τοῦ Ἰσραήλ (28,20). Das steht wenige Verse vor dem Ende der Apostelgeschichte, ist zwar noch nicht das Wort allerletzter Hand – das wird ein Wort der Resignation gegenüber Israel sein (28,25-27). Aber nur um so mehr wiegt es als sein vorletztes: pro Israel. Sein Spezifisches ist sein Hoffen. Und sein Hoffen ist bündig und kurz »die Hoffnung Israels« – nichts anderes. Daß Lukas dies für das entscheidende Motiv am Leben und Wirken des Paulus hält – »die Hoffnung Israels« –, zeigt sich daran, daß er es Paulus selbst viermal als das Motiv des Widerstands gegen ihn sagen läßt. Der Widerstand gegen Paulus richtet sich gegen seine eschatologische Predigt und Existenz. Eben das sagt Lukas in seiner Sprache. Eben das ist ein Grundmotiv auch seiner eigenen Kirchengeschichte. Eben das sollten wir als Spermologion an der Apostelgeschichte weiterverfolgen. Eben das macht uns mißtrauisch gegen eine öffentliche Meinung von einem völlig uneschatologischen Lukas.

Weil es aber in der Eschatologie um Wegbereitung und Wehen geht und Lukas in seiner Apostelgeschichte vom »Weg« der Christen durch die Welt erzählt (9,2; 19,9.23 u.ö.), wollen wir jetzt näher auf seinen Bericht hören.

2. *Die Durchsetzung des Namens Jesu*

In seiner Apostelgeschichte erzählt er von Mission und Ausbreitung des Christentums. Er tut das nicht so historisch wie Adolf von Harnack in seinem berühmten, gleichnamigen Buch[91]. Für Lukas ist auch die Missions- und Kirchengeschichte etwas, was *verkündigt* werden muß. Denn in ihrer Substanz ist sie das *Ereignis der Durchsetzung »des Namens«* Jesu in der Welt der Juden und der Gojim.

91. A. v. Harnack, Die Mission und Ausbreitung des Christentums in den ersten drei Jahrhunderten. 1902. [4]1924.

Nach biblischem Wirklichkeitsverständnis ist der *Name Gottes* oder eines Menschen das, was ihn in der Öffentlichkeit »namhaft« macht – nicht nur in einem allgemeinen Sinne: bekannt, sondern anredbar, wirksam in jeder Art Gott-Menschlicher und zwischenmenschlicher Beziehungen; in unseren Namen sind wir gesellschaftlich-kommunizierende Wesen. Dazu kommt, daß die meisten Personennamen gegenständliche Bedeutungen haben, und die biblischen Erzähler wollen, daß wir, wenn sie uns von Personen mit Namen etwas erzählen, immer deren gegenständliche Bedeutung mithören, auch wenn sie darüber nicht ausdrücklich meditieren; daß »Maria« auf deutsch »die Bittere« heißt, kann uns gegen Frauen- und Mutterkitsch in ihrem Bilde immun machen; daß »Jesus« auf deutsch »Gott hilft« heißt, sagt im Grunde schon genug von dem, was er ist: Unter der Verheißung der gegenständlichen Bedeutung seines Namens steht, wer seinen Namen kennt und ihn bei seinem Namen nennt.

Wie verhält es sich nun in der Apostelgeschichte mit dem *Namen Jesu?*

So häufig wie kein anderer Zeuge in den Jesus-Schriften begnügt Lukas sich hier mit dem einfachen Personennamen »Jesus« – ohne weiteren Zusatz; ohne Anspruch auf Vollständigkeit habe ich es wenigstens 20mal so gezählt; »Jesus, der Nazoräer«, heißt er wenigstens 5mal – und das bei Erzählungen, die alle nach Ostern spielen und nicht mehr nur den irdischen Menschen vor aller Gottesgeschichte mit ihm meinen – schon gar nicht den »historischen« Jesus –, sondern den erweckten und verkündigten, den, an den die Christen glauben und auf dessen Namen sie sich taufen lassen. Die christliche Botschaft kann einfach das »Evangelium von Jesus« heißen (8,35). Der Auferweckte überfällt im Strahlenglanz Gottes den Paulus auf dem Weg nach Damaskus und nennt sich von seiner Höhe herab, ohne daß er irgendeinen sog. Hoheitstitel dabei gebrauchte: »Ich bin Jesus, den du verfolgst« (9,5; 26,15), oder : »Ich bin Jesus, der Nazoräer, den du verfolgst« (22,8). Oft, wenn die lukanischen Apostel predigen, nennen sie ihn mit demonstrativer Geste einfach: »Dieser Jesus« (z.B. 2,32; 17,3). Geisterbeschwörer versuchen ihr Handwerk mit der Formel: »Ich beschwöre euch ...« – die bösen Geister – »... bei dem Jesus, den Paulus predigt« (19,13). Und es ist dieser Name, in dessen Kraft Petrus einem Lahmgeborenen volle Gesundheit zurückgeben konnte (3,16). Der Hohe Rat der Juden aber beschließt gegen Petrus und Johannes folgendes Vorgehen: »Damit es nicht weiter unter das Volk verbreitet wird, wollen wir sie bedrohen, zu keinem Menschen mehr auf Grund dieses Namens zu reden. Und sie ließen sie rufen und geboten ihnen, durchaus nichts mehr verlauten zu lassen noch zu lehren auf Grund des Namens Jesu« (4,17-18). Der Name Jesus allein erregt hier Anstoß, ist das diesen Menschen Unterscheidende, die Kraft seiner willkommenen oder unwillkommenen Wirkung. Und wenn Petrus in Jerusalem verkündigt: »Es ist in keinem anderen Heil, ist auch kein anderer Name unter dem Himmel den

Menschen gegeben, durch den wir befreit werden sollen« (4,12), dann kann das im Sinne des Lukas auch den einfachen, schmuck- und zusatzlosen Namen Jesus, oder Jesus von Nazareth meinen. Denn er ist der Jesus, den Stephanus »zur Rechten Gottes stehen« sah, als er zum Himmel aufsah, bevor sie ihn zur Stadt hinaustrieben und steinigten (7,55-56).

In der Bekenntnissprache der neutestamentlichen Christen ist dieser Gebrauch des einfachen Personennamens auch für den österlichen und zur Rechten Gottes erhöhten Jesus nicht gerade typisch. Im christlichen Kerygma, d.h., wenn Jesus von seinen Anhängern gepredigt und durch Taten bezeugt wird, nennen sie ihn meistens mit einem bedeutenden Beinamen, durch den sie seine Funktion gegenüber den Menschen oder seine herausgehobene Würde besonders betonen. Meistens: Jesus Christus, so daß der Beiname und die Funktionsbezeichnung des Christus, Messias von vielen Schriftauslegern schon wie ein zweiter Eigenname Jesu gedeutet wird. Aber Jesus haben die frühen Christen nicht mit dem Christusnamen allein zusätzlich benannt, sondern mit einer Fülle abstrakt so genannter Hoheitstitel. Auch in dieser Beziehung spricht Lukas in der Apostelgeschichte besonders vielfältig, abwechslungsreicher als die meisten anderen neutestamentlichen Zeugen. Offenbar belegt das Wort 4,12, daß kein anderer »Name« den Menschen von Gott zu ihrer Rettung und Hilfe gegeben sei, daß *Lukas ein* richtiger *Namen-Theologe* war, für den die vielen Namen Jesu nicht Mittel eines stilistischen Abwechslungsreichtums seiner Sprache waren, schon gar nicht: »Schall und Rauch«; vielmehr wußte er im Geist des biblischen Hebräisch um die offenbarende Kraft der Namen und wollte mit vielen Beinamen die kostbare Kraft des Eigennamens Jesu bezeugen. Er nennt Jesus »Herr«, nennt ihn den »Herrn Jesus«, nennt ihn »Herrn und Christus«, – den »Knecht Jesus«, den »Knecht Gottes«, den »heiligen Knecht Jesus«, – heißt ihn »Anführer und Heiland«, – »Jesus, der Christus«, – nur einmal nennt er ihn »Christus« ohne Jesus, – nennt ihn den »Herrn Jesus Christus«, nennt ihn Jesus, den goel, den Heiland, – nennt ihn den »Gerechten«. Der Häufigkeit nach stehen aber alle diese Beinamen zurück hinter dem schmucklosen Eigennamen Jesus, den Lukas einerseits als einen ganz einfachen Eigen- und Personennamen, andererseits aber als einen alle anderen überragenden Hoheitsnamen benutzt; die »historische«-kleinmenschliche und die theologische: die Gottes-Dimension der Wirklichkeit »dieses Jesus« sind in seinem Eigennamen zu einer Einheit verschmolzen.

Dies gibt zu denken. Wie gehören der überragende Eigenname und die vielfältigen Beinamen zueinander?

Die Vielfalt zeigt, daß auf der Wegstrecke der christlichen Gemeinde, von der Lukas erzählt, – und daß wohl auch in seinem eigenen theologischen Denken – die Bedeutung Jesu noch nicht klar und eindeutig festgelegt ist. Was Jesus namhaft und für die Menschheitsöffentlichkeit bedeutend macht, steht noch in offenem Prozeß. Die Apostelgeschichte können wir, so gesehen, auch als einen Bericht von dem *offenen Prozeß des einen Namens Jesus in seinen vielen Beinamen* verstehen. Ob er ein κύριος und Herr, – ein, gar »der« Christus, – ob er beides zugleich sei, – ob er »Knecht Gottes« oder ein goel, ein politischer Retter sei, – ob ein Anführer, ἀρχηγός, des Lebens vor und von Gott her – und in welchem Sinne er das alles heißen und sein oder besser: werden könne, das alles steht in offener geschichtlicher Frage, ist noch nicht entschieden. Nicht zuletzt deswegen nicht, weil ja *der Name Jesu noch nicht durchgesetzt ist in der Weltöffentlichkeit.* Und in diesem Doppelsinne läßt sich die Apostelgeschichte lesen einerseits als Erzählung von Ereignissen der Durchsetzung des Namens Jesus unter Juden und Gojim, wozu dann andererseits gehört, daß die wahre Bedeutung Jesu dann erst deutlich werden, dann erst sich herausstellen kann, unter welchen der vielen denkbaren Beinamen Jesus am besten Jesus bleiben und als »dieser Jesus« wirken und genannt werden kann. Wir können auch sagen: *Die Sprache des christlichen Bekenntnisses ist in der Apostelgeschichte noch in der offenen Entwicklung des freien Bekennens der Christen: zu verschiedenen Zeiten, an verschiedenen Orten, mit verschiedenen Bedeutungen.*

Lukas hat das wohl mitgemeint, wenn er immer wieder von dem »freimütigen« Bekennen der Christen spricht, von ihrer παρρησία. Damit bezeichnet er an erster Stelle die Angstfreiheit des Bekennens, denn die Geschichte, in der sich der Name Jesu durchsetzen muß, erweckt ja überall oft harte Widerstände, – die Wegbereitung für den Namen tut weh, – ohne den Freimut, die Angstfreiheit der Christen können sie niemanden und nichts für den Namen gewinnen. Aber am Wort παρρησία spielt auch eine gewisse Unverschämtheit im Reden, auch: eine Rückhaltlosigkeit in den Aussagen mit eine Rolle; die Leute reden ganz ungeniert, was sie denken, ganz gleich, ob z.B. epikuräische oder stoische Philosophen das »objektiv« bewahrheiten können oder doch bloß die Nase rümpfen müssen darüber wie über ein dummes Geschwätz. Die Zeugen Jesu wollen nicht, aber sie können auch (noch) nichts von der Bedeutung Jesu »beweisen«, nicht weil sie philosophisch schwach auf der Brust wären (das vielleicht auch), sondern weil *Jesus noch nicht in Evidenz* ist, weil sich – solange er noch gar nicht durchgesetzt ist – keine communis opinio über ihn bilden und erreichen läßt. Wie sein Name noch im offenen Prozeß ist, so die *Bezeugung seines Namens noch im tiefen Widerspruch von Wegbereitung und Wehen, Weltgewinn und Weltwiderstand.*

Die paar Zeilen, die von Paulus in Damaskus erzählen (9,19b-22), zeigen uns diese Situation. Nach seiner Berufung vom Himmel her predigte er in den Synagogen Jesus. Aber er predigte ihn so, »daß dieser der Sohn Gottes sei«. Der Name Jesus ist gewiß. Aber »daß dieser der Sohn Gottes sei«, kann nur behauptet werden. Lukas erzählt: Das brachte die Juden, die in Damaskus wohnten, in

Verwirrung und den Paulus in die Verlegenheit der Aufgabe, zu »beweisen«, besser: irgendwie und irgendwomit und irgendwodurch zu bestärken, »daß Dieser der Christus sei« (9,22). συμβιβάζειν steht da: verbinden, vereinigen, Widersprüche versöhnen. *Das Widersprüchliche der christlichen Botschaft von Jesus* wird in diesem Wort ausgedrückt. Wie läßt sich das überhaupt zusammenbringen, miteinander vereinigen, daß »Dieser« – einfach: Jesus – »der Christus« sei? Gar: Wie läßt sich das versöhnen? Diese Schwierigkeit benennt den offenen Prozeß des Namens Jesu. Sie hat eine Chance zur »Versöhnung« nur darin, daß Jesus unter den Menschen durchgesetzt wird; und die besteht nur, *wenn* das geschieht. Insofern müssen wir sagen: Lukas hat mit seiner Apostelgeschichte nicht nur von der Lage der ersten christlichen Generationen sprechen können – auch von der unseren. Denn der Name Jesu ist nicht »durchgesetzt«, ist umstritten und bestritten wie eh und je. In der Geschichte der Wegbereitung für den Namen Jesus und der Wehen, die das erzeugt, stehen wir mitten drin. Sie ist bei uns eine eschatologische Perspektive, wie sie das auch in der Apostelgeschichte des Lukas m.E. zweifellos war. *Kirchen- und Missionsgeschichte sind: Zukunftsgeschichte, Antezedentien vor dem Ereignis, in dem Gott seines kommenden Tages evident werden wird* – in welchem Verständnis Jesu auch immer.

3. »Das Werk« – die Völkermission

Die Durchsetzung des »Namens« Jesu meint nun aber nicht, daß die Christen berufen wären, irgendeine theologische, philosophische, praktische oder theoretische Nomenklatura durchzusetzen: Ein Namensgefüge, eine Namensherrschaft, einen Namensklüngel mit der Bezeichnung des Christlichen oder Jesuanischen, sei es auf der Fahne, sei es in einem geheimen Erkennungskodex derer, »die dazugehören«. Auch nicht im Sinne eines um diesen Namen sich rankenden, auf ihn bauenden Wertsystems, Denksystems, Weltsystems, gar: einer entsprechenden Moral. Durchsetzung seines Namens ist nicht Durchsetzung seiner eigenen oder irgendeiner von ihm abgeleiteten gesellschaftlichen Macht, Mächtigkeit, Fähigkeit, sondern: Durchsetzung dessen, was »diesen Jesus« namhaft macht – seines *Werkes.* Darum fragen wir: Was ist – nach der Sicht der Apostelgeschichte – das Werk, das in der Welt Platz bekommen soll, indem dort der Name Jesus durchgesetzt wird?

Zunächst eine kleine Nebenbemerkung. In der Sprache des Lukas heißt die gesamte christliche Missionsarbeit – in einem einzigen Wort zusammengenommen – »das Werk«, τὸ ἔργον, ha-poel. Der heilige Geist gebietet der Gemeinde von Antiochia: »Sondert mir doch den Barnabas und den Saulus zu dem Werk aus, zu dem ich sie herbeigerufen habe« (13,2); und als die beiden von ihrer ersten Missionsreise zurückgekehrt waren, wird das mit den Worten beschrieben: Sie kamen zurück nach Antiochia, »von wo aus sie der Gnade Gottes empfohlen worden waren zu dem Werk, εἰς τὸ ἔργον, das sie nun erfüllt hatten« (14,26). Vor dem Antritt der zweiten Missionsreise kam es zwischen Paulus und Barnabas zu einem Streit darüber, ob sie diesmal einen dritten Mann, Johannes Markus, mitnehmen sollten. Paulus war dagegen, weil er früher schon einmal schlechte Erfahrungen mit diesem Dritten gemacht hatte. Denn der war einst, in Pamphylien, von ihnen weggegangen »und nicht mit ihnen zu dem Werk gezogen, εἰς τὸ ἔργον« (15,38).

Der Ausdruck »das Werk« ist aber für Lukas noch mehr als nur ein terminus technicus für das deutsche Wort »Mission«. Es besitzt theologische, heilsgeschichtliche Tiefe in einem besonderen Sinn.

In seiner Synagogenpredigt in Antiochia in Pisidien (mitten in der heutigen Türkei, nicht das am Mittelmeer gelegene) kommt Paulus auf den inneren Widerstand seiner Zuhörer gegen die Heiden-Arbeit zu sprechen, die er tut. Da zitiert er aus dem Propheten Habakuk 1,5: »Seht, ihr Verächter, verwundert euch und werdet zunichte! Denn ich tue ein Werk – ki paal poel ani –, … das ihr nicht glauben werdet, wenn es euch jemand erzählt« (Apg 13,41). Lukas läßt Paulus den Vers des Habakuk leider nicht weiter zitieren, so daß unsere unsensiblen Deuter ihn nur als Beweis für den Unglauben der Juden auslegen. In Wahrheit soll er aber etwas ganz anderes belegen: den Ausdruck »Werk« für das, was in der Mission des Paulus tatsächlich passiert. Bei Habakuk geht es nämlich weiter mit den Worten: »Denn siehe, ich erwecke die Chaldäer …«, oder in Bubers Übersetzung: »Denn wohlan, die Chaldäer stelle ich auf, / den rauhen und raschen Stamm, / der die Weiten der Erde durchwandert, / Wohnplätze zu ererben, die nicht sein sind« (Hab 1,6). Die Chaldäer stehen als ein Beispiel für die Weltvölker, die Gojim. Gott tut an ihnen »ein Werk«, obgleich sie gar nicht zum Volk Gottes gehören. Im Vollzug dieses Werkes werden sie zu Erben von Wohnplätzen, die nicht die ihren sind. Was das geschichtlich heißt, haben wir im vorigen großen Abschnitt über den Unruheherd Israel ausführlich bedacht. *»Das Werk« ist danach ein Werk Gottes: unter den Völkern.* Dadurch werden sie in den Erbstreit mit Israel getrieben. Das ist in sich schon ganz unglaublich: daß Gott auch außerhalb Israels handelt. Erst recht, daß er Gojim in einen Streit, ein Reizverhältnis (vgl. Röm 11,14) mit Israel führt: Ihr werdet es nicht glauben, ruft Paulus seinen Hörern zu, wenn es euch jemand erzählt. Daß er damit von einer Enterbung der Juden spräche, behauptet Haenchen in seinem Kommentar z. St. grundlos, wenn er sagt, dies Habakuk-Zitat spreche im Gebrauch des Paulus von »der Annahme der Heiden unter Verwerfung der Juden«[92]. Davon kann keine Rede sein, wenn man endlich die jüdische Umgangsweise mit bibli-

92. E. Haenchen, Die Apostelgeschichte. A.a.O. 355.

schen Texten, also die Logik jüdischen Zitierens lernte und es für nicht von vornherein ausgeschlossen hielte, daß Lukas *das jüdische Schrifthandwerk* beherrscht haben könnte. Wer auch nur einmal im Talmud gelesen hat, hat sofort gemerkt, daß dort nur *wenige Worte eines Bibelzitats stellvertretend für große weite Textzusammenhänge* stehen können. *Zitate* geben für die rabbinischen Lehrer und ihre Schüler im Grunde *nur Stichworte fürs Gedächtnis* genauer Bibelkenner und rufen so *engere und weitere Kontexte* zur Diskussion oder fürs Nachdenken auf. Darum versteht es sich jüdisch von allein, daß wenigstens Habakuk 1,6 beim Zitat von 1,5 mit im Sinne ist. Aber es ist jüdisch überhaupt nicht abwegig, sondern normal, auch etwa Habakuk 1,12 mit zur Interpretation dessen heranzuziehen, was Paulus seinen jüdischen Zuhörern sagt. Liest man 1,5 weiter, hört man gewiß manch Schreckliches, Furchtbares, Gewaltsames und für Israel Bedrohliches vom fremden Stamm der Chaldäer (1,7-9), an denen und durch die Gott sein »Werk« tut. In der Tat ist es Gott, der sie auch dazu erweckt, »Wohnungen einzunehmen, die nicht sein sind« (1,6). Aber »Enterbung« im Sinne einer gottgewollten »Verwerfung Israels« ist es eben gerade nicht. Denn auf das schier Unglaubliche dieses »Werkes« Gottes antworteten der Prophet und die Gemeinde Israels mit einem tiefen Vertrauensbeweis: »Bist nicht du, o Herr, von urher mein heiliger Gott? Wir werden *nicht* sterben: lo namut« (1,12). Diese Gewißheit gehört für die jüdische Art, die Bibel zu zitieren, auch über die Entfernung von sechs Zwischenversen hinweg, unbedingt zum Kontext des Verstehens hinzu und macht die *Interpretation auf Verwerfung völlig abwegig.* Nur das gibt das Habakuk-Zitat her: »Das Werk« heißt die Paulus-Mission, sofern sie Völkermission ist, – sofern diese die Juden in einen Erbstreit mit Gojim zwingt, der aber nicht zur »Verwerfung« Israels führen kann, weil Gott »von urher« der Gott *Israels,* so freilich dann auch der Gott der Chaldäer und aller der Weltstämme ist, für die die Chaldäer stellvertretend stehen, – »das Werk« heißt also die Paulus-Mission, sofern sie ein schier unglaubliches Werk *Gottes* ist. Diese Charakterisierung der Paulus-Mission durch Lukas ist aber ein theologisches Motiv für das Zeugnis der Apostelgeschichte überhaupt. Den Weg der Christen durch die Menschheit von Juden und Heiden mit allen ihren befremdlichen Wirkungen verkündigt Lukas als ein »Werk« Gottes, und zwar nicht nur als eines seiner göttlichen, Kirchengeschichte begleitenden Vorsehung, sondern als ein Tun, in dem Gott selbst der Täter ist: ki paal poel ani, ὅτι ἔργον ἐργάζομαι ἐγώ, dies Werk tue *Ich.*

Was geschieht, wenn dies geschieht?

Zunächst das gleichsam Übliche: Mit der Verkündigung des Evangeliums von Jesus wächst das *Wort Gottes* (6,7). Lukas läßt keinen Zweifel daran, daß die Durchsetzung des Namens Jesu *nicht ein Nebenzentrum* neben dem Wort Gottes eröffnet, und erst recht keinen daran, daß es sich dabei um das Wort des

»Gottes der Väter« (24,14; 26,6), also des Gottes Abrahams, Isaaks und Jakobs (7,32), also des Gottes Israels, des Zwölfstämmevolks (26,7), handelt. Die Christen verkündigen freimütig das »Wort Gottes« (4,31). Die Leute, die in Samarien für die Jesus-Botschaft gewonnen werden, nehmen das »Wort Gottes« an (8,14). Das scheint sich von selbst zu verstehen, aber in dem noch offenen Prozeß der Durchsetzung des Namens Jesu muß doch immer wieder eigens betont werden, daß er nicht das Wort Gottes, das Israel kennt und bezeugt, verdrängen, überholen, sondern als das Wort verstanden werden soll, in dem Gott selbst, der Gott der Väter, der Täter und Sprecher ist. Sowenig der Name Jesu *gleich* dem Namen Gottes ist, sowenig *verdrängt* er ihn; er legt ihn aus, macht ihn aufs neue aktuell, für Juden: aufs neue, – für Nichtjuden: zum ersten Mal. Und indem die christliche »Sache« wächst, wird der jüdischen nicht geschadet, soll auch sie wachsen.

So enthält »das Werk« alle *festgeprägten Inhalte der urchristlichen Missionspredigt.* Dabei übrigens bei Lukas noch am wenigsten den (von der christlichen Theologie oft zu Unrecht in den Vordergrund gespielten) sog. *Schöpfergott;* wir sollten wirklich einmal stutzig werden darüber, daß ausgerechnet da, wo von der christlichen Mission erzählt wird – in der Apostelgeschichte –, nur dreimal, und nur ganz formelhaft, von einem Werk Gottes des Schöpfers die Rede ist (Apg 4,24; 14,15; 17,24). Dies gehört nicht vorrangig zu dem »Werk«, das Lukas bezeugt. Die oft zu hörende »Erklärung«, das werde stillschweigend im Neuen Testament überall »vorausgesetzt«, wirkt wie eine Verlegenheitsauskunft, mit der verdeckt wird, daß das Bekenntnis zu Gott dem Schöpfer beileibe nicht so essentiell für eine zeitlich und sachlich ursprüngliche christliche Verkündigung ist, wie viel spätere Christengenerationen, und wir heute, oft zu ungeprüft immer weiter behaupten; z.B. in unserem zwar gut gemeinten, aber biblisch-theologisch gar nicht leicht zu begründenden Slogan von Frieden und »Bewahrung der Schöpfung«; das hat nicht nur eschatologisch ein paar Haken, sondern auch proto-logisch. Jedenfalls ist das Bekenntnis zum Schöpfergott nicht das erste und nicht das alles tragende; damit stehen und fallen wir nicht als Christen; dies Bekenntnis ist zeitlich und sachlich nachträglich – Folge der *Not,* die Juden und Christen bei ihrem Weg durch die Welt erleiden, und da dann: ihr Trost, verloren in der Welt, doch nicht Gott abhanden kommen zu können.

Nicht, daß er Schöpfer ist, ist das Wichtigste an ihm, sondern daß er in einer unvergleichlichen Weise den Menschen *bekannt* und unter ihnen *anredbar* ist. Unvergleichlich ist er für Lukas darin, daß er auch noch letzte Reste eines ἄγνωστον, einer Unbekanntheit, Namenlosigkeit, Anonymität – damit aber auch eine letzte Parzelle von ἄρρητον, Unaussprechlichkeit und Nicht-Ansprechbarkeit ausfüllt, die in der Devotion der »Völker« gar keine Verlegenheit hervorruft, weil das im Gegenteil, nach ihrem Selbstverständnis, erst die Tiefe ihrer

Religion, ihres Respekts vor dem Göttlichen ausmacht. Paulus versteht sehr gut das Fromme an dem Altar, den die Athener dem Unkannten Gott geweiht haben (Apg 17,22-23). Das ist die Frömmigkeit auch noch in Marthens Garten: »Wer darf ihn nennen?« »Und wenn du dann in dem Gefühle selig bist, nenn es dann, wie du willst, nenns Glück! Herz! Liebe! Gott! Ich habe keinen Namen dafür. Gefühl ist alles; Name ist Schall und Rauch, umnebelnd Himmelsglut.«[93] Heidentum ist die *Transzendenz* der Namen, die Überbietung auch der nur allzu bekannten Götter – des Zeus, der Hera, des Apoll, der Artemis, der Athene usw. – durch etwas, was noch *hinter* ihnen allen eine namenlose Tiefe ist: das Prinzip, aus dem alle philosophische und theologische Metaphysik ihre Triebkraft bezogen hat. Sonderbar, wieviele Exegeten die Athener Predigt des Paulus als eine Rede deuten, mit der er den biblischen an den heidnischen Gott »anknüpfen« möchte. Aber nichts nötigt zu dem Gedanken, Paulus wolle den Athenern aus einer frommen Verlegenheit helfen und ihnen jetzt ein Wissen eröffnen über einen oder den ihnen bisher unbekannten Gott, wolle gleichsam diesem Kind ihrer *Unwissenheit* jetzt seinen gebührenden Namen geben. Diese Deutung tut dem Zeugnis des Apostels für die wirkliche Frömmigkeit der Athener (17,22) – und vor allem: dieser selbst – Unrecht. *Die Feier des Unbekannten* empfinden sie, wie gesagt, nicht als einen Mangel, sondern *als die Tiefe und Wahrheit ihrer Religion,* in der sie sich wirklich – durch Zeus, durch Artemis, Athene, Apollon hindurch – dem Transzendenten öffnen. Sie sind von dem ἄγνωστον als dem wahren *Inhalt* ihrer Religion selbst durchdrungen, sie erfüllen davon ihr Herz: vom Wesen des Unbekannten, werden davon selbst zu ἀγνοοῦντες σεβόμενοι: das Unbekannte in der ihm eigenen Weise des Unbekanntseins verehrend, so Gleiches durch Gleiches erkennend. Wollte jemand sie über das Unbekannte aufklären, ihnen davon ein besseres Wissen vermitteln, müßten sie dies als Zumutung einer letzten Irreligiosität, ja Gottlosigkeit empfinden, als einen Stich ins Herz ihrer Devotion.

Eben das ist es wohl, was Paulus auf dem Ares-Hügel – der seinen Namen vom Gott des Krieges, des Streites trägt – will und tut. Er redet da nicht im Geist christlicher Apologeten, die das Biblische, so oft sie nur können, gerne mit dem Allgemein-Menschlichen, und da besonders gern mit dem Heidnischen, vermitteln, gar: verknüpfen möchten. Er trägt da vielmehr den *Angriff des Namens gegen das Namenlose* vor, den Gott, der überhaupt nur darin Gott ist, daß er seinen Namen bekannt macht und sich bei seinem Namen rufen lassen will, der ein *Name über* allen Namen ist, *gegen* den Gott, der überhaupt nur darin wirklich Gott sein will, daß er namenlos über alle Namen ist. Mit dieser Deutung von 17,23 möchten wir Lukas als einem Namen-Theologen gerecht wer-

93. J. W. v. Goethe, Faust. Der Tragödie erster Teil. Marthens Garten.

den, mehr noch: jener christlichen Unterwerfungs-Mentalität wehren, die wie im Judentum, so auch im Heidentum immer schon das »eigentlich« (oder wenigstens: das »werdende«) Christliche sieht und dem Heidentum so wenig wie dem Judentum die Ehre des Gegensatzes, einer *anderen* Erfahrung Gottes, eines *anderen* Begriffs von ihm, ja auch: eines *anderen* Wortes Gottes gönnt. Paulus tut den Athenern auf dem Kriegshügel des Geistes die Ehre des Gegensatzes an, wählt anknüpfungs- und rücksichtslos den Weg des Gegensatzes – mit dem ausdrücklich von Lukas erzählten Ende: »So ging Paulus aus ihrer Mitte hinweg« (17,33) – nichts hatte er da vermittelt, er hat den Namen nicht in der Namenlosigkeit, die Offenbarung nicht in der Transzendenz heimisch machen können.

Freilich: Den Namen hat er nicht genannt. Er hat nicht gesagt: Ach, wie gut, was ich jetzt weiß, daß JHWH er heißt. Vielmehr hat er den gegenständlichen Inhalt des Namens – »Ich werde mit euch sein, wann immer ich mit euch sein werde« – zum Zuge gebracht und den Athenern aus der *Geschichte* und von den *Geschichten* erzählt, *in denen Gott seinen Namen bewährt.* Auch darin läßt Lukas seinen Paulus gut jüdisch reagieren. Der Name wird »nicht unnützlich« geführt, nicht ausgesprochen, vielmehr: *Aus* dem Namen Gottes und seiner Verheißung *heraus* wird von Geschichte und Zukunft von Menschen berichtet, die ihn zu hören bekommen haben. Name ist im biblischen Wirklichkeitsverständnis nichts Nominalistisches, keine Benennung durch uns von jemandem oder etwas, was ohne unser Benennen nicht wirklich wäre. *Name ist* immer eine *Geschichte,* so daß wir sagen müssen: Der lukanische Paulus, der den Namen nicht *nennt, erzählt* ihn doch, und setzt so gegen die fromme Transzendenz des Unbekannten die Israel- und Völkergeschichte in ihrer Ganzheit als unvermeidlich bekannte, weil diesseitige Wirklichkeit, aus der und in der der Name spricht.

Was für eine Geschichte ist das?

Wir entnehmen sie den verschiedenen Reden der Apostelgeschichte – Reden des Petrus, des Stephanus, des Jakobus, des Paulus, mit denen Lukas die maasse ha-schelichim, – die Πράξεις Αποστόλων, – die Handelingen, – die Wege und Taten, – den Davar der Apostel Jesu begleiten läßt. Vom Inhalt (nicht der Form) her lassen sich vier Gruppen dieser Reden unterscheiden.

Die *Israelgeschichte* ist in wechselnder Abfolge vieler einzelner biblischer Geschichten Inhalt der lukanischen Reden, der Predigt der Apostel – wie er sie sieht. Dabei wird sie *immer situationsbezogen* erzählt, auf eine bestimmte, nicht in jedem Fall ganz deutliche Quintessenz hin. Vergleichsweise am wenigsten deutlich wirkt in dieser Hinsicht die Stephanus-Rede (Kap. 7). Dort wird von Israels Geschichte ausführlich wie in keiner anderen erzählt; doch fällt es den Auslegern nicht leicht, die beabsichtigte Quintessenz genauer zu bestimmen. Die Rede endet zwar mit einer Klage über eine Halsstarrigkeit des jüdischen Volkes, das heute, wie früher in der Väterzeit, dem heiligen Geist widerstrebt, die Propheten tötet – und so zuletzt auch den gekommenen »Gerechten«, den die Propheten angekündigt hatten. Das ist die bittere Quintessenz des ersten christlichen Märtyrers kurz vor seiner Steinigung. Aber Stephanus erzählt die Israel-Geschichte gar nicht so, daß dies als Absicht überall und in allen Details entdeckt werden könnte; dieser Schluß wirkt etwas aufgesetzt, und es gibt Exegeten, die der Meinung sind: So wie Stephanus habe im Grunde *jeder* griechischsprechende Diaspora-Jude von Israel predigen können; da sei keine besondere christliche Perspektive im Spiel.

Eine andere Quintessenz zieht Paulus aus der Geschichte Israels bei seiner Synagogenpredigt im pisidischen Antiochien. Die Erwählung des jüdischen Volkes, – die ägyptische Sklaverei, – die Befreiung daraus, – die vierzig Jahre in der Wüste, – die Landnahme in Kanaan, – die vierhundertundfünfzig Jahre Richterzeit, – das Königtum Sauls, – das Königtum Davids – dies alles in seiner Abfolge und Einheit – war eine einzige ἐπαγγελία, Verheißung; ihr wird nun zwar nicht eine Erfüllung gegenübergestellt; Lukas gebraucht »Verheißung« hier nicht als einen dialektischen Begriff, der eines Gegenbegriffs bedarf. Vielmehr hört er Paulus die Lehre vertreten: Gott habe aus den Kräften der in der Geschichte Israels insgesamt vorhandenen Verheißung – also aus der in sich verheißungsvollen Geschichte Israels – »für Israel«, – als σωτήρ, Retter: goel le Jißrael, – Jesus heraufgeführt, hervorgehen lassen (13,23). Und zwar habe er, Gott, dies mit dem Mittel der Israel wirklich, in intimstem Sinne, immanenten Kraft, getan, nämlich: ἀπὸ τοῦ σπέρματος, aus dem Samen Davids, den Zeugungen Israels, also: aus den toledot dieses Volkes. Das ist gleich mehrfach gut-jüdisch gedacht. *Der biblische Wirklichkeitszusammenhang von Zeugung und Gottesgeschichte* ist hier voll angewandt. Und Jesus wird als goel le Jißrael bezeichnet: »Heiland«, »Retter«, »Befreier« – das ist in der Hebräischen Bibel ein Name Gottes, mit dem er in der Hauptsache als einer gelobt wird, der Israel *politisch* hilft; wir werden nachher auf dies Motiv zurückkommen. Hier genügt uns die Beobachtung der Doppelrichtung, in der die Geschichte Israels in einem inneren Verhältnis zu Jesus, – Jesus als eine »Ausgeburt« Israels, – umgekehrt aber Jesus auch schlechthin als pro Israel, goel le Jißrael, τῷ Ἰσραήλ σωτήρ, Helfer für Israel, benannt werden. Insofern predigt der lukanische Paulus *Jesus als eine Quintessenz der Geschichte Israels.* Freilich: Diese haben »die Oberen« in Jerusalem nicht »erkannt« (13,27), haben Jesus dem Pilatus zur Tötung übergeben, ihn begraben. Aber Gott hat ihn von den Toten erweckt (13,30) und damit den Sinn der Geschichte Israels gegen die Oberen Jerusalems doch durchgesetzt und zur Wirkung in der Welt gebracht.

Zu der einen Geschichte des Namens, der in der Welt durchzusetzen wäre, gehört sodann die *Geschichte Jesu.* Zwar gehört keineswegs zu allen Reden der Apostelgeschichte »regelmäßig«, wie Martin Dibelius sagte, »das Kerygma von

Jesu Leben, Leiden und Sterben«[94]. Weder bei der Abschiedsrede, die Paulus in Milet gehalten hat (20,18ff), noch bei der Treppenrede vor der Burg Antonia (22), noch vor dem Synhedrion in Jerusalem (23,3), noch vor dem Statthalter Felix in Caesarea (24,10ff), noch gar vor dem römischen Synagogen-Vorstand (28,17ff) bringt er dies »Kerygma« zur Sprache; er konnte auch nicht-kerygmatisch – rein exegetisch-argumentativ – zu den Leuten sprechen und versuchen, sie »in bezug auf Jesus zu überzeugen«, περὶ τοῦ Ἰησοῦ (28,23). Aber es ist richtig: Die Apostel, die die Geschichte Israels kerygmatisch – als Anruf an die Predigthörer – verkündigen, verkündigen auch und erst recht Jesus kerygmatisch. Mit vielfältigen Skopoi.

Daß Jesus eine Quintessenz der Geschichte Israels sei, – Tora und Propheten ihn lange schon im Blick gehabt und von ihm, oder: auf ihn hin gesprochen haben, – Gott ihn durch Zeichen und Machttaten beglaubigt und verherrlicht hat, – ein Teil der Juden ihn nicht »erkannt« habe, ihn vor Pilatus, d.h. der römischen Staatsmacht, verleumdet, ihn dadurch ans Kreuz gebracht habe, – Gott ihn aber von den Toten erweckt, zu seiner Rechten erhöht, ihm dort (2,32f) den verheißenen Geist gegeben habe, den er nun ausgieße, – daß er ihn zum Sohne Gottes und zum Messias gemacht, – ihn auch zum kommenden Richter bestimmt habe, – daß er seinem Namen aber auch schon jetzt Heilkraft verliehen habe und die Menschen durch ihn, in ihm, jetzt bereits Vergebung der Sünde empfangen könnten. Die Quintessenz solcher Verkündigung Jesu ist der Ruf zur Umkehr, zur »Buße«. Das alles steht in der urchristlichen und frühchristlichen Tradition des Kerygma; es besitzt ein paar eigene Akzente in der Ausrichtung, aber nichts unterscheidend Anderes als andere christliche Predigt; wir können es als Integral aller christlichen Verkündigung auffassen – wenn wir von der intensiven Verknüpfung absehen, die die Jesus-Geschichte mit der Israel-Geschichte erfährt; aber *in sich* predigen die lukanischen Apostel ein integrales Christentum.

Nun gehören aber zu den Reden der Apostelgeschichte auch solche, deren Wesen wir als *aktuelle Situationserhellungen* bestimmen möchten. Ereignisse in der Geschichte der Gemeinden veranlassen Predigten, die deren Schriftgemäßheit und damit Gottes- und Jesus-Gemäßheit erweisen sollen. *Predigt dient hier der Lagedeutung.* Die Pfingstpredigt des Petrus gehört dazu. Die Erfahrung der Geistausgießung in Jerusalem ist überwältigend und macht begriffslos: die Betroffenen nicht weniger als die Zuschauer, die die Phänomene des Geistes als solche des Alkohols deuten (2,13). Ihnen gibt Petrus Worte zum Verstehen an die Hand und zeigt, daß so etwas wie das, das sie gerade erleben, in der apoka-

94. M. Dibelius, Die Reden der Apostelgeschichte und die antike Geschichtsschreibung. 1949 (1944), in: Aufsätze zur Apostelgeschichte, hg. v. H. Greeven. [2]1953, 142.

lyptischen Prophetie des Joel schon vorgesehen sei. So wird nicht nur die Jesus-Geschichte mit der Israel-Geschichte verknüpft, sondern auch die Geschichte der Erfahrungen der Christen, etwas grob gesagt: auch die Kirchengeschichte. – Eine andere Weise der Erhellung von Erfahrungen zeigt die Rede, die Petrus nach der Heilung des Lahmgeborenen hält. Hier bezeugt er die spezifische Heilkraft des Namens Jesu (3,6.16), und zugleich legt er das als Hinweis auf eine Quintessenz der Jesus-Geschichte aus: Gott hat ihn dazu erstehen lassen, »euch« – die Juden und Söhne des Bundes (3,25) – zu segnen (3,26). Was durch die Apostel Jesu an Taten geschieht, sollen Segnungen Israels sein, die beitragen können zu einer Wende in den Denk- und Verhaltensweisen Israels. Ähnlich erhellt Petrus den rätselhaften Weg des Judas und zugleich die Notwendigkeit einer Neuwahl im Jüngerkreis, um dessen leergewordene Zeugenstelle neu zu besetzen, aus der Schrift (1,16-20).

Schließlich läßt sich von den Inhalten her noch ein vierter Typus der Reden in der Apostelgeschichte beschreiben. Wir können sie *heilsgeschichtliche Selbstberichte* nennen, Erfahrungsberichte, die Apostel von sich, aus ihrer eigenen Biographie geben, die sie aber den Mut haben, kerygmatisch zu veröffentlichen. Gemeint sind damit nicht etwa »Beispiele aus dem Leben des Herrn Pfarrers«, sondern Ereignisse, die Apostel unter keinen Umständen als Privat-Erfahrungen für sich behalten dürfen, weil sie in Wahrheit Gottes-Ereignisse sind, die alle angehen und die Weichen stellen für die Wege der frühen Christen im Judentum und unter den Völkern. Dazu gehören die Predigten von der großen Jaffa-Vision des Petrus 11,5ff) und die von der dramatischen Jesus-Begegnung des Christenverfolgers Paulus.

Petrus hatte einst in Jaffa eine sehr bildkräftige Vision: wie sich plötzlich der Himmel auftat, ein Behältnis von der Höhe wie ein großes leinenes Tuch bis auf die Erde herabfiel, »und darin waren alle vierfüßigen und kriechenden Tiere der Erde und Vögel des Himmels« (10,11-12). Zugleich mit der Vision widerfuhr ihm eine Audition, und eine Stimme rief ihm zu: »Steh auf, Petrus, schlachte und iß.« Petrus widersetzte sich dieser Zumutung: »Nicht doch, Herr, denn nie habe ich irgendetwas Gemeines und Unreines gegessen«; er lehnt im Namen der Tora ab. Doch ein zweites Mal insistiert die Stimme mit der Weisung: »Was Gott für rein erklärt hat, das erkläre du nicht für gemein«. So geschah es noch ein drittes Mal (10,13-16). Dies Widerfahrnis läßt Petrus, als er wieder zu sich kommt, ratlos zurück – διηπόρει, in einer Aporie (10,17). Ein Licht geht ihm darüber aber auf, als im gleichen Augenblick drei Boten des Hauptmanns Cornelius, des Kommandeurs der sog. italischen Kohorte aus Caesarea, bei ihm eintreten und dringend um seinen Besuch in Caesarea bitten (10,17ff). Petrus nimmt die Einladung an, und just in dem Moment, in dem er das Haus des Kommandeurs betritt, wird ihm der Sinn der Vision und der Auditon klar: »Ihr wißt, wie ungehörig es für Juden ist, mit einem Goj zu verkehren oder zu ihm zu gehen – aber mir hat Gott gezeigt, daß ich keinen Menschen gemein oder unrein nennen soll« (10,28). »In Wahrheit werde ich inne, daß Gott nicht die Person ansieht, sondern daß in jedem Volk, wer ihn fürchtet und Gerechtigkeit übt, ihm willkommen ist« (10,34-35). Lassen wir einmal dahingestellt, wie es einerseits mit den Speisegesetzen der Bibel und der mündlichen Tora, andererseits mit rabbinischen Entscheidungen über den Umgang von Juden mit Nicht-Juden im einzelnen bestellt war; Petrus z.B. hat in seiner Vision durchaus nicht nur verbotene, sondern auch jüdisch erlaubte Tiere gesehen. Das Entscheidende ist doch im Sinne des Lukas: Die Speisegebote sollen in Zukunft keine Gemeinschaft von Juden mit Nichtjuden mehr hindern dürfen; und ein Tabu für ein gojisches Haus und seine ungeheiligte Lebenssphäre soll es künftig nicht mehr geben. Das sagt *nicht,* daß die Speisegebote und Besuchsverbote »aufgehoben« werden sollen. Es besagt nur: Sie dürfen für jüdische Christen nicht mehr eine Mensch von Menschen trennende Kraft behalten. Man soll aus einem grundsätzlichen zu einem pragmatischen Toragehorsam übergehen – eine Einstellung, die durchaus im Bereich des jüdisch Möglichen bleibt. Aber freilich: Für einen strikt jüdischen Standpunkt bedeutet die Vision des Petrus doch ein Erdbeben. Darum *muß* sie erzählt und gepredigt werden. Ihr Inhalt ist *nicht* eine christliche »Freiheit vom Gesetz«. Petrus selbst deutet seine Erfahrung mit einem ganz anderen Leitwort: dem aus der Tradition des Epheserbriefs bekannten und wichtigen des *Friedens,* der εἰρήνη, des schalom. Durch Jesus Christus hat Gott »das Wort«, τὸν λόγον, den Söhnen Israels gesandt, τοῖς υἱοῖς Ἰσραήλ, nämlich dasjenige Wort, denjenigen λόγος, in dem Er, Gott, Frieden verkündigt (10,36 vgl. Eph 2,14-16). Jesus ist hier Gottes λόγος τῆς εἰρήνης und wird dadurch Herr über alle: πάντων κύριος, Unreine und Reine. So ist ein Widerfahrnis im Leben des Petrus zum Kerygma von Jesus Christus geworden. Bei der nächsten Predigt darüber, die er vor Christen in Jerusalem hielt, die ihm in dieser Sache nicht sofort zu folgen bereit waren, geben seine Hörer der Geschichte eine noch striktere Spitze: »Also auch den Heiden hat Gott die μετάνοια εἰς ζωήν gegeben«, die Gelegenheit, Wendehälse zum Leben zu werden (11,18).

Zweites Beispiel für diesen Predigt-Typ heilsgeschichtlicher Selbstberichte sind die Reden, in denen Paulus von seiner dramatischen, ihn völlig umkehrenden Christusbegegnung erzählt: bei der Treppenrede ans Volk in Jerusalem, bei der Caesarea-Rede vor Festus, Agrippa und Berenice. Zweimal hat Lukas es für wert gehalten, den Paulus dies Widerfahrnis erzählen zu lassen. Nur sehr beiläufig wollte Paulus sich vor Christen und Juden mit dieser Erzählung *legitimieren:* den Christen gegenüber, um ihrem Mißtrauen gegen den Wendehals Paulus zu begegnen, – Juden gegenüber, um zu zeigen, daß es der Gott Israels war, der ihn so verändert hat, er also, als er sich Jesus zur Verfügung stellte, nicht abgefallen ist an einen fremden Gott; dem Volk gegenüber unterstreicht er das dadurch, daß er ihm in Jerusalem diese Predigt ausdrücklich in hebräischer Sprache hält (22,2): der, in der sie warm und zu Hause und als Juden einander nahe sind. Der entscheidende Grund bei diesen Erzählungen ist aber, daß Paulus sie als Geschichten seiner Berufung zur Mission »allen Menschen gegenüber« (22,15) erzählen kann, in der zweiten Rede drückt er es biblisch genauer aus: Jesus, den er verfolgt hat, sendet ihn zu »dem Volk und zu den Heiden« (26,17), zum λαός und zu den ἔθνη, zum am und zu den gojim – und zugleich mit der Sendung gibt Jesus ihm ein Hilfs- und Rettungsversprechen vor eben diesen Leuten, zu denen er ihn schickt. Die Wegbereitung beim Volk und den gojim für Jesus beschwört in sich selbst Gefahren für den Zeugen und Prediger herauf, denen er so ausgeliefert wird, daß er sich selbst da nicht herausretten kann. Zum Predigtauftrag gehört darum das Versprechen, daß der dabei notwendig selbst hilfelos werdende Prediger gerettet werden muß vor den Konsequenzen seines Predigens. Aber wie auch immer: Für Lukas ist darin der Selbstbericht des Paulus ein zu veröffentlichender, heilsgeschichtlich einschneidender, weil er Zeugnis dafür gibt, daß und wie Jesus auch einen militanten Widersacher umdrehen und in seine Hand bekommen kann. Und: daß dies *keine Abkehr vom Judentum, sondern – als Tat und Werk Gottes – eine innere Konsequenz der jüdischen Geschichte, ein Stück ihrer inneren Logik,* ein point d'honneur ihres an großen Ereignissen ja auch bis dahin schon nicht armen Laufes.

Das ist »das Werk«, in Worte gefaßt.

Aber was *geschah?*

4. *Eine schon enttäuschte Frage wurde wiedererweckt*

Wir nennen sie – ein klein wenig asynchron, doch nicht un-zeitgemäß – die *zionistische* Frage der Jünger Jesu.

Sie nun ist etwas Eigenartiges bei Lukas. Am Abend des Ostertages wanderten zwei Anhänger Jesu von Jerusalem herunter die sechzig Stadien des Weges nach Emmaus. Sie hatten Jerusalem, dem Ort ihrer Hoffnungen und ihres letzten Zusammenseins mit ihm, den Rücken gekehrt, enttäuscht von der Vergeblichkeit des Weges, den sie vor seinem Tod mit ihm zusammen unterwegs gewesen waren. Sein Tod war auch für sie das Ende. Und von der sonderbaren Engelbotschaft, die zwei ihnen bekannte Frauen vom Grabe mitgebracht hatten, war ihnen nur der erste Teil eingegangen: »Er ist nicht hier« (Lk 24,6); mit dem: »Er ist auferweckt worden« hatten sie nichts anfangen können. Das »Er ist nicht hier« bestätigte ihnen den Grund für ihre Resignation, die sie als tiefe Traurigkeit, genauer: als σκυθρωποί erlitten, Menschen mit verfinstertem, verhangenem Blick (24,17). In dieser Verfassung bemerkten sie gar nicht, daß der Fremde, der sich ihnen unterwegs genaht und sie sogleich ins Gespräch gezogen hatte, καὶ αὐτὸς Ἰησοῦς (24,15) war: Er – Jesus selbst; sie hatten einfach kein Auge mehr für ihn (24,16). Worüber sprecht ihr denn gerade, fragte er sie. Und der eine von ihnen, Kleopas, gab die Antwort: Bist du der einzige Bürger von Jerusalem, der nicht weiß, worum sich da oben heute alles gedreht hat: die Sache mit Jesus von Nazareth? Und sie gaben ihm kurz Bescheid: Das ist dieser Prophetenmensch gewesen, befähigt in Wort und Tat vor Gott und allen Leuten; die Hohenpriester und römischen Machthaber haben ihn zum Tode verurteilt und gekreuzigt. Uns hat das einen schweren Schlag versetzt. Denn wir hatten gehofft, er wäre der, der kommen soll, Israel zu befreien, λυτροῦσθαι: loszulösen, – aus der Hand der Römer zu lösen (24,21).

Das ist *politische* Messias-Erwartung, also die unverfälschte, durch keine Vergeistigung verbogene, gar veränderte oder gefälschte integrale jüdische Messias-Hoffnung, die wir in dieser Reinheit sonst in den Jesus-Schriften kaum antreffen. Vielleicht war sie in den Erwartungen der Jünger zu Lebzeiten Jesu nur verborgen wirksam. Vielleicht ist sie auch nur *unseren* Augen verborgen, so daß wir sie in den Evangelien-Überlieferungen nicht gut erkennen: so verschlossen, wie wir für die Möglichkeit sind, die sich uns seit 1948 zum ersten Mal in der Geschichte des Christentums als eine reale, jedenfalls diskutable aufgetan hat. Aber wenn sie in den Anhängern Jesu geschlummert haben sollte, dann ist sie im Augenblick des Zusammenbruchs aller Hoffnungen auf Jesus mitzusammengebrochen. Und das zeigt, wie eng die Jünger sie an Jesus geheftet hatten. Sie ist – nach dem Bericht in Lukas 24 – die erste Auslegung, die diese Jünger dem geben konnten, *was* ihnen mit Jesus verlorengegangen war. *Die zionistische Hoffnung war für sie eine erste Gestalt ihrer Jesus-Hoffnung:* Die Befreiung ihres Volkes von der Römerherrschaft. Aber natürlich ist es charakteristisch für die bisherigen Messiashoffnungen Israels überhaupt, daß sie ihre schärfste Aktualität nicht im Gelingen, sondern im Mißlingen haben. Wie auch immer: Umgekehrt bedeutet es ja eine Herausforderung an unsere Theologie, uns klar machen zu müssen, daß ausgerechnet der Tod Jesu die politische Hoffnung Israels aus dem Munde einiger seiner Jünger zu Worte kommen läßt – nur in der enttäuschten Form, aber: doch zu Worte. Es soll auf jeden Fall mehr als ein Stück bloß mitgeschleppter historischer Reminiszenz an die Zeit des »historischen« Jesus sein. Es soll in der *Glaubens*verkündigung Platz bekommen, und da zunächst in der vom *gekreuzigten* Jesus. Mit ihm ist auch diese zionistische Hoffnung begraben. Eine unerhörte Perspektive: Jesus – bedeutend für die politische Zukunft Israels!

Lukas hat nun die *kerygmatische* Absicht dieses Motivs dadurch enthüllt und jedem Zweifel entzogen, daß er es gleich am Anfang der Apostelgeschichte wiederholt. Hier befinden wir uns ja inmitten der vierzig Ostertage, in denen Jesus sich nach seinem Leiden durch viele Beweise als lebendig erwiesen hatte (Apg 1,3). Seine Jünger hatten diese Lebenszeichen Jesu in eine neue, von ihnen bisher noch nie gekannte Erwartung versetzt: die auf den versprochenen Gottesgeist. Ihm sahen sie in gespannter Erwartung entgegen. Und nun muß Lukas auch hier als erste Form, in der die Jünger ihre Erwartung selbst ausdrücken können, die zionistische Hoffnung wählen. »Herr, stellst du in dieser Zeit für Israel das Reich wieder her?« (1,6), ἀποκαθιστάνεις τὴν βασιλείαν τῷ Ἰσραήλ? Wirst du Israel seinen Staat zurückgeben? – Natürlich ist mit der βασιλεία der theopolitische Begriff der biblischen Sprache gemeint, nicht unser heutiger säkularer Staat; aber der ist ja auch im heutigen Staat Israel noch keineswegs gegen seine theopolitische Gegenmöglichkeit durchgesetzt, und die Bibel kennt diese neuzeitliche Differenz überhaupt noch nicht.

Aufregend ist: Jesus weist diese politische Seite der Frage nicht zurück, verwahrt sich nicht – wie so viele christliche Theologen später und bis heute – gegen diesen falschen, fleischlichen »Messias-Begriff«. Er denkt gar nicht daran, diese Erwartung inhaltlich zu kritisieren, gar: zu korrigieren. Nur die Zeitfrage stellt er richtig: Darüber kann ich so wenig wie ihr wissen, der Vater – Gott – setzt sie alleine fest nach seiner eigenen Ordnung, τάξις. Er allein hat es in der Hand, wann Zeit ist, den Staat Israel wieder zu Stand und Wesen zu bringen. Das ist eine gut-jüdische und richtige Korrektur, aber sie ist die einzige. Jesus manipuliert nicht diese Hoffnung Israels, nur die Zeitdimension gibt er an Gott weiter – wie es sich gebührt.

Tragen wir zusammen, was das bedeutet.

1. Mit dem zionistischen Motiv *schließt* Lukas sein Evangelium, *eröffnet* er seine Apostelgeschichte. Diese Gestalt der Hoffnung bildet so eine innere Klammer zwischen beiden Schriften, und Lukas hat es wohl bewußt so gefügt.

2. Aber es ist offensichtlich mehr als ein schriftstellerisches Mittel. Daß es im Evangelium *der Tod Jesu* ist, der den Jüngern das Wort von der enttäuschten Hoffnung herauspreßt, und in der Apostelgeschichte *der vom Tode erweckte Jesus,* der ihnen neue Hoffnung erweckt, ist der Gang des Wirkens Gottes selbst. Daß die am Tode Jesu enttäuschte, die am Wirken des vom Tode erweckten Jesus mit- und wiedererweckte Hoffnung beidemal den gleichen zionistischen Gehalt hat, zeigt, daß Lukas beides kerygmatisch nimmt. *Jesu Tod und Erwekkung haben etwas zu tun mit der Wiederherstellung des Reiches für Israel,* und so soll sie alle das etwas angehen, die aus Tod und Auferweckung Jesu von Nazareth Hoffnung schöpfen.

Aber *was* hat das beides miteinander zu tun, und *wie* geht es die an, die den Namen Jesu kennen und bekennen?

3. Wir machen uns wohl bewußt, in welchen Charakteren das zionistische Motiv auftaucht. Einmal, angesichts des Todes Jesu, in der *Weise der Enttäu-*

schung. Dann, angesichts seiner Auferweckung, nicht einfach in der Weise einer Gewißheit, die die Enttäuschung aufheben könnte, vielmehr in der einer an Jesus gerichteten *Frage,* also im *Charakter der Fraglichkeit.* Freilich: Daß Jesus die Frage nicht korrigiert, gibt dem, was da erfragt wird, eine indirekte Gewißheit; sie ist eine, die an Jesus gerichtet werden *kann,* die er nicht richtigstellen, als Frage korrigieren müßte. Er ist ein richtiger Adressat gerade für diese Frage. Aber sie bleibt eine Frage, und zwar insofern eine offene, als nicht Jesus es ist, der sie beantworten kann, das kann und soll Gott allein. Aber die Frage ist eine solche, die Jesus – als solche, als Frage – erweckt. Jesus erweckt sie in der gleichen Weise, in der er zuvor die Frage Johannes des Täufers erweckt hatte: »Bist du, der da kommen soll, oder sollen wir eines anderen warten?« (Lk 7,19). Sie hatte er durch sein Wirken erweckt. Die zionistische Frage dagegen erweckt Gott *am* Tod und der Auferweckung Jesu, also *durch* Jesus. So wird sie – als in diesem Sinne offene – eine *Zukunftsfrage* (und gehört dorthin, wo wir uns auf Zukunft besinnen: in die Eschatologie).

Als *Frage* verwehrt sie uns, etwa die Ideologie eines christlichen Zionismus zu bilden. Als von Gott an Jesus *erweckte* Frage nötigt sie uns aber, den jüdischen »Zionismus« – also die Hoffnung des jüdischen Volkes, seinen Staat zurückzugewinnen – nicht als etwas theologisch Gleichgültiges liegenzulassen. Mehr noch: Die Frage treibt uns, zu *fragen, ob und wozu der Name Jesu die Christen engagiert in bezug auf die vor Gott und auch vor Jesus berechtigte zionistische Erwartung Israels.*

Zunächst tragen wir einige Indizien aus der Sprache des Lukas zusammen.

4. In ihrer zionistischen Frage gebrauchen die Jünger Jesu das Verbum ἀποκαθιστάνω, etwas oder jemanden wieder in die alten Verhältnisse einsetzen, wiederherstellen, restituere. Sie beziehen das auf die βασιλεία τῷ ᾿Ισραήλ, die Herrschaft für Israel. Von diesem Verb ist das Substantiv ἀποκατάστασις abgeleitet. Lukas gebraucht es in Apg 3,21 und bezieht es dort auf kommende Zeiten, καιροί und χρόνοι, die er in 3,20 nennt: καιροὶ ἀναψύξεως, Zeiten der Abkühlung – im Sinne von Entspannung, Erholung, Relaxen vom heißen Druck der Geschichte; in 3,21 nennt er sie die χρόνοι ἀποκαταστάσεως πάντων, Zeiten, in denen alles das wieder so in die Reihe gebracht werden soll, wie Gott es schon seit ewig aus dem Mund der Propheten Israels angekündigt hatte. Von dieser Stelle wurde der Begriff genommen, der in der Geschichte der christlichen Eschatologie eine große, freilich umstrittene Rolle gespielt hat: eben die Apokatastasis panton, die *Lehre von der Wiederherstellung aller Dinge.* Im Zusammenhang, in dem Petrus das Wort in der Apostelgeschichte gebraucht, hat es zwei Bedeutungsmöglichkeiten, eine aus dem engsten, eine aus dem näheren Kontext.

Die »Wiederherstellung« alles dessen, was schon ewig die Propheten gesagt haben, kann meinen, was Petrus im Bibelzitat 3,22-23 zuerst aus Dtn 18,15 andeutet: Gott wird Israel aus den Brüdern einen Propheten wie Mose erstehen lassen, auf den sollen sie hören; kein Zweifel, daß er dabei an Jesus denkt, und der wäre in Person die für die Zukunft erwartete Apokatastasis panton: das Restaurationswerk Gottes. Lukas hat dem Petrus aber sofort noch ein zweites Bibelzitat angehängt, das er allerdings gegenüber dem Wortlaut in Lev 23,29 für seine Zwecke verändert. In Lev. gibt es die Weisung: »Jeder, der an diesem Tage« – gemeint ist: am Jom kippur, am Versöhnungstag – »nicht fastet, dessen Seele soll aus seinen Volksgenossen ausgerottet werden«; Lukas dagegen sagt: »Jede Seele, die auf jenen Propheten nicht hört, wird aus dem Volke ausgerottet werden« (3,23) – also kurz und bündig: Wer auf Jesus nicht hört, wird aus dem Volke Gottes ausgerottet werden. Die Assoziation bei der Textveränderung geht vielleicht so: Ein Prophet, wie Mose – das ist Jesus; Jom kippur – der Versöhnungstag, der Tag der Befreiung vom Druck der Geschichte – das ist der Tag Jesu; das am Jom kippur gebotene Fasten ist die Umkehr zu Jesus, »damit eure Sünden getilgt werden« (3,19); Lukas hätte dann den *Tag Jesu als neuen Jom kippur* verstanden, der für jeden Juden Tag der Bitte um Vergebung der Sünde und so um Erneuerung, Neubeginn ist; und insofern z.B. auch ein Tag der Wiederherstellung, der Apokatastasis, als bald danach im Gottesdienst die Lesung der Bibel von vorne beginnt, mit Gen 1,1. Wer aber da nicht folgt, steigt damit aus aus dem Zyklus des Wortes von der Geschichte Israels, trennt sich damit von seinem Volk und wird dadurch von seinem Volk getrennt. In diesem engsten Zusammenhang könnte also das Wort von der Apokatastasis panton von einem in der Person Jesu zu erwartenden neuen Jom kippur sprechen.

Aber nun läßt Lukas den Petrus noch *weiter*predigen. Die Apokatastasis bezieht sich auf noch mehr Prophetenworte als die beiden genannten. Es gibt nicht nur die kritische Mose-Prophetie und die Wiederherstellung des Gesetzes, es gibt auch eine genuine Propheten-Prophetie, die Lukas bei allen Propheten »von Samuel an« zu finden meint (3,24). Samuel, das war der, der Saul zum König gesalbt hatte (1 Sam 9). Und wie Mose mit seiner Tora auf einen Tag der Wiederherstellung zielt, so Samuel mit den ihm folgenden Propheten ebenfalls, und zwar: auf den gleichen Tag wie die Tora. *Von Samuel her gesehen, bekommen diese Tage aber einen anderen Akzent als von Mose her.* Zielt Mose auf solche »Seele«, die aus dem Volke ausgerottet wird, wenn sie nicht fastet, sich nicht in Jesus »hinein-fastet«, so zielt Samuel auf »die Söhne der Propheten und des Bundes, den Gott mit euren Vätern geschlossen hat«; dessen Inhalt aber ist der Abrahamssegen Gen 12,3: »Durch deine Nachkommenschaft werden alle Geschlechter der Erde gesegnet« (3,25). Der Königsmacher Samuel zielt also auf die Beziehung Israels zu den Völkern, die Mission, die Israel an ihnen hat: ihnen ein Segen zu sein. Doch weit davon entfernt, den in der Mose-Perspektive angeschlagenen israelkritischen Ton jetzt durchzuhalten und Israel etwa anzuklagen, daß es den Abraham-Auftrag versäumt hätte, bildet der lukanische Petrus ein ganz anderes Keryma aus dem Abrahamsversprechen und verkündigt den Knecht Jesus den Juden als einen Segen, mit dem Gott *sie* segnet; *die zum Segnen der Völker Berufenen werden vom Knecht Jesus gesegnet.* Das ist für sie ein anderer χρόνος ἀποκαταστάσεως πάντων, der Tag der Samuels-Prophetie: Gott wird Israel aufs neue segnen, Jesus wird für Israel zum Segen werden. Und der Segen wird sich *auf der Ebene* dessen vollziehen, was Samuel ausmacht: der *des Königtums für Israel inmitten der Völker.*

Es hat also inneren Sinn, die Worte vom ἀποκαθιστάναι und von der ἀποκατάστασις aufeinander zu beziehen, im einen Wort das andere mithören zu lassen, im Substantiv von Kapitel 3 das Verbum von Kapitel 1: *in der Wiederaufrichtung der Tora des Mose und in einem doppelseitigen Segensverhältnis zwischen Israel und den Völkern einen Beitrag zur Wiederherstellung des Reiches für Israel.*

Doch was wäre sachlich damit gemeint?

5. Es gibt während des Apostelkonzils in Jerusalem einen Augenblick, an dem Jakobus, der Bruder Jesu, das Wort ergreift (Apg 15,13f). Er bezieht sich auf die Ausführungen eines Simeon – der vielleicht kein anderer als Simon Petrus war –, der soeben dargetan hatte, daß Gott jetzt zum ersten Mal – πρῶτον – sich einen λαός, d.h. ein Gottesvolk, aus Gojim erwählt habe. Damit umschreibt Jakobus einen der Missionsberichte, die auf dieser Tagung ausgetauscht worden waren. Es ist zur Bildung reiner Heidengemeinden gekommen. Jakobus meint, das stimme – so befremdlich es für einen Juden doch sein muß – dennoch mit der Schrift überein, und er zitiert dafür die LXX-Fassung von Amos 9,11: »Nach alledem werde ich eine Kehrtwendung machen, und ich werde wieder aufbauen die verfallene Hütte Davids, und ihre Trümmer werde ich wieder aufbauen und sie ordentlich wieder aufrichten« – und zwar das mit dem Ziel, daß die κατάλοιποι τῶν ἀνθρώπων – der Rest, die Übriggelassenen der Menschen, die Überlebenden – nach dem Herrn fragen, ihn suchen können – und genauso alle die Gojim, über die, sagt Gott, mein Name ausgerufen worden ist; und dies sagt der Herr, der das alles tut, wie ja schon ewig bekannt ist (15,16-18). Der lukanische Jakobus liest also in diesem Zitat einen Zusammenhang zwischen der zionistischen Hoffnung auf Wiederaufrichtung des Hauses David, des Davidstaats aus den Trümmern, in denen er jetzt liegt, und der eben darin neugegebenen Möglichkeit für die Überlebenden Israels, aber auch für eine Masse von Heiden, die inzwischen mit dem Namen Gottes bekannt geworden sind, den Herrn zu »suchen«, nach ihm zu »fragen«. Die Wiedererrichtung des Staats, die religiöse Restitution der jüdischen Überlebenden und die religiöse Beteiligung vieler Heiden daran bilden hier einen Zusammenhang; und zwar so, daß die *Wiedererrichtung des Staates die Voraussetzung für nun nicht mehr vergebliches Suchen von Juden und*

Gojim nach Gott ist. Theologisch eingerahmt sind diese Gedanken am Anfang mit einer Selbstermutigung Gottes: ἀναστρέψω, Ich will eine Kehrtwendung machen; am Ende lautet es formelhaft, es sei dies ein Wort des Herrn, der das nicht bloß will und sagt, sondern wirklich tut, wie das ja schon ἀπ' αἰῶνος, von Ewigkeit her, bekannt ist. Der Selbstermunterung Gottes: »Ich will eine Kehrtwendung machen« entspricht der Inhalt dessen, was er tun wird, indem er die Kehrtwendung macht: Wiederaufbau, Rekonstruktion, Restauration, die alte Ordnung wiederherstellen – wie ja Zionismus in der Tat eine Bewegung historischer Restauration ist, also das, was ja auch Apokatastasis bedeutet. Das Wort aber, daß der Herr das auch *tut,* wie schon ewig bekannt, sagt, daß das *schon im Gange* ist. Zweifellos bezieht sich das auf den Zugewinn vieler Gojim für den Namen des Herrn, und Jakobus ist überzeugt davon, daß damit die christliche Heidenmission – bei aller Befremdlichkeit – doch zum Gang der von altersher zu erwartenden Gottesgeschichte gehört. *Jüdischer Staat und Heidenmission* haben unterschwellig etwas miteinander zu tun. Aber was?

Machen wir uns zu dem Amos-Zitat vorerst noch klar: So steht es in der Septuaginta. Die Auslegung, die wir ihm gegeben haben, ist kein christliches Sonderfündlein, sondern jüdische Diaspora-Erkenntnis. *Nicht erst christliche Prediger verknüpfen den Judenstaat mit der Heidenmission, dies ist ein Komplex jüdischer Gola-Erfahrung.* Der lukanische Jakobus hat diese Sachbeziehung nur auf die christliche Völkermission angewendet. Hatte der Simeon gesagt: Gott habe jetzt zum ersten Mal aus Gojim einen λαός erwählt, ein Gottesvolk, so fügt dem Jakobus zweierlei hinzu: Erstens: So neu ist das gar nicht; daß der Herr das so macht, ist »von Ewigkeit her bekannt«. Zweitens aber – und das ist das besonders Jakobinische in diesem Zusammenhang -: Die Heidenmission und der Gotteswille zur Restauration des David-Staates gehören zusammen. Deswegen soll man den Gojim um Himmels willen keine großen Schwierigkeiten machen und sie unter allzu rigide Toraforderungen stellen: Die noachidischen Mizvot genügen vollkommen für sie. Diese praktische Konsequenz, die Jakobus aus dem Zitat des griechischen Amos zieht, zeigt, daß er eine toragemäße, eine regelrechte Zuordnung der Gojim zum neuzubauenden Haus Davids vorschlägt. Aber das theologisch Tiefe ist doch schon *die Vision der jüdischen Diaspora, die den Staat Israel als Bedingung der Möglichkeit für ein neues Fragen nach Gott sieht bei überlebenden Juden und vom Namen Gottes affizierten Nicht-Juden.* Der Staat ist dasjenige Gegenständliche am Gott Israels, das dafür stehen kann, daß das Gottsuchen und nach-Gott-Fragen der Menschen nicht ins Leere geht. Es ist, als hätte Lukas seinen Jakobus zu »uns heute« sprechen lassen. Das ὅπως, das »damit« oder »so daß«, mit dem der Vers 17 an den Vers 16 anschließt, ist eines der gegenwartshaltigsten Worte der Bibel; es verbindet Restauration und Zukunft, den David-Staat und die Weltreligion.

6. Was macht uns eigentlich dessen so sicher, daß wir es bei der βασιλεία τῷ Ἰσραήλ, die den Freunden Jesu angesichts seines Todes so enttäuschend fraglich, in der Zeit seines Auferweckungslebens so instistierend aufs neue frag*würdig* geworden ist, wirklich mit einem politischen, »zionistischen« Motiv zu tun haben? Wir sind uns dessen ja bewußt, daß die wenigsten Schriftausleger bisher das so bestimmt gesagt haben; meistens hat man doch eher an etwas nur Theologisches dabei gedacht, irgendetwas, was mit der »rein« eschatologischen Gottesherrschaft zu tun hat, die mit den Merkmalen eher des kommendn Äon als des alten Königtums in Israel ausgestattet gezeichnet wurde. Was uns hermeneutisch zu unserer anderen Sicht bewegt, haben wir schon gesagt: Die tatsächliche Wiedergeburt eines Staates Israel im Lande der Väter im Jahre 1948, die Selbstidentifizierung seiner jüdischen Bewohner mit dem »alten«, biblischen, in den Jahren zwischen 70 und 135 n. Chr. verloren gegangen »Staat« Israel, macht unserer Generation als erster von allen christlichen Generationen *denkmöglich,* was dem Christentum der 2000 Jahre bisher *denkunmöglich* war; wir betrachten das Jahr 1948 als ein hermeneutisches Ereignis. Das besagt noch nicht, daß wir in den Jesus-Schriften nun tatsächlich auf solche Wirklichkeitsmomente stoßen, die uns heute denkmöglich geworden sind. Wir wissen, daß wir vorerst nur Auslegungsversuche in die Richtung des denkmöglich Gewordenen unternehmen können. Darum haben wir bewußt die Form der Frage und den Charakter der Fraglichkeit betont, in denen uns das Motiv in der Apostelgeschichte zuerst begegnet (1,6). Das ist eine auch uns angehende Fraglichkeit. Allerdings spüren wir gerade am Fragecharakter, die das Motiv auch bei Lukas formt, etwas greifbar Historisches. Der Staat Israel ist dort nicht etwas *theologisch* Fragliches, wie das schnell in der christlichen Exegese herausgelesen wurde. Lukas gibt mit der Frageform womöglich doch einen genaueren Hinweis auf die *historisch-politische* Situation, in der er seine Geschichte erzählt. Zwar liegt Jerusalem zu seinen Lebzeiten womöglich schon in Trümmern. Aber noch sind im jüdischen Volk Kräfte lebendig, die nicht nur eine Hoffnung auf einen Wiederaufbau der zerstörten David-Stadt wach halten, sondern bereit sind, dafür auch »weltlich«, ja kriegerisch zu kämpfen; und wir wissen ja von jüdischen Diaspora-Aufständen und vor allem vom 2. Jüdischen Krieg, dem Bar-Kochba-Krieg, die nicht lange nach der vermutlichen Wirkungszeit des Lukas tatsächlich ausgebrochen sind. *Jüdische Staatlichkeit war in dieser Generation sowohl als Erinnerung lebendig wie als erreichbare Zukunft noch nahe.* So muß es *historisch nicht abwegig* sein, speziell in der lukanischen Spannung zwischen der Enttäuschung am Ende des Evangeliums und dem Wiederaufleben der Hoffnung am Anfang der Apostelgeschichte die Struktur einer realen historischen Situation sich wiederspiegeln zu sehen.

Lukas selbst hat dies mit wünschenswerter Deutlichkeit dargelegt: in dem Votum, das er den Pharisäer Gamliel während des Verhörs von Petrus und Johannes vor dem Synhedrion abgeben läßt.

Zunächst: Wir haben es hier *innerhalb der Jesus-Schriften* mit dem *einzigartigen* Fall zu tun, daß uns eine historisch bedeutende Gestalt des rabbinischen Judentums namentlich begegnet und sich so *das der Kirche gleichzeitige historische Judentum* vor unseren Augen erschließt. Es ist Gamliel ha-zaqen – der alte –, also: Gamliel I. Von ihm wissen wir nicht viel Sicheres. Er soll der Sohn eines Simeon gewesen sein, der seinerseits Sohn des berühmten Schulhauptes Hillel gewesen sein soll. Fest steht beides nicht. Wohl aber dies, daß Gamliel I. zur ersten Generation der Tannaiten gehörte, und dort wohl zur Schule Hillels, die – vor allem, was die Befolgung der Speisegesetze, aber auch anderer mizvot betrifft – eher zu erleichternden Entscheidungen neigte, anders als die Gegenschule Schammais, die in der Regel erschwerend entschied. Etwas von einer liberaleren Argumentationsweise läßt sich im Votum des lukanischen Gamliel wiedererkennen, damit – der Struktur nach – etwas von gutem historischen Wissen des Lukas um das ihm gleichzeitige Judentum.

Lukas nennt den Pharisäer Gamliel einen »beim ganzen Volk angesehenen Gesetzeslehrer«, einen moreh ha-tora, einen νομοδιδάσκαλος (5,34). Der übernimmt wohl in diesem Augenblick vom Hohenpriester den Vorsitz der Verhandlungen des Hohen Rates und verfügt als erstes den Ausschluß der beiden Angeklagten Petrus und Johannes von der weiteren Beratung, vor allem von der Rede, die er selbst jetzt halten will (5,34); er will nicht, daß die Angeklagten mithören, was er jetzt zu sagen hat, weil er die Ratsglieder in ihrer unnachgiebigen Haltung nicht vor ihnen desavouieren möchte. Denn nun beginnt er sein Votum: Paßt gut auf, was ihr mit diesen Leuten tun wollt. Es könnte nämlich sein, daß an deren Verkündigung dieses Jesus von Nazareth doch etwas dran sein könnte. Was denn? Gamliel zieht jetzt eine historische Parallele zwischen dem, was er von Jesus gehört hat, mit der Erinnerung an zwei andere frühere Messias-Anwärter: den Galiläer Judas, der nach dem Bericht des Flavius Josephus um das Jahr 6 n. Chr. herum – Lukas sagt: »in den Tagen der Schatzung« – eine zelotische Aufstandsbewegung gegen die Römer entfesselt und angeführt hatte; und an einen gewissen Theudas, der – wieder nach Josephus – zur Zeit des römischen Statthalters Cuspius Fadus, der zwischen 44 und 46 v. Chr. amtierte, ebenfalls als Messias aufgetreten war und seinen Anhängern eine Wiederholung des Schilfmeer- und auch des Josuawunders versprochen hatte: Er werde sie trockenen Fußes durch den Jordan führen, so wie Josua, als er das Volk Israels ins Land hineinführte, – wie Mose am Schilfmeer getan hatte, als er das Volk aus der Sklaverei herausführte. Gamliel hält für möglich, daß Jesus »auch so einer« gewesen sein möchte; genau wie von ihnen ist von ihm eine Bewegung im Volk ausgegangen, wie man ja an den Angeklagten sieht. Zwar hätten sich diese Bewegungen relativ schnell zerschlagen und ihre Anführer sich damit als Pseudo-Messiasse herausgestellt. Auch mit Jesus und seinen Gefolgsleuten *könnte* das so kommen. Aber – und nun spricht Gamliel, der Hillelit -: Keinem messianischen Ereignis können wir von vornherein ansehen, »ob er es ist« oder nicht. *Es gehört zum Wesen des Messianischen im Judentum, daß es enttäuschbar* ist; damit ist es aber auch von vornherein immer eine neue *offene Möglichkeit,* das ist wie Summe von Erfahrung so auch die »Sache«, um die es beim Messias geht. In jedem Fall ist ein Messias zunächst immer etwas Ernstes, zu Israel und seinem Hoffen Gehörendes, vielleicht: jedesmal von neuem ein Anlauf Gottes; Gamliel folgert daraus für die Behandlung der Jesus-Anhänger: »Laßt sie gewähren, laßt sie laufen« (5,38), gebt dieser Sache Zeit und Raum, es wird sich zeigen, ob etwas dran ist oder nicht. »Denn sollte dieses Vorhaben oder dieses Werk – τὸ ἔργον τοῦτο – von Menschen stammen, so wird es zunichte werden; stammt es aber von Gott, so werdet ihr sie nicht vernichten, καταλῦσαι, auflösen, ›abwickeln‹ können.« (5,38-39). Ich rate euch dringend davon ab, diesen Leuten etwas anzutun (5,38). »Ihr möchtet sonst sogar am Ende als solche dastehen, die gegen Gott streiten«, als θεομάχοι, Theomachen (5,39).

Gamliel findet, wie Lukas es erzählt, damit die Zustimmung des Rats. Sie lassen die Angeklagten wieder hereinrufen, vorsorglich zur Abschreckung verprügeln, ließen sie dann aber unter der Auflage frei, nicht mehr mit Berufung auf den Namen Jesu zu wirken – woran sich die Entlassenen natürlich nicht gehalten haben (5,40-42).

Uns wichtig ist die Eindeutigkeit, mit der Jesus hier – und zwar von jüdischer, rabbinischer Seite – als *politischer* Messias eingeschätzt wird. Natürlich mit der Möglichkeit, dies könne sich genauso als ein Irrtum herausstellen wie in den beiden genannten anderen Fällen. Aber diese *Möglichkeit* will Lukas offenhalten; dafür erzählt er vom Votum des Gamliel. Und uns belegt dies, daß eine politische Messianität Jesu für Lukas wie denkmöglich so auch diskussionsfähig war. Die Splitter und Indizien, die wir bisher zusammengetragen haben, bekommen im Votum Gamliels einen begrifflichen Grund und Zusammenhang. Wie gesagt: Das Offene, Enttäuschbare, die Fraglichkeit gehören zur Sache, in den Begriff. Aber die Sache ist als solche für Lukas diskussionsfähig – und zwar nicht bloß »historisch«, sondern *theologisch.*

Auch für theologische Diskussionsmöglichkeiten des zionistischen Motivs haben wir schon ein paar Splitter und Indizien genannt: in der Form der Apokatastasis-Hoffnung, – in der Aufnahme des jüdischen Diasporagedankens von einem inneren Zusammenhang des Wiederaufbaus in Israel mit dem Verhältnis der Völker dazu. Nicht zuletzt auch mit der Deutung Jesu als eines neuen Jomkippur, eines Wende- und Erneuerungsereignisses.

Wir wollen gerade diesen letzten Gesichtspunkt noch festigen, indem wir ein Stück aus dem Mußaf-, d.h. dem Zusatz-Gebet am Jom kippur aus dem Siddur zitieren, dem Gebetbuch, der Agende des jüdischen Gottesdienstes.

Es zeigt, daß und wie der Jom kippur-Gottesdienst auch ein Schrei nach Wiederherstellung nicht nur des Tempels in Jerusalem, sondern auch des Reichs für Israel, der Sammlung aller Zerstreuten in Zion – also: das zionistische Motiv ist.

»Ob unserer Sünden wurden wir aus unserem Land vertrieben, galina mearzenu, und von unserem Boden entfernt, ve nitrakachnu meal armatenu, so daß wir nicht imstande sind, unsere Pflicht zu erfüllen in dem Hause, das du erwählt, in dem großen und heiligen Hause, über dem dein Name genannt wird, ob der Hand, die gegen dein Heiligtum ausgestreckt war. Dein Wille sei es, Ewiger, unser Gott und Gott unserer Väter, erbarmungsvoller König, dich wiederum über uns zu erbarmen und über dein Heiligtum in deiner großen Güte, es schnell aufzubauen und seine Ehre zu erhöhen.« Das ist das Gebet um den schnellen Wiederaufbau des Tempels.Daß das aber nicht allein eines um religiöse Restauration ist, sondern um Wiederherstellung des Ganzen, also ein theopolitisches Gebet, zeigt sich an den sofort anschließenden Gebetsversen: »Unser Vater, unser König, offenbare die Ehre deines Reiches, die kavod malkut'cha, bald über uns, erstrahle und erhebe dich über uns vor den Augen aller Lebenden, le ene kol-chaj, bringe nahe unsere Zerstreuten aus der Mitte der Völker, unsere Zersprengten sammle von den Enden der Erde und bringe uns nach Zion, deiner Stadt, in Jubel, und nach Jeruschalajim, dem Hause deines Heiligtums, in ewiger Freude …« Auch in diesem Gebetsstück ist die *Bitte um Erneuerung des Reiches verknüpft mit der Menschheit,* allen Lebenden. *Der Zusammenhang von Reich und Völkerwelt ist nichts christlich Eigenes, sondern genuin jüdisch.* Christlich besonders ist nur die Anwendung, die Lukas in der Apostelgeschichte diesem Zusammenhang gibt. Im Jom kippur-Gebet geht es um die Augen der als Zuschauer engagierten Völker; so deutlich möge Gott an den theopolitischen Wiederaufbau Israels gehen, daß es zu einem unbestreitbaren Tatbestand in der Weltöffentlichkeit werden möge. Die Zeugen Jesu insgesamt meinen dagegen, Jesus, der zwar gar nicht die Beziehung der Völker auf Israel in ihrer fundamentalen Bedeutung, in ihrer Erwählungswichtigkeit gelöst hat, habe sie doch aus einer bloßen Zuschauerhaltung Israel gegenüber herausgeholt. *Noch anders als zuschauend sollen sie an der Restaurationshoffnung Israels beteiligt werden.*

Aber wie denn?

Wir müssen jetzt der theologischen Dimension des von Lukas vertretenen zionistischen Prinzips genauer nachfragen. Wie haben das Reich für Israel und die Völkermission miteinander zu tun? Die Frage ist für Lukas zunächst gleichbedeutend mit der Frage: Was hat das »Reich für Israel« zu tun mit der Ausgießung des Geistes Gottes über alles Fleisch, mit Pfingsten?

5. *Jerusalem in Flammen des Geistes*

Aus dem Pfingstereignis entspringt die Völkermission: einem Ereignis in Jerusalem also.

Das ist auch nach der Sicht der Apostelgeschichte kein »historischer« Satz, denn da war die christliche Gemeinde von *Antiochia* die Mutter der Heidenmission. Aber der »sachliche«, theologische Ursprung liegt für die Augen des Lukas in Jerusalem. Dort läßt er die maassä ha-schelichim, die πράξεις ἀποστόλων, eben seine Geschichte der Wege der Apostel Jesu durch die Völkerwelt, beginnen. Dabei ist der geographische Ort eine Chiffre für weit mehr als den Radius »von Jerusalem über Judaea und Samaria bis ans Ende der Erde« (Apg 1,8). Lukas will die christliche Völkermission innerlich, sachlich, theologisch *im Judentum* entstehen lassen. Darum beginnt sie mit dem Pfingstfest in Jerusalem.

Jerusalem gilt nach Luthers Übersetzung von Ps 122,3 als eine, vielleicht sogar »die« »Stadt, da man zusammenkommt«; bei dieser Übersetzung hatte er die Psalm-Stelle nach der griechischen Übersetzung gelesen, dort steht μετοχή, und das heißt: »Teilnahme, Gemeinschaft, communio« und sogar »Mitbesitz«. Es ist (bei dem Gebrauch, den Lukas von der Septuaginta auch sonst macht) gut denkbar, daß auch er Jerusalem mit dem Wort μετοχή zutreffend beschrieben sah. Jedenfalls steht der Beginn der Apostelgeschichte deutlich im Zeichen des *großen Zusammenkommens* von Menschen aus aller Herren Länder, mehr noch: einer ausgeprägten, äußeren und inneren Teilnahme der Menschen aneinander, ihrer κοινωνία – bis hin sogar zu jener μετοχή, die die Bedeutung von »Mitbesitz« haben kann – so daß wir die berühmten Verse 2,44 und 45 von dem »urchristlichen Liebeskommunismus« (oder wie immer man das nennen will) zunächst einmal als ein besonderes Jerusalem-Motiv festhalten können: in welchem näheren Sinne, dazu nachher mehr.

Ihre geradezu archetypische Bedeutung als »Stadt, da man zusammenkommt« hat Jerusalem, weil es *Wallfahrtsort* ist, an dem nach der Weisung der Tora »ganz Israel« erscheinen soll, nämlich: »Das ganze Volk: Männer, Frauen, Kinder und die Fremdlinge, die bei dir in diesen Orten wohnen«; und zwar sollen sie kommen, »daß sie hören und lernen, den Herrn euren Gott fürchten und alle Worte dieser Tora getreulich erfüllen« (Dtn 31,11-12).

Nach der Weisung soll das *öfter* geschehen: »Dreimal im Jahre sollen alle deine Männer vor Gott dem Herrn erscheinen« – zum ersten Mal beim *»Festreihen der Fladen«,* also an Pessach, – dann beim *»Festreihen des Schneidens«,* d.h. zur Zeit der ersten Weizenernte im Lande, wenn man die Erstlinge des Ertrags der Aussaat in das Haus des Herrn, des Gottes Israels, bringen kann; dies Fest heißt das Wochenfest, Schawuot. Es trägt seinen Namen von dem Gebot (Lev 23,15ff), Israel solle vom Pessach-Tag an sieben volle Wochen zählen – also 7 mal 7 = 49 Tage –, und dann solle es die zweite große Wallfahrt nach Jerusalem unternehmen. Der Name dieses Festes kann auch heißen »Jom ha-chamischim«, das »Fest des 50. Tages«; auf griechisch heißt das ἡ ἡμέρα τῆς πεντηκοστῆς, und von diesem »50.«, dem πεντηκοστή, ist das deutsche Wort »Pfingsten« gebildet worden, einfach als ein Zahlenwort. Schließlich, zum dritten Mal, soll »ganz Israel« dann noch einmal in Jerusalem erscheinen: zum *Laubhüttenfest* (vgl. Lev 23).

Es war Lukas, der die Ausgießung des Geistes der Heiligkeit auf den jom hachamischim gelegt hat; wir haben neben ihm dafür keine andere Tradition, – die *Verknüpfung der Geistausgießung mit dem zweiten jüdischen Wallfahrtfest ist seine Sicht des Geschehens.*

Er beginnt seine Erzählung mit den Worten: »Und als der Tag der Pfingsten endlich da war …« (Apg 2,1). »*Endlich*« – das ist eine Umschreibung der Zürcher Bibel für das Wort συμπληροῦσθαι, das Lukas gebraucht; es ist schon wichtig, dies Wort sich aussprechen zu lassen und nicht seinen Gehalt zu überspielen, etwa mit der Übersetzung »als der Pfingsttag gekommen« war; auch die Übersetzung »Als der Pfingsttag sich erfüllte« läßt noch nicht hören, was das Wort sagen will. Haenchen bemerkt richtig z. St.: »συμπληροῦσθαι = Vollendung eines Zeitraums« oder »Ende einer Zeitspanne«[95]; doch könnte das ein bißchen metaphysisch mißverstanden werden. Besser verstünden wir das Wort, wenn wir es uns aus dem Ablauf des jüdischen Festjahres erklärten. Am 50. Tag »vollendet« sich nach dem Festkalender ein Zeitraum, der Sfirat ha-Omer genannt wird, auf deutsch: das Abzählen der Tage bis zum Darbringen der Garben im Tempel von Jerusalem. Das sind die Tage zwischen Pessach und Schawuot. Und sie sind liturgisch charakterisiert eben als »*Tage des Zählens*«. Damit verbinden sich mindestens zwei Bedeutungen, eine naturhafte und eine geschichtliche. Die naturhafte setzt voraus, daß zu Pessach, dem Mazzenfest, die *Gersten*ernte eingebracht wird; zähle von da an 49 Tage weiter, dann ist es Zeit für die *Weizen*ernte, deren Ersterträge in Jerusalem dargebracht werden. Das Zählen folgt hier einer kultischen Bauernregel. Die geschichtliche Bedeutung läßt sich in keinen inneren Zusammenhang mit der naturhaften bringen.

Die Tage zwischen Pessach und Schawuot sind im Judentum Trauertage, da gedenkt man der Verluste an »ganz Israel«, vor allem der jüdischen Märtyrer. In dieser Zeit geht man nicht zum Friseur. Vor allem: da heiratet man nicht. Das ist natürlich eine lange Zeit der Enthaltsamkeit, wo neue Lebensbünde zurückgestellt werden müssen hinter das Gedenken der Toten. Darum wurde pragmatisch ein einzelner Zwischentag bestimmt, der 37., lag-ba omer genannt, an dem Brautpaare ausnahmsweise doch heiraten dürfen. Aber im Ganzen ist es

95. E. Haenchen, a.a.O. 131.

doch eine lange Zeit zwischen Pessach und dem Bringen der Garben am Schawuot-Fest. Darum hat der Ritus des Zählens dieser 49 Tage etwas von Ungeduld an sich. Alles wartet: Liebende auf den Hochzeitstag, – ganz Israel auf das Ende der Trauerzeit mit ihren Beschränkungen, – alles auf die nächste Reise nach Jerusalem. Wenn die Zürcher übersetzten, daß »endlich« der Tag der Pfingsten, der 50., gekommen sei, dann haben sie – wie bewußt oder unbewußt auch immer – die Ungeduld des Sfirat ha-Omer damit wiedergegeben und das lukanische συμπληροῦσθαι insofern als »Vollendung eines Zeitraums« verstanden, als damit das Ende der Phase des liturgischen Zählenmüssens gekommen ist. Der Phase des Märtyrergedenkens schließt sich – in den Weizen-Garben sinnenfällig – eine neue Phase des Lebens, eine Phase neuen Lebens an.

Es scheint möglich, in der Abfolge der Kapitel 1 und 2 der Apostelgeschichte *der Struktur nach* die Abfolge der Tage des Omer-Zählens und des Schawuot-Festes in Jerusalem wiederzufinden. Das 1. Kapitel beginnt mit dem Gebot des *Wartens,* unter das der auferweckte Jesus seine Anhänger stellt (1,4), – von ihrer *Ungeduld in bezug auf die Zeit,* in der Jesus das Reich für Israel wiederherstellen könnte (1,6-7), – vom Jesus, wie er ihnen entzogen wird in den Himmel (1,9-11), so daß sie allein zurückbleiben: »harrend« (1,14), – von dem *Verlust,* den es für ihre Gemeinschaft und Einheit bedeutete, daß Judas Jesus und ihnen gegenüber seine eigenen Wege gegangen war: ein Stück Passionsgedenken, denn Judas hatte ja Jesus »überliefert«: dem Tod. Das sind alles *Geschehnisse im Schatten:* von Verlust, Gedenken, Ungeduld, Fragen, wann es endlich so weit ist, daß Jesus das Reich für Israel wiederherstellt.

Natürlich ließe sich so ein Anfang einer Erzählung als ein *schriftstellerisches* Mittel klassifizieren. Aber Lukas hatte ja sein Interesse bekundet, alles »der Reihenfolge nach«, in richtiger, guter Abfolge zu berichten (Lk 1,3). Und nun ist es ja so, daß alles, was er in Apostelgeschichte 1 erzählt, *wirklich* in die Zeit zwischen Pessach und Schawuot gehört. Und darum ist es nicht abwegig, wenn wir es als eine Parallele zum Sfirat ha-Omer deuten und von da aus auch das συμπληροῦσθαι im 1. Vers des 2. Kapitels: *Endlich* der fünfzigste Tag.

Peter von der Osten-Sacken und der Jerusalemer Judaist Pierre Lenhardt haben nun eindrücklich Parallelen zwischen dem jüdischen Schawuot und dem lukanischen Pfingstfest aufs neue in Erinnerung gerufen.[96]

Der jom ha-chamischim, die ἡμέρα τῆς πεντηκοστῆς, hat im Judentum noch einen weiteren Namen (neben Schawuot): *jom matan tora, d.h.: Tag der Gesetzgebung.* Die Erinnerung an das Ereignis vom Sinai hat sich – wohl spätestens im zweiten christlichen Jahrhundert – mit dem Schawuotfest fest verbun-

96. P. Lenhardt/P. v. d. Osten-Sacken, Rabbi Akiva. Texte und Interpretationen zum rabbinischen Judentum und zum Neuen Testament. 1987, 146ff.

den, – eine Tendenz, die sich schon in der sog. Priesterschrift, einer der »Quellen« des Pentateuch, beobachten läßt.[97] Daher das für das lukanische Pfingstfest so wichtige *Motiv des Feuers*. Auf den Sinai fuhr Gott, wie Ex 19,18 erzählt, herab im Feuer. Rabbinische Erklärung zieht zum Verständnis dieser Erzählung Ps 29,7 hinzu: »Die qol, die Stimme des Ewigen, wirft zuckende Feuerflammen«, und Rabbi Akiva versteht das dahin, daß Gottes Stimme am Sinai sich feurig einätzte in die Buchstaben der Bundestafeln des Mose, in die Tora. So können wir in der Mechilta de-Rabbi Jischmael; hören, daß »die Tora Feuer ist und aus Feuer gegeben wird und mit Feuer verglichen wird« (Mechilta zu 19,18). Mit Feuer *verglichen* – vergleiche also Apg 2,3: »Und es erschienen ihnen zerteilte Zungen ›wie von Feuer‹«, ὡσεὶ πυρός.«

Analog hat Joel, auf den Petrus in seiner Pfingstrede zu sprechen kommt (2,17ff), den künftigen »Tag der Offenbarung des Herrn« wie den Sinai-Tag charakterisiert, als einen Tag »der Wunder oben am Himmel und Zeichen unten auf der Erde, Blut und Feuer und Rauchdampf«. Und Lukas hat dies auf die *Pfingst*feuer gedeutet.

Nach Ex 20,18 vernimmt das am Fuße des Sinai lagernde Volk »Donnerschläge« von oben herab, hebräisch: qolot. Rabbinische Deuter haben – philologisch gut möglich – diese qolot = *Donnerschläge* zugleich auch als qolot = *Stimmen* gehört. Dabei sannen sie besonders über den Plural in diesem Wort nach; es gab *viele* Donnerschläge – und entsprechend ließen, statt der einen Stimme Gottes, viele Stimmen sich vernehmen. Aber wie ließe sich das denken? Wäre das nicht Leugnung der Ein-Stimmigkeit, Einzigkeit Gottes? Nach einer alten, von Rabbi Jischmael; im Sifre Bemidbar zu Num 15,31 überlieferten Auslegungsregel konnte man aus dieser Verlegenheit kommen. Die Regel heißt: »Die Tora spricht immer nach Art der Menschenkinder«, und das meint: immer vielgestaltig, spricht jeden einzelnen gerade nach seinem Fassungsvermögen an, zu jedem also: *in seiner eigenen Sprache*. Das hat Lukas auch vom Sprachereignis der Pfingsten berichten können: »Jeder hörte sie …«, die Be-Geisterten, »… in seiner eigenen Sprache reden« (2,6); das ist mithin *genauso ein Wunder, wie es schlicht eine rabbinische Regel zum Verständnis der Tora ist.* Die Zungen setzten sich auf jeden unter ihnen (2,3), und jeder vernahm, was die Stimmen des Feuers sagten, »jeder in seiner eigenen Sprache, in der er geboren ist« (2,8). Auch das zeigt den Zusammenhang von *lukanischem Pfingst- und sinaitischem Tora-Feuer*. Daß »Feuer« in »Zungen« erscheint, daß es »züngelt«, kennen wir in den Jesus-Schriften aus einer Sentenz im Jakobusbrief (3,5ff): »So ist die Zunge ein kleines Glied und richtet doch große Dinge an.

97. H. J. Kraus, Gottesdienst in Israel. Grundriß einer alttestamentlichen Kultgeschichte. 1962, 75.

Siehe, ein kleines Feuer, welch einen Wald zündets an! Und die Zunge ist auch ein Feuer ...«[98]

Besonders wichtig ist für ein jüdisches Begreifenkönnen der lukanischen Pfingstgeschichte die in Ex r 5,9 weitergegebene Überlieferung, derzufolge die Tora vom Sinai in 70 Zungen gegeben wurde, damit sie so die 70 Völker der Erde erreichen könne.[99] *Die Tora – das Feuer – die Völker der Erde* bilden auch hier, wie in der Pfingstgeschichte, einen inneren Zusammenhang. Summa summarum möchten Osten-Sacken und Lenhardt »das Pfingstfest zu einem guten Teil als endzeitliche Entsprechung zum Fest der Offenbarung der Tora« verstehen.[100]

Diesen vor allem aus der *Haggada* gesponnenen Faden wollen wir jetzt entwickeln anhand noch anderen jüdischen Materials: der *Halacha* der drei Wallfahrtsfeste.

Zunächst etwas zu den *Adressaten* der Pfingstpredigt des Petrus und den Zeitzeugen des Pfingstereignisses in Jerusalem. Es sind die dort anwesenden »jüdischen Männer alle«, *dazu* »alle, die ihr ...« – derzeit, als Pilger der Wallfahrt oder als römische Besatzungssoldaten – »Jerusalem bewohnt«: Juden also, – Proselyten und römische Besatzer.

In der Tora der Wallfahrtsfeste spielen dabei *die Proselyten* eine nicht zu unterschätzende, ja ausgezeichnete Rolle. Wir hören nämlich im babylonischen Talmud-Traktat Chagiga, d.h. im Traktat von den (drei) Festfeiern, auf Rolle 3a einen Ausspruch Rabas, des 352 gestorbenen Raba bar Joseph bar Chana, des Begründers des Lehrhauses von Macheza am Tigris: »Es heißt (im Hohenlied 7,2). ›Wie schön sind deine Füße in den Schuhen, du Tochter des Edlen‹; (das meint:) wie schön sind die Füße Jißraels, wenn sie zur Wallfahrt ziehen. – ›Du Tochter des Edlen‹ (- was meint das denn? Antwort:) Du Tochter unseres Vaters Abraham, der Edler genannt wird. Es heißt nämlich (in Ps 47,10): ›Die Edlen der Völker haben sich versammelt, ein Volk des Gottes Abrahams‹. – (Rückfrage: Wieso bloß) des Gottes Abrahams, nicht (auch oder gar vielmehr) des Gottes Jizchaks und Jaakovs? – (Antwort:) des Gottes Abrahams, der der erste der Proselyten war« (d.h. der erste, der sich, längst ehe er beschnitten und dadurch zum Juden geworden war, freiwillig zu Gott bekehrt hatte, damals, als er auszog aus Ur in Chaldaea). Das aber heißt: *Speziell die Wallfahrtsfeste sind Proselyten-Gelegenheit, Gelegenheit derer, die nicht durch Geburt, sondern »aus Wahl« unter die Tora gekommen sind, – sind Abrahams-Gelegenheit;* und zwar eben nicht nur Abrahams als des Vaters der *jüdischen* Väter Jizchak und Jaakov/Israel, sondern

98. P. Lenhardt/P. v. d. Osten-Sacken, a.a.O. 233ff; 151ff.
99. A.a.O. 237, Anmerkung 11.
100. A.a.O. 238.

Abrahams, mit dessen Namen sich Segen wünschen werden kol mischpechot ha-adama, alle Geschlechter, Großfamilien der Erde (Gen 12,3), – oder mit der Namensdeutung von Gen 17,5 können wir auch sagen: Abrahams, des av-hamon gojim, des Viel-Völker-Vaters, des »*Vaters eines Getümmels von Völkern*«.

Solch ein Getümmel gehört zum Wallfahrtsort, solches Stimmen- und Sprachengewirr, solches Vielvölker-Gemisch. Es ist jedesmal wieder ein Abrahamsereignis. Und insofern zu dem Pfingstfest des Lukas sie alle gehören – »Parther und Meder und Elamiter und die, welche Mesopotamien, Judäa und Kappadozien, Pontus und Asia, Phrygien und Pamphylien, Ägypten und die Gebiete Libyens bei Cyrene bewohnen, und die hier ortsansässigen Römer, Juden und Judengenossen (Ἰουδαῖοί τε καὶ προσήλυτοι), Kreter und Araber« (2,9-11) – *insofern also diese alle zum lukanischen Pfingsten gehören, gehören sie eben zuvor schon zum jüdischen Schawuot.*

Dies scheint uns für das Gesamtverständnis der Apostelgeschichte eine wichtige Einsicht. Während wir meist denken, die *Kirche* erst sei die ökumenische, völkerumspannende Wirklichkeit, wir hätten die Welt und alle ihre Völker in uns – die Juden einschließlich – und *unterschieden* uns gerade darin vom auf sich selbst beschränkten Judentum, und eine der grundlegenden Bedingungen der Möglichkeit dafür sei gerade das Pfingstereignis gewesen – hören wir jetzt, daß in Wahrheit *Israel die ökumenische, völkerumspannende Einheit ist und alle Völker in sich assoziiert hat.* Die in den jüdischen Proselyten stellvertretend dargestellte Völkeranwesenheit beim lukanischen Pfingsfest ist also nicht christlicher Missionsuniversalismus, sondern *jüdische Wallfahrts- und Tora-Ökumenizität;* das eine fällt mit dem anderen zusammen.

Petrus verdeutlicht das noch in einem Nachwort zu seiner Pfingstpredigt. Deren Inhalt hatte bei seinen Hörern eine erheblich »Herzverschüchterung« hervorgerufen (eine Phrase, die Lukas in 2,37 aus Ps 109,16 zitiert, hat Martin Buber so übersetzt). Was Petrus ihnen da nämlich über Jesus, den Nazoräer, aus der Bibel eröffnet hatte, hatte sie ganz durcheinandergebracht. Petrus hatte behauptet, Jesus sei der von Gott eidlich versprochene Nachfolger auf dem Throne Davids (2,30) und Gott habe dies daran klar und deutlich gemacht, daß er ihn nicht im Totenreich, im Hades gelassen habe (2,31). Daß David eines Tages noch einmal einen Thronnachfolger erhalten werde, war ja uralte Verheißung. Und nun die Bedeutung, die Petrus der Jesus-Geschichte in diesem Zusammenhang beimißt: »Euch gilt die Verheißung und euren Kindern und (außerdem) allen in der Ferne, so viele der Herr, unser Gott, herzuruft« (2,39). Klar, daß das, wenn es stimmt, den Judengenerationen gilt. Nicht ebenso klar, daß es auch πᾶσιν τοῖς εἰς μακράν, allen den Fernen, gelten soll.

Das kann *mehreres* heißen. Aus allerengstem Kontext gedacht, könnten »*die Fernen*« einfach die späteren Generationen Israels sein, nach den »Kindern« auch die »Kindeskinder« – dem Sinai-Bundesprinzip von Dtn 29,14-15 entsprechend: »Doch nicht mit euch allein schließe ich diesen Bund und diesen eidlichen Vertrag, sondern sowohl mit denen, die heute mit uns hier vor dem Herrn, unserem Gott, stehen, als auch mit denen, die heute noch nicht mit uns hier sind«; das wäre dann eine *zeitliche* »Ferne«, die freilich für das Verständnis des zwischen Gott und Israel verabredeten Bündnisses von größter Widhtigkeit wäre – Mittel des für immer »ungekündigten Bundes«. – Aber bei »allen den Fernen« läßt sich auch an *räumlich* Ferne denken. Der dritte Jesaja z.B. durfte den Gottesruf weitergeben (Jes 57,19): »Ich schaffe Frucht den Lippen und Heil, ja Heil den Fernen und den Nahen, spricht der Herr«: schalom, schalom la rachok ve la-karov. Hier stehen, anders als bei Lukas, »die Fernen« voran, denn es sind die, die Gottes Schalom am tiefsten entbehren: die Leute in der fernen Gola, denen Gott die Straße bahnen lassen will nach Hause (und wir verstehen, wie auch das gerade zu einer Wallfahrt von allen Enden der Erde her »nach Hause«, nach Jerusalem passen kann). – Eine dritte Möglichkeit, die »Fernen alle« zu deuten, finden wir im babylonischen Talmud-Traktat Brachot 34b. Da sind sie, die gottfernen *Sünder,* die aber bereit zur t'schuva, Umkehr und inneren Heimkehr, sind, während »die Nahen« vollkommene *Gerechte* sind, die es freilich nach rabbinischer Lehre nicht oft gibt. Auf jeden Fall stellt auch diese Deutung »die Fernen« »den Nahen« entschieden und ausdrücklich voran, »denn es heißt: Friede, Friede dem Fernen und dem Nahen, zuerst dem Fernen, nachher dem Nahen.« – *Zu diesen Möglichkeiten wählt Lukas nun wohl eine vierte hinzu.* »Euch und euren Kindern gilt die Verheißung« – *zuerst,* fügen wir hinzu; das meint klar: den Kindern Israels. Sie sind »die Nahen« und müssen hier, in diesem Bedeutungszusammenhang, zuerst stehen; ihnen gilt das erste schalom. *Die »Fernen«* sind dann *die jüdischen Proselyten und Repräsentanten aller Völker der Welt;* ihnen gilt das zweite schalom la-rachok. Allerdings schwingen bei Lukas einzelne Bedeutungsmomente sowohl der zweiten, prophetischen, als auch der dritten, rabbinischen, Auslegung mit.

Wir hörten schon: Ruf zur Umkehr, Buße auf Vergebung der Sünde hin gehört, wie überall, so auch bei Lukas integral zur christlichen Verkündigung Jesu von Nazareth – wie es ja schon zu Jesu eigener Predigt gehörte: klar, in der Schule des Täufers Johannes. So liegt es nahe, daß er die rabbinische Deutung der »Fernen« als der umkehrbereiten Sünder *mithört,* wenn er von den Fernen der Völker spricht. Aber auch ein Moment von der prophetischen Deutung, nämlich das »Ich schaffe Frucht der Lippen« dem Fernen und dem Nahen, dürfte für Lukas mitschwingen. Denn gerade das vermittelt sich über eine mizva aus der Halacha der Wallfahrtsfeste, die für die Pfingsterzählung des Lukas ebenfalls formgebend geworden ist.

Nach der Mischna Chagiga I 1 nämlich ist »jeder« zum Erscheinen in Jerusalem verpflichtet – mit einer Reihe von Ausnahmen, die dazu nicht verpflichtet sind, zu denen an erster Stelle einer gehört, der taub ist. Die Weisung des Festes schreibt ja Dtn 31,12 die Reise nach Jerusalem vor, »damit sie *hören* und damit sie *lernen*«. Daraus folgt aber praktisch, daß einer, der nicht hören kann, nicht zu kommen braucht, und ferner auch der nicht, der nicht sprechen kann, somit der Taube und der Stumme nicht. Warum nicht? Darüber geht die Diskussion der Lehrer. Antwort: Weil die Weisung sagt, man solle nach Jerusalem wallfahrten, um zu »hören«, bleibt ein Tauber notwendig ausgeschlossen vom Ziel der Wallfahrt. Weil die Weisung ferner vorschreibt, man solle nach Jerusalem hinauf, um zu »lernen«, bleibt ein Stummer ausgeschlossen. Wieso ein Stummer? Antwort: »Wer nicht sprechen kann, kann auch nicht lernen« – jedenfalls nicht richtig; zwar kann er einem Lehrvortrag zuhören und dazu mit dem Kopf nikken und die Lippen wenigstens gestisch bewegen (b Chagiga 3a). Aber das ist doch nicht ganz das Richtige. In Israel ist ja das Wort wesenhaft das »Wort, das gesprochen wird« – so hat Martin Buber es gezeichnet[101] –, nicht ein Wort, das bloß gehört, gelesen, gar bloß gedacht wird. Von da aus versteht sich die Regel: »Wer nicht sprechen kann, kann auch nicht lernen«, denn er kann nicht eintreten in die jüdische Schulart, in der man »lernt« im Murmeln der Lippen, aber auch im lebendigen Hin und Her von Fragen und Antworten zwischen Schülern und Lehrern. Darum ist es so wichtig fürs Fest, daß Gott »Frucht den Lippen schafft«, den Fernen und den Nahen. Er tut dies aber durch die pfingstlichen Feuerzungen, wie Jesus es zuvor tat durch seine Taubstummenheilung (Mk 7,31-37), wie es auch von Rabbi – dem großen Exilsfürsten Jehuda ha-Nasi, der etwa 217 starb – in unserem Chagiga-Abschnitt erzählt wird: Er habe für zwei Stumme um Gottes Erbarmen gefleht, sie wurden geheilt, und da stellte sich zu aller Überraschung heraus, daß sie bereits als kranke Leute, einfach durch Kopfnicken und stummes Bewegen der Lippen, »Halacha, Sifra, Sifre und den ganzen Talmud gelernt hatten« (b Chagiga 3a). Nun aber, durch die *Heilung* ihrer Krankheit, waren sie *teilnahmeberechtigt* für die Wallfahrt nach Jerusalem geworden. Wenn Jesus nach der Taubstummenheilung gefeiert wird mit den Worten: »Er hat alles wohlgemacht, die Tauben macht er hören und die Stummen reden« (Mk 7,37), verstehen wir jetzt *die jüdische Bedeutung, die das hatte: Er hat mit seinen Heilungen Menschen in den Gottesdienst Israels zurückgeführt,* die nach der Tora als Gebrechliche davon ausgeschlossen waren; er soll damit weniger als Wundermann, θεῖος ἀνήρ, dargestellt werden, denn als einer, der hilft, den Minjan zusammenzubringen, die Zehnzahl der Männer, die einen Gottesdienst beginnen können, »ganz Israel« zu konstituieren. Die »Ferne«, die in der Untauglichkeit besteht, mit nach Jerusalem hinaufziehen zu dürfen, soll

101. M. Buber, Das Wort das gesprochen wird (1960), in: Werke. Erster Band. Schriften zur Philosophie, 1962, 442ff.

behoben werden. Und das dürfte eben auch ein starkes, vielleicht sogar das entscheidende Sinnmoment am Pfingstereignis sein: Es ist das *Sprachereignis* des Geistes, das es *von der Tora Ferngehaltenen* möglich macht, *sich* von Gott *herzurufen zu lassen* zum jom matan tora, *zum Tag der Tora-Gabe.*

Apg 2,42 klingt nun wie eine Vollzugsmeldung der Weisung Dtn 31,12, nach Jerusalem zu kommen, um »zu hören und zu lernen«: »Sie verharrten aber in der Lehre«, der διδαχή, *im talmud tora,* d.h. im Tora-Lernen. Daß sie diese Lehre bei den Aposteln, nicht bei anderen Lehrern lernen, muß nicht heißen, daß sie eine andere Lehre lernen als die Tora. *Lukas hätte das Pfingstgeschehen gewiß nicht auf den jom matan tora gelegt, wenn er nicht der Meinung gewesen wäre, daß die Didache der Apostel eine Gestalt des talmud tora, jüdischen Tora-Lernens, gewesen wäre.* Jeder Jude wählt sich seinen Lehrer, die Juden und Judengenossen, von denen Lukas hier erzählt, wählen sich Petrus und den Kreis der Apostel zum Tora-Lernen, denn gerade die legten ja – wie das ganze frühe Christentum – Wert darauf, über Jesus aus Tora, Neviim und Ketuvim und dem Daseinszusammenhang des jüdischen Volkes sprechen zu können, wie er auch in der mündlichen Tora der Rabbinen lebendig war. Eben damit erfüllte auch diese Gruppe das innere Ziel jedes Wallfahrtsgebotes gerade nach *rabbinischem* Verständnis: *sie hörten, sie lernten.*

Außer im talmud tora verharrten sie auch in der *chaverah, der κοινωνία,* der »Gemeinschaft« (2,42). – Hier beginnt vielen christlichen Auslegern oft der Puls schneller zu schlagen, denn in der κοινωνία meinen sie, eine urchristliche Herrlichkeit und Besonderheit sehen zu können. Doch auch das täuscht.

In b Chagiga 7a hören wir von Rabbi Jose ben Rabbi Jehuda, der an der Wende vom 2. zum 3. christlichen Jahrhundert wirkte, die Weisung: »Dreimal jährlich zur Wallfahrt zu ziehen wurde Israel geboten: am Pessachfest, am Wochenfest und am Hüttenfest; (aber) man darf (dort) *nicht geteilt erscheinen,* denn es heißt: ›deine ganze Mannschaft‹ (soll erscheinen: Ex 23,17)«. R. Joseph deutete das folgendermaßen: »›Man darf nicht geteilt erscheinen‹ ... Wenn jemand zehn Söhne hat, so dürfen nicht heute fünf und morgen fünf erscheinen« – will sagen: Bei der Wallfahrt ist ein bestimmtes *Maß der Gemeinsamkeit, der κοινωνία,* einzuhalten; die Familie als ganze, als eine Einheit, ist »verpflichtetes« Subjekt dieses Gottesdienstes; und wir brauchen nicht zu zweifeln daran, daß Lukas an dies Maß denkt, denn er hat ja, wie wir schon hörten, seinen Petrus als Adressaten der »Verheißung«, die am Pfingstfest so erstaunlich zum Ereignis wird, »euch und eure Kinder und alle in der Ferne« nennen lassen, »so viel der Herr, unser Gott, herzuruft« (2,39). Wir kommen gleich noch einmal darauf zurück.

Sie verharrten auch im »*Brechen des Brotes«, be zeat ha-lechem* (2,42). Das wird von der Exegese heute kaum noch als Abkürzung für die Eucharistiefeier der Christen angesehen. Zu ihrer chaverah gehörte einfach dazu, daß sie auch zusammen aßen und tranken. Und da tun sie das gewöhnlich Jüdische: Mit dem Weinsegen und dem Brotbrechen hebt jedes jüdische Festessen bis heute an. Da es im Judentum bis heute nichts bloß Profanes gibt, gehört das Sprechen eines Segensspruchs, einer Beracha, immer dazu. Wo christliche Sitte das Tisch-*Gebet* spricht, *segnet* jüdische Sitte *Gott* über den guten (auch den schlechten) Gaben des Lebens. Die Beracha des Brots ist die bis heute am wenigsten vergessene: »Baruch ata adonai elohenu, melech ha olam, ha mozi lechem min ha-arez – Gelobt bist du, Ewiger, unser Gott, König der Welt, der du Brot aus der Erde hervorbringst.« So mag auch die Christengruppe in Jerusalem das Brot gebrochen haben.

Nun gelangen wir aber von der Halacha des Tischsegens aus gleich noch zu einem weiteren Bedeutungsgehalt von κοινωνία, Gemeinschaft, der uns ein weiteres wichtiges Element der Pfingsterzählung des Lukas jüdisch verstehen lehren kann.

Im Talmud-Traktat Brachot, Von den Segenssprüchen, wird ausführlich die Frage bedacht, wer bei einer – wie klein oder groß zusammengesetzten Tischgemeinschaft – den Tischsegen spricht: alle zusammen?, einer für alle? Wichtig scheint hier ein Grundsatz: »Schmuel sagte: Nie schließe der Mensch sich aus der Gemeinschaft aus«, (b Brachot 49b). Dieser Obersatz wird ausgelegt: Drei bilden eine Tischgemeinschaft – und also das Subjekt einer Tisch- und Gebetsgemeinschaft, denn wo zwei oder drei toragemäß versammelt sind, ist die Schechina, Gottes Gegenwart, unter ihnen: Beim Lernen ist es so (m Avot III,3), und beim Essen soll es auch so sein; denn R. Schimon sagte: Wenn drei an einem Tische essen und an diesem nicht über die Worte der Tora reden, so ist es ebenso, als hätten sie von Totenopfern (gemeint ist: von Götzenopfern) gegessen … Wenn aber drei an einem Tisch essen und sich an diesem über die Worte der Tora besprechen, so ist es ebenso, als hätten sie vom schulchan schel makom gegessen (vom ›Tisch des Ortes‹, d.h. vom Tische Gottes), denn es heißt (Ez 41,22): ›Und er sprach zu mir: Dies ist der Tisch, der vor dem Herrn steht‹« (m Avot III,4); *jeder Eßtisch ist ein »Tisch vor dem Herrn«.*

Je nach der *Zahl der Tischgenossen* ändert sich nun auch der Inhalt des Tischsegens (m Brachot VII,3). Bei drei Tischgenossen spricht einer: »Wir wollen lobpreisen«. Bei vieren fordert einer die drei anderen auf: »Lobpreiset« – d.h. da bildet sich schon aus der kollektiven Gemeindestruktur »Wir« eine gottesdienstliche Struktur zwischen einem Vorsprecher und einem Ihr. Bei zehnen muß man sagen: »Wir wollen *unseren* Gott lobpreisen« – denn Zehn ist die Anzahl, in der Gott sich in seinem Israel mit den zehn Geboten vergegenständlicht und gemeinsame Sache macht. Bei Hundert muß es heißen: »Wir wollen *den Herrn,* unseren Gott, lobpreisen«; *die Namen Gottes wachsen mit der Zahl seiner Treuen.*

Wenn es Tausend sind, spricht der Sprecher: »Wir wollen den Herrn, unseren Gott, *den Gott Israels,* lobpreisen«. Sind es Zehntausend, spricht er: »Wir wollen den Herrn, unseren Gott, den Gott Israels, *den Gott der Heerscharen* (den Gott Zebaoth), der über den Cherubim thront, für die Speise, die wir essen, lobpreisen«. Der Herr Zebaoth ist auch eine Wirklichkeit der Quantitäten. R. Jose ha-Gelili faßte die Regel zusammen: »Hinsichtlich der Lobpreisung richtet man sich nach der Größe der Zahl der Versammelten, denn es heißt (Ps 68,27): ›In den Versammlungen (Plural!) lobpreiset Gott, den Herrn, vom Ursprung Israels her‹«.

Von hierher erschließt sich uns der Zusammenhang von talmud tora = Didache, – κοινωνία, Gemeinschaft, – Brotbrechen mit den προσευχαί (Apg 2,42), d.h. auf hebräisch: ve al ha tefilah: den Brachot, Segnungen.

Dieser Zusammenhang insgesamt aber vermittelt sich nach dem, was wir zuletzt über die Tischsegnungen beobachtet haben, mit der Nachricht (Apg 2,41), daß an jenem Tage in Jerusalem etwa 3 000 Seelen hinzugetan wurden. Statt es für historisch unvorstellbar zu erklären, daß ein nach Tausenden zählender christlicher Missionserfolg an einem einzigen Tag – noch dazu in Jerusalem – erfolgt sein sollte (wie manche Exegeten tun), sollten wir von der Halacha der Tischgebete her die theologische Qualität, d.h. die *Qualifizierung der Gottesnamen durch die Quantifizierung der Dazugekommenen* begreifen lernen. Gott wächst mit der Zahl seiner Treuen, das will auch Lukas sagen. *So setzt sich der Name durch unter den Völkern, so hängen der Name und die Mission zusammen: im inneren Zusammenhang von treuem Tora lernen, Gemeinschaft zusammenhalten, Brotbrechen und Gott segnen und lobpreisen.*

Und dazu gehört nun auch der *»urchristliche Kommunismus«* von Apg 2,44-45. Das historische Modell, das mit solcher oder einer ähnlichen Formel ausgesprochen wird, stimmt solange nicht, solange nicht auch hier ein Nachvollzug der Halacha der Wallfahrtsfeste erkannt wird.

Ehe wir dazu aus der Mischna Chagiga I 5 zitieren, bemerken wir, daß natürlich jedes Wallfahrtsfest nach Jerusalem seinen Höhepunkt in einem *Tempelopfer* hatte – solange es ging (das »Hören und Lernen« als inneres Ziel der Wallfahrt ist schon Ausdruck eines *Ersatzes* für das Opfer, nach der Zerstörung des Tempels). Wenn Lukas in Apg 2,46 das Brotbrechen und das haus- und familienweise »Speisen und Frohlocken« in den Tempel verlegt, erinnert auch er daran. Denn das Speisen mit Frohlocken, mit αγαλλίασις, spielt doch wohl mit Bedacht auf den halachischen Grundsatz an: »Jeder ist zum Erscheinen und *zur Festfreude* verpflichtet« (b Chagiga 2 b). »Festfreude« bezeichnet zunächst eines von drei bei der Wallfahrt gebotenen Opfern: »das Besuchsopfer, das Festopfer und die Festfreude« – so R. Jose ha-Gelili nach b Chagiga 6 b. Vom Festfreude-Opfer heißt es: Es »ist beiden anderen überlegen, indem es Pflicht für Männer *und Frauen* ist, was bei jenen (anderen beiden) nicht der Fall ist« (b Chagiga 6 b) – auch dies ein Moment, das den vollen Begriff der κοινωνία, *voller* Gemeinschaft »ganz« Israels füllt; das *Dabeisein der Frauen* ist *kein* Sonderfündlein der christlichen Emanzipation, ist vielmehr: jüdisches Recht, mehr noch: *jüdische Pflicht.*

Aber nun wird im Traktat Chagiga das Stichwort »Festfreude« über die Bezeichnung dieser bestimmten Opferart noch hinausgeführt. »Die Rabbanan lehrten (Dtn 16,14): ›Du sollst dich an deinem Feste freuen‹; dies schließt *jede* Art Freude als Festfreude ein« (b Chagiga 8 a). Auf Rolle 10 b wird dies ausdrücklich auf die Frage hin diskutiert: »Vielleicht befiehlt der Allbarmherzige (nur) wie folgt: Esset und trinket, und feiert mir (so) ein Fest« – also *ohne Opfer,* mit Schlachtungen *nur* zum Schmausen, nur – wie Lukas (2,46) sagt – zur τροφή.

Für diese Ansicht könnte Amos sprechen, z.B. mit der Frage Gottes 5,25: »Habt ihr mir Schlachtopfer und Gaben dargebracht in der Wüste, vierzig Jahre lang, Haus Israel?« – doch *nicht.* Daraus läßt sich ja schließen: Gottes Weisung an Pharao (Ex 5,1): »Laß mein Volk ziehen, daß es mir in der Wüste ein Fest feiere« kenne eine mizva des Festes, das reinweg nur ein Feiern ohne Schlachtopfer meine. Diese Möglichkeit steht im Traktat Chagiga (10 b) zur Diskussion, findet allerdings unter den Diskutanten auch beträchtlichen Widerspruch: Die Kombination der Amosstelle mit der Exodusstelle sei ein Beweis »wie Berge, die an einem Haare hängen« (wir würden sagen: ein an den Haaren herbeigezogener, unhaltbarer Beweis) – übrigens allein schon deswegen, »weil nicht aus Worten der Propheten« – in unserem Falle Amos – »auf Worte der Tora« – in unserem Falle Exodus – »geschlossen werden kann« – nur umgekehrt erlaubt es die hermeneutische Regel. Dennoch gibt es Lehrer, die mit dem Gedanken eines Festes ohne Opfer spielen; nach deren Ansicht kann »*jede* Art Freude« das Gebot erfüllen: »Jeder ist zum Erscheinen und zur Festfreude verpflichtet« (b Chagiga 3a). Lukas teilt innerhalb der rabbinischen Diskussion diese Ansicht.

Und nun können wir die Mischna Chagiga I 5 heranziehen, um von ihr auf Apg 2,44-45 und den »urchristlichen Liebeskommunismus« zu blicken. »Wer viele Mitspeisende und wenig Güter hat, bringe mehr Heilsopfer und weniger Brandopfer dar …« – weil Heilsopfer nur von kleinen Tieren genommen werden und die Opfernden davon mitessen können, während die Brandopfer Ganzopfer = Holocaust sind und ohne Reste dem Altar gehören. »Wer viele Güter und wenig Mitspeisende hat, bringe mehr Brandopfer und weniger Heilsopfer dar. Von dem, der von diesen und jenen wenig hat, heißt es: ein oder zwei Silbermünzen« – statt einer teureren Schlachtung. »Von dem, der von diesen (Gütern) und jenen (Mitspeisenden) viel hat, heißt es (Dtn 16,17): ›Jeder, was er zu geben vermag, je nach dem Segen, den dir der Herr, dein Gott, gegeben hat‹«.

Der Hintergrund ist klar: Es geht um die Belastbarkeit einer Familie durch das Opfergebot. *Ein pragmatisches Maß muß gefunden und eingehalten werden* einerseits zwischen der Zahl der zu einem »Haus« gehörenden Mitesser, die ja *alle* mit beim Fest sein sollen, und den Gütern eines Hauses andererseits. Von Haus zu Haus bemißt sich das anders (und im lukanischen »von Haus zu Haus« in 2,46 könnte auch dies mitgemeint sein). Das biblisch-rabbinische Maß »*je nach dem* Segen, den dir der Herr, dein Gott, gegeben hat« und das lukanische Maß »*je nachdem* einer es nötig hatte« korrespondieren sprachlich und interpretieren sich gegenseitig sachlich. So ist die Opfer-Weisung wohl ein wichtiges Motiv am »urchristlichen Kommunismus« – weniger ein ethisch-sozialer als ein ritueller Tatbestand. »Alle Gläubiggewordenen«, πάντες οἱ πιστεύοντες« (2,44), bilden eine Fest-, Opfer- und Tischgemeinschaft im Tempel wie in den Häusern und bemessen das Maß wie jedes jüdische »Haus« einerseits nach vorhandenen Gütern, andererseits nach dem, was einer nötig hatte (2,45) im Kreis der Essenden, Feiernden, in der κοινωνία. Hier zeigt sich deutlich, wie die vom *Geist* zusammengebrachte Gemeinschaft zugleich – und eben dadurch – eine von der *Tora* geordnete und geregelte ist.

So »lobten sie Gott und hatten Gunst beim ganzen Volk« (2,47) – Kunststück: wenn und da sie doch taten, was und wie alle im Volke es taten – wie die Tora es befahl.

Ferner heißt es nun (2,46): »Sie verharrten einmütig im Tempel.« Auch das Motiv der *Einmütigkeit* gehört in die Halacha des Festes. Im Zusammenhang der Diskussion über das Erscheinen »ganz Israels« im Tempel von Jerusalem werden an einer Stelle des Traktats Chagiga die Verse Dtn 26,17 und 18 zitiert: »Du hast heute den Herrn verherrlicht«, und dazu: »Und der Herr hat heute dich verherrlicht.« Das wird folgendermaßen gedeutet: »Der Heilige, gelobt sei Er, sprach zu Jißrael: Ihr habt mich zu *einer* (einzigen) Verherrlichung auf der Welt gemacht. Auch ich will euch zu *einer* (einzigen) Verherrlichung auf der Welt machen.« Diese Auslegung wird mit Berufung auf das Gebet aller Gebete begründet: aufs Sch'ma Jißrael. »Ihr habt mich zu *einer* Verherrlichung auf der Welt gemacht, denn es heißt (Dtn 6,4): ›Höre Israel, der Herr, unser Gott, der Herr ist einzig.‹ Auch ich will euch zu *einer* Verherrlichung in der Welt machen; denn es heißt (1 Chr 17,21): ›Wer ist wie dein Volk Israel ein einziges Volk auf Erden?‹« (b Chagiga 3 a/b). *Die Einheit, Ganzheit Israels* – »man darf nicht geteilt erscheinen« – *verherrlicht die Einzigkeit Gottes »in der Welt«, wie der eine Gott die Einzigkeit Israels verherrlicht »in der Welt«.* Die Welt – sie ist versammelt in Jerusalem, alle Völker sind da repräsentiert als Forum der gegenseitigen Verherrlichung von Gott und Israel. Das ὁμοθυμαδόν, das einmütige Verharren der Christengruppe im Tempel (2,46), entspricht diesem Motiv. Es ist verwirklichtes Gebet des Sch'ma Jißrael: adonai elohenu adonai echad. Es demonstriert *für* Juden und Judengenossen und ihre göttliche Herrlichkeit *vor* Parthern, Medern, Elamitern und den anderen allen.

Nun zunächst noch eine kleine Gegenprobe zur Anlage dieser Auslegung des Pfingstgeschehens, wie Lukas es bezeugt. Apg 3,1-11 schließt sofort mit einer Erzählung von der Heilung eines Lahmen durch Petrus und Johannes an: »an der Türe des Tempels« (3,2) – sozusagen: beim ersten Schritt vor die Tür in »die Welt« und dem ersten Schritt des missionarischen Zeugnisses vom neuen Leben. Auch diese Geschichte folgt der Logik des matan tora. Denn zu denen, die von der Pflicht zum Erscheinen bei der Wallfahrt befreit sind, gehören neben Tauben, die nicht hören, und Stummen, die nicht sprechen und darum nicht lernen, keine »Frucht der Lippen bringen« können, auch Lahme – sofern ihnen nämlich der Weg von der Stadt hinauf auf den Tempelberg nicht zugemutet werden kann. Wie wir schon hörten, Jehuda ha-Nasi habe mit Erfolg um Erbarmen für zwei Taube gefleht, so rechnet die Diskussion der rabbinischen Lehrer bereits auf der ersten Rolle, b Chagiga 1 a, damit, daß dennoch auch ein Lahmer »zum Erscheinen verpflichtet« sein könnte. Der nämlich, »der am ersten Tag« des Festes noch »lahm war und am zweiten nicht mehr«. Die Halacha rechnet also hier mit Wunderbarem, und Lukas (3,1ff) gibt dieser Halacha recht. Auch Kapitel 3 der Apostelgeschichte bleibt – nach dem Omer-Kapitel 1, nach dem jom ha chamischim-Kapitel 2 – in der Problematik und Logik der Tora des jom matan tora.

Uns ist bewußt, wie anders wir damit den Anfang der Apostelgeschichte lesen als in christlichen Kommentaren sonst. Wir haben keinen Ehrgeiz, damit der Schulexegese zu widersprechen. Uns liegt nur an der Frage, ob sich Lukas nicht auch so lesen ließe, ob nicht jüdische Wallfahrt-Motive, wie die, die wir hier zur Deutung herangezogen haben, *auch* Lukas verstehen helfen könnten, und zwar in nicht nur beiläufigen Einzelheiten, sondern in der *Struktur* seiner theologischen Sicht »des Werkes«, von dem er erzählt. Stellen wir *Aspekte dieser Struktur* zusammen.

1. Wenn er in der Apostelgeschichte den Gang der christlichen Missionsgeschichte aus dem Pfingstereignis entspringen läßt, läßt er es aus dem jüdischen Wallfahrtsfest des jom ha chamischim, des 50. Tages, entspringen.

2. Die christliche Mission unter den Völkern entspringt damit der *jüdischen* Repräsentanz der Völker in Gestalt der Proselyten, die durch den Abrahamssegen besonders nuanciert (vgl. 3,25) zu jeder Jerusalemer Wallfahrtsgemeinde gehören. *Die Völker,* zu denen die Apostel des Lukas sich gesendet wissen, *haben zuvor bereits einen Ort innerhalb Israels:* in den »Judengenossen«. Die Beziehung, in der die lukanische Apostelgeschichte theologisch zu sehen ist, ist nicht etwa nur die übliche biblische zwischen Juden und Gojim, sondern die zwischen den Gojim, die in den Judengenossen bereits eine Repräsentanz in der inneren Lebens- und Festgemeinschaft Israels besitzen, und Israel. Die »*Heidenmission« entspringt der inneren Möglichkeit, die die Gojim schon immer im Judentum haben.* Wenn Lukas freilich erzählen muß, daß die christliche Völkermission de facto zur Bildung reiner heidenchristlicher Gemeinden geführt hat (15,14), dann hebt dies die *grundsätzliche* Beziehung auf Israel dennoch nicht auf. Als Lukas schrieb, wußte er schon, wie die Wege historisch auseinandergingen. Nur um so mehr wiegt, daß er – trotzdem, nun erst recht – den Ausgang der Völkermission im jüdischen Wallfahrtsfest Schawuot geortet hat; nichts in der Tradition konnte ihn dazu zwingen, es war sein Kerygma.

3. Indem Lukas das Pfingstfest als Fest der Feuerzungen schilderte, hat er es *inhaltlich* als den jom matan tora verstanden und das *Missionsgeschehen als Thorageschehen* gesehen.

4. Das weckt die Frage nach dem *Verhältnis von Tora und Geist.* In unseren Augen die erste Entscheidung, die wir treffen sollten, ist, daß wir πνεῦμα ἅγιον, den Pfingstgeist (Apg 2,4), nicht mit »heiliger Geist« übersetzen. Der erinnert zu sehr an die dritte Person des christlichen Trinitätsbekenntnisses, und die ist hier sicher nicht gemeint. Das hebräische Wort muß ruach ha kodesch heißen, der aber ist der »Geist der Heiligkeit«, d.h. jener, in dem Israel sich und die Welt heiligt vor Gott. Auch dieser Geist ist ein Gottesgeschenk. Aber er ist derjenige, der in der Begegnung von Tora und Mensch »zündet« und dort wirkt, wo Menschen tun, was die Tora gebietet. »Lehre mich deinen Willen tun, denn du bist mein Gott; dein guter Geist führe mich auf ebener Bahn« (Ps 143,10). »Meinen Geist werde ich in euer Inneres legen und machen, daß ihr in meinen Satzungen wandelt und meine Gesetze treulich erfüllt« (Ez 36,27; vgl. 11,19-20). Hier sind Tora und Geist nicht dasselbe, aber sie gehören eng zusammen: als das Gebot und das Motiv oder die Kraft des Tuns des Gebotenen; und beides gibt Gott.

Lukas sieht diesen jüdischen Zusammenhang. Darum treibt nach seiner Pfingsterzählung der Geist die Christengruppen zum talmud tora, dem Verharren in der Lehre der Apostel (2,42). Darum pflegen sie die Gemeinschaft, κοινωνία, *gemäß* der Tora. Bilden sie eine Gottesdienst-Einheit *gemäß* der Tora. Gewinnen sie ihre Einmütigkeit aus dem Beten des Sch'ma Jißrael. Wiewohl wir Lukas nur schwer als einen sehr treuen Schüler des Paulus, wie wir ihn aus den Briefen kennen, erkennen können: Auch Paulus hat in seinem großen Kapitel vom Geist – in Röm 8 – vom »Gesetz des Geistes des Lebens«, also der Tora des Geistes des Lebens gesprochen (Röm 8,2), weil er Jesus Christus in Person und Werk die Tora verkörpern sah; darin ist Lukas dem Paulus nahe. Wozu dann auch gehört, daß er – wie der Paulus der Briefe – die Apostel »diesen Jesus« aus den Schriften der Tora erweisen lassen will, wie Paulus – und wie schon die Tradition, auf die Paulus sich stützt, wenn sie das Werk und Leben Jesu als κατὰ τὰς γραφάς ereignet schildert (1 Kor 15,3).

5. Solche *Toragebundenheit des Geistes* will uns gerade bei Lukas auf den ersten Blick nicht so recht einleuchten. Denn er scheint das Geist-Widerfahrnis – wie Joel, den er zitiert – geradezu apokalyptisch-exzeptionell und ekstatisch zu schildern (2,17-21). Das ist auch so. Wir müssen aber unser durchschnittliches Verständnis von der Tora verändern. Denn so etwas durchschnittlich-Bürgerliches, »Ordentliches« (d.h. unter unseren Begriffen von »Ordnung« zu Bestimmendes, »Gesetzliches«) ist die Tora auch nach rabbinischem Verstande nicht – ganz abgesehen von den Gestalten, die sie in (ja zeitlich schon früh anzusetzender) jüdischer Mystik, in späterer Kabbala und im Chassidismus angenommen hat. Auch in der Erfahrung des rabbinischen Judentums ist die Tora eine Kraft auf Leben und Tod, schon von Mose dem Volk am Sinai vorgelegt als »Leben und Glück, Tod und Unglück« (Dtn 30,15), als »Segen und Fluch« (Dtn 30,19); das sind ja (wenn wir einmal so heidnisch sprechen dürfen) Schicksalsperspektiven, mehr noch: Wirklichkeiten, die jetzt schon, hier und heute, Geschick des jüdischen Volkes bewirken und sind.

Die *Tora* ist immer als *geschichtswirksam,* besser noch: Geschichte wirkend verstanden worden. Das gehört zu ihr. In ihr sind deswegen aufs engste Haggada und Halacha miteinander verwoben; nahtlos gehen ineinander über *Weisungen* des »Gesetzes« und *Erzählungen* von den Wegen des jüdischen Volkes; unsere Methode der Quellenscheidung hat uns den Blick für das sehr Eigenartige dieser Form verstellt. Aber das *ist* das »Wesen« der Tora: *Einheit* von Gebieten Gottes und Geschichte Israels, von »Ethischem« und »Historischem«. Sofern also die »Apostelgeschichte« in einer Geistausgießung am jom matan tora entspringt, wahrt Lukas auch ihr die innere Einheit, die Tora ist. *Denn der Geist ist der Trieb, den die Tora Israels nun auch unter den Gojim und in ihren Geschichten entfesselt.* Er sprengt nicht etwa die Einheit der Tora, er entspricht ihr, wirkt sie aus – auch unter den Gojim.

6. Was wirklich das bis dorthin Bekannte sprengt, ist, daß die Gojim jetzt nicht mehr nur als Proselyten, sondern *als Gojim* von der Tora ergriffen werden. Dies ist, jüdisch gesehen, in der Tat ein hohes Maß an *Unordnung* und verwirrend, weil es gesetzlich nicht geordnet ist, wie es der Status der Proselyten, auch der »Gäste und Fremdlinge«, der gerim ve toschavim, in Israel seit alters war. Hier scheint sich der Geist Gottes tatsächlich wie ein Geist der Unordnung, nicht des Friedens auszuwirken (1 Kor 14,33). Lukas ist das wohl bewußt. Er schildert ja Schritt für Schritt nicht nur die *Krisen,* die das für die Integrität der Juden und Gojim bedeutet, sondern auch die, die das in den Gruppen der Christen bewirkt.

Im Anfang der Rede des Jakobus spüren wir noch das Ungeheuere, daß »Gott zum erstenmal – πρῶτον – darauf Bedacht genommen« hat, »seinem Namen aus Gojim einen λαός zu nehmen« (Apg 15,14) – wohlgemerkt: einen laos«;

eine *heidnische* Menschengruppe hat Gott konstituiert unter dem eigentlich dem *jüdischen* Volk Gottes vorbehaltenen Namen des Volkes schlechthin: λαός τῷ ὀνόματι αὐτοῦ, ein: am lisch'mo; das ist unerhört, ein Einbruch, etwas von dem Charakter eines πρῶτον, Ursprünglichen, nicht Einzuordnenden, raah lo *barischona* lakachat mi ben ha gojim am lisch'mo.

Aber Lukas erzählt darum um so bedachter auch, daß da ein Trieb des Geistes – eine »Entwicklung« – über die Köpfe der Apostel hinweggegangen sei. Denn sowohl Jakobus wie Petrus wie auch der lukanische Paulus waren sich mit allen anderen Säulen der Gemeinde darin einig, daß es *kein toraloses Christsein* geben solle. Jakobus hat auf dem Apostelkonzil eine Torabindung aller Christen, auch derer, die aus den Gojim dazustoßen, in Gestalt einer Verpflichtung auf die noachidischen Gebote beantragt (15,20) und durchgesetzt (15,29) und auch von Paulus eingefordert (21,25) – wobei die Konzilsformulierung für unseren Zusammenhang wichtig ist: So sei es »dem heiligen Geist und uns gut« erschienen (15,28) – dem heiligen Geist zuerst; und ihm schien es »gut«, auch Heiden durchaus nicht gänzlich ohne Tora zu lassen. Der Geist der Heiligkeit besitzt einen Sinn für die *universale Bedeutung der Tora,* und das zeigt , wie eng beide für Lukas zusammenhängen. Noch ganz anders hat der lukanische Paulus sich dem gefügt. Einmal, indem er Timotheus, den Sohn einer jüdischen Mutter, aber eines griechischen Vaters, beschnitt – aus welchen grundsätzlichen oder pragmatischen Überlegungen heraus auch immer; wer eine jüdische Mutter hat, *ist* halachisch ein Jude, und Paulus hätte entschieden: Soll er es richtig und ganz sein – und darin dann erst recht Christ (16,1-3). Dann, indem er, als Hinweis darauf, daß er niemanden zum »Abfall von Mose« nötige, einmal das Nasiräat gelobt hat, sich also seine Haare hat zottelig wachsen lassen, für eine bestimmt begrenzte Zeit, nichts vom Weinstock gegessen und getrunken hat; vor allem aber hat er für vier andere Männer, die ein Nasiräatsgelübde abgelegt hatten, die entstehenden Opfer-Kosten übernommen, Juden also zu strikt jüdischer Frömmigkeitsübung geholfen (21,21-26). Nicht zuletzt hat Paulus auch seinen Gemeinden das Jerusalemer Apostedekret mit der Anweisung, die noachidische Tora zu halten, »zur Befolgung der Verordnungen« weitergegeben (16,4). Ob das, wie man bei uns immer sagt, dem »historischen« Paulus wirklich nicht ähnlich sah? Die noachidische Tora hat jedenfalls auch der »historische« Paulus eingeschärft, so daß seine Formulierung von einer »Tora des Geistes des Lebens« (Röm 8,2) kein leeres Wort war, keinen »spiritualisierten Gesetzesbegriff« meinte.

Dennoch: Die Gemeindegeschichte ist über das, was die Leiter der christlichen Gemeinde meinten verantworten zu können, hinweggegangen. Die Apostelgeschichte schließt mit einem resignierten Wort des in Rom gefangenen Paulus über eine Verstocktheit, Schwerhörigkeit und Blindheit des jüdischen Volkes den Auswirkungen des Pfingstgeschehens, also der christlichen Mission gegenüber (28,27) und mit der Summe: »So sei euch kund, daß *den Heiden* dieses Heil Gottes gesandt worden ist; *sie* werden ihm auch Gehör schenken« – im Unterschied zu den Juden (28,28). Das freilich hat etwas apokalyptisch-Katastrophales, mindestens: apokalyptisch-Kritisches.

Davon nun.

Wir sagten schon einmal: *Lukas auf Apokalyptisches hin* zu lesen, entspräche nur schwer dem Bild, das wir uns heute von seinem theologischen Denken machen; danach können gewisse apokalyptische Traditionen, die er noch weitergibt, nichts ändern an seiner grundsätzlich Apokalyptik-fernen Grundeinstellung, denn er verwende sie nicht theologisch-konstitutiv.

Immerhin verwendet er sie. Mit der griechischen Übersetzung von Ps 18,6 sagt er, Gott habe Jesus auferweckt, indem er die »*Wehen des Todes*« löste (statt, wie es nach der Hebräischen Bibel hieß: die »Stricke« und »Fesseln« des Todes). Das Wort »Wehen«, ὠδίς, gehört in die Sprache der Apokalyptiker, die die Vorzeichen des Endes des alten Äon »Wehen« der Endzeit nennen: deren Geburtswehen; aus den schmerzenden Katastrophen der alten Welt windet sich die neue heraus. So hat Lukas in 2,24 Jesu Tod als die Geburtsschmerzen seines neuen Lebens aufgefaßt, ihn also apokalyptisch gedeutet. Das ist gewiß nichts Beiläufiges.

Darum begleiten auch Zeichen apokalyptischer Wehen den Gang des neuen, so geborenen Lebens, das der erweckte Jesus ja durch den Geist über alles Fleisch ausgegossen hat. In der Gemeinde von Antiochia trat ein von Jerusalem heruntergekommener Prophet auf, namens Agabus, der verkündete – wie Lukas ausdrücklich sagt – »kraft des Geistes«, daß eine »große Hungersnot über den ganzen Erdkreis kommen müsse« (11,28). Aus Markus 13,8 – der am Anfang dieses Paragraphen schon besprochenen Zukunftsrede Jesu – wissen wir, daß große *Hungersnöte* dort ausdrücklich als »Wehen der Endzeit« angekündigt wurden – genauso wie *Erdbeben.* So nimmt es nicht wunder, wenn Paulus und sein Begleiter Silas in Philippi aus dem Gefängnis dadurch befreit werden, daß plötzlich ein großes *Erdbeben* entstand, so daß die Grundfesten des Gefängnisses erschüttert wurden, sich sofort alle Türen öffneten und die Fesseln aller sich lösten (16,26). Natürlich läßt sich das einfach stilistisch als übliches schriftstellerisches Mittel einer Wundererzählung deuten. Aber warum sollten die Bakchen des Euripides, die Haenchen zur Erklärung heranzieht[102], dem Lukas nähergelegen haben als die apokalyptischen Überlieferungen des ältesten Christentums und die Zukunftsrede Jesu Mk 13,8? Nichts läßt ja Euripides im Bericht des Traban-

102. E. Haenchen, a.a.O. 436.

ten von der wunderbaren Befreiung der Bakchen aus ihrem Gefängnis von einem Erdbeben hören; daß sich ihre Fesseln »von selber« lösten, die Riegel aufsprangen »unberührt von Menschenhand« (447-448), wie Euripides erzählt, kann ja auch ganz anders geschehen sein – wie jedenfalls in der Apostelgeschichte zuvor schon die von den Hohenpriestern in Jerusalem gefangengesetzten Apostel durch ganz anders geöffnete Türen aus dem Gefängnis kamen: Ein »Engel des Herrn« hatte ihnen des Nachts die Türen geöffnet (5,19); genauso war es dem Petrus bei seiner Gefangenschaft in Antiochia gegangen (12,3-11). Will man bloß Wunder, gibt es viele Möglichkeiten. Aber Lukas wollte nicht bloß Wunder, sondern jene Zeitansage, die gerade Erdbeben der apokalyptischen Daseinserfahrung bedeuten als »Wehen der Endzeit«. Eben darum hat er in seinem Bericht 16,26 auch den Horizont einer vereinzelten Wundergeschichte verlassen und in der Sprache der apokalyptischen Großperspektive gesagt: »alle« Türen öffneten sich und die Fesseln »aller« wurden gelöst: αἱ θύραι πᾶσαι καὶ πάντων τὰ δεσμά ... Das eine Widerfahrnis, das Paulus und Silas widerfuhr, hat Lukas paradigmatisch-transparent »für alle«, für die neue Zeit, erzählt: »Den Gefangenen Befreiung«, wie er seinen Jesus schon in der Synagoge von Nazareth predigen gehört hatte (Lk 4,18).

Eben diese Großperspektive drückt sich auch in den Berichten aus, die von Vorgängen auf dem ganzen *Erdkreis,* in der οἰκουμένη, sprechen. In der Agabus-Voraussage einer weltweiten Hungersnot haben wir ein u. E. eindeutig apokalyptisches Motiv, wie ja in der Lukas-Fassung der Zukunftsrede Jesu – fast terminologisch – die apokalyptischen Ereignisse bezeichnet werden als *»Dinge, die über den Erdkreis kommen«* (Lk 21,26). Von da lassen sich auch andere Erdkreis-Aussagen diesem Denkkreis zuordnen. In Saloniki werden die Christen vor den Oberen der Stadt angeklagt, »den Erdkreis in Aufruhr« zu versetzen (17,6). Ähnlich klagt in Caesarea der Hohepriester Chananja Paulus vor dem Statthalter Felix an: Diesen Mann hätten sie im Hohen Rat »als eine Pest und als Anstifter von Unruhen für alle Juden auf dem Erdkreis ... erfunden, ... der auch den Tempel zu entheiligen suche« (24,5-6). Beide Motive zusammen: weltweiter Aufruhr und Gefahr der Tempelschändung bilden auch in der Zukunftsrede Mk 13 einen apokalyptischen Zusammenhang und bezeichnen: »Wehen der Endzeit«.

Genauso wie ja in den sog. Synoptischen Apokalypsen weltliche *Zukunftskatastrophen und die Ausbreitung des Evangeliums* über den ganzen Erdkreis eine nicht zu lösende Einheit bilden und uns auf die Überschrift unseres Abschnitts »Wegbereitung und Wehen« gebracht haben. Es konnte eigentlich einem Theologen der frühen Christengenerationen gar nicht möglich sein, von den Wegen des Evangeliums durch die Oekumene zu erzählen und dies *nicht* in apokalyptischer Perspektive zu sehen. Denn die Missionare brachten nicht nur Erfahrungsmeldungen mit heim, sondern auch Erfahrungen von Mißerfolgen, Widerständen, erlittenen Leiden; sie wanderten keine via triumphalis, sondern auch Holzwege, und erlitten im Ende ihrer persönlichen Wege – wie Stephanus und Jakobus in der Apostelgeschichte – in ihren Martyrien Zeichen des Endes überhaupt.

So gesehen, ist es auch nur »logisch«, wie Paulus in Milet von den ephesinischen Presbytern Abschied nimmt, die er in Ephesus selbst nicht mehr erreichen konnte, weil es ihm dort zu heiß unter den Füßen geworden war. Seine Abschiedsrede schließt er in *geprägter apokalyptischer Form:* »Ihr aber, sehet auf euch selbst« – so Jesus in seiner Zukunftsrede (Mk 13,9), – »Habet acht auf euch selbst« – so Paulus zum Abschied in Milet (Apg 20,28). Paulus sieht in Milet genau jene *inneren* Versuchungen, Gefährdungen, Verwirrungen der Christengruppen voraus, spricht von »reißenden Wölfen, die zu euch kommen werden, die die Herde nicht schonen« (20,29), wie Jesus »falsche Christusse und falsche Propheten« vorausgesehen hat, die, wenn möglich, die »Auserwählten irreführen« möchten (Mk 13,22). *Paulus:* »Darum wachet« (Apg 20,31), – *Jesus:* »Wachet« (Mk 13,37).

Das alles zeigt: *Lukas hat seinen maassä ha-schelichim sehr wohl apokalyptische Struktur geben, die »Kirchengeschichte« im Zeichen jener Wehen der Endzeit sehen können, die Jesu Tod bedeuteten.* Wohl hat Gott aus jenen Wehen neues Leben entbunden – den Geist, der die Tora sogar den gojischen Gojim eintreibt; aber Lukas wahrt die »christologische« Einheit des Erweckten mit dem Toten, indem er auch die von Jesus ausgehenden Bewegungen des neuen Lebens immer noch auch von Zeichen der Wehen der Endzeit gezeichnet schildert. Das gehört *essentiell* zu seiner Sicht.

Von da aus lernen wir begreifen, inwiefern sein Paulus als das Spezifische, das er – wie Lukas selbst – zu vertreten hat, – für das man ihm den Prozeß macht: allein die *Hoffnung* nennen kann.

8. Redet der lukanische Paulus vom Inhalt seiner Hoffnung, setzt er sie immer auf die *Auferweckung der Toten* und erläutert nie näher, warum gerade dies das Spezifische, ihn in den Augen seiner Gegner besonders Anklagende sein soll. Die Ausleger behandeln es darum durchgehend auch nur wie ein Stereotyp der Tradition. Warum werden nicht andere Momente der christlichen Zukunftserwartung genannt, und warum wird dies eine so unvermittelt zu allem dem gelassen, was Lukas sonst vom Wirken, Leiden und Predigen des Apostels zu erzählen weiß? Wenigstens dies fragen sollten wir schon.

Wenn Paulus predigt, läßt Lukas ihn ja durchaus auch von anderen, nicht weniger traditionellen Zukunftsinhalten sprechen. Selbst den Athenern teilt er mit, daß Gott »einen Tag des Gerichts« festgesetzt habe, an dem er »den Erdkreis (!) mit Gerechtigkeit richten« werde, »durch einen Mann, den er dafür bestimmte« (17,31). Ebenso hat Petrus seine Predigt in Caesarea, die er dort bei Anlaß seines Besuches beim Hauptmann Cornelius hielt, abgeschlossen mit dem Zeugnis, daß Jesus »der von Gott bestimmte Richter der Lebendigen und der Toten« sein werde (10,42). Für uns nachdenkenswert ist die sofort anschließende Bemerkung: »Noch während Petrus diese Worte redete, fiel der Geist der Heiligkeit auf alle, die das Wort hörten« – was bei den zuhörenden Juden größtes Staunen auslöste darüber, daß die Gabe dieses Geistes »auch über die Gojim ausgegossen worden war« (10,44-45). Lukas hat damit einen inneren Zusammenhang zwischen der eschatologischen Verkündigung des Petrus, speziell über Jesus als von Gott bestimmten Menschheitsrichter, mit einer abermaligen Ausgießung des Geistes hergestellt.

Beiseite. Das wurde bisher vielleicht auch noch zu wenig bedacht, daß Lukas seine Erzählung von Mission und Ausbreitung des Christentums ja nicht nur im Pfingstfest und seinem Geistereignis beginnen, sondern dies sich zu verschiedenen Zeiten an verschiedenen Orten auch *wiederholen* läßt: bei den zwar schon auf den Namen des Herrn Jesus getauften Samaritanern, die erst durch die Handauflegungen des Petrus und Johannes den Geist empfingen (8,16-17), – beim Pfingsten der Johannesjünger, die überhaupt nur die Taufe des Johannes empfangen hatten und auf die erst durch die Handauflegung des Paulus der Geist kam – auch, wie die Juden und Judengenossen in Jerusalem, so, daß sie ebenfalls in Zungen redeten und aus Eingebung predigten (19,6). Und so eben auch beim erstaunlichen Pfingsten der Gojim als Folge der Petruspredigt (10,44). So plötzlich und unableitbar der Geist über Menschen kommen kann, so eignet ihm doch auch eine *Beständigkeit,* wie sie die Tora hat, so daß er wirklich eine Kraft der *Geschichte* entfalten und von Geschehen hier und jetzt zu Geschehen dort und dann einen Weg markiert – eben den der Wegbereitung für Gottes Wort unter den Völkern. Einmal hier, einmal dort leben Menschen auf zu neuem Leben in neuem Recht. Und sie müssen es in weltgeschichtlicher Form leben, d.h. *Widerständen ausgesetzt, Menschheitskrisen auslösend,* also: in »Wehen« der Endzeit, in denen alles zu einer letzten Entscheidung treibt, zum Gericht. Vielleicht sollten wir das ganze *Konzept »Apostelgeschichte«* – d.h. die Erzählung von einem Weg der Anhänger Jesu unter Juden und Gojim, den Gewinnen und den Verlusten dabei, den Fortschritten und den Krisen, die das für alle Beteiligten, also die ganze Menschheit bedeutet – als Auswirkung einer *apokalyptischen* Sicht des Lukas neu lesen lernen, der Paulus den Jesus in der Spitze als *Richter des Erdkreises* verkündigen ließ, der darum die Menschheit aufs *Gericht* zugehen sah – und weil aufs Gericht: darum auf die *Auferweckung aller Toten und Lebenden, Gerechten und Ungerechten,* die seine »Hoffnung« füllte. Seine Hoffnung war, daß die Krisen, die das Evangelium bewirkte, in einer letzten Krisis, im κρίνειν Jesu und Gottes, Klarheit und Lösung brächten. Und Lukas hätte es richtig gefunden, seinem Bericht von Jesus im Evangelium einen Bericht vom Gang der »Kirchengeschichte« anzufügen, weil er Jesus eben nicht »historisiert« oder »heilsgeschichtlich« domestiziert sah, sondern als Richter der Menschheit in ihren verschiedenen Gruppen und deren problematischen, sich gegenseitig problematisierenden Beziehungen zueinander. Und der »Geist« spielte für die Sicht dieses Weges und dieser Beziehungen so eine herausragende Rolle, weil Lukas in ihm die Kraft sah, die alles gegeneinander Verschlossene, alles auch schon abgeschlossen Scheinende *aufbricht:* Trieb einer neuen Wirklichkeit, die z.B. die sprachliche Verschlossenheit der Völker – damit ihr Sich-nicht-verstehen-können – überwindet: was jedoch (wie die deutsche und die europäische Ost-West-Vereinigung nach 1989 zeigt) *durchaus krisenhaft* sein kann, nicht weniger als die babylonische Sprachenverwirrung zuvor, – was nämlich nun erst jene Klärungen erlaubt, die auch ein Sic et Non, ein bewußtes Sich-Trennen bedeuten können, ein Auseinandergehen in der an sich als gleich erkannten Sache; jawohl: Dein Gott ist mein Gott, mein Gott ist dein Gott – und doch verstehen wir einander gerade in bezug auf Gott noch nicht, gerade nun nicht. Es ist der Geist, der erst wirklich seufzen (Röm 8,26), richtig nach Gott schreien läßt (Gal 4,6). Es ist der Geist, der aufs Gericht treibt und den Paulus in die Hoffnung des Gerichts.

Das heißt nicht, Lukas hätte – mit Friedrich Schiller – die Weltgeschichte als Weltgericht gelesen. Er hat aber womöglich die *Kirchengeschichte als Ferment der Dekomposition der bisherigen Beziehungen der Völker, vor allem der zwischen Juden und Gojim* gesehen und sie von da aus seinen Apostel in keiner anderen Hoffnung bezeugen lassen können als der auf die Auferweckung aller und damit: aufs Gericht. Geist, Auferstehungshoffnung, Mission und Ausbreitung des Christentums wären beileibe nicht nur »positive«, vielmehr: höchst *kritische, krisenhafte Wirklichkeiten.* Eine Kirche dieses Geistes, dieser Hoffnung, dieser Mission und Ausbreitung wäre ein Unruheherd in der Menschheit ohnegleichen – und einer: der zum Himmel schreit. Und gut ließe sich verstehen, daß eine davon betroffene und heimgesuchte Menschheit gegen *solche* »Hoffnung« klagen und zu Gericht sitzen würde, wie es dem lukanischen Paulus geschah. Lukas kannte die *Krise, die zum Predigen des Reiches Gottes gehört* – ja: die sie *ist.*

6. Das Reich predigen

Wenn Lukas sein Verständnis der christlichen Botschaft kurz in einem Wort zusammenfassen will, sagt er: Predigen oder Reden über das »Reich Gottes«. Er sagt nicht: den wahren Gott verkündigen im Unterschied zu Gottheiten, die keine sind (was ja bei einer »Heiden«-Mission naheläge). Er sagt auch nicht: Jesus als Christus verkündigen (was wir uns als die Spitze christlicher Predigt an

Juden vorstellen). Die Apostel des Lukas predigen: das Reich Gottes. Und sie tun das so, wie es der aus dem Tode erweckte Jesus selbst ihnen zuvor getan hatte. Lukas hat auch den Auferweckten nicht sich selbst verkündigen hören, sondern: »Er erwies sich nach seinem Leiden den Aposteln auch durch viele Beweise als lebendig, indem er ihnen während vierzig Tagen erschien und über das Reich Gottes redete« (1,3) – so hebt die Apostelgeschichte an. Die vielen τεκμήρια, othot, Zeichen, unter denen er sich lebendig erweist, bestehen *in* seinem Predigen des Reichs; daß er »das Reich« predigt, ist Zeichen dafür, daß er nicht tot ist, sondern lebt. Das *Predigen des Reiches ist Zeugnis fürs Leben aus den Toten.*

Eben so muß es gemeint sein, wenn nun auch die lukanischen Apostel »das Reich Gottes« predigen. So tat es Philippus: Er predigte »das Evangelium vom Reiche Gottes und vom Namen Jesu Christi« (8,12). So tat Paulus es. In Ephesus ging er in die Synagoge und trat drei Monate hindurch freimütig auf, indem er »vom Reich Gottes« redete (19,8). Bei seiner Abschiedsrede von den ephesinischen Presbytern in Milet, erinnert er sie daran, daß er bei ihnen umhergezogen sei »und das Reich gepredigt« habe (20,25). Auch den Synagogen-Sprechern in Rom legte er »das Reich Gottes« dar (28,23). Und Lukas sagt es im letzten Vers seiner maassä-ha-schelichim noch einmal, damit alles Vorangegangene abrundend: Paulus predigte die zwei römischen Jahre seines Lebens in einer Mietwohnung »das Reich Gottes« und lehrte von dem Herrn Jesus Christus mit aller Freimütigkeit ungehindert (28,31).

Evangeliumspredigt ist für Lukas: Reich-Gottes-Predigt, – Jesus-Verkündigung: Reich-Gottes-Verkündigung. So dürfte auch die Geschichte der Apostel, die das predigen, Reich-Gottes-Geschichte sein.

Freilich sieht es so aus, als wäre das nicht mehr der alte »Begriff« vom Reich Gottes, den die anderen synoptischen Evangelisten im Sinne hatten; für die war das Reich Gottes ein apokalyptisches Umsturzereignis, dessen Kommen dem ganzen alten Äon mit einem Schlag den Garaus machen sollte. Dagegen scheint Lukas es anders zu sehen, wenn er es so leicht in eine Reiseroute über die Landkarte des Imperium Romanum einzeichnen kann. Doch täuschen wir uns nicht darüber, daß er auch dies »apokalyptisch« gedacht haben könnte. Es ist ja der von den Toten erweckte Jesus selbst, der – befreit von den »Wehen« des Todes – mit der Verkündigung des Reiches anhebt; sie entspringt der schlechterdings apokalyptischen Wirklichkeit des Ostertages. Und daß Lukas die Geschichte seiner Apostel als eine enorme Krisengeschichte für alle erzählt, die mit dieser Predigt als Redende und Hörende, Überzeugte und Widerstehende, zu tun bekommen, zeigt, daß und wie sehr auch er vom apokalyptisch-Umstürzlerischen der Reich-Gottes-Predigt sprechen will. Zu »seinem« Reich Gottes gehört die Erfahrungssumme, die sein Paulus und sein Barnabas von ihrer ersten Missionsreise mit zurück nach Antiochia, ihrer Muttergemeinde, bringen: »daß wir durch viele Trübsale, θλῖψις, in das Reich Gottes eingehen müssen« (14,22). So sehr dies Voraussicht aus Erfahrung sein kann, so sehr auch ein Müssen aus höherer Fügung und Notwendigkeit. Das Wort θλῖψις ist in den Briefen des Paulus, in der Offenbarung des Johannes, überall in Schriften des zeitgenössischen Judentums ein Wort für *Endzeit-Nöte,* und Lukas hat dies gewußt und selbst so gesehen. Darum dürfen, müssen wir seine Reich-Gottes-Predigt – auch in der ihr eigenen Form – als eschatologische, apokalyptische, auf Weltumsturz zielende Predigt begreifen – nur daß bei ihm Weltumsturz, im Sinne der Zukunftsrede Jesu, sich in weltgeschichtlichen Ereignissen und Katastrophen und Krisen ankündigt und – aufs Gericht hin – sich vollzieht.

Wir dürfen ja nicht vergessen, daß in der Sprache der Bibel die malkut haschamajim, die βασιλεία τῶν οὐρανῶν oder τοῦ θεοῦ, also: das »Reich Gottes« ein breites Spektrum von Bedeutungen besitzt – vor allem aber, wenn wir es formalisieren wollen, zwei. Das »Reich Gottes« benennt einerseits eine Herrschafts-*Beziehung,* und dann heißt sie »Gottesherrschaft« oder das »Königtum Gottes«; Gott regiert – und legt sich quer gegen Herrschaftsansprüche anderer Fürstentümer, Mächte und Gewalten: revolutionär. Das »Reich Gottes« bezeichnet andererseits auch einen Herrschafts-*Raum,* einen Bereich, innerhalb dessen Gott sein Königtum ausüben wird oder jetzt bereits ausübt. Das kann sehr wohl auch *lokal* und darin: räumlich gedacht sein, und insofern ist es gar nicht abwegig, wenn in der Apostelgeschichte das Reich Gottes (durch die Reisen der Apostel) auch geographisch gezeichnet werden kann. Als Bereich kann das Reich Gottes aber auch eine *soziale* Bestimmung sein, durch die Menschen- und Völker-Beziehungen skizziert werden, wie sie sich unter dem Königtum Gottes darstellen. In beiden räumlichen Bedeutungen, der lokalen und der sozialen, will Lukas vom Reich Gottes sprechen.

Dabei sind vor allem die vielen verschiedenen *sozialen Gruppen,* die mit der Predigt vom Reich in Beziehung geraten, alles andere als nur historisches Kolorit, weltgeschichtliche Kontexte zum eigentlicheren Text des Reiches. Diese Gruppen sind vielmehr in ihren verschiedenen und komplizierten Verhältnissen zueinander als solche der Text des Reiches Gottes selbst, – *in bezug auf* diese Beziehungen wirken die Apostel, – *in* diesen Beziehungen wächst das Reich und erleiden die Menschen die Betrübnisse, die zu seinem Kommen nun einmal gehören. Nicht so sehr »senkrecht von oben« bricht das Königtum in die Welt ein; »es kommt« unterwegs, auf den Wegen von Jerusalem über Judäa und Schomron »bis ans Ende der Erde« (1,8). »Es kommt« in den verschiedenen Reaktionen von sadduzäischen und pharisäischen Juden, von Hohenpriestern und einem Mann wie Gamliel auf die Predigt der Apostel. »Es kommt« im Zusammenkommen von Juden und Judengenossen, Proselyten zum Schawuot-Fest in

Jerusalem. »Es kommt«, wenn hier Samaritaner, dort Johannes-Jünger von der Botschaft be-geistert werden. »Es kommt«, wenn reinweg nur unter Gojim, in ihren Geisteszentren, wie in Athen, oder wenn bei der Artemis von Ephesus vom Reich Gottes zu hören ist. »Es kommt« in den inneren Gegensätzen und Auseinandersetzungen, in die die Christen von ihrem eigenen Zeugnis-Auftrag gestürzt werden über seine jeweilige Auslegung und Bedeutung. »Es kommt« in der atemlosen Stille, in der »das Volk« von Jerusalem dem Paulus am Fuß der Freitreppe der Burg Antonia lauscht, ebenso wie in den aufgeregten Verhandlungen des Synhedrion, bei Anschlägen und Agitationen, die es gegen die Apostel veranlaßt. »Es kommt« in der Neugier eines römischen Soldaten, wie des Hauptmanns Cornelius, oder des Hofbeamten der äthiopischen Königin Kandace auf Sinn oder Unsinn der christlichen Predigt, wie in den Verhandlungen der römischen Statthalter in Caesarea oder des römischen Stadtkommandanten von Jerusalem, – im Urteil des jüdischen Vasallen-Königs und seiner Schwester wie in der Beteuerung der Uninformiertheit über den Apostel Paulus durch den Synagogenvorstand der Reichshauptstadt Rom. »Es kommt« in jeder der Beziehungen, die sie alle nicht nur zur Predigt vom Reich, sondern – wie auch immer von dieser Predigt veranlaßt – untereinander pflegen: im Guten, im Bösen, in Sympathie oder Affront gegeneinader. »Es kommt« sogar im Fenstersturz eines Kirchenschläfers, des jungen Mannes Eutychos (20,7-12), – wie in Gefangenschaften und Gefangenenbefreiungen der Apostel, – kommt in Martyrien nicht weniger, von denen in der Apostelgeschichte zu hören ist, – »es kommt« im Tempel in der Halle Salomos wie in Synagogen der Libertiner, Cyrenäer und Alexandriner (6,9), – in Totenerweckungen (Talitha kumi: 9,36ff) und Krankenheilungen, – irgendwo in Asien, auch in Europa, – im freien Gespräch, im zwangsvollen Verhör, – in Bekehrungen, Verstockungen und Verblendungen, – in Verzückungen und Glossolalie wie in Zaubereien und Beschwörungen, die schiefgehen, – in Ängsten ums Geld bei einer Devotionalienhändlerin wie auch im gutgehenden Geschäft einer Purpurkrämerin, – in Stadt-Randale wie in politischer Rankünе – usw. *Der gesellschaftliche Beziehungsreichtum,* innnerhalb dessen Lukas die maassä ha-schelichim geschehen sieht – das »Werk«, das Gott tut –, *ist der Stoff des Reiches Gottes,* das durch Krisen und Verwandlungen der Beziehungen den Weg bereitet und die Hoffnung der Auferweckung aller von den Toten und auf das letzte klärende Gericht schürt – und darin dann auf das Leben schlechthin, das der Oster-Jesus jetzt schon anführt.

Wir wollen *das Kritische und Katastrophale der Reich-Gottes-Predigt* an einigen Beispielen genauer beobachten.

a. *Jüdische Krisen*

In den Augen des Lukas bewirkt das Zeugnis des Reiches eine tiefe *Krise im Judentum.* Natürlich dürfen wir nicht erwarten, hier nach unseren Maßen historisch Genaueres zu erfahren, vor allem nichts, was jüdischer Sicht auch nur annähernd entspräche. Für Lukas steht die Erzählung davon ebenfalls im Dienst seiner Verkündigung des Reichs und der Durchsetzung des Namens Jesu in der Welt – auch der des Judentums. Einerseits gewinnt sie nicht unbeträchtliche Zahlen von Juden (»Tausende«: Apg 21,20), andererseits bewirkt sie eine ausgesprochene Blockbildung der jüdischen Mehrheit gegen den christlichen Weg als einer Möglichkeit, die *innerhalb* des Judentums lange denkbar bliebe. Wenn in Jerusalem Diaspora-Juden aus der Asia, die Paulus von Hause her kennen und nun plötzlich im Tempel entdecken, gegen ihn den Vorwurf erheben: »Das ist der Mensch, der allenthalben *gegen das Volk* …« arbeitet (21,28), dann bezieht sich das darauf, daß die christliche Predigt ja tatsächlich wie ein *Spaltpilz im Judentum* gewirkt hat. Paulus, wie wir ihn auch aus seinen eigenen Briefen kennen, hat vor Spaltungen, αἱρέσεις, zwar gewarnt, sie aber nicht allzu tragisch genommen, sie sogar innerhalb der Gruppe der Christen für notwendig gehalten: »Spaltungen *müssen* unter euch sein, damit die Bewährten offenbar werden unter euch« (1 Kor 11,19); das ist ein militantes Denken, in dem die Wahrheit höher steht als die Gemeinschaft und ihre Einheit, und wir können uns gut vorstellen, daß, wenn er das schon innerchristlich so sagen konnte, es ihm im Verhältnis zur jüdischen Mehrheit nicht übermäßig schwer fiel, ähnlich zu reagieren – wenn auch in dieser Beziehung mit spürbaren und ihn tief umtreibenden Schmerzen (Röm 9,1-3; solchen Schmerzensruf kennen wir über inner*christliche* Spaltungen von ihm *nicht!).* Innerhalb der Jesus-Schriften hat vor allem der Johannes-Evangelist immer wieder den Finger darauf gelegt, daß »seinetwegen«, d.h. um Jesu willen, »eine Spaltung im Volk« entstand, ein Schisma (Joh 7,43; 9,16; 10,19). Und eben davon erzählt auch Lukas. Bei der Verhandlung mit und über seinen Paulus im Hohen Rat kam es nach seiner Erinnerung dazu, daß »die Menge sich spaltete« (23,7). Mehr noch: »Als er – Paulus – so redete, entstand ein Zwist zwischen den Pharisäern und Sadduzäern« (23,7), eine στάσις, d.h. ein Gegensatz der Standpunkte, eine Entzweiung, ein *Bruderzwist im Hause Israel* – der natürlich, historisch gesehen, nicht erst am Verhältnis zum Christentum »entstand«, aber durch das Christentum neu bestätigt, vielleicht vertieft wurde.

Das ist für das Judentum nicht unerheblich. Die Spannweite dessen, was innerjüdisch tragbar ist, ist ja – verglichen mit dem Christentum – ungewöhnlich weit, weil dort nicht theologische Anschauungen und Lehren das Kennzeichen der Gemeinschaft formen, sondern das Tun des Gebotenen. Nur um so tiefer müßte nach der Meinung des Lukas die Reichsverkündigung in sich eine Differenz-Verkündigung gewesen sein: trotz seiner eigenen Überzeugung, daß das Christentum durch und durch aus dem Vollen der biblisch-jüdischen Wirklichkeit schöpft und keinen Zweifel duldet an der Identität des Vaters Jesu mit dem Gott Abrahams, Isaaks und Jakobs und der Selbigkeit der christlichen Hoffnung mit der »Hoffnung Israels«. Lukas *liegt nicht* an der Spaltung im Volk der Juden, auch nicht an einer Vertiefung jüdischer Gruppengegensätze. Wir sahen schon, daß es nach seiner Sicht zur Bildung eigener heidenchristlicher Gemeinden nur über die Köpfe der Apostel hinweg gekommen war, die kein toraloses Christentum wollten: bewirkt vom Trieb des unordentlichen Geistes. Das schließt ein, daß auch die Spaltungen und Trennungen nicht gewollt waren. Aber sie geschahen *faktisch.* Und das bedeutete tatsächlich eine Krise für das jüdische Volk – und zwar weniger eine geistige, die sich im jüdischen Pluralismus leichter verschmerzen läßt, als eine Bedrohung für den Bestand des Volkes. In einer Minorität, wie sie Israel inmitten der Völker darstellt, zählt Jede, Jeder. Und da bedeutet der Vorgang, daß unter dem Namen jüdischer Tradition, Geschichte und Identität ein rein gojischer λαός sich bildet, eine gojische Gefahr von innen her – gerade, wenn sie mit so ansehnlichen Kopf- und Seelenzahlen auftritt, wie Lukas sie zählt. So signalisiert der Vorwurf, Paulus arbeite »allenthalben gegen das Volk« eine ernsthafte, weil wirkliche Bedrohung. Wir begreifen ihre Bedeutung erst ganz, wenn wir uns klarmachen, daß diese Apostelgeschichte in dieser (wie in manch anderer) Beziehung wirklich den Anfang der Geschichte des abendländischen Christentums markiert und strukturell – überraschend und beklemmend – schon in sich hat. Wie die Evangelien, so bildet auch die Apostelgeschichte weniger die historische Situation ab, die sie vorgibt zu schildern, als daß sie Grundmuster einer späteren geschichtlichen Großentwicklung vorauszeichnet und uns damit schon von sich aus an ihre eigene Wirkungsgeschichte verweist. Dies scheint mir ihre spezifische Historizität. Schon in der Apostelgeschichte bewirkt die Verkündigung des Reiches eine schwere Krise des Judentums: in der *Dialektik von Zugehörigkeit und Widerspruch,* die gerade *als* Dialektik *Spaltpilzwirkung* hat. Keiner, der – wie auch wir – sich heute bemüht, das Christentum aus der »Ferne« und »Fremde« zurückzuholen in eine ursprünglichere Nähe zu Israel, kann dies naiv tun und muß – von Lukas belehrt – wissen, daß eine neue Figur theologischer Dialektik nicht weniger gefährlich für die Integrität des Judentums sein kann, als die kalte Feindschaft der Ferne war. Darum muß unsereiner dem Geist auch dankbar sein, wenn er auch über unseren Kopf hinweg bloße *theologische* Dialektik überholt und uns lehrt, daß *eine rein geschichtliche Beziehung oft wahrer als die theologische sein kann,* nämlich humaner: den dialektischen Partner nicht so unmittelbar durch Negation oder Synthesis gefährdend. Hierin sehen wir ein uns besonders stark treffendes Kerygma des »historisch« denken wollenden Lukas. Wir können ihm seine »Historisierungs«versuche nicht verübeln, sondern nehmen im Gegenteil wahr, was ihre gerade theologische Schutzfunktion sein könnte, wenn sie dem Geist auch über den Sinn und Geschmack und die – wohlbegründete – theologische Einsicht der Apostel und Prediger hinweg entsprechen. Der Geist ist das »historisierende« Prinzip des Lukas: kritisch gegen theologische Vermittlungen. Aber natürlich ist er darin, mit jüdischen Augen gesehen, wirklich etwas Unordentliches, wehend, »wo er will«. Wer *diesen* Geist dann als eine dritte Seinsweise in Gott trinitarisch denken will, muß und *kann* (belehrt von Lukas) wissen, warum dies jüdisch so jedenfalls nicht geht; es ist noch mehr der un-ordentliche Charakter dieses Geistes als der Schutz der Einheit Gottes, der da Sperren aufbaut – auch wenn er als »historisierendes Prinzip« für uns Christen unverzichtbar ist und Kritik der Gefahren, besser: Gefährdungen bedeutet, die dialektische Vermittlungen mit dem Judentum für das Judentum bedeuten können; *der Geist,* wie Lukas ihn versteht, *bringt den guten Willen* seiner Apostel, *an Israel hängen zu bleiben, zur historischen Räson* und könnte die *Christen* in eine Krisis führen, die den *Juden* dann die Krise ersparte, in die sie unsere Dialektik führen *könnte,* in der wir ihnen vielleicht *zu* viele Gojim an die Rockzipfel hängen möchten. Jedenfalls zu viele gojisch bleibende Gojim.

Eine andere Möglichkeit wäre, statt reiner Historisierung des christlich-jüdischen Verhältnisses, die in theologischer Distanzierung sich auswirkt, jene Vermittlung, die nicht mehr einfach »heilsgeschichtlich« liefe, sondern über jene *Tora-Bindung auch der Christen* ginge, auf die die lukanischen Apostel und Gemeinden in Jerusalem beim Apostelkonzil sich einigten: die der *noachidischen Tora.* Sie wäre keine bloß behauptete, sondern eine wirkliche Bindung an das jüdische Volk, nämlich an das Gesetz, aus dessen Kraft es *lebt* und in dessen Kraft ihm zusammen mit allen Menschen Zukunft versprochen worden ist. Bisher war Israel durch die christlichen *Bilder* von Israel gefährdet – oder durch die historische *Gleichgültigkeit,* Kälte und Distanz; *im Tun* der Tora Israels – und wäre dies noch so eingeschränkt – *zeigten wir* dagegen, daß wir nicht theologisch-pathologisch *auf* Israel fixiert wären, sondern, gebunden im Willen des Gottes Israels, *neben* Israel Gehorsam versuchend, ihm *gleich* wären. Dies erst wäre ein historisch lebbares, weil theologisch entspanntes Verhältnis.

Aber wie auch immer: *Das Problem zwischen Christen und Juden ist die Ambivalenz des Gojischen in den Christen,* das »Regime der Schwebe« (K. Barth), das entsteht, wenn Heidenchristen sich einerseits der Verkündigung und dem Gott der Hebräischen Bibel zuordnen, andererseits die Tora für sich ablehnen: und dies beides in der Überzeugung, so entspreche es dem Mose, den Propheten, den Schriften, dem Tenach.

Ein Beispiel: Lukas hat *die distanzierende Macht des Historischen* dergestalt gezeichnet, daß er (einerseits) seinen Paulus fast konsequent immer zuerst in einer Synagoge predigen läßt, wohin er auch kommt; das auf Gottes Erwählen gegründete biblische Wirklichkeitsverständnis des Paulus, den wir aus den Briefen kennen: daß Gott nämlich all sein Wirken »den Juden zuerst« und dann »auch den Griechen« bestimmt habe, hat Lukas auf diese erzählende Weise getreulich beachtet und abgebildet. Andererseits führt dann das jüdische Nein zu seiner Verkündigung doch häufig zum Überwechseln des Botschafters in heidnische Versammlungsräume, verbunden auch mit der theologischen Überzeugung, so füge es nun Gott: »das Heil« geht zu den Gojim. In fast klassischer Form Apg 13,46: »Paulus und Barnabas sagten freimütig: Euch zuerst mußte das Wort Gottes verkündigt werden; da ihr es von euch stoßt ..., siehe, so wenden wir uns zu den Gojim.« Die freuen sich dann (13,48). Lukas will aber auch diese apostolische »Wendung« fest im Zusammenhang mit dem Israel gegebenen Auftrag halten und läßt sie darum begründet sein im Dienstauftrag an den Gottesknecht Israel, or gojim, Licht der Völker, zu sein, »daß meine Freiheit werde bis an den Rand des Erdreichs« (Jes 49,6). Und unvergeßlich-*sinnenfällig* prägt es sich ein in der Nachricht Apg 18,6-7 aus Korinth, daß Paulus da auch der Synagogengemeinde erklären mußte: »Von jetzt an werde ich zu den Gojim gehen«; und dann geht das so: »Und er siedelte von dort (von der Synagoge) über und ging in das Haus eines gottesfürchtigen Mannes mit Namen Titius Justus, dessen Haus an die Synagoge anstieß.« Weiter weg als bis zum Nachbarhaus direkt neben der Synagoge soll sein Paulus nicht »übersiedeln« dürfen, er *muß* auch dann, wenn seine Botschaft vom Reich jüdisch nicht angenommen wird, der Synagoge denkbar nahe, ihr benachbart bleiben.

Freilich: Die *Distanz im Nahebleiben* äußert sich darin, daß nicht nur das Übersiedeln zu den Gojim als Frucht biblischer Zukunftsperspektive ausgewiesen wird; auch das jüdische Nein wird kommentiert. In Korinth mit der Trennungsgeste: Paulus schüttelt seine Kleider aus, bevor er geht. Dann mit dem gräßlichen Fluchwort: »Euer Blut komme über euer Haupt« (Apg 18,6) – eine zügellose Retourkutsche zur Tradition von der Passionsgeschichte Jesu, wo – nach Matthäus 27,25 – »alles Volk« von Jerusalem gerufen haben soll: »Sein (Jesu) Blut komme über uns und unsere Kinder« – als nämlich Pontius Pilatus seine Hände in Unschuld gewaschen und erklärt hatte: »Ich bin unschuldig am Blute dieses Gerechten; seht ihr zu« (Mt 27,24), wie ihr damit fertig werdet. Mit seinem Blutwort legt der lukanische Paulus den Juden von Korinth die Konsequenzen dafür auf, daß sie mit seinem Wort das Wort Gottes abstoßen. Er konnte es auch *weniger* blutig. Dann bemühte er die Bibel, um *auch noch das jüdische Nein* in seiner Negativität doch als *bibelgerecht* zu beurteilen – so in seinem programmatisch letzten Wort von der Verstockung und Schwerhörigkeit, Blindheit und dem Herzensunverstand »dieses Volks«, wie Jesaja es schon einmal gesehen hatte (Apg 28,26-27). Indem er hier biblisch spricht, bewahrt er die Distanz in der Beziehung, anders als im Blutwort und in der Trennungsgeste des Kleiderschüttelns, wo *beziehungslose Distanz* das Letzte ist.

Die Juden aus Asia, die Paulus im Tempel von Jerusalem wiedererkannt und ihn gleich dort lauthals beschuldigt hatten, hatten drei Vorwürfe auf dem Herzen: Das ist der Mensch, der allenthalben lehrt »gegen das Volk«, – dann auch »gegen das Gesetz«, die Tora, – schließlich auch »gegen diese Stätte«, also den Tempel (21,28). Noch einmal: Wir können das nicht als eine historisch, für den damaligen Augenblick stimmende Gegensatzbestimmung auffassen; schon gar nicht läßt sich nach unserem derzeitigen Kenntnisstand über die geistig-geschichtliche Lage des Judentums – sei es des palästinischen, sei es des kleinasiatischen – zur Zeit des Paulus sagen, ob oder daß dies jüdisch zutreffende Beschwerden gegen Christen benennt. Wir müssen die Asia-Klagen als *Idealtypen des jüdisch-christlichen Gegensatzes* lesen, wie sie dem Lukas zu seiner Zeit, an seinen Orten bewußt gewesen sind. Mit starker Wahrscheinlichkeit sind in diesen Idealtypen auch viel ältere Gegensätze enthalten, und wir können z.B. die Augen nicht davor verschließen, daß Lukas in das jüdisch-*paulinische* Verhältnis auch kleine Analogien zum *jesuanisch*-jüdischen Verhältnis einzeichnen wollte, wie er es aus der Überlieferung der Passionsgeschichte kannte; wir erinnerten soeben an das Beispiel des Blut-Wortes; im lukanischen Paulus sollte sich so manches vom Kämpfen und Leiden Jesu widerspiegeln und wiederholen – ein dem Paulus der Briefe gar nicht nur geläufiger, sondern ausgesprochen wichtiger Gedanke, daß »die Leiden Christi überaus reichlich über uns kommen« (2 Kor 1,5); Lukas hat das getreulich nachgezeichnet und in seiner Erzählweise ausgelegt.

Im *Verhältnis zum Gesetz* freilich läßt sich der Paulus der Briefe bei Lukas nicht so leicht wiedererkennen – jedenfalls nicht für unsere durch langes protestantisches Paulus-Lesen eingestellten Augen. Das liegt auch daran, daß Lukas ja den inneren Streit um die Bedeutung der Tora für die Christen sehr zentral in seine Darstellung des frühchristlichen Weges stellen muß; er kann und will hier wohl auch nicht die paulinische Partei ergreifen, votiert selbst wohl eher als christlicher Integralist, will zusammenhalten, was zusammengehört. Und doch könnte es auch sein, daß er an Paulus wirklich das Entscheidende auch in dieser Sache gesehen hatte, was man zu seiner Zeit an Paulus sehen konnte und vielleicht überhaupt an Paulus sehen muß.

Zunächst scheint er ja radikalsten Paulus zu kennen. Drüben in Griechenland traten zur Zeit, als Gallio römischer Statthalter von Achaia war, Juden einmütig gegen Paulus auf, führten ihn vor den Richtstuhl und sagten: »Dieser überredet die Leute, auf gesetzwidrige Weise Gott zu verehren« (18,12-13). Danach predigte Paulus den Gott Israels ohne Toraverbindlichkeiten – jüdisch untragbar, weil Gott ohne Tora nicht nur Gott ohne Israel-Bund wäre, sondern Gott ohne Verbindlichkeit, – mythisches, nicht geschichtliches Wesen, -in unserer Theologie-Sprache: Gott ohne Offenbarung. Noch genauer klagten sie an. Sie warfen ihm nicht ein abstrakt-tora*loses* Gottesverständnis vor, sondern daß er παρὰ τὸν νόμον Gott verkündige, die Leute direkt *gegen* die Tora beeinflusse. Dieser jüdische Vorwurf könnte manchem undialektischen Lutheraner und Bultmannianer wohl gefallen, trifft aber natürlich auch den Paulus der Briefe so wirklich *nicht;* Lukas hat darum recht, wenn er seinen Paulus nun doch sehr viel gesetzestreuer zeigt, als in diesem Vorwurf unterstellt wird. Zunächst interessiert uns, daß dieser *jüdische* Vorwurf in Jerusalem jedenfalls auch *christlich* erhoben werden konnte. Jakobus konfrontiert den Paulus dort mit »vielen Tausend« Judenchristen, denen von Paulus berichtet worden ist, er lehre alle Juden in der Gola »den Abfall von Mose, indem du sagst, sie sollten ihre Kinder nicht beschneiden und nicht die chukot ha-tora beachten« (21,21) – sollten also den Jewish way of life verlassen, das jüdisch übliche Ethos, jüdischen Lebensstil, Verhaltens-Habitus.

Wir müssen auch bei dieser Anfrage an Paulus das Krisenhafte herausspüren. Die Problematisierung der *Beschneidung* ist nicht in sich so problematisch als ein Zuwiderhandeln gegen die Tora und damit gegen jüdische Identität; jüdisch problematischer ist auch hier der Angriff auf die *Integrität* des jüdischen *Volkes*, die Schmälerung seines Bestandes, wenn ihm »die Kinder« entzogen, der Bestand des Volkes in der nächsten Generation dadurch bedroht wird. Es könnte schon sein, daß Lukas in der Reihenfolge der achajischen Anklagepunkte – Volk/ Gesetz/Tempel würden durch Paulus bedroht – eine jüdisch tatsächlich bedeutende *Rang*ordnung der Bedrohungen durch das Christentum getroffen hätte. Es geht gar nicht theologisch abstrakt um Gesetz oder »Freiheit vom Gesetz«, sondern darum, daß solcherart theologische Meinungen, Predigten, Theologien, Entscheidungen den *Bestand des jüdischen Volkes bedrohen.* Die Tora ist nicht nur ein Theologoumenon, sondern durch die Tora lebt dies Volk. Und noch wichtiger als die Störung jüdischer *Identität* durch christliche Predigt ist der damit fast zwangsläufig verbundene Angriff auf die *Integrität* des jüdischen Volkes, seinen physischen Bestand, der im physischen Symbol der Beschneidung das äußerste Zeichen seiner Empfindlichkeit und Betreffbarkeit besitzt, aber auch den kelal, die Spitze dessen, womit »das Jüdische« schlechthin steht und fällt, die Bedingung seiner Möglichkeit und Wirklichkeit. Das ist der Grund, dessentwegen Jakobus den Paulus hier zur Rechenschaft zieht: ob er im Ernst auf ein judenfreies Christentum ziele. Eben deswegen rät er dem Paulus auch sofort zu einem unmißverständlichen, äußerlich sichtbaren Zeichen seines Ja zum *jüdischen* Judentum: zum Nasiräats-Gelübde (21,23ff); deswegen auch läßt Lukas seinen Paulus den Sohn einer jüdischen Mutter in Lystra *beschneiden,* wie es heißt: »um der Juden willen« (16,3); wir wären nicht gut beraten, dies als einen Opportunismus des Paulus zu deuten, auch nicht als Nachgiebigkeit »um des lieben Friedens willen«; in der Sicht des Lukas ist diese Beschneidungsgeschichte vielmehr eine paulinische *Demonstration dafür, daß die christliche Predigt nicht den Bestand des jüdischen Volkes angreifen darf und und soll* und daß ohne dies Kriterium nichts am Bild stimmen kann, das Juden und Christen sich vom Verhältnis des Paulus zur Tora machen. Und auch dies entspricht ja dem Paulus der Briefe, der sich wünschte, auf Christus verzichten zu können, wenn das zum Besten seiner Brüder nötig oder möglich wäre, seiner Verwandten »nach dem Fleisch«, also: zum Besten »der Beschneidung« (Röm 9,3)! Erst wenn wir diese Zusammenhänge vom Verhältnis zur Tora und – sei es Angriff, sei es Verteidigung – der nackten jüdischen Existenz begreifen, können wir verstehen, warum Lukas seine Juden wegen Paulus immer gleich zum römischen Kadi rennen läßt. Sie müßten ja eigentlich von vornherein damit rechnen, daß jeder Politiker darauf so reagiert wie Gallio in Achaia: Das sind religiöse Streitereien »über eure Lehre, über Namen und über das bei euch geltende Gesetz, mögt ihr selbst zusehen«: das geht doch mich nichts an (18,15). So hat auch der Jerusalemer Stadtkommandant Claudius Lysias auf jüdische Anklagen gegen Paulus reagiert: Das sind Streitfragen ihres Gesetzes, aber keine Anschuldigungen, die Tod oder Gefängnis verdient hätten (23,29). Ganz ähnlich Festus in Caesarea, wenn er dem König Agrippa und dessen Schwester Berenice die paulinische Lage erkärt: Die Ankläger bringen gar keine Anschuldigungen wegen Verbrechen vor, wie ich vermutete, sondern sie hatten gewisse Streitpunkte gegen ihn vorzubringen betreffend die ihnen eigene Religion und einen gewissen verstorbenen Jesus, von dem Paulus sagte, er lebe (25,18-19). Natürlich kann man sagen, Lukas wolle dadurch die Römer entschuldigen, daß er sie sagen läßt: Das sind alles nur jüdische Querelen, nichts politisch Relevantes. Aber wer Lukas mit jüdischen Augen läse, könnte hier auch auf die Beschreibung eines typisch gojischen Unverstandes gestoßen werden, der bis zum heutigen Tage das Verhältnis der Völker zu Israel so schwierig macht: das Nichtbegreifen dessen, was die theopolitische Einheit der Bibel ist und praktisch bedeutet, also dessen, *was für die nackte Existenz des jüdischen Volkes auf dem Spiele steht in der Sphäre rein religiös scheinender Auseinandersetzungen.* Die Bedeutung, die das Religiöse für die Politik des Staates Israel hat, begreifen die meisten nur so, wie Gallio, Claudius Lysias, Festus es begreifen wollten: entweder »ratlos« (25,20) oder gar nicht. Und auch christliche Theologen begreifen noch heute kaum, warum theologischer Streit, »rein« theologisch gemeinter Antijudaismus, für Juden doch ein Fall für den Kadi werden kann, ja muß, – warum christliche Theologie von Juden schnell als existenzbedrohend aufgefaßt werden kann. Das hat weder mit politischer »Erpressung« der Christen durch Juden von heute etwas zu tun, noch mit übertriebener Empfindlichkeit nach Auschwitz, von der bereits viele Christen sich erpreßt fühlen. Es hat mit der *theopolitischen Struktur des Jüdischen* zu tun, die als solche nicht reformierbar ist, in der orthodoxes und liberales Judentum gleich reagieren (Differenzen sind politisch-pragmatischer, nicht prinzipieller Natur). Es hat – müssen wir uns hinter die Ohren schreiben – mit der beunruhigenden Fremdheit und Andersheit des Gottes Israels zu tun, eines diesem Volk verschworenen Gottes, eines Gottes, der *an,* ja in gewissem Sinne auch *in* der Generationenfolge dieses Volkes hängt, – der nichts Universales hat, das über seine Vorliebe für dies Volk hinwegführen könnte, – der, wie er das Schickssal dieses Volkes ist, so auch sein Schicksal an das Geschick dieses Volkes geknüpft hat – jedenfalls soweit wir bislang wissen *können* und lernen *müssen.* Dies aber erklärt, *welchen Unruheherd eine Kirche bedeuten muß für dies Volk* und diesen Gott, die daran vorbeiglauben, -denken, -bekennen würde. Lukas jedenfalls hat dies nicht gewollt; darum hat er die römischen Machthaber als zwar gojisch und politisch gut verständliches, aber doch darin problematisches Exempel gezeichnet. Daß sie die Apostel schützen, ist eine Sache; die freut uns. Daß sie die Sensibilität von Juden nicht begreifen, die von christlicher Predigt betroffen werden, ist eine andere Sache; die warnt uns. Daß aber Lukas nicht nur die eine, sondern auch die andere Sache zur Sprache bringt, daß ist *seine Sache,* und wer ihm zuhören will, muß *dieser* doppelseitigen Sache zuhören, mit zwei Ohren, nicht bloß mit einem.

Diese lukanische Zweidimensionalität spricht sich nun aus auch in einem Paulus-Satz über *Jesus und das Gesetz,* der jedem radikalen Paulinismus ein Greuel sein muß und zum Protest gegen Lukas geführt hat (Haut den Lukas!). In der Synagogenpredigt im pisidischen Antiochien meint Lukas nämlich allen Ernstes, von Paulus folgendes gehört zu haben: »So sei euch kund, ihr Brüder, daß euch durch diesen (Jesus) Vergebung der Sünden verkündigt wird. Und von allem, wovon ihr durch das Gesetz des Mose nicht gerechtgesprochen werden konntet, wird durch diesen jeder, der glaubt, gerechtgesprochen« (13,38-39). Wir wollen hier gar nicht im einzelnen aufführen, was alles hier der Rechtfertigungsverkündigung des Briefe-Paulus zuwider scheint, und akzeptieren zunächst: So hat Lukas ihn gehört und vielleicht ihm dabei nur halb zugehört. *Zunächst:* Jesus wird nicht *als* Vergebung der Sünden verkündigt, sondern er verkündigt (als der vom Tode Erweckte) die Vergebung der Sünden; in bezug auf die Vergebung der Sünden ist Jesus hier nicht der Verkündigte, sondern der Verkündiger. *Ebenso:* Das Gesetz des Mose hat den gleichen Auftrag: die Menschen gerechtsprechen, ihnen Vergebung der Sünden zusprechen (beides ist für Lukas eines, das Ganze); die Tora soll nicht »zum Scheitern bringen«, sondern befreien, ist Tora der Freiheit; das klingt mehr nach Jakobus als nach dem Briefe-Paulus: Wir binden uns an den νόμος τῆς ἐλευθερίας, das Gesetz der Freiheit, und gehen darin einem Gericht entgegen, in dem Gottes Barmherzigkeit über seine Gerechtigkeit triumphieren wird (vgl. Jak 2,12-13). *Schließlich:* Jesu Verkündigung der Vergebung und die Tora, die Vergebung verkündigt, schließen einander nicht aus. Der lukanische Paulus sieht zwischen Mose und Jesus eine *Arbeitsteilung:* Es gibt vieles, in dem das Gesetz des Mose uns Vergebung der Sünden bewirken kann. Christen müssen erkennen: Im Siddur des Jom-kippur-Tages bleibt schlechterdings nichts Nennbares und nichts Unnennbares ausgeschlossen von der Erkenntnis und dem Bekenntnis der Sünde, und ich selbst, der sündige und aller vier Todesarten schuldige Sünder, segne den alle Sünden vergebenden Gott. Nichts ist da zu quantifizieren, noch hier oder da auf eine leichtere oder schwerere Waage zu legen. Was soll denn da für Jesus zu vergeben noch übrig bleiben? Auch er verkündigt ja das Ganze der Sünde: die Einheit des Sünders vor Gott und Menschen, und das Ganze der Vergebung der Sünden, also: die Gerechtsprechung des Gottlosen. Es ist wahr: Im Jom-kippur-Gottesdienst gibt es keinen, der anderen Vergebung der Sünden zusprechen könnte, keinen solchen Priester. Alle segnen da *Gott* als den, der vergibt, und wichtiger ist: sich als Sünder bekennen, als auf Zuspruch der Vergebung zu harren. Daß Gott vergibt, ist wahr und gewiß schon lange vor allem Sich-Bekennen, – das Evangelium steht vor dem Gesetz, Gott über den Menschen. So kann dieser *liturgische* Unterschied als ein sachlicher nicht zählen.

Doch gibt es eine Differenz, in bezug auf die Juden durch die Tora des Mose bisher de facto noch nicht gerechtgesprochen werden konnten: in bezug nämlich auf das schier unglaubliche »Werk«, von dem Habakuk gesprochen hat, den Paulus hier zitiert (13,41), und das jetzt geschieht: also in bezug auf den Zugewinn von Gojim durch Gottes Handeln mit Jesus. Jesus hat die Vergebung der Sünden »jedem, der glaubt« zugesprochen (13,39) – wie wir oben sagten: einen Jom kippur den Heiden gestiftet. Dieser ist als ein solcher in der Tora des Mose nicht vorgesehen, ist ein Gotteswerk erst durch Jesus; so kann die Tora in dieser Beziehung auch noch nicht »gerechtsprechen«. Wir sollten ja den Wortwechsel zwischen »Vergebung der Sünden« und »gerechtsprechen« in ein und demselben Satz des lukanischen Paulus nicht übersehen. Wohl stehen sie im Parallelismus membrorum und legen sich gegenseitig aus. Und doch zählt die Nuance. Die Sünde, deren Vergebung Jesus verkündigt und die er vergeben kann, die Tora des Mose aber noch nicht, bezieht sich auf die *Gemeinschafts*-Gerechtigkeit *im Zusammenkommen von Juden und Gojim.* Nach der Sicht des Lukas bleiben hier die Menschen der Tora des Mose Gott noch etwas schuldig: die *volle* Gemeinschaft, die Anerkennung des »und auch den Griechen« nach dem »den Juden zuerst«, eine gewisse *Selbstbefangenheit* in der Ordnung der ersten Wahl Gottes, eine gewisse *Unbeweglichkeit* gegenüber der Zuwahl oder einem *neuen Erwählungshandeln Gottes.* Das ist nur eine de-facto-Differenz, keine prinzipielle und fundamentale. Lukas verdeutlicht dies, indem er erzählt, daß die Hörer dieser Pauluspredigt, draußen an der Synagogentür, Paulus bitten, ihnen diese Worte am nächsten Schabbat noch einmal zu verkündigen (13,42); was er da erklärt hat, will zweimal gehört sein, ehe es einmal beantwortet werden kann. Es ist wirklich nicht so leicht zu glauben, »wenn es euch jemand erzählt« (13,41); mit ihrer Bitte um eine zweite Lesung halten sich die antiochenischen Juden prophetiegerecht. Und es bleibt offen, was bei ihnen daraus werden mag – so *offen,* wie es ja wirklich ist, auch für uns, was das heißen könnte: *volle Gemeinschaftsgerechtigkeit im Verhältnis von Juden und Griechen.* Uns bleibt nur die Feststellung: Vielleicht nicht in der Formulierung 13,38-39, aber in der Sache hat der lukanische Paulus doch kein anderes Rechtfertigungsverständnis gepredigt als das, das wir vom Paulus z.B. des Römerbriefs schon kennen. Es ist eine *Herausforderung* an die Juden dort und hier, es ist *nicht* die Ablehnung einer grundsätzlichen Rechtfertigungsmöglichkeit aus der Tora des Mose. Jesus bleibt auf Mose bezogen. Aber auch so ist er als ein Jesus der Gojim ein permanenter Anlaß einer an die Substanz gehenden *Beunruhigung* des jüdischen Volkes.

Der dritte Vorwurf, den Juden aus der Asia gegen Paulus erhoben, als sie ihn in Jerusalem entdeckten, lautete: Er lehre wie gegen das Volk und das Gesetz *»auch gegen diese Stätte«, also den Tempel in Jerusalem* (21,28).

So wie Lukas das erzählt, ist es zunächst nur eine Geschichte aus einer jüdischen Gerüchte-Küche. Paulus war in der Stadt in Begleitung eines Goj oder eines gojischen Christen aus Ephesus gesehen worden, namens Trophimus. So wie man ihn zu kennen meinte, schloß man: Paulus nimmt den bestimmt in den Tempel mit oder – Gott behüte – kommt sogar schon mit ihm vom Tempel her, und man unterstellte, er habe, der Warnschilder ungeachtet, die im Tempelbezirk überall aufgestellt waren und Nicht-Juden verboten, die Grenzen des äußeren Vorhofes zu überschreiten, seinen heidnischen Freund noch tiefer in den Tempelbezirk mit hineingenommen – z.B. in den Vorhof der Israeliten. So habe er den Tempel entweiht und die Grenze zwischen Rein und Unrein sträflich verletzt (21,28-29). Gerüchte verallgemeinern immer: Paulus habe nicht nur den einen Trophimus, sondern überhaupt »Griechen« in den Tempel eingeschmuggelt. Dies aber sei kein einzelner Fauxpas gewesen, sondern Bestandteil seines »Lehrens« überhaupt: Er habe den Tempel κεκοίνωκεν = allgemein gemacht, und damit eben: gemein.

Die kultischen Reinheitsgebote haben in Israel tiefen und mehr als nur symbolischen Sinn. »Unrein« ist und zum Gottesdienst soll nicht kommen, wer mit dem Tod in Berührung war. Der Gottesdienst ist Ort des Lebens schlechthin, an dem die Sphäre des Todes zuschanden werden soll. Und in gleichem Sinne ist »unrein«, wer den Stoff menschlicher Lebenszeugung an sich kleben hat: männlichen Samen, weibliches Menstruations- und Vaginalblut; nicht weil der Stoff des Sexuellen in sich unrein wäre, sondern weil vertrockneter Same, vertrocknetes Blut an uns ihre lebenbringende Aufgabe nicht erfüllen konnten und statt Lebensstoff zu unlebendigem Stoff geronnen sind. Das soll in lebendigem Wasser weggetaucht werden, ehe man zum Hort des Lebens kommt. Heiden unterziehen sich dem Ritus kultischer Reinheit nicht, und so können sie – ganz ungewollt – dem Tod ins Haus helfen: »symbolisch« natürlich nur; aber dem, der in Symbolen lebt, ist es direkte Wirksamkeit.

Lukas erzählt so, daß er dies Handeln des Paulus wirklich nur für ein Gerücht halten kann, an dem nichts dran war. Paulus tut so etwas nicht, dazu ist er viel zu sehr »guter Jude«. Und doch läßt Lukas erkennen, daß in den Augen der ihm bekannten Juden das Problem der kultischen *Unreinheit oder Reinheit* schon lange eine *jüdisch-christliche Grenze bezeichnet.* Schon der Nazoräer – also Jesus – habe den Tempel zu entheiligen versucht, und »wir« – ein kollektives jüdisches Wir – haben ihn dafür »festgenommen« und ihn richten wollen. Paulus stehe mit seiner angenommenen Haltung zum Tempel nur in der Linie dieses Jesus – als Rädelsführer von dessen Sekte (24,5-6). Den gleichen Vorwurf und die gleiche Argumentation hatte vor Paulus schon Stephanus auf sich gezogen: »Dieser Mensch hört nicht auf, Reden wider die heilige Stätte und das Gesetz zu führen. Denn wir haben ihn sagen hören: Dieser Jesus, der Nazoräer, wird diese Stätte zerstören und die Gebräuche ändern, die uns Mose überliefert hat« (6,13-14). »Historisch« läßt sich daraus nur soviel entnehmen: *Von Jesus bis zu seinen Aposteln und bis zur Kirche des Lukas hin ist das Verhältnis zum Tempel ein Differenzpunkt.* Zwei Motive flimmern aus dem Hintergrund auf: Vielleicht hat Jesus tatsächlich eine *Zerstörung des Tempels* vorausgesagt und das womöglich ohne einen Ton des Bedauerns getan. Und sicher haben nach Jesus die Christen die Gebräuche kultischer *Reinheit* dann jedenfalls für nicht mehr so wichtig gehalten, wenn dies einen Ausschluß der »Griechen« vom Gottesdienst Israels bedeuten mußte. Nach Lukas hat nun gerade Paulus *diese* Kritik der »Gebräuche« nicht geteilt. Der große Visionär der Fragen von Reinheit und Unreinheit war in der Erinnerung des Lukas ausgerechnet Petrus mit der Losung, die er vom Himmel her empfangen hatte: »Was Gott für rein erklärt hat, das erkläre du nicht für gemein« (10,15; 11,9). Und beim lukanischen Petrus lernen wir schon, daß und wie sich für Christen die Frage von Reinheit und Unreinheit vom gottesdienstlichen Habitus und dem *Recht* der Teilnahme am Gottesdienst verschoben hat auf das Thema von *reinen und unreinen Menschen als solchen:* gleich in welchem ihrer einzelnen Zustände auch immer. Als Petrus nämlich in Caesarea das Haus des Hauptmanns Cornelius betrat, erklärte er als allererstes, daß und warum er dies ohne Hemmungen tun könne. »Ihr wißt«, sagte er gleichsam noch in der Tür zum Haus, »wie ungehörig es für einen Juden ist, mit einem Goj zu verkehren oder zu ihm zu gehen – aber mir hat

Gott gezeigt, daß ich keinen Menschen gemein oder unrein nennen soll« (10,28). In diesem Petrus-Satz hat Lukas schon ein ganz schönes Stückchen antijüdischer Karikatur untergebracht, denn solch eine Xenophobie, Berührungsangst mit Fremden, hat keinem Juden kein Gesetz je vorgeschrieben – was nicht ausschließt, daß eine Distanzhaltung von Juden zu Andersstämmigen »Gebrauch« sein konnte, vielleicht hier und da sogar gebräuchlich war. Viel eher als ein jüdisch-christlicher spiegelt sich in dem Petruswort von Caesarea aber womöglich ein *innerchristlicher* Gegensatz wider. Denn als Petrus nach Jerusalem hinaufkam, waren es die dortigen »Apostel« und die Brüder aus Judäa, die ihn für *seine* Gemeinschaft mit Nicht-Juden zur Rechenschaft zogen! Petrus erzählt ihnen von seiner Jaffa-Vision und erklärt, »der Geist« habe ihn veranlaßt, die Tabuschwelle zu Gojim zu übertreten und sich mit ihnen an einen Tisch zu setzen, »ohne einen Unterschied zu machen« (11,12). Das war den jüdäischen Christen ganz etwas Neues, neu – auch im anstößigen Sinne; aber sie lernten es schließlich doch noch mit Freuden: »Also auch den Gojim hat Gott die Umkehr zum Leben gegeben« (11,18).

Das aber ist der lukanische Kern der Sache: Die wirkliche Frage von Rein und Unrein, also von Gottesdienstfähigkeit, entscheidet sich an der Frage, ob auch Gojim einen Zutritt zur Gottesdienstgemeinschaft bekommen können oder ob der ihnen verwehrt werden muß, ob es also über reine und unreine *Verhaltensweisen* hinaus etwa auch zum Unterschied von reinen und unreinen *Menschen* kommen darf – oder: ob der lange noch aufrechterhalten werden kann, wenn es ihn irgendwo geben sollte. *Müssen* denn Nicht-Juden wie Tod-Berührte oder Lebensverschwender angesehen werden? Ganz abwegig wäre eine solche Einschätzung für Israel ja nicht; vielleicht können wir am Ende des zwanzigsten Jahrhunderts noch eher als in früheren Zeiten nachempfinden, was an einem solchen jüdischen Grundgefühl »dran« sein könnte: Der Tod – ein Meister aus Deutschland, Rom, Wittenberg, Genf, Basra, Konstantinopel, Moskau – und wie nicht die Zentren des historischen Christentums alle heißen. Diese *christliche Leidenschaft für Grenzüberschreitungen* im sozialen Sinn war nur zu oft gleichbedeutend mit theologischen, ethischen, moralischen und – *praktisch tödlich* wirkenden Grenzüberschreitungen. Und verstehen läßt sich darum sehr gut auch eine – »konservative« – innere Gegenströmung im (jüdäischen) Christentum, die nicht sofort alle Mauern gleich niederzureißen bereit ist, nur weil ein paar – sei es denn: wichtige – Leute einen *Menschheitstraum der Grenzenlosigkeit* hatten. Vielleicht sollte der lukanische *Paulus* heute seine Stimme behalten und nicht so leicht vom lukanischen *Petrus* übertönt werden! Es könnte ja sein, daß die Stunde eines gemeinsamen jüdisch-christlich/gojischen Gottesdienstes noch *nicht* geschlagen hat, daß wir darauf lieber noch warten sollten. Wenn aber der Geist, der Petrus geführt hat, nicht zu dämpfen sein sollte, sollten wir uns dessen bewußt bleiben, welchen Unruheherd ein griechisch-jüdischer Gottesdienst tatsächlich bedeutet; und zwar nicht nur, welche Bedrohung jüdischer »Gebräuche« von Rein und Unrein, sondern auch welche des Bestandes des Tempels; denn wer schützt unsereinen davor, womöglich als »Widersacher« in den Tempel einzudringen und dort Gottes Heiligtum zu zertreten (Jes 63,18)? Bis zum heutigen Tag liegt der Tempelbezirk in Jerusalem im Kreuzfeuer der frommen Bedürfnisse und Ansprüche so vieler Glaubensrichtungen – und wie schnell werden sie gerade in bezug auf diese heilige Stätte zu: *Wahnsinnigen!*

b. Heidnische Krisen

Das Zeugnis des Reiches bewirkt nun aber auch tiefe *Krisen des »Heidentums«*, also neben den Krisen in Israel auch – und erst recht – solche *in den Völkern.* Denn die *Verkündigung des Gottes Israels läßt sich nicht durch Anknüpfung an heidnisches Bewußtsein* und die Gottheiten der Völker *glaubwürdig vortragen,* vielmehr nur durch einen *Widerspruch dagegen auf der ganzen Linie.* Der Gott Abrahams, Isaaks und Jakobs und also der Vater Jesu verkündigt sich selbst nur in einem »antiheidnischen Zeugnis« (K. H. Miskotte). Er nennt sich z.B. selbst nur unter dem Namen der Väter und Mütter Israels, und es ist seine Wahl, sich *nicht* in gleicher Weise auch an andere Namen und Genealogien zu binden, also z.B. nicht ebenso an Abrahams Erstgeborenen Ismael (statt an den Zweitgeborenen Jizchak), nicht ebenso an Jizchaks Sohn Esau, der das Licht der Welt wenige Minuten vor seinem Zwillingsbruder erblickt hatte, sondern an Jakob, der Israel wurde, obgleich er nur um Minuten später als Esau geboren worden war. Wenn im Islam zuweilen die Gottesbindung an die Linie Abraham, Isaak, Jakob als jüdisch-christliche »Fälschung« kritisiert wird, ist dies gleichbedeutend mit dem Bestehen auf einem Naturrecht, dem Primat des Erstgeborenen, *gegenüber dem Wahlrecht des erwählenden Gottes,* also Pochen auf Naturrecht und patriarchalische Religion gegen die Freiheit Gottes: damit gegen seine Lebendigkeit und sein Lieben. *In der Tat wählt Gott wider-natürlich,* quer gegen alles, was in den Völkern für selbstverständlich gehalten wird. Dies Verquere ist zweifellos antiheidnisch. Aber – was mehr wiegt -: *An diese verquere,* wider-natürliche, heidnisch nur als »Fälschung« zu begreifende *Ordnung bindet Gott seinen Namen,* macht sich selbst unverwechselbar eben darin. Protest dagegen ist Protest gegen den Namen Gottes, also seine Offenbarung, also gegen Gott-in-seiner-Offenbarung, also: gegen Diesen Gott; man mache sich dies überall dort besonders bewußt, wo man im Namen des »Monotheismus« meint, als Christ im Islam selbstverständlich dem gleichen Gott begegnen zu können wie im Judentum. In Wahrheit ist die Kategorie des Monotheistischen bibelfremd, mehr noch: Sie verschleiert den Namen, die Offenbarung, die Freiheit,die Identität Gottes, die mit der abstrakten Zahl Eins nicht das mindeste zu tun hat, weil sie eine Abstraktion vom Leben Gottes, damit auch von Gottes »Existenz« bedeutet.

In eben diesem Sinn hat Paulus auch auf dem Areshügel von Athen von Gott nur im Widerspruch zum dort verehrten Unbekannten Gott gepredigt, nicht in aufklärender Anknüpfung an ihn (vgl. oben S. 299f.) – befremdlich für die Ohren der Athener, deswegen reizvoll für einen Teil von ihnen, verächtlich für die anderen. Paulus aber faßte mit seiner Predigt Gottes weder bei den einen noch den anderen Fuß und mußte am Ende aus ihrer Mitte hinausgehen (17,33); mögen später Kirchen mitten im Dorf gestanden haben, das Evangelium ließ sich mit der geistigen und geographischen Mitte der Welt der Gojim – mit Athen – nicht vermitteln, es blieb fremd.

Was ist denn die Sendung, das »*Werk*«, der Auftrag der Christen *unter den Gojim?*

In seiner Verteidigungsrede vor dem König Agrippa und dessen Schwester Berenice anläßlich ihres Staatsbesuches in Caesarea gab Paulus den Sendungsauftrag wieder, den er von Jesus vor Damaskus erhalten hatte: Ich sende dich unter die Gojim, »um ihnen die Augen zu öffnen, damit sie sich von der Finsternis zum Licht und von der Gewalt Satans zu Gott bekehren, auf daß sie durch den Glauben an mich Vergebung der Sünden und ein Erbteil unter den Geheiligten empfangen« (26,17-18).

Der lukanische Paulus hat Jesus da vom Himmel her zunächst mit Worten der Bibel reden hören. Den jesajanischen Gottesknecht hatte Gott einst zum »Bundesmittler für das Menschengeschlecht«, genauer le berit-am, »zu einem Volksbund« (M. Buber) gemacht, was aber im parallelismus membrorum meinte: le or-gojim, »zu einem Weltstämme-Licht«, einem »Licht der Völker«, mit dem ersten Ziel: »blinde Augen zu erhellen« (Jes 42,6-7); so sollte er »die Wahrheit unter die Völker hinaustragen«, »den Weltstämmen führe er Recht zu«, mischpat le gojim jozi (42,1). In Israel und für Israel gibt es mithin den Missionsauftrag: augenöffnend unter den Völkern zu wirken.

Meint das eine theologische Aufklärung? Nein, mehr. *Israel soll arbeiten an einer Umdrehung der Völker.* Das schließt einen theologischen Erkenntniswandel in sich, einen ethischen Gesinnungswandel, einen Austausch der Grundlagen des ganzen persönlichen und gemeinschaftlichen Existierens, in der Sprache der Frömmigkeit ausgedrückt: Umkehr, Bekehrung. Gemeint ist ein Sphären- und Weltwechsel. Der Gottesknecht soll als Führer von Blinden darauf hinwirken, daß »vor ihnen her«, den Blinden, »die Finsternis zum Licht gemacht« wird, er soll Blinde »gängeln«: »Finster mache ich ihnen zum Licht« (Jes 42,16). »Finsternis« und »Licht« sind hier nicht lediglich subjektive Befindlichkeiten, sondern zwei einander konträre objektive Daseinsbedingungen, also – in unserer Sprache – dunkle oder helle, verblendende oder erhellende »Verhältnisse«.

Was wir hier mit »Verhältnissen«, objektiven Daseinsbedingungen (einerseits der Finsternis, andererseits des Lichts) beschreiben, hat Lukas mit dem Begriff der ἐξουσία ausgedrückt. Die Aufgabe besteht darin, die Völker aus der Verfügungsgewalt Satans, des Machthabers »dieser Welt« (wir können auch einfach sagen: aus der Hand Satans) zu befreien: ἐπὶ τὸν θεόν, um *sie hinüber zu »gängeln« zu Gott.* Jüdische und christliche Mission zielen auf Herrschaftswechsel.

Alles liegt daran, dies nicht abstrakt zu verstehen und nur an den Austausch einer Knechtschaft gegen eine andere zu denken: Satansknechtschaft ausgewechselt gegen Gottesknechtschaft, etwa – mit K. Marx – »Knechtschaft aus Devotion« durch »Knechtschaft aus Überzeugung«[103]. Lukas denkt beim Herrschaftswechsel von Satan zu Gott wirklich an einen Übergang von der Knechtschaft in die *Freiheit.* Darum beschreibt er inhaltlich genauer, was das heißen soll, ἐπὶ τὸν θεόν zu kommen. Nämlich zweierlei: 1. τοῦ λαβεῖν αὐτοὺς ἄφεσιν ἁμαρτιῶν: Vergebung der Sünden nehmen; und 2. λαβεῖν κλῆρον ἐν τοῖς ἡγιασμένοις, ein Erbteil unter den Geheiligten annehmen.

Für griechisches ἄφεσις könnte man hebräisch deror lesen, es hieße »Freilassung«[104]; und was wir »Vergebung der Sünden« nennen, meinte dann *Freilassung aus denjenigen Zwangsverhältnissen, die die Sünden in sich selbst sind.* Sünden sind da nicht bedauerliche subjektive Folgen aus objektiv vorgegebenen finsteren Verhältnissen, sie sind das Verhalten dieser Verhältnisse selbst, die wir durch unser Sündigen mitkonstituieren, ohne das die »Verhältnisse« auch nicht die ἐξουσία des Satans sein könnten; *Verhältnisse und Verhalten bilden eine wechselseitige Einheit.* Gerade dadurch sind sie ja so stark. ἄφεσις ἁμαρτιῶν heißt dann: Befreitwerden aus dem Teufelskreis von Verhältnissen und Verhalten, Verhalten und Verhältnissen; wir werden *entbunden* aus jeder Art *Assimilationszwängen,* jeder Art *Konformismus* mit der – vor allem: gesellschaftlichen – Wirklichkeit, wie sie nun einmal ist.

Wenn das nur einzelne erfahren, kann freilich das Ziel der Mission noch nicht erreicht werden. Als einzelne vereinzeln wir schnell und werden leicht rückfällig, schutzlos gegen den Sog der alten ἐξουσία. Es geht aber darum, daß *neue Verhältnisse* gebildet werden. ἐξουσία Gottes soll die ἐξουσία Satans verdrängen und dann auch ablösen. Finsternis soll wirklich zum Licht gemacht werden.

Das klingt prometheisch-hybrid. Als könnten wir das Reich Gottes auf Erden schaffen, die »Welt« zur »Kirche« verwandeln, »die Völker« in dem einen

103. K. Marx, Zur Kritik der Hegelschen Rechtsphilosophie. Einleitung, in: Institut für Marxismus-Leninismus beim ZK der SED (Hg.), Karl Marx und Friedrich Engels. Über Religion. 1958, 38.

104. E. Haenchen, a.a.O. z. St.

»Volk«, die ἔθνη im λαός aufheben. Dies Ziel hat Jesus der Mission des lukanischen Paulus *nicht* gesetzt. Vielmehr sollen die Völker dafür gewonnen werden, eine nachala betoch ha mekudaschim, einen κλῆρος ἐν τοῖς ἡγιασμένοις anzunehmen, ein »Erbteil der Heiligen im Licht« (Kol 1,12). Dies ist eine *Beziehungs*figur, durch die Gojim dem jüdischen Volk zugeordnet werden sollen – ähnlich wie in Eph 2,19, wo sie nun nicht mehr als Fremde und Beisassen, sondern als »Mitbürger der Heiligen« und »Hausgenossen Gottes« bestimmt werden. Diese Zuordnung ist das Ziel in der Abfolge der Aufträge, die der lukanische Paulus nach Apg 26,18 vom erweckten Jesus empfangen hat. *Diese Zuordnung ist also auch das Ziel der Mission: eine neue Sozialisation der Gojim.*

Das bedeutet nicht die Absicht, jetzt Gojim wie Heuschreckenschwärme in das Haus Israel einfallen zu lassen, es von innen her zu überfremden durch Asylanten aus der finsteren Welt. Geschehen soll dies ja πίστει τῇ εἰς ἐμέ, im Vertrauen zu Jesus, im »Glauben an mich«. Solch »Glauben an Jesus« bleibt dem Haus Israel äußerlich. Aber die Menschen, die Jesus vertrauen lernen und dadurch zu einem fundamentalen Beziehungswechsel ihres persönlichen und gemeinschaftlichen Lebens befreit und ermutigt werden, sollen lernen, ihre neue *Grundbeziehung zu Jesus als Zuordung zu Israel anzunehmen:* λαβεῖν, – zu bejahen, – zu wollen, – mit Jesus zu leben, indem sie mit dem jüdischen Volk leben.

Wie das *Heidentum* hier gezeichnet wird – als Finsternis und Blindheit, Satansherrschaft und Sünde –, ist das natürlich reine Polemik. Mit dem Selbstverständnis der Religionen der Völker hat das nicht das mindeste zu tun. Es ist ein weltgeschichtliches Unglück, daß die Apologeten und Kirchenväter seit dem zweiten christlichen Jahrhundert dies polemische Bild der biblischen Zeugen von den Völkerreligionen aufgenommen und als bare Münze an das Bewußtsein der Christen der späteren Jahrhunderte weitergegeben haben. Auch in den abendländischen Wissenschaften hat es viel zu lange gebraucht, ehe besseres Wissen von den nicht-jüdischen und nicht-christlichen Religionen die christlichen und jüdischen Bilder vom Heidentum als das behandelte, was sie sind: *reine Polemik.* Heute, nachdem sich – mühsam genug – eine Religionswissenschaft von den Theologien losgelöst und die Freiheit unbefangener Betrachtung der Religionen der Antike und der Weltreligionen gewonnen hat, lassen sich solche biblischen (Un)-Werturteile gegenüber dem Heidentum nicht mehr wiederholen. Einerseits hat schon die sog. religionsgeschichtliche Forschung innerhalb der Theologien, andererseits die endlich selbständige Religionswissenschaft zeigen können, wie vielfach verflochten auch biblisch-jüdisch-christliche Denkweisen, Verhaltensweisen, Wirklichkeitssichten mit der Welt der Völkerreligionen sind (die wir, immer noch »imperialistisch«, nur als »Umwelt« der biblischen Zeugnisse zu bezeichnen pflegen), ja: wie *abhängig* sie von dieser Welt sind, besser noch: wie schlicht auch sie hineingehören in diese Welt, als nur ein

Teil von ihr. Überdies zwingt die Vitalität nicht-jüdischer, nicht-christlicher Religonen uns dazu, endlich fremdes Selbstverständnis wahrzunehmen. Und die innere geistige Entwicklung unserer Gesellschaften und Glaubensgemeinschaften führt auch dazu, daß viele vieles von fremden Religionen auch als wahr nehmen wollen und können.

Auch der *Zeus der Griechen* ist *nicht* Finsternis, sondern Licht. Er leuchtet auf, wie der Tag. In seinem Namen – Zeus – hat er wahrscheinlich sprachlich den *dies* in sich, den hellen Tag[105]. Nicht, daß er da noch die Sonne wäre, auch nicht die verborgene Macht, die die Sonne über den Horizont heraufführt, so daß »die Strahlen der Sonne die Nacht vertreiben« könnten (E. Schikaneder). Er ist das Aufleuchten selbst: dies Geschehen. Und wenn er aufleuchtet, leuchtet den Menschen mehr auf als nur das Naturlicht der Sonne (oder des Mondes oder der Sterne). Die Welt wird ihnen hell, die Dinge erhellen sich, sie selbst werden sich hell und klar. Ein Aufleuchten – »durch alles und in allem«[106]. »Es leuchtet in Jahreszeiten und Mondphasen, es leuchtet in allen Lebensaltern und Lebensbereichen. Es geschieht, daß ein Kind geboren wird. Das Aufleuchten eines neuen Wesens ist wie das Aufleuchten der Sonne: es ist das göttliche Kind, ein gemeinsames spezifisches Aufleuchten der Sonne, der Menschen, der Götter, die geboren werden – wie Zeus und Apollon, wie Hermes, Dionysos und Christus. Es beginnt mit diesem spezifischen Aufleuchten, aber das Aufleuchten endet nicht. Es leuchtet auf – ein anderes spezifisches Aufleuchten – im kleinen Mädchen und der Jungfrau und im Jüngling. Im männlichen Leben leuchtet es auf und in der Weisheit des Alters. Es leuchtet auf besondere spezifische Weise als eine besondere Gottheit auf. Wo es ur-anfänglich aufleuchtet, bei der Geburt, können es noch alle Götter sein. Alle männlichen, weil bei der Geburt das Weiblich-Göttliche das Gebärende ist. Aber im kleinen Mädchen ist Artemis aufgeleuchtet, im Jüngling Apollon und in den Männern – da leuchtet Verschiedenes auf. Im Krieger leuchtet – mit trübem, verhängnisvollem Licht – Ares auf. Und es gibt auch den zeusgleichen Mann … Im Bereich des Lichtes als Denken, Dichten, Mathematik, Philosophie ist Apollon da. Umsonst ist es der Mensch, der denkt und dichtet, der die Mathematik und Philosophie erfunden hat: Apollo beherrscht den, der ihm naht. In den besonderen Bereichen des Lebens und der Zeit sind die Götter aufgeleuchtet, denen Antlitz und Name zukommt, und auch die Anrede.«[107]

So steht es bei den Göttern Griechenlands. Aber der Name Zeus: Womöglich war er als Dyaus-pita damals schon ein Gott der Inder, als Ziu einer der

105. K. Kerényi, Die griechischen Götter, in: A. Schaefer (Hg.), Der Gottesgedanke im Abendland. 1964, 16.
106. A.a.O. 17.
107. A.a.O. 17-18.

Germanen, als Jupiter der der Römer – bei ihnen allen als Diespiter; pater, der Vater, steckt in seinem Namen und eben: *dies,* Tag – Licht. »Vater« – weil er hinter allem Aufleuchten der anderen Götter des Pantheons aufleuchtet. So sieht ihm ähnlich so mancher Gott *auch in der semitischen Welt,* in den Zeiten beider Bibelteile. Wie Zeus ist der Baal Schamin, der »Herr der Himmel«, den wir von Phöniziern und Syrern kennen. Auch er war nicht einfach der Mond oder die Sonne, also nicht: vergötzte Kreatur, auch nicht einfach Caelus, der Himmel, er war Caelus Aeternus.[108] Und er gehörte doch – als »Gott über Gott« – zu einem Pantheon, wie der Zeus der Griechen. So ähnlich war auch der Dushara der Nabatäer: »Der Eine« (du) von Shara (eines Ortes oder eines Stammes dieses Namens[109]), und es könnte sein, daß die Nabatäer von diesem Gott gesagt haben: »Der Eine, der die Nacht vom Tage trennt«[110]. Und mit manch anderen Gottheiten, auch in Palmyra, auch in Edessa, auch in Ptolemais (dem heutigen Jaffa), auch in Byblos, wurde in hellenistischer Zeit Zeus identifiziert, der über allen und in allem Aufleuchtende. Freilich: Er war nicht der Einzige, wirkte in vielen Gottheiten, aber die Vielen bildeten mit ihm zusammen einen Kosmos, durchleuchteten gemeinsam die große und die kleine Welt. Sie leuchteten an vielen Orten, unter vielen Stämmen und Familien, auf vielen Altären auf, an denen sie Opfer annahmen. Vor allem hörten sie auf ihre Verehrer, wirkten als θεοὶ ἐπήκοοι. Sie tauschten ihre Namen, so daß der Christ Minutius Felix (im 2. Jahrhundert) ganz recht sagen konnte: Nec Deo nomen quaeras. Deus nomen est – suche doch für Gott keinen Namen. Gott *ist* Name, vielleicht sogar: jeder Name eines einzelnen Gottes ist in sich und ganz Gott, in je verschiedenen Namen er, der Eine, der aufleuchtet.[111] Das *Pantheon* bezeugt Götter-, Gottes-*Harmonie.* In ihr spiegelt sich, wenn nicht Menschenharmonie, dann doch der *Friede einer »multikulturellen« Tausch-Gesellschaft,* zumal im Orient, – eine »bürgerliche Zufriedenheit«[112], – die Götter hörten auf individuelle und kollektive Lebensbedürfnisse; es brauchte dafür keine große Theologie, Philosophie, metaphysische Reflexion. Und *Fremde wurden* im eigenen Kult *willkommen geheißen*[113]: Trennte man sich in den kleinen Göttern, fühlte man sich doch eins im Höchsten Gott, der in allem leuchtet. Es gab keine Exklusivität von nur Einem. Mit der Folge, daß man sich auch nicht viel um die Gottheiten je der Anderen zu kümmern brauchte – jedenfalls nicht mit Konkurrenzgefühlen; man konnte sie einfach ignorieren.[114]

108. J. Teixidor, The Pagan God. Popular Religion in the Greco-Roman Near East. 1977, 28.
109. Aao. 83.
110. A.a.O. 85.
111. A.a.O. 153 Anmerkung 35.
112. A.a.O. 6
113. A.a.O. 12 Anmerkung 28.
114. A.a.O. 162.

Nicht einmal Paulus hat die »Existenz«, sagen wir lieber: die Wirksamkeit solcher vieler Götter bestritten, »wie es denn«, sagt er, »viele Götter und Herren gibt« (1 Kor 8,5). Und auch der Sänger des 82. Psalms hat Gott dastehen sehen in der Gottesversammlung, freilich: Er hat ihn Gericht halten sehen inmitten der Götter (Ps 82,1). Worüber? Über ihre Gleichgültigkeit gegenüber Geringen und Waisen, Elenden und Dürftigen, Rechtlosen. In solcher Beziehungslosigkeit zu sozial Bedürftigen sind die Götter ohne Einsicht, Verstand, wandeln sie in Finsternis (Ps 82,5). Deswegen will Gott sie zum Sturz bringen (Ps 82,7). Das behauptet ja *nicht, daß alle Heiden unter der Herrschaft der Götter Asoziale seien.* Aber es markiert *doch eine fundamentale Differenz* des Gottes Israels gegen jene Götter-Harmonie, die eine Gesellschaftsharmonie der Tauschgesellschaft nur vorspiegelt, ohne Sinn für die *Opfer* dieser Harmonie. Der Gott Israels pocht auf ein Realitätsprinzip gegen ein religiöses Lustprinzip, setzt sich selbst in Beziehung zu den Opfern der Geschichte, die man für gewöhnlich als »die Anderen« nicht sieht oder nicht sehen will, denen nichts »aufleuchtet«, jedenfalls nichts Gutes.

Von hier aus aber läßt sich verstehen, was vielleicht wirklich als *das Andere des biblischen Gottes* gegenüber den Gottheiten der Völker verstanden worden ist: *seine Leidenschaft für »die Anderen«.* Das Besondere wird erst auf einer schmalen Grenze deutlich. Wir hörten ja: Das Heidentum ist gastfreundlich, nicht nur im Ethischen, sogar im Kultischen. Die Exklusivität des Gottes des 1. und 2. Gebotes ist von dieser religiösen Fremdenfreundlichkeit äonenweit unterschieden, welche auch mehr als nur neuzeitliche Toleranz, nämlich wirkliche Frömmigkeit ist und das Aufleuchtende in *jedem* Namen einer *jeden* Gottheit erwartet. Aber das ist die Fremdenfreundlichkeit der Religiösen untereinander, die Fremdenfreundlichkeit der Synthesis, welche Thesis und Antithesis, den Gott dieses Namens und auch den eines ganz anderen Namens, wie Verwandte einander umarmen lassen kann. Aber was ist mit dem Gott-Armen, dem Nicht-Verwandten, den von allen guten Geistern Verlassenen? Das ist die unterscheidende Frage Gottes in der Gottesversammlung von Ps 82. Was ist mit dem Unharmonischen, Unharmonisierten, vielleicht: Unharmonisierbaren? Das will der Gott *Israels* wissen. Den nimmt er zum Kriterium, an dem Gott und Götter sich scheiden. In bezug auf diesen bestimmt er sich selbst und damit das, was überhaupt ein Gott heißen soll.

Und eben das ist immer noch das Kriterium, das auch beim auferweckten Jesus wirkt, wenn er den lukanischen Paulus unter die Gojim sendet. Er soll nicht das alles überflutende, wohltuende, wärmende Licht der griechischen Küsten, Berge, Täler, Inseln ausgießen über die Völkerwelt, sondern das grelle, sinaitische Schlaglicht Gottes fallen lassen »auf die im Dunkeln« (B. Brecht). Er soll Beziehung zu den Vergessenen, Verdrängten, zur Minorität, zu denen am

Rand der Weltgesellschaft stiften. Zu Jesus, dem ans Kreuz Verdrängten, zu Israel, dem unter den Völkern Erdrückten und immer leicht zu Erdrückenden. Darum liegt die Spitze des Missionsauftrags Apg 26,18 in der Beziehungsfigur: »Annehmen des Erbteils«, der Zugehörigkeit, zu den »Geheiligten«, zum Volk von »Gottes Minorität« (R. R. Geis). *Die Gojim sollen ihrem spezifisch Anderen, dem jedem einzelnen von ihnen Anderen, sollen Israel zugewendet werden.* Und mit Israel: dem ihnen von Hause, von ihren Stämmen, Traditionen und Häusern her *fremden Gott* und dem ihnen nach Geburt, Kultur und Religion *fremden Volk* dieses Gottes. Und dies nicht in höherer Synthesis, sondern im *Bruch* mit eigenem Vaterhaus, eigener Freundschaft, auch mit der Harmonie der Gottheiten, ihrem Pantheon und ihrem »Gott über Gott«.

Kein Wunder, wie verheerend sich das auf die Gojim auswirken kann: dieser angekündigte Sturz der Götter.

Das ist ja ein Bruch mit dem familiären, tribalen, dynastischen Prinzip vor allem der orientalisch-semitischen Gesellschaften und ihren Gottheiten. *Gott soll nicht mehr beheimaten, sondern entfremden von Heimat, selbst nicht mehr einheimischer Gott sein, sondern Gott von Anderen,* deren Wegen und Geschichten Gojim sich nun anschließen sollen, – soll *nicht mehr Gott der eigenen, natürlichen Mütter und Väter sein, sondern Gott eines fremden Vaterhauses.* Dies verlangt tatsächlich einen einschneidenden Bruch, der selbstverständlich nicht nur einen religiösen Bewußtseinswandel bedeutet, sondern den *Abschied von einer bergenden Erfahrungstotalität, einer Wirklichkeit im Ganzen.* Dies aber trifft die Götter der Völker bis ins Mark, deren Wesen ihre Ein-Heimelung bei je ihren Familien, Stämmen, Dynastien oder anders zusammenfindenden Gruppen war. Selbst noch, wo frühe Mythenkritik wirksam wurde, blieb dies Prinzip der Götter erhalten. Im dritten vorchristlichenn Jahrhundert hat ein Euhemerus von Messene die bis tief ins christliche Mittelalter hineinwirkende aufklärerische These vertreten: Vor Urzeiten seien alle Götter eigentlich Menschen gewesen.[115] Kein Wunder, wenn dann einer, wie der Kirchenvater Clemens von Alexandria (in seiner »Ermahnung an die Griechen«), heidnische Kulte mit eben dieser These angriff: In Wirklichkeit seien die Götter nur Menschen; die Länder, die diese bewohnen, – die Künste, die sie ausüben, – ihre Lebenszeugnisse, ja, auch ihre Grabmäler bewiesen schlüssig, daß sie (nur) Menschen waren[116]. Doch nicht die ursprüngliche und wesenhafte Menschheit der Götter galt als das eigentlich Unterscheidende, sondern, daß je ein solcher Mensch-Gott ursprünglich »einer von ihren eigenen Bürgern« war, ihrer Helden, ihrer Könige – das hat man im 3. christli-

115. A.a.O. 152.
116. A.a.O. 153.

chen Jahrhundert in einer syrischen Predigt von Meliton, dem Philosophen, hören können, der *darauf* die alte vorchristliche These des Euhemeros zugespitzt und damit das wirklich Unterscheidende getroffen zu haben scheint.[117]

Etwas von dieser Struktur spiegelt sich auch in der Apostelgeschichte. Immerzu hören wir da von der heidnischen Neigung zu *Apotheosen,* Vergöttlichungen von Menschen. Als in der Stadt Samaria ein Mann namens Simon die dortigen Bewohner mit allerlei Zaubereien in Erstaunen versetzte, um sich als eine very important person, großen Mann, darzustellen, taten ihm die Leute, die sehr auf ihn achteten, klein und groß, den Gefallen und erklärten: »Dieser ist die Kraft, die δύναμις Gottes, die gevurat ha-elohim, ἡ καλουμένη μεγάλη, die man die große nennt« (8,10) – zweifellos ein Gottes-Titel: »Die große Kraft«. – Apotheose als politisches Unterwerfungsmittel lernen wir in 12,20-23 kennen. Herodes Agrippa lag im Streit mit den Hafenstädten Tyrus und Sidon, wir wissen nicht genau, warum, wahrscheinlich ging es um Wirtschaftsfragen. Die beiden Städte konnten nämlich ihren Widerstand nicht lange durchhalten, »weil ihr Land aus dem des Königs seine Nahrungszufuhr bekam« (12,20). Sie bekommen Kontakte zu einem Beamten des Königs, und dem gelingt eine Vermittlungsaktion zwischen den Kontrahenten. Herodes begeht das mit einem Staatsakt in Caesarea, hält eine öffentliche Rede und erntet damit – natürlich – Zustimmung des Volkes. Es rief beifällig: »Eines Gottes Stimme und nicht eines Menschen« (12,22) – das antik womöglich Übliche also, und ja nicht nur antik: die *Apotheose des herrschenden und sich durchsetzenden Politikers.* Sofort im Anschluß daran wartet Lukas aber mit einem radikal antiheidnischen Zeugnis auf und erzählt: »Auf der Stelle aber schlug ihn ein Engel des Herrn, weil er Gott nicht die Ehre gab; und er wurde von Würmern zerfressen und verschied« (12,23); die Sache zählt, nicht die Form, in der von ihr erzählt wird: *Gott gegen die politische Apotheose.* – Wie gewöhnlich Apotheosierungen gewesen sein sollen, zeigt, daß nicht einmal die Apostel Jesu sich davor retten konnten. Der bewußte römische Hauptmann Kornelius in Caesarea, als Petrus, von Jaffa gerufen, zu ihm kam, warf sich dem Apostel zu Füßen und huldigte ihm, προσεκύνησεν, va jischtachu – was man im Orient einem Gott zu tun pflegt. Antiheidnisches Zeugnis dazu: »Petrus aber richtete ihn auf und sagte: Steh auf, auch ich bin ein Mensch« (10,25f). – Volles Heidentum sodann in Lystra. Paulus hatte dort einen Gelähmten geheilt. Als die Volksmenge das sah, erhoben sie ihre Stimmen und sagten lykaonisch, also einheimisch, so wie sie es gewohnt waren: »Die Götter sind den Menschen ähnlich geworden und zu uns herabgestiegen« (14,11). Das ist keine Apotheose, Vergöttlichung von Menschen, sondern so etwas wie eine modalistische Deszendenzsicht. Diese Menschen sind gottähnlich, genau-

117. A.a.O. 153ff.

er: die Götter sind menschenähnlich geworden. Die Leute von Lystra konnten es aber noch genauer sagen, *welchen* der Götter ihres Pantheons sie in welchem der Apostel Jesu wiederzuerkennen meinten. »Und sie nannten den Barnabas Zeus, den Paulus aber Hermes, weil er der Wortführer war« (14,12). Das war heidnisch gut und genau gedacht: Hermes, der Götterbote und als solcher immer ein Wortführer – wie Paulus; was an Barnabas Zeus-like hätte gewesen sein können, wissen wir nicht; es gibt sogar eine ältere exegetische Diskussion, ob die Lykaonier unter den Namen von Zeus und Hermes nicht überhaupt an einheimische Götter gedacht haben möchten [118]. Aber auch hier interessiert weniger die Form im détail als die Sache; Lukas weiß zu erzählen, daß die Priester des vor der Stadt Lystra gelegenen Zeus-Tempels durch diese Identifizierungen keineswegs in ein Konkurrenz-Verhalten gedrängt worden waren, sondern das alles für gut möglich gehalten haben. Jedenfalls brachten sie Ochsen und Kränze an die Tore – sei es: die Tempeltore, sei es: die Stadttore – und wollten nun samt der Volksmenge dem Zeus-Barnabas und dem Hermes-Paulus opfern. Was natürlich wirklich nicht geht. »Als die Apostel Barnabas und Paulus das hörten, zerrissen sie ihre Kleider, sprangen unter das Volk hinaus und riefen laut: Leute, was macht ihr da? Auch wir sind Menschen, von gleicher Art wie ihr, und wir verkündigen euch das Evangelium, daß ihr euch von diesen nichtigen Dingen bekehren sollt zu dem lebendigen Gott ...« (14,15-16). Das antiheidnische Zeugnis zerstört hier radikal das antike Prinzip der *Metamorphosen,* der Verwandlungen, der fließenden Gestaltgrenzen zwischen Göttern und Menschen, damit das Prinzip der »offenen« Wirklichkeit – und bringt das *biblische Grundprinzip des Scheidens und Unterscheidens der Wirklichkeiten* zur Wirkung, das wir als geschichtliches Erwählen ebenso kennen wie als das des schöpferischen Tuns Gottes überhaupt, der von Urfrühe her »scheidet« das Licht von der Finsternis, den Himmel und die Erde, den Tag von der Nacht usw. (Gen 1); und so eben auch Sich von den Menschen, die Menschen von Sich. »Gott ist im Himmel, du bist auf Erden« (Pred 5,1). »Ich bin Gott und nicht ein Mensch« (Hos 11,9). »Gott ist nicht ein Mensch« (Num 23,19). – Und noch einmal ist dem lukanischen Paulus so etwas widerfahren, nach dem Schiffbruch auf Malta. Ihm und seinen Schicksalsgefährten begegneten da die »Barbaren«, wie Lukas sie hier nennt, also die Nicht-Griechen, mit ungewöhnlicher Menschenfreundschaft – ein, wie wir schon sahen, *tatsächlich* charakteristischer Zug am Heidentum. Zum Aufwärmen und Trocknen der Kleider der Schiffbrüchigen zündeten sie am Strand gleich ein Feuer an, und als Paulus Reiser nachlegen wollte, fuhr infolge der Hitze eine Natter heraus und biß sich an seiner Hand fest. Für die »Barbaren« war das ein untrügliches Zeichen dafür, daß eine Göttin der Rache den eben erst

118. E. Haenchen, a.a.O. 367.

aus dem Meere Geretteten nicht am Leben lassen wollte. Aber Paulus gelang es, sich von dem Tier zu befreien, schleuderte es ins Feuer zurück und blieb unverwundet; nicht einmal eine Schwellung ließ sich an der Bißstelle entdecken. Das brachte die Malteser zu einem theologischen Meinungsumschwung, nicht ein Opfer der Rachegöttin sei Paulus, im Gegenteil: selbst ein Gott: αὐτὸν εἶναι θεόν (28,1-6). Dies bleibt hier ohne ein antiheidnisches Zeugnis, christlich unkommentiert stehen, dessen bedarf es nicht mehr; aber als Hinweis darauf, was Lukas als gojisch ansah, hat auch diese story ihren Wert: In alltäglichen Geschehnissen zeigen sich die Götter, einmal diese, einmal jener. Und wir lernen, daß θεός hier in ursprünglichstem griechischen Sinne dieses Wortes nicht als ein Subjekt-, sondern als ein Prädikatsbegriff gebraucht wird: θεός ist ursprünglich kein Jemand, sondern Geschehen, Ereignis[119]. Wenn die Malteser Paulus θεός nennen, wollen sie ihn nicht zu einem personifizierten Gott machen, sondern an ihm erscheint θεός, θεός ist der unglaubliche Vorfall, daß Paulus am Schlangenbiß, entgegen aller sicheren Voraussicht, nicht zu Tode gekommen, sondern am Leben geblieben ist.

In allen diesen Erzählungen zeigt Lukas sich durchaus *mit einem Ausschnitt einer Phänomenkunde des Heidnischen seiner Zeit vertraut.* Natürlich sind das alles Idealtypen, und es wäre müßig, hier historisch genau diese oder jene bestimmte Religion benannt finden zu wollen. Alles ist verallgemeinert, alles hat polemisches Profil, womöglich würde sich kaum ein Betroffener hier wiedererkennen können. Und doch begegnen wir hier vielleicht mehr als nur einem antiheidnischen Vorurteil des Christen Lukas (womit wir auch in der Bibel leider überall rechnen müssen – wie in alten Zeiten überall und auf allen Seiten, und nicht nur in alten Zeiten).

Lukas zeigt uns ja verschiedene *Phänomene des Heidnischen.* In den *Apotheosen* Antworten auf Wunderbares, – politischen Stil und Ideologie, – den antiken usus des θεῖος ἀνήρ, des ganz durchschnittlichen Super- oder Wundermannes. Da öffnen sie Grenzen von unten nach oben, vom Menschlichen zum Göttlichen hin, und lassen einen Menschen aufsteigen in die Sphäre der Verehrung, heben ihn »nach oben«, über sich hinaus, lassen ihn transzendieren ins Höhere. Sie tun das nicht willkürlich, es sind das nicht devote Setzungen, ein Mensch wird nicht zum Gott »gemacht«. Sie *nennen* ihn einen Gott, sie *verhalten* sich zu ihm wie zu einem Gott: quasi Deo. Sie tun dies nicht ohne einen Anlaß. Vielmehr ist ihnen von einem solchen Menschen her etwas widerfahren, – an ihm ist etwas aufgeleuchtet, für das sie als zutreffende Benennung nur das Wörtlein θεός kennen, für das sie als Vergleich nur das wissen, was ihnen etwa unter den Namen des Zeus oder des Hermes oder einer Göttin der Rache schon einmal

119. K. Kerényi, a.a.O. 14f.

aufgegangen war und mit dem sie eventuell andere irgendwie vergleichbare Widerfahrnisse identifizieren können. Die Götter sind wie Sprache für *sonst* Unbegreifliches, Unaussprechliches. In der Theologie der orthodoxen Ikonen-Verehrung hat sich der Struktur nach etwas vom Widerfahrnis-Charakter des Gottheitlichen durch das gegenständliche Bild hindurch im Christentum seit der Antike erhalten.

Neben der Apotheose sieht Lukas die *Metamorphose* als ein anderes Phänomen des Heidnischen: Götter steigen herab und erscheinen in Menschengestalt, – machen und haben da menschliche Geschichte. Da öffnen sie Grenzen von oben nach unten, vom Göttlichen zum Menschlichen hin, und lassen einen Gott herunterkommen in die Sphäre des menschlich Alltäglichen, holen ihn herab, »nach unten«, lassen ihn transzendieren hinab in die Tiefe. Auch das tun sie nicht willkürlich, auch das sind nicht »Setzungen« einer mythologischen Phantasie, ein Gott wird nicht zu einem Menschen »gemacht«. Sie *entdecken* vielmehr in einem Menschen Göttliches, ja selbst einen Gott. An einem Menschen *erscheint* ein Gott. Und blind *ahnen* sie an einem Menschen Gegenwart eines Gottes, sehend *feiern* sie sie, – blind wiederum *übersehen* sie sie, sehend wiederum *erliegen* sie ihr. Und noch mehr zeigt die Metamorphose: »Wandlungen Gottes«, Verwandlungen der Götter nicht nur in Menschengestalt, sondern auch untereinander, darin sich auswirkend, daß sie eines Geschlechts und doch in vielen verschiedenen Zuwendungsweisen unter den Menschen sind. Menschen, die die Götter in ihren Metamorphosen denken, sind auf Abenteuer des Göttlichen eingestellt – wollen wir Ovid folgen: Liebesabenteuer, und niemand in liebesunfähiger Zeit sollte darüber die Nase rümpfen –, sind götter-*empfänglich;* und wir können den Anblick der Stadt Athen – »ganz voll Götzenbilder« (17,16) – und die sprichwörtliche Neugier so vieler Athener bene volente auch als eine *fundamentale Offenheit, Geöffnetheit fürs Göttliche* ansehen, sollten also auch hier nicht so leicht unsere Nasen rümpfen; *dem Verständnis des Heidnischen sind wir christlichen Theologen mindestens so viel schuldig geblieben wie dem des Jüdischen,* und Lukas hat das sicher nicht gewollt.

Doch wie verstehend oder unverständig auch immer Lukas von den Gojim und ihren Göttern spricht – gerade, wenn es verständig wäre, muß sein Evangelium das Zeugnis des lebendigen Gottes kraß antiheidnisch und anknüpfungslos dagegenstellen. Der grenzenlosen Offenheit und Wandlungsfähigkeit von Göttern und Menschen gegeneinander widerspricht der in seinem Wählen lebendige Gott; denn *Wählen heißt: Grenzen ziehen, scheiden, unterscheiden;* für die Bibel ist *das* Inbegriff des Lebendigen, sie entwickelt eine bis ins Schmecken und Fühlen hinein wirkende *Aversion gegen alles Vermischen und Vermischte.* Statt in Metamorphosen denkt sie in Beziehungen, Bünden, Verträgen und Recht. Statt in Apotheosen daran, daß Gott die Menschen wenig niedriger als Gott geschaffen hat (Ps 8,6) – nur wenig, aber doch niedriger, in unaufhebbarem Abstand voneinander. Und ganz unvermittelbar ist der Ruf an alle Völker der Menschheit, sich an den Gott nur eines Volkes unter den Völkern zu hängen und die Gottesbeziehung zugleich als eine Grundbeziehung zu einem fremden Volk zu leben.

Das ist eine Provokation. Und Lukas erzählt deutlich und ausführlich, welchen Rumor das Evangelium in vielen Städten ausgelöst hat: Es ist, wo es erklingt, die Aufkündigung jener »bürgerlichen Zufriedenheit«, die wohl zum Prinzip des orientalischen Heidentums gehört, die sich in der Götter-Harmonie des Pantheon widerspiegelt. Wir nannten sie die Zufriedenheit und Harmonie der antiken orientalischen Tauschgesellschaft und waren dabei in gewissem Sinne schon von der Sicht der lukanischen Apostelgeschichte mitbeeinflußt. Es fällt nämlich sehr auf, wie stark Lukas den *ökonomischen Nerv* des Gesellschaftslebens, daneben auch den politischen, von der Verkündigung der Apostel getroffen sieht. Gold und Silber sind bei den »religiösen« Auseinandersetzungen nach seiner Sicht auffallend oft im Spiel.

Petrus wurde an der Schönen Pforte des Jerusalemer Tempels von einem lahmen Menschen um ein Almosen gebeten, mußte aber darauf antworten: »Silber und Gold besitze ich nicht; was ich aber habe, das gebe ich dir: Im Namen Jesu Christi, des Nazoräers – geh umher«: und der ging geheilt umher (3,6). Petrus selbst handelt hier unbefangen nach dem Tauschprinzip: statt Geld – Wunderheilung. – Eine gemeinsame Kasse der Jerusalemer Gemeinde, aus dem Erlös privater Boden- und Grundstücksverkäufe gebildet (4,32 – 5,11), bildet sicher eine Position im Bewußtsein der frühen Christen vom gesamtgesellschaftlichen Tauschwertgesetz ihrer Zeit, dem auch *ihr* Handeln, auch *ihr* Denken und *ihre* Sprache unterliegt. – Es hatte etwas Selbstverständliches, wenn in Samaria Simon, der Zauberer, die Geistwirksamkeit der Apostel Petrus und Johannes als Konkurrenz zu seinen Zaubereien auffaßte und versuchte, ihnen diese Gabe Gottes mit Geld abzukaufen. Petrus lehnte das natürlich ab und gab sein antiheidnisches Zeugnis: »Dein Geld fahre mit dir ins Verderben, weil du gemeint hast, die Gabe Gottes durch Geld erkaufen zu können« (8,20); *Gott soll hier aus der Geltung des allgemeinen Tauschwertprinzips herausgebrochen werden* – in der Tat *ein Angriff auf ein gesellschaftliches Gesamtprinzip,* in dem ja die Tempel der Götter, als Orte von Asyl und Tabu, die Funktion ältester sicherer Bank-Depots hatten, wo auch das Opferwesen den Verkauf frischer Schlachttiere an Ort und Stelle verlangte; die Erzählungen von Jesu sog. Tempelreinigung zeigen, wie wichtig für die Christen ein *Bruch des Einheitsprinzips von Geld und Gott* und das Entweder-Oder zwischen Gott und Mammon war – ein antiheidnischer Affront, auch wenn es – wie bei Jesus – im Tempel von *Jerusalem* geschah; Jesus hat bei dieser Gelegenheit Jes 56,7 gesprochen: »Mein Haus soll ein Bethaus heißen für alle Völker« (Mk 11,17) und hat damit das gojische Tauschprinzip durch ein biblisches Völkerprinzip verdrängt. – In Philippi geschah folgendes: Am Gebetsort der Christen fand sich auch ein Mädchen ein, das einen πνεῦμα πύθωνα hatte, einen Wahrsagegeist, der aus ihr in Bauchrede heraussprechen konnte. Sie übte das als Beruf aus, war darin Angestellte gleich mehrerer Unternehmer, denen sie auf diese Weise »großen Gewinn« verschaffte. Sie schrie dem Paulus und seinen Begleitern beständig marktschreierisch hinterher: »Diese Menschen sind Diener des höchsten Gottes, die euch den Weg des Heils verkündigen« (16,17). Doch obgleich dies ja die Wahrheit war, trieb Paulus ihr diesen Geist aus; er wollte seine Mission nicht von falschem Geist bewahrheiten lassen. Mit der Folge einer schweren Schädigung des örtlichen religiösen Unternehmertums: »Als aber ihre Herren sahen, daß die Hoffnung auf ihren Gewinn geschwunden war, ergriffen sie Paulus und Silas, schleppten sie auf den Markt vor die Oberen«, führten sie zu den duumviri, die in römischen Kolonialstädten die Gerichtsbarkeit ausübten[120], und verklagten sie wegen Aufruhrs; die Störung der *ökonomischen* Möglichkeiten werden als *politische* Fälle behandelt. Mit antijüdischem Unterton lautete die Anklage: »Diese Leute, die Juden sind, bringen unsere Stadt in Erregung. Sie verkündigen Gebräuche, die anzunehmen oder auszuüben uns nicht erlaubt sind, da wir Römer sind« (16,20-21). Öffentliches religiöses Unternehmertum gehört integral zum bürgerlichen Frieden der antiken Stadt, zu ihrer selbstverständlichen »theopolitischen« Einheit. Störung des öffentlichen Friedens kann darum sofort ein Fall auch für die römischen Oberbehörden sein. Diese handeln und verurteilen die Unruhestifter zu öffentlicher Auspeitschung durch die Liktoren, zu Gefängnisstrafe und Einschluß ihrer Füße in den Block (16,22-24). – Selbst in Athen muß Paulus die Differenz von Gott und Mammon verkündigen: »Wir dürfen nicht meinen, die Gottheit, das θεῖον, sei gleich Gold oder Silber oder Stein, ein Gebilde menschlicher Kunst und Überlegung« (17,29) – das bezieht sich dort natürlich nicht auf reine Geldwerte, sondern auf religiöse Kunstwerte der vielen Götter-Statuen in Athen; aber in den religiösen *Kunstwerten* sind – wie ja auch beim Goldenen Kalb, der Manifestation von Heidnischem mitten in Gottes eigenem Volk – reine *Geldwerte* investiert, gleichsam in einer *Metamorphose von Geld in Gott, Ökonomie in Religion,* was ja beide im Prinzip der Tauschgesellshaft und ihrer Kommunikations- und Denkweisen zusammenschweißt. Antiheidnisch ist das Nein zu dieser Synthesis, genauer: zu jenem Prinzip der *in jeder Beziehung* offenen und fließenden, durchlässigen Grenzen. – Einen Höhepunkt bildet in dieser Beziehung der Aufstand in Ephesus, den der für den Tempel der Artemis arbeitende Silberschmied Demetrius gegen Paulus erregt. Anklage: *Berufsschädigung.* Vom Silberkunst-

120. E. Haenchen, a.a.O. 435.

handwerk für den Tempel lebt die Zunft der Silberschmiede nicht nur, sie verdanken diesem Gewerbe ihren Wohlstand. Und nun bringt die Apostel-Predigt dies Geschäft in Verruf, indem sie das Heiligtum der großen Göttin Artemis für nichts achtet, ja sogar droht, daß in Zukunft ihrer Majestät Abbruch getan wird – eine Beleidigung und Gefahr nicht nur für die Stadt Ephesus, sondern für die ganze Asia, ja die Ökumene. Es kommt zu einem Massenauflauf im Theater, zu zweistündigen Sprechchor-Ekstasen: »Groß ist die Diana der Epheser«. Paulus setzt auf Diskussion und will sich unter die Massen mengen; aber Sprecher der örtlichen Christengemeinde halten ihn davon ab, erklären es für lebensbedrohend, wenn er das tut. Ein von den Juden der Stadt vorgeschickter Alexander, der auch hier zu hörende antijüdische Untertöne der Volkserregung zurückweisen soll, scheitert. Schließlich gelingt es mit Mühe dem Stadtschreiber, die Massen zu beruhigen. Er bestätigt der Stadt Ephesus ihren Ruhm als Tempelpflegerin der großen Artemis und ihres vom Himmel gefallenen großen Bildes; nimmt Paulus in Schutz gegen den Vorwurf, ein Tempelräuber und Göttinnen-Lästerer zu sein, und fordert die Kunsthandwerkerzunft auf, ihre Geschäftsschädigung in Zivilklage vor Gericht verhandeln zu lassen. Im übrigen weist er die Massen auf möglichen Eingriff der römischen Besatzungsmacht gegen diese nicht-genehmigte Massenversammlung hin; so gelingt es diesem moderaten Mann, die Versammlung aufzulösen, indem er – staatsklug – jedem Recht gibt (Apg 19,23-40). Allerdings hat dieser Tumult dem Apostel den Boden unter den Füßen so heiß gemacht, daß er alsbald die Stadt nach Grichenland hinüber verließ (Apg 20,1f).

Unruheherd Kirche!

Lassen wir die ungeschminkte Erwartung von Bestechungsgeldern, die der Statthalter Felix an Paulus richtete, beiseite (24,26), das ist gesellschaftlich üblich, Ausdruck der Usancen einer Tauschgesellschaft, hat aber keinen engeren religiösen Beigeschmack. Wohl aber interessiert in diesem Zusammenhang noch das Lebenszeugnis des Paulus, daß er »Silber und Gold oder Kleidung« für seine Arbeit »von niemandem begehrt« habe in den von ihm besuchten Gemeinden; »ihr wißt, daß für meine Bedürfnisse und für meine Begleiter diese (eigenen) Hände gesorgt haben. In allen Stücken habe ich euch gezeigt, daß man so arbeiten und sich (dadurch auch) der Schwachen annehmen kann« (20,33-35). Das ist eine *praktische* Demonstration gegen die Herrschaft des Tauschwertgesetzes wenigstens in den kleinen Gruppen der christlichen Gemeinden. Und in diesem Sinn und Zusammenhang überliefert der lukanische Paulus uns ein sonst nicht bekanntes Wort Jesu: »Geben ist seliger als Nehmen« (20,35); das bezieht sich auf unser Verhalten den »Schwachen« gegenüber; beute sie nicht aus, gib ihnen lieber, das allein ist verheißungsvoll. Aber damit zugleich wird ja von der dunklen Kehrseite der Tauschgesellschaft gesprochen und der Blick auf die gelenkt, die nichts zu tauschen haben – als sich selbst: in Sklavenabhängigkeit hinein.

Dies jedoch ist, so unscheinbar es wirken mag, ein *Generalangriff auf die bestehende Gesellschaft,* die freies Tauschsystem nur über dem Untergrund des Sklavensystems sein kann, über dem – als dem ökonomischen Untergrund – es sich erhebt. Dies aber: »Beutet nicht aus, sondern gebt« macht die Kirche zum Unruheherd unter den Gojim schlechthin. *Das Nein zu den Göttern bedroht den gesellschaftlichen Gesamtbestand in seinen ökonomischen wie in seinen politischen Dimensionen.* Die Wegbereitung der Predigt des Reiches Gottes erzeugt Wehen einer neuen Zeit und Ordnung aller Dinge.

c. *In Krisen geführte Christen*

Und dies wieder erzeugt nur zu gut verständliche *Gegenreaktionen von Juden und Gojim* gegen das, was mit den Zeugen Jesu da heraufkommt.

Immer wieder hat der Paulus der Briefe Berichte von seinem apostolischen Wirken mit regelrechten Listen seiner dabei erlittenen *Leiden* verbunden. »Bis zur jetzigen Stunde leiden wir Hunger und Durst und Blöße und werden geschlagen und haben keine bleibende Stätte und mühen uns ab in der Arbeit mit unseren eigenen Händen ... wie Kehricht der Welt sind wir geworden, ein Abschaum aller bis jetzt« (1 Kor 4,11-13). Diener Christi ist er und erfährt sich »mehr in Mühsalen, mehr in Gefangenschaften, weitaus mehr in Schlägen, oftmals in Todesgefahr; fünfmal habe ich von Juden vierzig (Geißelhiebe) weniger einen erhalten, dreimal bin ich mit Ruten geschlagen, einmal gesteinigt worden, dreimal habe ich Schiffbruch erlitten, einen Tag und eine Nacht habe ich auf dem tiefen Meer (treibend) zugebracht; oftmals auf Reisen, in Gefahren durch Flüsse, in Gefahren durch Räuber, in Gefahren vom (eigenen) Volk, in Gefahren von Heiden, in Gefahren in der Stadt, in Gefahren in der Einöde, in Gefahren auf dem Meer, in Gefahren unter falschen Brüdern, in Mühsal und Beschwerde, oftmals in durchwachten Nächten, in Hunger und Durst, oftmals in Fasten, in Kälte und Blöße ...« (2 Kor 11,23-27). Selbst wenn Paulus hier in geprägter Form sog. Peristasenkataloge spricht – die Form paßt auf ihn und ist ja um unverwechselbar eigene Erfahrungen auch ergänzt.

Wir erinnern uns aus der Zukunftsrede Jesu (Mk 13), daß dort weltliche Katastrophenerfahrungen von den christlichen Zeugen im Weltgeschehen immer als Gelegenheit zu öffentlichem Zeugnis ergriffen und durchgestanden wurden. Genauso hat Paulus seine *Leiden als Zeugnisse für die Leiden Jesu* gedeutet: und insofern konnte er auch sie zum Inhalt seiner Verkündigung machen. »Immerfort werden wir bei Leibes Leben dem Tode überliefert um Jesu willen, damit auch das Leben Jesu offenbar werde an unserem sterblichen Fleisch« (2

Kor 4,11). Die »Leiden Christi« sind es, die in diesem gequälten Apostelleben »überaus reichlich über uns kommen« (2 Kor 1,5), in den Wunden seines Leibes tragen er und seine Freunde »allezeit das Sterben Jesu … herum« (2 Kor 4,10). Dies aber zeigt sich in der subversiven positiven Wirkung, die er seinen Leiden zuspricht – in einem Ausdruck tiefster Paradoxie. Bekämpft als Irrlehrer, bewährt er sich doch in Wahrhaftigkeit, – in seiner Unbekanntheit wird er doch erkannt (und der, der in ihm wirksam ist), – als Sterbenden sehen ihn die Leute, und siehe: wir leben, – gezüchtigt so oft und doch nicht getötet, – »als Betrübte, aber allezeit fröhlich, als Arme, die aber viele reich machen, als solche, die nichts haben und doch alles besitzen« (2 Kor 6,8-10) – *Wirkung e contrario.* »Werden wir geschmäht, so segnen wir; werden wir verfolgt, so dulden wir es; werden wir gelästert, so begütigen wir« (1 Kor 4,12-13). *In* den Leiden des Apostels bahnt sich das neue Leben seinen Weg in die Welt.

Ohne diese Paradoxie des neuen Lebens immer ähnlich deutlich zeigen zu können, ist doch auch der lukanische Paulus ein Nachstellungen von Juden und Gojim schwer und immer wieder ausgesetzter Mann. Wo er hinkommt, fängt es zu brodeln an. In Ikonium. Er predigt freimütig. »Aber die Menge in der Stadt spaltete sich: ἐσχίσθη δὲ τὸ πλῆθος τῆς πόλεως, die einen waren mit den Juden, die anderen mit den Aposteln. Als sich jedoch ein Ansturm der Heiden und Juden samt ihren Oberen erhob, um sie zu mißhandeln und zu steinigen, flohen sie« (Apg 14,4-6). – Nicht viel anders in Lystra, als die Zeuspriester ihm, als wäre er Hermes, opfern wollten. »Aus Antiochia und Ikonium kamen da Juden herbei; die überredeten die Volksmenge, steinigten den Paulus und schleiften ihn vor die Stadt hinaus in der Meinung, er sei tot« (14,19). – In Philippi, hatten wir gehört, war es ähnlich zugegangen: 16,19ff. – Wieder ähnlich in Beröa: 17,13ff, – von Ephesus, wie wir hörten, zu schweigen. – Vor der Fahrt von Griechenland nach Syrien: ein Anschlag gegen ihn (20,3). – Und dann natürlich seine Gefangenahme in Jerusalem: 21,33ff. Von da an existiert Paulus überhaupt nur noch als Gefangener, als Gefangenen in Rom verläßt ihn die Erzählung der Apostelgeschichte.

Doch lag Lukas daran, dies nicht als ein Einzelgeschick des einen Apostels Paulus sehen zu lehren, sondern als *typische* Erfahrung auch der anderen. Ziemlich früh geraten schon Petrus und Johannes in Jerusalem in Gefangenschaft, veranlaßt von Priestern, Tempelpolizei und Sadduzäern, und werden vor Gericht gestellt (4,1-22). – Einmal werden sie – gewaltlos, wie ausdrücklich vermerkt wird – vor dem Hohen Rat zur Verantwortung gezogen (5,26ff). – Auch sie erfahren dies – trotz der Prügelstrafe – als eine ihnen geschenkte Gelegenheit zum Zeugnis für Jesus und gingen »freudig vom Hohen Rat fort, weil sie gewürdigt worden waren, für den Namen (Jesu) Schmach zu leiden« (5,41). – Dann Stephanus: Unter Anklage wegen »lästerlicher Reden wider Mose und Gott«, mit denen er das Volk aufreizt, wird er zum ersten Blutzeugen der Christen (6,8 – 7,60). – 12,1f: Jakobus, der Bruder des Johannes, wird auf Befehl des Herodes umgebracht. – 12,4-6: Petrus gefangen, »mit zwei Ketten gefesselt, zwischen zwei Soldaten, und Wächter vor der Tür bewachten das Gefängnis« – ein Hochsicherheitstrakt. – Und mehr noch: Als Herodes den Jakobus zu fassen bekam, geschah das im Rahmen gegen *einige* von denen, die zur Gemeinde gehörten (12,1). – Und so in Saloniki. Da werden »Jason und einige Brüder« für einen Auflauf in der Stadt, ja geradezu für einen Aufruhr auf dem ganzen Erdkreis verantwortlich gemacht und als Straftäter gegen Verordnungen des Kaisers, also als politische Straftäter, verhört; nur mithilfe von Bürgschaften kommen sie frei (17,5-9). Hier formiert sich schon öffentlicher Widerstand gegen Gemeinden und ihre Vertreter – noch lange keine »Christenverfolgung« späteren Ausmaßes; aber es gibt schon Märtyrer. *Christus-Zeugnis bewirkt Krisis im Leben der Christen.* Not wird zu einer Seinsweise.

Und hier nun schlüsselt sich uns in einzelnen Anschauungen auf, wie das Jesus-Zeugnis der Christen zu einem Unruhefaktor in den Gesellschaften geworden ist, wie Wegbereitung für den Namen Jesu und damit das Kommen des Reiches Wehen der Endzeit, Schmerzen des neuen Lebens geradezu bewirkt. Für Lukas waren die Verfolgungen von Christen weder unverständliche noch gar unvoraussehbare Reaktionen einer aggressiven jüdischen oder gojischen Öffentlichkeit gegen das Evangelium oder christliche Unschuldslämmer. Er hat seine Erzählungen so gefügt, daß solche Reaktionen immer als solche erkennbar werden konnten; Berichte, ja Wiedergaben christlicher Zeugnisreden gehen den Skandalgeschichten immer voran, die daraus folgen. Es ist, als wollte Lukas zeigen: So geht es in Ordnung. Die Kirchen sind fast zwangsläufig und *von innen heraus* gesellschaftliche, ökonomische, politische Unruheherde. Sie sind es entweder in der Notwendigkeit ihres antiheidnischen Zeugnisses oder in der Logik der Herausforderung, die ihre nackte Existenz für die Juden und Nichtjuden einer Stadt oder einer Landschaft bedeuten muß. Diese Art »Christenverfolgung« hat ihren durchaus einsehbaren Grund in ihren Opfern, jedenfalls nicht in den Tätern allein. Lukas hat ein Lieblingswort für das objektiv Provozierende der christlichen Predigt gehabt: παρρησία; diese Leute haben alle »freimütig« in der Öffentlichkeit geredet, offen, nicht verschleiernd, nicht assimiliert, nicht hinter verdeckten Karten. Es läßt sich auch sagen: Sie haben sich immer öffentlich bloßgestellt und handelten darin nicht naiv. Für sie war das Herausfordernde ihrer Sprache gleichbedeutend mit der Sache, aus der und für die sie lebten. *Ein Wort wie unser »Ausgewogenheit« hätten sie gar nicht verstanden,* und ja nicht nur der Brausekopf Paulus, auch die anderen nicht. Und »Vorsicht«, »Zurückhaltung« oder so etwas Schlaues hätten sie nicht über sich gebracht. Lukas schildert sie uns alle wie rechte Luther-Köpfe.

Den hatte *Erasmus von Rotterdam,* im Streit um einen freien oder unfreien Willen, zu pädagogischer und politischer Klugheit gemahnt; den Leuten einen freien Willen bestreiten wirkt pädagogisch und gesellschaftlich katastrophal, kann sie leicht faul, leicht dumm machen, denn es nimmt ihnen jedes Motiv, sich anzustrengen. *Luther* hält steif dagegen: Es gibt ein paar Dinge – und dazu zählt das Gotteslob der Lehre vom unfreien Willen –, die wollen sogar durch Sterben bekannt und verteidigt werden, »selbst wenn die ganze Welt nicht allein im Kampf liegen und in Verwirrung geraten, sondern auch in ein einziges Chaos stürzen und gänzlich zu Trümmern gehen sollte.« Lieber zeitliches als ewiges Getümmel – Luther sagt: Tumult, und erinnert an die Apostelgeschichte: »Sieh – in der Apostelgeschichte – was in der Welt geschieht wegen des Wortes des einen Paulus, um von den anderen Aposteln zu schweigen, wie jener Eine die Heiden und Juden erregt oder, wie ebenda die Feinde selbst sagen, die ganze Welt in Verwirrung bringt«: totum orbem conturbat ... Die Welt und ihr Gott kann nicht und will nicht das Wort des wahren Gottes ertragen. Der wahre Gott will nicht und kann nicht schweigen. Was kann, wenn diese beiden Götter miteinander im Streit liegen, denn anders geschehen als Getümmel in der ganzen Welt – nisi tumultus fieret in toto mundo? *Dieses Getümmel* also *beseitigen wollen,* ist nichts anderes, als *das Wort Gottes aus dem Wege räumen und nicht zulassen wollen.* Sermo enim Dei venit mutaturus et innovaturus orbem, quoties venit: Denn das Wort Gottes kommt, so oft es kommt, *um die ganze Welt zu wandeln und zu erneuern.* Aber doch auch die heidnischen Schriftsteller bezeugen, daß Umwälzungen der Dinge, mutationes rerum, nicht ohne Erschütterung, sine motu und Getümmel, et tumultu, imo sine sanguine fieri non posse, ja sogar nicht ohne Blutvergießen eintreten können. Und auch Luther beruft sich dafür auf die Zukunftsrede Jesu (Mk 13). Es ist nunmehr Sache der Christen, dieses mit unerschrockenem Herzen zu erwarten und zu ertragen, expectare et ferre, wie Christus sagt: »Wenn ihr werdet hören Kriege und Geschrei von Kriegen; sehet zu und erschrecket nicht. Das muß zum ersten alles geschehen; aber es ist noch nicht das Ende da.« Und jetzt – der rasende Luther: »Und ich, sähe ich nicht dieses Getümmel, würde sagen, daß das Wort Gottes nicht in der Welt ist«[121]. *Wort Gottes ohne gesellschaftliche, ökonomische, politische Unruhe ist keins;* basta.

Können wir denn sagen: Das sei zeitgeschichtlich bedingt: Über die 1500 Jahre zwischen Lukas und Luther hin, und die bloß 500 Jahre zwischen Luther und uns? Man müßte von der Eschatologie des Wortes Gottes nichts verstehen, wenn man einen politischen Unruheherd Kirche um des lieben Friedens willen ablehnen wollte. Es war Luther, der sagte: Das geht nicht.

121. M. Luther, De servo arbitrio (1525), WA 18, 625-626; M. Luther, Ausgewählte Werke, hg. v. H. H. Borcherdt u. G. Merz (Münchner Ausg.), 3. Aufl., Erg.reihe 1. Bd., 1954, Daß der freie Wille nichts sei, S. 33ff.

Wegbereitung und Wehen IV: Das Reich für Israel

Den Leitern der römischen Synagogengemeinde hatte der lukanische Paulus gesagt: »Wegen der Hoffnung Israels trage ich diese Ketten« (Apg 28,20). Damit hat Lukas am Ende seiner Erzählungen von den maassä ha-schelichim, den Handlungen der Apostel Jesu, das Motiv aufgenommen, mit dem er am Anfang, im Bericht von den vierzig Ostertagen in Jerusalem, seine Jünger den auferweckten Jesus hatte fragen lassen: »Herr, stellst du in dieser Zeit das Reich für Israel wieder her?« (1,6).

Wir hatten diese Frage in ihrem Umfang und ihrer Bedeutung oben analysiert. Nun wenden wir uns ihr noch einmal zu. Wir können und wollen nicht behaupten, daß sie ein offenes oder auch nur heimliches Leitmotiv der lukanischen Apostelgeschichte sei. Wir wollten nur überhaupt darauf aufmerksam machen, daß sie bei Lukas da ist und daß er als »politische« Tendenz keineswegs nur, wie es in der heutigen Sicht des Lukas u.E. zu einseitig betont wird, ein Interesse hat, die Römer von Vorwürfen zu entlasten: im dritten Evangelium von ihrer starken Mitschuld am Tode Jesu, – in der Apostelgeschichte von Nachstellungen gegen die christliche Gemeinde. Wir können heute als ein mindestens so wichtiges, auch »politisch« wirksames Motiv das Interesse erkennen, die *christliche Völkermission in immer neuen Details auf Jerusalem und die Geschichte des jüdischen Volkes zu beziehen,* die bei Lukas auch nach Tod und Auferweckung Jesu lebhaft und bedeutungsvoll weitergeht, nicht an Jesus »gescheitert« gesehen wird, sogar deutlicher und bewußter als in jeder anderen Schrift in der Sammlung der Jesus-Schriften wahrgenommen wird: Gamliel I. – Theudas – Judas, der Galiläer; *die jüdische Geschichte aus der Zeit des Zweiten Tempels, und auch ihr Fortgang danach, wird der Erzählung von der Mission und Ausbreitung des Christentums real-präsent gehalten,* und dies z. T. auch sine ira et studio, also nicht *nur* in polemischer Verzerrung. Einer theologischen Ideologie von einem »Ende Israels« leistet Lukas nicht nur keinen Vorschub – er widerspricht ihr geradezu. Dabei zeichnet er die jüdisch-gojischen und jüdisch-christlichen Beziehungen keineswegs nur in den Koordinaten einer sog. »heilsgeschichtlichen« Beziehung: die Christen als historische und verheißungstheologische Abkömmlinge des vor-jesuanischen, biblischen Israel, das sich nun in ihnen »erfüllte«, und die christliche Völkermission nur als verwirklichte alttestamentliche Prophetie. Die »geschichtliche« Anlage des lukanischen Denkens ist viel *welt*geschichtlicher orientiert, damit geistig und theologisch auch viel offener, weder auf »Ende der Geschichte« noch auf »Mitte der Zeit« ausgerichtet. Wir versuchten zu zeigen: Apokalyptische Momente, die auch bei Lukas nicht übersehen werden sollten, hindern solche theologische Ideologie. Lukas sieht vielmehr die Verkündigung Jesu und des Reichs im rein weltgeschichtlichen, ungelösten Spannungsverhältnis zwischen

Israel und den Völkern geschehen. Nach beiden Seiten bewirkt sie Krisen, und ihre Botschafter kommen selbst nur mit schweren Blessuren, verwundet, durch diese Geschichte: als Gefangene in diesem Zwiespalt oft genug fast erdrückt. Das trägt mehr Zeichen des »schlechten« Wirklichen als eines »höheren« Geistigen.

Freilich schließt das theologische Bedeutung nicht aus. Das Verhältnis zwischen Israel und den Völkern ist nach dem Zeugnis der Bibel (von ihrer ersten Seite in der Schöpfungserzählung an) in sich ein zugleich »historisches« und theologisches: als eine von dem Wählen des Gottes Israels gezeichnete, bewegte und mit Zukunft ausgestattete ewige Beziehung. Sie ist – theologisch gesehen – das oft heimliche und nicht selten offene Triebrad überhaupt alles weltgeschichtlichen Geschehens und hat ihr *Ziel im Frieden zwischen Israel und den Völkern,* biblisch gesehen: der Ur-Zelle jeder anderen Gestalt der Menschheits-Utopie eines »ewigen Friedens«. Lukas zeigt, daß und wie die Verkündigung von Jesus und dem Reich in den Kontext dieser so gesehenen weltgeschichtlichen Wirklichkeit gehört und was sie dort bewirkt und bedeutet.

Daß dabei das »zionistische« Motiv – wie wir zeigten: an theologisch prominenter Stelle, Tod und Auferweckung Jesu wenn nicht verklammernd, dann doch begleitend – explizit auftaucht, zeigt, wie *real*-geschichtlich Lukas denkt. Er läßt es weder in einem allgemeinen Messianismus noch in einer engeren Christologie verschwinden. Vielmehr sieht er seinen Paulus direkt, seine anderen Apostel indirekt, für die »Hoffnung Israels« stehen, zu der auch die Frage nach der Wiederherstellung des »Reichs für Israel« gehört. Immer wieder hören wir, wie der lukanische Paulus seine Loyalität zum jüdischen Volk, seinem Gesetz, seinem Gottesdienst gegen Bestreitungen verteidigt, und dies nicht nur mit Worten – auch mit Taten, wie dem eigenen Nasiräats-Gelübde und der Beschneidung des Sohnes einer jüdischen Mutter; selbst, wenn sich dies nur als ein lukanischer Idealtypus behaupten ließe, besäße er als solcher für uns um so größeres theologisches Gewicht. Denn stärker als in Röm 9,1-5 kann auch der nicht-lukanische Paulus solche Loyalität nicht bekunden, und Lukas hat uns eventuell nur klarmachen wollen, daß das für Paulus nicht bloß Worte waren, sondern Lebensverbindlichkeit. Er hat sein Volk, sagt der lukanische Paulus in Rom, in nichts anzuklagen (Apg 28,19) – in nichts; wir sollten ihm das endlich einmal abnehmen und, wenn wir in seinen Briefen auf israelkritische Stellen stoßen, versuchen, sie nach Maßgabe dieser Aussage zu lesen und zu deuten; es könnte doch sein, daß Lukas ihn ganz gut und richtig verstanden hätte, womöglich besser als wir anderen bisher.

Wichtig ist, daß mit der Geistausgießung am Jom matan tora in Jerusalem die Völkermission nicht nur von Israel *her*kommt, sondern immer wieder auch auf Gemeinschaft der von den Christen dafür gewonnenen Gojim mit dem jüdischen Volk *hin*zielt.

Dafür das Entscheidende ist natürlich die Umkehrung der Völker zum *Gott* Israels. Diese Wendung ist in einem *Voraussetzung und* der ganze *Gehalt* dessen, was mit der christlichen Verkündigung neu in Gang gesetzt werden soll. Wir hatten gesehen, welche Zumutungen an die Völker damit verbunden sind; es geht ja um eine kulturell, gesellschaftlich, ethisch, die gesamte Daseinsorientierung, die Fundamente eines individuellen und kollektiven Selbstverständnisses umfassende – keineswegs nur religiöse oder theologische – Basisveränderung von Heiden. »Alle und in allem Alles« wird nicht nur »neu beleuchtet«, sondern »real verändert« (K. Barth), – neue Kategorien der Wahrnehmung des Wirklichen, neue Sinnbeziehungen der Existenzen werden geschaffen, angeboten und von denen gelebt, die sich dafür gewinnen lassen, mit Einschluß aller Brüche, Entfremdungen, auch empfindlicher Verluste, die das unvermeidlich für sie mit sich bringt. So sehr solche »Bekehrung« unter die *Verheißungen* dieses Gottes führt – von Weg, Wahrheit, Leben, Treue und Recht –, so wenig kann es Enthusiasmus vermitteln; Harmonie und reines Glück stehen nicht in Aussicht, dafür die Härte und Verläßlichkeit eines »Neuen«, das zwar kaum athenische Neugier befriedigen, aber Menschen das Zutrauen geben kann, einen Weg »nach vorne« zu betreten, ins unabsehbar Offene, das nun einmal Beziehungen zu Diesem Gott sind.

1. Jesus – goel le Jißrael

Mit dieser Umkehr ist das Entscheidende für weiteres getan. Den, in dessen Namen dieser Gott verkündigt und in der Welt »durchgesetzt« werden soll, nennt Paulus in der Synagoge des pisidischen Antiochien den τῷ Ἰσραὴλ σωτῆρα Ἰησοῦν, den für Israel bestimmten und in dieser göttlichen Bestimmung wirkenden »Heiland«, »Retter«, »Befreier« Jesus (13,23); denken wir ihn uns ins Hebräische zurück (womit man Lukas *kein* Unrecht tut), heißt er der goel le Jißrael und wird damit wirksam beschrieben wie Gott, der goel, der »Löser« Israels, von dem besonders oft der zweite Jesaja gesprochen hat (z.B. Jes 41,14; 43,14; 44,6.24 u.ö.): Jesus also – Befreier für Israel, *wirkend zugunsten der Freiheit und des Friedens Israels inmitten der Völker.* Als σωτήρ soll Jesus also nicht »Messias Israels« heißen, in dem bei uns landläufig gebrauchten, leicht mißverständlichen Sinn, daß er der von Israel *kommende* Messias wäre. Das τῷ Ἰσραὴλ bestimmt seine Wirksamkeit als eine, die *Israel zugute* gedacht ist und unternommen wird. Und darin entspricht die Formel sprachlich und sachlich dem, wonach seine Jünger ihn in den Jerusalemer Tagen seines neuen Lebens gefragt hatten: ob er τῷ Ἰσραὴλ, für Israel das Reich wieder herstelle. Die Formel läßt uns nicht hören: das Reich Israels soll wiederhergestellt werden, wir sollen vielmehr hören, Jesus als goel soll *für* Israel das Reich wiederherstellen »Das Reich«

– alles, was von Jesus zu predigen ist, soll zu Israels Apokatastasis, Wiederherstellung, helfen und darin dem Frieden und der Freiheit Israels dienen. Das will Jesus. Das bedeutet Jesus. Das sollen die Boten Jesu in Gang bringen. Und darum als erstes sollen sie im Namen Jesu Gojim für den Gott Israels gewinnen.

Von diesem Zusammenhang zwischen christlicher Völkermission und der Wiederherstellung Israels hat der lukanische Jakobus in Jerusalem gesprochen. Er hatte den Erfahrungsberichten, die Petrus von seinem Missionsfeld mit nach Hause gebracht hatte, entnommen, daß Gott zum ersten Male darauf wirklich erpicht gewesen sei, seinem Namen aus Gojim einen λαός, ein Volk Gottes, zu »nehmen«, zu gewinnen (Apg 15,14). Das ist ekklesiologisch sehr genau bestimmt. Denn in einem jüdischen Horizont hatte das bis dahin nicht gelegen – und liegt es ja bis heute nicht. Ein jüdisches »Konzept« der Völkermission sah ein doppeltes Ziel: *a.* die Völker als interessierte, kenntnisreiche und begeisterte Zuschauer zu gewinnen für die herrliche, zwischen Gott und Israel spielende Bundesgeschichte, – *b.* wer von den Gojim engeren Anschluß ans Judentum suchte, sollte, wenn er nicht rundherum Jude werden wollte, einen fest umrissenen Gäste-Status erhalten, der ihn dem Gott Israels und dem Volk dieses Gottes zuordnete. Aber ein Israel neben- oder beigeordnetes eigenes, zweites Gottesvolk, nur von Gojim gebildet, kannte und kennt Israel nicht. Der lukanische Jakobus weiß das und summiert darum den Erfahrungsbericht des Petrus, daß es de facto zur Bildung eines heidnischen λαός des Gottes Israels gekommen sei, als ein unableitbares, bisher nicht einzuordnendes neues Handeln Gottes, die neue Äußerung eines neuen Willens, einer neuen Entscheidung, einer neuen Wahl des Gottes Israels.

Das weckt natürlich sofort zwei dringende Fragen: Ist dies wirklich als eine Entscheidung des *Gottes Israels* erkennbar und identifizierbar? Und (zweitens): Wie sollen wir das Verhältnis des einen, jüdischen Volkes Gottes zum anderen, jetzt plötzlich auftauchenden λαός begreifen können?

Daß in diesem Geschehen Israel kein neuer Gott untergeschoben wird, ist nur auf einem einzigen Weg zu klären: Läßt es sich *biblisch* bewahrheiten? Darum sucht Jakobus sofort nach einem Schriftzusammenhang, aus dem heraus dies neue, unerhörte Geschehen beglaubigt werden könnte; er will auf das Alte hören, um eben darin das Neue zu vernehmen (b Brachot 40a). Dafür greift er zur Schriftrolle der Neviim und zitiert aus den Propheten, und Lukas bildet ihm eine Zitaten-Komposition aus Jeremia 12,15 und Amos 9,11f (in der Version der Septuaginta). Aus Jeremia hört er den – in der Tat unerhörten – Satz, daß der Gott Israels fähig sei, sich etwas gereuen zu lassen und selber eine teschuva zu vollziehen: aschuv – »ich kehre um«, hatte er einst versprochen, um das Haus Juda wiederherzustellen, nachdem er es zuvor verworfen hatte. Eine solche Umkehr, einen solchen Neuanfang Gottes meint der lukanische Jakobus sich in den Vorgängen auf dem christlichen Missionsfeld abermals abspielen zu sehen. Die Bibel zeigt: Zu so etwas ist der Gott Israels fähig, und so etwas läßt er nicht zum ersten Mal geschehen. Was da passiert, ist nur als eine Wendung Gottes selbst zu begreifen; als solche *ist* das alles freilich zu begreifen. Sich selbst bleibt der Gott Israels darin jedenfalls treu, und so läßt es sich jüdisch denken und verifizieren.

Aber wie läßt sich die Beziehung des einen zu dem anderen »Volk« Gottes denken, schließen sie sich nicht gegenseitig aus? Um auf diese Frage eingehen zu können, schlägt der lukanische Jakobus das Buch des Propheten Amos auf und findet auch dort, wie schon in Jeremia 12,15, ein göttliches Wiederaufbauwort. Vollzog bei Jeremia Gott eine Wendung zugunsten des zerstörten »Hauses Juda«, so hier, bei Amos, eine zugunsten der »zerfallenen Hütte Davids« (Amos 9,11; Apg 15,16). Beide Male eine messianisch-theopolitische Willenserklärung des Gottes Israels, beide Male ein »zionistisches« Motiv. Es geht *Gott* um die Wiederherstellung Israels. Es geht dem lukanischen Jakobus darum, diesen Willen Gottes mit dem Ereignis der christlichen Völkermission zu verknüpfen und die Wendung Gottes, die der Gewinn eines heidnischen Gottesvolkes bedeutet, als ein Moment in seinem »zionistischen« Wiederaufbauwerk zu begreifen.

Doch wie kann der lukanische Jakobus *das* in der Bibel finden? In der Hebräischen Bibel nicht ganz so leicht wie in ihrer griechischen Übersetzung, der Septuaginta – aber doch auch nicht so schwer, wie sich manch christlicher Acta-Exeget damit tut (oft *absichtlich,* um ja nur zu verhindern, daß man bei Jakobus oder Lukas auf eine »zionistische« Idee kommen könnte!). Sowohl im hebräischen als auch im griechischen Text hat Gottes erklärter Aufbauwille, die »zerfallene Hütte Davids« betreffend, ein noch über sich hinausweisendes Ziel: Nach dem hebräischen Amos 9,12 soll das geschehen, »damit sie (die Davids-Kinder) erben den Überrest Edoms / und alle Stämme, über die mein Name gerufen ward.« Dieses Edom war ein Erzfeind Israels; die Edomiter, südöstliches Nachbarvolk Judas, hatten sich beteiligt an der Zerstörung Jerusalems und standen hohnlachend auf der Seite der Feinde »Jakobs/Israels«, als das geschah: »als Fremde sein Gut wegführten und Ausländer in seine Tore drangen und über Jerusalem das Los warfen, da warst auch du wie einer von ihnen« (Obadja 11); Edom hat am Hause Juda rachsüchtig gehandelt und sich schwer verschuldet (Ez 25,12) – urgeschichtlich Jakob/Israels »roter« (edom) Bruder Esau. Seither kann man in Israel etwa Ps 137,7 beten: »Den Edomssöhnen gedenke, DU, / den Tag von Jerusalem (den jom Jeruschalaim), / die gesprochen haben: ›Legt bloß, / legt bloß bis auf den Grund in ihr!‹«, »nieder, nieder mit ihr bis auf Grund!« Und nun, sagt der hebräische Amos, ist die Stunde gekommen, da will Gott der Schmach des Tages von Jerusalem gedenken und bestimmt den Überrest Edoms zum Erbteil für Israel – Edoms, *mitsamt* allen Völkerstämmen, die in einem ähnlich feindlichen Verhältnis zu Israel standen. Das hebräische Amos-Wort könnte man ein Fluch- oder Rachewort gegen Edom nennen, jedenfalls stellt es eine Genugtuung für ein schwer geschädigtes und von Völkern wie Edom tief verletztes Israel in Aussicht. Diese Genugtuung darf Davids »zerfallene Hütte« erwarten, nachdem sie zuvor wieder hergestellt und ihre Risse verzäunt, also abgesichert sind nach außen (Amos 9,11).

Im weltläufigen Judentum der hellenistischen Diaspora ist nun dies Wort umgedacht und auf die neue geschichtliche Situation bezogen worden. Aus den »Edomitern« sind im Septuagintatext die »Menschen« schlechthin geworden, aus »edom«: »adam«, was sprachlich ohne große Schwierigkeiten geht. Und aus der Verheißung, daß sie, die Davidskinder, »erben« werden den Rest Edoms (jir'schu), wurde ein jidreschu, ein »Suchen des Herrn« (von darasch), ein ἐκζητεῖν τὸν κύριον durch die »Übrigen der Menschen« – also: den Rest der Menschheit. Da hat der griechische Amos sich sicher nicht verlesen, sondern den hebräischen wirklich *umgedacht.* Die von Israel aus gesehen häßlichen »Anderen« sind nun nicht mehr die Edomiter, es sind die anderen Menschen alle. Und das jüdische Volk, verstreut in alle vier Winde, ist nun nicht mehr »Erbe« der Völker, sondern umgekehrt: Die Völker sind die, die nach dem Gott Israels suchen, nach ihm fragen, und es sind speziell diejenigen Gojim, über die Gottes Name schon ausgerufen worden ist, sind also Proselyten des jüdischen Volkes.

In dieser weltläufigen Version des ins Griechische gedachten Amos findet der lukanische Jakobus eine Antwort auf die dringende Frage: Wie verhalten sich das jüdische Volk und die für den Namen des Gottes Israels gewonnenen Gojim zueinander? So wie sie dastehen, benennen die Verse Apg 15,16 und 17 ein Gefälle von Ursache und Wirkung, Voraussetzung und Folge. Gott wird die »zerfallene Hütte« Israels restaurieren, »damit« die übrigen Menschen anfangen, nach dem Gott Israels zu fragen. Das wäre älteste biblische Missionslogik (wie wir sie in § 2d dieser Eschatologie dargestellt haben). Doch sie ist vielleicht hier nicht gemeint. Denn sowohl im hebräischen wie im griechischen wie im lukanischen Amos-Spruch heißt es, daß Gott bereits dabei sei, alles das zu tun, wovon er spricht. Amos 9,11 ist keineswegs nur ein Verheißungsspruch. Hier spricht ER, »der dies *tut*«, adonai ossä ssot, λέγει κύριος ὁ θεὸς ὁ ποιῶν ταῦτα. Was er sagt, *geschieht schon* (9,12). Und das setzt die Logik der beiden Wortteile in ein anderes Verhältnis. Das eine geschieht *im* anderen, nicht eins *nach* dem anderen. Da zur Zeit, da der lukanische Jakobus in Jerusalem spricht, die »zerfallene Hütte Davids« noch nicht wiederaufgebaut ist, geschieht es im Suchen der »übrigen Menschen« nach Gott und im Ausgerufenwerden des Namens Gottes über alle Gojim, daß Gott da tut, was er sagt, – daß er also eben darin dabei ist, die »zerfallene Hütte Davids« wieder zu errichten. Wir verstehen das *nicht* einfach als eine Umdrehung der biblischen Missionslogik: die Heidenmission wäre

Voraussetzung, in deren *Folge* es dann irgendwie auch zur Restauration Israels kommen wird und kann. Diese Umkehrung erlaubt weder der Satzbau noch die Denkbarkeit der Sache. Wohl aber ist das Sprechen des Herrn, »der dies tut« – nicht tun *möchte,* nicht erst tun *wird,* sondern jetzt schon *tut,* – und der darin selbst eine Wende vollzieht – der Schlüssel zum Verständnis des Satzes in dem Zusammenhang, in dem der lukanische Jakobus ihn gebraucht.

Als Gewißheit können wir festhalten, daß christliche Völkermission und die Apokatastasis des jüdischen Volkes als ein innerer Zusammenhang gezeichnet werden sollen. Die christliche Mission soll nicht gegen den biblischen, eschatologischen »Zionismus« stehen und dieser nicht gegen jene, sie gehören zueinander. Und es ist an uns heute, selbst den »Schriftbeweis« des Jakobus – seine Vision von dem, was da anfängt und was daraus werden könnte – mit einem »uns heute« möglichen Gehalt zu füllen.

Doch zuvor wollen wir noch einmal zusammentragen, was die lukanischen Apostel und Gemeinden dafür getan haben. Sie bereiten mit dem »Werk« ihrer Völkermission eine *Welt, in der auch Israel atmen kann.* Indem sie die Völker für den Gott Israels als auch *ihren* einzigen Gott erschließen, wollen sie sie zugleich von innen her so nahe an das Volk dieses Gottes heranführen, daß sie jedenfalls keinen Geist der Vernichtung gegen Israel mehr entfachen können, für Israel nicht in alle Ewigkeit mehr »Edom« sein müssen. So versuchen sie, die Völker unter die Gottesherrschaft zu bringen und an seine Gebote und Segnungen zu binden. Indem sie das tun, predigen sie »das Reich«. Aber sie errichten es damit natürlich noch nicht auf Erden. Mit ihrem Tun bereiten sie die Möglichkeit des Reiches Gottes: dem Herrn den Weg. Denn wie Jesus nicht nur den Weg bereitet, sondern – in der Summe alles dessen, was er tut – selbst »der Weg« ist (Joh 14,6), so geht ja auch das jüdische Volk nicht nur den Gottesweg der Tora, sehen die Völker Israel auch nicht nur auf diesem Weg; *für sie* ist ihre Beziehung zu Israel auch ihr Weg zu dem Gott Israels, und ihr Weg an der Seite Israels der Weg, den sie mit Gott gehen sollen und können in der Welt. Es ist dies der vom kommenden Reich Gottes her sich ihnen öffnende Weg, der, indem sie ihn zusammen mit Israel gehen lernen, zugleich ihre Bereitung des Reiches Gottes in der Menschheit ist. Mag eine vollendete Menschheitseinheit ein letztes Geschenk des Reiches Gottes selbst sein – als solches können es nur die würdigen, begreifen und erhoffen, die *schon jetzt,* dem Ziel vorauseilend, *erste Versuche dieser Einung* aus eigenen Kräften und in eigener Einsicht unternehmen. *Christen* wären solche Menschen aus den Völkern, die um die Wunde der Menschheitseinheit wüßten, die tiefste Wurzel des Unfriedens der Völker: daß sie Israel in ihrer Mitte keinen Raum gönnen, Israel so wenig wie Jesus – den Vermittler Israels an die Völker – Raum in ihrer Herberge finden lassen (Lk 2,7). Christen wären aber zugleich auch solche, die bereit wären, diese Wunde zu verbinden und Frieden zu suchen, vielleicht sogar zu stiften (Mt 5,9) in bezug gerade auf *diese Wurzel* des Unfriedens. Lukas hat, wie wir hörten, in Apg 13,23 Jesus als den goel le Jißrael verstanden. Er wirkt unter den Gojim so, daß es sich für die Freiheit Israels bezahlt macht (und damit zugleich natürlich auch für sie selbst). In seiner Rede in Caesarea hat Petrus – so wie Lukas ihn gehört hat -als neue Christenwahrheit den alten innerjüdischen Grundsatz, daß Gott die Person nicht ansieht (Apg 10,34), auch auf das Verhältnis zwischen den Völkern übertragen. Jedes Volk (πᾶν ἔθνος)ist dem Gott Israels willkommen, δεκτὸς αὐτῷ ἐστιν: be kol am va am ha jare oto, in welchem es Menschen gibt, die ihn fürchten und Gerechtigkeit üben; jene Gemeinschaftsgerechtigkeit (10,35) nämlich, deren Gehalt und Inhalt Petrus dann folgendermaßen erklärt: »Das Wort, das er – Gott – den Söhnen Israels gesandt hat (der λόγος, der davar), indem er *Frieden* verkündigen ließ durch Jesus Christus – dieser ist Herr über alle, ihr kennt es: die Sache, die im ganzen jüdischen Lande geschehen ist« (10,36-37). Die »Söhne Israels« -also »dies Volk« – sind die *Adressaten* des gesamten Jesus-Geschehens und seiner Verkündigung. Es spricht ihnen εἰρήνη, schalom zu und *bewirkt* ihnen diesen Frieden auch. Wie? Was Lukas meint, dürfte an der Wirkung abzulesen sein, die diese Petrus-Predigt erzeugt: Wunderbarer Weise und besonders für die Juden überraschend, fällt der Geist dieser Predigt »auch über die Heiden« (10,45). Das eben ist es: Jesus bewirkt Israel den Frieden, indem er den Geist des »Wortes« (λόγος) und der »Sache« (ῥῆμα) Gottes καὶ ἐπὶ τὰ ἔθνη, auch über die Heiden, ausgießt. *Israel ist Adressat der Jesus-Verkündigung in dem, was ihm zugute, zu seinem Frieden, an den Völkern geschieht, sie in ihrem Verhältnis zu Gott und seinem Israel wendend und verändernd.* So wenig diese Völkerbewegung schon, wie wir sagten, das Reich Gottes auf Erden bringt, gar ist, so wenig stellt sie auch nur »das Reich für Israel« wieder her. Sie ist die *Vorbedingung für das Reich vor dem Reich, Israels Reich vor dem letzten Gottesreich.*

An dieser Unterscheidung muß uns gelegen sein. Das »für Israel wiederhergestellte Reich« wäre noch nicht das Gottesreich, sowenig, wie nach jüdischer Zukunftshoffnung die »Tage des Messias« schon der »kommende Äon«, olam habba wären. Es ist ein Mißverständnis, das Kommen des Messias und sein künftiges Wirken mit Farben zu zeichnen, die in prophetischer und apokalyptischer Sehnsucht für die neue Welt Gottes aufgespart sind. Am wenigsten die überschwenglichen, mythischen Jenseitsfarben von einem Reich des ewigen Friedens, der Ruhe »ewiger Gerechtigkeit, Unschuld und Seligkeit« (M. Luther) gehören den »Tagen des Messias« zu. Sie gehören erst dem, was die Christen als das »ewige Leben« erhoffen. Verglichen damit, sind die »Tage des Messias« Tage einer *begrenzten* Zeit und eines *begrenzten* Inhalts. Sie sind Israels Tage, noch nicht die Freudentage aller Völker, wie ja eben der »Messias« goel le Jißrael ist, in seiner Bedeutung begrenzt und beschränkt auf einen Frieden und eine Freiheit des jüdischen Volkes. Und zwar auf dessen weltlichen Frieden und seine weltliche Freiheit. Nichts wäre deswegen zurückzunehmen von der Bedeutung, die der Messias auch für alle anderen Völker hat; er hat sie aber für sie nur *vermittelt über die primäre Bedeutung,* die er für sein Volk Israel hat. Die Völker, d.h. : alle Menschen, werden vom Messias genau in dem Maße mit befriedet, ihren eigenen Frieden finden, in dem sie der Messias für ihren Frieden mit Israel gewinnt, und so: Israel befriedet. Gemessen an der unsäglichen Traurigkeit, die der garstige breite Graben zwischen den Völkern und dem Volk, auch dem Volk und den Völkern in der bisherigen Weltgeschichte bewirkt hat, wird ein Friede zwischen ihnen in den kommenden »Tagen des Messias« schon ein überschwengliches Glück bedeuten, und verstehen ließe sich schon, wenn auf sie Licht vom olam habba, Licht vom Licht des »ewigen Leben« fiele. Aber es kann auch sein, daß das jüdische Volk gerade diese Tage so lange schon und bisher so vergeblich ersehnt hat, daß es keine Kraft der Seele mehr übrig behielt, sich des Tages zu freuen, käme er denn. Auf den »Tagen des Messias« und so: auf ihm, dem Messias selbst, liegt die ganze Erschöpfung, auch Melancholie, auch Ironie jüdischer Daseinserfahrung, die ja so oft nichts als Erfahrung der Not gerade dieses Daseins war. »Mag er kommen, ich ihn aber nicht mehr sehen«, sagte Ulla. »Mag er kommen, ich ihn aber nicht mehr sehen«, sagte auch Raba (b Sanhedrin 98b); Müdigkeit ist das, nicht Zynismus.

Und doch nicht nur Müdigkeit. Auch das Undurchsichtige, Undurchschaubare, Verwirrende realer Weltgeschichte wirkt daran mit, daß an die Erwartung des Messias sich wenig Enthusiastisches hängen kann. Der jüdische Messias hat kaum etwas zu tun mit messianischen Schwärmereien in mancher christlicher und außerchristlicher Religion. Israel empfindet etwas Demütigendes, Belastendes weltgeschichtlicher Wirklichkeit an seiner Hoffnung auf den Messias und seine Tage. »Stets sei man bestrebt, lehrte Rabbi Jochanan, den israelitischen Königen entgegenzueilen, aber nicht nur den israelitischen, sondern auch den Königen der gojischen Völker, denn wenn es jemandem beschieden sein sollte (den Messias zu erkennen, seine Tage und sein Reich), nur dann wird er zwischen den israelitischen Königen und den Königen der weltlichen Völker unterscheiden können« (b Brachot 9b); was ja heißt: nur, indem man sich allen Mächtigen der Welt unterwirft, hat man die Chance, einen Sinn und Geschmack für den Messias zu entwickeln: ihn überhaupt in, mit und unter den bedrückenden Machtverhältnissen zu erkennen. Der Messias ist kein Triumphator über die knechtende Machtwirklichkeit der Weltgeschichte; nur wer den Mächten sich beugt (ihnen, ihnen entgegeneilend, huldigt), wird überhaupt Augen für *ihn,* sein Anderes, Besonderes bekommen. Der Messias hält fest im Elend der Weltgeschichte und führt nicht über sie hinaus; siehe auch den johanneischen Jesus (Joh 17,15): »Ich bitte nicht, du wollest sie aus der Welt wegnehmen ...«: *das* ist *messianische* Realität. Rabbi

Schmuel lehrte: Zwischen dieser heutigen, jetzigen Welt, dem olam hassä, und den messianischen Tagen gebe es keinen anderen Unterschied als die Knechtschaft der Regierungen (b Sanhedrin 91b). Das kann zweierlei heißen – und beides ist hinreichend ernüchternd. Es kann heißen: Zwischen uns heute und den »Tagen des Messias« lastet immer noch »die Knechtschaft der Regierungen«, d.h.: der gojischen Regierungen mit ihrer drückenden und entfremdenden Herrschaft über das in alle Welt zerstreute jüdische Volk. Es kann auch heißen: Der einzige Unterschied zwischen heute und den »Tagen des Messias« besteht darin, daß die Knechtschaft der *fremden* Regierungen, unter denen wir jetzt seufzen, eines Tages abgelöst werden wird von der Knechtschaft der *eigenen,* jüdischen Regierungen; kein anderer Unterschied läßt sich, wenn man nüchtern bleiben will, denken. Im b Schabbat 151b wird dieser Spruch Schmuels wiederholt, aber dort noch mit einem begründenden Bibelvers versehen, der den ernüchternden Sinn vollends unterstreicht: »... denn es heißt (Dtn 15,11): ›Nie wird der Dürftige im Lande aufhören‹« – will sagen: Stillung des Hungers und alles menschlichen Elends wird wohl von der kommenden Welt erwartet werden dürfen, aber noch nicht von den »Tagen des Messias«. Sie werden an den Nöten der alten, zum Verschwinden bestimmten Welt noch teilhaben. Jesu sehr ernüchterndes Abschiedswort Mt 26,11: »Arme habt ihr allezeit bei euch« bestätigt diese ernüchternde Messianität und spricht in der Logik der »Tage des Messias«.

Dennoch soll auf die »messianischen Tage« ein Glanz von Zukunft fallen. Das berühmte Jesajawort von den Schwertern, die zu Pflugscharen umgeschmiedet werden, hat der Rabbi Eliezer schon auf die messianischen Tage angewendet wissen wollen. Man fragte ihn: Weshalb werden Waffen – etwa Degen, Bogen, Schild, Keule, Lanze – in den messianischen Tagen abgeschafft werden? Eliezer antwortete: »Weil man ihrer nicht mehr benötigen wird, wie es heißt (Jes 2,4): ›Kein Volk wird mehr gegen das andere das Schwert erheben‹« (b Schabbat 63a). *Die messianischen Tage werden Friedenstage für Israel sein;* es wird sich unter den Völkern nicht mehr mit Waffengewalt behaupten müssen. Diese Erwartung können wir als Kommentar zur Petrus-Predigt in Caesarea lesen, wo er Jesus als messianischen Friedebringer im Verhältnis zwischen den Völkern und Israel ausgerufen hatte. Folge: Israel könnte abrüsten. Doch blieb dieser Ratschlag unter den Lehrern in Israel natürlich nicht unumstritten: Sollten Waffen nicht doch wenigstens als Mannesschmuck beibehalten werden, sollten sie nicht wenigstens Wehrhaftigkeit der Männer Israels nach außen bezeugen – für alle Fälle, und vielleicht zur Abschreckung? »Die Weisen« der Mischna hatten das bereits abgelehnt: Diese Waffen seien viel eher eine Unzier als ein Männerschmuck. Und die mischnische Grundweisung lautete denn auch: »Ein Mann darf nicht mit einem Degen ausgehen, nicht mit einem Bogen, einem Schild, nicht mit einer Keule und nicht mit einer Lanze« (m Schabbat VI,4). Ganz anders aber der Rabbi Eliezer zu den Waffen: »Auch in den messianischen Tagen werden sie nicht abgeschafft werden« (b Schabbat 63a) – es werden *auch diese Tage noch typische weltgeschichtliche, gefährdende und gefährliche Tage* sein, noch nicht im Licht der großen prophetischen Verheißung des ewigen Friedens stehen. Und ausdrücklich wird erklärt, daß Rabbi Eliezer hier mit der ernüchternden Sicht Rabbi Schmuels übereinstimme: »Es gibt keinen anderen Unterschied zwischen diesen und den messianischen Tagen als die Knechtschaft der Regierungen, denn es heißt: ›Nie wird der Dürftige im Lande aufhören‹« (b Schabbat 63a).

2. Der Staat Israel und »die Tage des Messias«

Die Erwartung der »Tage des Messias« zielt, wie wir hörten, auf die Wiederherstellung »der verfallenen Hütte Davids«, in der Sprache der Freunde Jesu: des »Reichs für Israel«.

Übertragen wir uns diese Sache in den uns heute möglichen Anschauungshorizont: Die »Tage des Messias« zielen mindestens *auch* auf einen »Staat Israel«. Denken wir dabei an jene Gründung des Mai 1948, so kann uns das nicht verwehrt werden. Allerdings belehrt nicht nur die Hoffnung die Realität, auch die Realität belehrt die Hoffnung. Erlauben wir uns die Assoziation der messianischen Hoffnung Israels mit der Realität des gleichnamigen Staates im Nahen Osten, gehören folgende Belehrungen hinzu.

1. Der *Begriff des »Staates«* stammt aus moderner europäischer Geschichte und besitzt – neben Merkmalen des Vergleichbaren – Unvergleichbares zu dem, was neutestamentlich eine βασιλεία τῷ Ἰσραήλ (Apg 1,6), eine meluchah le Jißrael, ein »Reich für Israel« heißen mochte. Sofern damit eine »messianische« Wirklichkeit gemeint war, war sicher – entsprechend der Nathan-Verheißung 2 Sam 7 – an eine Wiederherstellung des David-Reiches gedacht: mindestens an die Führerschaft eines David-Nachkommen über ein wie auch immer gesellschaftlich, politisch geordnetes jüdisches Gemeinwesen, seine Souveränität und seine Befähigung zu einer auch militärischen Selbstbehauptung. Daß es sich dabei auf alle Fälle um eine »theopolitische« Wirklichkeit würde handeln müssen, ein politisch-religiöses Gemeinschaftswesen, kein rein säkulares, war bereits dem historischen David-Reich gegenüber ein Zuwachs an »messianischem Charakter« und bedeutet auf alle Fälle eine wesentliche Differenz zu dem, was wir heute als einen »Staat« kennen; denn unsere Staaten stehen »Kirchen« – wie immer mit ihnen auch verbunden – doch wesenhaft gegenüber und sind Gebilde der Säkularisation. Der heutige Staat Israel ist das auch, und bleibt doch – wie seine islamischen Nachbarstaaten – von Ansprüchen eines theopolitischen Gestaltungs- und Machtwillens beständig umwittert; er hat diesbezüglich noch nicht zu seiner Verfassung gefunden. Zwischen Demokratie und Theokratie muß zwar nicht ein prinzipieller Gegensatz klaffen; aber im politischen Kampf reiben sich beide Vorstellungen von einer staatlichen Organisation grundsätzlicher und das Ganze gefährdender als in der Tradition *heutiger* europäischer »Staaten«.

Schon deswegen wären wir nicht wohl beraten, den heutigen Staat Israel *direkt* mit dem Hoffnungsgut, auf das die Erwartung der »Tage des Messias« sich richtet, in eins zu setzen.

2. Dazu kommt, daß niemand bisher den heutigen Staat mit diesem Hoffnungsgut *tatsächlich* in eins gesetzt hätte. Wohl gibt es Kräfte im Judentum – und im fundamentalistischen Christentum –, die dahin tendieren. Aber gerade die gegenwärtige politische Lage – die für den Frieden sehr gefährliche und belastende jüdische Siedlung auf der Westbank – zeigt, daß die messianische Norm keineswegs mit der Existenz eines eigenen Staates schon erreicht wäre. Die Norm »verheißenes Land« wirkt stärker als die Norm »Reich für Israel«, wenn »Reich« nur »Staat« oder eine andere Form selbstbestimmter Herrschaft meinen sollte. Erwartung der »Tage des Messias« zielt jedenfalls auch auf politische jüdische Selbstverwirklichung *in den Landschaften* der göttlichen Verheißung, die auch die Kernlandschaften des David-Reichs waren: *wenigstens* Judaea und Schomron, und Jerusalem zwischen beiden in der Mitte; wohingegen das Staatsgebiet von 1948, historisch gesehen, nur *Rand*gebiet war: Philisterland und »Galilaea der Heiden« (Mt 4,15). Niemand braucht sich daran hindern zu lassen, den Ton, den z.B. Petrus bei seiner Friedensverkündigung in Caesarea darauf legt, daß Gottes »Sache« mit Jesus – die *Friedens*sache! – »im ganzen jüdischen Lande« sich zugetragen habe, in eigentlichem, will sagen: vollen biblischen und messianischen Sinne zu verstehen: ha davar ha naassäh be kol Jehuda, ῥῆμα καθ᾽ ὅλης τῆς Ἰουδαίας (Apg 10,37); auch in der lukanischen messianischen Verkündigung gibt es diesen *geographischen* Akzent. Innerhalb der heutigen israelischen Gesellschaft stehen sich – cum grano salis – Positionen gegenüber, die sich *auch* als Differenz zwischen einem politischen Entscheidungswert »selbstbestimmter Staat« und einem Entscheidungswert »verheißenes« und historisch verbürgtes »Land« darstellen; nicht notwendig schließen sie sich aus, aber uns zeigen sie in unserem Zusammenhang, welche *Spannbreite in der Realität* eine Hoffnungsfigur »Reich für Israel« heute bietet.

3. Freilich: »Das Oberrabbinat von Jerusalem veröffentlichte anläßlich der ersten Wiederkehr des Tages der Unabhängigkeitserklärung, 1949, ein besonderes Gebet. Darin kommt die Redewendung vor: ›Segne den Staat Israel, den Beginn des Aufblühens unserer Erlösung‹«[122]. Das entspricht einem der letzten

122. Zitiert bei A. G. Ramselaar, Das Land Israel in der Wechselbeziehung von Theologie und Kultur, in: W. Eckart / N. P. Levinson / M. Stöhr (Hg.), Jüdisches Volk – gelobtes Land. Die biblischen Landverheißungen als Problem des jüdischen Selbstverständnisses und der christlichen Theologie. 1970. 219.

Sätze in jener Unabhängigkeitserklärung von 1948 selbst, in dem alle Juden der Welt eingeladen werden, den Israelis »im Streben nach der Erfüllung des Traums von Generationen – der Erlösung Israels – beizustehen.« Die Gründermütter und -väter des modernen Israel haben also ihren Staat in die eschatologische Perspektive der »Erlösung« gestellt. Aber z.B. die jüdische Gemeinde von Amsterdam hat das vorgeschlagene Rabbinatsgebet nicht akzeptiert[123]. So stößt diese Perspektive auch auf jüdischen Vorbehalt. Umgekehrt: Unvergeßlich bleibt der Augenblick, in dem der oberste Militärrabbiner Israels, Goren, als Israels Truppen im Juni 1967 bis an die Tempelmauer in der Altstadt von Jerusalem vorgedrungen waren, das Schofarhorn blies, das sonst nur am Neujahrstag zu hören ist, ansonsten aber dem Eintritt der messianischen Tage vorbehalten bleibt; in Israel selbst sieht man sich nicht nur in der *Perspektive* der Erlösung, man ist auch messianischer Erfahrungen *gewärtig.*

Aber beides ist etwas anderes als eine *direkte* messianische Identifizierung des Staates oder von Staatsereignissen. Wir können sagen: Die Existenz des heutigen Staates Israel erweckt und bestärkt aufs neue messianische Hoffnung, schafft in bestimmten Kreisen neue messianische Verbindlichkeiten auch für politisches Handeln (wie den Kampf um Judaea und Samaria), schürt (besonders in Kreisen in Jerusalem) eine Sphäre messianischer Gestimmtheit. Wenn wir dafür den vorsichtigen Begriff des Zeichenhaften wählen, ist das nicht nur ein Deutewort, mit dem wir von außen die Vorgänge in Israel theologisch bewerten, sondern ein Versuch, solche in Israel begegnenden messianischen Phänomene nicht unbeachtet zu lassen, sie aber auch nicht theologisch-theoretisch zu identifizieren. »Zeichen« wecken Erinnerungen und Hoffnungen, verknüpfen die Sphäre geschichtlicher Phänomene mit der Sphäre der biblischen Erzählungen und des biblischen Wortes und dienen nur der Erinnerung, daß in Israel, wie kaum sonst, nackte weltgeschichtliche Realität und die Wirklichkeit des davar, des Wortes Gottes, aufeinander verweisen. Sie vermögen – ganz allgemein – eine Sphäre von Sinn zu bilden. Aber dem, der in der »Welt der Bibel« zu leben versucht, ist der Gedanke, daß beide Wirklichkeiten auch einander *bedingen* könnten, nicht von vornherein etwas *Fremdes:* Biblisches Wort *bewirkt* im Handeln vieler Israelis historische Fakten, historische Wirklichkeit *erinnert* viele Israelis an biblische Verheißung. Und Christen sind auf beides – in welcher Weise auch immer – bezogen, sofern sie nicht umhin können, Wort und Wirklichkeit auch ihrerseits zusammenzudenken.

4. Die Wirklichkeit Israels heute belehrt aber die Hoffnung, daß sie – als Hoffnung – wohl nahe ist – näher als vor 1948 –, daß sie aber nicht erfüllt ist – allenfalls in auch schmerzhaften und gefährlichen *Krisen* ihrer Erfüllung steckt.

123. Ebd.

5. *Für Christen besteht jedoch nicht der geringste Anlaß zu einer gesteigerten messianischen Erregung.* Daß die Existenz des Staates Israel in bestimmten Christengruppen dazu führt, ist ein Indiz dafür, wie wenig christlich es dabei zugeht. Denn nichts läßt erkennen, daß der heutige Staat der Wirksamkeit eines goel le Jißrael mit Namen Jesus von Nazareth zu verdanken wäre. *Nichts haben Christen – als Christen – zum Entstehen dieses Staates beigetragen;* er ist keine Auswirkung der christlichen Völkermission und als messianisches Ereignis im lukanisch-christlichen Sinne durchaus nicht zu begreifen. Die Kirchen haben sein Entstehen kaum wahrgenommen, geschweige denn gefördert. Und bis heute bilden sie keineswegs die Spitze einer Bewegung, die sich die Durchsetzung, Festigung und Förderung des Staates im Bewußtsein und im aktiven Willen der Völker zum Ziel gesetzt hätte. Wir müssen sogar das Gegenteil behaupten. Geschichtlich ist die Staatsgründung (einerseits) Ausfluß und Ausdruck der zionistischen Gestalt jüdischer Treue zu sich selbst; (andererseits) Folge der europäischen Judenvernichtung und damit eines gehörigen Teils christlicher Mit*schuld.* Denn nicht nur haben Christen der Shoah keinen Widerstand entgegengesetzt und also ethisch-politisch versagt. Mit dem Kaltstrom ihres antijüdischen Erbes haben sie einen starken Anteil an der Gesinnung, die die Judenvernichtung noch und noch, durch die »christlichen« Jahrhunderte hindurch, denkmöglich machte. Insofern läßt sich sagen, daß der Staat Israel durchaus *gegen* eine christliche, auch von Theologen mehr als einmal formulierte volonté générale entstanden ist und in seinem einfachen Dasein *gegen* die Christen spricht – ein sehr reales Zeichen ihres historischen und theologischen Versagens. Ihn als heilsgeschichtliches »Zeichen« lesen, könnte nur, wer ihn als einen fundamentalen Schuldvorwurf an das Christentum und – bei allem, was er für Juden Positives bedeutet – als Zeichen eines Gottesgerichts an den Völkern versteht: als Heimsuchung der Christen in ihrem Nein zur Hoffnung Israels auf seine »Erlösung« und »Befreiung«. *Zu Christen spricht der Staat Israel die Sprache Gottes nur, wenn er sie in eine Krisis ihres Christseins führt.* Sofern er *dies* tut, bedeutet er freilich auch eine christliche Chance, und es wirkt *dann* aus ihm heraus auch Gehalt göttlicher Verheißung.

6. Trotz alledem! Die heutige Existenz eines Staates Israel könnte Christen, wenn sie lernen wollten, jedenfalls über die *Denkmöglichkeit von messianischen Tagen* innerhalb der Weltgeschichte belehren. Bisher war ihnen das fast während der ganzen Zeit, in der es sie gibt, etwas letztlich Denkunmögliches. Selbst wo man – chiliastisch – mit der Möglichkeit einer guten und langen weltlichen Friedensepoche noch vor dem Kommen des Reiches Gottes rechnete, dachte man dabei zu allerletzt an die Wiederherstellung eines »Reichs für Israel«. Wenn Christen nach dem August 70 und der Zerstörung des Tempels in Jerusalem überhaupt etwas von oder für Israel erwarteten, dann seine Bekehrung *zu* Jesus

Christus und seine Befriedung *durch* ihn nur im Glauben *an* ihn. Gegen eine *weltliche* Hoffnung wie die, die die lukanischen Jünger Jesu an den vom Tode Erweckten richteten, ließ man die nackten historischen Tatsachen sprechen; sie überzeugten unmittelbar auch theologisch: Israel *hat* sein »Reich« verloren, und das war ein Gottesbescheid *für immer.* Daß das jüdische Volk dies nicht als Entscheidung auf ewig hinzunehmen bereit war, wurde ihm als Starrsinn und widergöttliches Gebaren angerechnet, als eine abschreckende judaica opinio (CA XVII).

Wollten wir freilich bei der hier waltenden Logik bleiben, daß »zufällige Geschichtswahrheiten« Beweis für göttliche Wahrheit tragen *können,* dann müßten wir das – für Juden ja wahrhaft große und rettende – Ereignis der Staatsgründung Israels nach dem Elend der Shoah – wenn nicht gleich als Beweis, dann doch als Hinweis darauf annehmen können, daß Gott seinem Volk jetzt, heute – nach 2000 Jahren – einen neuen Bescheid geben wollte und gegeben hat und daß er damit die zähe, von Christen als »fleischlich« diskreditierte Treue des jüdischen Volkes in ihrer Wahrheit bestätigen wollte. Aber ob man nun ein Stück jüdischer Weltgeschichte gleich als Heilsgeschichte sprechen lassen will oder lieber nicht – vor der jüdischen Treue und ihrer geschichtlichen Bestätigung können wir uns nicht verschließen; weder können wir sie kritisieren noch infragestellen. Sie steht uns als ein Stück elementare Wirklichkeit gegenüber, beruft sich auf Gott und fragt uns: *nach Gott.* Und so deuten wir das Geschehen um den heutigen Staat Israel als Anstoß, der uns lehrt, nach Gott in der Weltgeschichte immerhin zu fragen und dies nicht weiterhin a limine als gottlose Frage zu behandeln oder als Gottesfrage zu verdrängen.

3. Über das Tausendjährige Reich

Mit dem soeben gebrauchten Stichwort »chiliastisch« haben wir nun auch auf einen *Zusammenhang* hingewiesen, in dem unsere Überlegungen zum »Reich für Israel« in der dogmatischen Tradition der Eschatologie stehen oder in den sie heute gestellt werden könnten: die Erwartung eines *tausendjährigen Reiches* des Friedens *vor* der letzten Schlacht und dem Anbruch des Reiches Gottes.

In der Alten Kirche gehörte sie zum rechten Glauben der Christen. Justin der Märtyrer z.B. (gest. 165 n. Chr.), erklärte dem Juden Tryphon gegenüber: »Ich und die Christen, die in allem rechtgläubig sind, wissen, daß es eine Auferstehung des Fleisches und tausend Jahre in dem aufgebauten und geschmückten und vergrößerten Jerusalem geben werde, wie die Propheten Ezechiel (Ez 37,12ff) und Jesaja (Jes 65,17-25) und die anderen bekennen« (LXXX. 5). Das Tausendjährige Reich ist für den in Sichem geborenen Mann wie selbstverständlich kein Himmelreich, sondern ein Jerusalem-Reich. Er zeichnet es zwar schon mit den

Farben eines neuen Himmels und einer neuen Erde, sieht dies aber, wie der Prophet Jesaja, als ein Geschehen, in dem Gott »Jerusalem zum Frohlocken und mein Volk zur Freude« machen wird, und in dem er selbst – Gott – frohlocken wird »über Jerusalem und mich freuen über mein Volk« (Jes 65,18-19). So sehr auch die Christen für diese tausend Jahre ein Wohnrecht in Jerusalem bekommen sollen, so sehr handelt es sich für Justin, den Palästinenser, doch um ein *Israel-Ereignis.* – Irenäus von Lyon, der in der zweiten Hälfte des 2. Jahrhunderts gelebt hat, hat zugunsten auch seiner Erwartung eines tausendjährigen Reiches etwa folgendes geltend gemacht: *a.* »In eben der Schöpfung«, in der das Gottesvolk so viel gelitten hat, soll es nun auch einmal ohne Druck und Angst leben und Gott dienen können; die Welt, die es bisher nur als Macht der Entfremdung erfahren hatte, soll ihm nun auch einmal dienen und freundlich offenstehen. *b.* Ferner soll es eine weltgeschichtliche Epoche geben, in der rechtschaffene Menschen »gewöhnt werden, Gott zu erfassen«, um sich so in Ruhe auf das Reich Gottes vorbereiten zu können.

Diese Erwartung eines tausendjährigen Reiches war zwar um Jerusalem als Mittelpunkt herum gedacht. Aber schon im 2. Jahrhundert dachten die Christen dabei doch nicht mehr an die Juden, sondern nur an sich selbst und ihre eigene Zukunft. So nimmt es nicht wunder, daß seit dem Anbruch des Konstantinischen Zeitalters dann einfach die nun in der Welt durchgesetzte, plötzlich vom Druck ihrer Martyrien befreite *Kirche* für das Tausendjährige Reich gehalten wurde. Ein Wiedergutmachungsmotiv nach erlittenen Leiden spielte seitdem in jeder Art Chiliasmus ebenso eine Rolle wie die Überzeugung, daß uns allen eine bessere Welt verheißen sei. Daß Kirche und »Reich« im Mittelalter eine abendländische Einheit bildeten und gemeinsam einen ordo des gesellschaftlichen und geistigen Lebens schufen, hatte etwas Chiliastisches. Und die Berufung in einen aktiven Kampf um eine bessere Welt haben viele kirchen*kritische* Gruppen dem Evangelium entnommen, als »Kirche« und »Reich« die chiliastischen Erwartungen der Bibel doch nicht *so* erfüllten, daß sie für alle einen Schabbat Gottes, eine Erfahrung der Ruhe und des Friedens, brachten. Gegen solche Aktionsgruppen richtete sich der geballte Widerwillen der Reformatoren, Calvins (Inst. III, 25.5) genauso wie Luthers. Sie verwarfen diese Erwartung strikt als eine jüdische Träumerei und »fleischliche« Hoffnung, konnten freilich nicht verhindern, daß sie unterschwellig auch in protestantischen Kirchen und Theologien weiterwirkte, – bei den pietistischen Schwabenvätern, wie z.B. J. A. Bengel und F. Chr. Oetinger, einen starken, neuen Ausdruck bekam und etwa im 19. und 20. Jahrhundert zu einer Triebkraft der beiden Blumhardts in Bad Boll und des Religiösen Sozialismus in der Schweiz und Deutschland wurde. Bei den Dogmatikern im 20. Jahrhundert finden wir ein gespaltenes Verhältnis dazu. Während z.B. W. Trillhaas diese Lehre zu einer der von ihm entwickelten vier »eschatologischen Häresien« zählt[124], hat K. Barth sie in seiner Münsterschen Eschatologie-Vorlesung im Wintersemester 1925/26 »einfach unentbehrlich« genannt und ausgerufen: »... wehe dem, dem diese Hoffnung verloren geht und der sich einreden läßt, man könnte mit der Phrase von der judaica opinio mit dieser Idee Schluß machen; ohne einen Tropfen dieses Öls (10 Jungfrauen) kann man nicht ein hoffender Christ sein«; es könne nämlich »berechtigt sein, mit so vielen unserer Zeitgenossen im Sozialismus oder auch im Völkerbund einen Abglanz, nicht des Reiches Gottes, wohl aber des Tausendjährigen Reiches zu sehen«[125]. In ähnlichem Sinn hat Barths französischer Freund P. Maury gesagt: das Tausendjährige Reich müsse »als Hinweis der Heiligen Schrift auf den Sinn des Positiven, das die Geschichte erhält, ernstgenommen werden. Denn die Geschichte kennt ja nicht nur Leute wie Attila, Hitler und die anderen großen Zerstörer. Sie kennt auch Herrscher, die eine Ordnung auf der Grundlage von Gerechtigkeit und Frieden aufzurichten versuchen. Das Tausendjährige Reich ruft uns dazu auf, in allen diesen Versuchen einen Widerschein des ewigen Reichs des Friedens und der Gerechtigkeit zu erblicken. Man darf die Persönlichkeiten nicht geringschätzen, die sich überlegen, wie man gerechte Sozialordnungen und friedliche Regierungsformen auf dieser Erde einrichten könne. Man muß im Gegenteil wissen, daß all diese Bemühungen das Zeugnis dafür sind, daß Gott diese Welt nicht einfach zerstören, sondern ihr eine positive Vollendung geben will«[126]. – Barths und Bultmanns Schüler H. Ott hat die Lehre vom Tausendjährigen Reich sogar existential interpretiert: Jeder Glaube kenne ein Wachstum, zwar gewiß nicht in Abläufen von Stufen der weltgeschichtlichen Zeit; aber doch könne der Einzelne in seinem sichtbaren Leben Zeichen aufrichten, soll dies auch tun, »gerade *weil* er im Glauben mit dem Eschaton konfrontiert ist, und im Zusammenhang damit auf den ›Fortschritt zum Guten‹« ausgerichtet ist, »der – weil der Einzelne ja nicht isoliert dasteht – auch in der Welt je und je möglich ist«. »Damit wird das Tausendjährige Reich als eine Leitidee der christlichen Ethik verstanden«[127]. Ähnlich hatte auch K. Barth in Münster das Tausendjährige Reich der Ethik zugeordnet, als ein »Zeichen«, also als ein »Vorläufiges«, von dem gelte: »... etwas anderes als die Aufforderung zu wachen, zu beten kann der Sinn keines Zeichens sein; aber: es darf nicht unterdrückt, sondern muß gesagt werden, vor allem auch um der Ethik willen, daß wir von solchen Zeichen umgeben sind.«[128].

124. W. Trillhaas, Dogmatik. ³1972, 460ff.
125. K. Barth, Eschatologie. WS 1925/26, Münster i. W., Nachschrift: Wilhelm Koch. (Typoskript), 27f.
126. P. Maury, Eschatologie. 1960, 52.
127. H. Ott, Eschatologie. Versuch eines dogmatischen Grundrisses. 1958, 65f.
128. K. Barth, Eschatologie, a.a.O. 28.

Ein weltgeschichtlicher oder individualgeschichtlicher *Entwicklungs*gedanke hätte freilich dem *biblischen* Urgrund dieser Hoffnung kaum entsprochen. Diesen haben wir im 20. Kapitel der Offenbarung des Johannes, dem letzten Buch der christlichen Bibel. Da sieht der Seher Jochanan/Johannes einen Engel aus dem Himmel herabsteigen, in der Hand den Schlüssel des Abgrunds und eine große Kette. In einem apokryphen Psalm, vielleicht aus der Zeit des Antiochus Epiphanes (168-165 v. Chr.), betet ein Manasse zu Gott, »der du mit deinem furchtbaren und gepriesenen Namen die Tiefe hast verschlossen und versiegelt« (v. 3)[129]; will sagen: Gottes Name schützt vor einem Absturz in den Abgrund. Aber nun sieht Johannes einen Boten Gottes kommen, diesen Ungrund des Seins zu öffnen. Wozu? »Er griff den Drachen, die alte Schlange, der der Durcheinanderwerfer und der Widersacher ist, und er fesselte ihn tausend Jahre lang, und er warf ihn in den Abgrund und verschloß und versiegelte über ihm, damit er die Nationen nicht mehr verführe, bis die tausend Jahre vollendet wären« (Offb 20,2-3; übers. von Andr. Pangritz). Das ist mythisch gesehen und gesagt. Es meint, daß die ἔθνη, gojim, die *Völker für eine geraume Zeit* von Mächten der Verwirrung und des Widerstands gegen Gott und sein Volk *befreit werden.* Gott läßt diese Mächte fesseln, in den Ungrund des Seins hinabstoßen und diesen aufs neue versiegeln mit seinem Namen. Für tausend Jahre soll es eine Welt befreiter Völker geben, genauer: *nicht mehr verführbarer Völker,* die bisher gewöhnt waren, Gott und seinem Volk Widerstand entgegenzusetzen und so alles, was Gott will, durcheinanderzubringen. Gegen dies Chaos schiebt Gott jetzt seinen Namen vor. Natürlich hat der Seher die Völker befreit gesehen von ihrem Widerstand gegen die Freunde *Jesu;* der *Kirche* wird jetzt Freiraum geschaffen. Aber mehr als sonst ein neutestamentlicher Zeuge sieht der Seher von Patmos die Jünger Jesu doch im Bilde des jüdischen Volkes Gottes; in dessen Hoffnungssprache redet er von den Christen, und was er von ihnen und für sie sagt, wurde zuvor in gleicher Sprache und Erwartung vom jüdischen Volke gesagt. Die Erwartung des Tausendjährigen Reiches kann eine christliche nur sein, weil sie zuvor eine jüdische war und bleiben wird. Es wird eine *Zeit zum Aufatmen* kommen. Genau in der Welt, in der sie bedrückt und verfolgt wurden, werden die Genossen Gottes auch einmal einer Periode ihrer Entlastung entgegensehen können. Sie werden die Völker, die ihnen vorerst immer so zuwider waren, weil sie dem Gott dieses Volkes zuwider sind, einmal anders erleben als bisher. Sie werden einmal unverwirrte Völker erleben. Nicht verführte Völker. Sie werden Völker erfahren, denen man zwar immer noch – wie Israel und der Kirche Jesu selbst – anmerken kann, daß sie über einem Ungrund und Abgrund existieren;

129. Gebet des Manasse, in: P. Riessler (Hg.), Altjüdisches Schrifttum außerhalb der Bibel. 1927. [6]1988, 348.

aber sie werden auch erleben, daß diese Völker dennoch auf dem Boden des Namens des Gottes Israels wirklich stehen – mindestens darin, daß sie, für eine Zeitlang wenigstens, nicht mehr gegen Israel verführt werden können.

Wie soll das denkbar sein? Ich umschreibe die Vision des Johannes in 20,4 mit einer kleinen Geschichte. Schon schnell nach dem zweiten Weltkrieg wollte mein verstorbener Freund, der Rabbiner Robert Raphael Geis, aus dem Exil nach Deutschland heimkehren. Damals war das eine noch viel gewagtere Entscheidung, als sie heute für Juden immer noch und immer wieder ist. Er befragte darüber seinen Lehrer Leo Baeck. Und der antwortete ihm: »Ach wissen Sie, jetzt haben die Christen auch Märtyrer. Jetzt können wir versuchen, mit ihnen zu leben«; Baeck meinte: Jetzt könne vielleicht besser als zuvor im Christen ein Verständnis für Juden aus eigener Verfolgtenerfahrung heranreifen.

Der Seher von Patmos hatte die Vision von einem Gericht am Anfang der erwarteten tausend Jahre, bei dem die Seelen derer gewogen wurden, die »um des Zeugnisses Jesu und des Wortes Gottes willen« enthauptet worden waren, »die nicht das Tier angebetet haben, auch nicht sein Bild, und nicht das Kennzeichen auf ihrer Stirn und auf ihrer Hand empfangen haben. Und sie lebten auf ...« – und nun heißt es: »... und wurden Könige mit dem Gesalbten tausend Jahre lang«; wir können uns das übertragen: Sie wurden als die, die den Namen geheiligt hatten (kiddusch ha schem), urteilsfähig zusammen mit dem Messias. *Das ist Inhalt und Gehalt des biblischen Chiliasmus: für eine Zeitlang nicht mehr verführbare Völker, und ein paar bewährte und urteilsfähig gemachte Jesus-Zeugen.* Und sie übrigens dann beteiligt an den drei Ämtern des Gesalbten: der Könige und Priester und Richter in Israel (Offb 20,4-6), also *in messianischem Dienst* unter den Völkern. Wir brauchen das nicht als das Bild von einer klerikalen Herrschaft der Frommen zu lesen, wie es in den Gedanken von Jesus-Anhängern schon einmal aufgetaucht sein soll: Mk 10,35-45; Mt 20,20-23; und wie der lukanische Jesus es ihnen sogar in Aussicht gestellt hatte: Lk 22,29-30. In der Vision des Sehers von Patmos – Offb 20,4 – sind die christlichen Märtyrer zunächst selbst die Geprüften und Gerichteten, ehe es dann freilich auch hier heißt: Sie »wurden Könige mit dem Gesalbten tausend Jahre lang.« Doch heißt das ja nur, daß der Gesalbte ihnen eine Mitsprache bei seinen Handlungen und Urteilen einräumt, er übergibt oder überläßt nicht ihnen seine Herrschaft. Bei seinem Wirken setzt er auf ihre Bewährung, gibt etwas auf ihre Widerstandsfähigkeit gegen alle Art Durcheinanderwerferei und Widersacherei des Drachen und der Schlange. Und das eben zeigt uns einen fundamental wichtigen Wirkungszusammenhang zwischen Christus und den Christen. Wer in Jesus den Gesalbten *er*kennt, muß ihn unter Einsatz seines ganzen Lebens *be*kennen. Und gemeint ist damit ein solches Bekennen, in dem er darauf hinwirkt, daß kein »Drache« und keine »Schlange«, kein »Durcheinanderwerfer« und kein »Widersacher« die *Völker* mehr verführe. Das christliche Messiasbekenntnis verpflichtet *politisch,* und eben dazu unter den Völkern, Gott und seinem Volk – Gott und Israel – eine Atempause ihrer Kämpfe um Anerkennung und Selbstbehauptung inmitten der Gojim zu schaffen.

Das so gedachte Tausendjährige Reich ist ein Stück *Welt*geschichte, also – wie alles Weltgeschichtliche – *begrenzt und vorübergehend.* Für *nur* tausend Jahre steht es zu erwarten. Tausend Jahre sind keine Ewigkeit. Wie sie im Kommen eines Engels (Offb 20,1) einen Anfang haben, so haben sie auch ein Ende. Sie vollenden sich (20,7). Wie begonnen, so zerronnen. »Und wenn die tausend Jahre vollendet sind, wird der Widersacher aus seinem Gefängnis losgelassen werden, und er wird (aus dem Ab- und Ungrund des Daseins) hinausziehen, die Nationen zu verführen an den vier Enden der Erde« (20,7-8), und das ganze alte weltgeschichtliche *Elend* wird von neuem beginnen. Es gibt also mit dem Tausendjährigen Reich keinen Ausstieg aus der Weltgeschichte. Aber – nun umgekehrt – doch die Hoffnung, daß die Menschheit sich nicht immer und nicht immer in allen ihren Köpfen nur wie eine einzige massa perditionis gebärden muß, – daß wir auch Weltgeschichte nicht *nur* als Macht- und Gewalt- und Katastrophengeschichte erfahren müssen, – daß es in ihr auch ab und zu zu Gegenbewegungen gegen Irrnis und Wirrnis kommen kann, – daß Menschen nicht immer nur in politische Abgründe blicken, – nicht nur Erfahrungen über dem Ungrund des Daseins machen müssen, – daß wir – mit Pierre Maury gesagt – auch weltgeschichtlich »Positivem« entgegensehen dürfen, – daß es sich lohnt, solch »Positives« auch zu denken und zu bewirken: Sozialismus – Völkerbund: trotz alledem! Nicht zuletzt, daß ein Zeugnis gegen die Verführbarkeit der Völker – durch »Attila«, durch »Hitler«, durch »Mammon«, durch Terror und die Lust an Gewalt – von Gott und Jesus geboten ist. Es ist dafür gesorgt, daß die Völkergeschichte von vorne und hinten von der Macht des Widersachers umgeben ist und alles Positive gezeichnet bleibt von der Dialektik des Negativen. Im Tausendjährigen Reich lebt Israel, leben wir nur von Aufschub zu Aufschub. Aber zwischen Aufschub und Aufschub dürfen wir Gottes gewiß bleiben, auch aufs neue gewiß werden. Und vor allem: Zwischen Aufschub und Aufschub *lebt Israel* und kommt zu sich selbst. Der Leiter der Jugendherberge Poryia, hoch über dem See Genezareth gelegen, war 1959, als wir bei ihm übernachteten, gerade aus den USA eingewandert, noch ein Neuling im Lande. Wir kamen ins Gespräch über Zukunftsaussichten des »Experiments der nationalen Wiedergeburt«, als das wir Israel damals sahen und erlebten. Er sagte: »Ach, wissen Sie: Salomos Herrlichkeit hat auch nur fünfzig Jahre gedauert« – ein Wort, wie aus dem Sinn des tausendjährigen Reiches; und wären es nur fünfzig Jahre – es lohnte sich, es *wäre* etwas, wenn auch nur ein Aufschub, dann doch eine volle Erfahrung wenigstens einer ganzen Generation. Und die Erfahrung einer *Generation:* biblisch gedacht, *zählt* sie, kann des Weges vergewissern, damit der geschichtlichen Identität, kann die geschichtliche Kontinuität sinnlich bis in biblische Zeit zurückbinden, und so erst recht Jerusalem, Gottes Verheißung, sein Gebot, unvergeßlich machen: auf Weiteres – und wäre es denn: ein Späteres.

Wir schließen das Kapitel de antecedentibus, zu dem die Erwartung des Tausendjährigen Reiches und der Wiederherstellung des Reiches für Israel gehört, noch einmal mit einer Erinnerung an Lukas. Die apokalyptische Hoffnung auf eine satansfreie Zeit für das Volk und die Völker hat Lukas *im Leben Jesu vorgebildet* gesehen. Am Ende seiner Erzählung von der Versuchung Jesu erzählt er: »Und nachdem der Durcheinanderbringer alle Versuchung vollendet hatte, stand er von ihm – Jesus – ab ἄχρι καιροῦ, bis zum Kairos, bis zum Augenblick, den Gott bestimmt hat« (Lk 4,13). Dieser Augenblick *kam.* »Es fuhr aber der Durcheinanderbringer in Judas, der Ischarioth hieß und der aus der Zahl der Zwölf war« (Lk 22,3), Satans Stunde war dies, und zugleich Gottes Stunde, in der Jesus nun auf den Weg seiner Passion und seines Todes uns zugute gebracht wurde. *Dazwischen aber hatte er eine satansfreie Zeit gelebt.* Der hatte abstehen müssen von ihm, bis er wieder zugelassen wurde. Das war das Tausendjährige Reich, im Leben Jesu vorweggenommen. Gewißheit und Sinn der Erwartung eines Friedens *vor* dem Reich Gottes sind für Israel, die Völker und uns verbürgt im Leben Jesu, sofern und so lange es auch ein satansfreies Leben war, wohl von vorne und hinten umgeben von dem Wirken des Widersachers, aber doch auch geschützt vor dessen Versuchungen, und so frei dazu, als »Licht zu leuchten den Gojim und zum Preis seines Volkes Israel« (Lk 2,32).

Verzeichnis von Stellen aus Bibel, Apokryphen, Talmud, frühchristlicher und jüdischer Tradition

Die Übersetzungen der Bibelstellen ins Deutsche folgen der Luther-Bibel (»Luther«), der Zürcher Bibel (»Zürich«) und der »Verdeutschung der Schrift« von Buber-Rosenzweig

Namenregister

Sachregister